적중핵심
문제집

스포츠지도사 한 방에 합격하기
적중핵심문제집

대표저자 / **유정애**
공동저자 / **김태욱, 박채희, 손 환, 윤석민, 이현석, 임비오, 전선혜, 차은주, 한시완** (가나다 순)

초판 1쇄 인쇄 / 2017년 2월 1일
초판 1쇄 발행 / 2017년 2월 10일

발행인 / 이광호
발행처 / 도서출판 대한미디어
등록번호 / 제2-4035호
전화 / (02)2267-9731 팩스 / (02)2271-1469
홈페이지 / www.daehanmedia.com
기 획 / 양원석
디자인 / 명기원. 고수정

ISBN 978-89-5654-469-4 13690
정가 28,000원

※ 이 책은 저작권법에 의하여 보호받는 저작물이므로 무단으로 전재하거나 복제하여 사용할 수 없습니다.
※ 잘못 만들어진 책은 구입처 및 대한미디어 본사에서 교환해 드립니다.

2급 스포츠지도사(전문, 생활, 장애인) 및
유소년, 노인스포츠지도사 자격검정대비

적중핵심 문제집

이 책의 구성

이 책은 체육지도자 2급 스포츠지도사(2급 전문스포츠지도사, 2급 생활스포츠지도사, 2급 장애인스포츠지도사) 및 유소년스포츠지도사와 노인스포츠지도사의 자격 검정을 대비하기 위해 기획 및 제작된 문제집입니다. 총 10과목(스포츠심리학, 운동생리학, 스포츠사회학, 운동역학, 스포츠교육학, 스포츠윤리, 한국체육사, 특수체육론, 유아체육론, 노인체육론)에 해당하는 2016년 기출문제 분석과 2017년 시험대비 예상문제 그리고 실전 모의고사를 수록하였습니다.

□ 2016년 기출문제 분석

시험을 준비하시는 분들은 우선 과거의 출제 영역을 확인하는 것이 좋습니다. 기출문제 출제 영역을 파악함으로써 2017년도 출제 영역을 예상할 수 있기 때문입니다. 이 책에는 수험생들이 출제 동향을 파악할 수 있도록 2016년 기출문제의 문항별 출제 영역과 난이도를 표시하고, 상세한 내용 분석 및 정답 해설을 담았습니다.

□ 2017년 시험대비 예상문제

2017년 시험대비 과목별 핵심요약, 문항이원출제표, 출제예상문제를 수록하였습니다.

핵심요약 개정된 체육지도자 자격검정 시험을 효율적으로 대비하는데 도움이 될 수 있도록 특정 교재 1개에 국한하지 않고 다수의 과목별 교재를 종합적으로 참조하였습니다. 또한 핵심요약 내에는 수험생들이 반드시 알아야 하는 개념을 핵심용어로 따로 정리하였습니다.

문항이원출제표 수험생들이 출제범위와 출제경향, 출제수준을 한 눈에 파악할 수 있도록 출제 영역, 문항내용차원, 문항행동차원 및 문항수준을 소개하였습니다. 문항이원출제표를 보면 어느 범위에서 예상문제가 출제되었는지 종합적으로 파악할 수 있습니다. 또한 문항이원출제표는 수험생이 어느 부분에 강점이 있으며, 반대로 어느 부분에 약점이 있는지를 진단할 수 있는 안내판 역할을 합니다.

출제예상문제 다양한 문항 형식(그림, 도표, 사진, 글, 기사 등)을 도입하여 수험생들이 시험에 유연하게 대처할 수 있도록 하였습니다. 출제예상문제의 정답과 해설은 문항의 출제 의도와 출제 내용을 다시 정리할 수 있도록 핵심적인 사항을 중심으로 기술하였으므로 반드시 이해하고 넘어 가야 합니다. 정답 해설을 재확인하는 것은 수험생이 내용을 알고 정답을 맞춘 것인지 아닌지 확인하기 위해서도 중요합니다. 틀린 문항에 대해서는 왜 틀렸는지 원인을 진단하고, 정확히 이해 할 때까지 문항을 분석하고 정답을 이해하기 바랍니다. 이 과정에서 핵심요약을 다시 보거나 교재 (또는 동영상)를 확인함으로써 해당 예상문제를 완전히 정복하기 바랍니다.

□ 2017년 시험대비 실전 모의고사

  2017년 시험을 위한 마지막 실전 모의고사에서는 과목별 20문항과 정답 해설을 함께 제시하였습니다. 과목별 20문항은 시험 직전에 수험생들이 시험 리허설을 경험할 수 있는 문항들입니다. 실제 시험 상황처럼 시험 응시 환경을 조성하시고 처음부터 끝까지 해당 과목들을 풀어보시기 바랍니다. 그런 다음 전체 정답을 확인하시고 해설을 읽어보세요.
  모든 수험생의 합격을 기원합니다.

2017년 2월
대표저자 유 정 애

📖 스포츠지도사 한 방에 합격하기 4단계 학습법

[STEP 1]
2016년 기출문제를 실제 시험처럼 풀어보고 현재 자신의 수준을 파악한다.

▼

[STEP 2]
과목별 핵심요약과 핵심용어를 확인한다. 특히 2016년 기출문제에서 취약한 과목이나 내용을 집중적으로 학습한다.

▼

[STEP 3]
- 출제예상문제를 풀어본다. 정답을 확인하면서 맞고 틀림과 상관없이 정답 해설을 반드시 읽는다. 동영상 연계 문제는 동영상 강좌를 확인한다.

  * 무료동영상 강좌 보는 법
  `스마트폰` QR코드리더 어플을 다운받아 실행하여 오른쪽 코드를 스캔하세요.
  `컴퓨터` 인터넷에서 www.kbsspo.sc.kr 접속

- 시험 준비 상태를 최종 진단하기 위해 문항이원출제표의 문항행동차원과 문항수준을 확인한다.

▼

[STEP 4] 과목별 실전모의고사를 시험 직전에 풀어본다.

차 례

이 책의 구성_ 4

스포츠심리학
- 2016년 기출문제 분석_ 10
- 핵심 요약_ 19
- 문항이원출제표_ 50
- 출제예상문제_ 53
- 출제예상문제 정답 및 해설_ 68
- 실전모의고사_ 73
- 실전모의고사 정답 및 해설_ 79

운동생리학
- 2016년 기출문제 분석_ 82
- 핵심 요약_ 92
- 문항이원출제표_ 111
- 출제예상문제_ 114
- 출제예상문제 정답 및 해설_ 129
- 실전모의고사_ 133
- 실전모의고사 정답 및 해설_ 139

스포츠사회학
- 2016년 기출문제 분석_ 142
- 핵심 요약_ 152
- 문항이원출제표_ 175
- 출제예상문제_ 178
- 출제예상문제 정답 및 해설_ 191
- 실전모의고사_ 197
- 실전모의고사 정답 및 해설_ 201

운동역학
- 2016년 기출문제 분석_ 206
- 핵심 요약_ 214
- 문항이원출제표_ 241
- 출제예상문제_ 244
- 출제예상문제 정답 및 해설_ 261
- 실전모의고사_ 265
- 실전모의고사 정답 및 해설_ 269

스포츠교육학

2016년 기출문제 분석_ 272
핵심 요약_ 282
문항이원출제표_ 306
출제예상문제_ 309
출제예상문제 정답 및 해설_ 324
실전모의고사_ 329
실전모의고사 정답 및 해설_ 334

스포츠윤리

2016년 기출문제 분석_ 338
핵심 요약_ 347
문항이원출제표_ 367
출제예상문제_ 371
출제예상문제 정답 및 해설_ 384
실전모의고사_ 388
실전모의고사 정답 및 해설_ 393

한국체육사

2016년 기출문제 분석_ 396
핵심 요약_ 404
문항이원출제표_ 425
출제예상문제_ 427
출제예상문제 정답 및 해설_ 437
실전모의고사_ 440
실전모의고사 정답 및 해설_ 444

특수체육론

2016년 기출문제 분석_ 448
핵심 요약_ 457
문항이원출제표_ 471
출제예상문제_ 474
출제예상문제 정답 및 해설_ 488
실전모의고사_ 492
실전모의고사 정답 및 해설_ 497

유아체육론

2016년 기출문제 분석_ 500
핵심 요약_ 508
문항이원출제표_ 527
출제예상문제_ 530
출제예상문제 정답 및 해설_ 542
실전모의고사_ 545
실전모의고사 정답 및 해설_ 549

노인체육론

2016년 기출문제 분석_ 552
핵심 요약_ 561
문항이원출제표_ 575
출제예상문제_ 577
출제예상문제 정답 및 해설_ 591
실전모의고사_ 596
실전모의고사 정답 및 해설_ 601

스포츠지도사 자격검정대비 **적중핵심문제집**

스포츠심리학

스포츠심리학 — 2016년 기출문제 분석

출제기준

주요 항목	세부 항목
1. 스포츠심리학의 개관	1. 스포츠심리학의 정의 및 의미
	2. 스포츠심리학의 역사
	3. 스포츠심리학의 영역과 역할
2. 인간운동행동의 이해	1. 운동제어
	2. 운동학습
	3. 운동발달
3. 스포츠수행의 심리적 요인	1. 성격
	2. 정서와 시합불안
	3. 동기
	4. 목표설정
	5. 자신감
	6. 심상
	7. 주의집중
	8. 루틴
4. 스포츠수행의 사회 심리적 요인	1. 집단응집력
	2. 리더십
	3. 사회적 촉진
	4. 사회성 발달
5. 운동심리학	1. 운동의 심리적 효과
	2. 운동심리 이론
	3. 운동실천 중재전략
6. 스포츠심리상담	1. 스포츠심리상담의 개념
	2. 스포츠심리상담의 적용

[2급 생활스포츠지도사]

1. 광의의 스포츠심리학 하위 학문영역으로 옳지 않은 것은?

① 운동발달　　② 운동학습
③ 운동제어　　④ 운동처방

정답	④		난이도	쉬움
출제영역	1. 스포츠심리학의 개관			
해설	운동학습, 운동발달, 운동제어와 함께 스포츠심리를 모두 포함시켜 스포츠심리학이라고 보는 관점을 광의의 스포츠심리학 관점이라고 한다.			

2. 팀 응집력 요구수준이 가장 높은 스포츠 종목은?

① 축구
② 양궁
③ 스키
④ 사격

정답	①		난이도	보통
출제영역	3. 스포츠수행의 사회 심리적 요인			
해설	기본적으로 응집력과 수행의 관계는 과제의 유형에 따라 다르다. 즉, 상호의존적으로 수행되는 스포츠의 경우에는 응집력이 높으면 수행은 향상된다.			

3. 운동학습의 개념에 대한 설명으로 옳지 않은 것은?

① 운동학습은 연습과 경험에 의해서 나타난다.
② 운동학습 과정은 직접적으로 관찰할 수 없다.
③ 운동학습은 비교적 영구적인 변화를 유도하는 내적과정이다.
④ 운동학습은 성숙이나 동기에 의한 일시적 수행변화를 말한다.

정답	④		난이도	어려움
출제영역	2. 인간운동행동의 이해			
해설	운동학습은 숙련된 운동수행을 위해 개인의 능력을 영구적으로 변화시켜가는 내적인 과정이다.			

4. 운동실천에 영향을 주는 요인에 대한 설명으로 옳지 않은 것은?

① 운동시설 근접성이 좋을수록 운동 참여율이 높아진다.
② 지도자의 지도방식은 운동실천에 영향을 주지 않는다.
③ 운동참여의 즐거움이 클수록 운동참여율이 높아진다.
④ 가족, 친구, 동료의 사회적 지지는 운동 실천에 영향을 준다.

정답	②	난이도	어려움
출제영역	5. 운동심리학		
해설	운동실천에서 지도자의 역할은 막중하다. 운동지도자는 회원의 지속적인 운동실천을 결정하는 가장 중요한 요인으로 뽑히기도 한다.		

5. <보기>의 불안과 운동수행간의 관계를 설명하는 이론은?

<보기>

인지불안이 높아지면, 생리적 각성이 증가함에 따라 운동수행도 점차 증가하지만 적정수준을 넘어서면 수행의 급격한 추락현상이 발생한다.

① 추동이론
② 역U자 이론
③ 카타스트로피(격변) 이론
④ 심리에너지 이론

정답	③	난이도	쉬움
출제영역	3. 스포츠 수행의 심리적 요인		
해설	카타스트로피(격변) 이론은 각성수준이 최적의 수준을 넘어서 어느 수준에 이르면 수행이 급격하게 감소된다는 입장이다.		

6. <보기>에서 설명하는 자결성 이론의 규제유형은?

<보기>

외적보상을 받으려는 욕구가 활동의 원동력이며, 외적보상을 얻기 위해 스포츠 활동에 참여한다.

① 무규제
② 외적규제
③ 부적규제
④ 내적규제

정답	②	난이도	보통
출제영역	3. 스포츠수행의 심리적 요인		
해설	자결성으로 구분한 동기는 무동기, 외적규제, 의무감 규제, 확인규제, 내적규제로 구분된다. 그 중 외적규제는 외적인 보상을 받으려는 욕구가 활동의 원동력인 동기유형이다.		

7. 연습시간이 휴식시간보다 상대적으로 긴 연습방법은?

① 집중연습
② 분산연습
③ 구획연습
④ 무선연습

정답	①	난이도	쉬움
출제영역	2. 인간운동행동의 이해		
해설	집중연습과 분산연습은 연습과 휴식의 상대적인 시간에 의해 구분되는데, 연습시간이 휴식시간보다 상대적으로 긴 경우를 집중연습이라고 한다.		

8. 번스타인의 운동학습 단계를 바르게 연결한 것은?

① 협응단계 - 제어단계
② 인지단계 - 연합단계 - 자동화단계
③ 움직임 개념 습득 단계 - 고정화 및 다양화 단계
④ 자유도의 고정단계 - 자유도의 풀림 단계 - 반작용의 활용 단계

정답	④	난이도	보통
출제영역	2. 인간운동행동의 원리		
해설	번스타인은 여분의 자유도를 활용되는 정도가 운동기술의 수행수준을 결정짓는다고 생각하여 자유도 활용 정도와 움직임의 역동적, 질적 변화에 초점을 맞춰 운동학습의 단계를 자유도의 고정단계, 자유도의 풀림단계, 반작용의 활용단계로 구분하였다.		

9. 〈보기〉의 괄호 안에 들어갈 용어는?

〈보기〉
( )은/는 모든 감각을 활용하여 과거의 성공 경험을 회상하거나 미래의 성공적 운동수행을 마음속으로 상상함으로써 자신감을 향상시키고 집중력을 높인다.

① 심상
② 목표설정
③ 인지적 재구성
④ 체계적 둔감화

정답 및 해설	정답	①		난이도	쉬움
	출제영역	3. 스포츠 수행의 심리적 요인			
	해설	심상이란 모든 감각을 활용하여 마음속으로 어떠한 경험을 재현하거나 창조하는 것을 의미한다.			

10. <보기>의 괄호 안에 들어갈 용어는?

<보기>
운동기술의 요소와 처리과정이 유사하여 과거의 학습이 새로운 학습에 도움이 되는 것을 (   )(이)라고 한다.

① 부호화
② 정적전이
③ 파지
④ 표상

정답 및 해설	정답	②		난이도	쉬움
	출제영역	2. 인간운동행동의 이해			
	해설	정적전이란 과거의 학습이나 과제의 연습에 대한 경험이 새로운 운동기술의 학습과 수행에 긍정적인 영향을 미치는 것이다.			

11. 운동의 심리적 효과에 대한 설명으로 옳은 것은?

① 일회성 유산소 운동은 특성불안을 증가시킨다.
② 고강도 무산소 운동은 불안감소에 탁월하다.
③ 장기간 운동이 단기간 운동보다 우울증 개선효과가 더 크다.
④ 우울증 개선을 위해 유산소 운동보다 무산소 운동이 효과적이다.

정답 및 해설	정답	③		난이도	보통
	출제영역	5. 운동심리학			
	해설	운동을 장기간에 걸쳐 실천하면 특성불안이 감소한다. 무산소 운동은 불안을 감소시키는데 도움이 되지 않을 가능성이 높다. 유산소 운동과 무산소 운동 모두 우울을 낮추는데 효과적이다.			

12. 목표설정에서 수행목표로 적절한 것은?

① 한국시리즈에서 우승한다.
② 올림픽에서 메달을 획득한다.
③ 20km 단축마라톤에서 1위를 한다.
④ 서브에서 팔꿈치를 완전히 펴서 스윙한다.

정답	④	난이도	어려움
출제영역	3. 스포츠 수행의 심리적 요인		
해설	수행목표는 운동수행 성취에 기반을 둔 기준을 의미한다. 운동수행의 실행과 관련된 조절 가능한 생각이나 행동에 기반을 둔 기준을 설정하기도 한다.		

13. 〈보기〉의 사례가 의미하는 용어는?

〈보기〉
철인3종 선수 선우는 경기 중 힘이 들어 포기하려는 순간 예상치 않게 편안함, 통제감, 희열감을 느끼는 체험을 하였다. 선우는 그 순간에 시간과 공간의 장애를 초월한 느낌을 경험하였다.

① 자기효능감　　　② 러너스 하이
③ 각성반응　　　　④ 자기존중감

정답	②	난이도	쉬움
출제영역	5. 운동심리학		
해설	러너스 하이는 운동을 하는 도중에 특별히 긍정적인 기분을 체험하는 현상이다.		

14. 운동발달의 원리에 대한 설명으로 옳지 않은 것은?

① 분화와 통합의 과정을 거친다.
② 일정한 순서와 방향성을 가진다.
③ 발달속도는 연령에 상관없이 일정하다.
④ 유전과 환경의 상호작용을 통해 발달된다.

정답	③	난이도	어려움
출제영역	2. 인간운동행동의 이해		
해설	발달속도에 따라 다양한 차이가 존재한다.		

15. <보기>의 팀구축 중재 전략과 요인을 바르게 연결한 것은?

―― <보기> ――
㉠ 팀 구성원이 동일한 유니폼을 입는다.
㉡ 매주 한 번씩 팀 미팅을 열어 각자의 역할과 책임에 대해 논의한다.
㉢ 팀 구성원간 상호작용과 의사소통의 기회를 충분히 갖는다.

① 환경요인, 구조요인, 과정요인
② 환경요인, 과정요인, 구조요인
③ 과정요인, 환경요인, 구조요인
④ 과정요인, 구조요인, 환경요인

정답	①	난이도	어려움
출제영역	5. 운동심리학		
해설	팀 구성원이 동일한 유니폼을 입는 것은 환경요인, 매주 한 번씩 팀 미팅을 열어 각자의 역할과 책임에 대해 논의하는 것은 구조요인, 팀 구성원 간 상호작용과 의사소통의 기회를 충분히 갖는 것은 과정요인이다.		

16. 운동학습 이론에서 정보처리단계를 순서대로 바르게 연결한 것은?

① 감각지각 → 반응실행 → 반응선택
② 감각지각 → 반응선택 → 반응실행
③ 반응선택 → 감각지각 → 반응실행
④ 반응선택 → 반응실행 → 감각지각

정답	②	난이도	보통
출제영역	2. 인간운동행동의 이해		
해설	정보처리단계는 정보자극을 받아들여 그 정보의 내용을 분석하여 의미를 부여하는 과정인 감각지각 단계, 자극에 대한 확인이 끝나고 그 자극에 대하여 어떻게 반응해야 할 지를 결정하는 반응선택 단계, 자극과 반응의 적합성과 선택 대안 수는 반응시간에 영향을 미치는 반응실행 단계이다.		

17. 루틴에 대한 설명으로 옳지 않은 것은?

① 경기력 향상에 도움을 준다.
② 경기력의 일관성을 위해 개발된 습관화된 동작이다.
③ 자신이 조절할 수 없는 요인에 주의를 기울이게 한다.
④ 최상수행을 위한 선수들 자신만의 고유한 동작이나 절차이다.

정답	③		난이도	보통
출제영역	3. 스포츠수행의 심리적 요인			
해설	호흡, 근 긴장도, 심박수 등과 같은 신체적인 요인, 태도, 감정, 의사결정 등의 심리적인 요인 등 자신이 조절할 수 있는 요인을 파악하고 여기에 주의와 노력을 기울이면 된다.			

18. 〈보기〉의 괄호 안에 들어갈 용어는?

〈보기〉
링겔만(M. Ringelmann)의 줄다리기 실험에 의하면, 줄을 당기는 힘은 혼자일 때 가장 크고, 줄을 당기는 인원이 증가할수록 개인이 쓰는 힘의 양은 줄어드는 것으로 나타났다. 이와 같이 집단 속에서 개인의 노력이 줄어드는 현상을 (   )(이)라고 한다.

① 사회적 태만   ② 정적강화
③ 사회적 지지   ④ 부적강화

정답	③		난이도	쉬움
출제영역	4. 스포츠 수행의 사회심리적 요인			
해설	집단에서 사회적 태만을 다룰 때 많이 인용되는 연구는 링겔만이 실시한 연구이다.			

19. 〈보기〉의 사례에 적합한 피드백은?

〈보기〉
농구수업에서 김 코치는 학습자가 자유투 동작과 관련된 피드백을 원할 때 정보를 제공하기로 하고, 각자 연습을 시작하였다. 김 코치는 연습 중 학습자가 피드백을 요구할 때마다 정확한 자유투동작에 대해 알려주었다.

① 뉴로 피드백 ② 내재적 피드백
③ 자기통제 피드백 ④ 바이오 피드백

정답 및 해설	정답	③	난이도	어려움
	출제영역	2. 인간운동행동의 이해		
	해설	뉴로 피드백은 뇌파를 측정하여 인지 – 행동에 관련된 신경활동정보를 제공하는 방법이다. 내재적 피드백은 운동이나 과제를 시행하고 있을 때 또는 그 후 학습자가 받아들여 처리하게 되는 감각정보이다. 자기통제 피드백은 학습자와 교사간의 상호적인 의사전달과정을 통해 인지 전략을 능동적으로 수립할 수 있다. 바이오 피드백은 학습자가 눈으로 확인할 수 없는 관절의 위치, 근육의 활동수준, 힘의 생성, 그리고 신체 중심 위치의 변화에 대한 정보를 제공하는 것이다.		

20. 바람직한 코칭행동 지침으로 옳지 않은 것은?

① 인간적으로 팀 구성원을 이해하기 위해 노력한다.
② 자신이 지도하는 종목에 대한 전문지식을 배양한다.
③ 팀 구성원에게 차별이나 편애없이 공정하게 대한다.
④ 지도자 개인의 필요에 따라 팀 구성원을 이용한다.

정답 및 해설	정답	④	난이도	보통
	출제영역	4. 스포츠수행의 사회심리적 요인		
	해설	지도자 개인의 필요에 따라 선수를 이용하는 일이 없도록 한다.		

1부. 스포츠심리학 개관

학습목표

- 스포츠심리학의 정의와 의미를 이해한다.
- 스포츠심리학의 역사를 이해한다.
- 스포츠심리학의 영역과 역할을 이해한다.

1장 | 스포츠심리학의 정의 및 이해

1) 스포츠심리학의 정의

○ 스포츠심리학: 다양한 스포츠 상황에서 인간의 행동과 이에 내재된 정신적 과정을 연구하는 학문
○ 스포츠심리학의 관점
  - 광의의 관점: 운동행동학(운동제어, 운동학습, 운동발달)을 스포츠심리 영역에 포함하여 스포츠심리학이라고 보는 관점
  - 협의의 관점: 운동행동학(운동제어, 운동학습, 운동발달)을 제외하고 스포츠심리 영역만을 스포츠심리학이라고 간주하는 관점
○ 국제학술단체

관점	학술단체
광의	국제스포츠심리학회(ISSP), 북미스포츠심리학회(NASPSPA), 한국스포츠심리학회(KSSP) 등
협의	응용스포츠심리학회(AASP), Hoffman과 Harris(2000), JASP(Journal of Applied Sport Psychology) 등

2) 스포츠심리학의 의미: 체육학 교육과정을 구성하는 한분야로 스포츠와 운동 상황에서 인간행동을 과학적으로 탐구하고 그 지식을 신체활동 상황에 적용

핵심용어

- 스포츠심리학: 다양한 스포츠 상황에서 인간의 행동과 이에 내재된 정신적 과정을 연구하는 학문
- 광의의 관점: 스포츠심리학의 개념을 넓은 의미로 해석하는 것(운동행동학을 포함)
- 협의의 관점: 스포츠심리학의 개념을 좁은 의미로 해석하는 것(운동행동학을 제외)

2장 ┃ 스포츠심리학의 역사

1) 스포츠심리학의 발전과정

○ 운동행동학
- 초창기(1800년대): 다른 연구목적을 위해 운동기술 연구를 수단으로 사용함
- 제2차 세계대전(1939~1945년): 운동행동학 연구가 급격하게 늘어난 계기
- 1960년대와 1970년대: 체육학의 하위분야로 정착되는 기틀 마련, 운동학습과 운동제어의 연구가 늘면서 운동발달 연구도 많아짐
- 최근: 운동제어와 운동학습 연구는 신경과 근육이 운동을 어떻게 제어하고 반복하게 하는지에 관심을 기울임, 운동발달의 연구는 성장이 운동제어/학습/발달에 미치는 영향을 다룸

○ 스포츠운동심리학
- 태동기(1895~1920년): '노먼 트리플릿'은 최초의 스포츠심리학 연구자
- 그리피스 시대(1921~1938년): '콜먼 그리피스'는 북미 스포츠심리학의 아버지라 불림, 그의 저서 코칭심리학, 심리학과 운동경기는 이 분야의 최초저서, 스포츠심리학의 진정한 시작, 이후 정체기
- 1960년대와 1970년대: 국제적 학술단체가 만들어짐(ISSP, NASPSPA)
- 현재: 건강에 대한 관심이 늘면서 스포츠심리학과 운동심리학은 별도의 학문분야로 발전, 응용스포츠심리학회가 심리상담사 자격기준 마련 및 자격제도 시행(1991년)

2) 우리나라의 스포츠심리학

○ 스포츠심리학의 성립과 발전과정
- 초창기: 체육학의 범주에서 스포츠심리학이 발전(국외와 다른 특징)
- 1953년 한국체육학회의 창설, 1955년 한국체육학회지의 창간
- 1986년 아시안 게임과 1988년 올림픽 대회 학술대회를 계기로 급성장함(분과개념 도입)
- 1989년 한국스포츠심리학회 창설, 1990년 한국스포츠심리학회지 발간
- 1980년대 유학파의 등장은 새로운 성장의 동력으로 자리를 잡기 시작함
- 2004년 스포츠심리상담사 자격제도 도입

> **핵심용어**
> - ■ 운동행동학: 운동기술의 제어, 학습, 발달에 관심을 두는 학문
> - ■ 스포츠운동심리학: 탐구대상에 스포츠와 운동을 모두 포함시키는 학문

3장 | 스포츠심리학의 영역과 역할

○ 스포츠심리학의 다섯 가지 영역

구분	스포츠심리학(광의)				
	스포츠심리	운동제어	운동학습	운동발달	운동심리학
관심	심리적 요인과 스포츠 수행	움직임 생성 및 조절	운동기술 습득원리	생애에 걸친 운동발달	운동의 심리적 효과
주제	성격, 정서, 동기 등	협응구조, 자유도 등	연습법, 피드백 등	협응변화, 인지적 과정 변화 등	불안, 우울, 기분 등

1) 스포츠심리학

○ 목적: 심리적 요인이 스포츠 수행에 어떤 영향을 주는가를 알아보는 것, 스포츠 참가가 심리에 어떤 영향을 주는가를 이해하는 것
○ 스포츠심리학이 다루는 연구 주제: 성격, 동기, 에너지 관리, 개인 및 집단과정, 유소년 스포츠에서 심리, 수행향상기법
○ 스포츠심리학의 역할: 연구, 교육, 상담

2) 운동제어

○ 목적: 움직임이 어떻게 생성되고 제어(조절)되는지를 이해하는 것, 신경생리적 관점
○ 운동 프로그램 관점, 다이내믹 시스템 이론 관점
○ 최근 경향, 뉴로사이언스의 접목

3) 운동학습

○ 목적: 운동기술을 효율적으로 습득하는데 필요한 원리를 발견하는 것, 인지적 관점
○ 주제: 운동을 어떤 방식으로 연습할 것인지에 관심, 피드백을 어떻게 제공하는 것이 수행과 학습에 도움이 되는지에 관심

4) 운동발달

○ 목적: 성장이 운동수행과 학습에 미치는 영향을 알아보는 것, 발달적 관점
○ 연구주제: 협응의 변화, 인지적 과정의 변화 등

5) 운동심리학

○ 목적: 신체활동에 영향을 주는 사회인지적 요인을 찾아내는 것, 운동에 따른 심리적 혜택을 분석하는 것

○ 운동에 따른 심리적 효과: 불안, 우울, 자기존중감, 인지기능 등
○ 운동행동의 변화와 지속실천: 이론에 근거한 중재기법 적용

핵심용어

- 운동제어: 움직임이 어떻게 생성 및 조절되는지를 신경생리적 메커니즘을 통해 밝히는 영역
- 운동학습: 운동기술의 효율적 수행과 학습에 관련된 변인을 인지적 관점에서 연구하는 영역
- 운동발달: 인간의 생애에 걸쳐 운동이 어떻게 발달하는지를 탐구하는 영역
- 운동심리학: 건강을 위한 운동에 관심을 두는 학문

2부. 운동기술의 원리와 학습의 이해

학습목표

- 운동기술, 운동제어, 그리고 운동능력을 이해한다.
- 운동학습의 개념, 이론, 그리고 단계를 이해한다.
- 운동기술의 연습과 운동학습의 변화를 이해한다.
- 운동발달의 개념, 단계별 특성, 평가도구, 그리고 프로그램의 구성방법에 대하여 이해한다.

1장 | 운동기술의 이해

1) 운동기술의 개념

- 운동기술: 목적 달성을 위해 수행하는 수의적이고 효율적인 신체의 움직임
- 운동기술의 조건: 목적지향적, 수의적, 신체에 의한 움직임

2) 운동기술의 분류: 근육의 크기(대근운동과 소근운동기술), 움직임의 연속성(불연속적, 계열적, 연속적 운동기술), 환경의 안정성(폐쇄와 개방운동기술)

3) 운동기술과 운동제어

- 움직임: 각각의 운동기술을 이루고 있는 최소단위
- 움직임에 영향을 미치는 요인은 개인요인(지각, 인지, 동작), 과제요인(이동성, 조종성, 안정성 과제), 환경요인(조절과 비조절 환경)으로 구분됨

4) 운동기술과 운동능력

운동능력	개인의 역량, 연습과 경험에 의해 쉽게 변화지 않음(안정적)
운동기술	능력을 바탕으로 한 수행력, 연습과 경험에 의해 변화함(불안정적)

- 운동능력: 다양한 기술을 수행하는 것과 관련된 개인의 일반적인 특성
- 운동능력을 예측 할 때 운동능력의 변화와 운동학습 단계(인지, 연합, 자동화 단계)에 따른 운동능력을 고려해야 함

핵심용어

- 운동기술: 목적 달성을 위해 수행하는 수의적이고 효율적인 신체의 움직임
- 운동능력: 다양한 기술을 수행하는 것과 관련된 개인의 일반적인 특성

2장 | 운동학습의 이해

1) 운동학습의 개념

○ 운동학습: 운동기술의 효율적 수행과 학습에 관련된 변인을 주로 인지적 관점에서 연구하는 영역
○ 운동학습의 관점 및 특성
- 정보처리관점: 운동학습을 주어진 운동과제를 수행하는 데에 필요한 적절한 운동프로그램을 형성하여 기억체계에 도식화하고, 운동기술의 수행을 향상시키기 위하여 보다 효율적인 도식으로 재구성해가는 과정이라고 보는 것
- 다이내믹 시스템 이론: 운동학습을 주어진 운동과제를 수행하기 위한 가장 효율적인 협응구조를 형성하고, 환경과 주어진 과제의 특성적 변화에 대하여 적절하게 대처할 수 있는 적응성을 향상시키는 과정이라고 보는 것
- 생태학적 관점: 연습이나 경험을 통하여 지각-운동 활동 영역내에서 과제와 환경적 요구에 일치하도록 지각과 동작 간의 협응을 향상시키는 과정이라고 보는 것
- 특성: 개인의 능력을 영구적으로 변화시켜 가는 내적과정, 운동학습 과정을 직접적으로 관찰할 수 없음, 운동학습은 연습과 경험에 의해 나타나는 현상

○ 운동학습과 운동수행

운동수행	직접적 관찰 가능(외적과정)
운동학습	직접적 관찰 불가능(내적과정)

- 운동수행: 어떤 특정한 목적을 가지고 수의적으로 생성된 운동 동작
- 운동수행은 수행자의 운동수행을 반복적으로 관찰하여 평가할 수 있음

○ 운동학습의 과정: 움직임 지각->움직임 구성수준의 결정과 운동구조의 형성->오류수정->자동화와 안정성 획득

2) 운동학습 이론

○ 중추적 표상과 운동학습: 피드백 정보에 근거한 운동학습과 운동프로그램에 근거한 운동학습으로 구분하여 설명함
○ 탐색 전략과 지각-운동 활동영역, 탐색 전략을 통한 협응 구조의 형성, 그리고 폼의 변화로 구분하여 설명함

3) 운동학습의 단계

피츠와 포스너	젠타일	번스타인	뉴웰
• 인지 단계 • 연합 단계 • 자동화 단계	• 움직임의 개념습득 단계 • 고정화 및 다양화 단계	• 자유도의 고정 단계 • 자유도의 풀림 단계 • 반작용의 활용 단계	• 협응 단계 • 제어 단계

핵심용어

- **운동수행**: 어떤 특정한 목적을 가지고 수의적으로 생성된 운동 동작
- **정보처리관점**: 운동학습을 주어진 운동과제를 수행하는 데에 필요한 적절한 운동프로그램을 형성하여 기억체계에 도식화하고, 운동기술의 수행을 향상시키기 위하여 보다 효율적인 도식으로 재구성해가는 과정이라고 보는 것
- **다이내믹 시스템 이론**: 운동학습을 주어진 운동과제를 수행하기 위한 가장 효율적인 협응구조를 형성하고, 환경과 주어진 과제의 특성적 변화에 대하여 적절하게 대처할 수 있는 적응성을 향상시키는 과정이라고 보는 것
- **생태학적 관점**: 연습이나 경험을 통하여 지각-운동 활동 영역내에서 과제와 환경적 요구에 일치하도록 지각과 동작 간의 협응을 향상시키는 과정이라고 보는 것

3장 ㅣ 운동기술의 연습

1) 연습계획을 위한 준비

- 학습자의 특성: 인지적 능력, 신체적 특성과 발달 정도, 성별을 고려해야 함
- 운동학습의 특성: 운동동작의 정보를 습득하는데 도움을 줌(지도자의 시범), 오류탐지능력을 강화시켜줌(초보자의 시범), 운동수행에 질적 변화를 위한 단서를 제공해줌(숙련자의 시범), 자신감을 향상시켜 학습과제의 성공적 수행에 긍정적인 영향력을 미침(동료들의 시범)
- 동기유발: 학습자에게 효과적인 운동수행을 위한 운동기술과제에 대한 동기화를 부여하는 것
- 보강정보: 영상자료, 바이오피드백, 언어적 보강정보(학습자가 이해할 수 있는 수준의 언어로 제공)

2) 연습의 구성: 가변성 고려

맥락간섭 효과	구획연습	• 운동기술의 하위요소들을 나누고 시간을 할당하여 순차적으로 연습 • 운동수행에 효과적
	무선연습	• 운동기술의 하위요소들을 무작위로 연습 • 파지와 전이에 효과적
연습과 휴식의 상대적인 시간	집중연습	• 연습시간 사이의 휴식시간이 짧은 경우 • 많은 양을 연습할 때
	분산연습	• 연습시간 사이의 휴식시간이 긴 경우 • 질적인 연습을 할 때
과제연습의 분할여부	전습법	운동기술 과제를 한꺼번에 전체적으로 학습
	분습법	운동기술 요소를 몇 개의 하위 단위로 나누어 학습

- 가변성: 학습자가 기술을 연습할 때 다양한 움직임과 환경 상황을 경험하게 하는 것
- 맥락간섭: 학습해야할 자료와 학습시간 중간에 개입된 사건이나 경험 사이에 발생하는 갈등으로 인하여 학습이나 기억에 방해를 받는 것
- 맥락간섭 효과: 운동기술을 연습할 때 다양한 요소들 간의 간섭현상이 발생하는 것

3) 가이던스와 정신연습의 활용

○ 가이던스: 신체적, 언어적, 시각적 방법을 사용하여 학습자의 운동수행에 직접적으로 도움을 주는 과정(적절한 시기에 가이던스를 제거하여, 가이던스 의존성 방지)
○ 정신연습: 운동학습과 수행을 촉진하기 위한 목적으로 대근운동이 일어나지 않는 상태에서 과제를 상징적, 인지 언어적으로 예행 연습하는 것(운동학습의 초기단계와 숙련단계에 효과적)

4) 피드백의 기능과 활용

○ 목표 상태와 수행간의 차이에 대한 정보를 되돌려서 수행자에게 동작 그 자체, 또는 운동수행의 결과나 평가에 대한 정보를 제공하는 것(감각피드백, 보강피드백)
○ 피드백의 기능: 정보기능, 강화기능(정적강화와 부적강화 기능), 동기유발기능
○ 피드백의 분류: 정보의 내용에 따라 수행지식과 결과 지식으로 구분
○ 뉴웰의 범주화: 처방정보, 정보 피드백, 전환정보로 구분
○ 피드백의 활용할 때 운동기술 유형, 학습자의 특성을 고려

핵심용어
- 가변성: 학습자가 기술을 연습할 때 다양한 움직임과 환경상황을 경험하게 하는 것
- 맥락간섭: 학습해야할 자료와 학습시간 중간에 개입된 사건이나 경험 사이에 발생하는 갈등으로 인하여 학습이나 기억에 방해를 받는 것
- 가이던스: 신체적, 언어적, 시각적 방법을 사용하여 학습자의 운동수행에 직접적으로 도움을 주는 과정
- 피드백: 목표 상태와 수행간의 차이에 대한 정보를 되돌려서 수행자에게 동작 그 자체, 또는 운동수행의 결과나 평가에 대한 정보를 제공하는 것

4장 ┃ 운동학습의 변화

1) 운동학습의 평가

○ 운동기술은 연습의 효과를 나타냄
- 운동기술 연습의 효과: 근수축과 인지적 요인의 효율성, 운동의 협응 변화됨
- 운동기술 학습의 평가: 운동결과 평가하고, 운동기술과 기술유형 평가하며, 운동기술 수행과 관련된 요소 분석함

2) 운동학습과 파지

○ 파지: 연습으로 향상된 운동기술의 수행력을 오랫동안 유지할 수 있는 능력
- 정보처리 관점: 파지를 감각정보를 체계적으로 선택하는 과정인 부호화와 인지적으로 처리되는 인출하는 측면에서 설명함
- 다이내믹 관점: 파지를 운동기술을 수행하는데 필요한 필수요소의 획득이라는 측면에서 설명함

- ○ 파지에는 운동과제, 환경, 학습자의 특성이 영향을 미침
- ○ 연습의 양은 운동기술의 획득과 파지에 영향을 미치지만, 일정수준의 운동기술에 도달한 후에는 많은 연습을 하여도 운동기술이 크게 향상되지 않음

3) 운동학습과 전이

- ○ 전이: 어떤 학습의 결과가 다른 학습에 영향을 미치는 현상
  - 정적전이: 운동기술 요소와 처리과정의 유사성, 협응구조 형성이 영향을 미침
  - 부적전이: 두 과제의 운동수행 상황에서 획득하는 지각 정보의 특성이 유사하지만 움직임 특성이 다른 경우에 발생(공간적 위치, 타이밍의 특성 변할 때)

핵심용어
- 파지: 연습으로 향상된 운동기술의 수행력을 오랫동안 유지할 수 있는 능력
- 전이: 어떤 학습의 결과가 다른 학습에 영향을 미치는 현상

5장 | 운동발달의 이해

1) 운동발달개념 및 원리

- ○ 운동발달: 인간의 생애에 걸쳐 운동이 어떻게 발달하는지를 탐구하는 영역
- ○ 운동발달의 원리: 일정한 순서, 방향성, 연속적 및 점진적인 과정, 시기에 따라 발달 속도에 개인차 존재, 신체적 및 정신적 측면과 상호관련성 있음
- ○ 운동발달 시기적 구분

태아기	임신~출생	• 배아기: 임신~8주 • 태아기: 8주~출생
영아기	출생~2세	
유아기	2~6세	기본적인 운동기술과 지각능력 발달
아동기	6~12세	
청소년기	12~18세	중·고등학생 시기
성인기	18세 이상	• 초기: 18~40세 • 중기: 40~65세 • 후기(노인기): 65세 이상

2) 운동발달 단계별 특성

○ 운동발달 단계

반사움직임 단계	출생~1세	불수의적 움직임, 자세반사 및 이동반사 나타남
초기움직임 단계	1~2세	생존을 위한 수의적 움직임, 이동기술 및 물체조작기술 나타남
기본움직임 단계	2~6세	기본적 움직임, 신체인식 및 균형유지 발달함
스포츠기술 단계	7~14세 이후	동작 협응력 발달함
성장과 세련 단계	청소년기	운동기술의 수준 급격히 발달함
최고수행 단계	성인초기	최상의 운동기술 수행력 나타남
퇴보 단계	30세 이후	운동과제 수행 능력 현저히 낮아짐

○ 기초운동능력의 발달
- 반사운동 발달: 불수의적 반응이 점차 사라지며 수의적 움직임의 기초가 됨
- 자세조절 능력 발달: 머리와 목에서 몸통으로, 앉기에서 서기 순으로 발달
- 이동운동 능력 발달: 기초이동운동능력과 응용이동운동능력의 순으로 발달
- 물체조절 능력 발달: 기초물체조작과 일반물체조작 순으로 발달

3) 운동발달영향 요인

○ 개인적 요인: 유전, 성장과 성숙, 신체시스템의 발달, 체력의 발달, 심리적 요인
○ 사회, 문화적 요인: 성역할, 사회적 지지자, 대중매체, 인종과 문화적 배경, 자극과 결핍

핵심용어
- 운동발달 시기적 구분: 운동발달 기준에 따라 시기적으로 나누어 놓은 것
- 기초운동능력: 각동 스포츠 활동의 기초가 되는 운동기능

6장 ┃ 운동발달의 평가

1) 운동발달 평가의 목적 및 유의점

○ 운동발달 평가는 측정을 통해 얻어진 정보를 수집하여 운동행동과 관련된 변화를 관찰하고 기록한 후, 시기별 성장 및 발달 상태를 파악하여 평가하는 것
○ 평가의 목적: 진단 및 심사, 범주화, 계획, 시간변화에 따른 평가, 피드백 제시, 운동발달 예측
○ 운동발달 평가 시 기초지식, 체계적 관찰 및 분석 그리고 처치 할 수 있는 능력이 필요함

2) 운동발달 평가도구의 활용

○ 평가도구는 타당도 및 신뢰도가 높은 검사도구 선별해야 함
○ 평가도구는 결과지향 평가도구와 과정지향 평가도구로 나눠짐
  - 결과지향 평가도구: 운동발달 시기별로 나타나는 다양한 변인들을 진단하는 양적평가도구, 과거에는 아동발달 영역에 대한 양적평가도구에 집중되었음
  - 과정지향 평가도구: 정확한 운동발달 과정을 측정하기 위한 질적평가도구, 최근에는 질적인 특성에 중점을 둔 과정지향평가도구 개발됨

핵심용어

- 결과지향평가도구: 운동발달 시기별로 나타나는 다양한 변인들을 진단하는 양적평가도구
- 과정지향평가도구: 정확한 운동발달 과정의 질적인 특성을 측정하는 질적평가도구

7장 ㅣ 운동발달프로그램 구성 및 실제

1) 운동발달 프로그램의 계획

○ 운동발달 프로그램 구성 시 고려사항
  - 발달 단계적 고려사항: 신체척도, 근력, 이동성 측면
  - 개념적 고려사항: 기술, 움직임, 활동, 체력, 재활, 인지발달 등의 초점에 따라 구성

2) 운동발달 프로그램의 모형

○ 영유아 및 아동기의 운동발달 프로그램
  - 영아기: 안전에 중점을 두어 다양한 동작들을 경험할 수 있도록 구성
  - 유아기: 기본적인 운동발달이 이루어질 수 있도록 구성
  - 아동기: 서로 다른 움직임들을 조합한 운동기술들을 경험할 수 있도록 구성
○ 노인기의 운동발달 프로그램: 체력, 이동능력, 조작능력 유지할 수 있는 운동들을 포함하여 보다 쉽고 재미있게 구성

핵심용어

- 운동발달프로그램: 발달 단계에 맞는 운동프로그램을 구성하는 것

3부. 스포츠수행의 심리적 요인

학습목표

- 성격, 정서, 동기, 목표설정, 자신감, 심상, 주의집중, 그리고 루틴의 정의와 개념을 이해한다.
- 성격, 정서, 동기, 목표설정, 자신감, 심상, 주의집중, 그리고 루틴의 이론적 모형을 이해한다.
- 성격, 정서, 동기, 목표설정, 자신감, 심상, 주의집중, 그리고 루틴의 실제에 대해 이해한다.

1장 | 성격

1) 성격의 개념과 이론

- 성격: 개인을 구별해주는 지속적이며 일관된 행동양식
- 성격의 특성: 독특성, 일관성, 경향성
- 성격의 구조: 심리적 핵, 전형적인 반응, 역할행동

2) 성격이론

정신역동 이론	인간의 성격을 원초아, 자아, 초자아로 구분
사회학습 이론	개인이 처한 특정 상황과 및 개인이 학습한 행동이 성격 좌우한다고 주장
체형 이론	인간의 체형을 내배엽형(비만형, 사교적), 중배엽형(골격형, 정력적), 외배엽형(세장형, 민감형)으로 나누고, 그 유형에 부합되는 성격특성 제안
특성 이론	성격특성을 표면특성과 기본특성으로 구분
욕구위계 이론	인간의 욕구를 일련의 위계적인 단계로 배열(생리적 욕구→안전 욕구 →소속과 사랑의 욕구→존중의 욕구→심미적 및 인지적 욕구 →자아실현의 욕구)

3) 성격의 측정

- 질문지측정법: 다면적 인성검사, 커텔의 성격요인검사(16PF), 아이젠크의 한국판 성격차원검사, 버틀러와 하디의 선수수행프로파일, MBTI 성격측정
- 투사법: 로르샤흐 잉크반점 검사, 주제통각검사
- 면접법: 면접자와 피면접자 간 대면을 통해서 준비된 질문을 가지고 성격을 파악

4) 성격과 경기력의 관계

- 성격과 스포츠 수행: 성격특성으로 스포츠수행을 정확하게 예측하기 어려움
- 빙산형 프로파일: 비우수 선수들에 비해 우수 선수들의 기분상태 윤곽은 빙산형 모형을 하고 있음 (활력을 제외한 다른 기분상태 요인들이 평균보다 낮음)

핵심용어

- 성격: 개인을 구별해주는 지속적이며 일관된 행동양식
- 빙산형 프로파일: 우수선수들은 비우수선수들보다 활력 요인에서 점수가 월등하게 높아 기분상태 윤곽이 빙산형 모양을 보임

2장 ▎ 정서와 시합불안

1) 재미와 몰입

- 재미: 과제 시 느끼는 긍정적인 정서 반응
- 몰입: 최상의 수행 상태에서 개인이 주관적으로 경험하는 심리상태

2) 정서모형과 측정

- 정서: 사람의 마음에 일어나는 여러 가지 감정
- 정서모형
  - 플루치크의 8가지 기본정서: 두려움, 놀람, 슬픔, 혐오, 분노, 예상, 기쁨, 수용으로 기본정서 제시, 구조모형을 강도차원(슬픔의 강약), 유사성차원(불안과 공포), 양극성 차원(사랑과 슬픔)으로 나눔
  - 러셀의 차원이론: 쾌-불쾌, 각성-비각성 두 차원으로 이뤄진 좌표로 정서표현
  - 원형모형: 활성과 유인가의 2차원으로 정서를 구분, 유쾌-활성(에너지), 유쾌-비활성(이완), 불쾌-비활성(지루함), 불쾌-활성(불안)으로 나눔
  - 정서의 측정: 자기보고식 방법에 의한 형용사 체크리스트를 이용

3) 불안의 측정

- 불안: 높은 각성을 동반한 부정적인 정서
  - 특성불안: 성격적으로 나타나는 불안
  - 상태불안: 특정상황에서 각성과 관련하여 나타나는 불안(인지적 상태불안, 신체적 상태불안)
  - 경쟁불안: 경쟁상황에서 느끼는 불안(경쟁 특성불안, 경쟁 상태불안)
- 불안측정: 생리적 불안 측정(심장 박동, 혈압 등을 측정), 행동적 불안 측정(행동적으로 나타나는 불안증상 측정), 심리적 불안 측정(상태특성불안 척도, 스포츠 경쟁불안 척도로 측정)

4) 스트레스와 탈진

○ 스트레스: 지각된 환경의 요구와 유기체의 반응능력 간의 불균형적인 과정, 유쾌스트레스(조절가능)와 불쾌스트레스(조절불가능)로 나뉨
○ 탈진: 과다훈련 상황에서 신체적, 정신적으로 에너지가 고갈된 상태

5) 경쟁불안과 경기력 관계 이론

추동이론	• 각성과 운동수준은 비례함	• 단순과제에서 이론 입증 • 복잡과제에서 이론이 지지되지 못함
역U가설 (적정수준이론)	• 각성수준↑수행↑, • 각성이 적정수준 넘어서면 수행은 다시 ↓	• 가장 효율적인 각성수준은 중간
최적수행지역 이론	• 최적의 수행은 범위로 존재	• 경쟁 전 개인의 각성수준이 최적범위에 있으면 높은 수행 예상
다차원적 불안이론	• 인지적 불안과 신체적 불안이 각성수준에 따라 수행에 각기 다른 방식으로 영향을 미침	• 신체적 불안은 수행과 역U관계 • 인지적 불안은 수행과 반비례
격변이론	• 인지적 불안과 생리적 불안의 상호작용에 의하여 수행이 결정됨	• 인지적 불안↓ 생리적 각성↑: 수행 역U • 인지적 불안↑ 생리적 각성↑: 수행이 점차 증가하다 어느 수준을 넘어서면 급격히 감소(핵심내용) • 실제 운동 상황을 설명하는데 보다 적절함 (수행수준은 체계적 연속적으로 나타나지 않으므로)
반전이론	• 각성과 정서의 관계는 각성수준을 어떻게 인지적으로 해석하느냐에 좌우됨	• 동기유형에 따라 높은 각성은 흥분 또는 불안으로, 낮은 각성은 지루함 또는 편안함으로 느낌
심리에너지 이론	• 각성을 어떻게 해석하느냐에 따라 긍정적, 부정적 심리에너지가 발생함	• 선수는 긍정적인 심리에너지가 높고, 부정적인 심리에너지가 낮을 때 최고 경기력 발휘

6) 불안, 스트레스 관리 기법: 바이오피드백, 점진적 이완기법, 자율훈련, 심호흡, 자화

> **핵심용어**
> - **재미**: 과제 시 느끼는 긍정적인 정서 반응
> - **몰입**: 최상의 수행 상태에서 개인이 주관적으로 경험하는 심리상태
> - **정서**: 사람의 마음에 일어나는 여러 가지 감정
> - **불안**: 높은 각성을 동반한 부정적 정서
> - **스트레스**: 지각된 환경의 요구와 유기체의 반응능력 간의 불균형적인 과정
> - **탈진**: 과다훈련 상황에서 신체적, 정신적으로 에너지가 고갈된 상태

3장 ㅣ 동기

1) 동기의 이해

- 동기: 성격적인 특성, 특정행동의 이유나 이에 대한 외부의 영향, 특정행동에 대한 결과나 그 행동을 설명하는 의미로 쓰임
- 동기의 정의: 노력의 방향과 강도
- 동기의 관점
  - 특성지향 관점: 어떤 사람의 성격, 태도, 목표 등이 동기를 결정한다는 관점
  - 상황지향 관점: 처한 상황과 환경에 의해서 동기가 결정된다는 관점
  - 상호작용 관점: 특성적 관점과 상황적 관점과의 상호작용 속에서 형성된다는 관점
- 국내 운동선수들의 스포츠 참가 동기는 스포츠 자체의 매력보다는 외적요인과 사회적 요인이 많은 것으로 나타남(국외 연구결과와 다른 특징)

2) 동기유발의 기능과 종류 그리고 방법

- 동기유발의 기능: 활성적, 지향적, 조절적, 강화적 기능
- 동기유발의 종류: 내적동기유발(성취감), 외적동기유발(상과 벌)
- 동기유발 전략

이론 근거한 동기유발 전략	• 운동실천 혜택 인식(건강신념 모형) • 운동방해요인 대책마련(계획행동 이론) • 자기효능감 높여줌(자기효능감 이론)
행동수정 전략	• 의사결정단서 제공, 운동출석상황 게시, 출석에 따른 보상 • 운동기능 향상 피드백 제공
인지행동 전략	• 목표설정 원칙에 맞는 목표설정 • 운동일지, 운동계약서 작성, 운동 강도 모니터링
내적동기 전략	• 즐겁게 운동하도록 만듦 • 몰입체험유도

3) 동기 이론

- 성취목표 성향 이론: 수행(접근, 회피), 과제(접근, 회피)의 모델로 설명
- 인지평가 이론: 기본적 심리욕구인 유능성과 자율성 전제, 내재적으로 동기화된 행동에 외적보상이 주어지면 내재적 동기가 삭감되고 타인에 의해 통제된다는 느낌을 발생시켜 오히려 과업에 대한 흥미를 감소시킨다는 설명
- 자기결정성 이론: 기본적 심리욕구에 관계성을 추가, 개인스스로 유능감 지각하고 스스로 운동과제를 결정하는 자율성 이외에도 타인과의 긍정적인 관계 속에서 개인이 제대로 동기화된다고 설명 (동기화는 무동기->외적동기->내적동기로 연속적인 범위에 걸쳐 나타남)

○ 동기 분위기 이론: 개인 스스로가 자신이 속해있는 환경을 어떻게 인식하는가에 따라 숙달적 동기 분위기와 수행적 동기 분위기로 나뉨

4) 귀인과 귀인 훈련

○ 귀인: 어떤 일이나 결과를 나타낸 원인에 대해서 설명이나 추론하는 것
○ 웨이너의 3차원 귀인모형: 능력, 노력, 과제의 난이도, 운을 바탕으로 원인소재(내적, 외적), 안정성(안정적, 불안정적), 통제성(통제가능, 통제불가능)을 적용한 모형
○ 귀인의 재훈련: 성공의 원인은 자신의 능력에서 찾고, 실패의 원인은 노력(불안정적, 통제가능)의 부족이나 전략의 미흡 때문이라고 믿도록 귀인을 바꾸는 것

핵심용어
- 동기: 어떤 일이나 행동을 일으키게 하는 계기
- 귀인: 어떤 일이나 결과를 나타낸 원인에 대해서 설명이나 추론하는 것

4장 ❙ 목표설정

1) 목표설정의 개념과 중요성

○ 목표: 정해진 기간까지의 특정과제의 향상기준
○ 목표의 유형: 주관적 목표와 객관적 목표, 결과목표와 수행목표
  - 주관적 목표 : 기준이 자신에게 있는 것
  - 객관적 목표: 구체적인 시간제한내에 구체적인 수행기준에 도달하는 것
  - 결과목표: 조절할 수 없는 결과나 성과에 기반을 둔 기준
  - 수행목표: 운동수행성취에 기반을 둔 기준
○ 목표의 중요성: 행동, 생각, 감정을 변화시킴

2) 목표설정의 원리

○ 구체적인 목표 설정, 긍정적인 목표 설정, 도전적이지만 실현가능한 목표 설정함
○ 결과목표와 과정목표를 함께 설정, 장기목표 세운 후 단기목표를 세움
○ 목표를 기록하고 보이는 곳에 붙임

핵심용어
- 목표: 정해진 기간까지의 특정과제의 향상기준
- 주관적 목표: 기준이 자신에게 있는 것
- 객관적 목표: 구체적인 시간제한내에 구체적인 수행기준에 도달하는 것
- 결과목표: 조절할 수 없는 결과나 성과에 기준을 둔 것
- 수행목표: 운동수행성취에 기준을 둔 것

5장 ┃ 자신감

1) 자신감의 개념

- 자신감: 주어진 과제를 성공하거나 목표를 달성할 수 있다는 믿음
  - 유사개념: 자기효능감(자신감의 하위개념), 낙관주의(미래에 대한 긍정적인 기대)
- 자신감 있는 선수들의 특징: 차분하게 경기에 임함, 주의집중을 잘함, 훈련이나 경기에서 더 노력함, 목표를 성취하지 못하게 되면 더욱 노력함, 더욱 적절한 경기전략을 활용함, 회복탄력성이 높음
- 자신감에 관한 오해: 자신감은 선천적으로 타고남, 긍정적인 피드백만이 자신감을 높임, 성공은 항상 자신감을 향상시킴, 실수는 자신감을 저하시킴
- 자신감을 갖기 위한 필요조건: 기술수행, 집중유지, 회복탄력성에 대한 자신감

2) 자신감의 이론 및 구성요소

- 자기효능감 이론: 자기효능감은 성공경험, 대리경험, 사회적 설득, 신체적 정서적 상태의 정보원으로부터 영향을 받음
- 스포츠 자신감의 구성요소: 성취(성공경험), 준비(신체적, 심리적), 자기조절, 모델링, 피드백, 기타

3) 자신감 향상방법

- 혼잣말: 마음속으로 의식적, 임의적으로 하는 생각과 혹은 작게 속삭이거나 크게 자신에게 말하는 내용을 의미
- 부적절한 혼잣말: 과거나 미래에 초점을 둔 혼잣말, 경기 중 자신의 약점에 초점을 둔 혼잣말, 결과에만 초점을 둔 혼잣말, 자신이 조절할 수 없는 요인에 초점을 둔 혼잣말, 자신에게 완벽함을 요구하는 혼잣말
- 부정적인 혼잣말을 긍정적인 혼잣말로 바꾸는 훈련을 해야 함

> **핵심용어**
> - 자신감: 주어진 과제를 성공하거나 목표를 달성할 수 있다는 믿음
> - 혼잣말: 마음속으로 의식적, 임의적으로 하는 생각과 혹은 작게 속삭이거나 크게 자신에게 말하는 내용의 의미

6장 ┃ 심상

1) 심상의 개념과 유형

- 심상: 모든 감각을 활용하여 마음속으로 어떠한 경험을 재현하거나 창조하는 것
- 심상의 유형: 내적 심상(자신의 시점, 몸의 감각을 찾을 때 활용), 외적 심상(관찰자의 시점, 올바른

샷을 위한 스윙기술을 확인할 때 활용),
○ 심상의 효과: 자신감 향상, 동기유발, 에너지 수준관리, 기술의 학습과 완성, 재집중, 시합준비

2) 심상의 효과와 관련된 이론

심리신경근 이론	심상을 하면 뇌와 근육에 실제움직임이 일어날 때와 유사한 자극 발생, 근육의 운동기억을 강화시킴
상징학습 이론	심상을 하면 동작이 뇌에 상징적으로 기호화 됨, 동작을 잘 이해하게 되거나 자동화시킴
생체정보 이론	심상을 하면 뇌의 장기기억에 저장된 구체적인 전제(자극전제와 반응전제)가 활성화 됨, 운동수행을 위해서는 반응전제를 강화시켜야 함

3) 심상의 측정과 활용

○ 심상의 측정: 스포츠심상 질문지로 측정
○ 심상의 활용: 차분하고 이완되어야 함, 모든 감각을 동원함, 이미지를 조절함, 처음에는 심상 훈련을 쉽게 시작함, 운동감각을 느낌, 반복연습 함

핵심용어
- 심상: 모든 감각을 활용하여 마음속으로 어떠한 경험을 재현하거나 창조하는 것
- 심리신경근 이론: 심상을 하면 뇌와 근육에 실제움직임이 일어날때와 유사한 자극이 발생한다는 것
- 상징학습 이론: 심상을 하면 동작이 뇌에 상징적으로 기호화된다는 것
- 생체정보 이론: 심상을 하면 뇌의 장기기억에 저장된 구체적인 전제가 활성화된다는 것

7장 ▮ 주의집중

1) 주의집중의 개념

○ 주의: 개인이 관심을 기울일 대상을 선정하는 능력
○ 집중: 주의로부터 받아들인 정보를 개인이 처한 상황에 맞게 가장 적합한 주의로 유지하는 것
○ 주의의 특징: 주의의 용량(정보의 양은 제한적), 주의의 준비(적정 각성 수준 유지), 주의의 선택
○ 주의의 유형: 주의의 폭(넓은, 좁은), 주의의 방향(내적, 외적)
  • 넓은-외적: 축구, 패스할 동료선수 파악
  • 넓은-내적: 시합 전에 경기 생각
  • 좁은-외적: 골프, 퍼팅준비
  • 좁은-내적: 다이빙, 이미지 그리기

2) 주의집중의 측정: 주의유형 검사지, 주의집중 검사지로 측정

3) **주의집중의 향상방법**: 주의산만요인에 노출시킴, 주의초점의 전환 훈련함, 지금 현재하는 수행에 집중함, 적정 각성 수준 찾음, 재집중 하도록 훈련함, 조절할 수 있는 것에 집중함, 수행 전 루틴을 개발하고 연습함

핵심용어

- 주의: 개인이 관심을 기울일 대상을 선정하는 능력
- 집중: 주의로부터 받아들인 정보를 개인이 처한 상황에 맞게 가장 적합한 주의로 유지하는 것

8장 | 루틴

1) 루틴의 개념과 효과

○ 루틴: 경기력을 향상시키기 위해 계획한 순차적인 수행 전 행동
○ 루틴의 효과: 경기의 준비, 조절 가능한 요인에 집중, 예상치 못한 경기상황 변화에 적응, 자기자각 가능, 신체적·심리적·행동적인 요인을 통합하게 함

2) 루틴의 유형과 측정

○ 루틴의 유형
  - 경기 전 루틴: 목록작성 → 순서결정 → 수행장소 고려 → 소요시간 결정 → 시범경기시도
  - 수행 간 루틴: 휴식, 재정비, 재집중을 고려
  - 경기 후 루틴: 신체적, 심리적, 장비에 대한 부분으로 구성
  - 미니 루틴: 특정한 동작을 하기 직전의 루틴
○ 재집중 루틴 만들기: 주의분산 요인 인지 → 어디에 초점을 둘지 결정 -> 주의집중하기 위해 준비 → 주의집중 단서 만들기 → 자신만의 재집중 루틴 만들기

핵심용어

- 루틴: 경기력을 향상시키기 위해 계획한 순차적인 수행 전 행동
- 경기 전 루틴: 경기 전에 운동수행과 관련된 모든 요인을 준비하는 특정 전략 루틴
- 수행 간 루틴: 운동수행 간의 시간동안 수행에 대한 조절을 하는 루틴
- 경기 후 루틴: 경기가 끝난 후 신체적, 심리적, 장비 점검과 관련된 루틴
- 미니 루틴: 운동수행에서 특정한 동작을 하기 직전의 루틴

스포츠심리학 핵심요약

4부. 스포츠수행의 사회심리적 요인

학습목표

- 집단응집력, 리더십, 사회적 촉진 그리고 사회성 발달의 개념을 이해한다.
- 집단응집력, 리더십, 사회적 촉진 그리고 사회성 발달과 관련된 이론들을 이해한다.
- 집단응집력, 리더십, 사회적 촉진 그리고 사회성 발달과 운동수행의 관계를 이해한다.

1장 | 집단응집력

1) 응집력의 개념 및 정의

○ 응집력: 집단의 목적과 목표를 추구하기 위해서 집단에 단결하여 남으려고 하는 경향성에 나타난 역동적 과정

2) 집단에서의 사회적 태만

○ 사회적 태만의 대표적인 연구
- 링겔만 효과: 집단의 크기가 커질수록 개인 수행의 평균이 감소하는 현상, 집단의 잠재능력에 비해 실제능력이 줄어드는 이유는 동기 감소
- 사회적 태만: 집단에서 발생하는 동기 손실
- 사회적 태만의 이론
  - 슈타이너 모형: 개인과 집단 수행의 관계에 대해서 집단의 실제생산성은 잠재적 생산성과 집단과정의 관계에 따라서 결정된다고 주장

집단의 실제생산성 = 잠재적 생산성 - 과정손실(조정, 동기)		
잠재적 생산성		구성원들의 능력을 최대로 발휘했을 때 이룰 수 있는 최상 결과
과정 손실	조정손실	부적절한 타이밍, 잘못된 전략으로 팀 잠재력을 떨어뜨리는 경우
	동기손실	구성원이 최대의 노력을 하지 않는 경우

  - 사회적 태만의 통합모형: 사회적 태만에 관한 80편 이상의 연구결과를 종합한 모형
○ 사회적 태만의 감소방안: 개인의 노력이 개인수행, 개인성과와도 연관되어야 함(평가 상황 조성, 책임감 부여, 팀목표와 개인목표 모두 설정)

3) 집단응집력 이론

- 스포츠 팀 응집력 이론 모형: 응집력 결정 요인들을 환경적 요인, 개인적 요인, 리더십 요인, 팀요인으로 구분하고, 응집력의 결과는 집단적 성과, 개인적 성과로 구분하여 설명
- 집단응집력 측정 모형: 집단에 대한 개인적 매력, 집단 통합의 범주로 나누고, 이를 다시 과제 응집력(집단의 과제 달성이 목적), 사회적 응집력(사회적인 유대관계가 목적)으로 각각 나누어 설명

4) 집단응집력과 운동수행 관계

- 응집력과 운동수행의 인과성: 수행성공에서 응집력 쪽으로 가는 것이 타당
- 응집력과 운동수행 과제: 최근 연구에서 상호작용적 종목, 공행 종목 모두에서 응집력과 수행사이에 긍정적인 관계 나타남
- 집단 규범과 운동수행의 관계: 응집력이 높은 집단에 속한 사람은 집단 규범의 좋고 나쁨에 관계없이 집단규범을 지킴

5) 팀 구축과 집단응집력 향상 기법

- 팀 구축: 과정 혹은 팀 상승효과에 긍정적인 영향을 미침으로써 팀 경기력을 향상시키는 팀 개입
- 팀 구축 이론 모형: 팀 구조와 팀 환경->팀의 과정->팀의 응집력에 영향을 미침
- 팀 구축 및 집단응집력 향상 기법: 팀 목표 설정, 목표에 대한 평가, 역할을 분명하게 만드는 것 등

핵심용어

- 응집력: 집단의 목적과 목표를 추구하기 위해서 집단에 단결하여 남으려고 하는 역동적 과정
- 사회적 태만: 집단에서 발생하는 동기 손실
- 팀구축: 과정 혹은 팀 상승효과에 긍정적인 영향을 미침으로써 팀 경기력을 향상시키는 팀 개입

2장 ㅣ 리더십

1) 리더십의 정의 및 개념

- 리더십: 공통의 목표를 달성하기 위한 방향으로 집단의 활동을 이끄는 개인의 행동

2) 리더십 이론

특성적 접근	• 성공적인 리더는 타고난 특성이 있어서 어떤 상황에서도 훌륭한 리더가 될 수 있다고 주장
행동적 접근	• 성공적인 리더의 행동특성을 찾아내어 가르치면 누구나 훌륭한 리더가 될 수 있다고 주장 • 전제-민주-자유방임적: 전제적 리더십은 위기상황에 효과적, 민주적 리더십에서 성원의 생산성과 사기 높음 • LBDQ: 지도자행동기술 질문지 • 스포츠 팀 리더십 행동연구: LBDQ를 수정하여 코칭행동기술질문지 개발

상황적 접근	• 리더십을 결정짓는 것은 리더의 특성이나 행동뿐만 아니라 지도자와 추종자의 상호작용, 이를 둘러싼 상황적 요구라고 주장 • 피들러의 상황부합 이론: 리더십의 효율성은 지도자의 인적특성과 집단의 상황적 조건에 의존한다는 '유관성 모형'을 제안 　- 상황이 가장 좋거나 나쁠 때는 과제 지향적 지도자가 효과적 　- 상황이 중간 정도일 때는 개인 지향적 지도자가 효과적 • 다차원적 리더십 모형: 리더십의 효율성은 특정상황에서 리더에게 요구되는 규정된 행동, 리더가 실제로 하는 행하는 행동, 구성원들이 좋아하는 선호행동의 일치여부에 의하여 결정된다는 설명(세 가지 행동이 일치할 때 리더십의 효율성 극대화)

3) 리더십의 상황요인과 효과

- 리더십의 상황요인과 효과규명을 위한 통합모형: 코칭행동에 영향을 미치는 선행요인 그리고 이러한 코칭행동이 어떤 매개변인을 통해 선수의 수행과 행동에 영향을 주는지를 구체화함
- 리더십의 상황요인: 코치의 기대, 코치의 고정관념, 코치의 심리적 특성, 사회문화적 맥락의 영향, 경쟁수준 및 스포츠 구조

4) 강화와 처벌의 적용

○ 강화: 특정한 반응이 나타날 확률을 높여주는 것
○ 행동조형: 강화물들을 사용하여 운동선수의 행동을 점차적으로 가꾸어나가는 것
○ 강화 종류: 정적강화(칭찬)와 부적강화(꾸중), 1차적 강화(돈)와 2차적 강화(말, 몸짓), 연속 강화와 부분 강화
○ 강화전략: 공개 전략, 프리맥의 원리 활용, 즉각적이나 장기적, 규칙적이거나 간헐적 등 강화의 시점을 고려하여 사용
○ 처벌: 특정한 반응이 나타날 확률을 줄이기 위한 것
○ 강화와 처벌 비교: 모든 강화는 바람직한 행동이 일어나게 할 확률 증가, 처벌은 특정행동의 발생을 억압시키는 것뿐이지 제거하는 것은 아님

5) 코칭스타일과 코칭행동평가

○ 코칭 및 리더십 스타일: 주어진 상황에 가장 적합하도록 권위적 스타일과 민주적 스타일을 적절하게 적용하는 것이 가장 이상적
○ 코칭 스타일에 대한 타프와 갤리모어의 연구: 선수들에게 구체적인 지시를 하고, 기록카드를 가지고 훈련을 실시하고, 피드백 샌드위치를 사용하는 것이 효과적인 코칭행동으로 나타남
○ 코칭행동평가: 선수들이 선호하는 리더십 유형은 성숙 수준(연령, 경쟁수준, 경력)에 따라 다르게 나타남. 성별, 사회문화적 요인, 스포츠유형에 따라서도 선호하는 코칭행동이 다르게 나타남

- 코칭행동평가시스템: 선수들의 행동에 대한 반응으로 일어나는 행동과 감독이 일으키는 자발적인 행동을 통해서 전체적인 코칭행동을 평가

핵심용어
- 리더십: 공통의 목표를 달성하기 위한 방향으로 집단의 활동을 이끄는 개인의 행동
- 강화: 특정한 반응이 나타날 확률을 높여주는 것
- 처벌: 특정한 반응이 나타날 확률을 줄여주는 것
- 코칭스타일: 코치의 코칭스타일을 분류하는 것

3장 | 사회적 촉진

1) 사회적 촉진의 개념과 이론

- 사회적 촉진: 타인의 존재가 수행에 미치는 영향
- 사회적 촉진 이론

단순존재가설	타인이 존재만으로 각성이 유발된다는 설명
평가우려 가설	타인이 전문성을 갖추고 있고, 자신이 타인에게 평가받았던 학습경험이 있어야만 각성이 유발된다는 설명
자아이론	타인의 존재로 인하여 자의식이 증진되어 수행에 영향을 미친다는 설명
주의 분산/갈등 이론	타인의 존재로 인한 집중의 방해효과와 잘하려는 효과의 상대적인 크기에 따라 수행결과가 달라진다는 설명

2) 관중효과

- 홈구장의 이점: 실내경기, 득점처럼 공격을 할 때 발생
- 홈구장의 불리함: 홈관중으로 인해 자의식이 높아져 숙련된 수행을 방해
- 홈구장 이점과 관련된 요인: 관중, 경기장 조건에 대한 낯선 정도, 이동거리

3) 경쟁과 협동의 효과
경쟁 못지않게 협동이 개개인의 운동성취를 높일 뿐만 아니라 사회적, 심리적으로 여러 가지 긍정적인 혜택을 제공

4) 모델링 방법과 효과

- 모델링: 하나 이상의 모델을 관찰함으로써 나타나는 행동적, 인지적, 정의적 변화
- 모델링의 기능: 행동반응 촉진, 행동억제와 탈억제, 관찰학습 유발
- 모델링의 과정: 관찰→주의집중→파지→동작재생→동기→수행
- 모델링 효과
  - 모델링 기법은 운동수행 향상에 매우 효과적(복잡한 과제에 더 도움)

- 비운동수행과 관련해서 모델링은 자신감 향상, 사회성을 발달시킴

5) 사회적 촉진에 대한 자기와 주요타자의 영향

○ 사회적 촉진에 대한 자기영향: 모델과 수행자의 유사성이 동기적인 측면에서 긍정적으로 작용, 운동수행과 수행자의 심리에 주는 효과가 긍정적
○ 사회적 촉진에 대한 주요타자의 영향: 부모, 동료, 코치에 의해 사회적 촉진됨

핵심용어
- 사회적 촉진: 타인의 존재가 수행에 영향을 미치는 영향
- 관중효과: 운동경기를 구경하기 위하여 모인 사람들 때문에 수행에 영향을 받는 현상
- 모델링: 하나 이상의 모델을 관찰함으로써 나타나는 행동적, 인지적, 정의적 변화

4장 ┃ 사회성 발달

1) 공격성의 개념

○ 피해나 부상을 피하려는 사람에게 피해나 부상을 입히기 위한 목적으로 가해지는 모든 행동
○ 공격행위의 종류: 적대적 공격성(충동적), 수단적 공격성(의도적)

2) 공격성의 이론

본능이론	공격성이 선천적인 본능현상이라는 설명
좌절-공격 가설	공격행위는 언제나 좌절의 결과로 일어나고, 좌절은 언제나 공격행위를 초래한다고 가정
사회학습이론	공격행위를 환경 속에서 관찰과 강화에 의하여 학습한 것으로 설명

3) 스포츠에서 공격성의 원인과 결과

○ 공격성의 원인
- 종목의 특성(비접촉 종목<접촉 종목), 스코어 차이(팽팽한 접전<차이가 많이 날 때), 경기장(홈경기<원정경기), 팀의 순위(상위리그<하위 리그), 경기의 시점(시합초반<시합후반), 경력과 경기수준(낮음<높음), 성(여자선수<남자선수)에 따라 차이가 나타남
○ 공격행위가 수행에 도움이 되지 않음

4) 스포츠 참가와 인성발달: 전반적으로 인성발달에 긍정적인 영향을 미침

핵심용어
- 공격성: 피해나 부상을 피하려는 사람에게 피해나 부상을 입히기 위한 목적으로 가해지는 모든 행동
- 인성발달: 개인이 가지는 사고와 태도 및 행동특성이 발달하는 것

5부. 운동심리학

학습목표

- 운동이 심리적 변인에 미치는 긍정적, 부정적 영향을 이해한다.
- 운동행동을 예측하는 주요이론들을 이해하고 다른 이론과의 차이점을 비교해 본다.
- 운동실천을 촉진시키는 여러 중재전략을 이해한다.

1장 | 운동의 심리적 효과

1) 운동과 성격

○ 성격에 따른 운동수행 또는 운동실천을 보는 관점
  - 성역할 특성에 따라 운동강도를 느끼는 수준이 달라질 수 있음
  - 성역할: 남성 및 여성의 특징으로서 적합하다고 여기는 사회적인 신념 또는 고정관념이 일상생활의 역할에 반영된 것
  - 성격 5요인 중 외향성과 성실성이 높은 사람은 운동실천 수준이 높게 나타남, 정서적 불안정성이 높은 사람은 운동실천 수준이 낮음
○ 운동수행 또는 운동실천에 따른 성격의 변화 문제를 보는 관점
  - 운동참여로 A형 성격(경쟁적이며 적대적임)을 변화시킬 수 있음
  - A형 성격: 경쟁적이며 적대감을 갖고 있는 성격
  - 우수선수는 심리적 측면에서도 이상적인 상태

2) 운동의 심리생리적 효과

○ 운동과 불안: 유산소 운동이 불안을 감소시킴
○ 운동과 우울: 운동기간을 길게 잡는 것이 우울증 개선에 효과적임
○ 운동과 기분: 운동으로 긍정적 정서 체험(런너스 하이)
○ 운동과 자기개념: 운동은 신체적 자기개념에 긍정적 영향, 아동의 자아존중감 향상에 효과적임
○ 운동과 인지기능: 장기간 운동이 인지능력의 개선에 긍정적 영향 미침
○ 부정적인 영향: 운동중독, 과훈련과 탈진, 식이장애, 스테로이드 남용 등

3) 신체활동의 심리측정

- 운동강도의 심리적 측정: 주관적 운동강도 척도(RPE), 토크 테스트를 사용
- 신체활동량의 심리적 측정: 여가운동참가 질문지 사용
- 운동정서 측정; 기분상태검사지, 긍정적 부정적 감정 척도 사용

4) 심리적 효과의 과정

열발생 가설	• 운동 후 편안함을 느끼는 현상을 설명하는 가설 • 운동으로 인한 체온상승은 근육을 이완시키고 불안을 감소시킴
모노아민 가설	• 운동이 우울증에 도움이 되는 이유를 설명하는 가설 • 운동을 하면 신경전달물질(세로토닌, 노에피네프린, 도파민 등) 분비가 많아지며, 이로 인해 감정과 정서가 개선됨
뇌변화 가설	• 운동에 따른 인지적 혜택을 설명하는 가설 • 운동을 하면 대뇌피질의 혈관밀도가 높아지고 뇌의 구조에도 긍정적으로 변화가 나타남
생리적 강인함 가설	• 운동을 통해 대처능력이 좋아지고 정서적으로 안정되어 불안이 줄어든다는 가설 • 규칙적으로 운동을 하는 것은 규칙적으로 스트레스를 가하는 것과 유사함
사회심리적 가설	• 운동의 위약효과를 설명한 가설 • 운동 후에 심리적으로 좋은 효과를 얻는 것은 운동이 실제로 효과가 있어서가 아니라 운동을 하면 기분이 좋아질 것이라고 기대하기 때문

핵심용어

- 성역할: 남성 및 여성의 특징으로서 적합하다고 여기는 사회적인 신념 또는 고정관념이 일상생활의 역할에 반영된 것
- A형 성격: 경쟁적이며 적대감을 갖고 있는 성격
- 우울: 근심스럽거나 답답하여 활기가 없는 상태
- 기분: 뚜렷한 선행사건을 지각하지 못하거나 비교적 오래 지속되는 감정
- 자기개념: 자기자신에 대하여 생각하고 느끼는 내용

2장 | 운동심리 이론

1) 합리행동 이론과 계획행동 이론: 개인의 의도는 행동예측의 결정적 변인

- 합리행동 이론: 의도는 행동에 대한 태도(운동이 중요하다고 생각함)와 주관적 규범(운동을 해야 한다는 주변사람들의 기대와 압력)에 의해 형성된다는 설명
- 계획행동 이론: 합리행동 이론에 행동통제인식을 추가, 이것은 의도뿐만 아니라 행동에 직접적 영향을 준다는 설명

2) 건강신념 모형: 질병발생 가능성 인식과 질병의 심각성 인식->질병의 위험성 인식->행동함에 따른 이득이 손실보다 크면 건강행동으로 실행한다고 설명

3) **자기효능감 이론:** 자기효능감은 과거의 수행(가장 큰 역할), 간접경험, 언어적 설득, 신체와 정서 상태에 의해 결정됨

4) **변화단계 이론:** 운동행동의 변화를 다음의 5단계로 구분해서 설명

무관심 단계	운동시작 의도 없음
관심 단계	운동시작 의도 있음
준비 단계	운동실천, 가이드라인(주당3회 이상·1회 20분 이상) 채우지 못함
실천 단계	운동실천, 가이드라인 채움
유지 단계	운동실천(6개월 이상), 가이드라인 채움

5) **생태학 이론:** 환경과 행동이 상호작용을 한다고 간주, 운동실천을 높이기 위해서는 개인 내적 변인뿐만 아니라 사회적 환경, 물리적 환경, 정책 변인 등을 모두 고려해야 한다고 설명

핵심용어

- **합리행동이론:** 의도는 개인의 행동에 대한 태도, 주관적 규범에 의해 형성된다는 것
- **계획행동이론:** 의도는 개인의 행동에 대한 태도, 주관적 규범, 행동통제인식에 의해 형성된다는 것
- **건강신념모형:** 개인의 건강관련 행위에 있어 지각을 중요시 함(질병발생 가능성, 심각성, 위험성 인식)
- **자기효능감이론:** 자기효능감은 특정상황에서 주어진 과제를 성공적으로 수행할 수 있다는 개인의 믿음. 이것이 과거의 수행, 간접경험, 언어적 설득, 신체와 정서상태에 의해 결정된다는 것
- **변화단계이론:** 운동행동의 변화를 5단계로 구분한 것
- **생태학이론:** 운동실천을 높이기 위해서는 개인 내적 변인뿐만 아니라 사회적 환경, 물리적 환경, 정책변인 등을 모두 고려해야 한다는 것

3장 ┃ 운동실천 중재전략

1) 운동실천 영향요인

- 개인요인: 소득과 교육수준, 자기효능감과 자기동기, 운동에 대한 재미, 혜택 인식이 높을수록 운동을 실천할 가능성 높음
- 환경요인: 사회적 환경(가족, 친구, 동료의 지지), 물리적 환경(시설에 대한 인식된 접근성과 실제적 접근성의 일치)
- 운동특성요인: 중간 강도, 10분 이상으로 2-3회 나누어, 단체로 할 때 지속실천의 가능성 높음

2) 지도자, 집단, 문화의 영향

- 지도자: 풍부한 리더십, 풍부한 분위기(회원이 스스로 만드는 분위기)가 지속실천에 영향을 줌
- 집단 응집력: 응집력이 높은 집단일수록 운동지속 실천도 좋아짐, 응집력 향상 전략으로 팀빌딩 적용

○ 사회적지지: 도구적지지, 정서적지지, 정보적지지, 동반적지지, 비교확인지지
○ 문화: 문화적으로 기대되는 신념은 운동을 하는 패턴에 영향을 줌

3) 이론에 근거한 전략

자결성 이론	• 외적보상을 받으면 유능감, 통제되는 느낌, 자결성과 관련하여 내적동기에 영향을 줌 • 외적보상이 유능감에 긍정적인 정보를 주고 자신이 스스로 통제력을 발휘한다는 정보를 주면 내적동기가 높아짐 • 3가지 전제: 자결성, 유능성, 관계성 • 동기: 내적동기, 외적동기, 무동기 • 변화단계가 높아질수록 자결성 수준이 높아짐 • 자결성 키우는 중재전략 적용(운동 프로그램에 회원 의견 반영)
자기효능감 이론	• 과거수행(약간 어려운 목표설정을 하고 달성해서 성취감을 느끼게 함) • 간접경험(모델링) • 언어적 설득(격려와 칭찬) • 신체와 정서상태(운동 중 통증을 긍정적으로 해석하도록 지도)
변화단계 이론	• 무관심단계(정보제공) • 관심단계(추가적인 정보 제공) • 준비단계(성공경험으로 자기효능감 높여줌) • 실천단계(방해요인 극복대책 마련) • 유지단계(다른 사람의 운동멘토로 만듦)

4) 행동수정 및 인지전략

○ 행동수정: 프롬프트(단서), 계약하기, 출석게시, 보상제공, 피드백 제공
○ 인지전략: 목표설정, 내적집중과 외적집중
○ 의사결정 전략: 운동을 시작함에 따라 얻을 수 있는 혜택과 손실을 표로 만듦
○ 내적동기 전략: 운동체험과 과정을 중시, 의미와 목적 찾음

핵심용어

- 사회적지지: 개인이 대인관계에서 얻을 수 있는 긍정적 자원
- 자결성 이론: 외적보상을 받으면 유능감, 통제되는 느낌, 자결성과 관련하여 내적동기에 영향을 준다는 것. 외적보상이 유능감에 긍정적인 정보를 주고 자신이 스스로 통제력을 발휘한다는 정보를 주면 내적동기가 높아짐(3가지 전제는 자결성, 유능성, 관계성, 동기는 내적동기, 외적동기, 무동기)

6부. 스포츠심리상담

> **학습목표**
> - 스포츠심리상담의 정의와 이론에 대해 이해한다.
> - 스포츠심리상담의 역할과 윤리에 대해 이해한다.
> - 스포츠심리상담의 절차와 기법에 대해 이해한다.

1장 | 스포츠심리상담의 정의

1) 스포츠심리상담의 정의

- 스포츠심리상담: 스포츠와 운동 상황에서 선수, 지도자, 일반 운동참여자를 대상으로 심리기술훈련과 상담을 적용하여 경기력 향상과 인간적 성장을 위한 개입과정
- 심리기술훈련: 다양한 심리기법을 연습하고 훈련하여 심리기술을 향상시키는 것
  - 심리기술: 선수의 심리상태를 조절하여 최상수행을 발휘할 수 있도록 하는 능력(상위개념)
  - 심리기법: 심리기술을 향상시키거나 시합에 적절한 상태에 도달하기 위해 사용되는 방법(하위개념)
- 상담: 도움을 필요로 하는 사람이 전문적 훈련을 받은 사람과의 대면관계에서 생활과제의 해결과 사고, 행동 및 감정 측면의 인간적 성장을 위해 노력하는 학습과정

2) 스포츠심리상담의 이론

- 인지재구성 모형: 합리적 정서치료의 중심이 되는 ABDCE 이론 모형, 비합리적인 신념을 논박하여 합리적인 사고유형으로 재구성

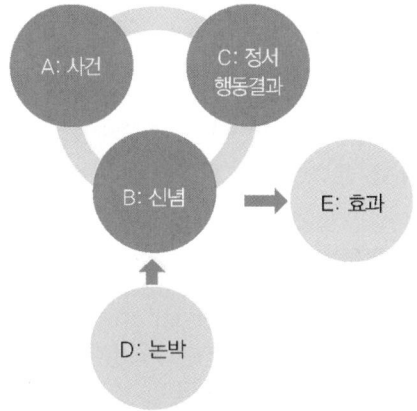

○ 교육적 모형: 심리기술훈련을 단계별로 나누어 훈련하게 하는 이론모형
- 폐쇄기능 분석(역학적/생리적 분석)→선수의 심리적 평가(다양한 질문지 활용)→개념화 및 동기화(의지와 동기부여)→심리기술의 개발(중재기법, 수행루틴 개발)
○ 멘탈 플랜 모형: 선수의 잠재력과 장점을 찾고, 적합한 멘탈 플랜 구성해 줌
- 최고수행과 최저수행의 시합회상→두 수행의 차이점 인식→최고수행 상태를 이끌어낼 수 있는 각종 심리기법을 선정, 연습시킴
○ 이론적 모형의 선택 시 고려할 사항: 종목과 선수의 심리적 상황에 적합한 이론을 이해하고 적용

3) 스포츠심리상담사의 역할과 윤리

○ 스포츠심리상담사의 역할: 정보전달, 심리기술지도, 프로그램 개발 및 평가
○ 스포츠심리상담사의 상담윤리
- 일반원칙: 전문성, 정직성, 책무성, 인권존중, 사회적 책임
- 일반윤리: 권력남용과 위협, 의뢰와 위임, 상담비용, 물품, 부적절한 관계, 비밀보장

핵심용어
- 스포츠심리상담: 스포츠와 운동 상황에서 선수, 지도자, 일반 운동참여자를 대상으로 심리기술훈련과 상담을 적용하여 경기력 향상과 인간적 성장을 위한 개입과정
- 심리기술: 선수의 심리상태를 조절하여 최상수행을 발휘할 수 있도록 하는 능력
- 심리기법: 심리기술을 향상시키거나 시합에 적절한 상태에 도달하기 위해 사용되는 방법

2장 ┃ 스포츠심리상담의 적용

1) 스포츠심리상담의 절차와 기법

○ 스포츠심리상담의 절차
- 상담 전 단계: 상담을 요청하는 내담자와 스포츠심리상담자의 공식적인 상담관계 형성(자발적인 의뢰, 비자발적인 의뢰)
- 상담시작 단계: 신뢰형성 시기(상담의 효과가 좌우됨), 상담의 목표설정, 질문지 활용한 심리상태 측정하여 상담내용 결정, 상담을 통한 내담자의 심층상태 파악
- 상담진행 단계: 현장에 동행하여 상황에 따른 선수의 심리상태 파악, 상담기법
- 상담종결 단계: 심리적 변인을 재측정하여 시작단계 결과와 비교, 상담효과 검증, 목표성취여부 평가
○ 스포츠심리상담의 기법

신뢰형성	• 내담자가 원하는 것이 무엇인지 정확하게 파악 • 상담의 효과에 대한 긍정적인 기대를 가질 수 있도록 분위기 조성 • 전문성을 갖추고 공감대 형성

관심집중	• 내담자를 향해서 앉기 • 적절하게 시선 맞춤	• 팔짱을 끼거나 다리를 꼬지 않음 • 상담자가 긴장을 품
경청	• 언어적 메시지(말) • 비언어적 메시지(표정, 손발의 움직임, 몸의 자세, 목소리 등)	
공감적 이해	• 내담자가 말한 의미를 생각할 시간을 가짐 • 반응시간을 짧게 함 • 내담자에 맞게 반응함	

핵심용어

- 상담 전 단계: 내담자의 상담요청으로 의뢰가 이뤄짐
- 상담시작 단계: 상담목표 설정하고 다양한 방법으로 내담자의 심층적인 심리상태 파악
- 상담진행 단계: 본격적으로 상담실과 현장에서 상담 진행. 심리상태 파악과 심리기술훈련 적용 확인
- 상담종결 단계: 양적 및 질적인 방법으로 상담 적용 효과 검증

스포츠심리학 문항이원출제표

문항 번호	출제 영역		문항 내용 차원	문항 행동 차원	문항 수준
	주요 항목	세부 항목			
1	스포츠심리학 개관	스포츠심리학의 정의	스포츠심리학의 관점을 구분	지식	중
2		스포츠심리학의 역사	우리나라 스포츠심리학의 성립과 발전과정 이해	이해	중
3		스포츠심리학의 영역과 역할	스포츠심리학의 다섯 가지 영역에 대한 구분	지식	상
4			운동행동학의 특징 이해	이해	중
5	운동기술의 원리와 학습의 이해	운동기술의 이해	움직임에 영향을 미치는 요인에 대한 구분	지식	하
6			운동능력예측의 이해	이해	중
7		운동학습의 이해	운동학습단계 인지	지식	하
8		운동학습의 변화	피드백과 전이의 차이를 이해	이해	중
9		운동발달의 이해	운동발달의 원리에 대한 이해	이해	상
10		운동발달의 평가	결과지향 평가도구와 과정지향 평가도구의 이해	이해	중
11	스포츠수행의 심리적 요인	성격	성격의 구조를 인지	지식	하
12			빙산형 프로파일을 바탕으로 우수선수 성격을 이해	이해	상
13		정서와 시합불안	재미의 개념을 이해	이해	중
14			정서와 기분의 차이를 이해하고 응용	응용	상
15			불안의 구분을 인지하고 그에 따른 차이를 구별	지식	중
16			유쾌스트레스와 불쾌스트레스를 이해	이해	중
17			탈진에 대한 전반적인 내용을 이해	이해	상
18			역U가설과 격변이론을 이해	이해	상

문항 번호	출제 영역 주요 항목	출제 영역 세부 항목	문항 내용 차원	문항 행동 차원	문항 수준
19			다차원적 불안이론에 대한 이해	이해	상
20			반전이론에 대한 이해	이해	중
21		동기	동기유발의 기능과 종류를 인지	지식	중
22		동기	인지평가이론과 자기결정성이론의 차이를 이해	이해	상
23		동기	귀인에 대한 전반적인 내용을 이해하고 응용	응용	중
24		목표설정	목표설정의 개념을 이해하고 응용	응용	하
25		목표설정	목표의 유형 구분을 이해하고 응용	응용	중
26		목표설정	목표설정의 중요성을 인지	지식	중
27		자신감	자신감과 관한 오해를 이해	이해	하
28		자신감	자기효능감 개념을 이해	이해	하
29		심상	심상의 개념을 인지	지식	하
30		심상	생체정보이론과 상징학습이론의 차이를 이해	이해	하
31		주의집중	각성에 따른 주의의 폭을 이해하고 응용	응용	상
32		주의집중	주의유형을 인지	지식	중
33		루틴	루틴개발 과정을 인지하고 응용	응용	하
34		루틴	루틴이 주는 효과를 이해	이해	중
35	스포츠수행의 사회심리적 요인	집단응집력	링겔만 효과를 인지	지식	중
36	스포츠수행의 사회심리적 요인	집단응집력	사회적 태만을 감소방안 이해	이해	중
37	스포츠수행의 사회심리적 요인	리더십	다차원적 리더십을 이해	이해	중
38	스포츠수행의 사회심리적 요인	리더십	강화의 종류와 그에 따른 특성 및 내용을 이해	이해	상
39	스포츠수행의 사회심리적 요인	사회성촉진	사회성촉진에 대한 개념과 이론의 이해	이해	중
40	스포츠수행의 사회심리적 요인	사회성촉진	모델링 과정을 이해하고 응용	응용	상

문항 번호	출제 영역		문항 내용 차원	문항 행동 차원	문항 수준
	주요 항목	세부 항목			
41		사회성발달	공격성의 특징을 이해	이해	중
42		운동의 심리적 효과	운동이 자아존중감과 우울증에 미치는 긍정적인 영향을 이해	이해	중
43			심리적 효과와 과정을 설명한 가설들을 이해하고 응용	응용	중
44	운동심리학	운동심리 이론	합리행동이론, 계획행동이론, 그리고 건강신념모형을 이해하고 응용	응용	상
45			변화단계 5단계 모형을 이해하고 응용	응용	중
46		운동실천 중재전략	사회적 지지의 유형을 구분하고 이해	이해	상
47		스포츠심리상담의 정의	인지재구성모형을 이해하고 응용	응용	하
48	스포츠심리상담	스포츠심리상담의 적용	스포츠심리상담의 절차를 이해하고 응용	응용	중
49			스포츠심리상담의 기법을 인지	지식	하
50			경청의 비언어적 메시지 인지	지식	중

스포츠심리학 출제예상문제

1. 스포츠심리학을 보는 광의의 관점에 포함되는 것으로 올바른 것은?

〈보기〉
ⓐ 운동제어　　ⓑ 운동학습　　ⓒ 운동발달

① ⓐ + ⓑ + ⓒ　　② ⓐ + ⓑ
③ ⓐ　　　　　　 ④ ⓑ

2. 우리나라 스포츠심리학이 체육학의 범위 내에서 발전하는데 크게 영향을 미쳤던 것은?

① 관련과목의 개설　　② 연구보다는 교육중심
③ 유학파의 등장　　　④ 관련학과 개설

3. 다음은 스포츠심리학 영역에 관한 내용이다. 빈칸에 적합한 용어로 연결된 것은? [무료동영상]

스포츠심리학(광의)					
구분	스포츠심리	ⓑ	운동학습	운동발달	운동심리학
관심	ⓐ	움직임 생성 및 조절	운동기술 습득원리	ⓒ	운동과 심리적 효과
주제	성격, 정서, 동기 등	협응구조, 자유도 등	연습법, 피드백 등	협응 변화, 인지적 변화 등	불안, 우울, 기분 등

	ⓐ	ⓑ	ⓒ
①	심리적요인과 스포츠수행	운동제어	생애에 걸친 운동발달
②	심리적요인과 스포츠수행	운동심리학	움직임 생성 및 조절
③	운동기술 습득원리	운동제어	생애에 걸친 운동발달
④	운동기술 습득원리	운동심리학	움직임 생성 및 조절

4. 운동행동학의 특징으로 가장 거리가 먼 것은?

① 제2차 세계대전은 운동행동학 연구가 급격하게 늘어난 계기
② 초창기 연구는 운동기술 그 자체를 연구하는 것이 목적
③ 운동발달 연구는 운동학습과 운동제어 연구에서 발달적으로 접근
④ 연구자들이 체육학 속에서 연구를 시작하면서 체육학의 하위분야로 정착

5. 움직임에 영향을 미치는 요인으로 올바른 것은?

① 과제: 이동성, 조종성, 안정성, 용이성
② 개인: 지각, 인지, 조절, 동작
③ 환경: 직접조절, 간접조절
④ 개인: 지각, 인지, 동작

6. 운동능력을 예측하는 상황에서의 공통점으로만 묶인 것은?

〈보기〉
㉠ 신체조건과 운동능력을 종합적으로 고려
㉡ 운동능력 검사 점수와 실제 운동기술 수행점수
㉢ 운동능력을 검사하는 항목 자체가 타당성, 신뢰성 확보
㉣ 비교운동기술에 필요한 운동능력 정의하고 운동능력 측정

① ㉠
② ㉠ + ㉡
③ ㉠ + ㉡ + ㉣
④ ㉠ + ㉡ + ㉢ + ㉣

7. 정보처리관점에서 인간의 인지적인 처리과정을 중심으로 인지, 연합, 자동화 단계로 구분한 것은?

① 피츠와 포스너의 단계
② 젠타일의 단계
③ 번스타인의 단계
④ 뉴웰의 단계

8. 피드백에 관한 내용이 아닌 것은?

① 학습자의 외부로부터 제공되는 정보는 보강피드백
② 감각 피드백 정보에 보충적으로 사용되는 것은 보강피드백
③ 학습자 내부의 감각시스템으로부터 제공되는 것은 감각피드백
④ 과거의 수행이 새로운 운동기술의 수행에 영향을 미치는 것

9. 운동발달의 원리가 <u>아닌</u> 것은?

① 방향성
② 일정한 순서
③ 연속적이고 점진적인 과정
④ 시기에 따라 발달의 속도 유사

10. 결과지향 평가도구의 내용이 <u>아닌</u> 것은?

① 과거에는 아동발달 영역에 대한 양적 평가도구에 집중
② 최근에는 질적인 특성에 중점을 둔 과정지향 평가도구 개발
③ 과정지향 평가도구는 정확한 운동발달 과정을 측정하기 위한 양적평가도구
④ 결과지향 평가도구는 운동발달 시기별로 나타나는 변인들을 양적으로 분석

11. 성격의 구조에 해당되는 모든 것은?

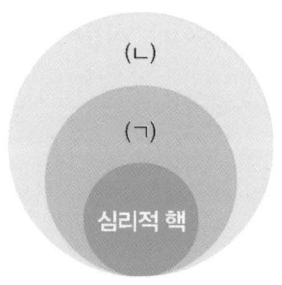

① ㉠ 전형적 반응 ㉡ 경향성
② ㉠ 역할행동 ㉡ 전형적 반응
③ ㉠ 전형적 반응 ㉡ 역할행동
④ ㉠ 경향성 ㉡ 전향적 반응

12. 다음의 그림과 관계가 가장 <u>먼</u> 것은?

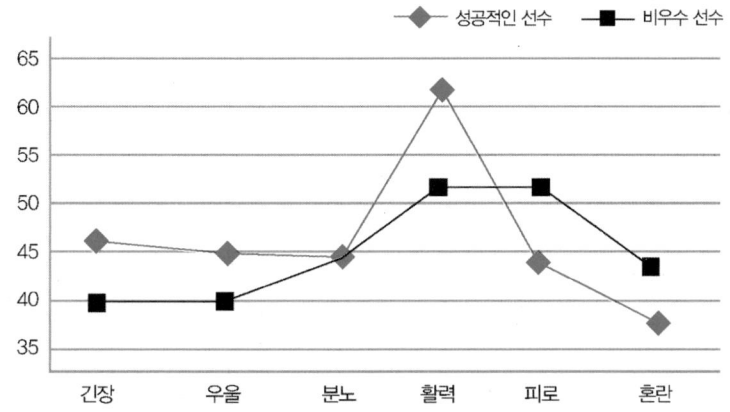

① 긍정적인 요인인 활력의 점수가 높음
② 성격특성이 스포츠 수행을 정확하게 예측함
③ 우수선수들의 기분상태 윤곽은 빙산형 모형을 하고 있음
④ 부정적인 요인인 긴장, 우울, 분노, 피로, 혼란의 점수가 모두 평균보다 낮음

13. 다음은 무엇을 설명한 것인가? 무료동영상

〈보기〉
㉠ 과제가 즐거움   ㉡ 유능감과 관련
㉢ 스트레스로부터 회복   ㉣ 과제가 흥미로움
㉤ 대표적인 이론은 인지평가이론   ㉥ 긴장으로부터 회복

① 재미   ② 불안
③ 각성   ④ 탈진

14. 〈보기A〉와 〈보기B〉는 친구들의 대화내용이다. 이들이 각각 설명하는 개념으로 바르게 묶인 것은?

〈보기〉
〈A〉 지미: 축하해
     성희: 고마워, 나도 득점을 하니까 정말 기쁘다.
〈B〉 혜미: 이유도 없이 그냥 우울하네...
     은혜: 너 이런 상태인지 좀 됐어.

① ㉠ 정서 ㉡ 기분   ② ㉠ 느낌 ㉡ 정서
③ ㉠ 기분 ㉡ 느낌   ④ ㉠ 감정 ㉡ 느낌

15. 다음에서 설명한 것은? 무료동영상

〈보기〉
㉠ 부적합한 느낌   ㉡ 통제력의 상실
㉢ 실패에 대한 공포   ㉣ 불만족스런 신체적인 증상

① 특성불안   ② 상태불안
③ 인지적 상태불안   ④ 경쟁 상태불안

16. 다음에서 (ㄱ)에 해당하는 것으로 올바른 것은?

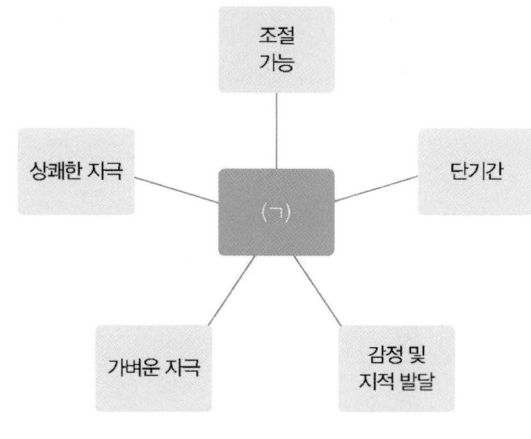

① 유쾌스트레스
② 재미
③ 불쾌스트레스
④ 탈진

17. 탈진과 관련된 내용이 <u>아닌</u> 것은?
① 탈진은 선수 연구부터 시작
② 탈진에 대한 결정적인 원인은 다양한 심리적 문제
③ 탈진은 과도한 신체에너지 사용으로 인한 생리적 피로의 결과
④ 선수들의 탈진은 정서고갈, 비인격화 및 타인과의 괴리감, 성취감 저하

18. 역U 가설의 설명으로만 묶인 것은?

〈보기〉
㉠ 적정 수준의 각성이 최고의 수행을 가져옴
㉡ 적정수준이론이라고도 함
㉢ 각성수준이 점차적으로 상승함에 따라 수행도 점차적으로 상승되다가, 각성이 적정 수준을 넘어서면 수행은 다시 점차적으로 하강할 것이라고 가정

① ㉠
② ㉠ + ㉡
③ ㉠ + ㉢
④ ㉠ + ㉡ + ㉢

19. 다차원적 불안이론의 설명과 거리가 먼 것은?
    ① 신체적 불안은 수행에 부정적인 영향
    ② 인지적 불안은 주위를 분산시킴
    ③ 부적절한 단서에 주의를 기울이게 함
    ④ 신체적 불안은 수행과 역U관계

20. 다음에 해당하는 것은?

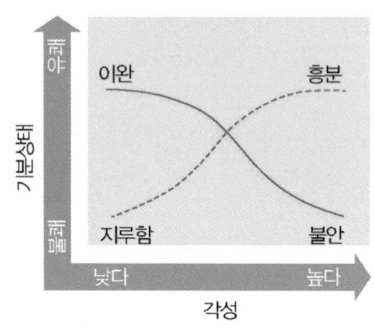

   ① 추동이론
   ② 최적수행지역
   ③ 격변이론
   ④ 반전이론

21. 다음 그림의 빈칸(㉠~㉢)에 해당하는 내용이 <u>아닌</u> 것은? 무료동영상

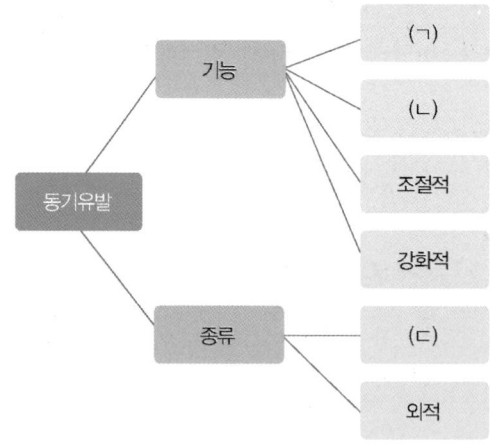

   ① 활성적
   ② 충동적
   ③ 지향적
   ④ 내적

22. 다음은 동기의 대표적인 이론들이다. (ㄱ)에 들어갈 용어는? [무료동영상]

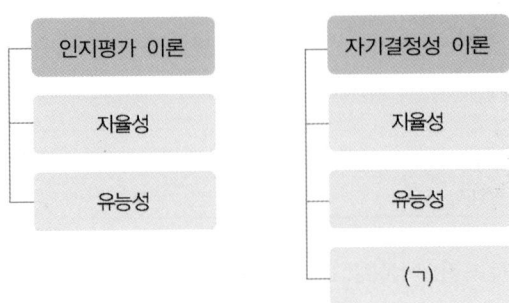

① 관계성 ② 융통성
③ 책임감 ④ 자제력

23. 귀인모형에서 다음(ㄱ)에 해당되는 것은?

① 목표 ② 동기
③ 불안 ④ 노력

24. 목표설정을 위한 접근에서 (ㄱ), (ㄴ)에 해당되는 것은?

① ㉠ 단기목표 ㉡ 장기목표 ② ㉠ 단기목표 ㉡ 긍정적인 목표
③ ㉠ 구체적인 목표 ㉡ 장기목표 ④ ㉠ 구체적인 목표 ㉡ 긍정적인 목표

25. 다음 표에 제시된 목표의 유형이 바르게 묶인 것은?

목표	구분
1. 랭킹 5위 안에 들자.	결과목표
2. 백스윙을 천천히 하자	(㉠)
3. 자유투의 70%를 성공시키자.	수행목표
4. 이번 경기에서 메달을 획득하자.	(㉡)

① ㉠ 결과목표 ㉡ 합리적인 목표
② ㉠ 수행목표 ㉡ 결과목표
③ ㉠ 긍정적인 목표 ㉡ 수행목표
④ ㉠ 결과목표 ㉡ 긍정적인 목표

26. 목표가 중요한 이유에 해당하는 사항이 <u>아닌</u> 것은?
① 부정적인 감정을 조절해 줌
② 경기상황에서 과거에 집중하게 함
③ 부정적인 생각을 긍정적으로 바꾸게 함
④ 목표가 있으면 어려움이 있어도 노력을 지속하게 함

27. 자신감에 대한 설명과 가장 거리가 <u>먼</u> 것은?
① 성공은 항상 자신감을 향상시킴
② 자신감은 후천적으로 발전할 수 있음
③ 부정적인 피드백을 재해석하여 활용하면 자신감이 향상됨
④ 실수를 대처하는 방법을 미리 알고, 연습하면 자신감이 향상됨

28. 다음의 (ㄱ)에 해당하는 것은? 무료동영상

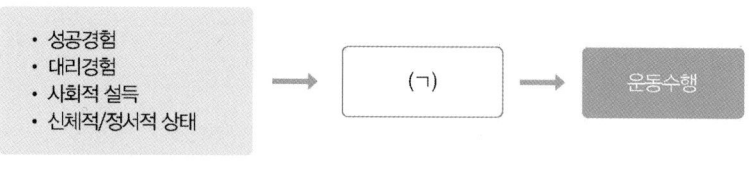

① 주의집중
② 자기효능감
③ 루틴
④ 자아존중감

29. 모든 감각을 활용하여 마음속으로 어떠한 경험을 재현하거나 창조하는 것은?
   ① 주의집중　　　　　　　　② 혼잣말
   ③ 심상　　　　　　　　　　④ 루틴

30. 생체정보이론의 설명으로만 묶인 것은?

   ┌─〈보기〉─────────────────────────────┐
   │ ㉠ 심상은 자극전제와 반응전제를 활성화시킴　　　　　　　　　　　　│
   │ ㉡ 반응전제를 일으켜서 이를 수정 및 강화하는 것이 효과적　　　　　│
   │ ㉢ 동작을 상징적인 요인으로 기호화하여 기술을 자동적으로 수행하게 함 │
   └─────────────────────────────────┘

   ① ㉠　　　　　　　　　　　② ㉠ + ㉡
   ③ ㉠ + ㉢　　　　　　　　　④ ㉠ + ㉡ + ㉢

31. 다음은 각성에 따른 주의의 폭을 그림으로 나타낸 것이다. (ㄷ)에 해당되는 것은?

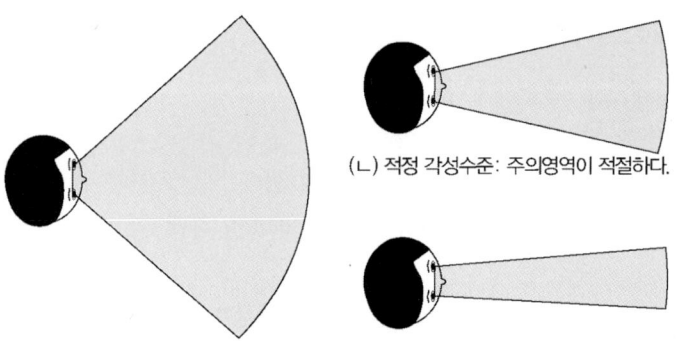

① 평소 잘 하던 선수가 긴장을 해서 경기에서 실수를 함
② 약간의 긴장으로 집중이 잘되어 선수가 동작을 성공함
③ 너무 여유 있게 동작을 하다가 선수가 실수를 함
④ 연습 때도 잘하던 선수가 실제 경기에서도 잘 함

32. 주의유형으로만 묶인 것은?

① ㉠　　　　　　　　　　　② ㉠ + ㉡
③ ㉠ + ㉢　　　　　　　　　④ ㉠ + ㉡ + ㉢

33. 다음은 루틴개발 과정이다. 이와 같은 과정을 거쳐 개발하는 루틴은?

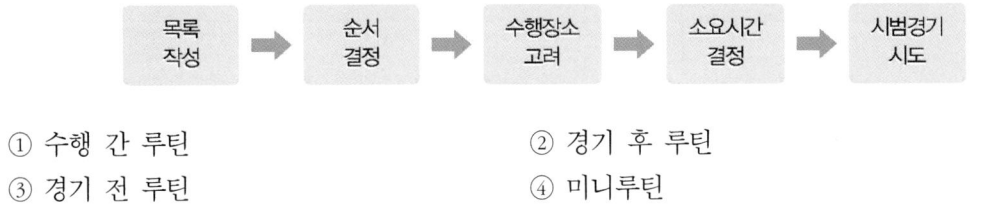

① 수행 간 루틴　　　　　　② 경기 후 루틴
③ 경기 전 루틴　　　　　　④ 미니루틴

34. 루틴이 주는 효과로 거리가 **먼** 것은?
① 상황변화에 긍정적으로 반응하게 함
② 경기 중 역경요인에 적절히 대처하게 함
③ 조절할 수 없는 요인에 주의와 노력을 기울이게 함
④ 루틴이 주는 편안함으로 모든 측면에서 충분한 준비를 하게 함

35. 다음과 같이 집단의 크기가 커질수록 개인수행의 평균은 감소하는 현상을 설명한 것은?

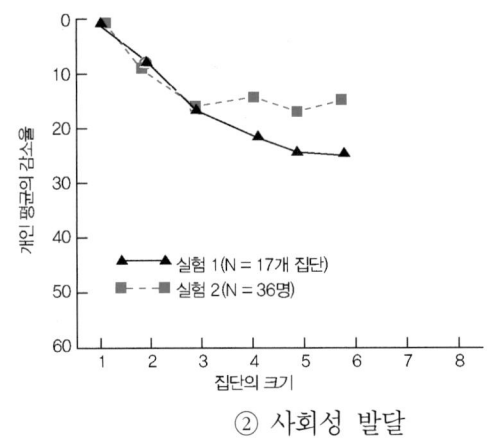

① 링겔만 효과　　　　　　② 사회성 발달
③ 사회적 지지　　　　　　④ 사회적 일탈

36. 사회적 태만을 감소시키기 위해서 지도자가 고려해야 할 사항이 <u>아닌</u> 것은?

① 집단성과를 개인성과와 연관시킴
② 존경하는 사람과 함께 일을 하는 상황 만듦
③ 구성원 개개인의 노력을 집단수행과 연관시킴
④ 다른 사람들이 자신의 집단 수행을 평가할 수 있다는 상황 조성

37. 다차원적 리더십 모형이다. 다음의 (㉠)과 (㉡)에 해당하는 것은?

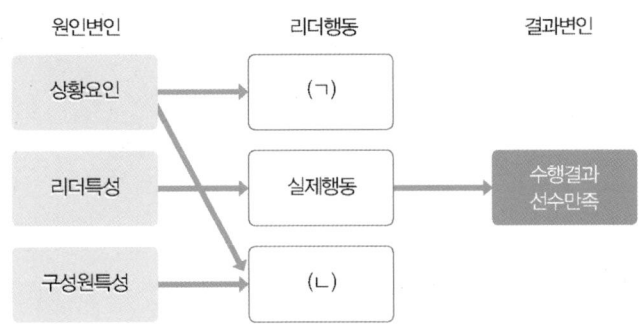

① ㉠ 규정된 행동 ㉡ 요구된 행동
② ㉠ 규정된 행동 ㉡ 선호된 행동
③ ㉠ 요구된 행동 ㉡ 선호된 행동
④ ㉠ 선호된 행동 ㉡ 규정된 행동

38. 다음 강화의 종류에서 ㉠과 ㉡에 들어갈 명칭은? [무료동영상]

강화의 종류	내용 또는 특성
(㉠)	■ 사회적인 보상으로 강화(말, 몸짓)
정적강화	■ 유쾌자극을 제시해서 바람직한 행동을 유도
(㉡)	■ 불쾌한 자극을 제거시킴으로써 바람직한 행동을 유도

① ㉠ 2차적 강화 ㉡ 부적강화
② ㉠ 부적강화 ㉡ 1차적 강화
③ ㉠ 연속강화 ㉡ 2차적 강화
④ ㉠ 연속강화 ㉡ 1차적 강화

39. 사회적 촉진에 대한 설명으로 올바른 것은?

① 타인의 존재가 수행에 미치는 영향
② 단순존재 가설은 타인의 존재로 자의식이 증진된다는 것
③ 자아이론은 단순한 타인의 존재는 각성을 일으키지 못한다는 것
④ 평가우려가설은 단순한 타인이 존재할 때 각성수준이 상승된다는 것

40. 다음은 모델링 과정이다. 순서대로 올바르게 제시한 것은?

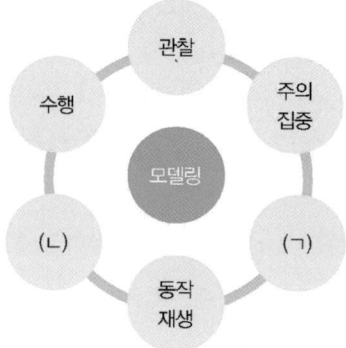

① ㉠ 파지 ㉡ 전이
② ㉠ 전이 ㉡ 파지
③ ㉠ 파지 ㉡ 동기
④ ㉠ 동기 ㉡ 파지

41. 다음 중 공격성의 특징과 가장 거리가 **먼** 것은?

① 경기 초반에 더 많이 일어남
② 원정경기일 때는 더 많이 일어남
③ 스코어 차이가 많이 날 때 더 많이 일어남
④ 신체적 접촉이 많은 종목에서 더 많이 일어남

42. 다음 보기에 제시되어 있는 심리적 효과는?

〈보기〉
㉠ 운동은 아동의 이것을 향상시키는 효과가 상당히 높음
㉡ 이것의 개선이 목적이라면 운동기간을 길게 잡는 것이 중요함

① ㉠ 자아존중감 ㉡ 우울증
② ㉠ 불안 ㉡ 우울증
③ ㉠ 우울증 ㉡ 자아존중감
④ ㉠ 동기 ㉡ 불안

43. 다음의 심리적 효과를 설명하는 가설은? 무료동영상

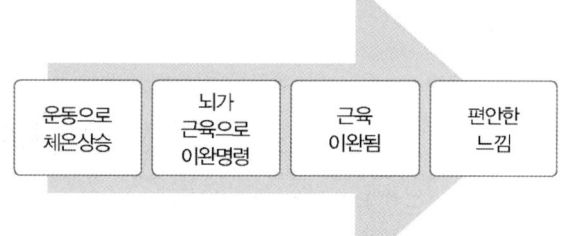

① 열 발생 가설
② 모노아민 가설
③ 생리적 강인함 가설
④ 사회 심리적 가설

44. 다음의 계획행동이론에 해당하는 것으로 올바르게 묶인 것은?

┌─ 운동참여자 ─────────────────────────────
│ ⟨A⟩ ㉠저는 아침 운동이 중요하다고 생각합니다. 저희 아버지도 매일 아침 운동을 나가
│   시죠. ㉡주말에 늦잠이라도 자려면 눈치가 보입답니다. 이젠 운동이 삶의 일부가 되
│   어버렸어요. ㉢친구들이랑 약속을 정해도 그 시간만큼은 피하고 있죠.
│ ⟨B⟩ 얼마 전에 어머니가 암수술을 하셨어요. ㉣정말 많이 놀랐죠. ㉤'나도 그런 암이 발
│   생할 수 있겠구나'라고 생각하게 됐어요. 그래서 ㉥헬스장에 등록하고 아무리 바빠
│   도 규칙적으로 운동을 하고 있어요.
└──────────────────────────────────────

① ㉠
② ㉤ + ㉥
③ ㉠ + ㉣
④ ㉠ + ㉡ + ㉢

45. 변화단계 5단계 모형에서 2단계와 4단계에 해당하는 것은?

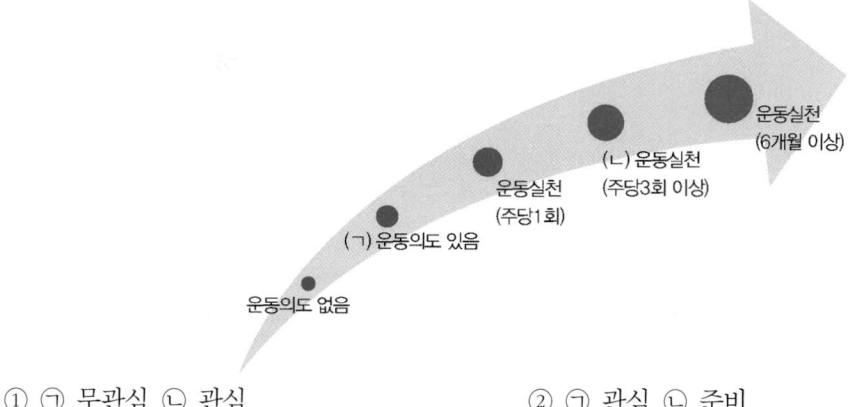

① ㉠ 무관심 ㉡ 관심
② ㉠ 관심 ㉡ 준비
③ ㉠ 관심   ㉡ 실천
④ ㉠ 실천 ㉡ 유지

46. 다음 운동실천에 반영되어 있는 사회적 지지의 명칭은?

〈보기〉
㉠ 노력에 대한 칭찬과 격려
㉡ 운동방법에 대한 안내와 조언
㉢ 웨이트 트레이닝을 할 때 보조역할

① ㉠ 도구적 지지 ㉡ 정서적 지지
② ㉠ 도구적 지지 ㉡ 정보적 지지
③ ㉠ 정서적 지지 ㉡ 정보적 지지
④ ㉠ 정서적 지지 ㉡ 비교확인 지지

47. 다음은 인지재구성모형이다. ㉠과 ㉡에 들어갈 요인은? 무료동영상

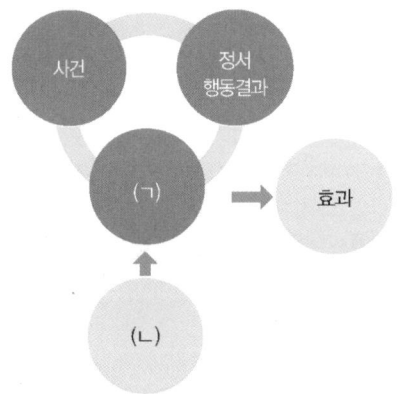

① ㉠ 신념 ㉡ 의지
② ㉠ 의지 ㉡ 신념
③ ㉠ 신념 ㉡ 논박
④ ㉠ 논박 ㉡ 신념

48. 다음의 상담지에 반영되어 있는 스포츠심리상담의 절차는?

스포츠심리상담 개인 선수 상담지					
상담 시간	10:00-11:50	장소	축구연습장	내담자	홍길동

- 10:00: ㉠현장동행
- 10:10: ㉡훈련장에서의 심리상태 파악
- 10:30: 선배가 지나가면서 하는 말을 지나치게 의식한다는 문제점 파악
  (중략)
- 11:10: 경청한 후 인지재구성이 필요하다고 결정
- 11:40 ㉢상담의 기법 활용 및 심리기술 훈련을 적용
  (중략)

① 상담 전 단계
② 상담시작 단계
③ 상담진행 단계
④ 상담종결 단계

49. 상담의 기법에 해당하는 것으로만 묶인 것은?

｜〈보기〉
｜ ㉠ 신뢰형성　㉡ 관심집중　㉢ 경청　㉣ 공감적 이해

① ㉠ + ㉡
② ㉡ + ㉢
③ ㉡ + ㉢ + ㉣
④ ㉠ + ㉡ + ㉢ + ㉣

50. 다음은 상담사가 내담자의 무엇에 주목하고 있는 것은? [무료동영상]

｜〈보기〉
｜ ㉠ 미간을 찌푸림
｜ ㉡ 눈에 힘이 들어감
｜ ㉢ 목소리 톤이 종종 높아지면서 떨림

① 긴장
② 비언어적 메시지
③ 매력
④ 언어적 메시지

스포츠심리학 출제예상문제 정답 및 해설

문항	정답	해설
1	①	스포츠심리학은 광의의 관점에서 운동제어, 운동학습, 운동발달을 포함한다. 즉, 광의의 관점의 스포츠심리학이란 자연과학적 특성이 강한 운동행동학(운동제어, 운동학습, 운동발달)의 범위까지 포함하는 넓은 의미이다.
2	③	우리나라는 초창기때부터 체육학의 범주에서 스포츠심리학이 발전했다. 이것은 외국에서 발전되고 있는 지식을 받아들이는 입장이었기 때문이었다. 유학파의 등장은 새로운 성장의 동력으로 자리를 잡기 시작했다.
3	①	스포츠 심리는 심리적 요인과 스포츠수행에 관심을 가지고 성격, 정서, 동기 등을 주로 다루는 영역이다. 운동제어는 움직임 생성 및 조절에 관심을 가지고 협응구조, 자유도 등을 그리고 운동학습은 운동기술 습득원리에 관심을 가지고 연습과 피드백 등을 주로 다루는 영역이다. 운동발달은 생애에 걸친 운동발달에 관심을 가지고 협응의 변화, 인지적 과정의 변화 등을 주로 다루는 영역이다. 마지막으로 운동심리학은 운동과 심리적 효과에 관심을 두고 불안, 우울, 기분 등을 주로 다루는 영역이다.
4	②	운동행동학 초창기 연구는 운동기술 그 자체를 연구하는 것이 목적이 아니라 다른 연구목적을 위해 운동기술을 수단으로 사용했다.
5	④	움직임에 영향을 미치는 요인은 개인, 과제, 환경이 있다. 이 요인들의 상호작용에 의한 결과로 움직임이 이루어진다. 움직임에 영향을 미치는 요인은 개인, 과제, 환경이 있다. 개인요인에는 지각, 인지, 동작으로, 과제요인은 요구되는 이동성, 조종성, 안정성으로, 환경은 조절환경, 비조절환경으로 나누어진다.
6	④	운동능력 예측 상황에서는 다음의 공통점이 있다. 신체조건과 운동능력을 종합적으로 고려한다. 운동기술에 필요한 운동능력을 정의하고 운동능력을 측정한다. 운동능력 검사 점수와 실제 운동기술 수행점수를 비교한다. 운동능력을 검사하는 항목 자체가 타당성, 신뢰성을 확보해야 한다.
7	①	피츠와 포스너의 단계는 지금까지도 운동기술 학습에 가장 많이 적용되고 있는 학습단계이다. 정보처리관점에서 인간의 인지적인 처리과정을 중심으로 인지, 연합, 자동화 단계로 구분하였다.
8	④	과거의 수행 또는 학습경험이 새로운 운동기술의 수행과 학습에 영향을 미치는 것은 전이이다.
9	④	운동발달은 시기에 따라 발달의 속도에 다양한 차이가 존재한다.
10	③	과정지향평가도구는 정확한 운동발달 과정을 측정하기 위한 질적평가도구이다.

문항	정답	해설
11	③	성격의 구조는 크게 심리적 핵, 전형적 반응. 역할행동 순으로 구분된다. 첫번째, 심리적 핵은 가장 기초단계이며 깊숙이 내재되어 있다. 두번째, 역할행동은 주변상황 및 환경의 자극에 의해 상호작용 결과가 나타나는 행동이며, 전형적 반응의 결과로 심리적 핵을 예측한다. 세번째, 역할행동은 성격의 가장 바깥단계로 환경을 어떻게 인식하느냐에 따라 행동이 달라지기 때문에 주어진 환경에 가장 민감한 성격의 속성이다.
12	②	성격특성으로 스포츠 수행을 정확하게 예측할 수 있는 것은 아니다. 어떤 개인이 운동 수행을 예측하기 위해서는 생리적인 요인, 환경요인을 다각적으로 고려해야 한다.
13	①	재미는 어떤 과제가 즐겁고 흥미롭다고 주관적으로 느끼는 긍정적인 심리상태이다. 재미경험의 조건을 설명하는 대표적 이론은 인지평가이론이다. 재미의 체험은 유능감과 관련이 된다. 재미의 체험을 통해 우리의 몸과 마음은 스트레스와 긴장으로부터 회복된다.
14	①	정서는 사람의 마음에 일어나는 여러 가지 감정이다. 정서와 달리 기분은 뚜렷한 선행사건을 지각하지 못하는 경우가 많으며, 비교적 오래 지속된다.
15	④	경쟁상태불안은 경쟁상황에서 수행자가 느끼는 상황에 대한 반응이다. 스포츠 상황에서 발생하는 경쟁상태 불안의 원인은 부적합한 느낌, 통제력의 상실, 실패에 대한 공포, 불만족스런 신체적인 증상, 죄의식이다.
16	①	보기에서 (㉠)은 유쾌스트레스이다. 유쾌스트레스는 가볍고 조절이 가능한 스트레스이다. 오히려 상쾌한 자극이 되어서 우리의 감정과 지적 발달에 긍정적으로 작용한다. 불쾌스트레스는 스트레스가 심하고 장기적이며 조정이 불가능한 것이다. 면역체계를 약화시켜 질병으로 발전한다.
17	①	탈진은 과도한 신체에너지 사용으로 인한 생리적 피로의 결과이다. 최근의 연구에서는 탈진에 대한 결정적인 원인으로 다양한 심리적 문제에 초점을 맞추고 있다. 탈진은 1980년대 지도자에게 부정적인 영향을 미친다는 인식이 확산되면서 코치 탈진 연구를 통해서 시작되었다. 1990년대 중반 운동선수로 연구대상이 확대되었다. 선수들의 탈진은 정서고갈, 비인격화 및 타인과의 괴리감, 성취감 저하로 요약된다.
18	④	역U 가설은 각성수준이 점차적으로 상승함에 따라 수행도 점차적으로 상승되다가, 각성이 적정수준을 넘어서면 수행은 다시 점차적으로 하강할 것이라는 가정이다. 이 이론은 적정 수준의 각성이 최고의 수행을 가져온다고 하여 적정수준이론이라고도 한다.
19	①	다차원적 불안이론에 의하면 신체적 불안은 수행과 역U관계에 있다. 그러나 인지적 불안은 주위를 분산시키고 부적절한 단서에 주의를 기울이게 하는 특성이 있기 때문에 수행에 부정적인 영향을 준다.
20	④	반전이론은 각성과 정서의 관계는 각성을 인지적으로 어떻게 해석하느냐에 달려있다는 것이다. 따라서 높은 각성은 어떻게 해석하느냐에 따라 흥분(유쾌감)이나 불안(불쾌감)으로 느껴질 수 있고 낮은 각성은 지루함이나 편안함으로 느껴질 수 있다는 것이다.

문항	정답	해설
21	②	동기유발의 기능은 행동을 최초로 유발하는 활성적 기능, 방향성을 결정하는 지향적 기능, 선택적인 행동을 유발하는 조절적 기능, 정적, 부적강화를 제공하는 강화적 기능이 있다. 동기유발의 종류에는 내적 보상에 의한 내적동기유발, 외적보상에 의한 외적 동기유발이 있다.
22	①	인지평가이론은 인간에게 기본 심리적 욕구(자율성, 유능성)가 있어 내재적으로 동기화된 행동에 외적보상이 주어지면 오히려 동기가 감소된다는 설명이다. 외적보상이 타인에 의해 통제된다는 느낌을 발생시키기 때문이다. 여기에 자기결정성이론은 관계성을 추가한다.
23	④	귀인은 어떤 일이나 결과를 나타낸 원인에 대해서 설명이나 추론하는 것이다. 귀인의 중요한 4가지 소재를 능력, 노력, 과제의 난이도, 운이라고 설명한다. 귀인이 중요한 이유는 시합결과에 대해 어떻게 귀인하느냐에 따라, 이후 시합을 어떻게 준비할 것인가가 결정되기 때문이다. 귀인훈련은 성공의 원인을 자신의 능력에서 찾고, 실패의 원인은 노력의 부족이라고 믿도록 귀인을 바꾸는 것을 말한다.
24	①	장기목표를 세운 후 단기목표를 세운다. 장기목표는 계단의 맨 꼭대기이고, 단기목표는 장기목표에 이르기 위한 한 계단 한 계단이다.
25	②	보기에서 (㉠)은 수행목표이며, (㉡)은 결과목표에 해당한다. 수행목표는 심호흡과 같이 자기가 조절할 수 있는 것이고, 결과목표는 우승, 메달획득과 같이 조절할 수 없는 것이다.
26	②	목표가 중요한 이유는 경기나 훈련에서 현재에 집중하게 하고, 긍정적인 생각을 가지게 하며, 감정조절을 가능하게 해주기 때문이다.
27	①	성공이 항상 자신감을 향상시키는 것은 아니다. 메달 획득 후 다음경기에서 우승해야 한다는 부담감, 중압감에 시달려 자신감이 감소되는 경우도 있다.
28	②	자기효능감 이론은 자기효능감이 성공경험, 대리경험, 사회적 설득, 신체적 정서적 상태의 4가지 정보원으로부터 영향을 받아 향상된다고 설명한다.
29	③	심상의 개념은 모든 감각을 활용하여 마음속으로 어떠한 경험을 재현하거나 창조하는 것이다.
30	②	상징학습 이론은 심상이 동작을 상징적인 요인으로 기호화하여, 기술을 더욱 자동적으로 수행하게 한다는 것이다. 생체정보이론은 심상을 하게 되면 자극전제와 반응전제가 활성화된다는 것이다. 심상이 도움이 되기 위해서는 반응전제를 일으켜서 이를 수정 및 강화시키는 것이 중요하다.
31	①	주의는 정서상태(각성)에 따라 주의의 폭이 달라진다. 각성수준이 너무 낮으면 주의가 넓어져서 많은 단서를 받아들이고, 높으면 필요한 단서들을 놓칠 가능성이 높아진다.
32	②	주의유형은 폭과 방향의 두 차원으로 구성된다.
33	③	경기 전 루틴을 개발하려면 목록을 만들고, 순서를 결정하고, 각 단계를 수행할 수 있는 장소를 생각하고, 루틴소요시간을 정하고, 시범경기에서 시도해본다.

문항	정답	해설
34	③	루틴이 주는 효과는 다음과 같다. 루틴이 주는 편안함으로 신체적, 심리적, 기술적 측면에서 충분한 준비를 하게 한다. 조절할 수 없는 요인을 지각한 후, 조절할 수 있는 요인을 파악하고 이에 주의와 노력을 기울이게 한다. 자기자각을 가능하게 하여 경기 중 역경요인에 적절히 대처하게 한다.
35	①	링겔만 효과는 집단의 크기가 커질수록 개인수행의 평균은 감소하는 현상을 의미한다. 밧줄을 당기는 실험을 진행하여 증명하였다.
36	③	사회적 태만을 감소시키려면 구성원 개개인의 노력이 개인수행과 연관되어야 한다.
37	②	다차원적 리더십 모형은 효율적인 리더십은 상황적 요인과 리더(규정된 행동, 실제행동, 선호된 행동)와 구성원의 특성에 의해 결정된다고 주장한다.
38	①	정적 강화는 유쾌자극을 제시해서 바람직한 행동을 유도하는 것이고, 부적강화는 불쾌한 자극을 제거시킴으로써 바람직한 행동을 유도하는 것이다. 1차적 강화는 대상자에게 가치 있는 물질로 강화하는 것이고, 2차적 강화는 사회적인 보상으로 강화를 하는 것이다. 연속강화는 행동이 있을 때마다 강화를 주는 것이고, 부분강화는 강화를 줄 때도 있고 안줄 때도 있는 것이다.
39	①	단순존재 가설은 단순한 타인이 존재할 때 각성수준이 상승된다는 것이다. 평가우려가설은 단순한 타인의 존재는 각성을 일으키지 못한다는 것이다. 자아이론은 타인의 존재로 자의식이 증진되면 수행자는 원하는 수행 수준과 실제수행 수준 일치로 만족을 경험하고, 불일치로 갈등을 경험한다는 것이다.
40	③	그림에서 (㉠)은 파지이며, (㉡)은 동기에 해당한다. 모델링의 과정은 관찰, 주의집중, 파지, 동작재생, 동기, 수행이다.
41	①	공격행동은 경기가 진행됨에 따라 더 많이 일어난다.
42	①	우울증 개선이 목적이라면 운동기간을 길게 잡는 것이 중요하다. 운동은 아동의 자아존중감을 향상시키는 효과가 상당히 높다.
43	①	열발생 가설은 운동으로 체온이 상승하면 뇌는 근육으로 이완명령을 내리고, 이로 인해 근육이 이완되어 이완감을 느낀다는 것이다.
44	④	합리행동 이론은 행동에 대한 태도와 주관적 규범이 운동실천에 영향을 미친다는 설명이다. 즉, 운동을 실천하는 것이 중요하다고 생각하고, 운동을 해야한다는 주변 사람들의 기대와 압력을 받는 것에 의해 운동의 의도가 형성된다. 계획행동 이론은 합리행동이론에 행동통제인식이라는 새로운 개념을 추가한다. 이것은 방해요인을 통제할 수 있다는 자신감을 의미한다. 건강신념 모형은 질병발생의 가능성, 질병의 심각성이 질병의 위험성에 영향을 미친다. 그리고 운동을 실천으로 옮기는 것은 이에 따른 손실과 혜택을 비교해서 결정한다.

문항	정답	해설
45	③	무관심 단계는 가장 낮은 단계이다. 운동을 시작할 의도가 없는 단계이다. 관심 단계는 현재 운동을 하고 있지는 않다. 그러나 운동을 시작할 의도는 있는 상태이다. 준비단계는 운동을 하고 있지만, 가이드라인 채우지 못하는 수준이다(주당 3회 이상, 1회 20분 이상). 실천단계는 가이드라인을 충족하며 운동을 하고 있다. 하지만 아직 6개월 미만이다. 가장 불안정한 단계로 하위 단계로 내려갈 위험성이 가장 높다. 유지단계는 가장 높은 단계이다. 가이드라인을 충족하는 수준의 운동을 6개월 이상 하고 있는 상태이다.
46	③	도구적 지지는 실질적 지지이다. 정서적 지지는 다른 사람을 격려하는 과정에서 생기는 지지이다. 정보적 지지는 운동방법에 대한 안내와 조언, 진행상황에 대한 피드백을 제시하는 것이다. 동반적 지지는 운동을 할 때 동반자 역할을 하는 사람이 있는가의 여부를 말한다. 비교확인 지지는 다른 사람과의 비교를 통해 자신의 생각, 감정, 체험 등이 정상적이라는 확인을 하는 것이다.
47	③	인지재구성 모형에서는 사건이 결과를 직접적으로 일으킬 수 없고, 그 사람의 신념이 정서행동결과의 원인이 된다. 특히, 그 사람이 갖고 있는 신념은 논박을 통하여 합리적이 신념으로 바꿀 수 있다. 이에 대한 효과로 적절한 정서적 행동적 반응을 하게 된다.
48	③	상담진행 단계는 본격적으로 상담이 진행되는 시기이다. 상담의 기법이 활용하고, 심리기술훈련도 함께 적용되는 시기이다. 상담실에서의 상담뿐만 아니라 현장(훈련장, 경기장)에서의 상담도 함께 적용된다. 즉, 현장에서의 심리상태를 파악할 수 있으며 심리기술 훈련을 적용할 수 있다.
49	④	스포츠심리상담의 기법으로 가장 많이 활용되는 기법은 신뢰형성, 관심집중, 경청, 공감적 이해이다.
50	②	비언어적 메시지는 다음과 같다. 눈(시선), 몸의 자세, 손발의 제스처, 얼굴표정, 그리고 목소리 등이다.

스포츠심리학 실전모의고사

1. 스포츠심리학의 발전과정에 해당하는 내용이 <u>아닌</u> 것은?

   가. 제2차 세계대전은 운동행동학 연구가 급격하게 늘어난 계기
   나. 최근, 운동심리학은 스포츠심리학에 포함된 학문분야로 발전
   다. 운동제어와 운동학습의 연구가 늘면서 운동발달 연구도 많아짐
   라. 초창기에는 다른 연구목적을 위해 운동기술 연구를 수단으로 이용

2. 다음 (ㄱ)에 해당하는 것은?

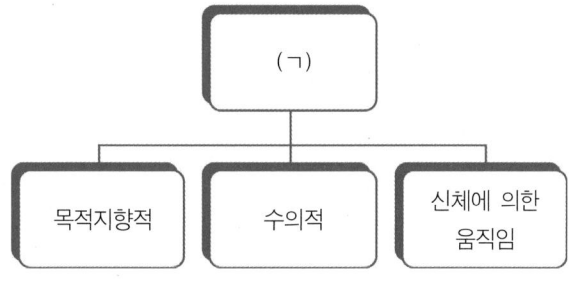

   가. 운동능력의 조건   나. 운동제어의 조건
   다. 운동학습의 조건   라. 운동기술의 조건

3. 운동학습의 설명이 <u>아닌</u> 것은?

   가. 외적 과정
   나. 연습과 경험에 의해 나타나는 현상
   다. 운동학습 과정을 직접적으로 관찰할 수 없음
   라. 개인의 능력을 영구적으로 변화시켜가는 내적과정

4. 무선연습의 공통점으로만 묶인 것은?

― 〈보기〉 ―
㉠ 운동기술의 하위요소들을 무작위로 연습
㉡ 파지와 전이에 효과적
㉢ 운동수행에 효과적

가. ㉠   나. ㉠ + ㉡
다. ㉠ + ㉢   라. ㉠ + ㉡ + ㉢

5. 다음에 해당하는 것은?

― 〈보기〉 ―
㉠ 연습으로 향상된 운동기술의 수행력을 오랫동안 유지할 수 있는 능력
㉡ 어떤 학습의 결과가 다른 학습에 영향을 미치는 현상

가. ㉠ 파지 ㉡ 가이던스   나. ㉠ 전이 ㉡ 가이던스
다. ㉠ 파지 ㉡ 전이   라. ㉠ 전이 ㉡ 파지

6. 피드백에 관한 내용이 **아닌** 것은?

가. 피드백은 감각피드백과 보강피드백으로 구분
나. 피드백의 기능은 정보기능, 강화기능, 동기유발 기능이 있음
다. 정보의 내용에 따라 수행지식과 결과지식으로 구분
라. 피드백 활용은 개인차를 고려하지 않고 동일하게 적용

7. 성격의 특성에 해당하는 것으로만 묶인 것은?

― 〈보기〉 ―
㉠ 독특성   ㉡ 일관성   ㉢ 경향성

가. ㉠ + ㉡   나. ㉠ + ㉢
다. ㉡ + ㉢   라. ㉠ + ㉡ + ㉢

8. (ㄱ)에 해당하는 것은?

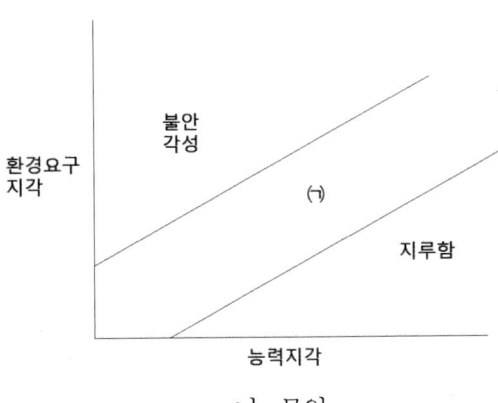

가. 탈진 나. 몰입
다. 재미 라. 스트레스

9. <보기>는 친구들의 대화내용이다. 이들이 설명하는 개념은?

<보기>

준우: 우리의 신체적 기량은 동일한 것 같은데 너는 자유투 상황을 두려워하는 것 같아
현준: 그러게. 난 자유투 상황을 더 위협적으로 느끼는 같아...

가. 상태불안 나. 특성불안
다. 과훈련 라. 스트레스

10. 동기는 다음과 같이 노력의 (ㄱ)과 (ㄴ)로 정의된다. 해당되는 것은?

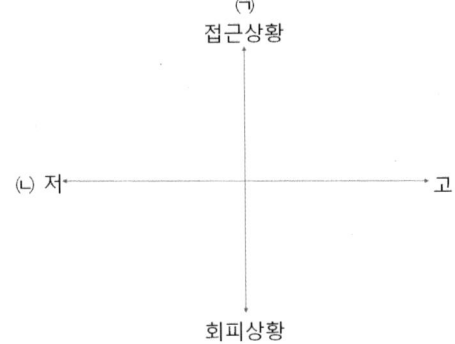

가. (ㄱ) 방향 (ㄴ) 수준
나. (ㄱ) 수준 (ㄴ) 강도
다. (ㄱ) 방향 (ㄴ) 강도
라. (ㄱ) 수준 (ㄴ) 빈도

11. 다음은 무엇을 설명한 것인가?

〈보기〉
㉠ 조절할 수 없는 결과　　㉡ 성과목표
㉢ 메달획득　　㉣ 랭킹5위안에 들자
㉤ 국가대표선수로 선발되자　　㉥ 라이벌을 이기자

가. 결과목표　　나. 수행목표
다. 과정목표　　라. 주관적 목표

12. 다음에서 긍정적인 혼잣말은?

가. 과거나 미래에 초점을 둔 혼잣말
나. 경기 중 자신의 약점에 초점을 둔 혼잣말
다. 결과에만 초점을 둔 혼잣말
라. 자신이 조절할 있는 요인에만 초점을 둔 혼잣말

13. 생체정보이론에서 ㉠에 해당하는 것은?

〈보기〉
심상을 하면 뇌의 장기기억에 저장된 구체적인 전제들이 활성화된다. 운동수행을 위해서는 그 중 ㉠을 강화시켜야 한다.

가. 자극전제　　나. 반응전제
다. 운동기억　　라. 장기기억

14. 주의의 특징이 아닌 것은?

가. 주의의 용량　　나. 주의의 준비
다. 주의의 상황　　라. 주의의 선택

15. 다음에 해당하는 것은?

<보기>

그림은 스윙을 했을 경우만 하는 한동균 선수의 루틴입니다.
이 선수의 루틴은 다음과 같습니다.
한동균 선수는 스윙 직전 배트로 바닥에 선을 그으며 왼손으로 왼손 허벅지를 탁 친다.
이것은 타석에서 공을 잘 치기 위한 일종의 의식이다.

가. 미니 루틴
나. 경기전 루틴
다. 수행간 루틴
라. 경기후 루틴

16. 다음 요인들이 결정하는 것은?

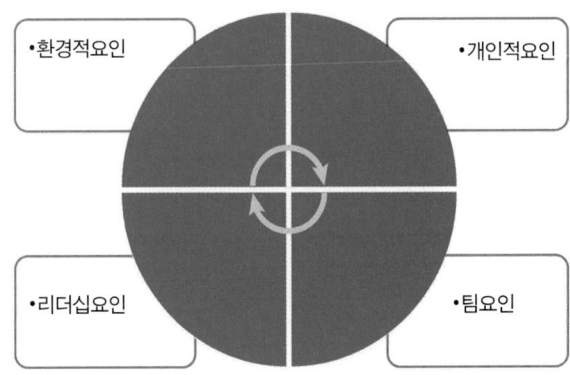

가. 집단응집력
나. 운동수행
다. 집단구조
라. 집단환경

17. <보기>는 리더십 이론의 설명이다. 다음에 해당하는 것은?

<보기>

㉠ 성공적인 리더는 타고난 특성이 있어서 어떤 상황에서도 훌륭한 리더가 될 수 있다.
㉡ 성공적인 리더의 행동특성을 찾아내어 가르치면 누구나 훌륭한 리더가 될 수 있다

가. ㉠: 특성적 접근 ㉡: 행동적 접근   나. ㉠: 특성적 접근 ㉡: 상황적 접근
다. ㉠: 행동적 접근 ㉡: 상황적 접근   라. ㉠: 상황적 접근 ㉡: 특성적 접근

18. 다음의 공격성 이론에 해당하는 것은?

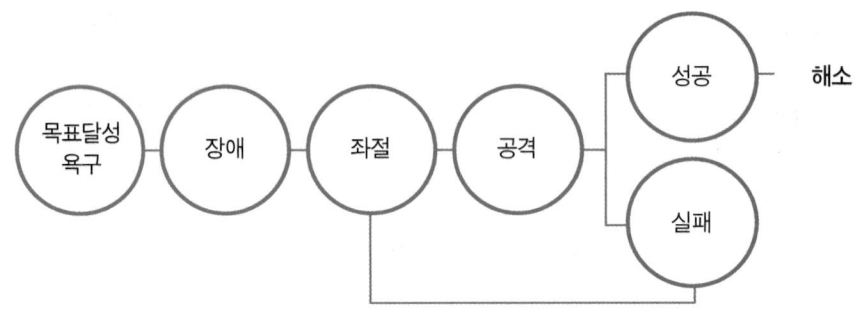

가. 본능이론   나. 좌절-공격 가설
다. 사회학습이론   라. 단순존재 가설

19. 다음의 변화단계 이론에 해당하는 내용은?

무관심 단계	운동시작 (㉠) 없음
관심 단계	운동시작 (㉠) 있음
준비 단계	운동실천, (㉡) 채우지 못함
실천 단계	운동실천, (㉡) 채움
유지 단계	운동실천 6개월 이상, (㉡) 채움

가. ㉠: 의도 ㉡: 태도   나. ㉠: 행동 ㉡: 태도
다. ㉠: 의도 ㉡: 가이드라인   라. ㉠: 가이드라인 ㉡: 행동

20. 스포츠심리상담 대상에 해당하는 것으로만 묶인 것은?

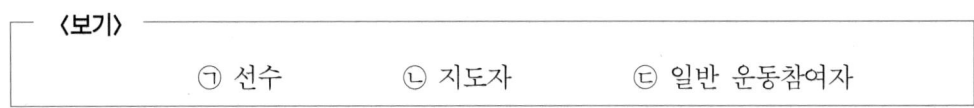

가. ㉠ + ㉡   나. ㉠ + ㉢
다. ㉡ + ㉢   라. ㉠ + ㉡ + ㉢

스포츠심리학 실전모의고사 정답 및 해설

01 정답 나 스포츠상황에서 인간의 생각, 감정, 행동에 초점을 맞춘 스포츠심리학은 건강을 위한 운동에 관심을 두는 운동심리학과 구별되는 경향을 보이고 있다. 최근, 건강에 대한 관심이 늘면서 스포츠심리학과 운동심리학은 별도의 학문분야로 발전하고 있다.

02 정답 라 운동기술의 조건은 목적지향적, 수의적, 신체에 의한 움직임이다.

03 정답 가 운동학습은 직접적 관찰이 불가능한 내적과정이다. 이와 달리 운동수행은 직접적 관찰이 가능한 외적과정이다.

04 정답 나 무선연습은 운동기술의 하위요소들을 무작위로 연습, 파지와 전이에 효과적이다. 반면 구획연습은 운동수행에 효과적이다.

05 정답 다 파지는 연습으로 향상된 운동기술의 수행력을 오랫동안 유지할 수 있는 능력이다. 전이는 어떤 학습의 결과가 다른 학습에 영향을 미치는 현상이다.

06 정답 라 피드백을 활용할 때 운동기술 유형, 학습자의 특성을 고려해야 한다.

07 정답 라 성격의 특성은 독특성, 일관성, 경향성이다.

08 정답 나 개인이 환경적 요구를 잘 처리할 수 없다고 느낀다면, 높은 불안과 각성을 보인다. 환경적 요구가 적은 상황에서 이를 처리할 수 있는 능력이 충분히 있다고 느끼면 지루한 감정 상태를 갖게 된다. 이 모두가 스트레스의 과정이다. 환경의 요구와 처리 능력에 대한 지각이 정확히 균형을 이룰 때 심신의 가장 조화로운 상태를 경험한다. 그 상태가 바로 스트레스가 없는 몰입이다.

09 정답 가 상태불안은 상황에 따라 달라지는 불안이다.

10 정답 다 동기는 노력의 방향과 강도로 정의된다.

번호	정답	해설
11	가	결과목표는 조절할 수 없는 결과나 성과에 기반을 둔 기준을 말한다.
12	라	자신이 조절할 수 없는 부적절한 혼잣말보다는 자신이 조절할 수 있는 요인에만 초점을 둔 긍정적인 혼잣말이 사용해야 한다.
13	나	운동수행을 위해서는 반응전제를 강화시켜야 한다.
14	다	주의의 특징은 주의의 용량, 주의의 준비, 주의의 선택이다.
15	가	특정한 동작을 하기 직전의 루틴은 미니루틴이다.
16	가	집단응집력을 결정하는 요인은 크게 환경요인, 개인적 요인, 리더십 요인, 팀요인으로 구분된다.
17	가	㉠특성적 접근은 성공적인 리더는 타고난 특성이 있어서 어떤 상황에서도 훌륭한 리더가 될 수 있다고 주장한다. ㉡행동적 접근 성공적인 리더의 행동특성을 찾아내어 가르치면 누구나 훌륭한 리더가 될 수 있다고 주장한다.
18	나	좌절-공격 가설은 공격행위는 언제나 좌절의 결과로 일어나고 좌절은 언제나 공격행위를 초래한다고 가정한다.
19	다	㉠에 해당하는 것은 의도 ㉡에 해당하는 것은 가이드라인이다.
20	라	스포츠심리상담의 대상은 선수, 지도자, 일반운동참여자이다.

운동생리학

운동생리학 — 2016년 기출문제 분석

출제기준

주요 항목	세부 항목
1. 운동생리학의 개관	1. 주요 용어
	2. 운동생리학의 개념
2. 에너지 대사와 운동	1. 에너지의 개념과 대사작용
	2. 인체의 에너지 대사
	3. 트레이닝에 의한 대사적 적응
3. 신경조절과 운동	1. 신경계의 구조와 기능, 특성
	2. 신경계의 특성
	3. 신경계의 운동기능 조절
4. 골격근과 운동	1. 골격근의 구조와 기능
	2. 골격근과 운동
5. 내분비계와 운동	1. 내분비계
	2. 운동과 호르몬 조절
6. 호흡·순환계와 운동	1. 호흡계의 구조와 기능
	2. 운동에 대한 호흡계의 반응과 적응
	3. 순환계의 구조와 기능
	4. 운동에 대한 순환계의 반응과 적응
7. 환경과 운동	1. 체온 조절과 운동
	2. 인체 운동에 대한 환경 영향

[2급 생활스포츠지도사]

1. 운동기술 관련 체력(skill-related fitness) 요소가 아닌 것은?

① 민첩성　　　　② 순발력
③ 신체조성　　　④ 스피드

정답	③		난이도	쉬움
출제영역	1. 운동생리학의 개관(1. 주요 용어)			
해설	건강관련 체력은 근력, 근지구력, 심폐지구력, 유연성 그리고 신체조성이다. 운동기술 관련 체력에는 민첩성, 순발력, 스피드 외에도 파워, 균형성, 협응성, 반응속도 등이 해당된다.			

2. 〈보기〉에서 괄호에 들어갈 명칭은?

> 〈보기〉
> 미국 운동생리학의 역사는 1920년대 호흡생리학의 권위자인 핸더슨(L. Henderson)이 설립한 ( )에서 시작되었으며, 이곳에서 최대산소섭취량과 산소부채, 탄수화물과 지방 대사, 환경생리학, 임상생리학, 노화, 혈액 및 체력 등 여러 분야의 연구가 수행되었다.

① 하버드피로연구소(Harvard Fatigue Lab.)
② 아우구스트크로그연구소(August Krogh Lab.)
③ 크리스티안보어연구소(Christian Bohr Lab.)
④ 카롤린스카연구소(Karolinska Institute)

정답	①	난이도	보통
출제영역	1. 운동생리학의 개관(2. 운동생리학의 개념)		

해설
② 아우구스트크로그 연구소는 덴마크 코펜하겐 대학에서 동물생리학(zoophysiology)을 전공한 아우구스트크로그(1874~1949) 교수의 이름을 칭한 연구소이다. 1920년 골격근 모세혈관의 조절 기전을 발견하고 노벨상을 수상하였다. 크로그는 근육과 다른 기관 사이 관류량의 변화는 동맥과 모세혈관의 개방과 폐쇄를 통해 나타난다는 사실을 처음으로 기술한 사람이다.
③ 크리스티안보어 연구소는 덴마크의 크리스티안보어(1855~1911)의 이름을 칭한 연구소이다. 크리스티안보어는 최초로 사강(dead space)을 구분지은 사람이다. 1903년 보어효과(Bohr effect)라 불리는 현상을 기술하였다.
④ 카롤린스카 연구소는 스웨덴 스톡홀름에 위치한 연구소이다. 1810년 설립되었으며, 생리학과 의학 관련 등 다양한 분야의 연구를 진행하였다.

3. 혈압을 상승시키는 요인이 <u>아닌</u> 것은?

① 혈액량 증가
② 혈관저항 증가
③ 혈관탄성 증가
④ 1회 박출량 증가

정답 및 해설	정답	③		난이도	보통
	출제영역	6. 호흡·순환계와 운동(4. 운동에 대한 순환계의 반응과 적응			
	해설	① 혈액량 증가는 혈압을 증가시키는 요인이다. 발한증가로 인해 혈액량(혈장량의 의미로 받아들여도 무관)이 감소하여 레닌-안지오텐신-알도스테론의 기전이 작동하는 이유는 결국 혈액량을 유지하여 감소된 혈압을 보상하기 위함이다. ② 혈관저항 증가라는 의미는 혈류가 원활하지 못하다는 의미이다. 혈관의 저항을 극복하고 혈류를 원활히 유지하려면, 결국 혈압을 상승시킬 수밖에 없다. ③ 혈관의 탄성이 증가하면, 혈관의 저항이 감소한다. 예를 들어 노화에 따라 혈관의 탄성이 감소하면, 혈관의 유동성이 감소하여 혈압은 상승하게 된다. 그러므로 혈관탄성이 증가하는 것은 혈압을 유지하는데 기여한다. ④ 1회 박출량이 증가하는 것은 전신 혈류량이 증가하게 된다는 의미. 혈류량이 증가하면 혈압은 상승하게 된다. 반대로 혈류량이 감소하면, 혈압은 감소하고 되고, 혈압을 유지하기 위한 기전이 작동하게 된다(예; 레닌-안지오텐신-알도스테론, 항이뇨호르몬 등).			

4. 안정 시 폐용적과 폐용량의 개념에 대한 설명으로 옳지 않은 것은?

① 1회 호흡량(Tidal Volume): 안정 시 호기 후 최대 흡기량
② 기능적 잔기량(Functional Residual Capacity): 안정 시 호기 후 폐의 잔기량
③ 폐활량(Vital Capacity): 최대 흡기 후 최대 호기량
④ 총폐용적(Total Lung Capacity): 최대 흡기 시 폐내 총 가스량

정답 및 해설	정답	①		난이도	쉬움
	출제영역	6. 호흡·순환계와 운동(1. 호흡계의 구조와 기능)			
	해설	1회 호흡량은 추가의 노력이 가해지지 않았을 때를 전제로 정상적인 흡기와 호기 되는 공기의 량을 의미한다. "최대"라는 의미는 추가의 노력이 가해지는 것을 전제로 한다.			

5. 〈보기〉에서 에너지 공급 시스템에 관한 옳은 설명만으로 묶인 것은?

〈보기〉

㉠ 유산소 대사는 주 에너지 공급원으로 글루코스 외에도 유리지방산이 많이 이용되며 장시간의 운동을 수행할 때 주로 사용된다.
㉡ 유산소 대사는 미토콘드리아에서 크렙스회로(Krebs cycle)와 전자전달계(Electron Transport Chain)를 통해 이루어진다.
㉢ ATP-PCr 시스템은 빠르게 에너지를 공급하며, 마라톤과 같은 장시간 지속되는 운동의 주 에너지 시스템이다.
㉣ 피루브산은 무산소성 해당과정에서 생성되는 물질이다.

① ㉠, ㉡, ㉢   ② ㉡, ㉢, ㉣
③ ㉠, ㉢, ㉣   ④ ㉠, ㉡, ㉣

정답	④	난이도	보통
출제영역	2. 에너지 대사와 운동(2. 인체의 에너지 대사)		
해설	ATP-PCr 시스템은 빠르게 에너지를 공급하며, 단거리 달리기와 같은 단시간 수행되는 운동의 주 에너지 시스템이다.		

6. 주 에너지 공급 시스템이 다른 종목은?

① 100m 달리기   ② 800m 수영
③ 다이빙   ④ 역도

정답	②	난이도	쉬움
출제영역	2. 에너지 대사와 운동(2. 인체의 에너지 대사)		
해설	800m 수영은 100m 달리기, 다이빙, 역도 종목에 비해 장시간 지속해야 하는 종목이며, 이때는 유산소 대사가 주로 에너지 생산에 기여하게 된다.		

7. 〈보기〉에서 괄호에 들어갈 용어로 바르게 묶인 것은?

> 〈보기〉
> 체내의 대사과정(metabolism)은 물질을 합성하여 에너지를 저장하는 (㉠)과 물질을 분해하여 에너지를 소비하는 (㉡)으로 구분된다.

① ㉠ 화학작용, ㉡ 물리작용   ② ㉠ 물리작용, ㉡ 화학작용
③ ㉠ 동화작용, ㉡ 이화작용   ④ ㉠ 이화작용, ㉡ 동화작용

정답	③	난이도	쉬움
출제영역	2. 에너지 대사와 운동(2. 인체의 에너지 대사)		
해설	합성 = 동화작용(anabolism), 생물체가 간단한 물질로부터 복잡한 물질을 합성하는 것을 이르는 말 분해 = 이화작용(catabolism), 생물체가 복잡한 화합물을 분해하여 간단한 물질로 만드는 과정		

8. 신경세포에서 전기적 신호 전달 순서로 옳은 것은?

① 신경자극 → 수상돌기 → 세포체 → 축삭 → 축삭종말
② 신경자극 → 세포체 → 수상돌기 → 축삭 → 축삭종말
③ 신경자극 → 축삭 → 세포체 → 수상돌기 → 축삭종말
④ 신경자극 → 수상돌기 → 축삭 → 세포체 → 축삭종말

정답	①	난이도	쉬움
출제영역	3. 신경조절과 운동(1. 신경계의 구조와 기능, 특성)		
해설	신경에 자극이 전해지면 수상돌기에서 자극을 감지하고, 신경세포체에서 정보를 통합하여 축삭을 통해 축삭종말로 자극이 전도되며, 신경전달물질이 분비된다.		

9. 뇌(brain)에서 〈보기〉의 기능을 모두 가진 영역은?

〈보기〉
㉠ 골격근 기능의 조절   ㉡ 근 긴장 유지
㉢ 심혈관계와 호흡계의 기능조절   ㉣ 의식상태의 결정(각성과 수면)

① 사이뇌(간뇌, diencephalon)
② 소뇌(cerebellum)
③ 바닥핵(기저핵, basal ganglia)
④ 뇌줄기(뇌간, brainstem)

정답	④	난이도	어려움
출제영역	3. 신경조절과 운동(1. 신경계의 구조와 기능, 특성)		
해설	뇌줄기는 뇌와 척수 사이에 위치해 있다. 호흡, 의식상태, 근 긴장과 골격근 기능(소뇌와 상호작용) 등에 관여한다. 특히, 뇌신경 (I~XII)을 통해 얼굴과 목의 주요 운동, 감각 신경을 지배하고 있다.		

10. 근섬유의 구조와 기능에 대한 설명으로 옳지 않은 것은?

① 근형질세망(sarcoplasmic reticulum): 칼슘 저장
② 가로세관(transverse-tubule): 산·염기 평형 유지
③ 근형질(sarcoplasm): 글리코겐과 미오글로빈 저장
④ 근초(sarcolemma): 뼈에 부착된 건과 융합

정답 및 해설	정답	②		난이도	어려움
	출제영역	4. 골격근과 운동(1. 골격근의 구조와 기능)			
	해설	가로세관(transverse-tubule 또는 t-tubule)은 골격근 혹은 심근세포 막 탈분극이 빠르게 세포 내부로 전도될 수 있도록 하는 통로이다.			

11. <보기>에서 속근(fast-twitch fiber)에 대한 옳은 설명만으로 묶인 것은?

<보기>
㉠ 빠른 수축 속도   ㉡ 강한 피로 내성
㉢ 높은 산화 능력   ㉣ 높은 해당 능력

① ㉠, ㉡   ② ㉡, ㉢
③ ㉢, ㉣   ④ ㉠, ㉣

정답 및 해설	정답	④		난이도	보통
	출제영역	4. 골격근과 운동(2. 골격근과 운동)			
	해설	ST(slow twitch)는 지근, 적근 또는 Type Ⅰ이라 불리며, 장거리 육상 선수들에게 발달된 근섬유 유형이다. 강한 피로 내성, 높은 산화 능력의 특징이 있다. 반면, FT(fast twitch)는 속근, 백근 또는 Type Ⅱ라 불리며, 단거리 달리기 육상 선수들에게 발달된 근섬유 유형이다. 속근은 빠른 수축 속도, 높은 해당 능력의 특징이 있다.			

12. 장기간 유산소 트레이닝에 따른 심혈관계의 변화로 옳지 <u>않은</u> 것은?

① 트레이닝 전과 비교하여 안정 시 심박수 증가
② 트레이닝 전과 비교하여 안정 시 1회 박출량 증가
③ 트레이닝 전과 비교하여 최대 운동 시 심박출량 증가
④ 트레이닝 전과 비교하여 최대 운동 시 산소섭취량 증가

정답 및 해설	정답	①		난이도	보통
	출제영역	6. 호흡·순환계와 운동(4. 운동에 대한 순환계의 반응과 적응)			
	해설	심박출량은 심박수 × 1회 박출량이다. 장기간 유산소 트레이닝 결과 좌심실이 비대해져 안정시 1회 박출량이 증가하게 된다. 따라서 안정시 심박수는 감소하게 된다. 최대 운동 시 심박출량과 산소섭취량이 증가할 수 있다는 것은 그 만큼 순환계와 호흡계가 트레이닝 결과 개선되었다는 의미이다. 이로써 강한 유산소 트레이닝을 실시할 수 있다.			

13. 〈보기〉에서 괄호에 들어갈 용어를 바르게 연결한 것은?

〈보기〉

체액(혈압) 감소 → 간에서 안지오텐시노겐 분비 → 신장에서 분비된 (㉠)이/가 안지오텐노겐을 안지오텐신-I으로 전환 → (㉡)이/가 안지오텐신-I을 안지오텐신-II로 전환 → 안지오텐신-II가 부신피질로부터 (㉢)의 생성 및 분비 → 분비된 (㉢)이/가 신장의 세뇨관에서 수분 및 전해질의 재흡수 촉진 → 체액(혈압) 증가

① ㉠ 레닌 - ㉡ 알도스테론 - ㉢ 안지오텐신 전환효소
② ㉠ 레닌 - ㉡ 안지오텐신 전환효소 - ㉢ 알도스테론
③ ㉠ 안지오텐신 전환효소 - ㉡ 레닌 - ㉢ 알도스테론
④ ㉠ 안지오텐신 전환효소 - ㉡ 알도스테론 - ㉢ 레닌

정답	②	난이도	어려움
출제영역	5. 내분비계와 운동(1. 내분비계)		
해설	체액감소(혈압 감소)하면, 신장으로 유입되는 관류량 또한 감소하게 된다. 이때 신장에서는 레닌을 분비하여 간에서 분비되는 안지오텐시노겐을 안지오텐신-I으로 전환시킨다. 안지오텐신-I은 폐에서 분비되는 안지오텐신 전환효소(angiotensin converting enzyme, ACE)에 의해 안지오텐신-II로 전환된다. 안지오텐신-II는 부신피질을 자극하여 알도스테론의 분비를 자극하게 된다. 결과적으로 세뇨관에서 전해질(Na^+)을 흡수하여 수분평형에 기여하게 된다.		

14. 혈중 글루코스 수준을 증가시키는 호르몬과 분비장소를 바르게 연결한 것은?

① 인슐린-췌장 베타세포
② 글루카곤-췌장 알파세포
③ 인슐린-췌장 알파세포
④ 글루카곤-췌장 베타세포

정답	②	난이도	보통
출제영역	5. 내분비계와 운동(1. 내분비계)		
해설	간과 근육에 포도당이 합성되어 저장되어 있는 글리코겐을 분해하도록 명령신호를 전달하는 호르몬은 글루카곤이며, 췌장의 알파세포에서 분비된다. 췌장의 베타세포에서 분비되는 인슐린은 글루카곤과 길항작용을 하는 호르몬으로 혈중 포도당을 간과 근육에 글리코겐으로 합성하도록 명령신호를 전달하는 호르몬이다.		

15.〈보기〉에서 괄호에 들어갈 용어를 바르게 연결한 것은?

> 〈보기〉
>
> 인체는 다음의 3가지 대사 경로를 통해 ATP를 생성한다. (㉠)과 (㉡)은/는 산소 없이도 일어날 수 있기 때문에 무산소 대사로 구분되며, (㉢)은 산소를 필요로 하기 때문에 유산소 대사로 구분된다.

① ㉠ 산화 시스템 - ㉡ ATP-PCr 시스템 - ㉢ 해당과정(젖산 시스템)
② ㉠ ATP-PCr 시스템 - ㉡ 해당과정(젖산 시스템) - ㉢ 산화 시스템
③ ㉠ 해당과정(젖산 시스템) - ㉡ 베타 산화 - ㉢ ATP-PCr 시스템
④ ㉠ ATP-PCr 시스템 - ㉡ 베타 산화 - ㉢ 해당과정(젖산 시스템)

정답	②	난이도	보통
출제영역	2. 에너지 대사와 운동(2. 인체의 에너지 대사)		
해설	산소의 관여 없이 ATP를 생성하는 에너지 시스템은 ATP-PCr 시스템, 해당과정(젖산 시스템)이며, 산소가 관여하여 ATP를 생성하는 에너지 시스템은 산화 시스템이다.		

16. 고지환경에 단기간 노출되었을 때 나타나는 생리적 반응으로 옳지 <u>않은</u> 것은?

① 혈압 감소
② 호흡수 증가
③ 심박수 증가
④ 심박출량 증가

정답	①	난이도	어려움
출제영역	7. 환경과 운동(2. 인체 운동에 대한 환경 영향)		
해설	고지대는 해수면보다 산소 분압이 낮기 때문에, 이를 보상하기 위해 환기량을 늘려야만 한다. 그러므로 호흡수를 증가시켜 이를 보상하는 반응이 나타난다(과다환기, hyperventilation). 이러한 반응은 인체의 말초 화학수용체가 감지하여 나타나는 반응인데, 말초 화학수용체는 교감신경 자극을 유발하여, 심박수를 증가시킨다. 교감신경이 자극되면 혈관이 수축하여 혈압이 상승하게 된다. 이러한 반응은 고지대 노출시 산소결핍을 보상하기 위해 혈압을 상승시켜 폐로 유입되는 혈액의 양을 증가시킨다.		

17. 1회 박출량(Stroke Volume)을 조절하는 요인이 <u>아닌</u> 것은?

① 심실이완기말 혈액량
② 평균 대동맥혈압
③ 폐활량
④ 심실수축력

정답	③	난이도	보통
출제영역	6. 호흡·순환계와 운동(3. 순환계의 구조와 기능)		
해설	심실이완기말 혈액량(전부하)이 많을수록, 평균 대동맥혈압(후부하)이 낮을수록, 심실 수축력이 높을수록 1회 박출량이 증가한다. 폐활량은 1회 박출량을 조절하는 직접적 요인과는 거리가 멀다.		

18. 〈보기〉에서 괄호에 들어갈 용어를 바르게 연결한 것은?

〈보기〉

걷기와 같은 저강도 운동 중에는 주로 (㉠)가 동원되며, 달리기와 같은 더 높은 강도의 운동 중에는 추가적으로 (㉡)가 동원된다. 나아가 전력질주와 같은 최고 강도의 운동 시에는 (㉢)가 최종적으로 동원된다.

① ㉠ 속근섬유(Type IIa) - ㉡ 속근섬유(Type IIx/IIb) - ㉢ 지근섬유(Type I)
② ㉠ 속근섬유(Type IIx/IIb) - ㉡ 속근섬유(Type IIa) - ㉢ 지근섬유(Type I)
③ ㉠ 지근섬유(Type I) - ㉡ 속근섬유(Type IIa) - ㉢ 속근섬유(Type IIx/IIb)
④ ㉠ 지근섬유(Type I) - ㉡ 속근섬유(Type IIx/IIb) - ㉢ 속근섬유(Type IIa)

정답	③	난이도	보통
출제영역	4. 골격근과 운동(2. 골격근과 운동)		
해설	저강도 운동에는 지근섬유(Type I)가 주로 동원되며, 높은 강도의 운동 중에는 추가적으로 속근섬유(Type IIa)가 동원된다. 최고 강도의 경우 속근섬유(Type IIx/IIb)가 동원된다. "저강도 운동에는 지근섬유(Type I)가 주로 동원"된다는 의미는 속근섬유(Type IIa) – 속근섬유(Type IIx/IIb)가 동원되지 않을 수도 있다는 것을 의미한다. 반면, "추가적으로"라는 의미는 최고 강도의 운동을 실시할 경우 지근섬유(Type I) – 속근섬유(Type IIa) – 속근섬유(Type IIx/IIb)가 모두 동원됨을 의미한다.		

19. 장기간 유산소 트레이닝이 비만인의 혈액성분에 미치는 영향이 <U>아닌</U> 것은?

① 혈중 중성지방 감소
② 혈중 저밀도 지단백(Low Density Lipoprotein: LDL) 콜레스테롤 감소
③ 혈중 고밀도 지단백(High Density Lipoprotein: HDL) 콜레스테롤 증가
④ 혈중 총콜레스테롤 증가

정답 및 해설	정답	④		난이도	보통
	출제영역	2. 에너지 대사와 운동(3. 트레이닝에 의한 대사적 적응) 6. 호흡·순환계와 운동(4. 운동에 대한 순환계의 반응과 적응)			
	해설	혈중 중성지방이 감소하는 것은 장기간 유산소 트레이닝의 가장 주요한 효과이다. 또한 운동을 통해 혈중 저밀도 지단백은 감소하고, 고밀도 지단백은 증가하는 경향이 있다. 따라서 혈중 총콜레스테롤은 일정 수준으로 유지되는 경향이 있다.			

20. 심혈관계의 주 기능이 <u>아닌</u> 것은?

① 산소 운반
② 체액균형 조절
③ 대사노폐물 제거
④ 감각정보 전달

정답 및 해설	정답	④		난이도	쉬움
	출제영역	6. 호흡·순환계와 운동(3. 순환계의 구조와 기능) 3. 신경조절과 운동(1. 신경계의 구조와 기능, 특성)			
	해설	감각정보 전달은 감각신경(구심성 신경)의 역할이다.			

1부. 운동생리학 개관

운동생리학 핵심요약

학습목표
- 운동과 신체활동의 개념을 구분하여 이해한다.
- 건강관련 체력과 운동기능 체력을 이해한다.
- 운동생리학의 개념과 연접학문에 대해 이해한다.

1장 ❙ 주요용어

1) 운동의 의미
○ 운동이란 건강이나 체력을 증진하거나 유지하기 위한 계획적이고 규칙적인 좁은 의미의 신체활동으로서, 이를 통해 하나 이상의 체력 요소가 향상되는 것

2) 신체활동의 의미
○ 신체활동은 근육 활동을 통한 계획적이지 않는 신체의 움직임들로, 일상적인 활동들을 수행하는 것을 목적

3) 체력
○ 건강체력
  - 심폐지구력: 신체활동을 지속하는 동안 산소공급을 위한 심폐계의 능력
  - 신체조성: 근육, 지방, 뼈 등의 신체를 구성하는 조직의 상대적인 양
  - 근력: 근육이 힘을 발휘하는 능력
  - 근지구력: 근육이 피로하지 않고 지속적으로 운동을 수행하는 능력
  - 유연성: 관절의 가동 가능한 범위
○ 운동기능체력
  - 민첩성: 공간 내에서 신체 위치를 정확하고 빠르게 이동시키는 능력
  - 순발력: 운동을 발휘하는 속도나 능력
  - 협응성: 운동동작을 부드럽고 정확하게 수행하는 데 신체 분절을 시각, 청각 등의 감각과 함께 이용하는 능력
  - 평형성: 정지동작과 움직임 동작 중에 균형을 유지하는 능력
  - 반응속도: 자극과 그에 따른 반응의 시작

- 스피드: 짧은 시간 안에 운동을 동작을 수행하는 능력

핵심용어 운동 / 신체활동 / 건강체력 / 운동기능체력

2장 | 운동생리학의 개념

1) 운동생리학의 정의

○ 생리학의 일정 기간 동안 운동 형태로 가해진 자극에 대해 인체가 적절하게 반응하고 적응하는 과정 속에서 나타나는 현상들을 구조적, 기능적으로 연구하는 학문

2) 운동생리학의 인접학문

○ 운동처방(exercise prescription): 개인의 신체 상태를 고려하여, 현재 체력 수준에 적합한 운동의 질과 양을 탐구하는 학문
○ 운동영양학(sports nutrition) : 운동수행능력을 향상시키는 영양소와 이에 대한 인체의 반응을 탐구하는 학문
○ 트레이닝방법론(Principles of training) : 체력과 경기력 향상을 최적화시키기 위한 훈련의 빈도, 강도, 시간, 유형 등을 탐구하는 학문
○ 스포츠의학(sports medicine): 선수의학, 운동역학, 임상의학, 발육발달, 심리학과 사회학, 영양학, 운동조절, 생리학으로 구분하여 스포츠와 운동에서의 모든 의학적인 영역을 포괄하여 연구하는 학문
○ 유전학, 분자생물학과의 영역도 공유

핵심용어 건강체력 / 운동기능체력

운동생리학 핵심요약

2부. 에너지 대사와 운동

학습목표

- 에너지의 개념과 대사작용을 이해한다.
- 인체의 에너지 대사를 이해한다.
- 트레이닝에 의한 대사적 적응을 이해한다.

1장 ❙ 에너지의 개념과 대사작용

1) 에너지 발생 과정과 형태

○ 음식물의 영양소에 저장된 에너지를 이용하여 인체는 여러 조직이 유기적으로 활동하여 정교하고 효율적으로 일을 수행
○ 에너지는 열, 빛, 기계, 화학, 전기, 핵에너지 등의 형태로 구분되며 여러 종류의 일을 수행

2) 물질대사 과정의 경로

- 섭취한 음식물 안의 영양소들은 상당히 작은 물질로 분해되어 근육 등 에너지를 필요로 하는 조직 안에 흡수
- 소화된 영양소들은 세포 안에서 효소들의 도움을 받아 더 이상 분해될 수 없는 분자(CO_2, H_2O)들로 분해되고, 이때 결합에너지가 유리
- 세포는 이 대사과정에서 유리된 다양한 종류의 결합에너지를 모아서 높은 에너지결합을 갖는 화합물로 만들고, 필요할 때 언제나 다시 쓰일 수 있도록 함
- 이런 화합물을 ATP(아데노신삼인산, adenosine triphosphate)라고 함

3) 에너지 전환 및 보존 법칙

○ '열역학 제1법칙': 에너지는 여러 가지 형태로 존재하지만, 서로 다른 형태의 에너지로 바뀔 수 있음
○ 다른 에너지로 전환될 때 새로 생성되거나 소멸되는 에너지는 존재하지 않으며, 형태가 바뀌기 전과 후의 총량에도 변함이 없음 (에너지 보존법칙)

핵심용어 에너지 / 물질대사 / ATP / 열역학 제1법칙 / 에너지 보존법칙

2장 ㅣ 인체의 에너지 대사

1) ATP-PCr 시스템

○ 'ATP-PCr 시스템'은 가장 빠른 ATP 공급 시스템으로서, 5~10초 동안 고갈되는 매우 짧은 에너지 공급체계

2) 해당과정 시스템

○ '당분(glyc-)을 분해(-lysis)한다'는 의미이며, 이때 젖산이 생성되기 때문에 '젖산 시스템(lactate system)'으로 불리기도 함 (세포질에서 분해, 산소가 개입하지 않음)(2 ATP를 소모하여 4 ATP가 생산)

3) 유산소 시스템

○ 세포 안에 충분히 유입된 산소의 산화반응을 통해 복잡한 유산소 시스템 반응경로가 활성화 되면, 포도당은 해당작용을 통해 피루브산으로 분해된 뒤에 젖산으로 전환되지 않고 미토콘드리아 안으로 아세틸CoA를 거쳐 크렙스 회로(시트르산 탈수소효소에 의해 조절)와 전자 전달계를 거치는 과정(38ATP를 생산)

4) 운동과 에너지 공급

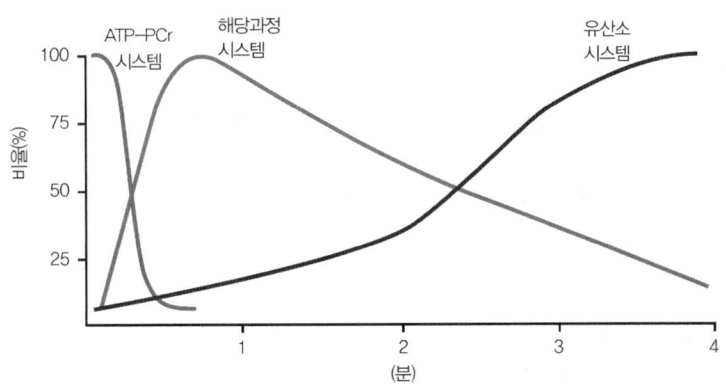

운동시간에 따라 ATP 생성에 관여하는 에너지 시스템의 기여도

○ 운동 강도가 높고 운동시간이 감소하는 순서로 ATP-PCr 시스템과 해당과정 시스템, 유산소 시스템이 ATP 생성에 기여
○ 일반적으로 운동 형태에 따라 운동 강도가 증가할수록 탄수화물의 에너지 기여도가 증가하고, 운동 강도가 감소할수록 지방의 기여도가 증가

○ 일반적으로 운동 형태에 따라 운동 강도가 증가할수록 탄수화물의 에너지 기여도가 증가하고, 운동 강도가 감소할수록 지방의 기여도가 증가

5) 호흡교환율

○ 호흡교환율은 1분 동안 들이마신 O_2의 부피(산소섭취량, VO_2)와 1분 동안 내쉰 CO2의 부피(이산화탄소 배출량, VCO_2)의 비율
○ 운동에너지를 위한 대사 원료로 사용된 영양분이 탄수화물인 경우 호흡교환율은 1을 나타내며, 지방인 경우에는 0.7을 나타냄

> **핵심용어** ATP-PCr 시스템 / 해당과정 시스템 / 유산소 시스템 / 호흡교환율

3장 ▎ 트레이닝에 의한 대사적 적응

1) 유산소 트레이닝 형태에 따른 신체적 적응

- 최대산소섭취량(VO_2max)의 향상
- 이완기 말 용적이 증가
- 말초저항 감소
- 모세혈관 분포 증가
- 미토콘드리아 증가
- 1회 박출량의 향상
- 심근수축력 증가
- 지근섬유(ST섬유)의 비대
- 미오글로빈 증가

2) 무산소 트레이닝 형태에 따른 신체적 적응

- 속근섬유(FT섬유)의 비대
- 근력의 증가 – 근비대, 근신경 협응 능력
- ATP-PCr 시스템과 해당과정 시스템에 관련된 조절효소들의 항진
- ATP-PCr 시스템의 기질이 되는 ATP와 PCr의 저장량이 증가

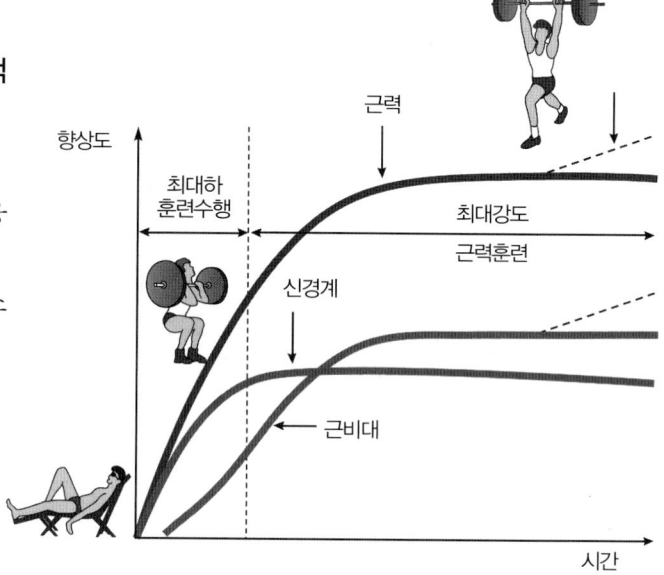

무산소 트레이닝에 따른 근육과 신경조직의 변화

> **핵심용어** 최대산소섭취량 / 지근섬유 / 속근섬유 / 근비대

3부. 신경조절과 운동

운동생리학 핵심요약

학습목표

- 신경계의 구조와 기능, 특성을 이해한다.
- 신경계의 특성을 이해한다.
- 신경계의 운동기능 조절을 이해한다.

1장 | 신경계의 구조와 기능, 특성

1) 뉴런의 구조

○ 전형적으로 세포체(cell body), 수상돌기(dendrite), 축삭(axon)의 세 부분으로 구성

2) 뉴런의 전기적 활동

○ 뉴런은 K^+, Na^+, Cl^- 이온 등에 선택적으로 투과성을 가지며, 뉴런의 전기적 활동은 세포 내·외에 존재하는 이온들에 의해 발생
○ 활동전위는 K^+, Na^+이 신경막을 빠르게 이동하면서 발생하게 되고, 이온 투과성의 차이는 전압으로 조절되는 이온통로가 열리거나 닫히면서 조절

핵심용어 뉴런 / 이온 / 활동전위

2장 | 신경계의 특성

1) 흥분성

○ 대부분의 시냅스에서는 화학물질을 분비하여 흥분 전도를 유발
○ 시냅스전과 시냅스후 막 사이는 작은 틈으로 분리되어 있는데, 이를 '시냅스 간극(synaptic cleft)' 이라 함
○ 신경전달물질의 확산에 의해 시냅스후 수용체에 결합하면 시냅스 간극을 가로지르는 화학적 신호가 전기적 신호로 바뀜
○ 전기적 신호와 이온 농도 차에 의해 세포 내·외로 이동하면서 시냅스 전류가 발생하고, 시냅스후에 역치 수준을 넘게 되면 활동전위가 유발

2) 전달성

○ 뉴런은 뉴런과 다른 세포 사이의 정보를 전달하기 위해 활동전위를 발생시키고, 활동전위가 생성되면 축삭말단에 도달
  - 전기적 시냅스
    - 뉴런은 시냅스 간극을 통해 이온이 전달되며 다량의 인접세포들이 동시에 수축하고 흥분
  - 화학적 시냅스
    - 분비된 신경전달물질은 시냅스후 뉴런의 수용기와 결합하고 세포막에 있는 이온통로가 열리면서 이온의 이동을 통해 활동전위가 발생되어 신경자극의 전달이 지속
○ 운동 시 생리적 반응을 조절하는 중요한 신경전달물질은 아세틸콜린과 노르에피네프린

3) 통합성

○ 시냅스후 뉴런은 이러한 복잡한 이온이나 화학적 신호를 통합하여 활동전위 일으킴

핵심용어 흥분성 / 전달성 / 통합성

3장 ▎신경계의 운동기능 조절

1) 인체움직임과 신경조절

○ 하나의 알파운동신경섬유가 지배하는 모든 근섬유는 동시에 수축하게 되며 이를 '운동단위(motor unit)'라 함

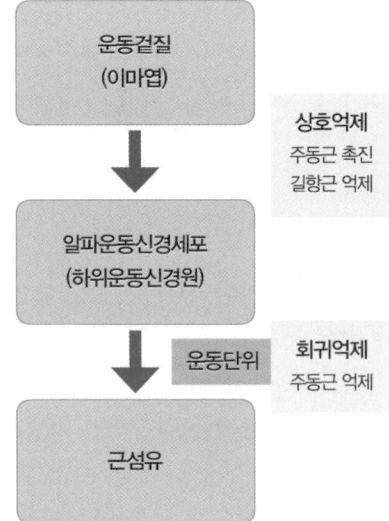

2) 중추 신경계의 운동기능 조절

- 뇌겉질 기능영역: 인체 전반의 감각과 운동을 담당하는 대뇌의 여러 부위 중에서도 가장 상위에 위치하며, 특정 부위의 겉질에서 특정 기능을 수행하기 때문에 '기능영역'이라고 함
- 뇌줄기: 호흡, 혈압, 위장관과 심폐기능 등 생명에 필수적으로 요구되는 기능을 조절
- 소뇌와 바탕핵: 소뇌는 빠른 움직임을 만드는 데 중요한 역할을 하고, 바탕핵은 느리고 정교한 움직임에 중요한 역할
- 의식적인 반응: 의식적인 반응은 대뇌의 작용과 명령에 의해 발생하는 움직임
- 무의식적인 반사: 반사는 자극을 받았을 때 발생한 흥분이 의지와 상관없이 척수를 경유하여 근육이나 분비샘 등에 일정한 반응을 일으키는 현상
  - 척수에서 일어나는 가장 중요한 반사 중 하나는 신전반사(stretch reflex)

3) 말초 신경계의 운동기능 조절

- 외부자극을 인지하고 받아들이는 역할을 하는 신경계 부위를 '감각수용기(sensory receptor)'라 함
- 감각수용기의 종류로는,
  - 기계수용기: 주변 조직의 기계적인 압박이나 신장을 감지
  - 온도수용기: 인체의 온도 변화를 감지
  - 통각수용기: 손상된 조직의 통증을 감지
  - 전자수용기: 안구의 망막에서 빛을 감지
  - 화학수용기: 맛과 냄새를 포함한 인체 내 다양한 화학적 변화를 감지
    - ✓ 특히 운동과 스포츠 수행에 중대한 2개의 고유수용기는 근방추(muscle spindle)와 골지힘줄기관(Golgi tendon organ)
    - ✓ 근방추와 골지힘줄기관은 근육의 신전과 수축에 대한 정보를 제공하여 감지

핵심용어 운동단위 / 의식적인 반응 / 무의식적 반사 / 감각수용기 / 고유수용기 / 근방추 / 골지힘줄기관

4부. 골격근과 운동

운동생리학 핵심요약

학습목표
- 골격근의 구조와 기능을 이해한다.
- 골격근과 운동을 이해한다.

1장 | 골격근의 구조와 기능

1) 근섬유
○ 하나의 근육 세포는 하나의 근섬유를 말하며 다른 세포들처럼 세포막과 미토콘드리아, 리소좀 등과 같은 동일한 세포소기관을 가지고 있으며 많은 핵을 가지고 있음

2) 근원섬유
○ 각각의 근섬유는 수백 개에서 수천 개의 근원섬유로 이루어져 있다. 이러한 작은 섬유들은 골격근의 기본적인 수축 단위인 근절로 구성

3) 근수축 작용

단계	수축 시 현상
자극-결합	- 신경자극이 발생한다. - 칼슘이 소포로부터 방출된다. - 칼슘이 트로포닌으로부터 스며들어 액틴을 변화시킨다. - 액틴과 미오신이 결합하여 액토미오신이 형성된다.
수축	- ATP가 ATPase에 의해 ADP+Pi로 분해되면서 에너지를 방출한다. - 방출된 에너지를 이용하여 십자형교가 활성부위에 부착되고, 액틴이 미오신으로 미끄러져 들어가면서 근육이 짧아진다. - 힘이 발생한다.
재충전	- ATP가 재충전된다. - 액토미오신이 액틴과 미오신으로 분해된다. - 액틴과 미오신이 재순환된다.
이완	- 신경 자극이 중지된다. - 칼슘 펌프에 의해 칼슘이 제거된다. - 근육이 안정 상태로 돌아간다.

핵심용어 근섬유 / 근수축 / type I / type II / 등장성 / 등척성

2장 | 골격근의 섬유 형태와 운동

1) 근섬유의 유형과 생리적 특성

특성	type I	type II a	type II b
운동신경의 크기	작다	크다	크다
신경동원 역치	낮다	높다	높다
운동신경 전도 속도	느리다	빠르다	빠르다
수축 시간	느리다	빠르다	빠르다
이완 시간	느리다	빠르다	빠르다
힘 생성	낮다	높다	높다
근육효율	높다	낮다	낮다
피로 내성	높다	낮다	낮다
탄성	낮다	높다	높다
섬유 직경	작다	크다	크다
Z-선 두께	넓다	중간	좁다
트레이닝 시 비대반응	작다	크다	크다
주 에너지 시스템	유산소	유산소/무산소	무산소
미토콘드리아 밀도	높다	높다	낮다
모세혈관 밀도	높다	중간	낮다
미오글로빈 함량	높다	중간	낮다
미오신 ATPase 활동	낮다	높다	높다
미오신 유형	느리다	빠르다	빠르다
무산소성 효소 활동	낮다	높다	높다
유산소 효소 활동	높다	높다	낮다
PC 저장량	낮다	높다	높다
글리코겐 저장량	낮다	높다	높다
TG 저장량	높다	중간	낮다
근형질세망 발달	미발달	발달	발달

2) 근섬유의 동원

○ 모든 근섬유에는 운동신경이 분포되어 있으며, 운동신경과 근섬유 수의 비율은 근육마다 다름
○ 활동의 강도가 높아질수록 동원되는 근섬유의 형태는 type I (ST) → type II a (FTa) → type II b (FTx) 같은 양상을 갖게 됨

3) 근섬유 형태와 경기력

○ type I 섬유의 비율이 높은 선수는 지구성 능력 발휘에 장점을 가지는 데 반해 type II 섬유가 많은 선수는 짧은 시간과 순발력을 요구하는 운동에 더 적합

4) 근육의 수축 형태

○ 운동과 근수축 형태를 분류하면,

운동 형태	근수축	근 길이 변화	예(턱걸이)
동적 수축 (등장성)	단축성	짧아짐	위팔두갈래근을 이용하여 올라가는 과정
	신장성	늘어남	위팔두갈래근을 이용하여 내려가는 과정
정적 수축	등척성	변화 없음	올라가거나 내려가는 도중 정지된 경우

5부. 내분비계와 운동

학습목표

- 내분비계를 이해한다.
- 운동과 호르몬 조절을 이해한다.

1장 | 내분비계

1) 호르몬의 특성

○ 호르몬은 내분비계의 내분비세포에서 분비되는 물질이며, 신경계와 내분비계의 세포간의 이동으로 신진대사를 조절
○ 내분비샘은 호르몬을 분비하는 곳이며 뇌하수체, 갑상샘, 부갑상샘, 부신, 생식샘(성선), 이자 등이 주요 내분비샘

2) 호르몬의 분류

- 펩티드나 단백질 호르몬
    - 갑상샘자극호르몬분비호르몬(thyrotropin releasing hormone: TRH)
    - 부신겉질자극호르몬(adrenocorticotropic hormone: ACTH)
    - 부갑상샘호르몬(parathyroid hormone: PTH)
    - 성장호르몬(growth hormone: GH)
    - 난포자극호르몬(follicle stimulating hormone: FSH)
    - 갑상샘자극호르몬(thyrotropin stimulating hormone: TSH)
    - 황체형성호르몬(luteinizing hormone: LH)
    - 생식샘자극호르몬(human chorionic gonadotropin: hCG)
- 스테로이드 호르몬
    - 당질 코르티코이드(glucocorticoid, 코티졸)
    - 무기질 코르티코이드(mineralocorticoid, 알도스테론)
    - 안드로겐(androgen)
    - 에스트로겐(estrogen)
    - 프로게스테론(progesterone)

3) 호르몬의 조절

○ 호르몬의 분비는 음성되먹이기 기전(negative feedback mechanism)과 양성되먹이기 기전(positive feedback mechanism) 등 여러 기전으로 적절히 조절

4) 내분비선과 호르몬

> **핵심용어** 펩티드나 단백질호르몬 / 스테로이드호르몬 / 에피네프린 노르에피네프린 코티솔 / 항이뇨호르몬 / 알도스테론 / 음성되먹이기

2장 ┃ 운동과 호르몬 조절

1) 대사와 에너지에 미치는 호르몬의 영향

○ 운동 시 근육 글루코오스 대사
- 운동하는 동안 글루카곤, 에피네프린/노르에피네프린(카테콜아민), 코티졸 등의 호르몬은 글루코오스를 글루코오스 저장 장소로부터 방출하고 글루코오스를 생산

○ 운동 시 지방대사
- 지방분해 속도는 인슐린(혈당을 조절하는 호르몬), 에피네프린, 노르에피네프린, 코티졸, 성장호르몬 등에 의해 조절

2) 운동중 수분과 전해질 균형에 대한 호르몬의 영향

○ 항이뇨호르몬(antidiuretic hormone: ADH 또는 vasopressin)
- ADH는 신장에서 재흡수되는 물의 양을 증가시키며, '항이뇨' 작용을 일으켜 인체의 수분 보유를 증가(뇌하수체 후엽 분비)

○ 알도스테론(aldosterone)
- 신장의 나트륨(Na^+) 재흡수를 증가시켜 나트륨이 인체에 남게 되면 물도 따라서 남기 때문에 신장으로 하여금 수분을 보유하도록 해줌(부신피질)

3) 운동에 대한 호르몬의 반응

○ 운동 시 혈장의 호르몬 동도를 결정짓는 요인으로는 호르몬의 소실과 재생 속도인 대사율 및 제거율, 분비율의 증가, 발한에 의한 혈장량의 감소, 트레이닝 정도, 심리적 상태, 저산소증, 운동부하 강도 등

6부. 호흡·순환계와 운동

학습목표

- 호흡계의 구조와 기능을 이해한다.
- 운동에 대한 호흡계의 반응과 적응을 이해한다.
- 순환계의 구조와 기능을 이해한다.
- 운동에 대한 순환계의 반응과 적응을 이해한다.

1장 | 호흡계의 구조와 기능

1) 호흡계의 구조

○ 호흡기관들은 코(nose), 비강(nasal cavity), 인두(pharynx), 후두(larynx), 기관(trachea), 기관지(bronchus), 폐포(alveoli), 폐(lung) 등으로 구성

2) 호흡계의 기능

○ 호흡계의 기능은 호흡한 공기를 정화하고, 공기의 온도와 습도를 조절하며, 산소와 이산화탄소에 대한 호흡가스 교환을 하는 것

2장 | 운동에 대한 호흡계의 반응과 적응

1) 운동과 호흡계의 반응

○ 운동 시에 환기량은 강도가 증가함에 따라 비례하여 증가하다가 특정 강도 이상에서 운동 강도에 비례하지 않고 급격히 증가. 이산화탄소 생성량이 급격히 증가했기 때문

2) 운동과 호흡계의 적응

○ 장기간의 트레이닝을 통해 호흡계 기능이 주어진 운동부하에 적응하면서 개선되는 것은 주로 호흡수가 줄어듦으로써 전체 환기량이 감소하고, 혈관의 동정맥 산소차가 증가에 의하여 근육세포의 산소이용능력이 증가되는 것
○ 최대운동 시에는 오히려 환기량이 증가하는데, 이것은 호흡계뿐만 아니라 심혈관계 개선으로 최대 운동의 강도가 더 높아져 1회 호흡량이 증가하고 호흡수가 훨씬 많아졌기 때문

3장 ㅣ 순환계의 구조와 기능

1) 심장

○ 심장의 우측과 좌측은 각각 2개의 심방(atrium)과 심실(ventricle)로 되어 있으며, 심방과 심실은 '방실판막(atrioventricular valve: AV valve)'이라는 일방향 판막(one way valve)으로 연결.
○ 방실판막은 혈액이 심방에서 심실로 한 방향으로만 흐르게 고안
○ 심장의 자극전도계의 5가지 구성요소는,
- 동방결절[sinoatrial(SA) node]
- 방실결절[atrioventricular(AV) node]
- 방실다발(히스속)[atrioventricular(AV) bundle, bundle of His]
- 방실다발갈래(bundle branch)
- 퍼킨제섬유(Purkinje fibers)

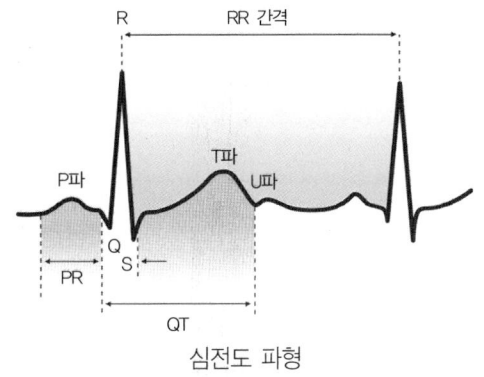

심전도 파형

심전도의 이해

파(wave)	의미	파 지속시간
P	심장흥분 전파기	0.06~0.10
QRS	심실흥분 전파기	0.06~0.08
T	심실흥분 회복기	
ST	전기적 등위성	
PQ(PR)	방실흥분 전달 시간	0.12~0.20
QT	전기적 심실수축 시간	0.30~0.45

심혈관계의 중요한 기능은 다음과 같이 5가지로 분류
- 운송기능(delivery)
- 제거기능(removal)
- 운반기능(transport)
- 유지기능(maintenance)
- 방어기능(prevention)

2) 혈관

○ 혈관은 크게 심장으로부터 혈액을 전신조직으로 공급하는 ① 혈관(동맥)과 반대로 혈액을 심장으로 되돌려주는 ② 혈관(정맥)으로 구성

- 다리에 있는 혈액을 심장 쪽을 다시 보내고 일련의 혈류순환이 원활하게 이루어지기 위해서는 다음과 같은 보조 작용이 필요
  ① 호흡동작(breathing), ② 근펌프(muscle pump), ③ 판막(valves)

3) 혈액

- 적혈구: 대부분 골수에서 만들어지며, 주 기능은 허파에서 나온 산소와 헤모글로빈을 결합시켜 조직으로 운반, 산-염기 완충제로서의 기능
- 백혈구: 인체가 감염되었을 때 자발적으로 움직여 유해요소를 파괴하거나 비활성화시켜 인체를 보호
- 혈소판의 주 기능은 지혈기전

4장 ▎운동에 대한 순환계의 반응과 적응

1) 1회박출량, 심박수, 심박출량의 반응

- 안정 시와 운동 중의 1회 박출량은 3가지 변인에 의해 조절,
  ① 심실이완기 말 용량(EDV), ② 평균 대동맥혈압, ③ 심실수축력
- 실이완기 말 용량에 영향을 주는 주요 변인: 심장으로 돌아오는 정맥환류량의 증가
- 정맥혈류량의 증가를 조절하는 데는 3가지 주요 기전,
  ① 골격근수축에 의한 근육의 펌프작용(skeletal muscle pump), ② 호흡계의 펌프작용(respiratory pump), ③ 정맥수축(venoconstriction)
- 자율신경계의 교감신경과 부교감신경은 항상성 조절을 통해 심박수를 조절
- 규칙적인 운동을 하거나 장거리 육상 종목과 같이 지구력을 요하는 종목의 선수의 경우 안정 시 심박수가 감소
- 운동을 시작하면 심박수는 직접적으로 운동 강도의 증가에 비례하면서 거의 최대 운동 강도에 도달할 때까지 증가
- 심박출량은 1회 박출량과 심박수에 의존
- 운동 중 심장 박동수증가, 심근의 수축 강도가 증가. 결과적으로 심장에서 1회 박출되는 혈액량도 증가

2) 혈류, 혈압, 혈액의 반응

- 안정시 혈류는 근육으로 20%만 보내짐.
- 격렬한 운동 상황에서 심박출량이 4~7배 증가, 뇌를 제외한 다른 기관으로의 혈류는 감소하는 반면 골격근으로의 혈류는 약 85%까지 증가 → 혈류재분배

3) 운동과 순환계의 반응

○ 나이, 성, 체중은 혈압 변화의 중요한 원인이며, 정상적인 혈압을 가지고 있는 사람의 경우에는 운동 중 이완기 혈압은 큰 변화가 없지만, 수축기혈압은 운동강도에 따라 직선적으로 증가
○ 운동 시에는 근육에 의한 산소소비가 증가함에 따라 동정맥산소차는 증가
○ 운동 시 혈액의 산성도 또는 pH는 젖산 생성량의 증가를 나타냄.
○ 운동의 강도가 높을수록 인체의 에너지 생산체계는 젖산과정(무산소성 해당작용)에 의존. 체내 젖산 축적에 의한 혈액 pH가 더욱 감소
○ 운동 시 근육 내 탄수화물과 지방분해로 얻어지는 화학적 에너지 중 일부는 열에너지로 손실. 근육수축과정 자체에서 발생하는 열에 의해 혈액온도는 상승

4) 운동과 순환계의 적응

○ 최대산소섭취량을 결정하는 요인은 ① 심장의 기능, ② 활동조직으로의 혈류 순환능력, ③ 근육조직에서 산소를 이용하여 대사하는 능력.
○ 또한 최대산소섭취량은 최대 심박출량과 최대 동정맥산소차에 의해 결정
○ 유산소 운동에 따른 순환계의 적응
  • 지구성 훈련은 총 혈액량을 증가시키며 적혈구와 혈장량을 각각 증가시킴
  • 총 적혈구 수와 헤모글로빈 함량이 증가되었다는 것은 산소운반 능력이 향상되었다는 것을 의미
  • 혈관의 지름이 확대되고 모세혈관의 밀도와 크기를 증대
  • 혈중지질을 개선 및 급격한 혈압상승을 예방
  • 인슐린 저항성 및 혈당조절 기능 개선
  • 훈련자는 비훈련자에 비하여 1회 심박출량이 높고, 동일 강도에서 심박수는 낮으며, 최대 심박출량은 높음

7부. 환경과 운동

학습목표

- 체온 조절과 운동을 이해한다.
- 인체 운동에 대한 환경 영향을 이해한다.

1장 ㅣ 체온 조절과 운동

1) 체온조절 기전

○ 수용기, 시상하부, 효과기를 통해 체온조절
  - ✓ 인체의 열 생성과 열 손실의 물리적 열전도 기전에는 복사(radiation), 전도(con- duction), 대류(convection), 증발(evaporation)이라는 4가지 과정에 의해 발생

2) 고온 환경과 운동

○ 고온에서의 운동 시 생리적 반응
  - ✓ 혈장량(plasma volume)의 감소에 따른 체액 손실과 체온조절 기능의 저하로 열 질환을 초래하여 유산소성 운동능력의 저하
  - ✓ 체온의 상승과 심박수의 증가 이외에 근육의 글리코겐 이용이 증가하고 젖산의 생성도 증가
  - ✓ 장시간 지속하는 운동경기에서는 빨리 피로해지고 경기력이 현저하게 감소 발한 작용에 의한 무기질과 수분의 상실은 알도스테론과 항이뇨호르몬 분비자극

3) 저온 환경과 운동

○ 추운 환경에서의 운동은 열 보존을 위한 의복의 착용과 운동에 의한 열 생성이 증가하기 때문에 열 손실의 문제가 고온 환경에서의 운동보다 심각하지 않다.
○ 저온에서의 운동 시 생리적 반응
  - ✓ 운동 시 심부온도 저하 → 심박수 감소 → 최대 심박출량 감소 → 혈액온도 감소 → 혈류 산소 운반 방해 → 최대산소섭취량 감소 → 운동수행능력 감소
  - ✓ 근 수축활동은 운동피로에 의해 근육 활동이 둔화되어 체열의 생성 감소 → 피로하게 만들며 열 생성 능력을 감소

- ✓ 카테콜아민의 분비가 증가. 추운 환경에 대한 노출은 피부와 피하조직으로 공급되는 혈관의 수축을 유발 → 유리지방산(FFA) 이동이 상대적으로 따뜻한 환경에서 장시간 운동할 때보다 감소

2장 | 인체 운동에 대한 환경 영향

1) 고지 환경의 특성과 영향

- 산소의 부분압력이 감소하여 조직들이 충분한 산소 공급을 받지 못하게 됨
- 고지운동의 생리적 반응
  - ✓ 운동 시 폐환기량이 증가하며, 해수면에 비해 산화헤모글로빈포화도는 감소
  - ✓ 고지에서는 최대산소섭취량이 감소
  - ✓ 대부분의 유산소 대사를 이용하는 경기 종목에서는 부정적 영향

2) 수중 환경의 특성과 영향

- 물속에 들어가면 생리적으로 방뇨(diuresis) 현상이 나타남(수분과 체내의 전해질 혼란에 기인하며 레닌-알도스테론계(renin-aldosterone system) 및 항 이뇨호르몬(antidiuretic hormone)의 감소를 유발). 신체 내부의 혈액이 재분배(re-distribution)되는 과정의 결과
- 혈액의 재분배는 신체의 말단 부위에 혈액이 심장 쪽으로 몰려 심부혈액량(central blood volume)이 증가하는 현상
- 운동능력 반응
  - ✓ 근혈류량과 환기량은 증가
  - ✓ 최대 심박출량, 최대 심박수, 최대 혈류량, 산소운반능력, 무산소 능력은 대기에 비해 약 15% 감소
- 수중적응
  - ✓ 폐용량의 최대흡기압(maximal inspiratory pressure)과 폐활량이 높음
  - ✓ 저산소증 적응

3) 대기 오염의 영향

- 일산화탄소: 무색, 무취, 무미의 기체로, 도시에서 가장 일반적인 오염물질 산소의 운반능력을 제한
- 산화황: 기관지수축유발
- 산화질소: 기관지질환자에게 특히 민감하게 작용
- 오존: 폐기능을 감소시키고 불쾌감을 확연히 증가시킴

운동생리학 문항이원출제표

문항 번호	출제 영역		문항 내용 차원	문항 행동 차원	문항 수준
	주요 항목	세부 항목			
1	운동생리학의 개관	주요 용어	운동의 의미	이해	하
2		주요 용어	신체활동의 의미	이해	하
3		주요 용어	건강체력의 의미	지식	중
4		운동생리학의 개념	운동생리학의 정의	이해	상
5		운동생리학의 개념	운동생리학의 연접학문의 유형	지식	하
6	에너지 대사와 운동	에너지의 개념과 대사작용	운동강도에 따른 에너지원의 유형	지식	중
7		에너지의 개념과 대사작용	에너지변환의 유형	지식	상
8		에너지의 개념과 대사작용	에너지 전환 및 보존 법칙	이해	상
9		인체의 에너지 대사	운동지속시간과 에너지 시스템의 기여도	지식	중
10		인체의 에너지 대사	당신합성에 관련된 에너지 기질	지식	중
11		인체의 에너지 대사	호흡교환율의 이해	지식	중
12		인체의 에너지 대사	운동 중 일과 파워를 측정하는 방법	이해	상
13		인체의 에너지 대사	호흡교환율의 이해	지식	상
14		트레이닝에 의한 대사적 적응	유산소트레이닝에 대한 적응 결과	지식	상
15		트레이닝에 의한 대사적 적응	무산소트레이닝에 대한 적응 결과	지식	중

문항 번호	출제 영역		문항 내용 차원	문항 행동 차원	문항 수준
	주요 항목	세부 항목			
16		트레이닝에 의한 대사적 적응	유산소트레이닝에 대한 적응 결과	이해	중
17	신경조절과 운동	신경계의 구조와 기능	신경계의 특성	지식	하
18		신경계의 특성	음성되먹임 기전 경로	이해	중
19		신경계의 특성	신경전달물질의 분류	지식	하
20					
21		신경계의 특성	말초신경계의 작용	지식	중
22	골격근의 구조와 기능	골격근의 구조와 기능	근수축의 과정	응용	상
23		골격근의 구조와 기능	주동근과 길항근의 작용에 따른 반사작용	응용	하
24		골격근의 구조와 기능	운동단위의 의미	이해	중
25		골격근의 구조와 기능	고유수용기의 용어와 작용	이해	상
26		골격근의 구조와 기능	근섬유형태와 특징	응용	하
27		골격근과 운동	근육의 자극과 자극	지식	중
28		골격근과 운동	주동근과 길항근의 의미	이해	상
29		골격근과 운동	운동에 따른 근섬유 유형의 변화	이해	중
30		골격근과 운동	근수축의 형태	이해	중
31		골격근과 운동	최적의 근력 발휘를 위한 요건	이해	상
32	내분비계와 운동	운동과 호르몬조절	혈당조절 관련 호르몬	지식	중
33		운동과 호르몬조절	수분과 전해질 균형 관련 호르몬	지식	중
34		운동과 호르몬조절	수분과 전해질 균형 관련 호르몬	이해	중
35		운동과 호르몬조절	각 호르몬의 분비기관과 반응	지식	중
36		운동과 호르몬조절	혈중 칼슘균형 호르몬	이해	중
37	호흡·순환계와 운동	순환계의 구조와 기능	심장의 수축력에 영향을 미치는 요소	이해	상
38		순환계의 구조와 기능	심장 전도에 대한 이해	이해	중

문항 번호	출제 영역		문항 내용 차원	문항 행동 차원	문항 수준
	주요 항목	세부 항목			
39		순환계의 구조와 기능	혈류량에 영향을 미치는 요소	이해	중
40		호흡계의 구조와 기능	폐활량의 의미	이해	중
41		호흡계의 구조와 기능	호흡 보조근의 의미	지식	중
42		호흡계의 구조와 기능	흡기 시 공기의 유입 경로	지식	중
43		운동과 호흡계의 기능	운동 적응이후 호흡계의 변화	이해	중
44		순환계의 구조와 기능	혈액순환의 보조작용 기전	이해	중
45		운동과 순환계의 기능	운동 적응 후 1회 박출량	이해	중
46		체온조절과 운동	운동 중 체열제거의 기전	지식	중
47		체온조절과 운동	체온조절 기전	이해	중
48	환경과 운동	인체 운동에 대한 환경 영향	고지대 환경에서의 적응	이해	상
49		인체 운동에 대한 환경 영향	수중 입수시 생리적 반응	이해	상
50		인체 운동에 대한 환경 영향	대기오염의 영향	지식	하

운동생리학 출제예상문제

1. 운동의 의미로 올바른 것은?

① 약물처치보다 빠른 효과
② 심리적 건강상태의 개선과는 무관한 활동
③ 하나의 체력요소만을 향상시키는 신체활동
④ 신체의 적응을 통한 근본적인 건강과 체력 증진활동

2. 신체활동의 의미를 바르게 설명한 것은?

① 계획적인 신체의 움직임
② 부분적으로 체력감소 예방
③ 안정시보다 많은 양의 에너지 소비
④ 건강과 체력의 향상은 기대할 수 없는 활동

3. 다음 중 건강관련 체력 요소에 속하는 것 중 올바른 것은? [무료동영상]

〈보기〉
㉠ 심폐지구력   ㉡ 근력   ㉢ 신체구성   ㉣ 순발력

① ㉠ + ㉡ + ㉢ + ㉣
② ㉠ + ㉡ + ㉢
③ ㉠ + ㉡
④ ㉢ + ㉣

4. 운동생리학의 개념에 대한 설명이 아닌 것은?

① 자극에 대한 인체의 반응을 연구하는 학문
② 반응에 대한 인체의 적응현상을 연구하는 학문
③ 인체의 적응과정 속에서 구조적인 변화만을 연구하는 학문
④ 항상성, 항정상태를 나타내는 과정과 조건을 연구하는 학문

5. 운동생리학의 연접학문으로 올바르게 묶인 것은?

> **〈보기〉**
> ㉠ 운동학　㉡ 스포츠의학　㉢ 유전학　㉣ 분자생물학
> ㉤ 통계학　㉥ 물리학　㉦ 수리과학

① ㉠ + ㉡ + ㉢ + ㉣
② ㉠ + ㉡ + ㉢ + ㉤
③ ㉠ + ㉡ + ㉢ + ㉥
④ ㉠ + ㉡ + ㉢ + ㉦

6. 운동 강도(% VO₂max)에 따른 에너지원의 기여도를 설명한 그림 중 빈칸 (㉠, ㉡)에 해당하는 내용으로 옳은 것은? `무료동영상`

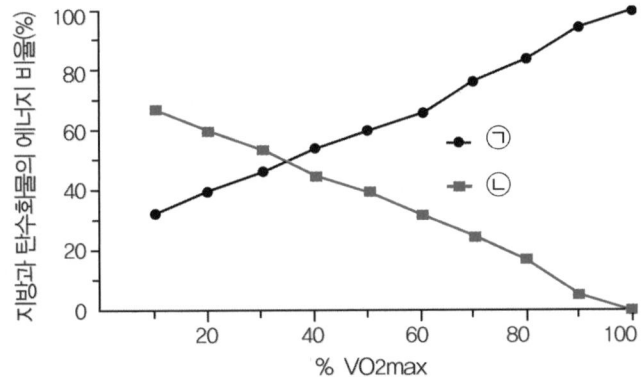

	㉠	㉡
①	지방	단백질
②	지방	탄수화물
③	탄수화물	지방
④	탄수화물	단백질

7. 인간이 획득한 에너지를 변환하여 사용하는 것과 거리가 먼 것은?

① 신체활동을 위한 기계적 에너지
② 체온유지를 위한 열에너지
③ 신경활동을 위한 전기에너지
④ 두뇌활동을 위한 빛에너지

8. '에너지 전환 및 보존법칙'에 대한 설명으로 옳은 것은?

① 여러 형태의 에너지는 서로 전환될 수 없다.
② 에너지 형태가 바뀌기 전, 후 총량에는 변화가 없다.
③ 다른 에너지로 전환될 수 있으며, 새로 생성될 수 있다.
④ 다른 에너지로 전환될 수 있으나, 소멸되는 에너지가 존재한다.

9. 운동 강도와 운동 시간에 따라 에너지 생성에 관여하는 에너지 시스템의 기여도에 대해서 빈칸(㉠~㉢)에 해당하는 내용으로 옳은 것은?

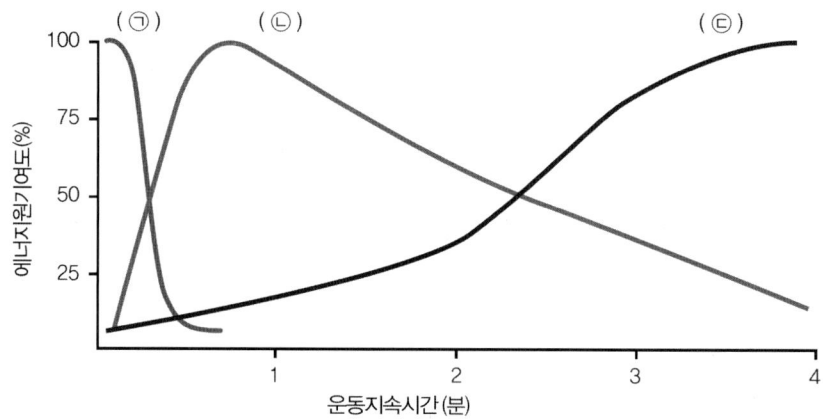

	㉠	㉡	㉢
①	무산소 (해당과정) 시스템	ATP-PCr 시스템	유산소 시스템
②	무산소 (해당과정) 시스템	유산소 시스템	ATP-PCr 시스템
③	ATP-PCr 시스템	유산소 시스템	무산소 (해당과정) 시스템
④	ATP-PCr 시스템	무산소 (해당과정) 시스템	유산소 시스템

10. 포도당신합성(글루코오스신합성)의 기질에 해당되는 내용으로 바르게 묶인 것은?

<보기>

㉠ 글리세롤   ㉡ 아미노산   ㉢ 혈중 젖산   ㉣ 피루브산

① ㉠   ② ㉠ + ㉡
③ ㉠ + ㉡ + ㉢   ④ ㉠ + ㉡ + ㉢ + ㉣

11. 호흡교환율 혹은 호흡상에 대한 설명 중 옳지 <u>않은</u> 것은?

① 인체 에너지 소비를 판단하는 측정방법이다.
② 소비되는 산소량에 대한 생성된 이산화탄소의 비율이다.
③ 운동하는 동안 소비되는 에너지원의 비율을 파악할 수 있다.
④ 탄수화물의 산화는 지방을 산화시킬 때보다 더 많은 양의 산소를 필요로 한다.

12. 일과 파워를 측정하는 방법으로 옳지 <u>않은</u> 것은?

① 열량계　　　　　　　　　② 스텝
③ 트레드밀　　　　　　　　④ 에르고미터

13. 에너지 대사에서 산소 소비량에 대한 이산화탄소 생산량의 비율을 호흡교환율이라고 한다. 에너지원의 기여도에 따른 호흡교환율이 바르게 묶인 것은? [무료동영상]

호흡교환율	% ㉠	% ㉡
0.70	100	0
0.75	83	17
0.80	67	33
0.85	50	50
0.90	33	67
0.95	17	83
1.00	0	100

	㉠	㉡
①	지방	단백질
②	단백질	지방
③	탄수화물	지방
④	지방	탄수화물

14. 지구성 트레이닝에 대한 생리적 적응 결과로 옳지 <u>않은</u> 것은?

① 안정시 심박수의 증가　　② 최대산소섭취량 증가
③ 미토콘드리아 수의 증가　④ 모세혈관 분포의 증가

15. 무산소 트레이닝 적응에 대한 설명으로 옳지 <u>않은</u> 것은?

① 속근섬유의 비대가 우세하게 나타난다.
② 지근섬유의 비대가 우세하게 나타난다.
③ ATP와 PCr의 저장량이 증가하게 된다.
④ 크레아틴 분해효소(CK, creatine kinase)의 활성이 증가된다.

16. 유산소 트레이닝 적응에 대한 설명으로 옳지 <u>않은</u> 것은?

① 운동근의 유산소 대사능력을 향상시킨다.
② 운동근으로 산소를 운반하는 능력이 향상된다.
③ 에너지원으로써 탄수화물을 더욱 활용할 수 있게 된다.
④ 글리코겐의 저장량은 트레이닝 적응 전보다 증가한다.

17. 신경계의 특성으로 바르게 묶인 것은?

① 흥분성, 전달성, 통합성
② 흥분성, 탄력성, 통합성
③ 흥분성, 신장성, 통합성
④ 흥분성, 전달성, 활동성

18. 항상성을 유지하기 위한 음성되먹임(negative feedback) 기전의 경로를 올바르게 제시한 것은?

① 자극 - 감수체(수용기) - 조절중추 - 구심신경 - 효과기 - 반응
② 자극 - 감수체(수용기) - 구심신경 - 조절중추 - 효과기 - 반응
③ 자극 - 감수체(수용기) - 효과기 - 구심신경 - 조절중추 - 반응
④ 자극 - 감수체(수용기) - 효과기 - 조절중추 - 구심신경 - 반응

19. 교감신경과 부교감신경에서 분비되는 신경전달물질을 바르게 배열한 것은? 무료동영상

① 노르에피네프린-에피네프린
② 아세틸콜린-노르에피네프린
③ 노르에피네프린-아세틸콜린
④ 아세틸콜린-에피네프린

20. 말초신경계에 대한 설명으로 옳지 <u>않은</u> 것은?

① 뇌와 척수로 구분된다.
② 불수의적인 생리적 기능을 조절한다.
③ 심박수 및 호르몬 조절과 내장기관의 운동을 조절한다.
④ 중추신경계의 수의적 명령을 골격근에 전달하는 역할을 한다.

21. 인체의 불수의적 생리조절기능을 담당하고 있으며, 심박수와 심장의 수축력 및 호르몬 분비 조절을 통제하는 신경은 무엇인가? 무료동영상

① 감각신경　　　　　　　　② 자율신경
③ 체성신경　　　　　　　　④ 중추신경

22. 그림을 참조하여 〈보기〉에서 제시된 골격근의 수축 단계를 순서대로 바르게 배열한 것은?

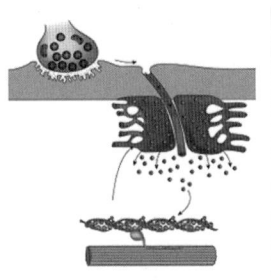

〈보기〉
㉠ 칼슘이 트로포닌에 결합 → 액틴결합부위노출
㉡ 트로포닌으로부터 칼슘 분리 및 제거 → 근이완
㉢ 미오신 십자형가교가 액틴결합부위와 강한 결합 → 근수축
㉣ 활동전위가 가로세관을 따라 전도 → 근질세망으로부터 칼슘방출
㉤ 운동신경의 활동전위가 운동신경말단으로 전도 → 연접간격으로부터 아세틸콜린방출 → 근세포막 활동전위 생성

① ㉢-㉠-㉣-㉤-㉡　　　　② ㉠-㉤-㉢-㉣-㉡
③ ㉤-㉠-㉣-㉢-㉡　　　　④ ㉤-㉣-㉠-㉢-㉡

23. 그림과 같은 자세를 유지하기 위해서는 주동근을 촉진(①)시키고, 길항근을 억제(②)시키도록 해야 한다. 이러한 기전을 일컫는 용어는?

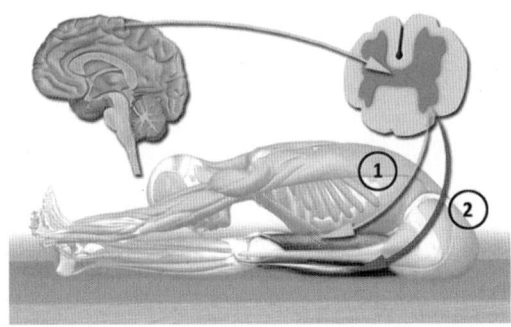

① 상호억제　　　　　　　　② 신전반사
③ 무릎반사　　　　　　　　④ 의식적 반사

24. 그림과 같이 신경을 통한 명령에서 자극을 통해 하나의 운동신경섬유가 지배하는 근섬유들은 동시에 수축하게 되며, 수축력과도 관계가 있다. 빈칸(㉠-㉢)에 공통으로 들어갈 알맞은 용어는? 무료동영상

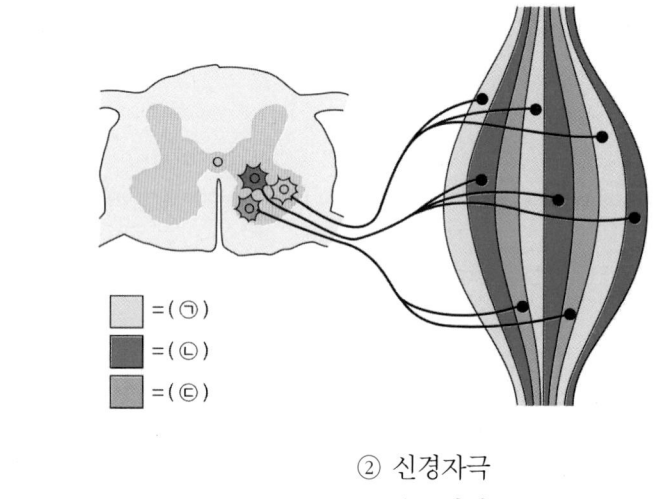

① 신경섬유
② 신경자극
③ 운동자극
④ 운동단위

25. 근육의 과도한 신전과 수축에 대한 정보를 제공하여 감지하도록 하는 고유수용기로 바르게 묶인 것은?

〈보기〉

㉠ 신전   ㉡ 수축

	㉠	㉡
①	척수	근방추
②	근방추	골지힘줄기관
③	자율신경	골지힘줄기관
④	체성신경	골지힘줄기관

26. 근섬유의 유형 중 type I과 type IIa/type IIb에 대한 설명 중 옳은 것으로 묶인 것은?

<보기>
㉠ type I   ㉡ type IIa   ㉢ type IIb

		㉠	㉡	㉢
①	힘 생성	높다	낮다	낮다
②	피로 내성	높다	낮다	낮다
③	글리코겐 저장량	높다	낮다	낮다
④	주 에너지 시스템	무산소	유산소/무산소	유산소

27. 하나의 운동단위는 자극되는 빈도에 따라 힘의 차이를 나타낸다. 빈칸(㉠~㉢)에 해당하는 내용을 묶은 것 중 옳은 것은?

<보기>
㉠ 하나의 전기 자극에 대해 근섬유 혹은 운동단위의 가장 작은 수축 반응
㉡ 첫 번째 자극으로부터 완전히 이완되기 전에 빠른 속도로 연속적인 자극이 추가되면 더욱 증가된 힘 혹은 긴장상태가 나타나는 수축
㉢ 자극빈도가 더 증가하고 수축들이 중첩되어 나타나면 더욱 강한 힘을 발휘하게 되어 운동단위의 힘 혹은 긴장 상태가 최고점에 도달하는 수축

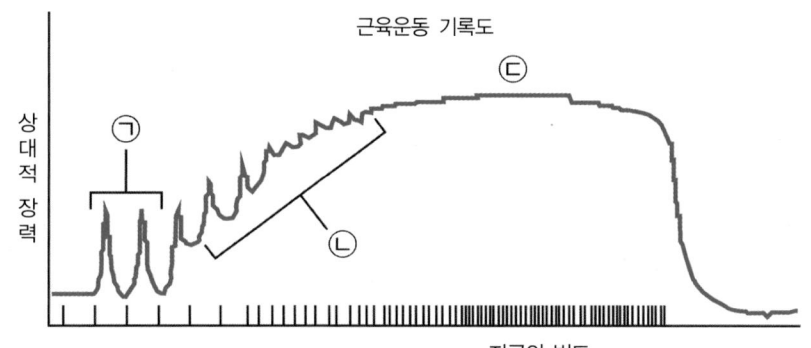

	㉠	㉡	㉢
①	가중	강축	연축
②	강축	연축	가중
③	연축	가중	강축
④	연축	강축	가중

28. 그림과 같이 화살표 방향으로 단축성 수축운동을 직접적으로 주도하는 근육과 이에 반하는 작용을 하는 근육의 용어를 올바르게 제시한 것은?

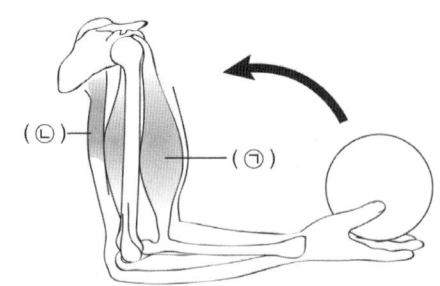

	㉠	㉡
①	주동근	길항근
②	주동근	협력근
③	협력근	길항근
④	협력근	주동근

29. 중·장거리 선수들과 같이 지구력 운동선수들의 근섬유 특징에 대한 설명으로 옳은 것은?

① 지근섬유가 발달한다.
② 근 수축력이 발달한다.
③ type Ⅱb 섬유가 발달한다.
④ 무산소성 운동에 적합한 섬유가 발달한다.

30. 운동 중 근섬유 길이의 변화에 대한 사항으로 바르게 묶인 것은?

〈보기〉
㉠ 등장성 운동에서는 근섬유의 길이 변화가 없다.
㉡ 등장성 운동에서는 근섬유의 길이 변화가 있다.
㉢ 등척성 운동에서는 근섬유의 길이 변화가 없다.
㉣ 등척성 운동에서는 근섬유의 길이 변화가 있다.

① ㉠ + ㉢
② ㉠ + ㉣
③ ㉡ + ㉢
④ ㉡ + ㉣

31. 근력의 발휘에 영향을 미치는 요인에 대한 설명 중 옳은 것은?

　① 수축 속도가 빠를수록 큰 힘이 발휘된다.
　② 자극빈도가 감소할수록 큰 힘이 발휘된다.
　③ 초기 근섬유와 근절이 길수록 큰 힘이 발휘된다.
　④ 보다 많은 운동단위가 작용할 때 큰 힘이 발휘된다.

32. 운동 중 혈중 글루코스(포도당)의 농도를 상승시키는 호르몬이 <u>아닌</u> 것은?

　① 글루카곤　　　　　　　　② 인슐린
　③ 에피네프린　　　　　　　④ 코티졸

33. 운동 중 과도한 수분 손실로 인한 혈압 감소는 신장에서 호르몬 분비를 자극한다. 이에 대한 경로를 설명한 것 중 (㉠, ㉡)에 바르게 들어갈 용어는?

	㉠	㉡
①	레닌	항이뇨호르몬
②	레닌	알도스테론
③	알도스테론	레닌
④	항이뇨호르몬	알도스테론

34. 운동 중 수분과 전해질 균형에 영향을 미치는 호르몬과 설명에 대해 올바르게 제시한 것은?

〈보기〉
㉠ 신장에서 수분 재흡수 증가　　㉡ Na^+ 유입 증가, K^+ 배출 증가

	㉠	㉡
①	코티졸	항이뇨호르몬
②	코티졸	알도스테론
③	알도스테론	항이뇨호르몬
④	항이뇨호르몬	알도스테론

35. 분비기관-호르몬 작용에 대한 설명 중 올바르게 제시한 것은?

	㉠	㉡	㉢
①	부신수질-중성지방 분해	갑상선-대사율 촉진	뇌하수체전엽-단백질 합성
②	부신피질-중성지방 분해	뇌하수체전엽-단백질 합성	갑상선-대사율 촉진
③	뇌하수체전엽-단백질 합성	부신수질-중성지방 분해	갑상선-대사율 촉진
④	뇌하수체전엽-단백질 합성	갑상선-대사율 촉진	부신피질-중성지방 분해

36. 혈장 내 칼슘농도 조절에 대한 호르몬 배열이 올바르게 제시한 것은?

〈보기〉
㉠ 혈장 내 칼슘농도가 높을 때 분비   ㉡ 혈장 내 칼슘농도가 낮을 때 분비

	㉠	㉡
①	칼시토닌	파라트호르몬
②	파라트호르몬	옥시토신
③	칼시토닌	옥시토신
④	옥시토신	파라트호르몬

37. 심장의 수축력에 영향을 미치는 요인들에 대한 설명이 바르게 묶인 것은?

〈보기〉
㉠ 교감신경이 자극되면 심근수축력이 증가한다.
㉡ 순환혈액량이 감소하면 심근수축력이 증가한다.
㉢ 정맥환류량이 증가하면 심근수축력이 증가한다.
㉣ 심근섬유의 길이가 늘어나면 수축력이 증가한다.

① ㉠ + ㉡ + ㉢
② ㉠ + ㉢ + ㉣
③ ㉠ + ㉡ + ㉣
④ ㉡ + ㉢ + ㉣

38. 그림과 관련하여 심장의 작극전도계에 대한 설명 중 옳지 **않은** 것은?

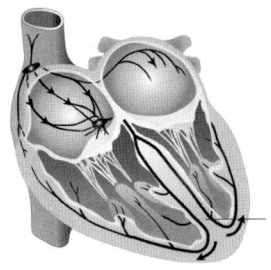 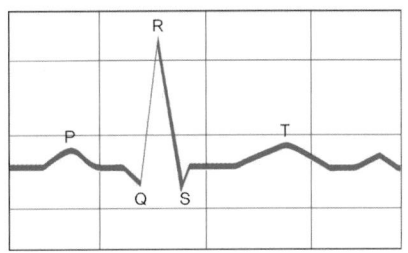

① P파는 심방의 수축을 의미한다.
② QRS복합은 심실의 이완을 나타낸다.
③ 정상적으로 생리적 심박 조절자는 동방결절이며, 심장의 박동조율기이다.
④ 심근흥분의 자극은 동방결절, 방실결절, 방실다발, 방실다발갈래, 퍼킨제섬유로 전도된다.

39. 혈류량에 영향을 미치는 요인들로 바르게 묶인 것은?

〈보기〉
㉠ 혈압   ㉡ 혈류저항   ㉢ 혈액의 점성   ㉣ 혈관의 길이

① ㉠
② ㉠ + ㉡
③ ㉠ + ㉡ + ㉢
④ ㉠ + ㉡ + ㉢ + ㉣

40. 다음 폐활량에 대한 설명 중 옳지 **않은** 것은? [무료동영상]

① 잔기용적을 제외한 나머지의 호흡양이다.
② 장거리 육상선수, 수영선수는 일반인보다 폐활량이 크다.
③ 최대산소섭취량은 절대적으로 폐활량의 크기에 따라 좌우된다.
④ 숨을 완전히 내쉬었다가 최대한 들이마실 수 있는 공기의 양이다.

41. 호흡을 보조하는 호흡근에 속하지 **않는** 것은?

① 복근
② 대퇴근
③ 늑간근
④ 횡격막

42. 다음 흡기(흡식)시 공기가 통과하는 과정에서 (㉠-㉣)에 해당하는 용어로 올바르게 제시한 것은?

비강 → (ㄱ) → (ㄴ) → (ㄷ) → (ㄹ) → 폐

	㉠	㉡	㉢	㉣
①	인두	후두	기관지	기관
②	인두	후두	기관	기관지
③	후두	인두	기관지	기관
④	후두	인두	기관	기관지

43. 다음 중 장기간 지구력 운동에 따른 호흡계 적응에 대한 설명으로 바르지 <u>않은</u> 것은?

① 동정맥 산소차이가 증가한다.
② 최대강도 운동 시에는 폐확산 능력이 증가한다.
③ 최대강도의 운동 상황에서는 최대폐환기량이 낮아진다.
④ 안정시 호흡수는 감소하지만, 최대강도 운동 시에는 증가된다.

44. 혈액순환(정맥환류)의 보조 작용을 하는 기전에 속하지 <u>않는</u> 것은?

① 근 펌프 ② 호흡동작
③ 정맥판막 ④ 반월판막

45. 운동 적응 이후 1회 박출량의 증가에 영향을 미치는 요소가 <u>아닌</u> 것은?

① 호흡빈도의 증가
② 심실 수축력의 증가
③ 평균 대동맥압의 감소
④ 심실이완기말 용적의 증가

46. 그림을 참조하여 보기에 제시된 환경과 인체간 열을 교환하는 설명에 대한 기전이 올바른 것은?

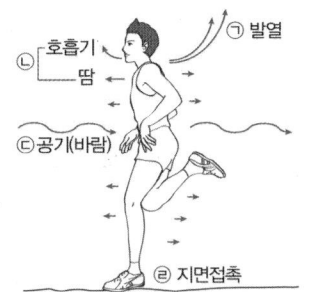

〈보기〉
㉠ 따뜻한 인체의 열은 차가운 물체로 전달된다.
㉡ 몸의 표면이나 호흡기를 통한 수분의 손실은 몸을 냉각시킨다.
㉢ 흐르는 공기(바람) 온도가 몸 표면 온도보다 낮을 때 체열을 잃게 된다.
㉣ 온도가 다른 물체와 인체가 접촉했을 때 일어나는 직접적인 열의 전달이다.

	㉠	㉡	㉢	㉣
①	복사	대류	전도	증발
②	복사	증발	대류	전도
③	전도	증발	대류	복사
④	전도	대류	복사	증발

47. 체온 조절과 관련된 설명 중 옳지 않은 것은?

① 시상하부는 인체의 온도를 조절하는 기관이다.
② 체온의 감소를 보상하기 위해 혈관은 이완된다.
③ 체온의 변화는 수용기(receptor)에 의해 감지된다.
④ 정상체온은 골격근, 땀샘, 동맥의 민무늬근 및 내분비샘 같은 4가지 효과기(effector)의 작용으로 유지된다.

48. 고지대에서의 장기간 노출을 통한 적응의 설명으로 옳지 않은 것은?

① 헤모글로빈의 수가 증가한다.
② 모세혈관의 밀도가 증가한다.
③ 근육의 횡단 면적이 감소한다.
④ 해수면보다 강한 운동 강도로 훈련할 수 있다.

49. 수중 입수에 의한 생리적 반응으로 옳지 <u>않은</u> 것은?
    ① 소변량 증가　　　　② 정맥환류량 감소
    ③ 심부혈액량 증가　　④ 안정시 심박수 감소

50. 대기 환경의 오염으로 인해 운동 시 폐의 확산능력을 감소시키는 주요 요소이며, 헤모글로빈과 친화력이 매우 높은 것은?
    ① 분진　　　　　　　② 산화황
    ③ 일산화탄소　　　　④ 아황산가스

운동생리학 출제예상문제 정답 및 해설

문항	정답	해설
1	④	운동이란 건강이나 체력을 증진하거나 유지하기 위한 계획적이고 규칙적인 좁은 의미의 신체활동으로서, 이를 통해 하나 이상의 체력 요소가 향상되는 것으로 인식된다.
2	②	신체활동은 근육 활동을 통한 계획적이지 않은 신체의 움직임들로, 일상적인 활동들을 수행하는 것을 목적으로 한다. 계획하지 않아도 규칙적인 신체활동은 건강과 체력을 일부 향상시킬 가능성이 있다.
3	②	건강관련체력에는 1) 심폐지구력, 2) 신체조성, 3) 근력, 4) 근지구력, 5) 유연성 운동기능 체력에는 1) 민첩성, 2) 순발력, 3) 협응성, 4) 평형성, 5) 반응속도, 6) 스피드가 해당된다.
4	③	운동생리학은 생리학의 일정 기간 동안 운동 형태로 가해진 자극에 대해 인체가 적절하게 반응하고, 적응하는 과정 속에서 나타나는 현상들을 구조적뿐만 아니라 기능적인 변화를 연구하는 학문분야이다.
5	①	운동학, 스포츠의학뿐만 아니라 유전학, 분자생물학과도 영역을 공유하기 시작했다.
6	③	에너지 기여도에 있어 운동 강도(%VO_2max)가 증가할수록 탄수화물의 비율은 증가하는 반면, 지방의 기여도는 감소하게 된다.
7	④	인간이 획득한 에너지는 신체활동을 위한 기계적 에너지, 체온유지를 위한 열에너지, 신경활동을 위한 전기에너지로 변환하여 사용된다.
8	②	'열역학 제1법칙'에 따르면 에너지는 여러 가지 형태로 존재하지만, 서로 다른 형태의 에너지로 바뀔 수 있다. 그러나 다른 에너지로 전환될 때 새로 생성되거나 소멸되는 에너지는 존재하지 않으며, 형태가 바뀌기 전과 후의 총량에도 변함이 없게 된다(에너지 보존법칙).
9	④	운동 강도가 높고 운동시간이 감소하는 순서로 ㉠ ATP-PCr 시스템과 ㉡ 해당과정 시스템, ㉢ 유산소 시스템이 ATP 생성에 기여한다.
10	③	㉠ 중성지방 분해 = 글리세롤 + 유리지방산 (글리세롤은 간에서 포도당으로 전환) ㉡ 단백질 분해 = 아미노산 (아미노산은 간에서 포도당 전환) ㉢ 혈중젖산 = 젖산은 간에서 포도당 전환
11	④	지방의 산화는 탄수화물을 산화시킬 때보다 더 많은 양의 산소를 필요로 한다.
12	①	일과 파워를 측정하는 일반적인 방법으로는 스텝, 트레드밀, 에르고미터 등이 고려될 수 있다. 섭취한 영양소 안의 화학적 에너지가 대사되어 최종적으로 열에너지로 변화하면, 열에너지는 주변의 온도를 올리는 작용을 하게 된다. 이러한 온도의 변화를 이용하여 열에너지의 양을 측정하게 된다. 이러한 기구를 '열량계(calorimeter)'라고 한다.

문항	정답	해설
13	④	호흡교환율이 0.70일 때는 지방이 100% 에너지로 사용되고 있다는 의미이며, 1.00일 때는 탄수화물이 100% 에너지로 사용되고 있다는 의미이다. 호흡교환율이 0.85일 때 에너지 기여도는 지방 50%, 탄수화물 50%의 의미이다.
14	①	지구성 트레이닝의 적응결과 안정시심박수는 감소하게 되며, 이는 1회 심박출량(stroke volume, SV) 증가와도 관련이 있다.
15	②	지근섬유의 비대가 우세하게 나타나는 것은 유산소 트레이닝 적응의 결과이다.
16	③	유산소 트레이닝 적응 결과 에너지원으로써 지방을 더욱 활용할 수 있게 된다. 젖산역치점이 지연되는 것과도 관련이 있다.
17	①	신경계의 특성은 흥분성, 전달성, 통합성으로 정의된다.
18	②	항상성을 유지하기 위한 음성되먹임(negative feedback) 기전의 경로는 자극-감수체(수용기) - 구심신경 - 조절중추 - 효과기 - 반응의 순서로 진행된다.
19	③	신경전달물질과 관련하여 교감신경 절후 섬유 말단에서는 노르에피네프린이 분비되고, 부교감신경 절후 섬유 말단에서는 아세틸콜린이 분비된다.
20	①	뇌와 척수는 중추신경계에 속한다. 불수의적인 생리적 기능과 심박수 및 호르몬 조절, 내장기관의 운동을 조절하는 말초신경은 자율신경이다. 중추신경계의 수의적 명령을 골격근에 전달하는 역할을 하는 말초신경은 운동신경이다.
21	②	불수의적인 생리조절과 관련이 있는 말초신경은 자율신경이다.
22	④	골격근이 수축하는 단계는 ⓑ-ⓓ-ⓐ-ⓒ-ⓔ 이다.
23	①	근육의 움직임에 있어 주동근을 촉진시키고, 길항근을 억제시키는 기전을 상호억제(reciprocal inhibition)라고 한다.
24	④	신경을 통한 명령에서 자극을 통해 하나의 운동신경섬유가 지배하는 근섬유들은 동시에 수축하게 되며, 수축력과도 관계가 있는 것을 운동단위(motor unit)라고 한다. 운동단위가 클수록 수축력도 커진다.
25	②	과도한 신전을 억제하도록 하는 고유수용기를 "근방추"라고 하며, 과도한 수축을 억제하는 고유수용기를 "골지힘줄기관"이라고 한다.
26	②	글리코겐 저장량, 힘생성은 ⓒ type IIb 가 가장 높으며, ⓐ type I 이 가장 낮다. ⓒ type IIb 는 무산소성 에너지시스템에 의존하며, ⓐ type I 은 유산소성 에너지시스템에 의존도가 높다.
27	③	ⓐ 연축 ⓑ 가중 ⓒ 강축을 의미한다. 강축이후 상대적 장력이 감소하는 이유는 자극의 중단 혹은 피로 때문이다.
28	①	ⓐ 주동근 ⓑ 길항근이라고 한다.

문항	정답	해설
29	①	중·장거리 선수들과 같이 지구력 운동선수들의 근섬유 특징은 지근섬유의 발달이다.
30	③	등장성 운동(수축)에서는 근 섬유의 길이 변화가 나타나며, 등척성 운동(수축)에서는 근섬유의 길이 변화가 나타나지 않는다. 등장성 운동(수축)의 대표적인 예는 웨이트 트레이닝이며, 등척성 운동(수축)의 대표적인 예는 벽을 밀고 있는 동작을 유지하는 것이다.
31	④	① 수축 속도가 너무 빠르면 큰 힘이 발휘되기 어렵다. ② 자극빈도가 증가할수록 큰 힘이 발휘된다. ③ 초기 근섬유와 근절이 너무 길어진 상태라면 큰 힘이 발휘되기 어렵다.
32	②	인슐린은 혈중 글루코스의 농도를 감소시키는 호르몬이며, 췌장에서 분비된다.
33	②	수분평형을 위해 ㉠ 신장에서 레닌 분비 ㉡ 부신피질에서 알도스테론 분비
34	④	㉠ 신장에서 수분 재흡수 증가 - 항이뇨호르몬 (뇌하수체후엽 분비) ㉡ Na^+ 유입 증가, K^+ 배출 증가 - 알도스테론 (부신피질 분비)
35	①	㉠ 에피네프린: 부신수질-중성지방분해 ㉡ 티록신: 갑상선-대사율촉진 ㉢ 성장호르몬: 뇌하수체전엽-단백질합성
36	①	㉠ 혈장 내 칼슘농도가 높을 때 분비: 칼시토닌 (갑상선 분비) ㉡ 혈장 내 칼슘농도가 낮을 때 분비: 파라트호르몬 (부갑상선 분비)
37	②	㉡ 순환혈액량이 감소하면 심근수축력이 감소한다.
38	②	QRS복합은 심실의 수축을 나타낸다.
39	④	㉠ 혈압 ㉡ 혈류저항 ㉢ 혈액의 점성 ㉣ 혈관의 길이 등 모두가 혈류량에 영향을 미치게 된다. 혈압이 높을수록, 혈류저항과 혈액의 점성이 낮을수록, 혈관의 길이가 짧을수록 혈류량이 증가하게 된다.
40	③	최대산소섭취량은 최대심박출량 × 최대동정맥산소차이 그러므로 절대적으로 폐활량의 크기에 따라 좌우되는 것은 아니다.
41	②	복근, 늑간근, 횡격막 등이 호흡을 보조한다.
42	②	흡기시 공기의 통과 경로는 비강(코 공간) - 인두 - 후두 - 기관 - 기관지이다.
43	③	최대강도의 운동 상황에서는 최대폐환기량이 높아진다.
44	④	근 펌프, 호흡동작, 정맥판막은 혈액순환(정맥환류)의 보조 작용을 하는 역할을 한다.
45	①	운동 적응 이후 1회 박출량의 증가에 영향을 미치는 요소는 심실 수축력의 증가, 평균 대동맥압의 감소, 심실이완기말 용적의 증가 등이 포함된다.

문항	정답	해설
46	②	㉠ 복사 ㉡ 증발 ㉢ 대류 ㉣ 전도
47	②	체온 감소를 보상하기 위해 혈관은 수축되며(체열 손실을 줄이기 위해), 반대로 체온 상승 시에는 혈관이 이완된다(체열 손실을 증가시키기 위해).
48	④	고지대에서는 산소분압이 감소하므로, 해수면에서와 동일한 강도로 훈련하기 어렵다.
49	②	수중 입수 시 혈관의 수축으로 인해 정맥환류량은 증가한다.
50	③	대기 환경의 오염으로 폐의 확산능력을 감소시키는 주요 요소이며, 헤모글로빈과 친화력이 매우 높은 것은 일산화탄소이다.

운동생리학 실전모의고사

1. 운동과 관련하여 성장호르몬에 대한 설명으로 옳은 것은?

    가. 운동 중 성장호르몬의 분비는 억제된다.
    나. 운동 중 성장호르몬은 지질분해를 억제시킨다.
    다. 운동 중 성장호르몬은 혈중 포도당의 이용을 억제시킨다.
    라. 운동 중 성장호르몬은 필요한 에너지를 얻기 위해 단백질분해를 촉진시킨다.

2. 운동 중 체내 수분 손실로 인한 반응으로 옳지 않은 것은?

    가. 체온조절능력이 감소한다.
    나. 발한량이 증가하고, 심박수는 감소한다.
    다. 뇌하수체 후엽에서 항이뇨호르몬의 분비가 증가하여 수분의 재흡수를 증가시킨다.
    라. 부신피질에서 알도스테론의 분비가 증가하여 세뇨관의 나트륨 재흡수를 증가시킨다.

3. 호흡계의 구조에 대한 설명으로 옳지 않은 것은?

    가. 호흡영역에는 해부학적사강이 존재한다.
    나. 공기유입의 경로는 전도영역과 호흡영역으로 나뉜다.
    다. 전도영역은 공기의 통로 역할만을 하여 가스교환이 일어나지 않는다.
    라. 공기가 유입되는 경로는 코, 비강, 인두, 후두, 기관, 기관지, 폐의 순이다.

4. 다음 중 근섬유(근세포)에 관련된 일반적인 설명으로 옳지 않은 것은?

    가. FT 근섬유는 ST 근섬유에 비해 근지구력이 우월한 반면, ST 근섬유는 근수축 속도가 빠르다.
    나. 단련자는 비단련자보다 근섬유에 분포된 모세혈관의 밀도가 높기 때문에 유산소운동능력이 우월하다.
    다. 신경이 근섬유를 지배하고 있는 단위가 클수록 큰 장력을 발휘할 수 있으며, 이를 운동단위라고 한다.
    라. 근섬유에는 미토콘드리아가 많이 분포하고 있으며, 유산소 운동에 따라 미토콘드리아의 수와 크기가 증가할 수 있다.

5. 그림에서 나타난 무산소성 역치(anaerobic threshold)에 대한 설명으로 옳지 <u>않은</u> 것은?

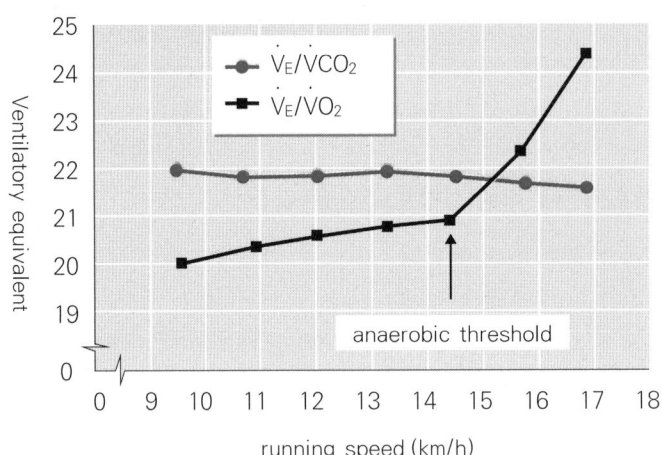

가. 젖산역치시점과 유사하다.
나. 환기역치시점과 유사하다.
다. 무산소성 에너지시스템의 기여도가 가속화되는 것이다.
라. 저강도 운동 중 나타나는 현상이며, 지방을 주로 에너지 기질로 사용한다.

6. 체중이 80kg인 사람이 산소 1L당 5Kcal를 소비한다고 가정할 때, 10METs의 운동 강도로 10분간 달리기를 한다면 에너지 소비량은 대략 얼마인가?

가. 85Kcal
나. 105Kcal
다. 125Kcal
라. 140Kcal

7. 뉴런에서 정보의 전달은 활동전위에 의하여 발생한다. 활동전위와 관련된 설명 중 옳지 <u>않은</u> 것은?

가. 탈분극의 정점에 도달하면, Na^+ 통로는 비활성화 된다.
나. 뉴런의 안정막전위는 약 -40mV ~ -75mV 정도이며, 이는 세포내 전위를 의미한다.
다. 재분극을 위해서 Na^+-K^+ 펌프는 Na^+을 세포 안으로 들어오게 하고, K^+을 세포 밖으로 보낸다.
라. 탈분극(depolarization)과 재분극(repolarization)이 일어나는 과정에서 발생하는 전위를 의미한다.

8. 고온 환경에서 장시간의 운동 시 인체에서 생성되는 체열을 발산시키는 가장 효과적인 방법은?

　가. 복사(radiation)　　　　　　　　나. 대류(convection)
　다. 증발(evaporation)　　　　　　　라. 전도(conduction)

9. 폐포(alveoli), 혈관과 조직 간, 산소와 이산화탄소의 기체교환은 어떠한 물질운반 형태인가?

　가. 확산작용(diffusion)　　　　　　나. 여과작용(filtration)
　다. 전도작용(conducting)　　　　　라. 삼투작용(osmosis)

10. 운동단계에 따른 환기량의 변화에 대한 설명으로 옳지 <u>않은</u> 것은?

　가. 운동 시작 후 수초 내에 환기량은 급격하게 증가하게 된다.
　나. 운동 직후 환기량은 서서히 감소한 이후, 안정 시 수준으로 급격히 감소한다.
　다. 운동을 시작하기 직전 환기량이 증가하며, 이는 호흡중추가 흥분되기 때문이다.
　라. 급격한 증가가 끝난 후 최대수준의 항정 상태까지 느린 증가가 나타나며, 최대하 운동에서는 항정상태가 지속된다.

11. 심박출량에 영향을 미치는 요소에 대한 설명 중 옳지 <u>않은</u> 것은?

　가. 정맥혈 회귀량의 증가는 심박수를 감소시켜 전체적인 심박출량은 감소하게 된다.
　나. 심실의 강한 수축과 이완을 자극하는 카테콜아민의 작용이 심박출량을 증가시킨다.
　다. 혈액이 채워지는 마지막 단계인 심실이완기말 용적이 커지는 것은 심박출량을 증가시킨다.
　라. 프랭크-스탈링 법칙은 근섬유의 길이 조절기능과 관련이 있으며, 심장으로 혈액이 많이 유입되면 박출량이 증가한다는 법칙이다.

12. 운동에 대한 내분비계의 반응을 설명한 내용 중 옳지 <u>않은</u> 것은?

　가. 코티졸은 운동스트레스에 반응하여 시상상부-뇌하수체전엽-부신피질계의 최종호르몬이다.
　나. 부신피질에서 분비되는 알도스테론은 항이뇨 호르몬과 같이 인체체액과 전해질을 조절하는 역할을 한다.
　다. 운동 강도가 증가할수록 췌장의 베타세포에서 인슐린의 분비가 증가하여 포도당과 유리지방산의 에너지 동원능력을 증가시킨다.
　라. 신장에서 분비되는 에이스로포이에틴(erythropoietin) 호르몬은 적혈구를 만드는 작용을 하며, 최대산소섭취량을 증가시켜 줄 수 있다.

13. 항상성 조절을 위한 부적 피드백(negative feedback, 음성되먹임)의 예로 옳지 <u>않은</u> 것은?

   가. 식사 후 혈당 증가에 대한 인슐린의 분비
   나. 고온 환경에 노출 시 체온 증가에 대한 땀의 분비
   다. 고온 환경에 노출 시 체온 감소에 대한 혈관의 수축
   라. 출산 시 자궁경부(cervix) 내 압력 증가에 대한 옥시토신(oxytocin)의 분비

14. 그림에서 근육이 수축을 하기 위하여 필요한 칼슘이 안정 상태에서 저장되어 있는 장소와 운동신경으로 부터의 자극이 근소포체로 전달되는 장소를 맞게 짝지어 설명한 것은?

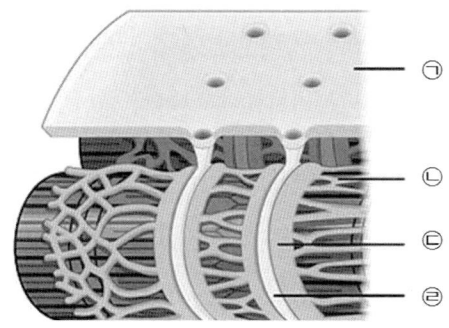

가.	㉠ 근형질세망	㉡ 가로세관
나.	㉡ 가로세관	㉢ 근형질세망
다.	㉡ 근형질세망	㉣ 가로세관
라.	㉣ 가로세관	㉠ 근형질세망

15. 덥고 습한 환경에서 장시간 최대하 운동을 위한 안전지침으로 바르지 <u>않은</u> 것은?

   가. 운동 중 휴식시간에는 태양에서 직접적으로 받는 복사열을 피한다.
   나. 운동 중 일반 성인의 시간당 평균 수분 손실량은 외부온도와 운동 강도에 반비례한다.
   다. 운동시작 전 3시간 이내에 충분한 수분섭취와 운동 중 매 15~20분마다 수분섭취를 해야 한다.
   라. 운동 중 순수한 물보다는 염분을 첨가한 음료가 도움이 될 수 있으며, 운동 강도와 운동시간은 줄인다.

16. 스쿠버다이버 들에게 잠수 중 나타나는 생리적 반응에 대한 설명으로 옳지 않은 것은?

가. 체온 감소는 입수 시간을 제한하게 된다.
나. 허파에 압력을 가중시키며 호흡기전이 변함으로 인해 호흡이 더욱 용이해진다.
다. 수압에 의해 다리, 복부에 압력이 가해져서 가슴 쪽으로 체수분이 이동하여 심장의 크기가 확장된다.
라. 생리적으로 지속적 잠수를 어렵게 하는 것은 혈중이산화탄소압력(carbon dioxide pressure)의 증가를 원인으로 들 수 있다.

17. 저온 환경에서 운동 시 생리적 반응에 대한 설명으로 옳지 않은 것은?

가. 운동 시 심부온도의 저하는 최대 심박출량을 감소시켜 혈류 산소운반을 방해한다.
나. 저온에서 근 수축활동은 운동피로에 의해 근육 활동이 둔화되지만 체열의 생성은 점차적으로 증가한다.
다. 저온 환경에 오래 노출되면 체온 유지를 위해 말초혈관의 수축이나 근육의 떨림으로 인해 열을 발생시킨다.
라. 근육온도가 저하되면 근세포내액의 점도가 증가되어 근세포 내 에너지대사에 관여하는 효소의 활동이 저해된다.

18. 고체온증을 예방하기 위한 생활체육지도사의 대처방법으로 옳지 않은 것은?

가. 한낮의 더위를 피하여 이른 아침이나 저녁에 연습이나 경기를 한다.
나. 습구온도가 30℃ 이상이면 실외에서의 경기나 연습은 금지시켜야 한다.
다. 음료수는 항상 준비되어 있어야 하며, 선수들이 체중을 고려한 적절한 양의 물을 마시도록 주지시킨다.
라. 과다한 의복 착용은 대사열의 제거에 불필요한 부담을 주기 때문에 간소한 복장을 한다.

19. 고온 환경에서 운동 시 생리적 반응으로 옳은 것은?

가. 운동경기에서는 빨리 피로해지고 경기력이 현저하게 감소된다.
나. 열 질환의 발생과 운동능력이 저하되는 것을 예방하기 위해 수분을 다량 보충한다.
다. 전도, 증발 및 복사에 의한 냉각으로 심부온도는 감소하고 피부온도는 증가하게 되는 체온조절의 불균형을 초래한다.
라. 고온 환경에서 운동 시 체온의 상승과 심박수의 증가 이외에 근육의 유리지방산의 이용이 증가하고 젖산의 생성도 증가한다.

20. 골격근섬유를 구성하는 단백질에 대한 설명으로 옳은 것은?

가. 엑틴 - ATP를 분해하여 미오신 머리를 운동시킨다(power stroke).
나. 트로포닌 - 액틴에 대해 트로포미오신 복합체의 구조적 변화가 일어난다.
다. 미오신 머리 - 근수축을 위해 ATPase에 의하여 ATP가 분해되는 장소
라. 트로포미오신 - 칼슘과 결합하여 칼슘 신호를 분자 신호로 변환하여 십자형교와의 결합을 유도한다.

운동생리학 실전모의고사 정답 및 해설

 성장호르몬은 수면 중 1시간 이내 최대로 분비되며, 운동 중에도 분비된다. 운동 중 분비되는 성장호르몬의 작용은 지질분해를 자극하여, 운동에너지로써 지방산의 동원을 증가시키므로 포도당의 이용을 억제시킨다. 또한 단백질을 합성하는 작용을 한다.

 체액(혈장량)이 감소하면 혈류량이 감소하여 체온조절능력이 감소한다. 이때 발한량은 감소하여 체온조절능력은 더욱 악화되며, 정맥환류량의 감소로 인해 조직에 필요한 혈류를 충분히 공급할 수 없게 된다. 따라서 이를 보충하기 위해 심박수는 증가하게 되며, 체액균형과 관련된 호르몬(항이뇨호르몬, 알도스테론)의 분비가 증가하게 된다.

 해부학적사강(anatomical dead space)은 기체교환에 관여하지 못하는 공기가 존재하는 공강이다. 그러므로 전도영역에 존재한다.

 ST 근섬유는 FT 근섬유에 비해 근지구력이 우월한 반면, FT 근섬유는 근수축 속도가 빠르다.

 무산소성 역치는 고강도의 운동에서 나타나는 현상이며, 탄수화물을 주로 에너지 기질로 사용한다.

 1 MET = 3.5mL/kg/min (산소를 분당, 체중 1kg당 3.5ml 소비하는 운동강도를 의미한다).
그러므로
    (체중 × METs × 3.5) = (80 × 10 × 3.5) = 2,800mL/min 의 산소를 소비한다는 의미
    10분간 운동을 실시하였으므로, 2,800 × 10 = 28,000mL
    1L = 1000ml 이므로, 결과는 28L의 산소를 소비한 것이 된다.
    결과적으로 28 × 5 = 140Kcal

 재분극을 위해서 Na^+-K^+ 펌프는 Na^+을 세포 밖으로 나가게 하고, K^+을 세포 안으로 들여보낸다.

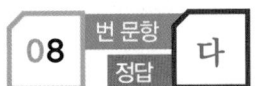 체온 상승시 발한으로 인해 발한이 시작되며, 땀이 증발(기화냉각)하면서 체온의 상승을 억제시키게 된다. 과도한 발한은 탈수를 초래할 수 있다.

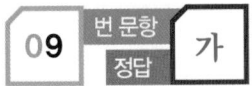 확산작용은 에너지가 소비되지 않는 작용이다. 기체교환은 기체의 농도경사에 의해 발생하는 작용이다. 그러나 이와 반대로 Na^+-K^+ 펌프는 확산작용에 반하는 능동수송의 과정이므로 에너지가 소비된다.

| 10번 문항 | 정답 나 | 운동 직후 환기량은 급격히 감소하고, 이후 안정시 수준으로 천천히 감소하게 된다. |

| 11번 문항 | 정답 가 | 정맥혈 회귀량의 증가는 심실 이완기말 혈액량을 증가시키며, 이는 심근섬유의 길이를 늘려 수축력을 증가시키므로, 전체적인 심박출량은 증가하게 된다. |

| 12번 문항 | 정답 다 | 인슐린 호르몬은 운동 강도가 증가할수록 분비가 억제되며, 포도당과 유리지방산의 에너지 동원능력을 증가시키는 것이 아니라, 합성에 관여하는 호르몬이다. |

| 13번 문항 | 정답 라 | 건강운동관리사 기출문제로서, 옥시토신의 분비는 양성 피드백(positive feedback, 양성 되먹임)의 예이다. 부적 피드백은 일반적인 피드백 과정으로 원인이 결과를 발생시키면 그 결과는 원인을 억제하게 된다. 그러나 양성 피드백은 원인이 결과를 발생시키면, 그 결과가 원인을 증가시키게 되는 것이다. 출산 시 자궁경부 내 압력 증가에 대해 옥시토신이 분비되어 자극경부 내 압력을 더욱 증가시키게 되어 출산을 돕는다. |

| 14번 문항 | 정답 다 | 근육이 수축을 하기 위하여 필요한 칼슘이 안정 상태에서 저장되어 있는 장소는 근형질세망(sarcoplasmic reticulum)이며, 운동신경으로부터의 자극이 근소포체로 전달되는 장소는 가로세관(transverse tubule)이다. 그림에서 근형질세망과 가로세관은 ⓒ과 ⓔ이다. |

| 15번 문항 | 정답 나 | 건강운동관리사 기출문제 응용. 운동 중 수분 손실량은 외부온도와 운동 강도에 비례한다. 운동 중 순수한 물만을 과도하게 섭취하게 되면 저나트륨혈증이 초래되어 운동기능이 감소될 수 있다. 따라서 염분을 첨가한 음료가 도움이 될 수 있다. |

| 16번 문항 | 정답 나 | 허파에 압력이 가중되어 호흡이 용이하지 않게 된다. |

| 17번 문항 | 정답 나 | 저온에서 근 수축활동은 운동피로에 의해 근육 활동이 둔화되어 체열의 생성은 점차적으로 줄어든다. 그러므로 체온 저하는 인체를 더욱 피로하게 만들며 열 생성 능력을 감소시킨다. |

| 18번 문항 | 정답 나 | 습구온도가 28℃ 이상이면 실외에서의 경기나 연습은 금지되어야 한다. |

| 19번 문항 | 정답 가 | 나. 열 질환의 발생과 운동능력이 저하되는 것을 예방하기 위해 수분 및 전해질의 보충하는 것은 바람직하나 다량의 수분만을 보충하는 것은 오히려 부작용을 초래할 수 있다.
다. 전도, 증발 및 복사에 의한 냉각으로 피부온도는 감소하고 심부온도는 증가하게 되는 체온조절의 불균형을 초래한다.
라. 고온 환경에서 운동 시 체온의 상승과 심박수의 증가 이외에 근육의 글리코겐의 이용이 증가하고 젖산의 생성도 증가한다. |

| 20번 문항 | 정답 다 | 가. 미오신에 대한 설명
나. 트로포미오신 – 액틴에 대해 트로포닌 복합체의 구조적 변화가 일어난다.
라. 트로포닌에 대한 설명 |

스포츠사회학

스포츠사회학

2016년 기출문제 분석

출제기준	
주요 항목	세부 항목
1. 스포츠 사회학의 이해	1. 스포츠사회학의 의미
	2. 스포츠의 사회적 기능
2. 스포츠와 정치	1. 스포츠와 정치의 결합
	2. 스포츠와 국내정치
	3. 스포츠와 국제정치
3. 스포츠와 경제	1. 상업주의와 스포츠
	2. 스포츠 메가이벤트의 경제
4. 스포츠와 교육	1. 스포츠의 교육적 기능
	2. 한국의 학원스포츠
5. 스포츠와 미디어	1. 스포츠와 미디어의 이해
	2. 스포츠와 미디어의 상호관계
6. 스포츠와 사회계급/계층	1. 사회계층의 이해
	2. 사회계층과 스포츠 참가
	3. 스포츠와 계층이동
7. 스포츠와 사회화	1. 스포츠사회화의 의미와 과정
	2. 스포츠로의 사회화와 스포츠를 통한 사회화
	3. 스포츠 탈사회화와 재사회화
8. 스포츠와 일탈	1. 스포츠일탈의 이해
	2. 스포츠일탈의 유형
9. 미래사회의 스포츠	1. 스포츠 변화에 영향을 미치는 요인
	2. 스포츠 세계화

[2급 생활스포츠지도사]

1. 스포츠사회학을 적용한 연구 사례로 옳지 않은 것은?

① 종교가 스포츠 보급에 미치는 영향을 분석하였다.
② 운동선수들의 은퇴 후 사회적응과정을 분석하였다.
③ 스포츠 활동과 생활만족도 간의 관계를 연구하였다.
④ 걷기의 운동량이 다이어트에 효과가 있는지를 규명하였다.

정답 및 해설	정답	④	난이도	쉬움
	출제영역	1. 스포츠사회학의 이해 1. 스포츠사회학의 개념		
	해설	스포츠사회학은 스포츠 현상을 사회현상으로 규정하고 스포츠와 관련된 사회제도, 사회과정, 스포츠 조직, 사회문제 등을 주로 연구주제로 삼는다.		

2. 스포츠계층의 특성에 대한 설명으로 옳은 것은?

① 보편성: 스포츠계층은 사회적 상황에 따라 다르게 형성된다.
② 고래성: 스포츠계층은 역사발전 과정을 거치며 변천해왔다.
③ 경쟁성: 스포츠계층은 사회계층을 반영한다.
④ 다양성: 스포츠계층은 모든 국가와 사회에 존재한다.

정답 및 해설	정답	②	난이도	쉬움
	출제영역	6. 스포츠와 사회계층 1. 사회계층의 이해		
	해설	스포츠에서의 성, 연령, 근력, 신장, 인성, 사회·경제적 지위, 특권 선호도 같은 사회적·문화적·생물학적 특성에 따른 차별적 배분으로써 상호 서열이 발생하는 위계적 체계를 이루는 것을 의미한다. 스포츠계층의 특성은 사회성, 고래성(역사성), 보편성(편재성), 다양성, 영향성이 있다.		

3. 거트만(A. Guttmann)의 근대스포츠 특성에 관한 설명으로 옳지 않은 것은?

① 수량화: 시간, 거리, 점수 등 측정 가능한 숫자로 표현한다.
② 합리화: 자산, 지위, 계층과 관계없이 동일한 종목에 참여한다.
③ 전문화: 포지션의 분화와 리그의 세분화를 촉진한다.
④ 관료화: 규칙을 제정하고 경기를 조직적으로 운영한다.

정답 및 해설	정답	②	난이도	보통
	출제영역	1. 스포츠사회학의 이해 1. 스포츠사회학의 개념		
	해설	거트만(Guttmann, 1978)이 제시한 근대 스포츠의 특징은 세속주의, 평등성, 전문화, 합리화, 관료화, 수량화, 기록추구가 있다. 합리화는 근대 스포츠가 합리적인 과정을 통해 규칙이 제정되었고 스포츠 참가자의 목적과 전략을 달성하기 위한 수단으로 활용되면서 근대 스포츠의 규칙은 합리적인 의사결정과정을 통해 결정된다는 것을 의미한다.		

4. 스포츠에서의 사회계층에 관한 설명으로 옳지 않은 것은?

① 스포츠라는 사회체계 내에서 계층이 형성되는 것을 의미한다.
② 스포츠는 상이한 계층 간의 사회적 상호작용을 가능하게 한다.
③ 사회계층은 선호하는 스포츠 종목에 영향을 미친다.
④ 사회적 지위가 높을수록 일차적 관람보다 이차적 관람을 선호하는 경향이 있다.

정답 및 해설	정답	④	난이도	어려움
	출제영역	6. 스포츠와 사회계층 1. 사회계층의 이해		
	해설	스포츠 활동을 자신의 의지대로 선택한다고 생각하지만 선택의 근거에는 경제적·사회문화적 배경이 존재한다. 이러한 스포츠 사회계층의 특성으로 사회적 지위가 높고 경제적 계층이 높으면 스포츠에 대한 직접적인 참여를 선호한다.		

5. 스포츠일탈에 관한 설명으로 옳지 않은 것은?

① 페어플레이 정신과 스포츠맨십에 위반되는 행동이다.
② 스포츠참가자의 사회화에 부정적인 영향을 미칠 수 있다.
③ 부정적 일탈은 규범지향적이고, 긍정적 일탈은 반규범지향적이다.
④ 시간, 장소, 사회적 상황, 평가하는 사람에 따라 다양하게 평가된다.

정답 및 해설	정답	③	난이도	어려움
	출제영역	8. 스포츠와 일탈 2. 스포츠 일탈의 이해		
	해설	일반적으로 일탈은 사회적 기대로부터 벗어나는 행동으로 사회체제 내에서 승인되는 가치와 규범의 위반 행동으로 규정한다. 스포츠에서 일탈은 스포츠의 규범을 위반하는 행동으로 페어플레이 정신과 스포츠맨십에 위반되는 폭력, 금지약물복용, 부정행위, 도박, 승부조작, 과도한 참가, 관중 폭력 등이 포함된다.		

6. 〈보기〉에서 설명하는 현상은?

〈보기〉
- 외국선수의 국내유입과 자국선수의 해외진출이 자유롭게 이루어지고 있다.
- 나이키와 아디다스 같은 스포츠 기업이 다국적 기업으로 성장하고 있다.
- 태권도가 올림픽 정식종목으로 채택되면서 많은 국가에 보급되고 있다.

① 스포츠의 세계화　　　　　② 스포츠의 전문화
③ 스포츠의 평등화　　　　　④ 스포츠의 세속화

정답 및 해설	정답	①	난이도	쉬움
	출제영역	9. 미래사회와 스포츠 2. 스포츠와 세계화		
	해설	스포츠의 세계화는 국가 간의 경계가 허물어지는 현상으로, 인간사회 조직의 시간적·공간적 범위가 근본적으로 변화하는 것을 의미한다. 예를 들어 현재 영국 축구리그에서 남미, 아프리카, 아시아 등 다양한 문화를 가진 선수들이 뛰고 있는 현상을 의미한다.		

7. 역대 올림픽 경기에서 정치가 영향을 미친 사례에 대한 설명으로 옳지 않은 것은?

① 베를린올림픽(1936년): 히틀러 정부는 나치의 민족우월주의를 선전하였다.
② 뮌헨올림픽(1972년): 팔레스타인 테러리스트들은 이스라엘 선수들을 살해하였다.
③ 모스크바올림픽(1980년): 미국은 구소련의 아프가니스탄 침공에 항의하며 불참하였다.
④ LA올림픽(1984년): 동유럽권 국가들은 구소련의 헝가리 침공에 항의하며 불참하였다.

정답 및 해설	정답	④	난이도	보통
	출제영역	2. 스포츠와 정치 3. 스포츠와 국제정치		
	해설	소비에트 연방의 아프가니스탄 침공을 비판하며 미국을 비롯한 대한민국, 서독, 일본, 캐나다 등 60여개 나라가 모스크바 올림픽 참가를 거부하였다 이에 소련을 포함한 사회주의 국가들은 집단적으로 1984년 LA올림픽에 불참하는 악순환을 초래하였다.		

8. 프로스포츠의 역기능이 아닌 것은?

① 우수선수의 스카우트 경쟁 심화　　② 국민들의 사행심 감소
③ 스포츠의 물질만능주의 확대　　　　④ 인기종목과 비인기종목의 불균형 초래

정답 및 해설	정답	②	난이도	쉬움
	출제영역	3. 스포츠와 경제 1. 상업주의와 스포츠		
	해설	프로스포츠는 현대사회에서 긍정적인 영향을 미치기도 하지만, 부정적인 기능으로 인해 사회 및 스포츠 발전에 악영향을 미치기도 한다. 지나친 상업화, 아마추어리즘 퇴조 및 스포츠 본질 왜곡, 스포츠 도박 등이 있다.		

9. ⟨보기⟩에서 괄호 안에 적합한 용어는?

⟨보기⟩
( )이란 스포츠라는 특정 사회제도 내에서 개인의 사회적, 문화적, 생물학적 특성에 따라 권력, 부, 사회적 평가, 심리적 만족 등이 특정 집단이나 개인 및 종목에 차별적으로 배분되어 상호서열의 위계적 체계를 의미한다.

① 스포츠집단
② 스포츠조직
③ 스포츠계층
④ 스포츠경쟁

정답	③	난이도	쉬움
출제영역	6. 스포츠와 사회계층 1. 사회계층의 이해		
해설	사회계층의 한 형태로써 사회의 희소가치가 스포츠 체계에 속한 성원들 사이에 불균등하게 분배되어 구조화되고 제도화된 체계를 이루고 있는 현상을 의미한다.		

10. 미래사회의 스포츠 변화에 대한 예측으로 옳지 않은 것은?

① 용품, 장비, 시설 등 스포츠 환경이 더욱 개선될 것이다.
② 전자매체의 발달로 관람스포츠의 형태가 변화될 것이다.
③ 새로운 형태의 스포츠가 지속적으로 생겨날 것이다.
④ 소비성향의 변화에 따라 노인의 스포츠 참여율은 감소될 것이다.

정답	④	난이도	쉬움
출제영역	9. 미래사회와 스포츠 1. 스포츠 변화와 미래		
해설	미래사회는 과학기술과 정보통신 기술이 발달하고 스포츠의 영역이 확장될 것으로 기대되고 있다. 이러한 과학 기술의 발달은 운동수행이 더욱 정밀하게 이루어질 수 있도록 하며, 대중들이 스포츠를 통해 경험할 수 있는 재미를 극대화시킬 것으로 예상되므로 여성과 노인 계층 등 다양한 계층의 스포츠 참여가 확대될 것으로 보인다.		

11. 스포츠에 있어서 제도적 부정행위는?

① 경주마에 약물투여
② 상대편 경기용구의 훼손
③ 담합에 의한 경기성적의 조작
④ 심판에게 반칙판정을 유도하는 헐리웃 액션(hollywood action)

정답	④	난이도	보통
출제영역	8. 스포츠와 일탈 2. 스포츠 일탈의 유형		
해설	제도적 부정행위는 스포츠 경기의 경쟁상황을 유리하게 이끌기 위한 속임수 행위로 계획적이고 이성적인 행동으로 경쟁상황을 전술적으로 전환시키기 위한 제도화된 형태를 지닌다. 일반적으로 제도적 부정행위는 경쟁에서 승리하기 위해서 전략적 차원에서 용인되기도 한다. 그 예로 농구에서 팔꿈치 사용, 축구의 거친 태클 및 옷 잡기, 과도한 헐리웃 액션 등이 대표적이다.		

12. 스포츠의 사회통합 기능에 해당되는 것은?

① 스포츠는 성, 연령, 계층과 관계없이 사회적 소통을 촉진한다.
② 스포츠는 신체적, 정신적 스트레스를 해소시킨다.
③ 스포츠는 규칙을 준수하고 바람직한 인격을 형성한다.
④ 스포츠는 공격성, 긴장감, 좌절감을 효과적으로 방출시킨다.

정답	①	난이도	쉬움
출제영역	1. 스포츠사회학의 이해 2. 스포츠의 사회적 기능과 사회이론		
해설	스포츠는 사회를 통합시키는 기능을 할 수 있다. 올림픽, 월드컵과 같은 국제 대회는 사회통합의 기능의 사례로 자주 등장하는데, 이는 스포츠가 다른 사회적 배경을 가지고 있는 사람들이 서로 공감하면서 하나로 통합할 수 있는 경험을 제공할 수 있다는 것을 의미한다.		

13. 스포츠가 대중매체에 미친 영향으로 옳은 것은?

① 흥미위주의 스포츠 규칙 개정
② 미디어 테크놀로지 발전과 콘텐츠 제공
③ 스포츠에 대한 관심과 참여 증대
④ 경기기술의 전문화와 표준화

정답	②	난이도	보통
출제영역	5. 스포츠와 미디어 2. 스포츠와 미디어의 상호관계		
해설	스포츠에 대한 인기가 높아지면서 스포츠에 대한 미디어의 관심도 높아졌으며 미디어는 스포츠를 효과적인 수익성 콘텐츠로 인식하게 되었다. 스포츠는 다양한 장르에 영향을 미치고 있는데 스포츠를 소재로 한 영화, 만화 등에 콘텐츠 제공, 미디어 보급의 확대, 미디어 기술의 발전에 영향을 미치고 있다.		

14. 학원스포츠의 개선방안으로 옳지 않은 것은?

① 경쟁적 보상구조 강화
② 공부하는 학생선수 육성
③ 학교스포츠클럽의 육성
④ 운동부지도자 처우개선

정답	①	난이도	쉬움
출제영역	4. 스포츠와 교육 1. 학교체육의 이해		
해설	우리나라 학생선수들은 경기실적 위주 선발의 체육특기자 제도에 따른 상급학교 진학을 위해 공부를 소홀히 하는 경향이 있다. 이러한 문제를 해결하기 위해 학교체육진흥법이 발휘되어 학생선수들의 학습권과 인권, 학교운동부 문화 등의 문제를 개선하기 위한 노력이 진행되고 있다.		

15. 〈보기〉에서 괄호 안에 적합한 용어는?

〈보기〉

올림픽에서 ( )을(를) 시행함으로써 IOC는 기업으로부터 금전 및 물자를 제공받고, 기업은 자사제품 광고 및 홍보에 올림픽 공식 로고와 휘장을 사용할 수 있는 권한을 얻는다.

① 독점방영권
② 자유계약 제도
③ 스폰서십(sponsorship)
④ 드래프트(draft) 제도

| 정답 | ③ | 난이도 | 쉬움 |

출제영역
3. 스포츠와 경제
2. 상업주의와 스포츠

해설
유명 스포츠리그나 구단들은 시장을 확대하여 이익을 최대화하기 위해 스포츠를 활용하여 자신들이 가지고 있는 상품을 효과적으로 홍보하고 기업의 긍정적인 이미지를 제고하기 위해 선수나 스포츠 이벤트 등을 후원한다. IOC의 TOP(The Olympic Partners) 프로그램은 다국적 기업이 스포츠를 세계화에 활용하고 있는 가장 대표적인 사례로 IOC를 후원하는 스폰서들에게 올림픽 로고와 휘장을 독점적으로 사용할 수 있는 권한을 주는 패키지 스폰서 시스템으로 삼성, 코카콜라, 맥도널드, 비자 등과 같은 다국적 기업이 참여하고 있다.

16. 〈보기〉의 ⊙과 ⓒ에서 설명하는 사회화 과정은?

〈보기〉
⊙ 중학생 고영주는 학교스포츠클럽에 참가하면서 교우관계가 원만해졌다.
ⓒ 프로야구 강동훈 선수는 부상으로 은퇴한 후, 해설가로 활동하면서 사회인 야구의 감독을 맡고 있다.

① ⊙ 스포츠로의 사회화, ⓒ 스포츠를 통한 사회화
② ⊙ 스포츠를 통한 사회화, ⓒ 스포츠로의 재사회화
③ ⊙ 스포츠로의 재사회화, ⓒ 스포츠로부터의 탈사회화
④ ⊙ 스포츠로부터의 탈사회화, ⓒ 스포츠로의 사회화

| 정답 | ② | 난이도 | 보통 |

출제영역
7. 스포츠와 사회화
2. 스포츠로의 사회화와 스포츠를 통한 사회화 및 3. 스포츠탈사회화와 재사회화

해설
스포츠를 통한 사회화는 스포츠 활동 참가에 의한 결과나 성과로서 스포츠 참여를 통하여 특정 사회에서 형성되는 가치나 태도 및 행동의 학습이 주요 내용이다. 스포츠에의 재사회화란 조직화된 경쟁스포츠에 참여한 개인이 스포츠로부터 탈사회화 과정을 거쳐 사회·심리적 적응을 경험하면서 새로운 직업이나 환경으로 변화하는 과정이라 할 수 있다.

17. <보기>는 맥루한(M. McLuhan)의 매체이론에 근거한 내용이다. 쿨(cool) 매체스포츠에 해당되는 내용만으로 묶은 것은?

<보기>
㉠ 스포츠의 정의성 높음   ㉡ 관람자의 감각몰입성 높음   ㉢ 야구
㉣ 축구   ㉤ 테니스   ㉥ 핸드볼

① ㉠ - ㉣ - ㉥
② ㉠ - ㉢ - ㉤
③ ㉡ - ㉣ - ㉥
④ ㉡ - ㉢ - ㉤

정답 및 해설	정답	③		난이도	쉬움
	출제영역	5. 스포츠와 미디어 1. 스포츠와 미디어의 이해			
	해설	쿨 매체 스포츠는 동적 스포츠, 팀 스포츠, 득점 스포츠, 공격과 수비가 구분되지 않는 스포츠를 포함한다. 또한 경기가 빠른 속도감을 가지고 있고 변화의 가능성이 높기 때문에 수용자의 감각 참여성과 감각 몰입성은 높다. 경마, 농구, 럭비, 배구, 자동차 경주, 미식축구, 아이스하키, 하키, 축구, 핸드볼 등이 해당된다.			

18. 사회적 상승이동의 매개체로서 스포츠의 역할이 아닌 것은?

① 과도한 성공 신화의 확산
② 교육적 기회 제공 및 성취도 향상
③ 직업적 후원의 다양한 기회 제공
④ 올바른 태도 및 행동 함양

정답 및 해설	정답	①		난이도	보통
	출제영역	6. 스포츠와 사회계층 3. 스포츠와 사회이동			
	해설	스포츠참가가 사회적 상승이동 촉진의 연결 역할은 신체적 기량 및 능력 발달, 교육 성취도 향상, 직업 후원 기회 제공, 올바른 태도 함양이 해당된다.			

19. 정보화 시대의 스포츠 특징으로 적합하지 않은 것은?

① 스포츠가 젊은 세대의 전유물로 자리 잡는다.
② 스포츠 교육서비스에 대한 요구가 증대된다.
③ 스포츠 과학이 획기적으로 발전한다.
④ 다양한 경기 전략에 대한 정보를 신속하게 제공받는다.

정답 및 해설	정답	①		난이도	보통
	출제영역	9. 미래사회와 스포츠 4. 미래 스포츠의 변화와 전망			
	해설	스포츠 분야도 정보기반의 사회적 환경과 맞물려 정보 서비스에 대한 요구가 더욱 증가할 것으로 전망된다. 정보화 시대와 스포츠에 대한 특징적인 변화는 첫째, 교육을 통해 스포츠 지식의 습득하고자 하는 교육프로그램 참여 수요 증가, 둘째, 스포츠 정보에 대한 요구가 증가, 셋째, 경쟁스포츠에서 스포츠 과학의 중요성 더욱 강조, 넷째, 컴퓨터 시스템의 활용을 통한 다양한 전략 및 경기 기술이 개발이다.			

20. 〈보기〉의 신체적 공격행위 중 도구적 공격행위 만으로 묶은 것은?

〈보기〉
㉠ 상대의 고통을 목적으로 공격하는 행위
㉡ 농구에서 팔꿈치를 크게 휘두르는 행위
㉢ 승리, 금전, 위광 등 다른 외적 보상이나 목표를 획득하기 위한 행위
㉣ 야구에서 투수가 자신을 화나게 만든 타자에게 안쪽 또는 높은 공을 던지는 행위
㉤ 유격수에게 과감한 슬라이딩을 감행해 더블플레이를 방해하는 행위

① ㉠ - ㉢ - ㉣
② ㉠ - ㉡ - ㉤
③ ㉡ - ㉢ - ㉤
④ ㉡ - ㉣ - ㉤

정답 및 해설	정답	③		난이도	보통
	출제영역	8. 스포츠와 일탈 2. 스포츠 일탈의 유형			
	해설	제도적 부정행위는 스포츠 경기의 경쟁상황을 유리하게 이끌기 위한 속임수 행위를 말한다. 이러한 유형의 부정행위는 계획적이고 이성적인 행동으로 경쟁상황을 전술적으로 전환시키기 위한 제도화된 형태를 지닌다. 제도적 부정행위는 경쟁에서 승리하기 위해서 전략적 차원에서 용인되기도 한다.			

1부. 스포츠사회학의 이해

스포츠사회학 핵심요약

학습목표

- 놀이, 게임, 스포츠의 정의를 알아보고, 그 특징과 스포츠사회학의 개념을 이해한다.
- 스포츠의 사회적 기능으로 사회적 순기능 및 역기능을 알아본다.

1장 ❙ 스포츠 사회학의 의미

1) 스포츠의 이해

○ 스포츠의 정의: 스포츠는 조직화되고 경쟁적인 요소를 포함하는 신체적인 활동
○ 놀이, 게임, 스포츠의 특성 비교
- 놀이(play): 허구성, 비생산성, 자유성, 규칙성, 쾌락성
- 게임(game): 허구성, 비생산성, 불확실성, 규칙성, 경쟁성, 신체기능, 전술, 확률
- 스포츠(sport) : 허구성, 비생산성, 불확실성, 규칙성, 경쟁성, 신체기능, 전술, 확률, 신체움직임 및 탁월성, 제도화

○ 근대 스포츠의 특징(Guttmann, 1978): 세속주의, 평등성, 전문화, 합리화, 관료화, 수량화, 기록추구

2) 스포츠사회학의 개념

○ 정의: 우리의 삶과 밀접하게 연관된 스포츠 현상을 사회현상으로 규정하고 이론과 연구방법을 통해 인간의 사회행동 법칙을 규명하는 스포츠과학의 분과 학문
○ 활용: 스포츠 현상을 이해하기 위한 지식과 이론적 틀을 제공함(비판적사고를 위한 관점의 틀 제공, 일상생활에 스포츠가 미치는 영향에 대한 이해 제공, 사회적 현상으로서 스포츠에 대한 이해 제공, 스포츠 변화의 발전방향 제공)
○ 스포츠사회학의 연구주제: 사회제도와 스포츠, 사회과정/조직과 스포츠, 사회문제와 스포츠

사회제도와 스포츠	사회과정/조직과 스포츠	사회문제와 스포츠
• 스포츠와 정치 • 스포츠와 경제 • 스포츠와 교육 • 스포츠와 대중매체 • 스포츠와 문화	• 스포츠의 사회화 • 스포츠와 사회계층 • 스포츠와 사회집단 • 스포츠와 사회조직	• 스포츠와 여성 • 스포츠와 사회 일탈 • 스포츠와 집합행동 • 미래사회와 스포츠

○ 우리나라 스포츠사회학의 최근 연구동향
  - 1960년대: 스포츠의 교육적 효과, 사회화에 관련된 연구
  - 1980년대: 사회화, 성(여성), 문화/하위문화와 관련된 주제 중심
  - 1990년대: 신체, 정체성, 세계화 등
○ 스포츠사회학의 연구동향 특징
  - 사회적으로 이슈화된 문제 중심(공부하는 학생선수, 스포츠와 사회 정의와 관련된 문제, 학교폭력, 스포츠와 미디어, 스포츠와 소비사회, 스포츠 메가 이벤트 등)
  - 미시적 영역의 연구에서 거시적 영역의 연구로 변화(사회심리학적 측면의 미시적 연구에서 스포츠 집단, 조직, 제도 등의 거시적 영역)
  - 연구의 대상, 목적 등에 따라서 다양한 연구방법 사용(양적연구에서 스포츠현상에 대한 심층적인 이해를 위해 주로 질적 연구 방법 사용)

핵심용어

- **스포츠의 특성**: 스포츠가 지닌 조직화되고 경쟁적인 신체활동의 요소는 놀이, 게임과 구분됨
- **스포츠사회학의 개념**: 스포츠 현상을 사회현상으로 바라보며 인간의 사회행동 법칙을 규명하는 지식과 이론적 틀을 제공함

2장 | 스포츠의 사회적 기능과 사회이론

1) 스포츠의 사회적 기능

○ 순기능: ① 사회 정서적 기능(욕구불만, 갈등, 긴장해소), ② 사회화 기능(신념, 가치, 규범습득), ③ 사회 통합 기능(상호공감 기회제공)

○ 역기능: ① 사회통제 기능 ② 신체소외 ③ 과도한 상업주의 ④ 성차별

2) 스포츠와 사회이론: 구조기능주의, 갈등이론, 상징적 상호작용론, 비판이론

사회이론	이론의 이해	스포츠 현상의 접근
구조기능주의	사회는 하나의 실체로, 구성원들이 역할을 충실히 수행할 때 건강한 사회가 유지될 수 있다고 주장함	스포츠정책, 스포츠와 국제개발, 스포츠와 다문화사회, 스포츠와 사회적 자본 등과 관련된 연구들은 그 이론적 토대를 구조기능주의에 둠
갈등이론	사회는 지배집단이 기득권을 유지하기 위한 도구임을 주장함	스포츠 현상의 역기능적인 측면에 초점을 둠. 스포츠선수들의 신체소외 현상, 스포츠 참여의 경제적 불평등, 스포츠 상업화의 문제점 등과 같은 주제에 관심을 둠
상징적 상호작용론	사회제도나 개인은 의미를 부여하는 주체적인 존재로 과정을 중요시하고 인간의 상호작용에 초점을 둠	스포츠경기의 승리와 패배에 대한 팀원들의 인식, 스포츠경기의 도덕성, 스포츠맨십 등의 스포츠현상을 심층적으로 이해하고 기술하는데 초점을 둠. 하위문화, 일탈, 정체성과 관련한 질적 연구가 활발히 진행됨

사회이론	이론의 이해	스포츠 현상의 접근
비판이론	현대사회의 과학기술, 정치체제, 관료집단 등이 합리성을 증가시켰지만, 인간의 자유성을 억압하고 있다는 비판적인 관점. 사회구조에 있어 문화가 가지는 사회적 의미에 주목함	스포츠의 변화로 기존의 이데올로기를 전복하고, 사회의 합리성을 회복할 수 있다고 주장함. 스포츠 불평등, 특정 집단과 스포츠의 이해관계 등에 관심을 둠

핵심용어

- **스포츠의 사회적 기능**: 스포츠의 사회적 기능은 순기능과 역기능으로 구분됨
- **사회이론**: 스포츠에 대한 사회현상을 논리적으로 이해하는데 필요한 개념틀을 제공함

2부. 스포츠와 정치

스포츠사회학 핵심요약

학습목표

- 스포츠의 정치적 속성, 정치적 순기능과 역기능, 스포츠와 정치의 결합방법을 알아본다.
- 스포츠 정책의 개념, 스포츠에 대한 정치의 개입 원인을 알아본다.
- 국제정치에서 스포츠의 기능적 역할, 올림픽의 문제점, 스포츠를 통한 남북관계를 이해한다.

1장 ❘ 스포츠와 정치의 결합

1) 스포츠의 정치적 속성

○ 대중성 및 선전효과, 조직화, 정치적 의사 표출

2) 스포츠의 정치적 기능

○ 순기능: 국민 화합의 수단, 외교적 소통의 창구, 사회의 기본적 가치와 규범 및 준법정신의 교육, 생산성 증대, 사회운동의 수단
○ 역기능: 국가 간 정치적 이데올로기의 충돌, 지배 권력의 형성 및 유지를 위한 정당성 부여, 국수주의적 배타성 조장

3) 정치의 스포츠 이용방법

○ 스포츠와 정치의 결합 체계
- 상징: 상징은 국민의 감정에 호소하여 국가와 사회의 체제 유지에 기여함. 스포츠경기가 단순히 개인 간의 경쟁이 아닌 성, 인종, 지역, 민족, 국가의 경쟁을 대변하는 것으로 인식됨
- 동일화: 자신과 타인이 혼동된 상태로 다른 대상에게 감정을 이입하거나 동화되는 과정임. '상징'이 스포츠를 수용하는 대중의 인식이라면, '동일화'는 스포츠에 대한 대중의 태도임
- 조작: 조작은 동일화의 효과를 극대화하기 위하여 인위적인 개입을 통해 어떤 일을 사실인 듯이 꾸미는 행위. 목적 달성을 위하여 수단과 방법을 가리지 않으며 효율성을 극대화 함

핵심용어

- **스포츠와 정치의 관계**: 정치는 사회적 세력의 조직화, 결정과정이나 절차로 스포츠의 인기가 증가함에 따라 스폰서십, 기구, 시설 등의 스포츠에 대한 필요를 충족시키기 위해 정부관여도가 증가함
- **스포츠와 정치의 결합체계**: 정치적 관점에서 스포츠는 정치적 목적 달성에 활용될 수 있으며 상징, 동일화, 조작 등의 과정을 거쳐 발현됨

2장 ❘ 스포츠와 국내정치

1) 스포츠 정책의 이해

○ 개념: 스포츠를 둘러싼 자원의 획득과 권력의 유지를 위한 활동을 의미함
○ 발전: 2013년 '스포츠비전 2018' 정책을 수립, 국민행복 증진과 건강한 사회를 만들기 위한 정책적 노력을 전개함

> ※ 국민체육진흥법: 국민체육을 진흥하여 국민의 체력을 증진하고, 건전한 정신을 함양하여 명랑한 국민 생활을 영위하게 하며, 나아가 체육을 통하여 국위 선양에 이바지함을 목적으로 함

2) 스포츠에 대한 정치의 개입 원인

① 국민건강 증진과 여가기회 제공 ② 사회질서의 유지 및 보호 ③ 국가 및 지역 사회의 경제 촉진
④ 정부나 정치가에 대한 지지 확보 ⑤ 지배이데올로기에 부합하는 가치 및 성향의 강조

핵심용어
- 스포츠정책: 정책은 정치적 목적을 실현하기 위한 방안으로 공공문제 혹은 사회문제 해결을 위해 정부에서 결정한 방침으로 스포츠정책은 스포츠를 둘러싼 자원의 획득과 권력의 유지를 위한 활동을 의미함
- 스포츠에 대한 정치 개입: 스포츠는 대중성을 바탕으로 정치와 밀접한 관계를 맺고 있어 정치는 대중에게 메시지를 전달하거나 체제의 우월성을 강화하기 위한 수단으로 스포츠에 개입하게 됨

3장 ❘ 스포츠와 국제정치

1) 국제정치에서 스포츠의 역할

① 외교적 친선 및 승인 ② 외교적 항의 ③ 국위선양 ④ 이데올로기 및 체제 선전의 수단
⑤ 국제 이해 및 평화 증진 ⑥ 갈등 및 전쟁의 촉매

2) 올림픽과 국제정치

○ 올림피즘(Olympism): 올림픽 이념 또는 올림픽 정신으로 올림픽의 이상과 가치를 의미함
  • 제1회 그리스 아테네 올림픽 대회(1896년): 13개국의 311명 참가
  • 제4회 런던 올림픽 대회(1908년): 각국이 처음으로 국기를 앞세우고 참가하기 시작함. 22개국 1,999명 참가
○ 올림픽 정치화의 원인: 민족주의 발현, 정치권력의 강화, 상업주의의 팽창
○ 올림픽에서의 정치적 행위: 정치체제의 선전, 정치적 이슈의 쟁점화, 테러 등의 안전위협, 집단 항의, 이념대립의 표출

○ 올림픽 정치적 행위

구분		내용
1936년	베를린 올림픽	공산주의 체제 선전
1968년	멕시코 올림픽	흑인 인종차별에 대한 항의
1972년	뮌헨 올림픽	팔레스타인 인질 사건
1976년	몬트리올 올림픽	남아공 인종차별 항의 보이콧
1980년	모스크바 올림픽	서방 민주진영 국가 집단 보이콧
1984년	LA 올림픽	공산진영국가 집단 보이콧
1988년	서울 올림픽	동서진영 화해 무드에 따른 참여

○ 올림픽 경기의 문제점
- 올림픽의 규모가 증가함에 따라 상업화 및 정치화에 대한 문제가 제기됨
- 올림픽 경기의 숭고한 정신이 점차 퇴색되어 가고 있음

3) 스포츠와 남북관계

○ 교류 의의: 스포츠는 국가 간 외교적 친선 및 승인이나 국제 이해 및 평화 증진에 기여하여 남북관계 개선에도 중요한 역할을 함
  ※ 남북 간 스포츠 교류의 특징
  역사적으로 전통의 문화행사, 한민족 가치 회복, 남북한 이념 차이에 의한 갈등의 요소 없음, 스포츠를 매개로 하는 국제외교의 장
○ 교류 기능: 정치적 기능(국가 간 갈등을 해결하고 관계 개선), 사회문화적 기능(상호간의 문화를 상호 교류)
○ 교류 역사: 단일팀 구성을 위한 노력, 남북한 스포츠 경기 교류전 개최, 남북한 교류를 향한 지속적인 협력

※ 남북 스포츠 주요 교류 실적
- 1991년: 제41회 세계탁구선수권대회 최초의 남북 단일팀구성 참가
- 2000년: 시드니 하계올림픽경기대회 개·폐막식 공동입장
- 2004년: 아테네 하계올림픽경기대회 공동입장
- 2005년: 제4회 마카오 동아시아 경기대회 공동입장
- 2006년: 도하 하계아시아경기대회 개폐회식 공동입장

핵심용어

- **국제정치와 스포츠**: 국제사회에서 스포츠의 정치적 역할이 확대되고 있으며 적대 국가일지라도 이해관계에 따라 상호의존적인 관계를 형성함
- **올림픽의 문제점**: 올림픽이 국가 체제 우월성 강조 및 국가이념 선전의 장, 인종 및 민족 간 갈등, 상업주의의 팽창 등으로 올림피즘 정신을 훼손한다는 비난을 받음
- **스포츠와 남북관계**: 남북관계의 개선은 한반도와 인류의 평화를 추구하는 것으로 스포츠는 남북관계를 개선할 수 있는 가장 효과적인 수단으로 인정받고 있음

3부. 스포츠와 경제

스포츠사회학 핵심요약

> **학습목표**
> - 상업주의에 의한 스포츠 변화, 프로스포츠 특성 및 기능, 상업스포츠 조직의 세계화 과정과 특성을 이해한다.
> - 스포츠 메가 이벤트의 긍정적, 부정적 효과를 이해하고 경제적 가치를 설명할 수 있다.

1장 ▎상업주의와 스포츠

1) 상업주의와 스포츠의 변화

○ 상업화에 따른 스포츠의 변화
- 스포츠 본질 변화: 아마추어리즘 약화, 스포츠의 직업화
- 스포츠 목적 변화: 관중의 흥미 유발로 인한 경제적 이윤 획득
- 스포츠 구조 변화: 규칙의 변화로 관중의 흥미 극대화(농구경기의 3점 슛, 야구경기의 대타 통한 득점 기회 증가, 상업적 광고를 위한 시간 편성 등)
- 스포츠 내용 변화: 선수, 코치, 스폰서(기업)가 추구하는 가치의 변화
- 스포츠 조직 변화: 매스미디어, 대회수입, 경품 규모와 같은 요소 강조

2) 프로스포츠와 상업주의

- 프로스포츠 태동 및 발전으로 아마추어의 프로화, 프로리그의 발달, 미디어와 공생적 관계를 통해 관람 스포츠 문화를 주도함

○ 프로스포츠와 경제
- 프로스포츠 구단의 경제적 가치: 인기 있는 프로스포츠 구단의 경제적 가치는 매우 높음
- 프로스포츠 시장의 경제적 특징: 희소성, 경쟁, 미완성 제품, 독점적 요소, 파생시장, 외부효과

○ 프로스포츠의 사회적 기능
- 순기능: 스트레스해소, 진로개척, 저변확대, 사회적 통합, 경제활동 촉진
- 역기능: 상업화, 아마추어리즘 퇴조, 스포츠본질 왜곡, 스포츠도박

○ 상업스포츠의 시장확대와 세계화
- 시장확대를 위한 상업스포츠 조직들의 노력
- 기업의 세계화 도구로서 스포츠 활용

- 스포츠의 브랜드화와 상업주의: 경기장, 스포츠경기대회 명칭, 선수 등의 상품을 브랜드화 하여 이윤을 창출
    ※ 상업스포츠 조직의 세계화 사례: IOC의 TOP(The Olympic Partners)프로그램, 미국 프로농구 NBA프로리그

핵심용어

- **스포츠와 상업주의**: 산업 사회에 들어서면서 스포츠의 경제적 측면이 부각 되었으며 스포츠의 영역은 다른 경제 분야로까지 확대되어 점차 상업적 이익을 추구하는 산업형태로 발전하였음
- **프로스포츠**: 스포츠가 상업화되면서 프로스포츠는 자본주의 발전과 함께 더욱 확산되었음

2장 | 스포츠 메가 이벤트의 경제

1) 스포츠 메가 이벤트의 사회적 기능

○ 스포츠 메가 이벤트의 긍정적 효과 및 부정적 효과
- 긍정적 효과: 경제적 효과, 국가 브랜드 이미지 제고, 국가 및 지역 간 교류 증가, 기반 시설 확충, 시민 의식 향상
- 부정적 효과: 사회결집력 약화, 경제적 손실, 부정적 외부효과, 무리한 시설 건설, 다른 분야 투자에 대한 기회비용 발생

유형별	긍정적 영향	부정적 영향
지역 경제	• 이미지 개선, 지역의 국제화 • 시설건설/이벤트 등 고용 창출	• 물가 불안, 부동산 투기 등 • 시설 운영비용
관광	• 여행/관광 산업 활성화 • 새로운 구경거리 창출	• 부실 운영 등 이미지 손상 • 관광산업 활성화 미흡
환경	• 시설 개/보수 등 환경 정비 • SOC 시설 확충	• 환경파괴 및 오염유발 • 소음, 교통혼잡
사회/문화	• 개최 지역에 대한 관심 제고 • 전통과 가치 증진	• 혼란, 무질서 등 생활불편 • 방범, 강도 등 치안 불안
심리적	• 지역 또는 국가에 대한 자부심 • 가능성에 대한 자신감	• 상대적 피해/소외계층 반발 • 관광객, 참여자들에 대한 반감
정치적	• 세계적 수준의 국력 과시 • 국민/국가의 정치적 단결	• 개인의 정치적 목적에 이용 • 이벤트의 본질 왜곡

2) 스포츠 메가 이벤트의 경제적 효과

○ 스포츠 메가 이벤트의 경제적 가치
- 경제성: 중계권료, 스폰서료, 티켓, 관광수익(1984년 LA 올림픽부터 경제적 측면 상승)
- 파급효과: 고용 창출 효과, 생산 유발 효과, 부가가치 효과

○ 우리나라 스포츠 메가 이벤트 유치와 경제적 효과 유발
- 1988 서울 올림픽 개최(흑자, 고용증대, 관련사업 투자)
- 2002년 한·일 월드컵(경제적 효과, 기업 이미지 제고 효과, 국가브랜드 홍보효과)

핵심용어

- **스포츠 메가 이벤트**: 스포츠 메가 이벤트는 사람들이 함께 참여하고 즐길 수 있는 축제의 장 마련뿐 만아니라 경제적 측면에서도 막대한 수익을 얻고 있으며 경제적 가치가 더욱 상승하고 있음

4부. 스포츠와 교육

> **학습목표**
> - 학교체육의 개념과 역할, 교육목적, 활동내용에 따라 분류하고 알아본다.
> - 학교체육이 가지고 있는 문제점과 학교체육 활성화를 위한 제도의 변화를 알아본다.
> - 스포츠의 교육적 기능과 순기능과 역기능에 대해 알아본다.

1장 ┃ 학교체육의 이해

1) 학교체육의 개념과 역할
○ 가치: 신체적 가치, 정신적 가치
○ 분류: 정과체육, 학원스포츠, 클럽스포츠

2) 학교체육의 문제점
- 정과체육: 체육수업의 부실화, 체육교과의 위상 약화
- 학원스포츠: 학습권 문제, 학생선수의 폭력/성폭력 문제, 학생선수에 대한 그릇된 인식, 학원스포츠에 대한 찬반 논쟁

3) 학교체육 제도의 변화
○ 일반학생 지원 주요사업: 학교체육 전문성 향상, 스포츠 참여 기회 확대, 학생 체력 평가 및 증진, 여학생 체육활동 활성화
  - 학교스포츠클럽: 2007년부터 시범사업 실시, 다수의 일반학생을 대상으로 하는 자율적인 활동으로 학생들의 학교스포츠클럽 참여는 지속적인 증가 추세임
  - 학생건강체력평가제(PAPS): 학생들의 건강도를 평가하고 그 결과에 따른 운동을 처방하여 학생의 건강증진에 기여하기 위한 목적임
○ 학생선수 지원 주요사업: 학생선수 학습권 보장, 학교 운동부 투명화, 학생선수 인권 보호
○ 학교체육진흥법 제정: 학교체육에서 발생하고 있는 사회적 문제(청소년들의 체력 저하, 학생선수들의 학습권과 인권 관련 문제) 에 대한 대응책으로서 학교체육을 정상화(활성화)하기 위해 제정됨
  ※ 학교체육진흥법: 학생의 체육활동 강화 및 학교운동부 육성 등 학교체육 활성화에 필요한 사항을 정함으로써 학생들이 건강하고 균형 잡힌 신체와 정신을 가질 수 있도록 하는 목적이 있음

핵심용어

- 학교체육의 개념: 학교체육은 학생들이 건강한 생활을 통하여 행복감을 느끼고 이를 통해 평생건강의 기틀을 마련하는데 중점을 두고 있음
- 학교체육의 문제점: 학교체육은 체육수업의 부실화, 체육교과의 위상 약화, 학생선수에 대한 부정적인 학원스포츠 문화 형성 등이 문제점으로 대두됨
- 학교체육제도: 학교체육의 활성화를 위한 정책은 일반학생 지원 사업, 학생선수 지원 사업, 학생 체육활동 개선 사업 등이 있음

2장 ┃ 스포츠의 교육적 기능

1) 스포츠의 교육적 순기능

- 전인교육: 학업능력 촉진, 사회화 촉진, 정서의 순화
- 사회통합: 학교내 통합, 학교와 지역사회의 통합
- 사회선도: 여학생의 체육에 대한 인식전환, 평생체육과의 연계, 장애인의 삶의 질 향상

2) 스포츠의 교육적 역기능

- 교육목표 결핍: 승리지상주의, 참여기회의 제한, 성차별 내재화(간접교육)
- 부정행위 조장: 스포츠 상업화, 성과와 학업에 대한 편법, 선수 일탈과 부정행위
- 편협된 인간 육성: 지도자 독재적 코칭, 비인간적 훈련(학습권, 폭력, 성폭력)

핵심용어

- 스포츠의 교육적 기능: 스포츠의 교육적 순기능은 전인교육과 사회통합, 사회선도에 있지만 교육목표 결핍, 부정행위 조장, 편협된 인간 육성의 역기능을 초래할 수 있음

5부. 스포츠와 미디어

스포츠사회학 핵심요약

학습목표

- 스포츠미디어의 유형과 특성, 핫/쿨 스포츠 매체, 스포츠 저널리즘의 개념을 이해한다.
- 스포츠와 미디어의 상호영향에 따른 관계를 설명할 수 있다.

1장 ▎ 스포츠와 미디어의 이해

1) 스포츠와 미디어의 이해

○ 개념: 스포츠에 담긴 인간의 정서, 지식, 가치 등을 미디어를 통해 대중에게 전달하는 미디어
○ 기능: 정보의 기능, 통합적 기능, 정의적 기능, 도피 기능
○ 스포츠미디어의 변화
  - 스포츠미디어의 발전: 1970년대 기업의 스포츠를 활용한 광고, 1980년대 스포츠 방송 콘텐츠 제작, 1990년대 위성방송의 시작으로 세계화 기반 구축
  - 한국 스포츠미디어의 발전: 1927년 9월 경성방송국(라디오)의 '전 조선 야구선수권 쟁탈전'을 최초 중계 / 1930년 일간스포츠 창간 / 1982년 프로야구 출범으로 역할 수행 / 1980년대 스포츠·미디어·기업의 3자 구도 형성 후 1990년대 심화됨
  - 뉴미디어의 등장: 스포츠 정보에 적극적 개입, 스포츠 미디어콘텐츠의 생산자 역할 => 양방향 커뮤니케이션
○ 스포츠미디어 관련 주요 이슈: 스포츠 메가 이벤트의 미디어 이벤트화, 스포츠 방송 중계권, 보편적 접근권
  ※ 보편적 접근권: 국민의 관심이 큰 스포츠경기에 대한 방송을 국민이 시청할 수 있는 권리(방송법 제2조 제25호)

2) 스포츠미디어의 유형과 특성

○ 유형: 인쇄미디어(신문·잡지와 정기간행물), 방송미디어(라디오, 텔레비전), 뉴미디어(인터넷, 모바일 기기)
  ※ 매스미디어(mass media): TV, 라디오 등과 같은 불특정 다수를 대상으로 하는 대중매체
○ 특성: 핫 매체(hot media) 스포츠(정적, 개인, 기록, 공격·수비 구분) / 쿨 매체(cool media) 스포츠(동적, 팀, 득점, 공격·수비가 구분되지 않음)
  - 스포츠미디어의 보급: '하는 스포츠'에서 '보는 스포츠'로의 변화를 가져옴

○ 스포츠 저널리즘
- 의미: 미디어를 통해 이루어지는 스포츠와 관련된 커뮤니케이션 활동
- 쟁점: 정확성, 공정성, 객관성의 결여, 개인 사생활 침해, 스포츠선수 상품화

핵심용어

- **매스미디어**: TV, 라디오 등과 같은 미디어는 불특정 다수의 대중을 대상으로 하고 있으므로 대중매체(매스미디어: mass media)라고 함
- **뉴미디어**: 뉴미디어의 등장으로 정보의 생산자와 소비자는 양방향적인 커뮤니케이션이 가능하게 되었음
- **스포츠저널리즘**: 미디어를 통해 이루어지는 스포츠와 관련된 커뮤니케이션 활동으로 미디어가 발전하면서 저널리즘의 개념이 확장되었음

2장 | 스포츠와 미디어의 상호관계

1) 스포츠와 미디어의 상호작용 및 공생관계

○ 미디어가 스포츠에 미치는 영향: 스포츠 인기 증가, 스포츠 상품화, 스포츠 규칙 변경, 경기 일정의 변경, 스포츠 기술의 발달 및 확산
○ 스포츠가 미디어에 미치는 영향: 미디어 콘텐츠 제공, 미디어 보급 확대, 미디어 기술 발전

2) 스포츠와 미디어 윤리

○ 스포츠 미디어의 윤리적 문제: 특정 인기스타 중심 보도, 승리지상주의, 전문성 결여
○ 이데올로기의 전파: 자본주의 이데올로기 강화, 젠더 이데올로기, 민족주의·국가주의 이데올로기 강화, 영웅 이데올로기 강화

핵심용어

- **스포츠 미디어의 상호작용**: 미디어의 발전은 스포츠에 대한 관심을 증대시키며 미디어에 대한 스포츠의 의존을 심화시킴. 반면, 스포츠에 대한 인기가 높아지면서 스포츠에 대한 미디어의 관심도 높아짐
- **스포츠 미디어 윤리**: 스포츠미디어가 있는 그대로의 사실을 전달해 준다고 생각하기도 하지만 스포츠미디어는 자신들의 의도에 맞게 미디어콘텐츠를 선택하고 각색하여 대중들에게 전달하므로 미디어를 비판적으로 바라볼 필요가 있음

6부. 스포츠와 사회계층

> **학습목표**
> - 사회계층의 개념, 이론, 형성 과정을 알아보고 스포츠와 사회계층의 관계를 이해한다.
> - 스포츠와 사회이동 유형, 사회이동 기제로서 스포츠, 스포츠의 부정적 영향을 알아본다.

1장 | 사회계층의 이해

1) 사회계층과 스포츠계층

- 사회계층: 권력, 부, 사회적 평가 및 심리적 만족 정도의 불평등으로 사회의 위계질서가 여러 층으로 나뉘는 상태를 의미함
  - 계층(class): 사회적 지위의 높고 낮음에 따른 분류
  - 계급(stratum): 상호 지배·복종의 관계에 있는 사회적 집단
- 스포츠계층: 스포츠에서의 성, 연령, 근력, 신장, 인성, 사회·경제적 지위, 특권 선호도 같은 사회적·문화적·생물학적 특성에 따른 차별적 배분으로써 상호 서열이 발생하는 위계적 체계를 이루는 것을 의미함
  - 특성: 사회성, 고래성(역사성), 보편성(편재성), 다양성, 영향성
- 스포츠계층의 이론적 이해
  - 기능주의적 관점: ① 일반사회의 가치체계 반영 및 사회통합과 체제유지 기능 ② 사회의 계층구조강화 기능 ③ 사회적 상승이동 수단
  - 갈등이론적 관점: ① 권력 집단의 대중 통제 수단 ② 평등한 사회적 배분구조 강화 ③ 자본가의 이념 주입, 그들의 이익을 추구를 위한 도구 및 착취의 수단 ④ 참여자 간의 소외 조장
- 스포츠계층의 형성: 스포츠의 발생 단계부터 나타난 현상, 스포츠의 체계를 유지시켜주는 사회과정이 사회 내에 존재
  - 지위분화: 각자 맡은 바 특정한 책임과 권리를 가짐으로써 다른 지위와 구별되는 과정을 의미
  - 서열화: 적재적소에 필요한 인재를 배치하는 일을 용이하게 함
  - 평가: 지위를 적절하게 배열하는 일
  - 보수부여: 분화되고 평가되어진 각 지위에서 생활하는데 필요한 보수가 배분되는 과정

2) 사회계층과 스포츠 참가

○ 스포츠와 경제적 불평등의 이해: 스포츠 활동을 자신의 의지대로 선택한다고 생각하지만 선택의 근거에는 경제적·사회문화적 배경이 존재함
○ 계층에 따른 스포츠 참가 유형
- 스포츠 참가 및 관람 유형의 차이: 저소득 계층은 고소득 계층에 비해 생활체육에 참여가 제약됨
- 스포츠 참가 종목의 차이: 상류층(테니스, 골프, 탁구, 수영 같은 개인종목의 참가가 많음), 중·하류층(축구나 야구 같은 단체 종목에 참가 경향이 많음)

핵심용어
- **스포츠계층**: 스포츠에서 참여 기회의 불평등 및 차별 현상은 사회의 불평등 및 차별 체계와 유사한 구조적 특징을 지니고 있으며, 이는 스포츠가 사회제도의 일부분임을 나타냄
- **스포츠의 사회적 불평등**: 스포츠에서 나타나는 사회적 불평등은 형성 과정에 있어서 차별적인 사회적 규범과 평가가 관여하는 사회적·제도적 결과물 임

2장 | 스포츠와 사회이동

1) 사회이동의 유형

○ 사회이동 방향 기준: 수직이동, 수평이동, 수직적·수평적 이동
○ 시간간격 기준: 세대 간 이동, 세대 내 이동
○ 이동 주체 기준: 개인이동, 집단이동

2) 사회이동 기제로서의 스포츠

○ 사회적 상승의 원인: 사회적 상황 반영, 개인적 상황
○ 사회적 상승 매개체로서의 스포츠: 신체적 기량 및 능력 발달, 교육성취도 향상, 직업 후원기회 제공, 올바른 태도 함양
○ 스포츠 사회화의 역기능
- 과도한 훈련, 부상, 잦은 이동 등으로 학습권 침해
- 사회현실을 은폐하기 위한 수단(중도탈락의 문제 등)

핵심용어
- **스포츠와 사회이동**: 사회이동은 집단 또는 개인이 사회적으로 변화되어 가는 모습을 의미하며 스포츠 참여를 통해 사회 계층을 상승시킬 수 있음

7부. 스포츠와 사회화

> **학습목표**
> - 스포츠사회화의 정의 및 특성과 스포츠사회화의 이론을 이해한다.
> - 스포츠사회화 과정, 스포츠로의 사회화, 스포츠를 통한 사회화, 스포츠로부터의 탈사회화, 재사회화의 개념을 이해한다.
> - 스포츠로부터의 탈사회화, 스포츠로부터의 재사회화 개념 및 유형을 이해한다.

1장 ▎스포츠사회화의 의미와 과정

1) 스포츠사회화의 의미

- 의미: 스포츠와 관련된 상황에서 발생하는 사회화로 스포츠를 통하여 집단에 소속된 구성원들이 함께 가지게 되는 신념, 가치관 등을 집단 안의 다른 구성원과의 상호작용을 통해 학습하고 체화하는 과정

○ 스포츠사회화의 과정
- 스포츠로의 개인 사회화: 개인이 스포츠에 참여하게 되는 동기를 갖는 것을 의미(사회적 주관자인 가족, 친구, 학교, 지역사회, 대중매체 등의 영향을 받음)
- 스포츠 참가(스포츠로의 사회화): 스포츠 참여 방식, 종목, 형태는 개인에 따라 다양하게 나타나며 사회적 환경에 많은 영향을 받음
- 스포츠 참가의 결과(스포츠를 통한 사회화): 신체적 효과, 사회화 효과 획득(스포츠 참가 형태, 스포츠 참가 정도, 스포츠 참가 수준에 따라 상이하게 나타남)
- 스포츠 참가의 중단(스포츠탈사회화): 부상, 흥미의 저하, 갈등, 제약 등으로 인해 스포츠 참가 중단(일반적으로 운동선수를 대상으로 논의되며 비자발적 은퇴와 자발적 은퇴로 구분)
- 스포츠로의 복귀(스포츠재사회화): 운동선수들은 있는 전문성을 적용할 수 있는 유사직종으로 복귀

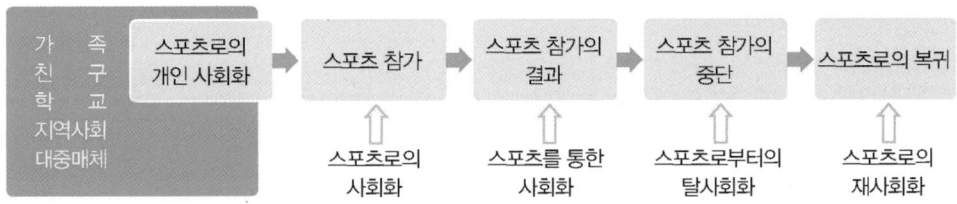

2) 스포츠사회화의 이론적 접근

○ 사회학습이론: 개인이 사회적 행동을 어떻게 습득하고 수행하는가를 규명하려는 이론(스포츠에서 역할 학습의 3가지 적용 방법: 강화, 코칭, 관찰학습)
○ 역할이론: 개인이 사회 과정을 통하여 집단에 소속되어 기능을 발휘할 수 있는 구성원으로 변화되어가는 사실을 설명하려는 이론
○ 준거집단이론: 사회화 과정의 중요성을 설명하는 이론(규범집단, 비교집단, 청중집단)

> **핵심용어**
> - 스포츠사회화의 과정: 스포츠를 통해 구성원들이 가지게 되는 신념, 가치관 등을 집단 안의 다른 구성원과의 상호작용을 통해 학습하고 체화하는 과정
> - 스포츠사회화 이론: 스포츠를 통한 사회화 과정이 진행되는 구조와 다양한 심리적 과정과 함께 나타나는 복잡한 사회학습 과정을 밝히기 위한 접근 방법

2장 ┃ 스포츠로의 사회화와 스포츠를 통한 사회화

1) 스포츠로의 사회화: 스포츠 참여의 시작과 지속

○ 스포츠 참여요인: 내적만족(즐거움), 외적만족(보상), 사회적 인정, 의무, 스포츠정체감
○ 스포츠사회화의 주관자: 가정, 동료집단, 학교, 직장 및 지역사회, 매스컴

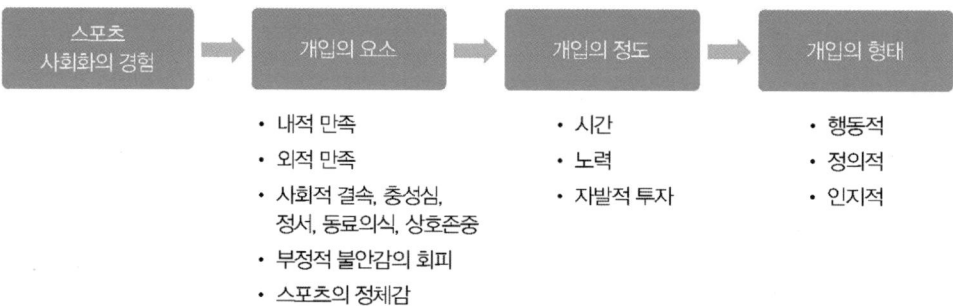

2) 스포츠를 통한 사회화: 스포츠 참여의 결과

○ 스포츠를 통한 사회적 경험: 참가형태, 참여정도와 유형, 참가수준으로 구분됨
  • 스포츠참여와 역할 사회화: 특정한 역할로 사회화되기 위한 4단계의 경험을 의미함
    ※ 스포츠의 역할사회화 4단계: 예상단계=>공식적단계=>비공식적단계=>개인적단계
○ 스포츠를 통한 사회적 가치 습득: 가치반영 및 전달체계, 스포츠 참여와 가치의 사회화
○ 스포츠 참여와 태도의 형성: 정서순화기능, 모방에 의한 태도 형성, 일방의 변화에 의한 태도 형성, 특정조건에 의한 태도 형성. 동조 행동에 의한 태도 형성, 역할 행동에 의한 태도 형성

○ 스포츠사회화와 스포츠 경기의 가치 성향
  • 경기에 대한 태도: 공정, 기능, 승리
  • 스포츠 참여의 지향: 참가지향, 업적 지향, 아마추어리즘과 프로페셔널리즘
○ 스포츠를 통한 사회화의 일반적 특성: 참여정도, 참여의 자발성여부, 사회화 관계의 본질성, 사회화의 위신과 위력, 참가의 개인적 사회적 특성

핵심용어

- **스포츠로의 사회화**: 스포츠에 참여에 대한 흥미와 관심을 유발함으로써 스포츠 참가를 유도하는 사회화 담당자나 스포츠 관련 기관에 의하여 이루어지며 스포츠에 대한 개입이 시작되면서 스포츠 참여 형태, 참여 수준, 경기성향 등이 결정됨
- **스포츠를 통한 사회화**: 스포츠 활동 참가에 의한 결과나 성과로서 스포츠 참여를 통한 경험, 형성되는 태도 및 가치가 스포츠를 통한 사회화의 주요 내용임

3장 ❙ 스포츠 탈사회화와 재사회화

1) 스포츠로부터의 탈사회화

○ 개념: 여러 가지 요인으로 스포츠를 중도에 포기하거나 중단하게 되는 것을 의미함
○ 원인: 운동기량 부족 및 저하, 부상, 성공가능성에 대한 불확실성과 미래에 대한 불안감, 지도자와의 갈등, 운동 싫증

2) 스포츠로의 재사회화

○ 개념: 스포츠로부터 탈사회화 과정을 거쳐 새로운 직업이나 환경으로 변화하는 과정을 의미함
○ 요인: 환경, 취업, 정서, 역할사회화, 인간관계 변인의 영향
○ 과정: 운동선수의 경우 감독, 코치, 트레이너 등과 같은 역할을 수행하게 되지만 재사회화 과정이 모든 은퇴선수에게 나타나는 것은 아님

핵심용어

- **스포츠 탈사회화**: 스포츠 활동에서 경험하는 신체적·정신적 충격, 부상, 폭력, 사고, 체력의 한계, 연령의 증가 등으로 인해 탈락, 중도 포기 및 선수생활을 중지하는 것을 의미하며, 운동선수는 은퇴라는 명확한 현상으로 나타남
- **스포츠 재사회화**: 스포츠 영역으로 재사회화 과정에서 운동선수는 일반적으로 감독, 코치, 트레이너 등과 같은 역할을 수행하게 되지만 모든 은퇴선수에게 나타나는 것은 아님

스포츠사회학 핵심요약

8부. 스포츠와 일탈

학습목표

- 스포츠일탈의 개념, 원인, 기능, 이론을 알아본다.
- 스포츠 일탈의 다양한 유형, 발생원인, 과잉동조로서 스포츠 일탈을 이해한다.

1장 | 스포츠 일탈의 이해

1) 스포츠 일탈의 개념 및 원인

- 개념: 일탈은 사회에서 용인되는 범위를 벗어나는 생각이나 행동. 스포츠 일탈은 스포츠 환경에서 발생하는 일탈 행위를 의미함. 스포츠 상황의 특수성 반영됨
  - 관점: 스포츠 일탈의 절대론적 접근, 스포츠 일탈의 상대론적(구성주의적) 접근

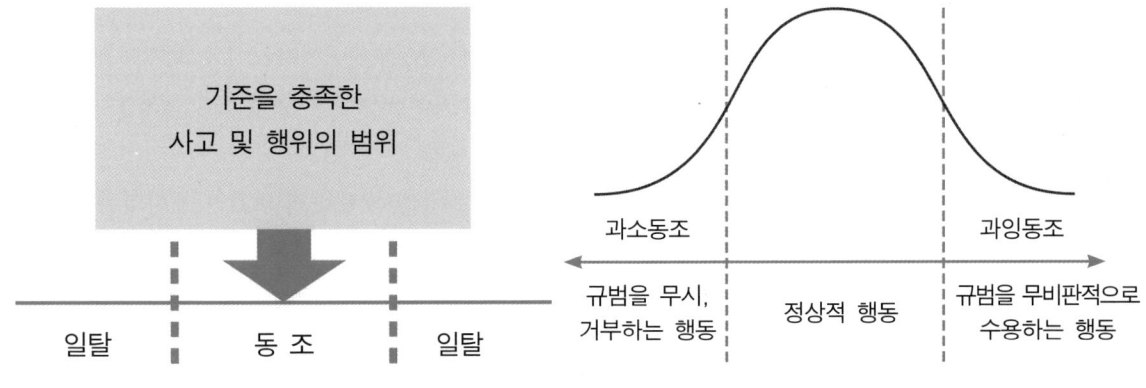

스포츠 일탈의 상대론적 접근

스포츠 일탈의 상대론적 관점에서 규범의 수용정도에 따른 과소동조와 과잉동조의 구분

- 스포츠 일탈의 과제: ①스포츠 일탈의 유형과 원인은 매우 다양함(선수, 코치, 행정가, 관중 등 대상의 관점에 따라 일탈의 종류도 다양함) ②일반적인 일탈과 스포츠 일탈은 상대성을 가짐 ③스포츠에서의 일탈은 규범의 거부는 물론 규범의 무비판적 수용도 해당됨(과잉동조) ④스포츠 일탈행동의 파악과 평가의 어려움(예방의 어려움)
- 원인: 양립 불가능한 가치 지향, 승리에 대한 강박 관념, 경쟁적 보상구조, 역할갈등
- 과잉동조: 스포츠윤리와 일탈, 스포츠윤리의 일반적 규범, 스포츠 조직과 과잉동조

※ 스포츠윤리의 일반적 규범

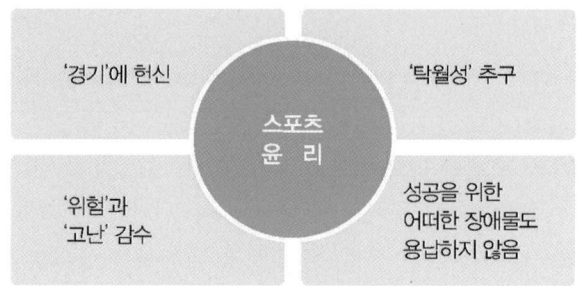

과잉동조를 일으키는 4가지 규범

2) 스포츠 일탈의 기능

○ 역기능: 스포츠의 공정성 및 질서체계 훼손, 부정적인 사회적 영향
○ 순기능: 규범에 순응과 일탈행동 방지, 사회적 안전판의 기능, 창의성 발휘
○ 주요이론: 머튼(Merton)의 아노미 이론
  • 스포츠상황에서의 아노미: 선수로서의 윤리적 태도와 경쟁에서의 승리 등 양립 불가능한 가치를 동시에 추구하고자 할 때 발생하는 갈등 현상
  ※ 머튼의 5가지 일탈행동 모형: 동조, 혁신, 의례주의, 도피주의, 반역

핵심용어

- 스포츠일탈: 스포츠 환경에서 발생하는 일탈은 일반사회의 엄격한 기준과는 달리 상황의 특수성이 반영됨
- 과잉동조: 과잉동조(overconformity)는 규범을 무비판적으로 수용하는 태도로 집단에서 설정된 규칙이나 목표를 무조건적으로 따르는 행동을 포함하며, 엘리트 스포츠 조직 자체의 문화임
- 스포츠일탈의 순기능과 역기능: 스포츠 일탈은 스포츠와 사회질서를 위협하고 긴장과 혼란을 야기하는 부정적인 기능만 하는 것은 아니며, 자발적인 사회변동을 촉발시키는 순기능이 존재함

2장 | 스포츠 일탈의 유형

1) 폭력행위

○ 유형: 격렬한 신체접촉, 경계폭력, 유사 범죄폭력, 범죄폭력
○ 과잉동조와 스포츠폭력: 스포츠의 경쟁 과정에서 의도적, 전략적으로 사용됨
○ 상업화와 스포츠폭력: 대중매체와 스포츠의 결합으로 스포츠의 폭력적 성향 높아짐, 영웅적인 용어와 이미지 사용
○ 남성성과 스포츠폭력: 스포츠 조직 문화와 구조 속에서 더욱 강화됨

2) 약물복용

• 약물을 사용하여 선수의 육체적·심리적 기능을 인위적으로 향상 시키는 것을 의미함(약물검사의 찬반론, 세계도핑방지기구)

3) 부정 및 범죄행위

○ 부정행위
- 개념: 스포츠 경기 규칙, 규정 또는 스포츠 가치를 위협하는 올바르지 못한 행위를 의미함
- 형태: 제도적 부정행위(전략적 차원에서 용인되고 조장되는 속임수 행위), 일탈적 부정행위(사회에서 용인되지 않는 심각한 부정행위)

○ 범죄행위
- 개념: 경기 규칙, 질서유지를 위한 규정, 규범 등을 위반하는 행위로 지나치게 파괴적, 위협적으로 공식적인 제재를 가해 통제해야 하는 행위(정화이론, 사회학습이론)

4) 과도한 참가
참여를 제약하는 부정적인 행위를 말하는 것과 동시에 지나치게 참가하는 경우를 포함(과잉동조와 과소동조)

5) 관중폭력
스포츠를 관람자가 경기에 대한 과도한 몰입, 집착 등으로 공격적 성향을 표출하는 행동을 의미함

※ 블루머(Blumer)의 4가지 군중 유형: 우연적 군중, 인습적 군중, 표출적 군중, 행동적 군중

○ 이론: 전염이론, 수렴이론, 규범생성이론, 부가가치이론
○ 사회적 원인: ①스포츠경기 인식, ②관중의 역동성과 상황(관중 규모, 관중패턴, 관중밀도, 관중소음, 관중구성), ③경기의 전반적 맥락
○ 통제전략: 물리적 환경 정리, 제도적 장치 보완

핵심용어
- **폭력행위**: 스포츠 경기에서 상대선수와 경쟁하는 과정 중 정당하지 못한 방법으로 물리적으로 신체를 공격하는 행위
- **약물복용**: 약물복용은 일시적으로 경기력을 향상 시켜줄 수는 있으나 장기적으로는 생리적 기능의 감퇴, 도덕적, 심리적, 사회적 문제 등을 야기할 위험을 내포하고 있음
- **부정행위**: 스포츠에서 부정행위가 발생하는 원인은 승리에 대한 보상이 클수록 또는 경기규칙이 지나치게 엄격하거나 경기결과가 불투명할 때 더욱 빈번하게 발생

9부. 미래 사회와 스포츠

학습목표

- 미래 스포츠의 변화에 영향을 미치는 요인, 변화양상, 미래스포츠의 모습을 전망한다.
- 세계화의 개념 이해, 스포츠의 세계화 현상과 의미, 주요 동인과 결과를 이해한다.

1장 | 스포츠 변화와 미래

1) 미래 스포츠의 변화 요인

○ 테크놀로지
  - 테크놀로지의 발전: 운동수행 보조, 운동기술 증진
  - 이슈와 쟁점: 어떻게 테크놀로지를 통제하고 관리할 것인가의 문제임(과도한 테크놀로지 적용은 스포츠의 본질적 가치를 훼손할 수 있기 때문임)
○ 통신 및 전자 매체(텔레비전, 신문, 인터넷 등): 대중에게 미래 스포츠를 예측하는 다양한 시청각적 정보를 제공함. 스포츠를 통한 대중의 경험을 변화시킴, 대중이 경험하는 스포츠의 질이 높아짐(스마트폰의 GPS 기능, 자신의 운동과 관련된 정보를 기록하는 등)
○ 조직화 및 합리화: 기술, 경기력의 합리적 평가를 위해 육체활동 조직화 경향이 심화될 것임(자신의 즐거움보다 다른 사람의 평가 기준 도달 위해 노력함)
○ 상업화 및 소비 성향의 변화: 상업화와 스포츠, 스포츠와 소비주의 현상
○ 다양한 문화적 배경의 융합

2) 미래 스포츠의 변화와 전망

○ 후기 산업사회와 스포츠
  - 기술 스포츠: 과학기술의 발전과 스포츠의 변화
    ※ 특징: ① 다양한 스포츠종목 개발, ② 스포츠 용기구 개발, ③ 관중들의 흥미유발을 위한 다양한 기술 탄생
  - 정보화 시대와 스포츠: 스포츠정보에 대한 요구 증가와 스포츠과학의 발전
    ※ 특징: ① 스포츠 교육프로그램 참여 수요 증가 ② 스포츠 정보에 대한 요구 증가 ③ 경쟁스포츠에서 스포츠과학의 중요성 더욱 강조 ④ 스포츠 정보 및 지식의 정교함 및 다양한 전략 및 경기 기술 개발
○ 탈근대 문화 스포츠
  - 자연스포츠: 자연친화적 스포츠에 대한 관심 증가
  - 스포츠 참여 계층의 다양화: 여성과 노인 계층의 스포츠 참여 확대

○ 세계화와 스포츠: 스포츠의 전 지구적 확산, 문화의 다양성 공존과 세계화

핵심용어
- 스포츠와 테크놀로지: 스포츠는 테크놀로지의 발전, 통신 및 전자 매체의 발달, 조직화 및 합리화, 상업화 및 소비 성향의 변화, 인구 구성의 변화 등에 영향을 받고 있음
- 미래스포츠의 전망: 스포츠가 가지고 있는 관념, 상징, 가치, 규칙, 규율 등의 규범적 특성과 같은 상징적 측면에서 변화, 스포츠 제도, 조직, 관계 등과 같은 사회 구성체 간의 상호관계 변화, 스포츠의 세계화 현상의 가속화, 후기산업사회의 변화속에서 스포츠의 영역은 더욱 확장 될 것임

2장 | 스포츠와 세계화

1) 스포츠 세계화의 의미

○ 세계화(globalization): 국가 간의 경계가 허물어지는 현상으로, 인간사회 조직의 시간적·공간적 범위가 근본적으로 변화하는 현상(ex. 현재 영국 축구리그에서 남미, 아프리카, 아시아 등 다양한 문화를 가진 선수들이 뛰고 있는 현상)

○ 국제화(internationalization): 국가 사이의 정치, 경제, 사회, 문화적 접촉 및 교류가 양적으로 증대되는 현상(ex. 1946~1955년까지 영국 프로축구리그에서 대부분 비슷한 문화권 출신의 선수들의 이주로 이루어진 단순히 국적이 다양해진 현상)

○ 특징: 국가 경계의 약화, 시간과 공간의 압축, 스포츠의 불평등

2) 스포츠 세계화의 원인과 결과

○ 원인: 제국주의, 민족주의, 종교, 테크놀로지의 발달
○ 결과: 신자유주의의 확대, 스포츠 노동이주, 글로컬라이제이션(glocalization)

핵심용어
- 스포츠와 세계화: 스포츠의 세계화 현상은 복잡하고 다양하지만 제국주의, 민족주의, 종교, 테크놀로지의 발달 등의 복합적인 현상에 의해 세계화 현상이 시작되고 지속되고 있음
- 스포츠와 신자유주의: 스포츠의 경우 신자유주의는 스포츠의 상업화와 밀접한 관계를 맺고 있음
- 글로컬라이제이션(glocalization): 글로벌(Global)과 지역(local)의 합성어로 세계화와 동시에 지역화가 진행되는 것을 의미

스포츠사회학 문항이원출제표

문항 번호	출제 영역		문항 내용 차원	문항 행동 차원	문항 수준
	주요 항목	세부 항목			
1	스포츠 사회학의 이해	스포츠 사회학의 의미(1)	스포츠사회학의 정의	이해	하
2		스포츠 사회학의 의미(2)	스포츠사회학의 적용 및 사례	지식	중
3		스포츠의 사회적 기능(1)	사회 정서적 기능	이해	중
4		스포츠의 사회적 기능(2)	사회화 기능	이해	중
5		스포츠의 사회적 기능(3)	사회 통합 및 통제 기능	지식	상
6	스포츠와 정치	스포츠와 정치의 결합(1)	스포츠의 정치적 속성 및 기능	응용	중
7		스포츠와 정치의 결합(2)	정치의 스포츠 이용방법	지식	상
8		스포츠와 국내정치(1)	스포츠 정책의 이해	이해	중
9		스포츠와 국내정치(2)	스포츠에 대한 정치의 개입 원인	지식	하
10		스포츠와 국제정치(1)	국제정치에서 스포츠의 역할	지식	중
11		스포츠와 국제정치(2)	올림픽과 국제정치	지식	상
12		스포츠와 국제정치(3)	스포츠와 남북관계	이해	중
13	스포츠와 경제	상업주의와 스포츠(1)	상업주의와 스포츠의 변화	이해	상
14		상업주의와 스포츠(2)	프로스포츠와 상업주의	지식	하
15		상업주의와 스포츠(3)	상업주의화 세계화	응용	중
16		스포츠 메가이벤트의 경제(1)	국제스포츠이벤트의 사회적 기능	이해	상
17		스포츠 메가이벤트의 경제(2)	국제스포츠이벤트의 경제적 가치	지식	중
18	스포츠와 교육	스포츠의 교육적 기능(1)	스포츠의 교육적 순기능	지식	중
19		스포츠의 교육적 기능(2)	스포츠의 교육적 역기능	이해	하
20		한국의 학원스포츠(1)	학원 스포츠의 문제	이해	중
21		한국의 학원스포츠(2)	학원 스포츠 제도의 변화	지식	하
22	스포츠와 미디어	스포츠와 미디어의 이해(1)	스포츠 미디어의 유형과 특성	이해	중

문항 번호	출제 영역		문항 내용 차원	문항 행동 차원	문항 수준
	주요 항목	세부 항목			
23		스포츠와 미디어의 이해(2)	스포츠 저널리즘의 이해	이해	중
24		스포츠와 미디어의 상호관계(1)	스포츠와 미디어의 상호작용 및 공생관계	지식	중
25		스포츠와 미디어의 상호관계(2)	스포츠와 미디어 윤리	지식	상
26	스포츠와 사회계급/계층	사회계층의 이해(1)	사회계층의 개념 및 정의	지식	상
27		사회계층의 이해(2)	사회계층의 형성과정	이해	중
28		사회계층과 스포츠 참가(1)	스포츠 참가 유형의 차이	이해	중
29		사회계층과 스포츠 참가(2)	스포츠관람 및 참가종목의 차이	이해	하
30		스포츠와 계층이동(1)	스포츠계층이동의 유형	지식	중
31		스포츠와 계층이동(2)	사회이동기제로서의 스포츠	이해	상
32	스포츠와 사회화	스포츠사회화의 의미와 과정(1)	스포츠사회화의 정의	지식	하
33		스포츠사회화의 의미와 과정(2)	스포츠사회화 과정	이해	중
34		스포츠로의 사회화와 스포츠를 통한 사회화(1)	스포츠로의 사회화	지식	중
35		스포츠로의 사회화와 스포츠를 통한 사회화(2)	스포츠를 통한 사회화	응용	상
36		스포츠 탈사회화와 재사회화(1)	스포츠로부터의 탈사회화	이해	하
37		스포츠 탈사회화와 재사회화(2)	스포츠에로의 재사회화	지식	중
38	스포츠와 일탈	스포츠 일탈의 이해(1)	스포츠 일탈의 개념 및 원인	이해	중
39 40		스포츠 일탈의 이해(2)	스포츠 일탈의 기능	응용	상
41		스포츠일탈의 유형(1)	폭력행위	지식	중
42		스포츠일탈의 유형(2)	약물복용	이해	하
43		스포츠일탈의 유형(3)	부정 및 범죄행위	이해	상
		스포츠일탈의 유형(4)	과도한 참가	응용	중

문항 번호	출제 영역		문항 내용 차원	문항 행동 차원	문항 수준
	주요 항목	세부 항목			
44		스포츠일탈의 유형(5)	관중폭력	지식	상
45		스포츠 변화에 영향을 미치는 요인(1)	테크놀로지의 발전	이해	하
46		스포츠 변화에 영향을 미치는 요인(2)	통신 및 전자매체의 발달	응용	중
47	미래사회의 스포츠	스포츠 변화에 영향을 미치는 요인(3)	조직화 및 합리화	이해	상
48		스포츠 변화에 영향을 미치는 요인(4)	상업화 및 소비성향의 변화	이해	중
49		스포츠 세계화(1)	스포츠 세계화의 의미	지식	중
50		스포츠 세계화(2)	스포츠 세계화의 동인	지식	상

스포츠사회학 출제예상문제

1. 스포츠사회학에 대한 정의로 맞지 않는 것은? 무료동영상

① 1965년에 스포츠사회학이 최초로 언급됨
② 스포츠사회학은 스포츠 현상을 사회현상으로 규정함
③ 스포츠와 관련한 인간행동을 사회 구조적 측면에서 바라봄
④ 1865년에 스포츠사회학의 요소를 규명하고 정의함

2. 우리나라 스포츠사회학의 연구 흐름을 맞게 연결한 것은?

〈보기〉

㉠ 1960년대	① 스포츠와 신체, 정체성, 세계화
㉡ 1980년대	② 스포츠의 교육적 효과와 사회화
㉢ 1990년대	③ 스포츠의 문화, 하위문화, 성, 세계화

① ㉠ - ②
② ㉢ - ①
③ ㉡ - ③
④ ㉢ - ③

3. 다음은 스포츠의 사회적 순기능 중에서 사회 정서적 기능에 대한 내용이다. 빈 칸(㉠)에 적합한 용어는?

> 스포츠는 개인의 정서를 순화시키는 순기능을 가지고 있다. 스포츠 참여는 개인의 욕구 불만, 갈등, 긴장 등을 발산할 수 있는 기회를 부여하며 외부로 나타날 수 있는 폭력, 일탈 같은 부정적 행동을 예방할 수 있는 (㉠)의 기능을 한다.

	㉠
①	사회통제
②	사회적 안전판
③	신체소외
④	사회적 성취

4. 스포츠의 사회적 순기능 중에서 사회화 기능에 대한 설명으로 올바르지 <u>않은</u> 것은?

① 스포츠를 상품으로 인식함
② 스포츠 참여로 개인은 신념, 가치, 규범 등을 배움
③ 스포츠의 목표 성취는 합리적인 행동 규범과 연결됨
④ 스포츠 참여는 준법정신과 올바른 시민으로의 자세를 배움

5. 스포츠의 사회적 기능인 사회통합과 사회통제 기능에 대한 설명으로 올바른 것은?

① 사회통합 기능- 1980년대 3S 정책의 하나로 스포츠가 이용된 사례
② 사회통제 기능- 올림픽, 월드컵과 같은 국제 대회는 사회 통제 기능의 사례
③ 사회통합 기능- 스포츠가 다른 사회적 배경을 가진 사람들의 통합 경험 제공
④ 사회통합 기능- 정치, 경제, 사회 등의 국가적인 문제에 대한 관심을 스포츠로 분산

6. 스포츠의 <u>정치적 순기능</u>에 대한 구성 내용으로만 바르게 묶인 것은?

〈보기〉
㉠ 국민화합의 수단
㉡ 사회운동의 수단
㉢ 국수주의적 배타성 조장
㉣ 지배권력의 형성 및 유지를 위한 정당성 부여

① ㉠ + ㉡ + ㉢
② ㉠ + ㉣
③ ㉠ + ㉡ + ㉣
④ ㉠ + ㉡

7. 다음은 정치가 스포츠를 이용하는 방법에 대한 설명이다. 이 방법과 설명으로 맞는 것은? 무료동영상

〈보기〉
스포츠경기가 단순히 개인 간의 경쟁이 아닌 성, 인종, 지역, 민족, 국가의 경쟁을 대변하는 것으로 인식될 수 있으며, 스포츠 그 자체로 지역사회, 국가, 국민을 대표하는 상징성을 지닌 것으로 해석된다.

① 동일화-유니폼에 부착된 국기
② 상징-스포츠의 과시와 의식적 요소
③ 동일화-스포츠에 대한 대중의 태도
④ 상징-국가 역량의 혼돈을 표현하는 수단

8. 스포츠 정책에 대한 이해로 올바르지 않은 것은?

① 스포츠 환경에서 권력을 행사하는 정치적 활동
② 스포츠 진흥 및 활성화를 위한 정책 수립의 과정
③ 스포츠의 매력과 비정치적 속성은 정치적 수단으로 사용
④ 2010년에 스포츠 발전을 위한 '스포츠비전 2018'정책 수립

9. 스포츠에 대한 정치의 개입 원인이 아닌 것은?

① 사회질서의 유지 및 보호
② 정부나 정치가에 대한 통제
③ 국민건강 증진과 여가기회 제공
④ 지배이데올로기에 부합하는 가치 및 성향의 강조

10. 국제정치에서 스포츠의 역할로 올바르지 않은 것은?

① 외교단절
② 외교적 항의 수단
③ 갈등 및 전쟁의 촉매
④ 국제이해 및 평화 증진

11. 올림픽의 가치를 훼손하는 올림픽의 정치화 원인에 해당되는 것끼리 묶인 것은?

〈보기〉
㉠ 민족주의의 발현   ㉡ 정치권력의 약화   ㉢ 상업주의의 팽창

① ㉠ + ㉡
② ㉡ + ㉢
③ ㉠ + ㉢
④ ㉠ + ㉡ + ㉢

12. 남북한 스포츠 교류에 대한 의의가 아닌 것은?

① 역사적 전통을 지닌 문화행사
② 한민족 가치의 회복에 영향을 미침
③ 남북한 이념차이에 의한 갈등요소가 없음
④ 남북한을 매개로 한 국내외교의 장으로 기능함

13. 상업주의로 인해 스포츠 전반에 걸쳐 나타난 변화요인으로만 묶인 것은? 무료동영상

〈보기〉
㉠ 아마추어리즘의 강화
㉡ 스포츠의 직업화
㉢ 흥미유발에 맞춘 스포츠 목적 변화
㉣ 스포츠 규칙의 변화
㉤ 스포츠 스폰서가 추구하는 권력 변화
㉥ 스포츠 조직의 변화

① ㉠ + ㉡
② ㉡ + ㉢ + ㉥
③ ㉠ + ㉢ + ㉣
④ ㉢ + ㉤

14. 스포츠의 과도한 상업화로 인해 나타나는 프로스포츠의 역기능이 아닌 것은?

① 스포츠의 지나친 상업화
② 아마추어리즘의 퇴조와 스포츠 본질 왜곡
③ 프로스포츠를 매개로 한 스포츠 도박의 문제
④ 아마추어 선수에게 미래의 진로 제공과 고용 증대

15. 상업스포츠 조직의 세계화 사례가 아닌 것은?

① 미국 프로농구 NBA
② 다국적 기업의 해당지역 비인기 팀 후원
③ 다국적 기업의 파급력 있는 스포츠의 활용
④ IOC의 TOP(The Olympic Partners) 프로그램

16. 스포츠 메가 이벤트의 사회적 기능 중 (㉠)과 (㉡)에 해당하는 특성으로 올바른 것은?

㉠ 긍정적 효과
㉡ 부정적 효과

	㉠	㉡
①	경제적 효과	사회집결력 약화
②	경제적 손실	국가 브랜드 이미지 제고
③	투자에 대한 기회비용 축소	국가 및 지역 간 교류 증가
④	부정적 외부 효과 유발	무리한 시설 건설

17. 스포츠 메가 이벤트의 경제적 가치에 대한 설명으로 **틀린** 것은?

① 월드컵의 경우 스폰서 및 중계권료를 통해 수익을 거두고 있음
② 스포츠 메가 이벤트에 대한 경제적 가치가 있지만 효과는 미미함
③ 1984년 LA올림픽부터 스포츠 메가 이벤트의 경제적인 측면이 부각됨
④ IOC는 2009-2012년까지 올림픽 마케팅으로 8,000억 달러 이상의 수익을 냄

18. 다음의 〈보기〉 중 스포츠의 교육적 순기능으로만 묶인 것은? [무료동영상]

〈보기〉
㉠ 학업능력의 촉진　　㉡ 사회화 촉진　　㉢ 정서의 순화
㉣ 학교와 지역의 분리　㉤ 여학생의 체육 참여 제한　㉥ 장애인의 여가선용

① ㉠ + ㉡ + ㉣
② ㉠ + ㉡ + ㉤
③ ㉡ + ㉢ + ㉥
④ ㉠ + ㉡ + ㉢ + ㉣

19. 스포츠의 교육적 역기능에 대한 설명으로 거리가 **먼** 것은?

① 성차별의 내재화
② 스포츠 참여기회의 확대
③ 승리지상주의 강조
④ 성과와 학업에 대한 편법과 관행

20. 다음 중 학원스포츠의 문제점을 지적한 것 중에서 맞는 설명은?

① 교사는 학생선수를 긍정적으로 인식함
② 학원스포츠는 긍정적인 문화를 형성함
③ 학생선수는 운동만족으로 기초학력이 낮아짐
④ 학생선수는 폭력 및 성폭력 문제에 노출되어 있음

21. 일반학생의 체육활동 활성화 및 공부하는 학생선수 육성을 위한 제도 변화에 따른 주요 사업에 대한 설명으로 **틀린** 것은? 무료동영상

	㉠ 일반학생	㉡ 학생선수
①	학교체육 전문성 향상	학생선수 학습권 보장
②	스포츠참여 기회 확대	학교운동부 운영 투명화
③	학생체력평가제 실시	학생선수의 인권보호
④	여학생 체육활동 활성화	타이틀 나인(Title IX)

22. 대표적인 스포츠미디어 유형(㉠)과 장점(㉡) 및 단점(㉢)의 연결이 **잘못된** 것은?

	㉠	㉡	㉢
①	신문 및 인쇄매체	널리 보급되는 소식원	문자해독력이 문제
②	라디오	가장 널리 전달되는 소식원	비시각적 미디어
③	텔레비전	대중적인 미디어	매우 발전된 네트워크 요구
④	뉴미디어	상상력 유발 기능	프로그램 제작비 높음

23. 스포츠 저널리즘 관련 쟁점이 **아닌** 것은?

① 정확성·공정성·객관성의 결여
② 선수의 상품화
③ 하는 스포츠에서 보는 스포츠로의 변화
④ 개인 사생활 침해

24. 다음 그림은 스포츠와 미디어의 상호작용에 대한 설명이다. 미디어가 스포츠에 미치는 영향(㉠)과 스포츠가 미디어에 미치는 영향(㉡)의 요인으로 **틀린** 것은?

① ㉠ 스포츠 인기 증가   ㉡ 콘텐츠 제공
② ㉠ 스포츠의 상품화   ㉡ 미디어 보급 확대
③ ㉠ 스포츠의 규칙변경   ㉡ 미디어 기술 발전
④ ㉠ 스포츠 용구의 변화   ㉡ 스포츠 기술 발달 및 확산

25. 스포츠 미디어의 윤리적인 문제 요인이 **아닌** 것은?

　① 경쟁, 승리, 성공 등의 외재적 가치 강조
　② 영화, 만화, 비디오와 같은 미디어에 영향을 미침
　③ 다양한 종목을 중계할 경우 스포츠 해설의 전문성 결여
　④ 과도하게 특정 인기스타를 중심으로 미디어콘텐츠 구성

26. 다음 중 역사 속에 나타난 스포츠 사회계층 특성을 설명한 것으로 맞는 것은?

시대 구분	내 용
그리스시대	• 시민에게만 참여와 관람 허용 • 여성과 노예는 경기 참가 금지
㉠	• 최대수용인원 260,000명의 대형 경기장 • 스포츠에 대한 관심이 상당하였으며 사회계급 존재
㉡	• 귀족과 상류계층만 토너먼트에 참여 가능 • 스포츠의 남녀 불평등이 명확히 드러난 시기
15-18세기	• 노동으로 인해 하류계층과 서민의 스포츠 참여 제한 • 명문대학교 학생에게 스포츠 참여의 사회계층적 특권이 주어짐

　① ㉠ 로마시대　　　　　　　　② ㉡ 13세기
　③ ㉡ 14세기　　　　　　　　　④ ㉠ 11-12세기

27. 스포츠계층의 형성과정 과정에서 스포츠 내의 사회과정은 다음의 4가지 측면으로 설명될 수 있다. ㉠ 에 들어갈 내용은? 무료동영상

　　지위의 분화　　　서열화　　　㉠　　　보수부여

　① 기회　　　　　　　　　　　② 평가
　③ 생활　　　　　　　　　　　④ 관점

28. 사회계층에 따른 스포츠 참가 및 관람 유형의 차이에 대한 설명으로 맞는 것은?

　① 저소득층일수록 생활체육 참여율이 높음
　② 고소득층의 스포츠 참여는 저소득층에 비해 제약됨
　③ 스포츠 이벤트의 관람료 차이는 경제적 계층을 구분함
　④ 고소득층은 정신적 여유의 부족으로 생활체육에 참여하지 않음

29. 다음과 같이 사회계층에 따른 스포츠 참가 종목이 다른 이유에 대한 설명으로 **틀린** 것은?

① 상류층은 과시적 소비 경향이 있음
② 개인스포츠는 단체스포츠에 비해 많은 비용 발생
③ 상류층은 다른 계층이 접근하기 힘든 특정 종목을 강조함
④ 개인사업, 전문직 등의 중상류층은 단체스포츠 참여에 적합

30. 다음 중 스포츠를 통한 사회계층이동에 대한 유형으로 맞게 연결된 것은?

① 수평이동-상승이동과 하향이동으로 구분됨
② 수직이동-계층적 지위의 변화가 일어나지 않음
③ 개인이동-운동능력에 따라 사회적 상승이동 기회 제공
④ 집단이동-개인의 사회·경제적 지위 변화를 의미

31. 스포츠를 통한 사회적 상승 매개체로서 스포츠의 4가지 역할이 <u>아닌</u> 것은?

① 직업후원 기회 제공
② 교육 성취도 향상
③ 신체적 기량 및 능력 발달
④ 스포츠 신화의 확산

32. 스포츠의 사회화 개념에 대한 설명으로 맞는 것은? [무료동영상]

① 인간의 본성이 특정한 사회문화와 동화되어 가는 과정
② 충동의 통제능력 형성과정으로 판단력과 분별력의 형성과정
③ 역할훈련과정으로 문화적, 사회적, 심리적 차원의 관점으로 구분됨
④ 스포츠를 통한 구성원들의 상호작용으로 신념, 가치관이 체화되는 과정

33. 다음의 스포츠 사회화 모형에 들어갈 내용이 맞게 연결된 것은? 무료동영상

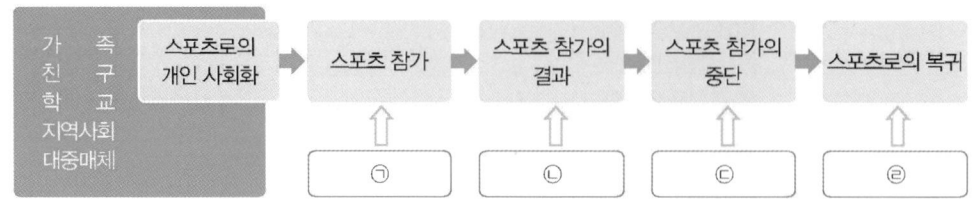

① ㉣-스포츠를 통한 사회화 ② ㉡-스포츠를 통한 사회화
③ ㉠-스포츠로부터의 탈사회화 ④ ㉢-스포츠로의 재사회화

34. 스포츠 사회화의 주관자가 **아닌** 것은?

① 가정 ② 동료집단
③ 외적보상 ④ 매스컴

35. 스포츠를 통한 사회화로서 스포츠의 역할 사회화의 4단계 중 ㉠과 ㉡에 해당되는 내용은?

① ㉠ 공식적 단계 ㉡ 개인적 단계 ② ㉠ 수행자 단계 ㉡ 단체적 단계
③ ㉠ 수행자 단계 ㉡ 개인적 단계 ④ ㉠ 공식적 단계 ㉡ 단체적 단계

36. 스포츠 탈사회화의 원인이 **아닌** 것은?

① 운동기량의 부족 및 저하 ② 운동에 대한 애착
③ 성공의 불확실성과 미래의 불안감 ④ 부상으로 인한 운동수행 제한

37. 스포츠로의 재사회화에 영향을 미치는 5가지 요인으로만 묶인 것은?

〈보기〉
㉠ 환경 변인-잠재적 노동력 소유 여부에 의한 스포츠 이외의 취업 기회
㉡ 취업 변인-스포츠가 개인의 자아정체 중심부에서 차지하는 정도
㉢ 정서 변인-성, 연령, 계층 및 교육 정도
㉣ 역할 사회화 변인-스포츠 외 선택 가능한 타 역할에 대한 사전계획이나 사회화 정도
㉤ 인간관계 변인-스포츠로부터 탈사회화에 대한 가족·친구로부터 지원체계

① ㉠ + ㉡
② ㉢ + ㉣ + ㉤
③ ㉣ + ㉤
④ ㉡ + ㉢ + ㉤

38. 스포츠 일탈의 원인에 대한 설명으로 **틀린** 것은?

① 역할갈등
② 승리에 대한 강박 관념
③ 위계적 보상구조
④ 양립 불가능한 가치 지향

39. 다음은 스포츠 일탈의 이론에 관한 설명이다. 학자와 이론을 맞게 연결한 것은?

스포츠 일탈현상에서 발생하는 원인과 과정을 가장 잘 설명해 주는 이론적 관점이다. 스포츠 일탈은 선수로서의 윤리적 태도와 경쟁에서의 승리 등 양립 불가능한 가치를 동시에 추구하고자 할 때 발생하는 갈등 현상을 의미한다. 즉, 스포츠 현장에서 궁극적인 목표는 경쟁을 통한 승리의 쟁취이다. 승리를 쟁취하기 위한 과정에서 선수의 노력, 규칙 준수 등은 목표달성을 위한 수단으로 이해할 수 있다. 목표와 수단은 동일하게 나타나기도 하지만 서로 다른 가치를 추구할 때 갈등이 발생한다.

① 매킨토쉬-갈등이론
② 로버트 머튼-아노미 이론
③ 에밀 뒤르켐-구조기능이론
④ 탈콧 파슨스-상징적 상호작용론

40. 스포츠 일탈의 유형 중 폭력행위에 속하지 **않는** 것은?

① 격렬한 신체 접촉
② 범죄폭력
③ 상업화와 스포츠폭력
④ 일탈적 부정행위

41. 스포츠 일탈에서 선수의 약물검사에 대한 찬성과 반대의 입장이 있다. 이때 약물검사를 반대하는 내용으로 맞는 것은?

① 약물검사는 선수들의 건강을 보호함
② 약물검사는 스포츠의 공정성을 확보함
③ 약물검사 비용이 비싸기 때문에 자원을 낭비함
④ 약물검사는 유전공학의 사용을 감소시키기 위함

42. 다음은 스포츠의 일탈 유형 중 부정행위의 형태에 대한 특징과 예시이다. ㉠과 ㉡에 들어갈 스포츠 부정행위의 유형은?

부정행위 형태	특징	예시
㉠	전략적 차원에서 용인되고 조장되는 속임수 행위	• 농구에서 팔꿈치 사용 • 축구의 거친 태클 및 옷 잡기 • 과도한 헐리웃 액션
㉡	사회에서 용인되지 않는 심각한 부정행위 사용	• 불법 용구 사용 • 약물투여 • 담합에 의한 승부조작

	㉠	㉡
①	제도적 부정행위	일탈적 부정행위
②	일탈적 부정행위	제도적 부정행위
③	제도적 부정행위	범죄적 부정행위
④	일탈적 부정행위	성과적 부정행위

43. 스포츠의 과도한 참가로 인해 나타날 수 있는 사회적 문제의 유형은?

① 부정적 동조　　　　　　② 과소동조
③ 섭식장애　　　　　　　④ 아노미적 몰입

44. 다음의 스포츠에서 나타나는 관중폭력을 설명하는 집합행동 이론은?

> 집합행동의 발생원인 및 결정요인을 장소와 시간 및 양식 등으로 설명하려는 것으로 일정한 형태의 조건이나 계기의 순서에 따라 단계적인 조합을 이루어야 집합행동이 발생할 수 있음을 보여준다. 즉, 어떤 집합행동이 일어나기 위해서는 어떠한 요인이나 조건들이 순차적으로 조합을 이루어야함을 의미한다. 예를 들어, 어떤 물건이 순서에 따라 단계적인 부가가치 과정을 거쳐 최종 완성되는 원리와 같다.

① 수렴이론
② 전염이론
③ 규범생성이론
④ 부가가치이론

45. 스포츠와 미래사회에서 테크놀로지와 관련된 쟁점이 아닌 것은?

① 남성성과 스포츠 폭력
② 테크놀로지를 어떻게 통제하고 관리할 것인가 임
③ 세계수영연맹(FINA)은 전신 수영복을 착용금지 시킴
④ 과도한 테크놀로지의 적용은 스포츠의 본질적 가치 훼손

46. 스포츠에서 통신 및 전자매체가 발전하면서 나타난 현상으로만 묶인 것은?

> 〈보기〉
> ㉠ 스포츠를 예측하는 시청각적 정보 제공
> ㉡ 스포츠는 대중들과 멀어질 것임
> ㉢ 스포츠를 통한 대중들의 경험 변화
> ㉣ 등산할 때 스마트폰의 GPS활용
> ㉤ 미디어를 통해 이데올로기 전파

① ㉠ + ㉡ + ㉢
② ㉡ + ㉢ + ㉣
③ ㉢ + ㉣ + ㉤
④ ㉡ + ㉢ + ㉤

47. 미래사회의 변화가 스포츠의 조직화 및 합리화에 미치는 영향으로 맞는 것은?

① 탈산업사회에서 스포츠는 점차 조직화됨
② 미래의 스포츠는 육체활동을 조직화하는 경향이 감소됨
③ 스포츠 조직이 바라는 것은 선수들이 즐거움을 느끼는 것임
④ 미래의 스포츠는 정해놓은 합리적 평가 기준을 무시할 것임

48. 미래사회의 변화로 인한 스포츠의 상업화 및 소비성향 변화 현상으로 맞게 묶인 것은?

〈보기〉
㉠ 스포츠의 상업화 ㉡ 스포츠와 소비주의 현상
㉢ 다양한 문화적 배경의 융합 ㉣ 스포츠 참여 계층의 축소화

① ㉠ + ㉣
② ㉠ + ㉡ + ㉣
③ ㉡ + ㉣
④ ㉡ + ㉢

49. 스포츠 세계화 현상의 3가지 특징이 <u>아닌</u> 것은?

① 국가 교류 감소
② 스포츠의 불평등
③ 국가 경계의 약화
④ 시간과 공간의 압축

50. 다음에서 스포츠 세계화의 원인(㉠)과 결과(㉡)를 바르게 연결한 것은?

	㉠	㉡
①	테크놀로지의 발달	제국주의
②	글로컬라이제이션	신자유주의 확대
③	스포츠노동 이주	종교
④	테크놀로지의 발달	글로컬라이제이션

스포츠사회학 출제예상문제 정답 및 해설

문항	정답	해설
1	④	스포츠사회학이 최초로 언급된 것은 1965년 「Toward a Sociology of Sport」를 통해서이다. 스포츠사회학은 스포츠 현상을 사회현상으로 규정하여 사회적 이론과 연구 방법으로 인간의 사회행동의 법칙을 규명하는 학문이라고 정의할 수 있다. 또한 스포츠와 관련하여 나타나는 인간 행동의 유형과 변화 과정을 사회 구조적 측면에서 바라볼 수 있는 학문적 토대를 제공한다.
2	②	1960년대 스포츠사회학의 초기 연구는 스포츠의 교육적 효과와 사회화에 관련된 연구들이 주를 이루었다. 1980년대부터 최근까지의 연구경향을 살펴보면, 우리나라의 스포츠 사회학 연구는 주로 사회화, 성(여성), 문화/하위문화와 관련된 주제를 중심으로 이루어지고 있다. 1990년대 이후로 해당 분야에 대한 사회적 관심이 증가하면서 신체, 정체성, 세계화 등이 다뤄지고 있다.
3	②	스포츠의 사회적 순기능 중 사회 정서적 기능을 살펴보면 스포츠는 개인의 정서를 순화시키는 순기능을 가지고 있다. 스포츠 참여는 개인의 욕구 불만, 갈등, 긴장 등을 발산할 수 있는 기회를 부여하며 외부로 나타날 수 있는 폭력, 일탈과 같은 부정적 행동을 예방할 수 있는 '사회적 안전판'의 기능을 한다.
4	①	스포츠는 사회의 축소판이라고 할 수 있다. 따라서 스포츠 참여를 통해서 개인은 신념, 가치, 규범 등 사회의 중요한 가치를 배울 수 있다. 스포츠를 통해 습득한 사회적 가치는 사회의 중요한 가치로 인식되는 준법정신과 올바른 시민으로써의 자세, 즉 목표성취를 위한 합리적인 행동 규범과 연결된다고 할 수 있다.
5	③	스포츠는 사회를 통합시키는 기능을 할 수 있다. 스포츠가 다른 사회적 배경을 가지고 있는 사람들이 서로 공감하면서 하나로 통합할 수 있는 경험을 제공할 수 있다는 것을 의미한다. 스포츠는 목적에 따라서 사회를 통제하는 기능으로 악용될 수 있는 소지를 가지고 있다. 정치, 경제, 사회 등의 국가적인 문제에 대한 관심을 스포츠로 분산시키기 위한 목적으로 사용되기도 한다.
6	④	스포츠의 정치적 순기능은 국민 화합의 수단, 외교적 소통의 창구, 사회의 기본적 가치와 규범 및 준법정신의 교육, 생산성 증대, 사회운동의 수단이다. 스포츠의 정치적 역기능은 국가 간 정치적 이데올로기의 충돌, 지배 권력의 형성 및 유지를 위한 정당성 부여, 국수주의적 배타성 조장이다.
7	②	상징이란 직접 자각할 수 없는 의미나 가치 등을 유사적인 표현을 사용하여 구체적으로 구상하는 것을 의미하며 동일화는 자신과 타인이 혼동된 상태로 다른 대상에게 감정을 이입하거나 동화되는 과정이다. '상징'이 스포츠를 수용하는 대중의 인식이라면, '동일화'는 스포츠에 대한 대중의 태도라는 점에서 차이가 있다.

문항	정답	해설
8	④	스포츠 정책은 스포츠를 둘러싼 자원의 획득과 권력의 유지를 위한 활동을 의미한다. 스포츠 환경에서 권력을 행사하는 모든 정치적 활동을 스포츠 정책으로 이해 할 수 있다. 국가가 스포츠에 개입하는 이유는 정치적 수단으로써 스포츠가 지닌 매력과 비정치적 속성 때문이다. 2013년에는 생활체육 활성화, 국제스포츠 경쟁력 강화, 스포츠 산업 규모 증대 등의 내용을 담은 '스포츠 비전 2018' 정책을 수립했다.
9	②	스포츠에 대한 정치의 개입원인은 국민건강 증진과 여가기회 제공, 사회질서의 유지 및 보호, 국가 및 지역 사회의 경제 촉진, 정부나 정치가에 대한 지지 확보, 지배이데올로기에 부합하는 가치 및 성향의 강조로 제시된다.
10	①	국제정치에서 스포츠의 역할은 외교적 친선 및 승인, 외교적 항의, 국위선양, 이데올로기 및 체재 선전의 수단, 국제 이해 및 평화 증진, 갈등 및 전쟁의 촉매이다.
11	③	올림픽의 가치를 훼손하고 올림픽 정치화를 유발하는 원인은 민족주의의 발현, 정치권력의 강화, 상업주의의 팽창이다.
12	④	남북 간 스포츠 교류는 아래와 같이 다른 분야를 통한 교류와 다른 몇 가지 특징을 지닌다. 남북한 스포츠 교류는 역사적으로 전통성을 지닌 문화행사임, 남북한 스포츠 교류는 대중성을 기반으로 한민족 가치의 회복에 많은 영향을 미침, 스포츠는 국가 간 동일한 규칙 및 제도에 의한 경쟁을 할 수 있으므로, 남북한 이념 차이에 의한 갈등의 요소는 거의 없다고 보아도 무방함, 스포츠를 통한 교류는 국제스포츠기구를 통한 참여와 중재 등 스포츠를 매개로 국제외교의 장으로서 기능한다.
13	②	스포츠는 현대 산업사회의 발전과 맞물려 점차 상업적 이익을 추구하는 하나의 산업형태로 발전하기 시작하였다. 상업화에 따른 스포츠의 변화는 아마추어리즘의 약화, 스포츠의 직업화, 스포츠 목적의 변화(관중의 흥미 유발), 스포츠 구조의 변화(규칙의 변화), 스포츠 내용의 변화(선수, 코치, 스폰서(기업)이 추구하는 가치의 변화), 스포츠 조직의 변화이다.
14	④	상업주의로 인한 프로스포츠의 역기능은 스포츠를 지나치게 상업화, 아마추어리즘을 퇴조시키고 스포츠 본질을 왜곡, 프로스포츠를 매개로 하는 스포츠 도박이 사회적 문제로 대두된다.
15	②	상업스포츠 조직은 세계화를 위해 다양한 전략을 시행하고 있다. 다국적 기업은 인기가 높고 국제적인 파급효력이 큰 스포츠를 활용하여 홍보 및 마케팅 전략을 시행하며 다국적 기업은 새로운 시장에서 브랜드 가치를 향상시키고 자사 상품의 판매를 촉진하기 위해 해당 지역의 인기 있는 팀을 후원하기도 한다. IOC의 TOP(The Olympic Partners) 프로그램은 다국적 기업이 스포츠를 세계화에 활용하고 있는 가장 대표적인 사례이다. NBA는 30개 이상의 국적을 가진 선수들을 영입하여 출전시키고 있다.
16	①	스포츠 메가 이벤트를 통해 경제적 효과, 국가 브랜드 이미지 제고, 국가 및 지역 간 교류 증가, 기반 시설 확충, 시민의식 향상 등의 효과를 얻을 수 있다. 스포츠 메가 이벤트를 통해 다양한 측면에서 긍정적인 효과를 얻을 수도 있지만, 이를 효과적으로 운영하지 못하면 오히려 부정적인 효과가 더 크게 나타날 수 있다. 스포츠 메가 이벤트는 사회 결집력 약화, 경제적 손실, 부정적 외부효과, 무리한 시설 건설, 기회비용 무시 등의 부정적 효과를 야기할 수 있다.

문항	정답	해설
17	②	스포츠 메가 이벤트는 중계권료, 스폰서료, 관광 수익 등을 통해 막대한 수익을 얻고 있으며, 미디어 기술이 발전하면서 올림픽과 월드컵 같은 대형 스포츠 메가 이벤트의 경제적 가치가 더욱 상승하였다.
18	③	스포츠의 교육적 순기능은 학업능력의 촉진, 사회화 촉진, 정서의 순화, 학교 내 통합, 학교와 지역사회의 통합, 여학생의 체육에 대한 인식전환, 평생체육과의 연계, 장애인의 삶의 질 향상이다.
19	②	스포츠의 교육적 역기능은 승리지상주의, 참여기회의 제한, 성차별 내재화(간접교육), 스포츠 상업화, 성과와 학업에 대한 편법과 관행, 선수 일탈과 부정행위, 지도자의 독재적 코칭, 비인간적 훈련(학습권, 폭력 성폭력 등)이다.
20	④	학원스포츠에 참여하고 있는 학생선수들은 학습권을 제대로 보장받고 있지 못하며, 폭력 및 성폭력 문제에 노출되어 있다. 또한 학생선수에 대한 그릇된 인식 속에서 부정적인 학원스포츠 문화를 형성하고 있다. 학원 스포츠를 지지하는 사람들은 학원스포츠를 통해 교육적 목적을 달성할 수 있으며, 학생들의 전인적 발달에 긍정적인 기여를 한다는 주장을 하고 있으며, 학원스포츠의 반대하는 사람들은 학원스포츠가 교육적 목적을 달성에 기여하지 못한다는 주장을 전개하고 있다.
21	④	일반 학생의 체육활동 활성화를 위해서 체육전문 인력 확보, 학교스포츠 클럽 육성, 학생건강체력평가제(PAPS), 여학생 체육활동 활성화 등을 추진하고 있다. 공부하는 학생선수육성을 통한 체·덕·지를 겸비한 인재 육성을 목표로 학생선수 학습권 보장(최저학력제), 학교 운동부 운영 투명화, 학생선수 인권 보호이다.
22	④	신문 및 인쇄미디어는 값싼 비용으로 신속하게 제작이 가능하지만 미디어가 전달하는 정보를 받아들이는 독자의 문자 해독 수준에 따라서 수용에 어려움을 겪을 수도 있다는 단점이 있다. 라디오는 가장 널리 전달될 수 있는 소식원의 역할을 하며 수신기 가격과 프로그램 제작비가 저렴하다는 장점이 있지만 시각적이지 않다는 단점이 있다. 텔레비전은 영상을 통해 정보의 전달이 효과적으로 이루어질 수 있는 미디어이며, 가장 대중에게 친숙한 미디어이지만, 텔레비전의 수신장비 가격과 프로그램 제작비가 높다는 단점이 있다.
23	③	스포츠 저널리즘 관련 쟁점은 정확성, 공정성, 객관성의 결여, 개인 사생활 침해, 스포츠 선수의 상품화이다. '하는 스포츠'에서 '보는 스포츠'로의 변화는 스포츠미디어의 전개 과정에 나타나는 특징이다.
24	④	미디어가 스포츠에 미치는 영향-스포츠 인기 증가, 스포츠의 상품화, 스포츠 규칙 변경, 경기 일정의 변경, 스포츠 기술의 발달 및 확산/스포츠가 미디어에 미치는 영향- 미디어 콘텐츠 제공, 미디어 보급의 확대, 미디어 기술의 발전
25	②	스포츠미디어의 윤리적 문제는 스포츠미디어는 과도하게 특정 인기스타를 중심으로 미디어콘텐츠를 구성, 스포츠는 경쟁, 승리, 성공 등의 외재적 가치를 강조, 스포츠 해설의 전문성의 결여가 문제이다.
26	①	그리스시대-그리스 시민에게만 참여와 관람 허용, 여성과 노예는 경기 참가 금지 / 로마시대-스포츠에 대한 관심이 상당하였으며 사회계급 존재/11~12세기(중세시대)-귀족과 상류계층만 쥬

문항	정답	해설
		스트와 토너먼트에 참여 가능, 귀족 여성들의 스케이팅, 마상경기 관람이 부분적으로 허용, 중세 후기에는 여성 스포츠 금지, 스포츠 참여의 남녀 불평등이 명확히 드러난 시기, 15~18세기-노동으로 인해 하류계층과 서민의 스포츠 참여 제한, 명문대학교 학생에게 스포츠 참여의 사회계층적 특권이 주어짐/ 현대-회원자격을 엄격히 제한하는 클럽 발생, 상류계층만 참여하는 사설 스포츠 클럽 형성, 스포츠 내에서의 엘리트주의의 지속
27	②	스포츠계층은 스포츠의 발생 단계에서부터 나타난 현상이며 스포츠의 체계를 유지시켜주는 사회과정이 사회 내에 존재하고 있다. 이러한 스포츠 내에서의 사회과정은 지위의 분화, 서열화, 평가, 보수 부여의 네 가지 측면에서 살펴볼 수 있다.
28	③	저소득계층은 생활체육에 참여하기 위한 경제적 자원이 부족한 경우가 많으며, 정신적/시간적 여유도 부족하기 때문에 생활체육 참여율이 고소득층에 비해 낮게 나타나는 것으로 보인다. 스포츠 경기의 관람객들은 모두 동일한 서비스와 감동을 제공받는 것처럼 느끼지만, 경기장에서도 사회적 계층(특히, 경제적 계층)에 따른 차이가 분명히 나타난다. 이러한 입장료에 따른 관람석 차이는 경기장 내에서 경제적 계층을 구분하는 보이지 않는 경계선의 역할을 하게 된다.
29	④	사회계층 간 스포츠 참가 종목의 차이는 상류층에서는 테니스, 골프, 탁구, 수영과 같은 개인종목의 참가가 많은 반면, 중하류층의 경우 축구나 야구와 같은 단체 종목에 참가를 많이 하고 있다. 이렇듯 상류층에서 비교적 개인 및 대인 스포츠에 참여하는 비율이 높게 나타나는 이유는 경제적 요인, 사회화, 소비 특성, 직업 특성으로 설명이 가능하다.
30	③	수직이동은 계층 구조 내에서 집단 또는 개인이 가지고 있던 이전의 지위 즉, 계층적 지위에 대한 상하의 변화를 의미한다. 수평이동에는 계층적 지위의 변화가 일어나지 않으며 동일하게 평가되는 지위로 단순히 자리만 바뀌게 되는 현상이 일어난다. 개인이동은 개인의 능력과 노력에 입각하여 사회적으로 상승할 수 있는 기회가 실현되는 경우를 의미하는 것으로서 스포츠를 통한 사회이동의 대부분이 개인이동에 포함된다. 집단이동은 조건이 유사한 집단이 특정한 계기를 통하여 단체로 이동하는 것을 의미한다.
31	④	스포츠참가가 사회적 상승이동 촉진의 연결 역할을 한다는 사실은 신체적 기량 및 능력 발달, 교육 성취도 향상, 직업 후원 기회 제공, 올바른 태도 함양 등의 네 가지 요인에 의하여 설명될 수 있다.
32	④	스포츠 사회화는 스포츠와 관련된 상황에서 발생하는 사회화를 의미하며 이는 스포츠를 통하여 집단에 소속된 구성원들이 함께 가지게 되는 신념, 가치관 등을 집단 안의 다른 구성원과의 상호작용을 통해 학습하고 체화하는 과정으로 정의할 수 있다. 이는 개인이 스포츠 활동 참여를 통해 사회집단의 구성원이 되고, 문화를 받아들여 자신의 정체성을 형성해 나아가는 과정이라 할 수 있다.
33	②	스포츠 사회화 과정은 크게 스포츠로의 개인 사회화, 스포츠 참가(스포츠로의 사회화), 스포츠 참가의 결과(스포츠를 통한 사회화), 스포츠 참가의 중단(스포츠로부터의 사회화), 스포츠로의 복귀(스포츠로의 재사회)의 5단계로 나누어 설명할 수 있다.
34	③	스포츠 참가와 스포츠 역할학습의 과정에서 각 개인에게 영향을 미치는 대상을 중요타자 혹은 준거집단이라고 일컫는다. 이들의 감정, 사고, 태도, 행동은 스포츠 참가자의 태도, 가치관의 형

문항	정답	해설
		성 등에 중요한 영향을 미치게 된다. 가정, 학교, 동료집단, 직장 및 지역사회, 매스컴으로 구분된다.
35	①	스포츠 역할의 사회화는 특정 역할로 사회화되기 위한 4단계의 경험을 통해 설명할 수 있다. 4단계의 경험은 예상 단계, 공식적 단계, 비공식적 단계, 개인적 단계로 구분할 수 있다.
36	②	운동선수의 탈사회화는 개인·사회·제도 등의 다양한 요인으로 인해 일어나게 된다. 탈사회화의 원인은 운동기량의 부족 및 저하, 부상으로 인한 운동수행 제한. 성공가능성에 대한 불확실성과 미래에 대한 불안감, 지도자와의 갈등, 운동에 대한 싫증이다.
37	③	스포츠로의 재사회화 과정에 영향을 미치는 5가지 요인은 구체적으로 다음과 같이 설명할 수 있다. ① 환경 변인: 성, 연령, 계층 및 교육정도 ② 취업 변인: 채용 가능한 잠재적 노동력 소유 여부에 의한 스포츠 이외의 취업 기회 ③ 정서 변인: 스포츠가 개인의 자아정체 중심부에서 차지하는 정도 ④ 역할 사회화 변인: 스포츠 이외의 선택 가능한 타 역할에 대한 사전계획이나 사회화의 정도 ⑤ 인간관계 변인: 스포츠로부터 탈사회화에 대한 가족이나 친구로부터의 지원체계 등의 요인에 영향을 받게 된다.
38	③	스포츠 일탈의 원인으로는 다양한 이유가 제시되고 있는데, 양립 불가능한 가치 지향, 승리에 대한 강박 관념, 경쟁적 보상구조, 역할 갈등 등이 있다.
39	②	대부분의 스포츠 일탈은 대중들에게 부정적으로 받아들여지는 규범위반 행동이다. 그러나 스포츠 일탈은 스포츠와 사회질서를 위협하고 긴장과 혼란을 야기하는 부정적인 기능만 하는 것은 아니다. 머튼(1957)의 아노미(anomie) 이론은 스포츠에서 일탈현상이 발생하는 원인과 과정을 가장 잘 설명해 주는 이론적 관점이다. 스포츠 현장에서 궁극적인 목표는 경쟁을 통한 승리의 쟁취이다. 승리를 쟁취하기 위한 과정에서 선수의 노력, 규칙 준수 등은 목표달성을 위한 수단으로 이해할 수 있다.
40	④	스포츠 일탈 행동에서 폭력은 스포츠 경기에서 상대선수와 경쟁하는 과정 중 정당하지 못한 방법으로 물리적으로 신체를 공격하는 행위 등을 말한다. 스포츠 선수들 사이에서 발생하는 폭력의 대표적인 유형은 격렬한 신체접촉, 경계폭력, 유사 범죄 폭력, 범죄 폭력 등 4가지로 구분할 수 있다.
41	③	약물검사 찬성 주장은 약물검사는 선수들의 건강을 보호, 스포츠의 공정성을 확보, 금지약물 복용은 불법적이기 때문에 정규법에서도 금지, 유전공학의 사용을 감소시키기 위해 필요하다. 한편, 약물검사 반대 주장은 선수들이나 약물제조업자는 약물검사의 한계를 뛰어넘음, 개인의 사생활을 침해함, 약물검사 비용이 비싸기 때문에 자원을 낭비하게 됨, 자연적인 물체는 적발하지 못함, 유전공학 기술의 진보를 야기한다 이다.
42	①	스포츠에서 부정행위는 매우 다양하나 제도적 부정행위와 일탈적 부정행위의 두 가지 유형으로 제도적 부정행위는 스포츠 경기의 경쟁상황을 유리하게 이끌기 위한 속임수 행위이며, 일탈적 부정행위는 규칙이나 규정을 위반한 행위로서 사회적으로 비난을 받거나 엄격한 기준에 의해 즉각적인 제재를 받는 행위이다.

문항	정답	해설
43	③	스포츠에 과도하게 참가하는 것은 운동중독과 같이 스포츠에 과도하게 참가하는 과잉동조의 한 개념으로 부정적인 일탈과는 달리 사회 규칙이나 규정을 위반하지 않기 때문에 긍정적 일탈(positivie deviance)이라고도 한다. 과도한 참가는 개인의 자발적 의지에 의해 발생하지만 비정상적인 훈련이나 경쟁상황을 무비판적으로 수용하고 동조하는 경향으로 발전될 위험이 있다. 예를 들어, 여성 체조선수들이 섭식장애를 유발하는 상황은 과도한 참가가 지니는 사회적 문제라 할 수 있을 것이다.
44	④	집합행동의 한 유형인 관중폭력은 전염이론, 수렴이론, 규범생성이론, 부가가치이론으로 설명이 가능하다. 부가가치이론(value added theory)은 집합행동의 발생원인 및 결정요인을 장소와 시간 및 양식 등으로 설명하려는 것으로 일정한 형태의 조건이나 계기의 순서에 따라 단계적인 조합을 이루어야 집합행동이 발생할 수 있음을 보여준다. 예를 들어, 어떤 물건이 순서에 따라 단계적인 부가가치 과정을 거쳐 최종 완성되는 원리와 같다.
45	①	스포츠 분야에서 테크놀로지와 관련된 주요한 쟁점은 어떻게 이것을 통제하고 관리할 것인가이다. 과도한 테크놀로지의 적용은 스포츠의 본질적 가치를 훼손할 수 있다. 최근에는 '기술 도핑(technical doping)'이라는 개념을 통해 테크놀로지가 스포츠의 본질을 훼손시키는 현상을 경계하고 있다. 세계 수영연맹(FINA)은 2009년 세계선수권대회부터는 해당 전신수영복의 착용을 금지시켰다.
46	③	텔레비전, 신문, 인터넷 미디어는 대중들에게 미래의 스포츠에 대해 예측할 수 있는 다양한 시청각적 정보를 제공한다. 미디어 제작자들의 의도에 따라 특정한 이데올로기를 전파할 수도 있다. 통신 및 전자 매체의 발전은 스포츠를 통한 대중들의 경험도 변화시키고 있으며 대중들에게 더욱 친숙한 문화로서 자리 잡게 되었다.
47	①	탈산업사회에서 현대 스포츠는 점차 조직화되고 합리화되는 경향을 보이고 있다. 스포츠는 즐거움의 요소를 포함하고 있지만 스포츠 조직이 바라는 것은 참여자나 선수들의 즐거움을 느끼는 경기가 아니라 극적인 재미요소가 많은 경기이다. 미래의 스포츠에서는 기술이나 경기력을 합리적으로 평가하기 위해 육체활동을 조직화하는 경향이 심화되어 자신의 즐거움보다 다른 사람들이 정해놓은 합리적 평가 기준을 넘기 위해 노력할 것이다.
48	④	스포츠의 상업화 및 소비 성향의 변화는 스포츠의 상업화, 스포츠의 소비주의 현상, 다양한 문화적 배경의 융합으로 서로 다른 문화적 배경을 가지고 있는 스포츠를 각 사회의 문화 속에 적절히 융합시켜 기존의 스포츠 모습을 변형시키거나 전혀 새로운 모습의 스포츠를 탄생시킬 것이다.
49	①	본격적으로 세계화 현상이 가속화 된 것은 1989년 소련 및 동구 사회주의가 몰락하면서부터 세계화가 급속히 확산되었다. 스포츠 세계화 현상의 특징은 국가경쟁력 약화, 시간과 공간의 압축, 스포츠의 불평등을 가져온다.
50	④	스포츠에서 세계화 현상은 매우 복잡하고 다양하게 나타나기 때문에 어느 한 원인에 의해 전개되었다고 말하기는 힘들다. 하지만 일반적으로 제국주의, 민족주의, 종교, 테크놀로지의 발달 등의 복합적인 현상에 의해 세계화 현상이 시작되고 지속되고 있다. 스포츠 세계화의 결과는 신자유주의의 확대, 스포츠노동이주, 글로컬라이제이션으로 나타난다.

스포츠사회학 실전모의고사

1. 스포츠사회학의 개념이 <u>아닌</u> 것은?

   가. 스포츠현상의 지식과 이론적 틀 제공
   나. 스포츠 변화의 발전방향 제공
   다. 비판적사고의 관점 제공
   라. 스포츠 인간행동의 경쟁성을 제공

2. 스포츠의 사회적 기능 중에서 성격이 <u>다른</u> 것은?

   가. 사회정서적 기능
   나. 사회화 기능
   다. 사회통합 기능
   라. 사회통제 기능

3. 스포츠가 지닌 정치적 속성이 <u>아닌</u> 것은?

   가. 스포츠의 대중성 및 선전효과
   나. 스포츠의 순수성과 독립성 확보
   다. 스포츠를 통한 정치적 의사 표출
   라. 스포츠의 조직화 및 체계화

4. 올림픽에서의 정치적 행위가 <u>아닌</u> 것은?

   가. 민족주의 발현
   나. 집단 항의
   다. 정치체제의 선전
   라. 테러 등의 안전 위협

5. 프로스포츠의 사회적 순기능이 <u>아닌</u> 것은?

   가. 진로개척 기능
   나. 저변확대 기능
   다. 사회통합 기능
   라. 상업화 기능

6. 스포츠 메가 이벤트의 기능 중에서 성격이 <u>다른</u> 것은?
   가. 고용창출 증대　　　　　　　　나. 시민의식 향상
   다. 생산유발 증대　　　　　　　　라. 부가가치 효과 증대

7. 스포츠 참여로 사회화를 촉진하고 정서의 순화를 통해 이룰 수 있는 스포츠의 교육적 기능은?
   가. 사회선도　　　　　　　　　　나. 전인교육
   다. 사회통합　　　　　　　　　　라. 평생체육 연계

8. 학교제도의 변화로 일반학생과 학생선수를 위한 주요사업에 해당되지 <u>않는</u> 것은?
   가. 학교 운동부 투명화　　　　　나. 학생선수 학습권 보장
   다. 여학생 체육활동 활성화　　　라. 학생선수 건강평가

9. 다음은 무엇에 대한 설명인가?

   > 높은 시청률을 보장하는 스포츠 프로그램에 대한 과잉경쟁, 과다한 중계권료 지출, 국민의 시청권 등에 대한 논쟁이 계속되면서 마련된 제도적 장치

   가. 중계권　　　　　　　　　　　나. 보편적 시청권
   다. 독점중계　　　　　　　　　　라. 방송법

10. 미디어가 스포츠에 미치는 영향이 <u>아닌</u> 것은?
    가. 스포츠의 불균형 발전 초래　　나. 아마추어 정신의 퇴색
    다. 콘텐츠 제공　　　　　　　　라. 스포츠 용구의 변화

11. 스포츠 계층현상에 대한 특성 중 경제적 자원 분배의 불평등으로 인한 계층이 존재하는 것을 의미하는 것은?
    가. 역사성　　　　　　　　　　　나. 사회성
    다. 보편성　　　　　　　　　　　라. 다양성

12. 스포츠 참가와 사회계층의 관계에 대한 설명으로 **틀린** 것은?

    가. 스포츠 참가는 경제적, 사회문화적 배경에 의해 제한됨
    나. 저소득 계층의 스포츠 참여는 상대적으로 제약됨
    다. 중하류층의 경우 축구나 야구와 같은 단체 종목에 참가
    라. 개인스포츠의 참가는 단체스포츠에 비해 적은 비용 발생

13. 사회이동의 유형 중 낮은 위치의 사회계층적 지위에 속해 있던 운동선수가 프로스포츠의 출범으로 인해 지위가 높게 평가되는 것을 의미하는 것은?

    가. 집단이동　　　　　　　　　　나. 개인이동
    다. 세대 간 이동　　　　　　　　라. 세대 내 이동

14. 다음 스포츠 사회화 과정을 사회학습의 관점으로 살펴볼 때 빈칸(㉠)에 들어갈 내용으로 맞는 것은?

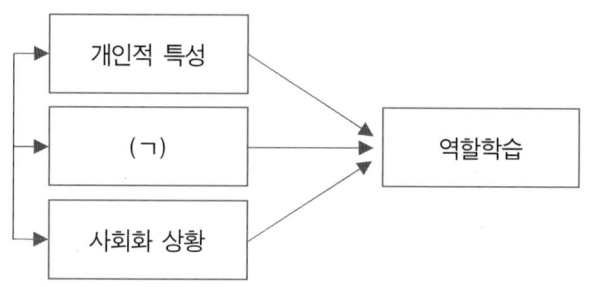

    가. 강화　　　　　　　　　　　　나. 관찰학습
    다. 코칭　　　　　　　　　　　　라. 주요타자

15. 스포츠에 참가하는 개인이 가지고 있는 경기에 대한 태도가 **아닌** 것은?

    가. 공정　　　　　　　　　　　　나. 기능
    다. 프로페셔널리즘　　　　　　　라. 승리

16. 스포츠탈사회화의 유형이 **아닌** 것은?

    가. 운동에 대한 싫증　　　　　　나. 스포츠 중도 포기
    다. 스포츠로부터의 탈락　　　　 라. 팀으로부터의 방출

17. 스포츠 일탈의 순기능이 <u>아닌</u> 것은?
　　가. 규범에 순응　　　　　　　나. 일탈행동 방지
　　다. 아노미　　　　　　　　　라. 창의성 발휘

18. 스포츠 관중 폭력의 사회적 요인이 <u>아닌</u> 것은?
　　가. 스포츠경기 자체에 대한 인식　　나. 관중의 역동성과 상황
　　다. 경기의 전반적 맥락　　　　　라. 관중석과 경기장의 분리

19. 정보화 시대의 발달로 인한 미래 스포츠에 대한 전망으로 맞는 것은?
　　가. 교육프로그램 참여 수요 증가　나. 스포츠 용기구 개발
　　다. 다양한 스포츠 종목 개발　　　라. 흥미 유발을 위한 기술 탄생

20. 스포츠에서 신자유주의 확대로 인한 설명이 <u>아닌</u> 것은?
　　가. 스포츠의 상업화　　　　　나. 스포츠의 빈익빈 부익부
　　다. 우수한 팀의 막대한 수익　라. 경쟁에서 뒤처진 팀의 관심

스포츠사회학 실전모의고사 정답 및 해설

01 정답 라
스포츠사회학은 스포츠와 관련하여 나타는 인간 행동의 유형과 변화 과정을 사회 구조적 측면에서 바라 볼 수 있는 학문적 토대를 제공한다. 스포츠 현상을 이해하기 위한 지식과 이론적 틀을 제공하여 비판적 사고를 이한 관점의 틀을 제공, 일상생활에 스포츠가 미치는 영향에 대한 이해 제공, 사회적 현상으로서 스포츠에 대한 이해 제공, 스포츠 변화의 발전 방향을 제공한다.

02 정답 라
스포츠의 사회화 순기능으로는 사회정서적 기능(욕구불만, 갈등 긴장해소), 사회화 기능(신념, 가치, 규범습득), 사회통합기능(상호 공감의 기회 제공)이며, 역기능은 사회통제기능, 신체소외, 과도한 상업주의, 성차별로 구분된다.

03 정답 나
스포츠의 정치적 속성은 대중성 및 선전효과, 조직화, 정치적 의사 표출이며, 스포츠는 정치와 결합을 통하여 발전을 도모하기도 하지만 정치적 압력이나 간섭으로 인하여 스포츠의 순수성과 독립성을 침해받기도 한다.

04 정답 가
올림픽이 정치화되는 원인은 정치수단으로서의 가치 때문이다. 올림픽 정치화의 원인은 민족주의의 발현, 상업주의의 팽창, 정치권력의 강화로 구분된다. 올림픽에서의 정치적 행위는 정치체제의 선전, 정치적 이슈의 쟁점화, 테러 등의 안전위협, 집단 항의, 이념대립의 표출로 구분된다.

05 정답 라
프로스포츠의 사회적 순기능은 스트레스해소, 진로개척, 저변확대, 사회적 통합, 경제활동 촉진이며, 역기능은 상업화, 아마추어리즘 퇴조, 스포츠본질 왜곡, 스포츠도박으로 구분된다.

06 정답 나
스포츠 메가 이벤트는 사회적 기능과 경제적 효과의 기능이 있으며 사회적 기능은 긍정적 효과(경제적 효과, 국가 브랜드 이미지제고, 국가 및 지역 간 교류 증가, 기반시설 확충, 시민의식 향상), 부정적 기능(사회결집력약화, 경제적 손실, 부정적 외부효과, 무리한 시설건걸, 다른 분야에 대한 기회비용 발생)이 있다. 경제적 효과는 이벤트 자체가 가지고 있는 경제적 가치가 높고, 경제 전 분야에 걸쳐 파급효과가 크게 나타나며, 그 효과는 고용 창출 효과, 생산 유발 효과, 부가가치 효과 등이다. LA 올림픽 이전의 올림픽 대회의 재정 운영은 개최국가의 막대한 자금 투자에만 의존하는 경향이 있었다.

07 정답 나
스포츠의 교육적 순기능은 전인교육(학업능력 촉진, 사회화 촉진, 정서의 순화), 사회통합(학교내 통합, 학교와 지역사회의 통합), 사회선도(여학생의 체육에 대한 인식전환, 평생체육과의 연계, 장애인의 삶의 질 향상)로 나타난다.

08 정답 라
일반학생 지원 주요사업으로 학교체육 전문성 향상, 스포츠 참여 기회 확대, 학생 체력 평가 및 증진, 여학생 체육활동 활성화가 있으며, 학생선수 지원 주요사업은 학생선수 학습권 보장, 학교 운동부 투명화, 학생선수 인권 보호가 있다.

| 09번 문항 | 정답 나 | 보편적 시청권이란 올림픽, 월드컵과 같이 국민의 관심이 큰 스포츠 경기 등에 대한 방송을 국민이 시청할 수 있는 권리이다. 스포츠 프로그램에 대한 과잉경쟁, 과다한 중계권료 지출, 국민의 시청권 등에 대한 논쟁이 계속되면서 제도적 장치로 보편적 시청권이 마련되었다 |

| 10번 문항 | 정답 다 | 스포츠와 미디어의 상호작용으로 미디어가 스포츠에 미치는 영향은 스포츠 인기 증가, 스포츠 상품화, 스포츠 규칙 변경, 경기 일정의 변경, 스포츠 기술의 발달 및 확산이 있으며, 반대로 스포츠가 미디어에 미치는 영향으로는 미디어 콘텐츠 제공, 미디어 보급 확대, 미디어 기술 발전이 있다. |

| 11번 문항 | 정답 다 | 스포츠 계층의 특성은 사회성, 고래성(역사성), 보편성(편재성), 다양성, 영향성으로 구분된다. 사회성은 스포츠에 나타나는 계층현상은 단순히 생물학적인 차이에서 발생하는 불평등 외에 사회문화적 현상을 반영하는 것을 의미하며, 고래성(역사성)은 사회계층에 따른 스포츠 참여와 관람의 불평등은 사회의 불평등 역사와 함께 하는 것을 의미하며, 보편성은 계층 현상은 사회 전반에 걸쳐 보편적으로 나타고 있는 현상으로 스포츠 영역에서도 경제적 자원 분배의 불평등으로 인한 계층이 존재하고 있다는 것을 의미한다. 다양성은 사회마다 서로 다른 계층구조를 의미하며, 영향성은 계층 구분이 경제적 차이뿐만 아니라 생애기회와 생활양식에도 영향을 미쳐 개인의 삶 전반을 좌우할 수도 있음을 의미한다. |

| 12번 문항 | 정답 라 | 스포츠 참가는 개인의 경제적, 사회문화적 배경에 의한 계층에 따라 차이가 있다. 사회계층 간 스포츠 참가 종목의 차이는 일부 종목에서 특징적으로 나타난다. 상류층에서는 개인종목(테니스, 골프, 탁구, 수영)의 참가 많은 반면, 중하류층의 경우 단체 종목(축구, 야구)에 많이 참가한다. 또한 상류층이 개인 및 대인 스포츠 참여 비율이 높은 이유는 개인스포츠의 참가는 단체스포츠에 비해 많은 비용이 요구되며, 다른 계층이 접근하기 힘든 골프, 요트, 스키와 같은 특정 종목을 선호하며, 과시적 소비 성향, 개인 사업, 자영업, 전문직 등의 직업적 특성으로 인해 일과의 불규칙으로 소수 인원이 즐기는 개인스포츠를 선호한다. |

| 13번 문항 | 정답 가 | 사회이동은 개인의 노력이나 소속된 집단의 변화를 통해 이동이 발생한다. 스포츠를 통한 개인이동은 스포츠 실력을 위주로 발생하는 사회이동 체계로서 개인의 운동수행 능력이나 노력의 정도에 따라 사회적 상승이동의 기회가 넓다. 스포츠를 통한 집단이동은 비교적 낮은 위치의 사회계층적 지위에 속해 있던 운동선수가 프로스포츠의 출범으로 인해 부와 명성을 축적, 지위가 높아지는 것을 집단이동의 결과라 할 수 있다.
한편, 세대 내 이동은 예를 들어 프로팀에 처음 입단했을 때 후보이던 선수가 주전 선수가 되고 은퇴 후 코치나 감독이 되었다면 이는 세대 내 상승이동이 일어나게 되었음을 의미한다. |

| 14번 문항 | 정답 라 | 사회학습이론은 사회화 과정이 진행되는 구조를 밝히기 위한 접근 방법 중 사회학습이론이 가장 잘 정립되었으며, 사회화를 효과적으로 설명한다. 사회학습의 접근방법은 단순하게 이루어지는 것이 아니라 이를 통제하는 다양한 변인이 존재한다. 개인적 특성으로 성별, 연령, 출생서열, 사회경제적 지위 등과 같은 개인이 가지고 있는 특성으로 스포츠의 역할학습에 영향을 미친다. 중요타자는 개인에게 영향을 미치게 되는 가족, 동료, 코치, 교사 등을 포함하며 이들의 가치관, 생활태도, 행동이 개인의 인성과 태도 형성에 중요한 역할을 담당하게 된다. 사회화 상황은 스포츠 조직의 구조, 개인의 지위, 참여의 자발성, 사회화 관계의 본질성 등을 포함하며 스포츠 역할학습에 영향을 미치는 주요한 변인 중의 하나로 작용한다. |

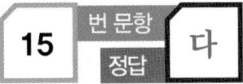
스포츠에 참가하는 개인이 가지고 있는 경기에 대한 태도는 공정과 기능, 승리로 구분할 수 있으며, 스포츠를 통해 추구하는 방향성은 업적 지향과 참가 지향을 통해 설명할 수 있다. 또한 스포츠에서 경쟁을 통하여 얻고자 하는 가치에 따른 스포츠 참가의 태도는 비전문화와 전문화 또는 아마추어와 프로의 성향으로 구분하여 이해할 수 있다.

스포츠탈사회화 유형은 스포츠 활동에 참여하는 개인이 스포츠 활동에서 경험하는 신체적·정신적 충격, 심한 부상, 폭력, 사고, 체력의 한계, 연령의 증가 등으로 인해 스포츠로부터 탈락, 중도 포기 및 선수생활을 마감하는 것을 의미한다. 스포츠탈사회화 원인은 운동기량 부족 및 저하, 부상, 성공가능성에 대한 불확실성과 미래에 대한 불안감, 지도자와의 갈등, 운동 싫증이 있다.

스포츠 일탈의 순기능은 규범에 순응과 일탈행동 방지, 사회적 안전판의 기능, 창의성 발휘이다. 아노미는 머튼(Merton)의 아노미 이론은 구조 기능론적 관점에서 사회적 상황을 중심으로 규범 위반과 같은 일탈 현상을 설명하고 일반적인 이론을 구체화하였다. 아노미란 무규범 상태를 의미하는 사회학적 용어로 스포츠 일탈에서 아노미란 선수로서의 윤리적 태도와 경쟁에서의 승리 등 양립 불가능한 가치를 동시에 추구하고자 할 때 발생하는 갈등 현상을 의미한다.

스포츠 관중 폭력의 사회적 원인은 스포츠경기 인식, 관중의 역동성과 상황(관중 규모, 관중패턴, 관중밀도, 관중소음, 관중구성), 경기의 전반적 맥락이 있으며, 관중폭력의 통제 전략으로 물리적 환경 정리(관중석과 경기장의 분리, 선수석의 보호막 설치, 응원단의 분리 배치, 출입구 구분 배정, 관중석의 블록별 이동식 차단벽 설치, 계단에 접이식 간이 좌석 설치, 주류반입금지 정책의 강화 등), 제도적 장치 보완(음주자의 강제 퇴장, 경기장 청원경찰제도 도입 및 사법권 부여, 지정좌석제의 탄력적 운영, 경기 시작 전 관중 안전교육 실시, 가족석 설치 운영 및 할인제도 운영 등)의 방법이 사용될 수 있다.

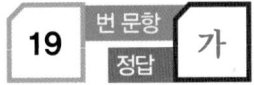
후기 산업 사회는 정보에 바탕을 둔 지식 기술이 기계기술과 함께 발달하는 사회를 의미하며, 스포츠의 영역이 확장될 것이다. 과학기술의 발전을 통해 미래 스포츠의 모습은 기술의 발전으로 다양한 스포츠 종목 개발, 진보된 스포츠 용기구 개발, 정보통신 기술의 발달로 관중들의 흥미를 유발할 수 있는 다양한 기술을 탄생시킬 것이다. 또한 정보화 시대 스포츠의 특징적인 변화는 스포츠 지식 습득을 위한 교육프로그램 참여 수요가 증가, 스포츠 정보에 대한 요구 증가로 미디어의 스포츠 정보 제공 노력 및 의사소통 시스템 구축, 경쟁스포츠에서 스포츠 과학의 중요성 강조로 효과적인 운동 참여가 전망되며, 컴퓨터 시스템의 활용을 통해 스포츠의 다양한 전략 및 경기 기술이 개발될 것이다.

신자유주의는 경제적 규제완화, 자유 시장, 민영화 등을 내세우며 등장한 정치적 이념이다. 스포츠 경우 신자유주의는 스포츠의 상업화와 밀접한 관계이다. 신자유주의적 세계화는 우수한 선수를 영입하는데 막대한 돈을 지불하며 시장의 확대를 가져왔다. 하지만 스포츠 시장의 부익부 빈익빈이라는 양극화 문제는 우수한 선수들이 집중된 팀은 중계권료, 스폰서십 등으로 엄청난 수익을 얻는 반면, 이러한 경쟁에서 뒤쳐진 팀(리그)의 경우 경제적인 문제, 선수 영입과 리그 운영의 악순환이 계속되면서 관중의 외면을 받고 있는 문제가 발생하고 있다.

스포츠지도사
자격검정대비 **적중핵심문제집**

운동역학

2016년 기출문제 분석

출제기준

주요 항목	세부 항목
1. 운동역학 개요	1. 운동역학의 정의
	2. 운동역학의 목적과 내용
2. 운동역학의 이해	1. 해부학적 기초
	2. 운동의 종류
3. 인체역학	1. 인체의 물리적 특성
	2. 인체 평형과 안정성
	3. 인체의 구조적 특성
4. 운동학의 스포츠 적용	1. 선운동의 운동학적 분석
	2. 각운동의 운동학적 분석
5. 운동역학의 스포츠 적용	1. 선운동의 운동역학적 분석
	2. 각운동의 운동역학적 분석
6. 일과 에너지	1. 일과 일률
	2. 에너지
7. 다양한 운동기술의 분석	1. 동작분석
	2. 힘 분석
	3. 근전도 분석

[2급 생활스포츠지도사]

1. 학문영역에 대한 설명으로 옳지 않은 것은?

① 정역학(Statics): 인체측정학적 요인을 연구하는 학문
② 동역학(Dynamics): 가속에 영향을 받는 시스템을 연구하는 학문
③ 운동학(Kinematics): 공간이나 시간을 고려하여 움직임을 기술하는 학문
④ 운동역학(Kinetics): 힘의 작용을 연구하는 학문

정답	①	난이도	쉬움
출제영역	1. 운동역학 개요(2.운동역학의 목적과 내용)		
해설	정역학은 작용하는 모든 힘들의 합이 0이 되는 평형 상태를 다루는 분야이다. 인체측정학은 인체를 측정하는 학문이다.		

2. 운동역학의 주요 연구목적에 포함되지 <u>않는</u> 것은?

① 경기력 및 운동기술의 향상
② 스포츠 현장에서의 상해 예방
③ 스포츠 선수의 심리 조절
④ 경기력 향상을 위한 운동장비 개발

정답	③	난이도	쉬움
출제영역	1. 운동역학 개요(2.운동역학의 목적과 내용)		
해설	스포츠 선수의 심리 조절은 스포츠심리학의 주요 연구목적이다.		

3. 팔꿉관절(주관절)을 축으로 시행하는 암컬(arm-curl) 동작은 어떻게 이루어지는가?

① 벌림과 모음(외전과 내전)
② 굽힘과 폄(굴곡과 신전)
③ 휘돌림과 돌림(회선과 회전)
④ 손바닥 안쪽돌림과 바깥쪽돌림(회내와 회외)

정답	②	난이도	쉬움
출제영역	2. 운동역학의 이해(1. 해부학적 기초)		
해설	팔꿉관절을 축으로 시행하는 암컬 동작은 전후면(시상면, 옆면)에서 일어나는 굽힘과 폄(굴곡과 신전) 동작이다. 전후면 상에서 일어나는 움직임은 인체의 옆에서 관찰하는 것이다.		

4. 운동학(Kinematics)적 분석의 예로 옳은 것은?

① 테니스 포핸드 스트로크에서 그립 압력(grip pressure)의 크기 측정
② 스쿼트 동작에서 대퇴사두근의 근활성도 측정
③ 축구 헤딩 후 착지 시 무릎관절의 모멘트 계산
④ 골프 드라이버 스윙 시 클럽헤드의 최대속도 계산

정답	④	난이도	보통
출제영역	1. 운동역학 개요(2.운동역학의 목적과 내용)		
해설	①, ②, ③번은 운동의 원인이 되는 힘을 다루는 운동역학(kinetics)적 분석의 예이다. 힘을 측정하는 대표적인 기구는 압력계, 근전도, 지면반력 등이다.		

5. 운동역학(Kinetics)적 분석의 예로 옳은 것은?

① 축구에서 드리블하는 동안의 이동 거리 측정
② 보행 시 지면반력 측정
③ 100m 달리기 시 신체중심의 구간별 속도 측정
④ 멀리뛰기 발구름 시 발목관절의 각도 측정

정답	②	난이도	보통
출제영역	1. 운동역학 개요(2.운동역학의 목적과 내용)		
해설	①, ③, ④번은 물체나 신체의 위치, 속도, 가속도 등을 연구하는 운동학(kinematics)적 분석의 예이다.		

6. 선운동에 해당되지 않는 것은?

① 스키점프 비행구간에서 신체중심의 이동궤적
② 선수의 손을 떠난 투포환 질량중심의 투사궤적
③ 100m달리기 시 신체중심의 이동궤적
④ 체조의 대차돌기 시 신체중심의 이동궤적

정답	④	난이도	쉬움
출제영역	2. 운동역학의 이해(2. 운동의 종류)		
해설	체조의 대차돌기 시 신체중심의 이동궤적은 물체나 신체가 한 점이나 한 축을 중심으로 움직이는 각(회전)운동이다.		

7. 각운동에 대한 설명으로 옳은 것은?

① 직선 경로로 움직이는 운동과 축을 중심으로 회전하는 운동이 복합된 운동 형태
② 물체나 신체를 구성하는 모든 질점(particle)의 경로가 평행하게 곡선을 이루는 운동 형태
③ 물체나 신체를 구성하는 모든 질점이 일정한 시간동안 같은 거리, 같은 방향으로 평행하게 움직이는 운동 형태
④ 물체나 신체가 고정된 축을 중심으로 일정 시간동안 회전하는 운동 형태

정답 및 해설	정답	④		난이도	쉬움
	출제영역	2. 운동역학의 이해(2. 운동의 종류)			
	해설	①번은 선(병진)운동 및 각(회전)운동이 결합된 복합운동, ②, ③번은 선운동에 해당된다.			

8. 경기력 향상을 위해 무게중심을 효과적으로 활용하는 상황이 <u>아닌</u> 것은?

① 높이뛰기 선수가 바를 효과적으로 넘기 위해 배면뛰기 기술을 구사한다.
② 레슬링 선수가 안정성 증가를 위해 무게중심을 낮춘다.
③ 단거리 크라우칭 스타트(crouching start) 시 빠른 출발을 위해 무게중심을 낮춘다.
④ 배구 스파이크 시 타점을 높이기 위해 무게중심을 높인다.

정답 및 해설	정답	③		난이도	어려움
	출제영역	3. 인체역학(1. 인체의 물리적 특성)			
	해설	단거리 크라우칭 스타트 시 빠른 출발을 위해 무게중심을 앞으로 이동하여 신체를 불안정하게 만들면 출발이 빨라진다. 높이뛰기의 배면뛰기 기술은 몸을 활처럼 휘게 만들어 무게중심을 바(bar)보다 밑에 위치시키면 기록은 향상된다.			

9. 시소의 중심으로부터 1.50m지점에 몸무게가 500N의 사람이 앉아있다. 몸무게가 600N인 사람이 반대편에 앉아 시소의 평형을 유지하기 위해서는 시소의 중심으로부터 몇 m지점에 앉아야 하는가?

① 1.20m
② 1.25m
③ 1.30m
④ 1.35m

정답	②		난이도	어려움
출제영역	3. 인체역학(2. 인체 평형과 안정성)			
해설	시소의 평형을 유지하는 것은 양쪽의 회전력(토크, 회전축으로부터 물체까지의 거리×힘(몸무게))이 동일하다는 의미이다. 1.5 × 500 = ? × 600			

10. 거리(distance)와 변위(displacement)에 대한 설명으로 옳지 않은 것은?

① 거리: 물체가 실제로 이동한 경로
② 거리: 스칼라량으로써 크기만 존재
③ 변위: 벡터량으로써 크기만 존재
④ 변위: 두 지점을 잇는 최단 직선거리

정답	③		난이도	쉬움
출제영역	4. 운동학의 스포츠 적용(1. 선운동의 운동학적 분석)			
해설	거리는 크기만 존재하는 스칼라량이며, 변위는 크기와 방향을 동시에 고려하는 벡터량이다.			

11. 일상생활 또는 스포츠 상황 속에서 토크(torque)를 올바르게 활용하는 방법이 아닌 것은?

① 유도의 업어치기 시 상대와 자신의 신체중심 거리를 최대한 넓히는 것
② 볼트(bolt)를 쉽게 돌리기 위하여 렌치(wrench)를 이용하는 것
③ 테니스 서브를 강하게 하기 위해 공을 임팩트할 때 신체를 최대한 신전하는 것
④ 역도에서 바벨을 몸의 중심에 가까이 유지하면서 들어 올리는 것

정답	①		난이도	어려움
출제영역	5. 운동역학의 스포츠 적용(2. 각운동의 운동역학적 분석)			
해설	유도의 업어치기 시 상대선수의 무게중심을 높이면서 자신의 허리를 회전축으로 한 지렛대(힘팔)의 길이를 최대로 길게 하여 회전을 일으켜야 토크(회전력)가 증가한다.			

12. 힘의 3가지 요소에 해당되지 않는 것은?

① 힘의 작용시간
② 힘의 작용점
③ 힘의 방향
④ 힘의 크기

정답	①	난이도	쉬움
출제영역	5. 운동역학의 스포츠 적용(1. 선운동의 운동역학적 분석)		
해설	힘은 벡터로 표현할 수 있고, 일반적으로 화살표로 나타낸다. 힘을 설명하기 위해서는 크기, 방향, 작용점이란 세 가지 요소가 필요하다. 화살표로 나타냈을 때, 화살표의 길이가 힘의 크기, 화살표가 가리키는 방향이 힘의 방향, 화살표가 시작되는 지점이 힘의 작용점이다.		

13. 인체의 측면을 통과하여 인체를 전후로 나누는 해부학적 운동면은?

① 횡단면(수평면) ② 전후면(정중면)
③ 좌우면(관상면) ④ 시상면

정답	③	난이도	보통
출제영역	2. 운동역학의 이해(1. 해부학적 기초)		
해설	전후면(시상면)은 인체의 전후를 통과하여 인체를 좌우로 나누는 운동면이며, 횡단면(수평면)은 인체를 장축 방향과 직각으로 절단한 운동면이다.		

14. 동일한 조건에서 크기가 같은 무거운 공(0.50kg)과 가벼운 공(0.25kg)이 날아갈 때 운동량에 대한 설명으로 바른 것은?

① 같은 속도로 날아오는 무거운 공과 가벼운 공의 운동량은 같다.
② 같은 공으로 속도를 다르게 해서 던져도 운동량은 같다.
③ 같은 속도로 날아오는 무거운 공과 가벼운 공의 운동량은 다르다.
④ 같은 공으로 속도를 같게 해서 던져도 운동량은 같다.

정답	③, ④	난이도	보통
출제영역	5. 운동역학의 스포츠 적용(1. 선운동의 운동역학적 분석)		
해설	운동량 = 질량 × 속도, 같은 속도로 날아오면 무거운 공이 가벼운 공보다 운동량이 더 크다.		

15. 토크(torque)를 결정하는 2가지 요소는?

① 작용하는 힘, 모멘트 암 ② 이동한 속도, 경사각도
③ 모멘트 암, 이동한 속도 ④ 작용하는 힘, 이동한 속도

정답	①	난이도	보통
출제영역	5. 운동역학의 스포츠 적용(2. 각운동의 운동역학적 분석)		
해설	토크 = 작용하는 힘 × 모멘트 암 (회전축으로부터 작용하는 힘까지의 수직거리)		

16. 다이빙 동작의 각 단계에서 각운동량 보존의 법칙의 적용 결과에 대한 설명으로 옳은 것은?

① 도약 시 몸을 최대로 신전시켜서 관성모멘트를 최소화한다.
② 공중동작에서 몸을 최대로 굴곡시켜서 관성모멘트를 최대화하고 각속도를 크게 한다.
③ 공중동작에서 몸을 최대로 굴곡시켜서 관성모멘트를 최소화하고 각속도를 작게 한다.
④ 입수 시 수면과 수직방향으로 몸을 최대로 신전시켜서 관성모멘트를 최대화하고 각속도를 최소화 한다.

정답	④	난이도	어려움
출제영역	5. 운동역학의 스포츠 적용(2. 각운동의 운동역학적 분석)		
해설	각운동량 = 관성모멘트 × 각속도 각 운동량을 증가시키기 위해서는 관성모멘트와 각속도를 함께 증가시키면 된다. 각 운동량이 일정하면, 관성모멘트와 각속도는 반비례한다. 즉, 관성모멘트가 증가되면 각속도는 감소하고, 관성모멘트가 감소하면 각속도는 증가된다. 도약시 몸을 최대로 신전시켜서 관성모멘트를 최대화한다. 공중동작에서 몸을 최대로 굴곡시켜서 관성모멘트를 최소화하고 각속도를 크게 한다.		

17. 역학적 일을 구하는 공식은?

① 일 = 작용한 힘 × 변위
② 일 = 작용한 힘 × 속도
③ 일 = 작용한 힘 × 가속도
④ 일 = 작용한 힘 × 토크

정답	①	난이도	쉬움
출제영역	6. 일과 에너지(1. 일과 일률)		
해설	일은 힘과 작용된 힘의 방향으로 움직인 변위의 곱이다. 파워 = 작용한 힘 × 속도		

18. 역학적 에너지가 <u>아닌</u> 것은?

① 운동에너지
② 전기에너지
③ 중력에 의한 위치에너지
④ 탄성에 의한 위치에너지

정답	②	난이도	쉬움
출제영역	6. 일과 에너지(2. 에너지)		
해설	역학적 에너지는 운동에너지와 위치에너지이다. 위치에너지는 중력에 의한 위치에너지와 탄성에 의한 위치에너지로 나눌 수 있다.		

19. 영상분석 장비로 산출할 수 있는 것은?

① 지면반력의 수직성분
② 근력의 활성시점
③ 압력중심의 궤적
④ 가속도

정답	④	난이도	보통
출제영역	7. 다양한 운동기술의 분석(1. 동작분석)		
해설	①번과 ③번은 지면반력 분석 장비로 산출할 수 있으며, ②번은 근전도 분석 장비로 산출할 수 있다. 가속도는 영상분석 장비로 얻은 위치와 시간을 이용해서 계산한다. 즉, 위치를 시간에 대하여 미분하여 계산한다.		

20. 운동 상황에서 힘을 직접 측정하는 방법이 <u>아닌</u> 것은?

① 영상분석 방법
② 스트레인 게이지(strain gauge) 측정 방법
③ 마찰력 측정 방법
④ 지면반력 측정 방법

정답	①	난이도	보통
출제영역	7. 다양한 운동기술의 분석(2. 힘분석)		
해설	영상분석 자료는 지면반력 자료와 결합하여 인체의 관절에 작용하는 힘과 회전력을 간접적으로 측정할 수 있다.		

1부. 운동역학 개요

학습목표

- 운동역학이란 용어의 탄생과 변천을 알아본다.
- 운동역학의 역사를 알아본다.
- 운동역학이란 학문의 필요성을 살펴본다.
- 운동역학의 목적과 내용을 이해한다.
- 운동역학의 제분야와 연구방법을 알아본다.

1장 Ⅰ 운동역학의 정의

1) 운동역학의 용어변천

운동기능학 → 생체역학 → 운동역학

○ 운동기능학
- 체육이란 용어의 대안적인 용어
- 인체의 움직임을 기능해부학적으로 살펴보는 교과목의 명칭

○ 생체역학
- 생물체의 움직임을 일으키는 힘과 이들 힘의 효과를 연구하는 학문

○ 운동 역학
- 생체역학 중에서도 인간의 움직임에 국한해 연구하는 영역

2) 운동역학의 역사

○ 아리스토텔레스(운동기능학의 아버지) → 아르키메데스(유체정역학, 지렛대원리) → 갈렌(최초 스포츠의사) → 레오나르도 다빈치(보행, 근육연구) → 갈릴레이(근대과학의 아버지) → 뉴턴 (현대 동역학의 창시자, 운동법칙) → 머이브리지(말의 운동 영상촬영) → 힐(근 기능) → 헉슬리 (활주이론)

○ 학회 창설
- 한국운동역학회: 1976년
- 국제운동역학회: 1982년

3) 운동역학의 필요성

○ 인체 움직임 원리의 이해를 통해 선수들에겐 경기력 극대화, 학생들에겐 효과적인 학습, 지도자들에겐 효율적인 지도 가능

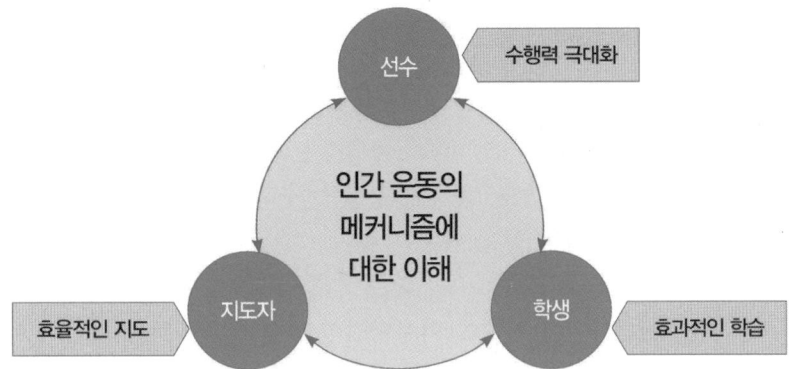

> **핵 심 용 어**
> - 운동기능학(kinesiology): 인체의 운동을 기능해부학적으로 살펴보는 교과목의 명칭
> - 생체역학(biomechanics): 생물체의 움직임을 일으키는 힘과 이들 힘의 효과를 연구하는 학문
> - 운동역학(sports biomechanics): 운동을 일으키는 힘과 이들 힘의 효과를 연구하는 학문

2장 | 운동역학의 목적과 내용

1) 운동역학의 목적

○ 스포츠 경기력 향상
  - 운동기술, 운동장비, 트레이닝 방법 개선 → 승리를 위한 무한 경쟁에 강력한 도구 제공
○ 스포츠손상(부상) 예방과 재활
  - 운동기술, 운동장비 개선, 스포츠손상 메케니즘 규명 등 → 안전한 스포츠 활동을 통한 다각적 지원
○ 효과적인 지도와 학습
  - 원리 응용, 첨단장비 활용, 피드백 제공 → 과학적 원리와 첨단 장비를 통한 효과적 교수학습 제시

2) 운동역학의 내용

○ 운동기술의 분석 및 개발
○ 운동기구(장비)의 평가 및 개발
○ 분석방법 및 자료처리 기술개발

[기존의 스케이트와 클랩 스케이트]

※ 운동역학의 제분야
- 운동학: 물체나 신체의 위치, 속도, 가속도 등을 연구하는 분야
- 운동역학: 운동의 원인이 되는 힘을 다루는 분야
- 정역학: 작용하는 모든 힘들의 합이 0이 되는 평형 상태를 다루는 분야
- 동역학: 작용하는 힘들 사이에 평형이 이루어지지 않는 상황에서 운동이 일어나는 것을 연구하는 역학의 한 분야

※ 운동역학 연구방법
- 동작 분석법: 촬영된 영상으로부터 원하는 정보를 추출하는 방법
- 힘의 분석법: 운동을 일으키는 원인인 힘을 측정하는 방법(예-지면반력)
- 근전도법: 근육 수축 시 발생되는 전위차를 측정하는 방법

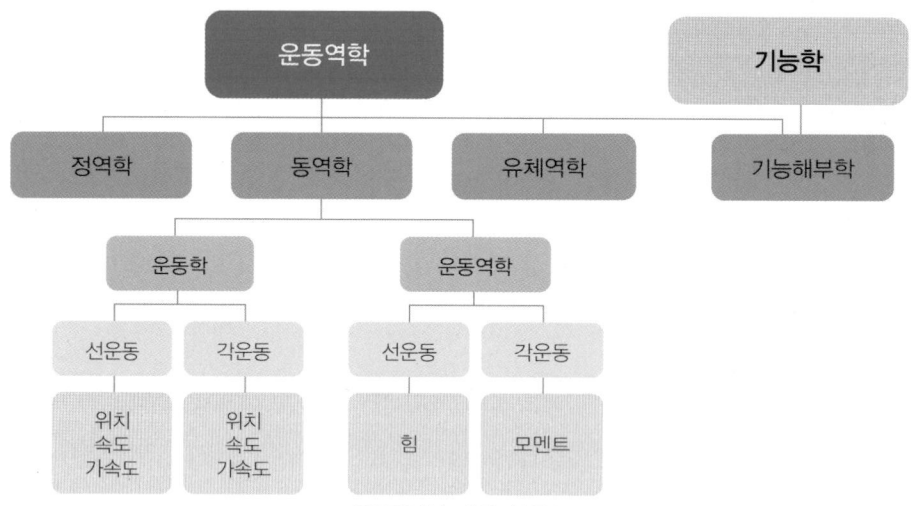

[운동역학 내용 분류]

핵심용어

- 운동학(kinematics): 물체나 신체의 위치, 속도, 가속도 등을 연구하는 분야
- 운동역학(kinetics): 운동의 원인이 되는 힘을 다루는 분야
- 정역학(statics): 작용하는 모든 힘들의 합이 0이 되는 평형 상태를 다루는 분야
- 동역학(dynamics): 작용하는 힘들 사이에 평형이 이루어지지 않는 상황에서 운동이 일어나는 것을 연구하는 역학의 한 분야

2부. 운동역학의 이해

학습목표

- 인체의 해부학적 기초 개념과 용어를 알아본다.
- 해부학적 자세와 인체의 축과 운동면을 이해한다.
- 인체의 관절운동을 설명할 수 있다.
- 운동의 종류를 이해한다.

1장 ▎ 해부학적 기초

1) 인체의 근골격계

○ 골격계
  - 기능: 기관 보호, 지지력 제공, 움직임을 위한 지렛대 역할
  - 구성: 206개의 뼈, 연골, 관절, 인대 등으로 구성
  - 구분: 체간골격(29개의 두개골, 26개의 척주, 1개의 흉골, 24개의 늑골)과 체지골격(64개의 상지골과 62개의 하지골이 몸통에 연결)으로 나눔

○ 근육계
  - 기능: 수의적인 수축 운동, 자세 조정과 유지, 인체 내 기관들의 기능 가능하게 함
  - 구성: 600개 이상의 근육, 체중의 40-45%차지
  - 부착: 힘줄이나 힘줄막에 의해 골막에 부착
  - 종류: 골격근(뼈대근육), 심장근(심근), 내장근(평활근, 민무늬근육)
  - 기시(움직이지 않는 뼈에 부착된 부위)와 정지(움직이는 뼈에 부착된 부위)

2) 해부학적 자세와 방향 용어

○ 해부학적 자세
  - 위치나 자세에 관한 모든 기술을 위한 기준 자세
  - 인체가 서서 전방을 보는 자세로서, 팔은 몸 옆으로 떨어뜨려 내리고, 손바닥과 발은 앞쪽으로 향하도록 한 자세

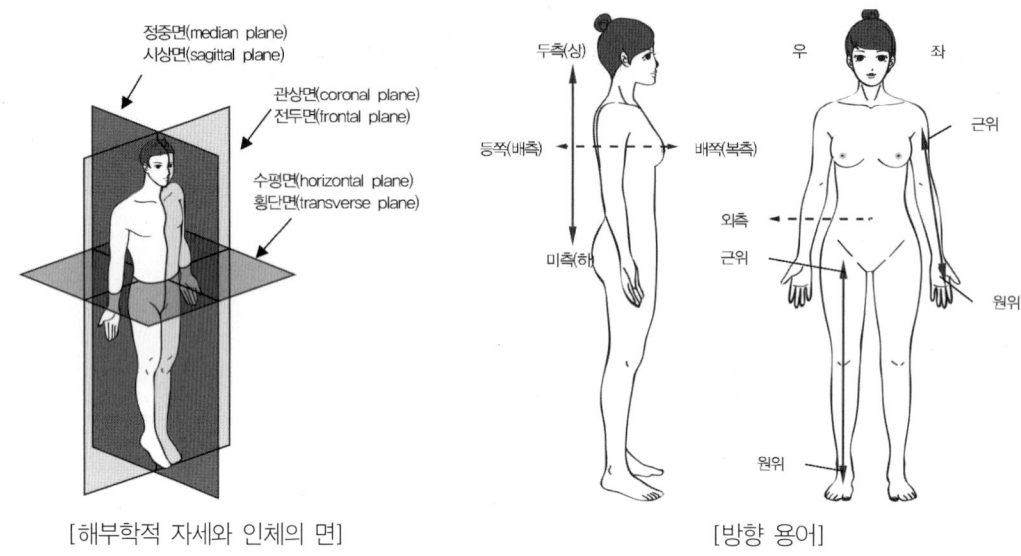

[해부학적 자세와 인체의 면]   [방향 용어]

- 방향 용어
  - 해부학적 자세를 기준으로 신체 각 부분의 위치를 기술
  - 앞(전, 배쪽, 복측), 뒤(후, 등쪽, 배측), 위(상, 머리쪽), 아래(하, 꼬리쪽), 안쪽(내측), 가쪽(외측), 몸쪽(근위), 먼쪽(원위), 얕은(표층), 깊은(심층)

3) 인체의 축(axis)과 운동면(plane)

- 축
  - 좌우축(가로축, 횡축): 달리기, 앞구르기, 허리 앞으로 굽히기 등
  - 전후축(세로축): 손짚고 옆돌기, 허리 옆으로 굽히기 등
  - 수직축(장축, 종축): 몸통 비틀기, 머리 좌우로 돌리기 등
- 운동면
  - 전후면(시상면, 옆면): 굴곡(굽힘)/신전(폄)/과신전(과다젖힘), 배측굴곡(발등굽힘)/저측굴곡(발바닥쪽굽힘)
  - 좌우면(관상면, 전두면, 앞면): 내전(모음)/외전(벌림), 거양(올림, 상전)/강하(내림, 하전)
  - 수평면(횡단면, 가로면): 내측회전(안쪽돌림)/외측회전(가쪽돌림), 회내(엎침)/회외(뒤침), 외번(가쪽번짐)/내번(안쪽번짐)
  - 기타 관절운동: 회선(휘돌림)

4) 관절운동

- 분류
  - 부동관절과 가동관절

○ 유형
- 미끄럼(활주) 관절: 회전축이 없는 무축관절, 손목뼈, 발목뼈, 견쇄 관절
- 경첩(접번) 관절: 1축성(홑축) 관절, 단일면 운동, 팔꿈치, 무릎, 손가락 관절
- 중쇠(차축) 관절: 1축성(홑축) 관절, 회전운동, 팔꿈치에서 아래팔이 회내 또는 회외 동작을 할 때 요골과 척골이 만나는 근위부의 접점부위
- 타원(과상) 관절: 2축성 관절, 손목관절(요골손목관절)
- 안장(안상) 관절: 2축성 관절, 손목 손바닥뼈 관절
- 절구(구상) 관절: 3축성 관절, 어깨와 엉덩 관절

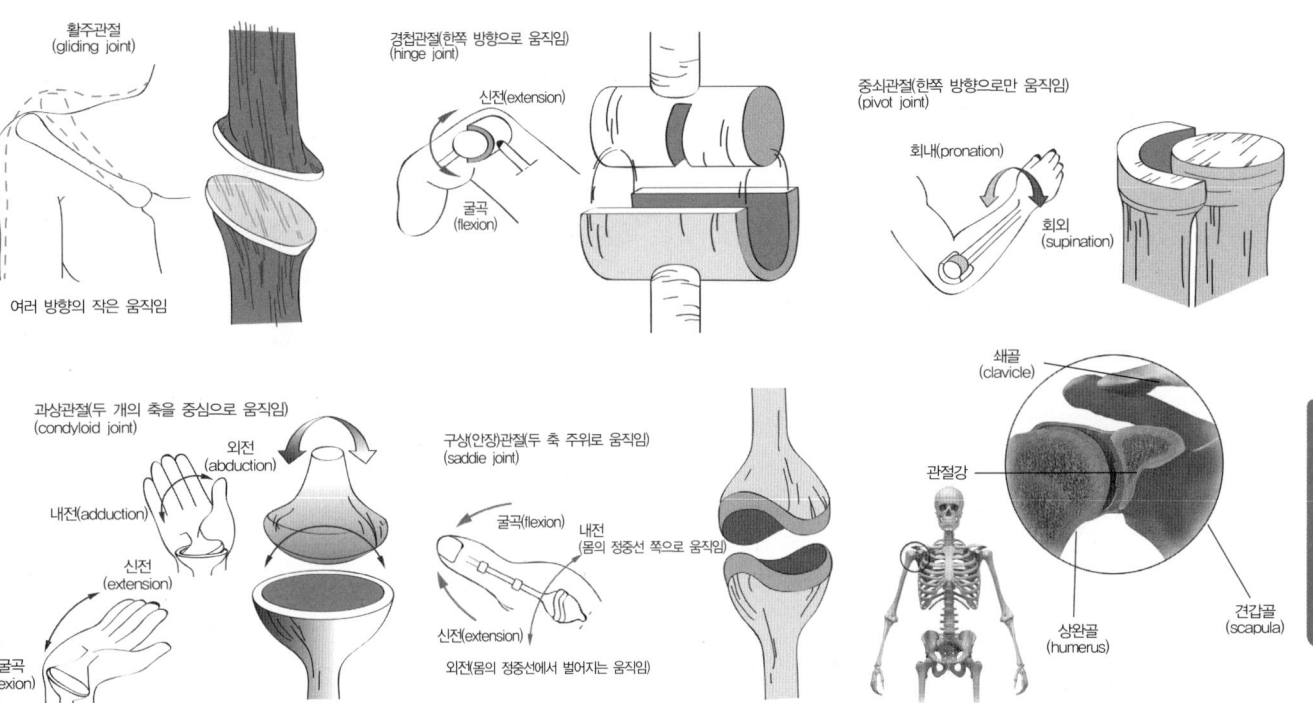

핵심용어

- **해부학적 자세**: 위치나 자세에 관한 모든 기술을 위한 기준 자세. 인체가 서서 전방을 보는 자세로서, 팔은 몸 옆으로 떨어뜨려 내리고, 손바닥과 발은 앞쪽으로 향하도록 한 자세
- **인체의 축과 운동면**: 인체는 3차원 공간상에서 움직이는데, 3개의 축(좌우축, 전후축, 수직축)과 3개의 운동면(전후면, 좌우면, 수평면)을 기준으로 인체의 움직임을 설명
- **관절운동**: 뼈와 뼈 사이를 연결해 주는 것을 관절이라 하며, 관절운동은 각각의 운동에 적합하도록 6가지 형태(미끄럼, 경첩, 중쇠, 타원, 안장, 절구관절)로 이루어져 있음

2장 | 운동의 종류

1) 운동의 정의와 원인

- 정의: 어떤 물체나 신체의 위치가 시간이 지남에 따라 변하는 것
- 원인
  - 힘: 어떤 물체나 신체에 대하여 병진운동을 일으키는 원인, 구심력/향심력
  - 토크(힘의 모멘트): 회전운동을 일으키는 원인, 편심력/이심력

2) 병진운동(선운동)

- 움직이는 물체나 신체의 모든 입자가 같은 시간에 대하여 같은 방향과 같은 거리로 움직이는 것, 직선운동(등속운동과 등가속도운동)과 곡선운동이 포함

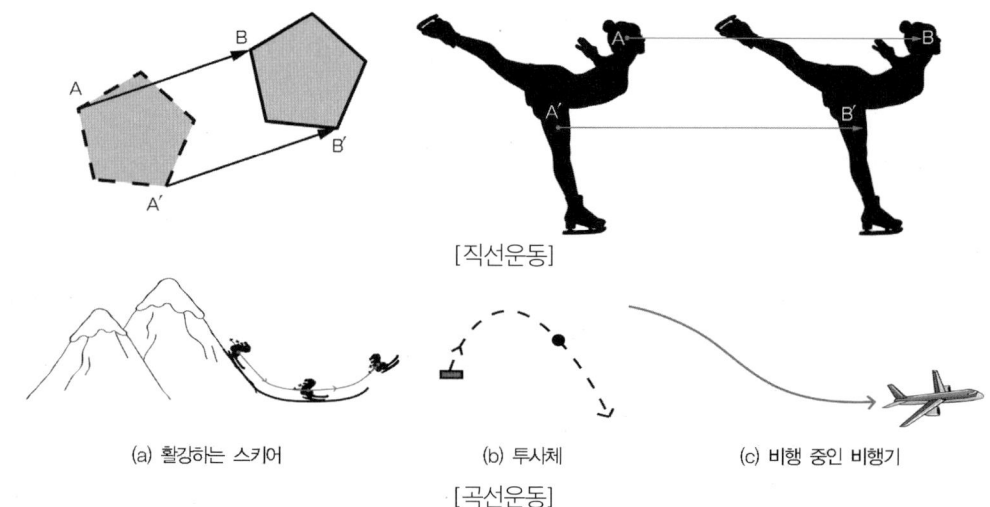

[직선운동]

(a) 활강하는 스키어 (b) 투사체 (c) 비행 중인 비행기

[곡선운동]

3) 회전운동

- 물체나 신체가 한 점이나 한 축을 중심으로 움직이는 것

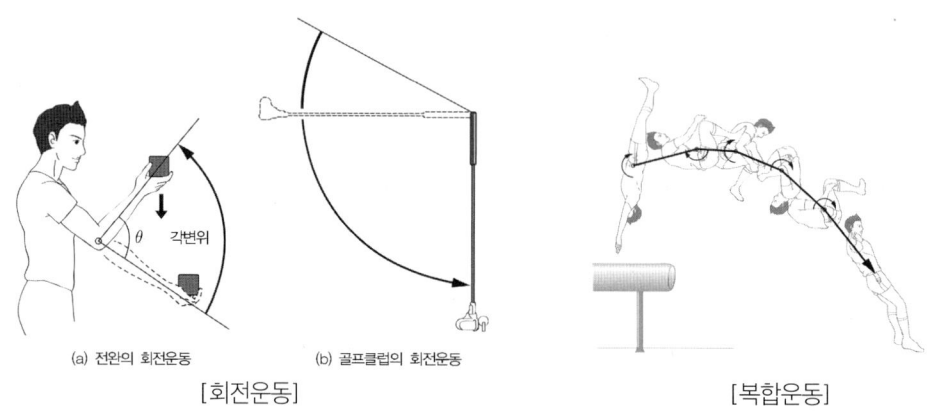

(a) 전완의 회전운동 (b) 골프클럽의 회전운동

[회전운동]　　　　　　　　　　　　　　　[복합운동]

4) 복합운동

○ 병진운동 및 회전운동이 결합된 운동, 신체 운동의 대부분이 이에 해당

핵심용어

- 힘: 어떤 물체나 신체에 대하여 병진운동을 일으키는 원인
- 구심력(향심력): 물체나 인체의 중심을 지나는 힘
- 편심력(이심력): 무게중심을 지나지 않는 힘
- 토크: 물체에 회전축에서 벗어난 비평형의 편심력이 가해졌을 때 물체의 축이나 고정점을 중심으로 회전 또는 각 운동을 일으키는 회전 효과
- 병진운동: 모든 질점들이 평행하게 동일 거리를 움직임
- 회전운동: 어떤 특정 축선 주위로 모든 질점들이 회전축과의 거리를 유지하며 원호를 그림
- 복합운동: 병진운동 및 회전운동이 결합된 운동

운동역학 핵심요약

3부. 인체역학

학습목표

- 질량과 무게의 차이를 알고, 인체의 무게중심 측정방법을 이해한다.
- 인체 평형과 안정성에 영향을 미치는 요인을 설명할 수 있다.
- 인체의 분절 모형과 인체 지레의 종류를 알아본다.

1장 ❚ 인체의 물리적 특성

1) 질량과 무게

○ 질량은 물질이 가지고 있는 고유의 양, 변하지 않음, 관성의 척도
○ 무게는 중력이 질량을 가진 물체를 끌어당기는 힘, 변함, 무게=질량×중력가속도

2) 인체의 무게중심

○ 질량중심과 무게중심의 정의
  - 질량중심: 물체의 질량을 반으로 나누는 정 가운데
  - 무게중심: 물체의 각 부분에 작용하는 중력을 합한 합력의 작용점
  - 모든 부분의 중력가속도가 동일하면 질량중심과 무게중심이 동일
○ 인체의 무게중심
  - 인체에서 중력의 영향을 받는 대표점, 자세에 따라 위치가 변함
○ 무게중심 측정방법
  - 매다는 방법, 균형판법(반작용판법), 분절 방법

[무게중심의 위치변화]

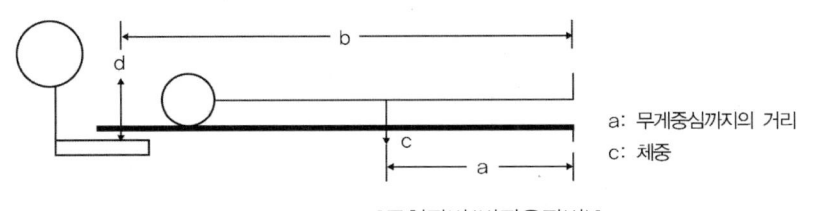

a: 무게중심까지의 거리   b: 균형판의 길이
c: 체중   d: 균형판 무게

[균형판법(반작용판법)]

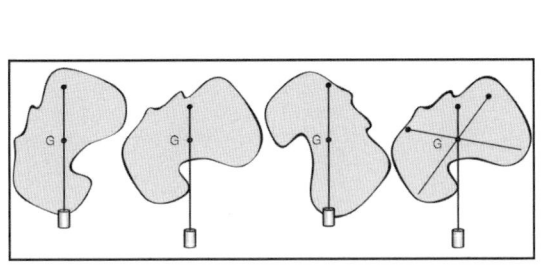

[매다는 방법]   [분절 방법]

> **핵심용어**
> - 질량: 물질이 가지고 있는 고유의 양, 변하지 않음, 관성의 척도
> - 무게: 중력이 질량을 가진 물체를 끌어당기는 힘, 변함, 무게=질량×중력가속도
> - 질량중심: 물체의 질량을 반으로 나누는 정 가운데, 물체 전체의 질량의 중심점
> - 무게중심(중력중심): 물체의 각 부분에 작용하는 중력을 합한 합력의 작용점
> - 관성: 물체에 작용하는 힘의 총합이 0일 때, 운동의 상태를 유지하려는 경향, 운동의 상태가 변할 때 물체의 저항력

2장 | 인체 평형과 안정성

1) 인체 평형

○ 안정성: 물체의 평형상태를 유지하는 정도
○ 운동성: 물체의 상태를 변화시키는 정도, 안정성과 반대되는 개념
○ 인체 평형과 안정성에 영향을 미치는 요인
  • 인체 질량 크기 및 분포, 기저면의 크기, 인체중심의 높이, 인체중심선의 위치

2) 기저면

○ 정의: 지면과 접촉된 지점과 모든 지점들을 둘러싼 경계
○ 기저면과 안정성의 관계
  • 기저면이 클수록 기저면의 길이가 넓은 방향일 때 안정성이 증가

[무게중심선]

3) 중심의 높이

○ 무게중심의 높이가 낮을수록 안정성이 증가

4) 중심선의 위치

○ 무게중심선: 무게중심을 지나고 지면에 수직인 선
○ 무게중심선이 기저면의 중심과 가까울수록 안정성이 증가

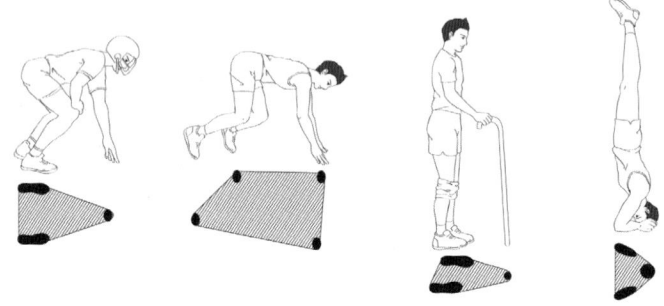

[다양한 자세에서의 기저면 크기]

핵심용어
- 안정성: 물체의 평형상태를 유지하는 정도
- 기저면: 인체나 물체가 지면에 접촉되어 있을 때 그 접촉점들을 상호 연결시킨 넓이, 지지하고 있는 면과 접촉하고 있는 물체의 면적
- 무게중심선: 무게중심을 지나고 지면에 수직인 선

3장 ❙ 인체의 구조적 특성

1) 인체의 분절 모형

○ 인체의 모든 관절의 움직임을 분석하기에 현실적인 어려움이 있음
○ 인체를 주요 관절점을 기준으로 총 14개 분절(머리, 몸통, 상완2, 전완2, 손2, 대퇴2, 하퇴2, 발2)로 구분하여 사람의 동작을 단순화하여 쉽게 분석
○ 자유물체도: 시스템에 작용하는 모든 힘과 회전력을 도식적으로 표현한 것

2) 인체 지레의 종류

○ 지레의 구성요소
○ 지레의 원리
- 지레는 받침점을 중심으로 힘점과 작용점에 발생하는 토크(torque)을 이용하는 도구
- 힘점이 받침점에서 멀면, 힘점에 가하는 힘이 작아도 작용점에 가해지는 힘은 커짐, 힘점이 받침점에서 가까우면, 힘점이 조금 움직여도 작용점은 크게 움직임

운동역학 핵심요약

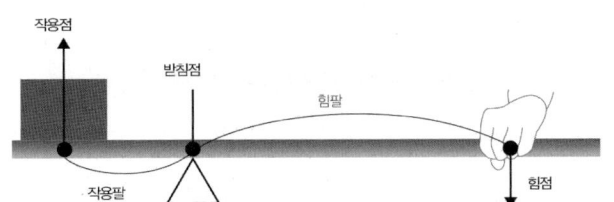

○ 지레의 종류

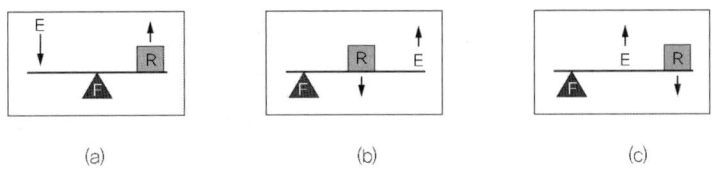

- (a) → 1종지레: 힘팔과 작용팔의 위치에 따라 다름, 시소, 가위, 대저울 등
- (b) → 2종지레: 작용팔 < 힘팔, 힘 이득 거리 손해, 병따개, 외바퀴 손수레, 페달 등
- (c) → 3종지레: 작용팔 > 힘팔, 힘 손해 거리 이득, 삽, 낚싯대, 핀셋 등

핵심용어

- **분절모형**: 인체를 주요 관절점을 기준으로 총 14개 분절(머리, 몸통, 상완2, 전완2, 손2, 대퇴2, 하퇴2, 발2)로 구분하여 사람의 동작을 단순화하여 쉽게 분석
- **자유물체도**: 외부로부터 시스템에 작용하는 모든 힘과 회전력을 도식적으로 표현한 그림, 힘과 운동의 관계가 표현됨, 이를 통해 적절한 운동방정식($\Sigma F = ma$)이 수립 됨
- **지레**: 막대를 이용하여 힘을 전달하는 도구, 인체는 지레의 원리로 움직임

4부. 운동학의 스포츠 적용

운동역학 핵심요약

학습목표

- 거리와 변위, 속력과 속도의 차이점을 알아본다.
- 평균 속력과 평균속도의 개념을 이해한다.
- 가속도의 개념을 이해하고, 양(+)과 음(-)의 가속도가 갖는 의미를 이해한다.
- 투사체운동의 수평성분과 수직성분의 개념을 이해한다.
- 중력과 공기 저항이 스포츠 장면에서 어떤 영향을 미치는지 이해한다.
- 투사체의 투사궤도에 영향을 미치는 3가지 요인을 설명할 수 있다.

1장 ❙ 선운동의 운동학적 분석

1) 거리와 변위

○ 거리: 두 지점을 잇는 실제 경로, 스칼라량
○ 변위: 두 지점을 잇는 최단 거리, 벡터량

2) 속력과 속도

○ 속력: 이동거리÷시간, 스칼라량, 단위는 m/s, m/min, km/h
○ 속도: 변위÷시간, 벡터량, 단위는 속력과 동일

속력(speed)	속도(velocity)
물체가 얼마나 빠르게 움직이고 있는가를 나타내는, 즉 물체의 위치가 변화하는 비율의 크기만 나타내는 스칼라양이다.	물체가 얼마나 빠르고 동시에 어떤 방향으로 움직이고 있는가를 나타내는, 즉 물체의 위치가 변화하는 비율의 크기와 방향을 나타내는 벡터양이다.
80km/h	북쪽 80km/h

○ 평균 속력: 총이동거리÷총걸린시간, 스칼라량
○ 평균 속도: 총이동변위÷총걸린시간, 벡터량

3) 가속도

○ 시간의 변화율(시간의 변화에 따른 속도의 변화 정도)
○ 가속도 = 속도변화÷시간변화
○ 양(+)의 가속도: 물체의 속도가 점진적으로 증가

○ 음(-)의 가속도: 물체의 속도가 점진적으로 감소

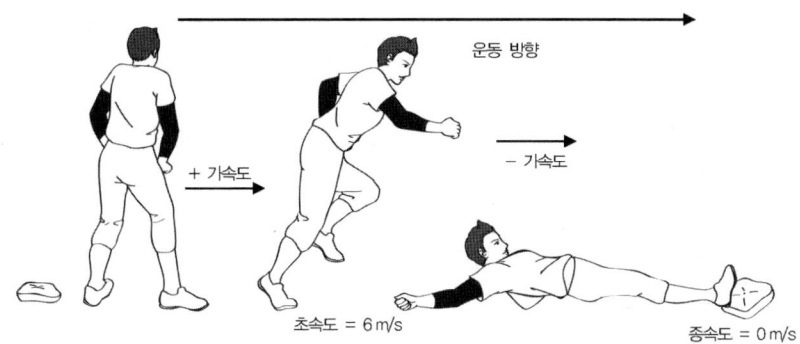

[베이스 도루를 하는 동안의 양(+)과 음(-)의 가속도]

4) 포물선 운동

○ 공중으로 던져진 물체를 '투사체'라 하고, 투사체의 운동을 '포물선 운동'이라 함
○ 포물선 운동의 특성
- 투사높이와 착지높이가 같다면 좌우대칭의 포물선운동
- 순간적인 정점(최고 높이)에서의 수직속도는 0 m/s
- 투사높이와 착지높이가 같다면 투사 시와 착지 시의 속도는 동일
- 수평방향은 등속도운동, 수직방향은 등가속도운동
○ 투사궤도에 미치는 요인: 투사각도, 투사높이, 투사속도

> **핵심용어**
> - **거리**: 두 지점을 잇는 실제 경로, 스칼라량
> - **변위**: 두 지점을 잇는 최단 거리, 벡터량
> - **속력**: 단위 시간당 이동한 거리, 스칼라량
> - **속도**: 단위 시간당 이동한 변위, 벡터량
> - **가속도**: 단위 시간당 속도의 변화량, 벡터량
> - **포물선운동**: 물체가 던져졌을 때 그 이동경로가 포물선을 그리는 운동, 수평성분은 투사거리에 수직성분은 투사높이 및 투사거리와 연관

2장 | 각운동의 운동학적 분석

1) 각거리와 각변위

○ 각운동(회전운동): 물체의 질량중심을 벗어난 방향으로 힘이 작용할 때 일어남
○ 각거리: 기준선에서부터 운동경로 전체를 측정한 각, 스칼라량
○ 각변위: 기준선에서 마지막 위치까지의 각도를 측정한 각, 벡터량

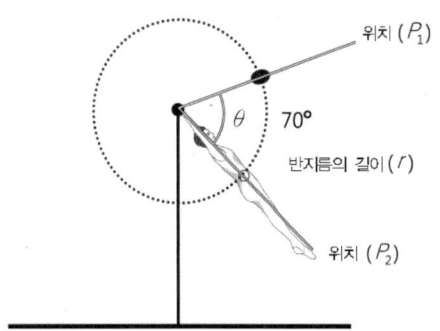

[회전운동에서 기계체조 선수의 각거리(290도)와 각변위(70도)]

2) 각속력과 각속도

○ 각속력: 각거리÷시간, 스칼라량
○ 각속도: 각변위÷시간, 벡터량

3) 각가속도

○ 각속도의 시간에 대한 변화율, 벡터량
○ 선운동과 각운동에서 사용하는 용어의 비교

선운동학	각운동학
거리	각거리
변위	각변위
속력 = 거리 / 시간	각속력 = 각거리 / 시간
속도 = 변위 / 시간	각속도 = 각변위 / 시간
가속도 = (최종 속도 - 처음 속도) / 시간	각가속도 = (최종 각속도 - 처음 각속도) / 시간

○ 선속도와 각속도의 관계
- 선속도= 회전반경 × 각속도 ($v = r \cdot \omega$)

핵심용어

- 각거리: 두 점에 이르는 두 선 사이의 각도의 크기, 스칼라량
- 각변위: 기준선에서 마지막 위치까지의 각도를 측정한 각, 벡터량
- 각속력: 단위 시간당 이동한 각거리, 스칼라량
- 각속도: 단위 시간당 이동한 각변위, 벡터량
- 각가속도: 단위 시간당 각속도의 변화량, 벡터량

5부. 운동역학의 스포츠 적용

운동역학 핵심요약

학습목표

- 힘의 정의, 특성, 종류 및 토크와 관성 모멘트의 개념을 알아본다.
- 선운동량 보존의 법칙과 선운동량과 충격량의 관계를 이해한다.
- 뉴턴의 선운동법칙과 각운동법칙을 설명할 수 있다.
- 구심력과 원심력을 알고, 선운동과 각운동의 관계를 설명할 수 있다.

1장 선운동의 운동역학적 분석

1) 힘의 정의와 단위

- 정의: 어떤 물체의 움직임을 일으키는 원인
- 단위: N(뉴턴), $1N = 1kg \cdot 1m/sec^2$

2) 힘의 벡터적 특성

- 힘은 크기와 방향을 지니고 있기 때문에 벡터량으로 표시
- 힘은 여러 개의 힘을 하나로 합성하거나, 하나의 힘을 수평성분과 수직성분으로 분해 가능

3) 힘의 종류

- 근력: 근육의 수축에 의해 생성되는 힘
- 중력: 지상의 물체와 지구 사이에 작용하는 인력
- 마찰력: 마찰에 의해 두 물체 사이에 작용하는 힘
- 부력: 물 속에 있는 물체가 윗 방향으로 받는 힘
- 항력(유체저항): 물체가 유체 내에서 운동할 때 받는 저항력
- 양력: 유체 속의 물체가 수직 방향으로 받는 힘

4) 뉴턴의 선운동법칙

- 관성의 법칙
  - 모든 물체는 외부로부터 힘이 가해지지 않는 한 그 물체는 현재의 정지 또는 운동 상태를 계속 유지

○ 가속도의 법칙
- 물체의 가속도는 그 물체에 가해진 힘에 비례하며 그 힘이 작용한 방향에서 발생

○ 작용과 반작용의 법칙
- 모든 힘의 작용에는 항상 크기가 같고 방향이 반대인 힘의 반작용이 존재

5) 선운동량과 충격량

○ 선운동량은 선운동 중에 있는 물체가 갖는 운동량으로서 그 물체의 질량과 운동속도와의 곱
- 힘의 충격량($F \cdot t$)은 선운동량의 변화($m \cdot v_f - m \cdot v_o$)를 의미
- 충격량의 단위는 $N \cdot s$, 선운동량의 단위는 $kg \cdot m/s$

6) 선운동량의 보존

○ 시스템에 작용하는 외력이 없다면 시스템의 전체 선운동량은 항상 일정하게 보존

7) 충돌

○ 두 물체가 접촉했을 때 일어나는 현상
- 종류: 완전탄성충돌, 불완전탄성충돌, 완전비탄성충돌

핵심용어

- **힘**: 물체의 운동, 방향 또는 구조를 변화시키는 원인, 질량을 가진 물체의 속도를 변화시키는 요인, 벡터량
- **뉴턴의 선운동법칙**: 물체의 선운동을 다루는 3개의 물리 법칙(관성, 가속도, 작용-반작용 법칙)
- **선운동량**: 질량과 속도의 곱으로, 크기와 방향을 모두 갖는 벡터량
- **선충격량**: 어떤 시간 동안에 운동량의 변화
- **선운동량 보존법칙**: 어떤 시스템에 외부에서 힘이 가해지지 않는다면, 뉴턴의 운동법칙에 따라 계의 총 운동량은 바뀌지 않음, 두 물체가 충돌할 때도, 두 물체의 선운동량의 합은 일정
- **충돌**: 두 물체가 서로 힘을 주고받는 현상
- **완전탄성충돌**: 충돌 전이나 충돌 후의 상대속도가 같은 충돌(예-당구공 충돌)
- **불완전탄성충돌**: 충돌 후 일시적으로 변형된 후 다시 원 상태로 복원되는 충돌(예-야구 타격 시 배트와 야구공 충돌)
- **완전비탄성충돌**: 충돌 후 충돌체가 서로 분리되지 않은 형태를 보이는 충돌(예-양궁에서 화살이 과녁에 꽂히는 경우)

2장 ┃ 각운동의 운동역학적 분석

1) 토크(힘의 모멘트)

○ 회전을 일으키는 효과
- 단위: 거리의 단위(m)와 힘의 단위(N)을 곱한 Nm

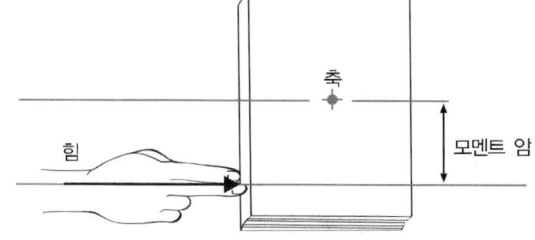

2) 관성 모멘트

○ 회전상태에 있는 물체가 갖는 관성의 성질
- 단위: 질량의 단위인 kg과 회전반지름의 단위인 미터(m)를 곱한 $kg \cdot m^2$

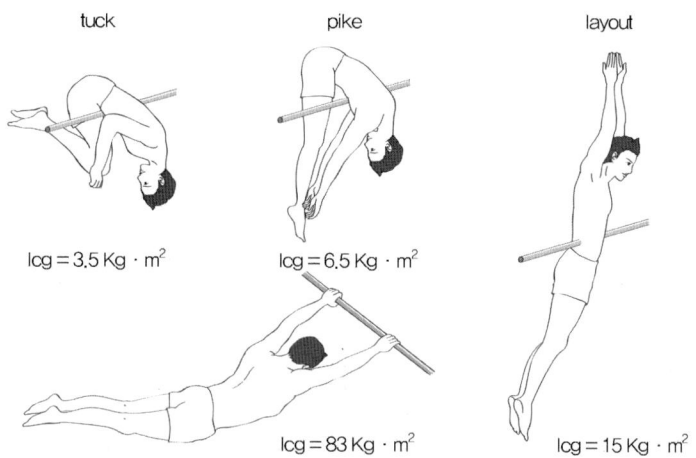

[다이빙과 체조에서 자세에 따른 관성모멘트의 차이]

3) 뉴튼의 각운동법칙

○ 각관성의 법칙
순수한 외적 토크가 작용하지 않는 한, 회전체는 동일 축을 중심으로 일정한 각운동량을 가지고 회전상태를 계속 유지
○ 각가속도의 법칙
강체에 비평형의 토크가 가해지면, 가해진 토크에 비례하고 관성 모멘트에 반비례하는 각가속도가 토크의 방향과 동일한 방향으로 발생
○ 각반작용의 법칙
한 물체가 다른 물체에 발휘한 모든 토크는 이들 물체들이 동일한 축 주위를 회전한다면 후자의 물체에 의하여 전자의 물체에 발휘되는 크기가 같고 방향이 반대인 토크가 존재

4) 각운동량과 회전충격량

○ 각운동량은 회전체의 관성모멘트와 각속도의 곱으로 정의되는 물리량
- $L = I \cdot \omega$ (L: 각운동량, I: 관성 모멘트, ω: 각속도)
- 단위: $kg \cdot m^2 \cdot rad/sec$, $kg \cdot m^2 \cdot rev/sec$

5) 각운동량 보존 및 전이

○ 각운동량 보존의 법칙

- 회전체에 순수한 외적 토크가 가해지지 않는 한 그 회전체의 전체 각운동량은 항상 일정

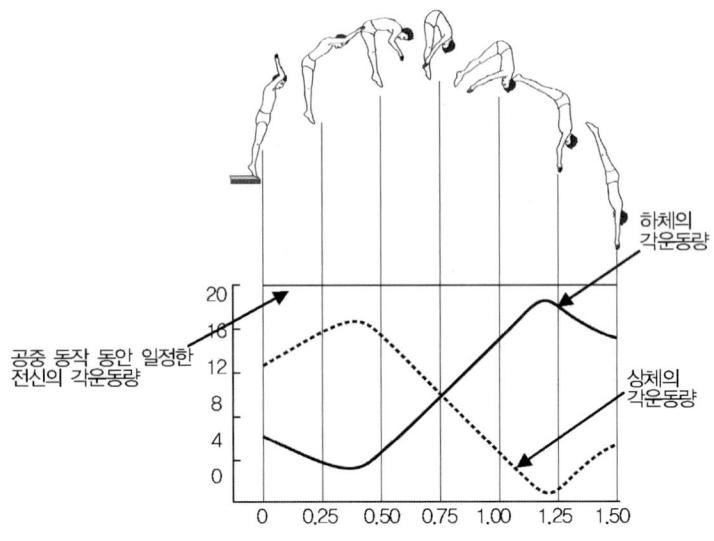

○ 각운동량 전이
  - 인체 일부의 각운동량이 감소하게 되면 감소된 각운동량만큼 인체의 나머지 부위의 각운동량이 증가

6) 구심력과 원심력
○ 구심력은 원운동하는 물체가 회전 중심 방향으로 작용하여 원주 위를 운동하게 하는 힘
○ 원심력은 구심력에 대한 반작용력으로서 회전하는 물체가 회전 궤도를 이탈하고자 하는 가상적인 힘
  - $F_c = m \cdot v^2 / r = m \cdot r \cdot \omega^2$ (F_c: 구심력, m: 질량, v: 선속도, r: 반경, ω: 각속도)
    ($v = r \cdot \omega$)

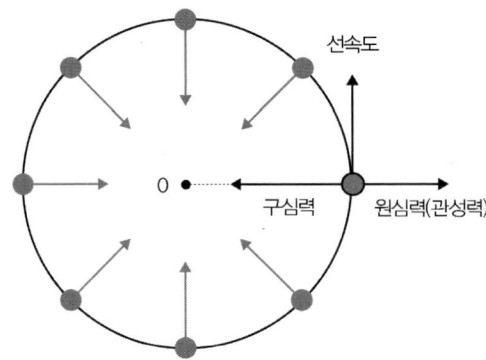

[선운동과 각운동의 비교]

구분	선운동	각운동
관성	관성질량	관성모멘트
속도	선속도	각속도
가속도	선가속도	각가속도
힘	힘 = 질량 × 가속도	토크 = 관성모멘트 × 각가속도
운동량	운동량 = 질량 × 속도	각운동량 = 관성모멘트 × 각속도
운동량 보존의 법칙	외부에서 힘이 작용하지 않으면 운동량은 일정	외부에서 토크가 작용하지 않으면 각운동량은 일정
충격량	충격량 = 힘 × 작용시간	각충격량 = 토크 × 작용시간

핵심용어

- **토크**: 돌림힘 또는 회전력이라고도 부름, 물체를 회전시키는 효력을 나타내는 물리량, 힘과 받침점까지의 거리의 곱
- **관성모멘트**: 물체가 자신의 회전운동을 유지하려는 정도를 나타내는 물리량, 어떤 물체가 주어진 축을 중심으로 일어나는 회전 운동을 변화시키기 어려운 정도를 나타내는 물리량, 직선 운동에서의 질량에 대응되는 양
- **각운동량 보존법칙**: 회전체에 순수한 외적 토크가 가해지지 않는 한 그 회전체의 전체 각운동량은 항상 일정, 멀리뛰기 공중동작 시 팔다리를 시계방향으로 회전시키면, 몸통은 반시계방향으로 회전되어 전체 각운동량은 일정
- **각운동량 전이**: 인체 일부의 각운동량이 인체의 다른 부위로 각운동량이 전달, 이 때 인체의 일부에 발생한 각운동량이 증가하고 인체의 다른 부위의 각운동량은 감소함, 멀리뛰기 공중동작 시 팔다리에서 발생된 각운동량이 몸통으로 전달되어 상체를 세움
- **구심력**: 원운동에서 운동의 중심 방향으로 작용하여 물체의 경로를 바꾸는 힘
- **원심력**: 회전하는 좌표계에서 관찰되는 관성력, 회전의 중심에서 바깥쪽으로 작용

6부. 일과 에너지

운동역학 핵심요약

학습목표

- 스포츠에서 일의 역학적 정의를 이해하고 일의 양을 계산할 수 있다.
- 스포츠에서 음(-)의 일과 양(+)의 일을 설명할 수 있다.
- 일률의 정의와 개념을 이해하고, 스포츠 상황에서 파워의 중요성을 설명할 수 있다.
- 에너지의 정의와 종류를 알고, 일과 에너지의 관계를 설명할 수 있다.

1장 | 일과 일률

1) 일(work)

○ 정의: 힘과 작용된 힘의 방향으로 움직인 변위의 곱(W=F·d)
  - 단위: 힘의 단위(N)와 거리의 단위(m)를 곱한 Nm, 1Nm를 1줄(joule : J)

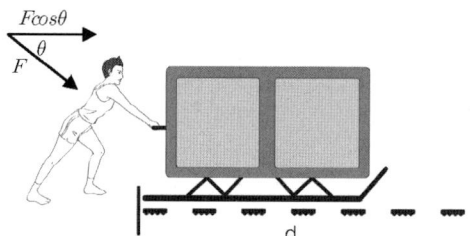

[지면에 대하여 어떤 각도를 가지고 행해진 일]

○ 양의 일과 음의 일
  - 양의 일: 물체에 가한 힘과 같은 방향으로 물체가 움직일 때
  - 음의 일: 힘을 준 방향과 반대로 물체가 움직일 때
  - 일을 안 함: 힘이 작용하지 않거나 움직임이 없을 때

2) 일률(power)

○ 정의: 단위시간 당 수행한 일(량)(P=W/t)' 또는 '작용된 힘과 속도의 곱(P=F·d/t=F·v)'

$$\text{일률} = \frac{\text{일}}{\text{힘이 작용한 시간}} = \frac{\text{힘} \times \text{거리}}{\text{시간}} = \text{힘} \times \text{속도}$$

$$(P = \frac{W}{t} = \frac{F \cdot d}{t} = F \cdot V)$$

- 단위: 와트(watt : W)와 마력(horse power : HP)
○ 순발력
  - 정의: 아주 짧은 시간에 최대의 힘을 발휘하기 위한 근신경계의 능력
  - 일률(파워)의 개념을 신체에 적용한 것, 힘과 속도의 곱

핵심용어
- 일: 힘이 가해진 방향으로 움직인 물체의 거리, 스칼라량
- 양의 일: 힘의 방향과 물체의 운동 방향이 같을 때
- 음의 일: 힘의 방향과 물체의 운동 방향이 반대일 때
- 일률(파워): 단위시간당 일의 양, 에너지 변화율
- 순발력: 아주 짧은 시간에 최대의 힘을 발휘하기 위한 근신경계의 능력, 던지기, 높이뛰기, 멀리뛰기, 단거리 달리기 등 한정된 시간 내에 빠르고 정확하게 수행할 수 있는 능력, 무게를 늘리거나 같은 무게의 경우 운동 속도를 증가시키면 순발력이 증가

2장 ㅣ 에너지

1) 에너지의 정의와 종류

○ 정의: 일을 할 수 있는 능력
  - 단위: 줄(joule : J)
○ 종류
  - 운동에너지: 운동으로 인해 물체(선수)가 일을 할 수 있는 능력
  - 위치에너지: 중력위치에너지, 탄성위치에너지
  - 역학적에너지: 운동에너지 + 위치에너지

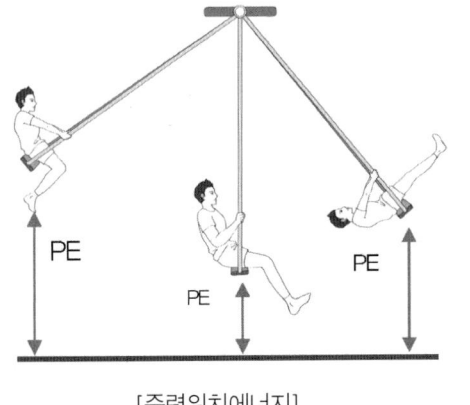

[중력위치에너지]

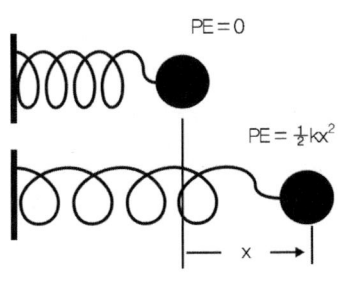

[탄성위치에너지]

2) 역학적 에너지 보존법칙

○ 중력 외 외력이 없는 상태에서 운동 시, 에너지 손실이 없다면 역학적 에너지는 항상 일정하게 보존

3) 인체 에너지 효율

○ 인체가 소모한 에너지량에 대해 역학적으로 한 일의 비율

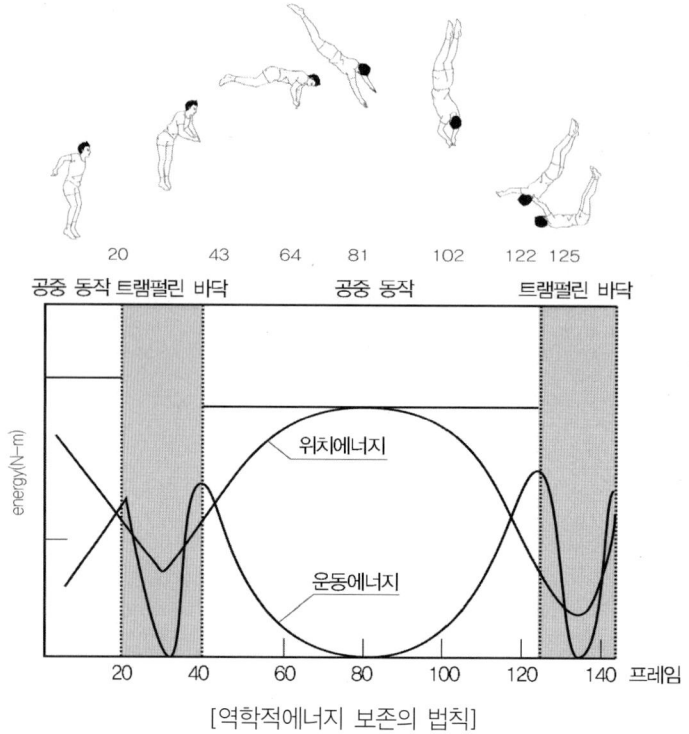

[역학적에너지 보존의 법칙]

4) 일과 에너지의 관계

○ 일은 물체의 역학적 에너지 변화의 원인
○ 에너지는 일을 수행할 수 있는 능력
○ 힘이 한 일은 작용 물체에서 발생한 에너지의 변화량
○ 어떤 물체에 일을 하면 물체의 에너지가 증가
○ 에너지를 가진 물체는 다른 물체에 일을 할 수 있음
○ 일의 단위(J)와 에너지의 단위(J)는 동일

핵심용어

- 위치에너지: 기준면으로부터 높은 곳에 있는 물체가 중력에 의해 갖는 에너지(중력에 의한 위치에너지), 탄성력에 의한 위치에너지(예-양궁, 트램플린, 다이빙, 장대높이뛰기)
- 역학적 에너지: 역학적으로 일을 할 수 있는 능력, 물체의 운동 상태에 따라서 결정되는 위치 에너지와 운동 에너지의 합, 이 합은 항상 같은 값으로 일정(역학적 에너지 보존의 법칙)
- 일과 에너지: 외부에서 물체에 일을 해 주면 물체의 에너지가 증가. 이와 반대로 물체가 외부에 일을 해 주면 물체의 에너지가 감소, 힘이 한 일은 측정할 수 있으나, 물체가 가지고 있는 에너지는 일로 전환되어야만 그 크기를 알 수 있음

7부. 다양한 운동기술의 분석

운동역학 핵심요약

학습목표

- 운동기술의 분석방법 3가지를 알아본다.
- 2차원 영상분석과 3차원 영상분석의 개념을 이해하고, 활용법을 설명할 수 있다.
- 지면반력의 정의를 알고, 활용법에 대해서 설명할 수 있다.
- 근전도의 원리를 알고, 근전도의 분석과 활용법을 설명할 수 있다.

1장 ❘ 영상분석

1) 영상분석의 개요

○ 정의: 카메라와 같은 촬영 장비를 활용하여 인체의 움직임에 관한 영상자료를 수집하고, 이를 바탕으로 분석하여 인체 운동에 관련된 다양한 정보를 얻는 것

2) 2차원 영상분석의 활용

○ 정의: 단일평면 상에서 일어나는 인체 움직임을 분석하는 방법
○ 과정: 실험설계(계획) → 실험(촬영) → 자료처리 → 분석
○ 활용: 장대높이뛰기의 도움닫기, 단거리달리기, 철봉 대차돌기, 역도의 바벨 이동, 체조 핸드스프링, 좌우대칭 움직임 등

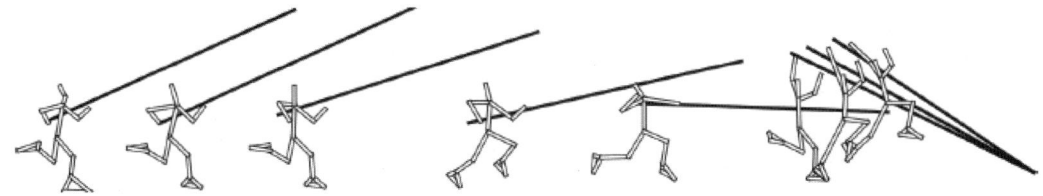

[2차원 영상분석의 예-장대높이뛰기]

3) 3차원 영상분석의 활용

○ 정의: 단일 평면이 아닌 공간상에서 이루어지는 복합적인 인체활동이나 운동기술을 2대 이상의 카메라를 이용하여 분석하는 방법
○ 과정: 실험설계(계획) → 실험(촬영) → 자료처리 → 분석
○ 활용: 기계체조 도마경기, 다이빙, 높이뛰기, 해머던지기, 방향전환이 이뤄지는 대부분의 움직임 등

[3차원 영상분석의 예-기계체조 도마]

핵심용어

- 영상분석: 카메라와 같은 촬영 장비를 활용하여 인체의 움직임에 관한 영상자료를 수집하고, 이를 바탕으로 분석하여 인체 운동에 관련된 다양한 정보를 얻는 것
- 2차원 영상분석: 단일평면 상에서 일어나는 인체 움직임을 분석하는 방법
- 3차원 영상분석: 단일 평면이 아닌 공간상에서 이루어지는 복합적인 인체활동이나 운동기술을 2대 이상의 카메라를 이용하여 분석하는 방법

2장 | 힘 분석

1) 힘 측정 원리

- 직접 측정: 가속도계(물체에 가해진 속도의 변화 측정), 스트레인게이지(가해진 힘에 비례하여 물체가 변형되는 성질을 측정)
- 간접 측정: 영상분석(물체의 가속도, 변형 정도로 힘의 크기 산출)

2) 다양한 힘 측정 방법

- 근력: 직접 측정(스트레인게이지), 간접 측정(영상분석, 시뮬레이션, 근전도)
- 중력: 중력 측정 장비(중력이 클수록 추를 매단 용수철이 많이 늘어나는 원리)
- 지면반력: 지면반력 측정기
- 마찰력: 장력측정기
- 항력 및 양력: 풍동실험, 영상분석
- 부력: 유체에 잠긴 물체의 부피, 저울을 이용한 직접 측정

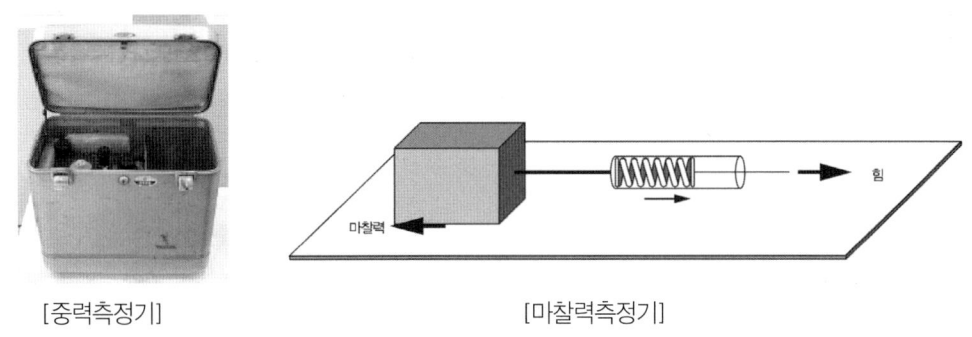

[중력측정기]   [마찰력측정기]

3) 지면반력측정의 활용

○ 지면반력 정의: 사람이나 물체가 지면에 접촉하여 지면을 누르는 힘에 반하여 지면이 사람과 물체를 밀어내는 힘
○ 활용: 신발의 충격완충성 평가, 높이뛰기 높이의 추정, 양궁이나 사격의 안정성 평가, 높이뛰기나 멀리뛰기 도약력 평가 등

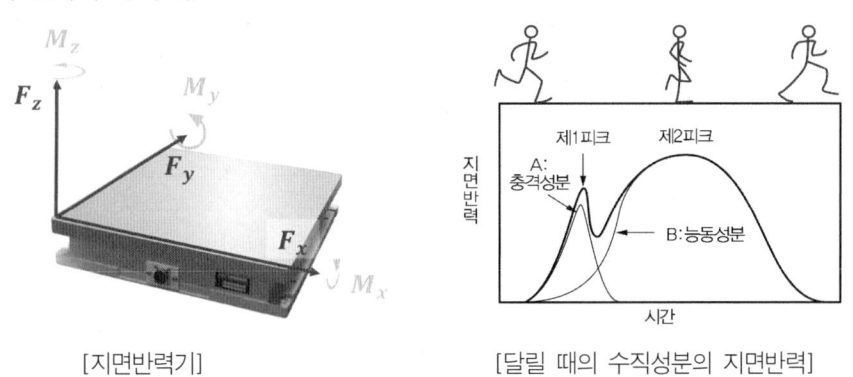

[지면반력기]   [달릴 때의 수직성분의 지면반력]

핵심용어

■ 지면반력: 사람이나 물체가 지면에 접촉하여 지면을 누르는 힘에 반하여 지면이 사람과 물체를 밀어내는 힘

3장 ❘ 근전도 분석

1) 근전도의 원리

○ 정의: 근 수축 시 발생하는 전위차를 관찰하여 그 신호를 통해 근육의 활성 정도, 활성 시점 그리고 근육의 피로 정도를 확인하는 방법
○ 원리: 근섬유 외부로부터 자극을 받으면 세포막의 내·외부 물질들이 이동하여 전위차가 $40mV$까지 상승되고 이러한 흥분 상태를 '활동전위'라 하며, 이때 발생한 전기신호를 수집하여 분석

2) 근전도의 측정

○ 근전도 측정기(전극, 증폭기, 필터로 구성)를 통해 측정

3) 근전도의 분석과 활용

○ 분석: 진폭 분석(근육수축, 근긴장), 주파수 분석(근육의 피로도)
○ 활용: 근육질환 및 신경질환에 활용

핵심용어

- 근전도: 근 수축 시 발생하는 전위차를 관찰하여 그 신호를 통해 근육의 활성 정도, 활성 시점 그리고 근육의 피로 정도를 확인하는 방법

운동역학 문항이원출제표

문항 번호	출제 영역 주요·항목	출제 영역 세부 항목	문항 내용 차원	문항 행동 차원	문항 수준
1	운동역학 개요 (4)	운동역학 목적과 필요성	운동역학 연구방법	지식	하
2		운동역학의 내용	운동역학의 내용	지식	하
3		운동역학의 역사	운동역학의 역사	이해	중
4		운동역학의 용어변천	운동역학의 용어 정의	응용	중
5	운동역학의 이해 (5)	인체의 근골격계			
		해부학적 자세와 방향 용어	해부학적 자세와 방향용어	이해	중
6		인체의 축(axis)과 운동면(plane)	인체의 운동면과 관절운동	이해	중
7		관절운동	인체의 관절운동	응용	상
8		운동의 정의와 원인			
		병진운동(선운동)	운동의 종류	이해	하
9		회전운동			
		복합운동, 관절운동	관절운동	응용	상
10	인체역학 (5)	질량과 무게	질량과 무게	이해	중
11		인체의 무게중심	인체중심 측정방법	지식	하
12		인체 평형	인체 안정	이해	중
		기저면			
		중심의 높이			
		중심선의 위치			
13		인체의 분절 모형	인체역학 특성	이해	상
14		인체 지레의 종류	인체지레의 종류와 특성	응용	중
15	운동학의 스포츠 적용 (8)	거리와 변위	거리와 변위	이해	중
16		속력과 속도	속력	응용	중

문항 번호	출제 영역		문항 내용 차원	문항 행동 차원	문항 수준
	주요 항목	세부 항목			
17		가속도	가속도의 이해	이해	중
18		포물선 운동	포물선 운동의 특성	응용	중
19		각거리와 각변위, 투사체운동	투사체운동	지식	하
20		각속력과 각속도	선속도, 가속도, 등속원운동, 등각속도	이해	중
21		각가속도	각가속도의 계산	응용	상
22		선속도와 각속도와의 관계	선속도와 각속도와의 관계	이해	중
23		힘의 정의와 단위	힘의 특성	지식	하
24		힘의 벡터적 특성	힘의 단위	지식	하
25		힘의 종류(근력·중력· 마찰력·부력·항력·양력)	힘의 종류	이해	중
26		뉴턴의 선운동법칙	양력의 특성	이해	중
27		선운동량과 충격량	관성의 특성	이해	중
28		선운동량의 보존	뉴턴의 선운동법칙	지식	하
29		충돌	선운동량	지식	하
30	운동역학의 스포츠 적용 (18)	토크(힘의 모멘트)	충격력의 원리	이해	중
31		관성 모멘트	선운동량의 보존	지식	하
32		뉴튼의 각운동법칙	선운동량의 보존법칙의 예	응용	중
33		각운동량과 회전충격량	충돌과 탄성	지식	하
34		각운동량 보존 및 전이	탄성계수	이해	상
35		구심력과 원심력	토크(힘의 모멘트)의 특성	이해	중
36			토크의 크기	이해	중
37			관성 모멘트의 크기	이해	중
38			각운동 용어	이해	중
39			각운동량의 이해	응용	상
40			운동역학적 원리	응용	상

문항 번호	출제 영역		문항 내용 차원	문항 행동 차원	문항 수준
	주요 항목	세부 항목			
41	일과 에너지 (5)	일(work)	일의 이해	이해	중
42		일률(power)	에너지 용어	지식	하
43		에너지의 정의와 종류	역학적 에너지 보존법칙	응용	중
44		역학적 에너지 보존법칙	일률의 이해	이해	중
45		인체 에너지 효율	역학적 에너지	응용	상
		일과 에너지의 관계			
46	다양한 운동기술의 분석 (5)	영상분석의 개요	2차원 영상분석의 활용	지식	하
47		2차원 영상분석의 활용	2차원 및 3차원 영상분석 과정	지식	하
48		3차원 영상분석의 활용	지면반력시스템의 활용	이해	중
49		힘 측정 원리	근전도 시스템	지식	하
50		다양한 힘 측정 방법	운동역학 분석변인	응용	상
		지면반력측정의 활용			
		근전도의 원리			
		근전도의 측정			
		근전도의 분석과 활용			

운동역학 출제예상문제

1. 운동역학 연구방법의 범위로 올바른 것은?

   〈보기〉
   ㉠ 동작분석법   ㉡ 가스분석법   ㉢ 힘의 분석법   ㉣ 근전도법

   ① ㉠ + ㉡ + ㉢ + ㉣
   ② ㉠ + ㉢
   ③ ㉠ + ㉣
   ④ ㉠ + ㉢ + ㉣

2. 운동역학의 연구내용이 <u>아닌</u> 것은? [무료동영상]

   ① 운동기술의 분석 및 개발
   ② 스포츠 불안요인 설문지 개발
   ③ 운동기구의 평가 및 개발
   ④ 분석방법 및 자료처리 기술개발

3. 다음은 운동역학 역사에 관한 내용이다. 빈칸에 적합한 용어로 연결된 것은?

과학자	㉠	뉴턴	㉢
연구내용	부력체를 지배하는 유체정역학 발견	㉡	운동역학 장치개발

	㉠	㉡	㉢
①	뉴턴	운동법칙	아인슈타인
②	레오나르도다빈치	중력법칙	보일
③	아르키메데스	운동법칙	머레이
④	갈릴레오	만유인력법칙	케플러

4. 물체나 신체의 위치, 속도, 가속도 등을 연구하는 운동역학 분야는? [무료동영상]

   ① 운동학(kinematics)
   ② 운동역학(kinetics)
   ③ 정역학(statics)
   ④ 동역학(dynamics)

5. 운동역학에서 해부학적 자세와 방향 용어를 배우는 이유는?

① 근육 수축 형태를 이해
② 신체 관절의 회전력을 계산
③ 신체 분절의 운동을 기술
④ 신체 관절점의 속도와 가속도를 계산

6. 다음 중 인체의 운동면과 관절운동이 **잘못** 연결된 것은?

① 전후면(sagittal plane) - 굴곡(flexion), 신전(extension)
② 좌우면(trontal plane) - 회외(supination), 회내(pronation)
③ 수평면(transverse plane) - 내측회전(internal rotation), 외측회전(external rotation)
④ 복합운동면 - 회선(circumduction)

7. 다음은 인체의 관절운동이다. 빈칸에 적합한 용어로 연결된 것은? 무료동영상

운동	철봉 차오르기	ⓒ	다이빙 트위스트
운동면	전후면	좌우면	수평면
운동축	㉠	전후축	㉢

	㉠	ⓒ	㉢
①	좌우축	체조 옆돌기	장축
②	전후축	체조 옆돌기	전후축
③	좌우축	소프트볼 피칭	장축
④	전후축	소프트볼 피칭	좌우축

8. 아래 그림에 해당되는 운동의 종류는?

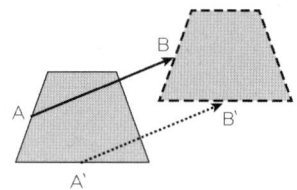

① 병진운동
② 회전운동
③ 원운동
④ 복합운동

9. 다음은 인체의 관절운동이다. 빈칸에 적합한 용어로 연결된 것은?

관절	일축성관절	이축성관절	삼축성관절
	무릎관절	ⓒ	엉덩관절
종류	㉠	안장관절	㉢

	㉠	㉡	㉢
①	경첩관절	어깨관절	절구공이관절(구관절)
②	융기관절(과상관절)	손목관절	경첩관절
③	절구공이관절(구관절)	어깨관절	경첩관절
④	경첩관절	손목관절	절구공이관절(구관절)

10. 질량과 무게에 대해 올바르게 설명한 것은?

〈보기〉
㉠ 질량과 무게는 안정성과 관련이 있다.
㉡ 질량은 선운동량과 관성모멘트에 영향을 미친다.
㉢ 질량과 무게가 어떤 상황에서도 일정하다.
㉣ 야구방망이를 휘두르는 속도가 똑같다면, 야구방망이 무게가 가벼울수록 홈런이 많이 나온다.

① ㉠ + ㉡ + ㉢ + ㉣ ② ㉠ + ㉡
③ ㉠ + ㉡ + ㉢ ④ ㉠ + ㉡ + ㉣

11. 아래 그림에 해당되는 인체중심 측정방법은?

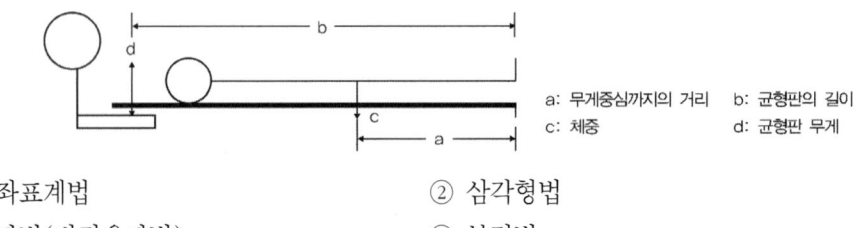

a: 무게중심까지의 거리 b: 균형판의 길이
c: 체중 d: 균형판 무게

① 직교좌표계법 ② 삼각형법
③ 균형판법(반작용판법) ④ 분절법

12. 인체의 안정에 대해 올바르게 설명한 것은?

> 〈보기〉
> ㉠ 질량중심이 기저면의 밖에 위치하면 안정된다.
> ㉡ 무게중심의 높이, 기저면의 크기, 마찰력은 안정과 관련이 있다.
> ㉢ 육상의 100m 크라우칭 스타트 자세는 안정할수록 유리하다.
> ㉣ 인체의 자세가 바뀌면 인체중심의 위치도 변한다.

① ㉠ + ㉡ + ㉣   ② ㉡ + ㉢ + ㉣
③ ㉢ + ㉣   ④ ㉡ + ㉣

13. 인체역학의 특성을 잘못 설명한 것은? [무료동영상]
① 근육의 단축성 수축 속도가 클수록 발현할 수 있는 근력은 증가한다.
② 인체는 여러 개의 분절이 서로 연결되어 형성하는 일종의 연쇄계이다.
③ 기능적 관점에서 근육은 수축 성분, 직렬 탄성 성분, 병렬 탄성 성분으로 구성된 것으로 간주할 수 있다.
④ 자유물체도는 시스템에 작용하는 모든 힘과 모멘트를 도식적으로 표현한 것을 말한다.

14. 다음은 인체지레이다. 빈칸에 적합한 용어로 연결된 것은?

종류			
역학적 이점	1보다 클 수도 작을 수도 있다.	㉡	1보다 항상 작다.
예	㉠	자동차 브레이크 페달	㉢

	㉠	㉡	㉢
①	놀이터의 시소	1보다 클 수도 작을 수도 있다.	병따개
②	가위	1보다 항상 크다.	핀셋
③	병따개	1보다 항상 작다.	삽
④	외바퀴 손수레	1보다 항상 크다.	가위

15. 보기에서 올바르게 설명한 것은?

   ─ 〈보기〉 ─────────────────────────────
   ㉠ 거리는 스칼라량으로 두 지점을 잇는 실제 경로를 나타낸다.
   ㉡ 변위는 벡터량으로 두 지점을 잇는 최단 거리이다.
   ㉢ 속도는 거리를 시간으로 나눈 것이다.
   ㉣ 400미터 달리기에서 출발점과 결승점의 위치가 같으면 선수의 속력은 0이다.

   ① ㉠ + ㉡
   ② ㉠ + ㉡ + ㉢
   ③ ㉠ + ㉡ + ㉣
   ④ ㉠ + ㉡ + ㉢ + ㉣

16. 아래 그림은 2012년 런던올림픽에서 우사인 볼트의 100m 달리기 평균 속력 곡선이다. **잘못** 설명한 것은? 무료동영상

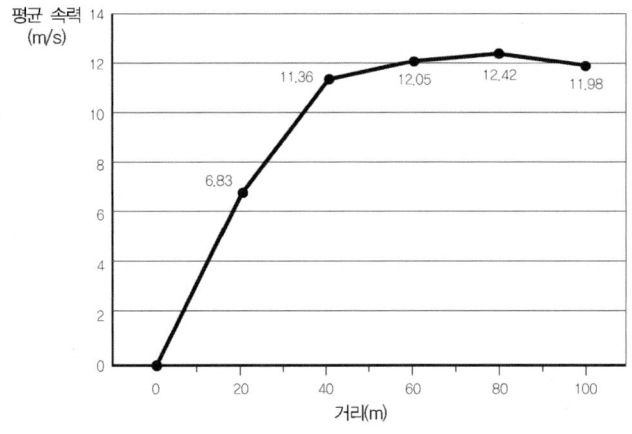

① 100m 달리기를 5개의 20m 구간으로 나누어 각 구간의 평균 속력을 계산하였다.
② 80m 구간에서 최대 평균 속력이 나타났다.
③ 80m 이후 속력이 감소하였는데, 훈련을 통해 속력의 감소를 줄이는 노력이 필요하다.
④ 40m 구간까지는 천천히 속력을 올리고, 40m 이후부터 급격히 속력을 올리는 것이 기록에 유리하다.

17. 아래 그림은 100m 달리기를 하는 동안의 시간-속도 곡선이다. **잘못** 설명한 것은?

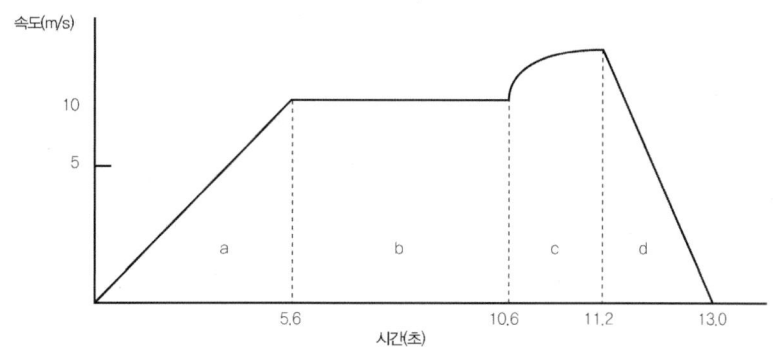

① a구간은 스타트 대시 구간으로 일정한 양(+)의 가속도(속도 증가)를 의미한다.
② b구간은 전력질주 구간으로 가속도가 0(일정한 속도 유지)이다.
③ c구간은 라스트 스퍼트 구간으로 가속도 변화(속도 감소)를 의미한다.
④ d구간은 멈추는 구간으로 일정한 음(-)의 가속도(속도 감소)를 의미한다.

18. 포물선 운동의 특성을 올바르게 설명한 것은?

⟨보기⟩
㉠ 투사높이와 착지높이가 같다면 좌우대칭의 포물선운동을 한다.
㉡ 올라가고 내려가는 사이의 순간적인 정점(최고 높이)에서의 수직속도는 9.81m/s이다.
㉢ 투사 높이와 착지 높이가 같으면 투사 시와 착지 시의 속력도 같다.
㉣ 수평 방향은 등속도운동이고, 수직 방향은 등가속도운동이다.

① ㉠ + ㉡ + ㉣
② ㉠ + ㉢ + ㉣
③ ㉠ + ㉢
④ ㉠ + ㉣

19. 투사체의 투사 거리에 영향을 미치는 요인이 **아닌** 것은?

① 투사 각도
② 투사 속도
③ 투사 높이
④ 투사 자세

20. 보기에서 올바르게 설명한 것은?

⟨보기⟩
㉠ 선속도의 단위는 m/s, 각속도의 단위는 rad/s이다.
㉡ 등속원운동은 가속도운동이다.
㉢ 일정한 비율로 회전하고 있는 물체의 각속도는 각변위를 시간으로 나눈 것이다.
㉣ 선속도와 각속도는 관계가 없다.

① ㉠ + ㉡ + ㉢   ② ㉠ + ㉡ + ㉣
③ ㉠ + ㉢ + ㉣   ④ ㉡ + ㉢ + ㉣

21. 아래 그림은 철봉에서 회전구간별 0.3초 간격으로 촬영한 기계체조 선수의 평균 각속도이다. 3구간(위치 2에서 위치 3까지)의 평균 각가속도는 얼마인가? [무료동영상]

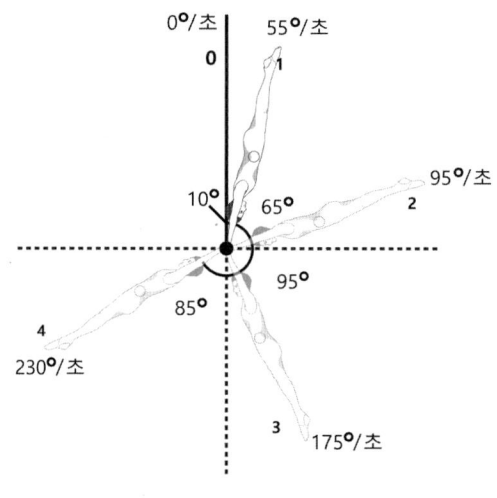

① $100°/\sec^2$ ② $133.3°/\sec^2$
③ $266.7°/\sec^2$ ④ $183.3°/\sec^2$

22. 아래 표는 선운동학과 각운동학의 관계를 설명한 것이다. 보기에 들어갈 적절한 용어는?

선운동학	각운동학
거리	(㉠)
변위	(㉡)
속력 = 거리/시간	각속력 = (㉠)/시간
속도 = 변위/시간	각속도 = (㉡)/시간
가속도 = 최종속도-처음속도/시간	(㉢) = 최종각속도-처음각속도/시간

	㉠	㉡	㉢
①	각변위	각속도	각가속도
②	각거리	각변위	각가속도
③	각변위	각속도	등가속도
④	각거리	각변위	등가속도

23. 힘에 대해 올바르게 설명한 것은? 무료동영상

〈보기〉
㉠ 힘은 정지하고 있는 물체를 움직이고, 움직이고 있는 물체의 속력 또는 방향을 바꾼다.
㉡ 힘은 크기와 방향을 가지는 스칼라(scalar) 량이다.
㉢ 힘을 받는 물체는 가속되거나 변형된다.
㉣ 여러 개의 힘을 하나로 합성하거나 하나의 힘을 수평성분과 수직성분으로 분리할 수 있다.

① ㉠ + ㉡ + ㉢ + ㉣
② ㉠ + ㉢
③ ㉠ + ㉡ + ㉣
④ ㉠ + ㉢ + ㉣

24. 힘의 단위는?

① kg
② N(뉴턴)
③ m/s
④ m/s^2

25. 힘의 종류 중에서 **잘못** 설명한 것은?

① 근력은 근육의 수축으로 발생하는 힘을 말한다.
② 중력은 지구가 물체를 지구의 중심으로 끌어당기는 힘을 말한다.
③ 항력은 '떠오르게 하는 힘'으로 중력에 반대되는 힘을 말한다.
④ 마찰력은 운동을 방해하는 힘으로 추진력에 반대하는 저항력이다.

26. 양력에 대해 올바르게 설명한 것은?

   〈보기〉
   ㉠ 양력은 '받는 힘에 대한 저항하는 힘'을 의미한다.
   ㉡ 양력은 공중에 투사된 창을 떠오르게 하는 가장 큰 요인이다.
   ㉢ 골프공의 딤플은 양력을 감소시키기 위해서 개발된 것이다.
   ㉣ 스포츠에서 양력을 이용하는 대표적인 것이 원반던지기와 스키점프이다.

   ① ㉡ + ㉣　　　　　　　　　② ㉠ + ㉡
   ③ ㉡ + ㉢　　　　　　　　　④ ㉡ + ㉢ + ㉣

27. 관성에 대해 올바르게 설명한 것은?

   〈보기〉
   ㉠ 관성은 원래의 상태를 유지하려고 하는 속성이다.
   ㉡ 관성의 크기는 질량에 반비례한다.
   ㉢ 모든 물체는 관성을 지니고 있다.
   ㉣ 관성을 극복하려면 힘이 필요하다.

   ① ㉠ + ㉡ + ㉣　　　　　　　② ㉠ + ㉢ + ㉣
   ③ ㉠ + ㉢　　　　　　　　　④ ㉠ + ㉣

28. 보기에서 설명하는 내용과 관련 있는 법칙은?

   〈보기〉
   골프 경기에서 퍼팅을 할 때 정지하고 있는 골프공을 강하게 치면 빠르게 구르고, 약하게 치면 천천히 구른다. 또한, 골프공이 구르는 방향은 퍼터가 운동한 방향으로 나아가게 된다.

   ① 선운동량 보존의 법칙　　　　② 관성의 법칙
   ③ 가속도의 법칙　　　　　　　④ 작용반작용의 법칙

29. 보기에 들어갈 적절한 용어는?

> 〈보기〉
> 선운동량은 선운동 중에 있는 물체가 갖는 운동량으로서 그 물체의 (ㄱ)과 (ㄴ)와(과)의 곱으로 나타낸다.

① ㄱ. 질량　　ㄴ. 충격량
② ㄱ. 무게중심　ㄴ. 질량
③ ㄱ. 무게중심　ㄴ. 운동속도
④ ㄱ. 질량　　ㄴ. 운동속도

30. 충격력의 원리를 활용하지 않는 것은? [무료동영상]
① 체조의 공중동작
② 야구공 받기
③ 복싱의 어퍼컷
④ 창던지기

31. 보기에서 설명하는 내용과 관련 있는 법칙은?

> 〈보기〉
> 무게 100N의 볼링공이 10m/s로 이동하여 무게 15N의 핀을 쳐냈다고 하면, 충돌 후에 볼링공과 핀의 선운동량은 충돌 전의 볼링공과 핀의 선운동량과 같다.

① 선운동량 보존의 법칙
② 관성의 법칙
③ 가속도의 법칙
④ 작용반작용의 법칙

32. 선운동량 보존의 법칙이 적용되지 않는 것은?
① 야구공 타격
② 축구의 킥
③ 발로 깡통을 차서 찌그러졌을 때
④ 배구 스파이크

33. 보기에 들어갈 적절한 용어는?

> 〈보기〉
> (ㄱ)은 두 물체가 접촉했을 때 일어나는 현상이며, (ㄴ)이란 물체가 변형된 후 원래의 모습으로 되돌아가려고 하는 물체의 특성이다.

① ㄱ. 탄성 ㄴ. 복원　　② ㄱ. 충돌 ㄴ. 탄성
③ ㄱ. 탄성 ㄴ. 충돌　　④ ㄱ. 복원 ㄴ. 탄성

34. 탄성계수(복원계수)에 대한 설명 중에서 올바르지 <u>않은</u> 것은?

① 물체의 탄성을 나타내는 탄성계수는 충돌 직전과 충돌 직후의 상대속도 비를 통해서 산출한다.
② 물체의 탄성계수를 산출하는 또 다른 방법으로 바운드 된 높이와 물체를 떨어뜨린 높이의 비로 측정하고 있다.
③ 탄성계수에 영향을 미치는 요소로는 온도, 표면 재질, 충격강도, 속도 등이다.
④ 탄성계수 값은 항상 -1과 1 사이에 존재한다.

35. 토크에 대해 올바르게 설명한 것은?

― 〈보기〉 ―
㉠ 토크는 회전을 일으키는 효과이며, 물체의 각운동을 변화시킨다.
㉡ 토크의 단위는 거리의 단위(m)와 힘의 단위(N)을 곱한 Nm를 사용한다.
㉢ 토크는 힘의 크기와 지렛대의 거리(모멘트 암)를 곱한 것이다.
㉣ 토크는 지렛대의 원리인데, 지레의 길이가 짧을수록 무거운 물건을 쉽게 움직일 수 있게 된다.

① ㉠ + ㉡ + ㉢ + ㉣　　② ㉠ + ㉡
③ ㉠ + ㉡ + ㉢　　　　④ ㉡ + ㉢ + ㉣

36. 암컬 동작 시 바벨의 무게는 팔꿈치 관절에서 토크를 발생시키는데, 토크가 가장 크게 발생되는 것은?

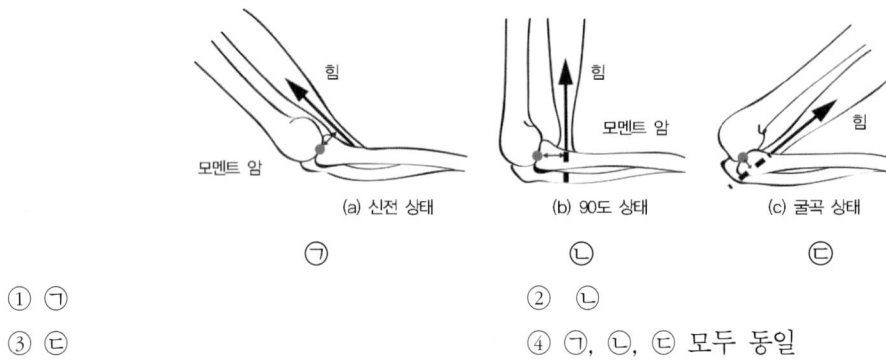

① ㉠　　② ㉡
③ ㉢　　④ ㉠, ㉡, ㉢ 모두 동일

37. 아래 그림은 다이빙과 체조 동작에서 좌우축에 대한 여러 자세에서의 공중동작을 보여주고 있다. 회전하기가 어려운 순서대로 나열한 것은?

① ㄴ, ㄱ, ㄷ ② ㄱ, ㄴ, ㄷ
③ ㄷ, ㄱ, ㄴ ④ ㄴ, ㄷ, ㄱ

38. 아래 표에 들어갈 적절한 용어는?

구분	선운동	각운동
관성	질량	(ㄱ)
힘	힘 = 질량 × 가속도	토크 = (ㄱ) × (ㄴ)
운동량	선운동량 = 질량 × 속도	각운동량 = (ㄱ) × (ㄷ)
충격량	선충격량 = 힘 × 작용시간	각충격량 = 토크 × 작용시간

	ㄱ	ㄴ	ㄷ
①	각속도	각가속도	각속도
②	각가속도	각속도	각가속도
③	관성모멘트	각속도	각가속도
④	관성모멘트	각가속도	각속도

39. 아래 그림은 김연아 선수가 악셀(axel) 점프를 수행하는 장면이다. 각 구간에서 **잘못** 설명한 것은?

착지구간   공중구간   도약순간   도움닫기구간

① 도움닫기구간에서는 공중동작에서 수행할 충분한 속도를 얻어야 한다.
② 도약순간에는 다리와 양팔을 넓게 벌려 관성모멘트를 작게 해서 각운동량을 키워야 한다.
③ 공중구간에서는 팔과 다리를 회전축 가까이 모아 관성모멘트를 줄이고 각속도를 증가시켜야 한다.
④ 착지구간에서는 팔과 다리를 다시 펴서 관성모멘트를 크게 해서 각속도를 줄여야 하며 착지 다리를 굽히면서 충격력을 감소시켜야 한다.

40. 운동역학적 원리를 **잘못** 설명한 것은?

① 포환을 던질 때 하체와 상체, 그리고 팔과 손의 회전 속도가 동시에 최대로 발휘될 때 기록이 향상된다.
② 높이뛰기 선수가 공중에 도약 후에는 신체 중심의 이동 경로와 각운동량을 변화시킬 수 없다.
③ 멀리뛰기에서 팔다리를 휘 젓는 것은 몸통의 전방 회전력을 상쇄하여 몸통을 세워서 착지를 좋게 하여 기록을 향상시키기 위함이다.
④ 육상 선수가 곡선 주로를 달릴 때 몸을 트랙의 안쪽으로 기울이면 원심력을 감소시켜 속도를 줄이지 않고 달릴 수 있게 되어 기록이 향상된다.

41. 운동역학적으로 일을 한 것은?

〈보기〉
㉠ 등산   ㉡ 철봉에 매달려 버티기
㉢ 버스에서 손잡이 잡고 서있기   ㉣ 역기 들기

① ㉠ + ㉡ + ㉢ + ㉣   ② ㉠ + ㉢
③ ㉠ + ㉣   ④ ㉠ + ㉢ + ㉣

42. 장대높이뛰기에서 각 구간에 들어갈 올바른 용어는?

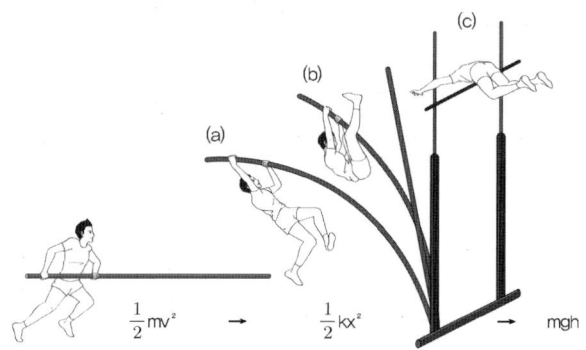

	도움닫기 구간	(a)-(b) 구간	(c) 구간
①	운동에너지	탄성에너지	위치에너지
②	탄성에너지	운동에너지	위치에너지
③	운동에너지	탄성에너지	운동에너지
④	운동에너지	탄성에너지	탄성에너지

43. 아래 그림에서 올바르게 설명한 것은? [무료동영상]

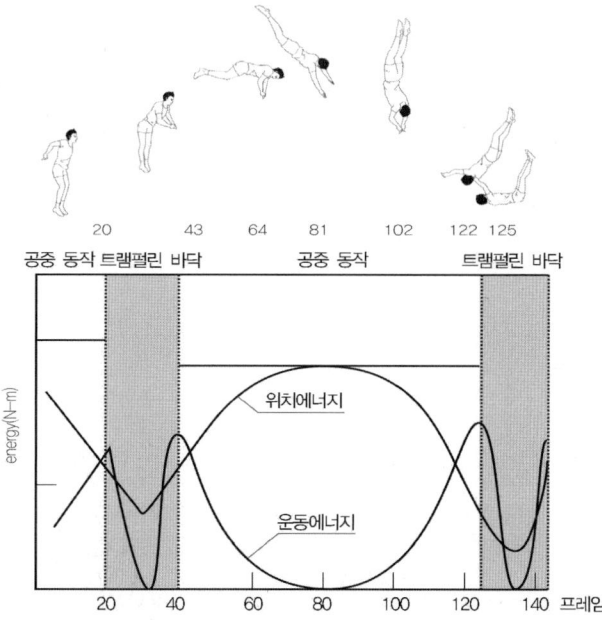

<보기>
㉠ 역학적 에너지는 운동에너지와 위치에너지의 합이다.
㉡ 위치에너지와 운동에너지는 서로 전환할 수 있다.
㉢ 외력이 작용하지 않으면 운동에너지와 위치에너지의 합은 일정하게 유지된다.
㉣ 위 그림은 작용반작용 법칙으로 설명될 수 있다.

① ㉠ + ㉡ + ㉢ + ㉣
② ㉠ + ㉡ + ㉢
③ ㉠ + ㉡ + ㉣
④ ㉠ + ㉢

44. 일률에 대해서 잘못 설명한 것은?

① 단위시간당 행하는 일의 양을 '일률' 또는 '파워'라고 한다.
② 일률에 대한 개념을 신체운동에 적용한 것이 '순발력'이다.
③ '파워'는 '힘'과 같은 개념이다.
④ 일을 하는 데 걸린 시간이 같을 때 일률은 일의 양에 비례하고, 일의 양이 같을 때 일률은 걸린 시간에 반비례한다.

45. 빗면을 따라 운동하는 물체에서 빈 칸에 들어갈 가장 적합한 것은?

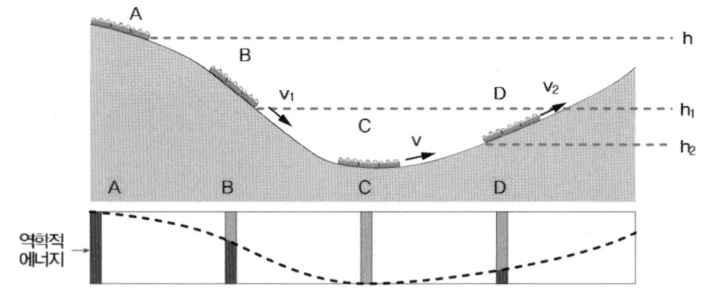

	A	B	C	D
운동에너지	0	$1/2 mv_1^2$	$1/2 mv^2$	(㉢)
위치에너지	$9.81mh$	(㉡)	0	$9.81mh_2$
역학적에너지	(㉠)	$1/2 mv_1^2 + 9.81mh_1$	$1/2 mv^2$	$1/2 mv_2^2 + 9.81mh_2$

	㉠	㉡	㉢
①	0	$9.81mh_1$	0
②	$9.81mh$	$9.81mh_1$	0
③	0	$9.81mh_1$	$1/2 mv_2^2$
④	$9.81mh$	$9.81mh_1$	$1/2 mv_2^2$

46. 2차원 영상분석법으로 분석이 가능한 것은?

　　┌─ 〈보기〉 ──────────────────────────┐
　　│ ㉠ 100m 달리기의 무릎 굴곡 각도　　　　　　│
　　│ ㉡ 골프 스윙의 몸통 회전 각도　　　　　　　│
　　│ ㉢ 포환 던지기의 어깨 회전 각속도　　　　　│
　　│ ㉣ 체조 핸드스프링의 몸통 신전 각속도　　　│
　　└────────────────────────────┘

① ㉠ + ㉡　　　　　　　　② ㉠ + ㉣
③ ㉠ + ㉡ + ㉣　　　　　 ④ ㉠ + ㉢ + ㉣

47. 2차원 및 3차원 영상분석 과정으로 올바른 것은?

① 실험설계 → 실험 → 자료처리 → 분석
② 실험 → 자료처리 → 분석 → 실험설계
③ 실험설계 → 자료처리 → 실험 → 분석
④ 실험 → 분석 → 자료처리 → 실험설계

48. 지면반력시스템으로 측정 및 계산이 가능한 것은?

　　┌─ 〈보기〉 ──────────────────────────┐
　　│ ㉠ 신발의 충격 완충성 평가　　　　　　　　│
　　│ ㉡ 제자리높이뛰기의 도약 높이 계산　　　　│
　　│ ㉢ 걸을 때와 달릴 때의 충격량 비교　　　　│
　　│ ㉣ 골프 클럽과 야구 배트의 스윙 속도 비교 │
　　└────────────────────────────┘

① ㉠ + ㉡　　　　　　　　② ㉠ + ㉢
③ ㉠ + ㉡ + ㉢　　　　　 ④ ㉠ + ㉡ + ㉢ + ㉣

49. 아래 그림에서 제시된 운동역학 연구방법 시스템은?

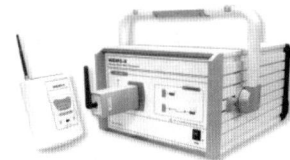 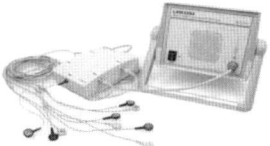

① 영상분석 시스템　　　　② 지면반력 시스템
③ 가스분석 시스템　　　　④ 근전도 시스템

50. 아래 표는 운동역학 분석방법에 따른 분석변인이다. 빈칸에 들어갈 적절한 용어는?

분석 방법	분석 변인
(㉠)	시간, 각도(자세), 속도, 가속도, 운동량 등
(㉡)	힘(수직, 전후, 좌우방향), 회전력, 압력중심점 등
(㉢)	근육활성 정도, 근피로도, 근육 활성 시점 등
(㉣)	인체 관절 순회전력, 인체 관절 파워 등

	㉠	㉡	㉢	㉣
①	영상+지면반력분석	지면반력분석	근전도분석	영상분석
②	영상분석	지면반력분석	근전도분석	영상+지면반력분석
③	영상+지면반력분석	지면반력분석	영상분석	지면반력분석
④	영상분석	영상+지면반력분석	근전도분석	지면반력분석

운동역학 출제예상문제 정답 및 해설

문항	정답	해설
1	④	가스분석법은 운동생리학의 연구방법이다.
2	②	스포츠 불안요인 설문지 개발은 스포츠심리학의 연구내용이다.
3	③	아르키메데스(Archimedes, B.C. 287~212)는 부력체를 지배하는 유체 정역학을 발견한 사람이다. 아이작 뉴턴(Isaac Newton, 1642~1727)은 힘을 설명하기 위해 정지와 운동의 3가지 법칙인 관성의 법칙, 가속도의 법칙, 작용-반작용 법칙을 완성했다. 머레이는 그림과 사진 방법을 이용해 운동학을 한층 발전시킨 사람이다.
4	①	운동역학(kinetics)은 운동의 원인이 되는 힘을 다루는 분야이며, 정역학(statics)은 작용하는 모든 힘들의 합이 0이 되는 평형 상태를 다루는 분야이며, 동역학(dynamics)은 작용하는 힘들 사이에 평형이 이루어지지 않는 상황에서 운동이 일어나는 것을 연구하는 역학의 한 분야이다.
5	③	방향, 면, 공간에 대한 용어를 말할 때는 해부학적 자세(anatomical position)를 기준으로 한다. 위치나 자세에 관한 모든 기술은 이 자세를 기준으로 한다.
6	②	좌우면(frontal plane)에서 일어나는 관절운동은 외전(abduction)과 내전(adduction), 거상(elevation)과 강하(depression)가 있고, 회외(supination)와 회내(pronation)는 수평면(transverse plane)에서 일어나는 관절운동이다.
7	①	소프트볼 피칭은 전후면과 좌우축에서 일어나는 관절운동이다.
8	①	병진운동은 상하좌우로 물체가 평행운동 하는 것을 의미하며, 회전운동은 물체가 고정된 축을 중심으로 회전하는 운동, 복합운동은 병진운동 및 회전운동이 결합된 복합적 운동이다.
9	④	단축관절은 단일 평면상의 운동만이 가능한 관절로 무릎관절, 팔꿈치관절 등의 접지관절과 전완의 요골척골관절 등이 여기에 속한다. 양축관절은 2개의 평면상에서의 운동이 가능한 관절로 과장관절과 안장관절 등이 여기에 속한다. 삼축관절은 3개의 운동면상에서의 운동이 가능한 관절로 어깨관절, 엉덩관절 등의 구관절 등이 여기에 속한다.
10	②	무게는 질량에 중력가속도가 곱해진 양이며, 야구방망이를 휘두르는 속도가 같다면 야구방망이 무게가 무거울수록 선운동량(질량×속도)이 커지므로 홈런이 많이 나온다.
11	③	인체의 무게중심을 계산하는 방법은 여러 가지인데, 균형판(지레의 원리)을 이용하여 인체의 무게중심을 계산하는 방법을 균형판법 또는 반작용판법이라고 한다.
12	④	질량중심이 기저면 내에 위치하면 안정되며, 육상의 100m 크라우칭 스타트 자세는 불안정할수록 출발에 유리하다.

문항	정답	해설
13	①	근육의 단축성 수축 속도가 클수록 발현할 수 있는 근력은 감소한다. 그 이유는 근육이 단축성 수축을 하기 위해서는 근세사 사이의 결속이 끊임없이 해체되고 재조성되어야 하는데 이 과정에서 근력이 감소한다. 또한, 근육이 급격하게 짧아지면 근육 내부에서 큰 점성 저항이 발생하여 힘의 일부가 상쇄되기 때문이다.
14	②	역학적 이점은 힘팔(받침점에서 힘점까지)의 길이를 작용팔(받침점에서 작용점까지) 길이로 나눈 것으로, 작용팔보다 힘팔의 길이를 길게 할수록 역학적 이점이 커진다. 1종 지레는 받침점이 힘점과 작용점 사이에 위치하며(시소와 가위), 2종 지레는 힘점이 저항점보다 항상 길며(병따개, 외바퀴 손수레, 자동차 브레이크 페달), 3종 지레는 저항점이 힘점보다 항상 길다(삽, 낚싯대, 핀셋 등).
15	①	속도는 변위를 시간으로 나눈 것이며, 속력은 거리를 시간으로 나눈 것이다. 400미터 달리기에서 출발점과 결승점의 위치가 같으면 선수의 속도는 0이다.
16	④	100m 달리기는 가능한 한 빨리 최대 속력에 도달하여 속력의 감소 없이 결승선을 통과하는 것이 중요하다.
17	③	c구간은 라스트 스퍼트 구간으로 가속도 변화(속도 증가)를 의미한다.
18	②	올라가고 내려가는 사이의 순간적인 정점(최고 높이)에서의 수직속도는 0m/s이다.
19	④	투사체의 투사 거리에 영향을 미치는 3대 요인은 투사 각도, 투사 속도, 투사 높이인데, 상대적으로 투사 속도가 가장 영향을 많이 미친다.
20	①	선속도는 회전반지름과 각속도를 곱한 값이다.
21	③	평균 각가속도는 각속도의 변화량을 시간의 변화로 나눈 값이다. 평균각속도 = (최종각속도 − 처음각속도) / (최종시간 − 처음시간)
22	②	각운동학의 용어는 선운동학의 용어 앞에 '각'을 넣으면 된다.
23	④	힘은 크기와 방향을 가지는 벡터량이다.
24	②	kg은 질량, m/s은 속도, m/s^2은 가속도의 단위이다.
25	③	항력은 '받는 힘에 대한 저항하는 힘'으로 운동의 반대방향으로 작용한다. 부력은 '물에 뜨는 힘'으로 중력에 대항해 유체나 공기로부터 위 방향으로 받는 힘을 말한다. 양력은 '떠오르게 하는 힘'으로, 중력에 반대되는 힘을 의미한다.
26	①	'받는 힘에 대해 저항하는 힘'은 항력이며, 골프공의 딤플은 항력을 줄이기 위해서 개발된 것이다.
27	②	관성의 크기는 질량에 비례한다.
28	③	뉴턴의 가속도의 법칙은 "물체에 힘을 가하면 힘의 방향으로 질량에 반비례하고 힘의 크기에 비례하는 가속도가 생긴다."

문항	정답	해설
29	④	물체가 가지고 있는 물리량을 '운동량'이라 하며, 얼마나 큰 질량을 가지고 얼마나 빠르게 움직이고 있느냐를 나타낸다. '운동량'은 질량의 단위와 속도의 단위를 곱한 벡터양으로, 크기와 방향을 지니고 있다.
30	①	운동 중에 충돌이 일어날 때 충격력의 원리가 적용되는데, 상대방에게 충격을 줄 때는 충격력을 크게 하는 것이 유리하고 충격을 받을 때는 적어야 유리하다. 체조의 공중동작은 충돌이 일어나지 않으며, '각운동량 보존의 법칙'의 영향을 받는다.
31	①	'선운동량 보존의 법칙'은 물체끼리 충돌이나 결합, 분열할 때, 외부에서 따로 힘이 작용하지 않으면 물체들의 총 운동량은 항상 일정하게 보존된다는 것이다.
32	③	선운동량 보존의 법칙은 당구공같이 충돌하여도 깨지거나 찌그러지지 않을 때만 성립되는 것이지 발로 깡통을 찼을 때와 같이 변형이 생기면 선운동량 보존법칙이 성립되지 않는다. 그러나 공과 같이 변형이 되었다가 다시 제 모양으로 돌아올 때는 선운동량 보존법칙이 성립한다.
33	②	충돌은 두 물체가 서로 부딪치는 경우를 의미하며, 탄성은 어떠한 물체에 힘이 가해졌을 때, 그 물체가 변형되었다가 원래 상태로 되돌아가려고 하는 성질을 말한다.
34	④	물체가 부딪치는 물체의 재질, 온도, 충돌 강도 등에 의해 원래 상태로 복원되려는 정도가 달라지는데, 이때 복원되려는 크기를 '탄성계수(복원계수)'라고 한다. 완전 비탄성 충돌은 충돌 후 충돌한 물체가 서로 분리되지 않고 하나로 되어버리는 경우로서 탄성계수는 0이다. 완전 탄성 충돌은 충돌체의 상대속도가 충돌 전과 충돌 후에 같으므로 탄성계수는 1이 된다. 불완전 탄성 충돌은 충돌하는 물체가 일시적으로 변형되었다가 분리되거나 리바운드 되는 경우로서, 탄성계수는 0보다 크고 1보다 작은 범위에 속한다.
35	③	토크는 지렛대의 원리인데, 지레의 길이가 길수록 무거운 물건을 쉽게 움직일 수 있게 된다.
36	②	토크의 크기는 힘의 크기와 모멘트 암(회전축으로부터 힘까지의 수직거리)을 곱한 것이다. 팔꿈치 관절이 90도 상태일 때, 모멘트 암의 길이가 가장 길기 때문에 발생되는 토크도 제일 크다.
37	①	관성모멘트는 회전운동에 대한 저항이므로, 관성모멘트가 크다는 것은 그 만큼 회전하기가 힘들다는 것을 의미한다. 다리를 펴고 엉덩 관절만 굽힌 파이크 자세(ⓒ)의 관성모멘트는 6.5 $kg·m^2$, 몸을 완전히 편 레이아웃 자세(㉠)의 관성모멘트는 15.0 $kg·m^2$이다. 철봉에 매달리는 경우(ⓒ)의 관성모멘트는 레이아웃과 같은 자세임에도 불구하고 83.0 $kg·m^2$이나 된다.
38	④	선운동에서의 관성은 질량이며, 각운동에서의 관성은 관성모멘트이다. 선운동에서의 가속도는 각운동에서는 각가속도에 해당되며, 선운동에서의 속도는 각운동에서는 각속도에 해당된다.
39	②	도약순간에는 다리와 양팔을 넓게 벌려 관성모멘트를 크게 해서 각운동량을 키워야 한다.
40	①	인체의 운동은 각 분절들의 회전운동에 의해서 이루어지고, A 분절의 각운동량을 B 분절로 전달할 수 있기 때문에 큰 각운동량을 얻기 위해서는 각운동량을 전달하는 분절의 운동순서(분절의 협응력)가 매우 중요하다. 포환을 던질 때 큰 운동량을 얻기 위해서는 분절의 회전운동 타이밍이 매우 중요하다. 즉, 하체와 상체, 그리고 팔과 손의 회전 속도가 순차적으로 전달이 되어야 기록이 향상된다.

문항	정답	해설
41	③	운동역학에서 일은 물체 또는 신체에 가한 힘과 움직인 거리의 곱으로서, 일상생활의 일과 놀이와는 다르다. 운동 상황에서는 힘을 가한 방향으로의 움직임이 있어야 일을 한 것이다. 예를 들어, 철봉에 매달려 버티기는 움직인 거리가 0이므로 일을 하지 않은 것이다.
42	①	장대높이뛰기는 도움닫기에서 형성된 운동에너지를 장대의 탄성에너지로 전환시켰다가 높이인 위치에너지로 전환시키는 운동이다.
43	②	역학적 에너지는 물체가 운동함으로써 결정되는 운동에너지와 물체의 위치에 따라 결정되는 위치에너지의 합으로 이루어지고, 이러한 운동하고 있는 물체의 위치에너지와 운동에너지는 서로 전환할 수 있으며, 외력이 작용하지 않는 한 서로 전환하여 그 합은 항상 일정하게 유지된다는 것이 '역학적 에너지 보존법칙'이다.
44	③	일률(Power) = 힘(F) × 속도(V) 일률 공식에서 살펴볼 수 있듯이 일률은 물체에 가해진 힘에 속도로 재표현될 수 있으므로 일률, 즉 파워를 늘리기 위해서는 힘과 속도 중 어느 하나만 크게 하면 된다. 그러나 많은 사람들이 파워를 힘과 혼동하여 사용하는 경우가 있는데, 파워는 힘과 속도의 의미를 모두 내포하고 있다.
45	④	역학적에너지는 운동에너지와 위치에너지의 합인데, 중력을 제외한 외부의 힘이 가해지지 않고 물체가 운동하는 도중 에너지 손실 요인이 없을 경우 운동에너지가 감소하면 위치에너지는 증가하게 되며, 그 합은 항상 일정하게 유지된다.
46	②	2차원 영상분석은 단일평면 상에서 일어나는 인체 움직임을 분석하는 방법으로서, 시상면에서 신전과 굴곡, 관상면에서 외전과 내전을 분석할 수 있다.
47	①	영상분석 과정은 2, 3차원에 관계없이 실험설계(계획)-실험(촬영)-자료처리-분석 단계로 구분할 수 있다.
48	③	사람이나 물체가 지면에 접촉하여 지면을 누르는 힘에 반하여 지면이 사람과 물체를 밀어내는 힘을 '지면반력(ground reaction force)'이라고 한다. 지면반력은 중력 반대 방향뿐만 아니라 전후좌우의 힘 그리고 각 방향의 회전력까지 측정한다. 골프 클럽과 야구 배트의 스윙 속도는 스피드 측정 기구나 영상분석을 통해 측정할 수 있다.
49	④	근전도(elexctromyogram, EMG)는 근 수축 시 발생하는 전위차를 관찰하여 그 신호를 통해 근육의 활성 정도, 활성 시점 그리고 근육의 피로 정도를 확인하는 방법을 의미한다. 근전도 측정기는 근육 수축 시 발생하는 미세 전류를 수집하는 전극, 이 미세 전류 신호를 눈으로 관찰하고 분석 가능한 크기로 증폭시켜주는 증폭기, 근전도 신호에 포함된 노이즈(noise)를 줄여주는 필터로 구성되어 있다.
50	②	운동역학 분석방법에 따른 분석변인에는 시간 변인, 운동 변인, 자세 변인 및 힘 변인이 있으며, 이 가운데 시간 변인, 운동 변인, 자세 변인은 운동학적(kinematic) 변인에 포함되기 때문에 이들 변인을 분석하는 것을 운동학적 분석이라 부르며, 이를 위해 가장 많이 사용되는 방법이 영상분석이다. 힘 변인은 운동 역학적(kinetic) 변인에 포함되며, 이에 대한 분석을 운동 역학적 분석이라 부르고, 지면반력 분석이 가장 많이 사용된다. 그리고 영상분석과 지면반력 분석은 운동 역학 분석에 가장 많이 사용되는 방법으로 이 두 방법을 결합하여 인체 관절에서 발생하는 순회전력과 파워 등을 계산한다.

운동역학 실전모의고사

1. 운동역학 분야에서 사용하는 용어가 **아닌** 것은?
   가. 운동기능학　　　　　　　　나. 운동처방학
   다. 생체역학　　　　　　　　　라. 운동역학

2. 운동역학의 목적에 해당되지 **않는** 것은?
   가. 스포츠 경기력 향상　　　　나. 스포츠손상 예방과 재활
   다. 효과적인 지도와 학습　　　라. 이미지트레이닝과 동기유발

3. 인체의 전후축(세로축)에서 일어나는 운동은?
   가. 체조의 앞구르기　　　　　나. 육상의 100미터 달리기
   다. 체조의 손짚고 옆돌기　　　라. 다이빙의 트위스트

4. 운동의 종류가 다른 하나는?
   가. 철봉의 대차돌기　　　　　나. 공중에 투사된 축구공
   다. 스키 슬로프를 내려오는 스키어　　라. 비행 중인 비행기

5. 인체의 무게중심을 **잘못** 설명한 것은?
   가. 물체의 각 부분에 작용하는 중력을 합한 합력의 작용점이다.
   나. 인체에서 중력의 영향을 받는 대표점이다.
   다. 자세에 따라 위치가 변한다.
   라. 대표적인 무게중심 측정방법은 체중법이다.

6. 인체 평형과 안정성에 영향을 미치는 요인이 **아닌** 것은?
   가. 인체 중심의 방향
   나. 인체 질량 크기 및 분포
   다. 기저면의 크기
   라. 인체 중심의 높이

7. 시스템에 작용하는 모든 힘과 회전력을 도식적으로 표현한 것은?
   가. 각운동량
   나. 토크
   다. 자유물체도
   라. 지레

8. 가속도에 대해 **잘못** 설명한 것은?
   가. 시간의 변화에 따른 속도의 변화 정도이다.
   나. 시간-속도 그래프에서 속도가 일정하면 가속도는 1이다.
   다. 물체의 속도가 점진적으로 증가하는 것을 양의 가속도라 한다.
   라. 물체의 속도가 점진적으로 감소하는 것을 음의 가속도라 한다.

9. 각운동의 운동학적 분석에서 **잘못** 설명한 것은?
   가. 각변위는 기준선에서부터 운동경로 전체를 측정한 각으로 벡터량이다.
   나. 각속도는 각변위를 시간으로 나눈 벡터량이다.
   다. 각가속도는 각속도의 시간에 대한 변화율로써 벡터량이다.
   라. 선속도는 회전반경과 각속도를 곱해서 얻어진다.

10. 물체가 유체 내에서 운동할 때 받는 저항력은?
    가. 마찰력
    나. 부력
    다. 항력
    라. 양력

11. 야구에서 홈런을 많이 칠려면 무엇을 가장 크게 해야 하나?
    가. 관성
    나. 운동량
    다. 항력
    라. 마찰력

12. 피겨스케이팅에서 점프 후 팔과 다리를 모으면 무엇이 감소하나?

    가. 토크
    나. 각운동량
    다. 각속도
    라. 관성모멘트

13. 철봉의 오르기에서 난이도가 낮은 순부터 높은 순까지 바르게 나열한 것은?

    가. 다리 걸어 오르기 - 차 오르기 - 흔들어 오르기
    나. 다리 걸어 오르기 - 흔들어 오르기 - 차 오르기
    다. 차 오르기 - 다리 걸어 오르기 - 흔들어 오르기
    라. 흔들어 오르기 - 다리 걸어 오르기 - 차 오르기

14. 야구 배트를 거꾸로 쥐고 휘두르면 감소하는 것은?

    가. 각운동량
    나. 관성모멘트
    다. 각속도
    라. 토크

15. 높이뛰기 공중동작에서 팔과 다리를 시계방향으로 휘두르는 이유는?

    가. 신체의 무게중심을 변화시켜 도약거리가 증가한다.
    나. 투사속도를 증가 시켜 도약거리가 증가한다.
    다. 신체의 전방회전력을 상쇄시켜 몸통을 세워 착지를 잘 할 수 있게 한다.
    라. 투사각도를 크게 하여 도약거리가 증가한다.

16. 일의 유형과 근수축 유형을 바르게 연결한 것은?

    가. 양의 일 - 등척성 수축
    나. 양의 일 - 원심성 수축
    다. 음의 일 - 구심성 수축
    라. 음의 일 - 원심성 수축

17. 일과 에너지의 관계를 잘못 설명한 것은?

　　가. 일은 물체의 역학적 에너지 변화의 원인
　　나. 일의 단위와 에너지의 단위는 다름
　　다. 에너지는 일을 수행할 수 있는 능력
　　라. 힘이 한 일은 작용 물체에서 발생한 에너지의 변화량

18. 영상분석 과정이 올바른 순서는?

　　가. 실험(촬영) → 자료처리 → 분석 → 실험설계(계획)
　　나. 실험설계(계획) → 실험(촬영) → 분석 → 자료처리
　　다. 실험설계(계획) → 실험(촬영) → 자료처리 → 분석
　　라. 실험(촬영) → 실험설계(계획) → 자료처리 → 분석

19. 힘을 측정하는 방법이 잘못 연결된 것은?

　　가. 근력 - 지면반력 측정기
　　나. 항력 및 양력 - 풍동실험
　　다. 부력 - 유체에 잠긴 물체의 부피
　　라. 중력 - 중력 측정기

20. 근전도로 분석이 가능하지 않는 것은?

　　가. 근육수축　　　　　　　나. 근긴장
　　다. 근피로도　　　　　　　라. 근지구력

운동역학 실전모의고사 정답 및 해설

01 정답 나
운동처방학은 운동생리학 분야이다.

02 정답 라
이미지트레이닝과 동기유발은 스포츠심리학의 목적이다.

03 정답 다
체조의 앞구르기와 육상의 100미터 달리기는 좌우축(가로축, 횡축)에서 일어나는 운동이며, 다이빙의 트위스트는 수직축(장축, 종축)에서 일어나는 운동이다.

04 정답 가
철봉의 대차돌기는 회전운동이며, 나머지 운동은 병진운동(선운동)의 곡선운동에 해당된다.

05 정답 라
대표적인 무게중심 측정방법은 매다는 법, 균형판법(반작용판법), 분절법이다.

06 정답 가
인체 평형과 안정성에 영향을 미치는 요인은 인체 중심의 방향이 아니고 인체중심선의 위치이다.

07 정답 다
각운동량은 회전하는 물체가 가지는 운동량으로 회전체의 관성모멘트와 각속도의 곱으로 정의되는 물리량이다. 토크는 회전을 일으키는 효과이며, 힘과 모멘트암(축에서 힘이 작용한 지점까지의 수직거리)의 곱으로 정의되는 물리량이다. 지레는 막대를 이용하여 힘을 전달하는 도구이며, 인체는 지레의 원리로 움직인다.

08 정답 나
시간-속도 그래프에서 속도가 일정하면 가속도는 0이다. 가속도는 시간의 변화에 따른 속도의 변화이므로, 속도가 일정하면 속도의 변화가 없게 되므로 0이 된다.

09 정답 가
각변위는 기준선에서 마지막 위치까지의 각도를 측정한 각으로 벡터량이다. 각거리는 기준선에서부터 운동경로 전체를 측정한 각으로 스칼라량이다.

10 정답 다
마찰력은 마찰에 의해 두 물체 사이에 작용하는 힘이다. 부력은 물속에 있는 물체가 윗 방향으로 받는 힘이다. 양력은 유체 속의 물체가 수직 방향으로 받는 힘이다.

| 11 | 정답: 나 | 운동량은 물체가 가지는 운동의 양이며, 물체의 질량과 운동속도와의 곱이다. 야구에서 홈런을 많이 치기 위해서는 무거운 배트(물체의 질량)로 빠르게 휘둘러서(운동속도) 치면 된다. |

| 12 | 정답: 라 | 피겨스케이팅에서 점프 후 팔과 다리를 모으면, 관성모멘트는 감소하고 각속도는 증가한다. 이때 각운동량은 일정하게 보존된다. |

| 13 | 정답: 가 | 관성모멘트의 값이 작을수록 회전시키기가 쉬워진다. 관성모멘트의 값이 작은 순서는 다리 걸어 오르기, 차오르기, 흔들어 오르기 순이다. |

| 14 | 정답: 나 | 야구 배트를 거꾸로 쥐고 휘두르면 관성모멘트가 감소하고 각속도는 증가한다. 야구 배트를 거꾸로 쥐면, 회전 축 주위에 질량의 분포가 증가하게 되어 관성모멘트는 감소한다. 관성모멘트 = 질량 × 회전축으로부터 질량중심점까지의 거리의 제곱 |

| 15 | 정답: 다 | 높이뛰기 도움닫기에서 얻은 큰 운동량은 신체의 전방회전력을 발생시킨다. 이러한 전방 회전력은 착지를 잘 할 수 없게 만드는 요인이다. 공중에 투사된 신체의 무게중심, 투사속도, 투사각도는 변화시킬 수 없다. |

| 16 | 정답: 라 | 양의 일은 물체에 가한 힘과 같은 방향으로 물체가 움직일 때이며, 이때의 근수축 유형은 구심성 수축(근육의 길이가 짧아지면서 힘을 발생시키는 수축)이다. 음의 일은 힘을 준 방향과 반대로 물체가 움직일 때이며, 이때의 근수축 유형은 원심성 수축(근육의 길이가 길어지면서 힘을 발생시키는 수축)이다. |

| 17 | 정답: 나 | 일의 단위(J)와 에너지의 단위(J)는 동일하다. |

| 18 | 정답: 다 | 2차원 및 3차원 영상분석의 과정 순서는 실험을 설계(계획)한 후 실험(촬영)을 하고, 실험 후 자료처리를 하며 최종 분석과정을 거친다. |

| 19 | 정답: 가 | 근력은 스트레인게이지를 통해 직접 측정하거나 영상분석, 시뮬레이션, 근전도 등을 통해 간접 측정한다. 지면반력 측정기는 지면반력을 측정한다. |

| 20 | 정답: 라 | 근전도를 통해 분석할 수 있는 것은 진폭 분석(근육수축, 근긴장)과 주파수 분석(근육의 피로도)이다. |

스포츠교육학

스포츠교육학 — 2016년 기출문제 분석

출제기준

주요 항목	세부 항목
1. 스포츠교육의 배경과 개념	1. 스포츠교육의 역사
	2. 스포츠교육의 개념
	3. 스포츠교육의 현재
2. 스포츠교육의 정책과 제도	1. 학교체육
	2. 생활체육
	3. 전문체육
3. 스포츠교육의 참여자 이해론	1. 스포츠교육 지도자
	2. 스포츠교육 학습자
	3. 스포츠교육 행정가
4. 스포츠교육의 프로그램론	1. 학교체육 프로그램 개발 및 실천
	2. 생활체육 프로그램 개발 및 실천
	3. 전문체육 프로그램 개발 및 실천
5. 스포츠교육의 지도방법론	1. 스포츠지도를 위한 교육모형
	2. 스포츠지도를 위한 교수기법
	3. 세부지도목적에 따른 교수기법
6. 스포츠교육의 평가론	1. 평가의 이론적 측면
	2. 평가의 실천적 측면
7. 스포츠교육자의 전문적 성장	1. 스포츠교육전문인의 전문역량
	2. 장기적 전문인 성장 및 발달

[2급 생활스포츠지도사]

1. 〈보기〉의 내용을 포함하고 있는 정책은?

   〈보기〉
   - '언제나' 향유할 수 있는 참여 기회 제공
   - '어디서나' 이용 가능한 시설 제공
   - 세대와 문화를 넘어 '함께' 참여하는 생활체육

   ① 스포츠 7330　　② 스포츠비전 2018
   ③ 스마일 100　　④ 신체활동 7560+

정답 및 해설	정답	③		난이도	어려움
	출제영역	2. 스포츠교육의 정책과 제도(2. 생활체육)			
	해설	스마일100은 2013년 문화체육관광부에서 발표한 생활체육정책으로, 스마일은 스포츠를 마음껏 일상적으로 100세까지라는 정책의 의미를 담고 있다.			

2. 스포츠교육학에 관한 설명으로 옳지 않은 것은?

① 학교체육, 생활체육, 전문체육을 모두 포괄한다.
② 체육교육과정, 체육수업, 체육교사교육 등을 연구영역으로 한다.
③ 체육학문화 운동으로 스포츠교육학은 1940년대에 학문적으로 체계화되었다.
④ 교육적 관점에서 모든 연령층의 신체활동을 다룬다.

정답 및 해설	정답	③		난이도	쉬움
	출제영역	1. 스포츠교육의 배경과 개념(1. 스포츠교육의 역사)			
	해설	체육학문화운동은 1940년대가 아니라 1960년대에 미국에서 시작된 스포츠교육학의 과학화운동이다.			

3. 〈보기〉에서 설명하는 교수법은?

> 〈보기〉
> 참여자는 체육지도자가 묻는 질문에 대답하면서 한 가지 개념적 아이디어를 찾아낸다.

① 지시형　　　　　　　② 자기점검형
③ 연습형　　　　　　　④ 유도발견형

정답 및 해설	정답	④		난이도	어려움
	출제영역	5. 스포츠교육의 지도방법론(2. 스포츠지도를 위한 교수기법)			
	해설	유도발견형은 모스톤의 11가지 체육교수스타일 중 하나로, 지도자가 학습자들에게 논리적 구조를 가진 단계형 질문을 던지면서 학습자들로 하여금 1가지 답(또는 반응)을 찾도록 유도하는 교수기법이다.			

4. 생활체육 분야에서 체육지도자의 자질 및 역할로 옳지 <u>않은</u> 것은?

① 다양한 연령층을 대상으로 하는 프로그램을 구성하고 지도한다.
② 사회·문화적 책임감을 갖고 스포츠 활동을 지도한다.
③ 참여자가 지속적으로 스포츠 활동에 참여하도록 안내한다.
④ 운동기능을 지도하는데 필요한 이론적 지식은 갖추지 않아도 무방하다.

정답 및 해설	정답	④	난이도	쉬움
	출제영역	3. 스포츠교육의 참여자 이해론(1. 스포츠교육 지도자)		
	해설	이론적 지식은 단지 생활체육뿐만 아니라, 학교체육분야 및 전문체육분야에 종사하는 모든 체육지도자에게도 필수적인 자질과 역할이다.		

5. 〈보기〉에서 설명하고 있는 지식은?

〈보기〉
체육지도자가 유소년에게 농구 기본 기술을 지도하는 방법에 대한 지식

① 교육과정 지식
② 교육환경 지식
③ 내용교수법 지식
④ 내용 지식

정답 및 해설	정답	③	난이도	어려움
	출제영역	7. 스포츠교육자의 전문적 성장		
	해설	내용교수법지식은 내용지식과 지도법지식의 혼합 형태의 지식을 말한다. 교육과정 지식은 교육 내용의 범위와 계열성을 결정하는 지식이며, 교육환경지식은 체육교육을 실행할 때 요구되는 제반 시설, 용기구 등의 총체적인 교육환경에 관한 지식을 의미한다. 내용지식은 가르칠 내용에 관한 지식을 뜻한다.		

6. 체육지도자가 학교스포츠클럽 지도를 계획할 때 고려해야 할 요소가 <u>아닌</u> 것은?

① 학생의 흥미보다는 지도자 자신의 흥미 고려
② 학생의 운동 경험에 따른 자발적 참여 유도
③ 다양한 활동 시간을 고려하여 운영
④ 스포츠와 관련된 문화 체험 기회 제공

정답	①	난이도	쉬움
출제영역	4. 스포츠교육의 프로그램론(1. 학교체육프로그램 개발 및 실천)		
해설	학교스포츠클럽 프로그램을 지도할 때는 활동시간의 다양화, 학생주도의 자발적 참여유도, 스포츠인성함양, 스포츠문화체험 제공 등을 고려해야 한다. 따라서 학생의 흥미보다 체육지도자 자신의 흥미를 고려하는 것은 바람직하지 않다.		

7. 〈보기〉에서 박 코치가 태호에게 제시하고 있는 피드백 방식은?

―〈보기〉―
박 코치: "태호야. 테니스 서브를 할 때, 베이스라인을 밟았네. 다음부터는 라인을 밟지 않도록 해라."
태 호: "네, 그렇게 하겠습니다."

① 교정적 피드백
② 부정적 피드백
③ 긍정적 피드백
④ 가치적 피드백

정답	①	난이도	보통
출제영역	4. 스포츠교육의 프로그램론(2. 스포츠지도를 위한 교수기법)		
해설	교정적 피드백은 학습자의 오류나 오개념을 직접적으로 지적하고, 그 오류나 오개념을 수정(또는 개선)하기를 기대하는 피드백 유형이다.		

8. 협동 학습 모형이 추구하는 지도 목표가 아닌 것은?

① 긍정적인 팀 관계 격려
② 상호작용을 기반으로 개인의 책임감 증진
③ 팀 내 개인 간 경쟁 도모
④ 자아존중감 개발

정답	③	난이도	보통
출제영역	5. 스포츠교육의 지도방법론(1. 스포츠지도를 위한 교육모형)		
해설	협동학습모형은 소모둠의 협동을 기반으로 학습자끼리 서로 도우며 함께 배우는 것을 독려하는 교육모형이다. 따라서 팀 내 개인간 경쟁은 협동학습모형과는 거리가 먼 내용이다.		

9. 〈보기〉에서 제시하고 있는 포괄형 스타일의 특징은?

> 〈보기〉
> • 유 코치는 높이뛰기를 지도하기 위해서 바(bar)의 높이를 110cm, 130cm, 150cm로 준비하였다.
> • 참여자들은 자신의 수준에 적합한 바의 높이를 선택하였다.

① 지도자가 참여자의 출발점을 결정한다.
② 과제수행 능력에 대한 개인의 차이를 인정한다.
③ 모든 참여자가 동일한 수준의 과제를 수행한다.
④ 지도자는 참여자가 선택한 수준에 대해 가치가 담긴 피드백을 제공한다.

정답	②	난이도	어려움
출제영역	5. 스포츠교육의 지도방법론(2. 스포츠지도를 위한 교수기법)		
해설	포괄형 스타일은 모스턴 11가지 체육교수스타일 중의 하나로, 학습자의 개인 차이를 인정하여 수업의 설계를 수준별 수업으로 조성하는 특징을 가지고 있다. 유코치가 110cm, 130cm, 150cm의 서로 다른 높이를 준비하여 참여자들에게 자신의 수준에 적합한 바의 높이를 선택하도록 한 것은 과제 수행 능력의 개인 차이를 인정한 결과라고 볼 수 있다.		

10. 학교체육진흥법에 따른 학교체육 진흥의 조치에서 학생의 체력증진과 체육활동 활성화 방안에 포함되지 않는 것은?

① 장애학생의 체육활동 활성화
② 여학생의 체육활동 활성화
③ 우수선수의 발굴 및 지원
④ 체육수업의 질 제고

정답	③	난이도	보통
출제영역	2. 스포츠교육의 정책과 제도(1. 학교체육)		
해설	학교체육진흥법은 체육교육과정 운영충실 및 체육수업의 질 제고, 학생건강체력평가 및 비만판정을 받은 학생에 대한 대책, 학교스포츠클럽 및 학교운동부 운영, 학생선수의 학습권 보장 및 인권보호, 여학생 체육활동 활성화, 유아 및 장애학생의 체육활동 활성화, 학교체육행사의 정기적 개최, 학교간 경기대회 등 체육교류활동 활성화, 학교체육행사의 정기적 개최, 학교간 경기대회 등 체육교류 활동 활성화, 교원의 체육관련 직무연수 강화 및 장려, 그 밖에 학교체육 활성화를 위하여 필요한 사항 등을 담고 있다.		

11. 참여자들이 스포츠에서 다양한 역할을 경험하여 '유능하고 박식하며 열정적인 스포츠인'으로 성장하는 데 목적을 두고 있는 체육수업 모형은?

① 직접 교수 모형
② 스포츠 교육 모형
③ 개별화 지도 모형
④ 전술 게임 모형

정답	②	난이도	쉬움
출제영역	5. 스포츠교육의 지도방법론(1. 스포츠지도를 위한 교육모형)		
해설	스포츠교육모형은 모형의 주제로, 유능하고 박식하며 열정적인 스포츠인을 표방하고 있다. * 직접 교수모형의 주제: 교사가 수업의 리더역할을 한다. * 개별화지도모형: 수업진도는 가능한한 빨리, 필요한 만큼 천천히 학생이 결정한다. * 전술게임모형: 이해중심 게임지도		

12. 프로그램 지도 계획에 대한 설명 중 옳지 않은 것은?

① 가능한 시설과 용구, 시간, 참여자 수 등을 고려해야 한다.
② 프로그램 목표가 명확하게 진술되어야 한다.
③ 내용의 범위와 계열성을 확인해야 한다.
④ 평가절차는 포함하지 않는다.

정답	④	난이도	쉬움
출제영역	4. 스포츠교육의 프로그램론(2장 생활체육프로그램 개발 및 실천)		
해설	프로그램의 지도계획을 수립할 때 명확한 목표설정, 내용 범위와 계열성, 시설과 용기구, 시간, 참여자 수 등의 파악, 평가 방법 및 절차 확인 등은 반드시 필요한 사항이다. 따라서 평가절차를 포함하지 않는다는 점은 부적절한 사항이다.		

13. 〈보기〉에서 김 코치가 고려하고 있는 것은?

〈보기〉

김 코치는 중학교 여학생을 대상으로 리듬체조를 지도할 때, 초보자에게는 기초기술을, 숙련자에게는 응용기술을 가르쳤다.

① 학습자의 기능수준
② 학습자의 인지적 능력
③ 학습자의 감정코칭 능력
④ 학습자의 신체 발달

정답 및 해설	정답	①		난이도	쉬움
	출제영역	3. 스포츠교육의 참여자 이해론			
	해설	스포츠교육의 학습자에 대한 이해로써 학습자의 기능수준, 체격 및 체력, 동기유발상태, 인지적 능력, 감정코칭 능력, 발달 수준 등을 고려해야 한다. 해당 질문의 보기에서는 학습자의 기능수준(예: 초보자와 숙련자)을 고려한 내용이 제시되고 있다.			

14. 상호학습형 스타일을 적용하여 배구 토스기술 지도 시 옳지 않은 것은?

① 참여자들은 2인 1조로 각각 수행자와 관찰자의 역할을 정한다.
② 관찰자와 수행자는 각자의 수준에 맞추어서 토스 연습을 한다.
③ 수행자는 토스를 연습하고 관찰자는 수행자에게 피드백을 제공한다.
④ 지도자는 관찰자에게 피드백을 제공한다.

정답 및 해설	정답	②		난이도	어려움
	출제영역	5. 스포츠교육의 지도방법론(2. 스포츠지도를 위한 교수기법)			
	해설	상호학습형 스타일은 모스턴의 11가지 체육교수스타일 중의 하나로, 2인 1조로 학습 구조가 설정된다. 이때 1명은 관찰자, 다른 한명은 수행자 역할을 수행한다. 수행자는 학습 과제를 수행하며, 관찰자는 수행자에게 피드백을 제공한다. 따라서 관찰자와 수행자가 모두 각자의 수준에 맞추어서 토스 연습을 하는 것은 옳지 않으며, 수행자만 토스 연습을 하고 그 동안 관찰자는 수행자에게 피드백을 제공해야 한다.			

15. 실제 스포츠활동 상황에서 참여자가 알고 있는 것과 할 수 있는 것을 평가하는 방법은?

① 형성평가　　　　　　　　② 상대평가
③ 절대평가　　　　　　　　④ 수행평가

정답 및 해설	정답	④		난이도	어려움
	출제영역	6. 스포츠교육의 평가론(1장 평가의 이론적 측면)			
	해설	실제 스포츠활동 상황에서 참여자가 알고 있는 것과 할 수 있는 것을 평가하는 방법을 수행평가(또는 참평가, 실제 평가)라고 한다. 즉 수행평가는 인위적인 환경에서 1회성으로 부분능력을 평가받는 것이 아니라, 실제 상황에서 학습자가 갖추고 있는 종합적인 능력을 평가받는 것을 추구한다.			

16. 체육지도자의 '인지적 자질'에 해당되지 않는 것은?

① 스포츠생리학, 운동역학 등과 관련된 스포츠 과학 지식이 요구된다.
② 참여자와의 상담을 위해 기본적인 상담지식을 갖추어야 한다.
③ 클럽 운영과 관련된 지식, 정책 및 법령에 대한 이해가 필요하다.
④ 스포츠맨십, 스포츠 인권 등과 같은 규범적 가치를 존중해야 한다.

정답	④	난이도	보통
출제영역	7. 스포츠교육자의 전문적 성장(1. 스포츠교육 전문인의 전문적 자질)		
해설	생활체육전문인의 전문적 자질 요소로는 인지적 자질, 인성적 자질, 기능적 자질이 안내되고 있다. 본 질문의 4번 스포츠맨십, 스포츠인권 등과 같은 규범적 가치 존중은 인지적 자질보다는 인성적 자질에 해당한다.		

17. 〈보기〉에서 설명하고 있는 교수기능 연습 방법은?

〈보기〉
예비지도자가 모의 상황에서 동료 또는 소수 참여자들을 대상으로 일정한 시간 내에 구체적인 내용으로 지도기능을 연습한다.

① 실제 교수　　　　　　② 마이크로 티칭
③ 스테이션 교수　　　　④ 1인 연습

정답	②	난이도	보통
출제영역	5. 스포츠교육의 지도방법론(2. 스포츠지도를 위한 교수기법)		
해설	교수기능연습방법의 대표적인 방법이 마이크로 티칭이다. 마이크로 티칭은 실제 교수 상황을 축소(예: 학습자수, 학습시간, 학습공간 등)하여 교수기능을 연습하는 방법이다. 따라서 본 질문의 보기처럼 동료 또는 소수 참여자를 대상으로 일정한 시간내에 구체적인 내용을 지도하는 것은 마이크로 티칭이라고 볼 수 있다. 즉 소수 참여(학습자 수를 축소)와 일정한 시간(학습시간 축소)이 축소의 범위에 해당한다.		

18. 〈보기〉에서 설명하고 있는 지도방법은?

> 〈보기〉
> • 참여자는 선호하는 학습양식과 학습매체를 사용할 수 있다.
> • 참여자는 하나의 문제에 다양한 해답을 찾을 수 있다.
> • 참여자는 해답을 찾아가는 과정에 대한 책임이 있다.

① 유도발견형 ② 문제해결형
③ 과제형 ④ 직접형

정답	②		난이도	보통
출제영역	5. 스포츠교육의 지도방법론(2. 스포츠지도를 위한 교수기법)			
해설	본 질문의 보기에 해당하는 지도방법으로 가장 가까운 것은 문제해결형이다. 유도발견형은 하나의 문제에 대해 하나의 해답을 추구하는 지도방법이고, 과제형은 해답을 찾아가는 과정에 대한 책임이 참여자에게 있는 것은 아니다. 또한 직접형에서는 참여자가 선호하는 학습 양식과 학습 매체를 사용할 수 없다. 따라서 본 질문의 가장 가까운 정답은 문제해결형이다.			

19. 체육전문인으로 성장하기 위한 방안 중 무형식적인 성장 방법이 **아닌** 것은?

① 세미나 참여 ② 워크숍 참여
③ 클리닉 참여 ④ 개인적 경험

정답	④		난이도	보통
출제영역	7. 스포츠교육자의 전문적 성장(2. 장기적 전문인으로서의 성장 및 발달)			
해설	장기적 전문인으로서의 성장은 형식적 성장, 무형식적 성장, 비형식적 성장이 존재한다. 이 중 무형식적 성장방법은 공식적인 교육기관 밖에서 행해지는 성장방법으로, 단기간 세미나, 워크숍, 컨퍼런스 참여 등이 해당한다. 따라서 개인적 경험은 무형식적 성장방법에 해당되지 않는다.			

20. <보기>에 해당하는 게임 유형은?

   ─ <보기> ─────────────────────────────
   농구, 하키, 축구, 넷볼, 핸드볼, 럭비
   ────────────────────────────────────

   ① 영역(침범)형　　　　　② 필드형
   ③ 표적형　　　　　　　　④ 네트형

정답 및 해설	정답	①		난이도	쉬움
	출제영역	5. 스포츠교육의 지도방법론(1. 스포츠지도를 위한 교육모형)			
	해설	<보기>에 있는 농구, 하키, 축구, 넷볼, 핸드볼, 럭비 등은 영역침범형에 해당된다. 필드형에는 야구, 티볼 등이 해당되며, 표적형에는 양궁, 사격, 볼링 등이 해당된다. 네트형에는 배구, 배드민턴, 탁구 등이 해당된다.			

1부. 스포츠교육학 개관

스포츠교육학 핵심요약

학습목표

- 스포츠교육의 의미와 개념 및 목적과 내용을 이해한다.
- 스포츠교육의 역사, 발전과정, 태동 및 최근 동향을 이해한다.
- 스포츠교육 영역의 다양성과 방향성을 이해한다.

1장 | 스포츠교육의 이해

1) 스포츠교육의 의미

- 스포츠교육이란 스포츠를 지도하는 활동으로, 사람들이 삶 속에서 스포츠를 체험하고 문화 활동으로 즐길 수 있도록 가르치고 전수하는 것
- 스포츠교육의 의미
  - 협의의 스포츠교육: 학교에서 학생들의 건강한 심신을 함양하는 교과활동으로 학교체육을 의미
  - 광의의 스포츠교육: 학교 외에 지역사회에서 자율적으로 이루어지는 생활체육과, 전문 운동선수를 가르치는 전문체육을 모두 포함
- 스포츠교육의 목적 변화
  - 신체의 교육(education of the physical)→신체를 통한 교육(education through the physical)
- 스포츠교육의 가치 영역: 인지적 가치 영역, 정의적 가치 영역, 신체적 가치 영역

핵심용어

- **스포츠교육**: 스포츠를 지도하는 활동으로, 사람들이 삶 속에서 스포츠를 체험하고 문화 활동으로 즐길 수 있도록 가르치고 전수하는 것
- **신체의 교육**: 신체 자체에 초점을 둔 교육의 방향
- **신체를 통한 교육**: 신체적 교육뿐만 아니라 지적, 도덕적, 정의적 등의 총체적인 교육 발달을 강조하는 것

2장 | 스포츠교육의 역사

- 스포츠교육의 과학화
  - 미국의 체육학문화 운동(1960년대)이 체육계열 대학 및 대학원 프로그램의 변화 촉진함
  - 초·중·고등학교 교육을 담당하는 지도자 양성인 전문분야(professional practice)에서 기존의 '교육' 이미지를 탈피한 학문적 정체성으로 발전함
- 스포츠교육학의 성립과 발전과정
  - 수업, 교육과정, 교사교육에 관한 '체육교육의 학문적 연구 분야'를 스포츠교육학이라고 칭함
- 스포츠교육학의 연구영역: 수업, 교육과정, 지도자교육

> **핵심용어**
> ■ 스포츠교육학의 연구영역: 수업, 교육과정, 지도자교육을 일컬음

3장 | 스포츠교육의 영역

- 학교체육으로서의 스포츠교육
  - 학교체육의 범위: 우리나라 초중고등학교의 스포츠활동으로, '체육교과활동'과 '비교과활동'(또는 창의적 체험활동), 방과후 활동 및 기타 활동이 있음

구분	체육교과	학교 스포츠클럽 활동	학교스포츠 클럽	방과 후 특기적성 교육	토요 스포츠데이 활동	틈새체육
대상	전체 학생	전체 학생 (중학생만)	일부 학생	일부 학생	일부 학생	전체 또는 일부 학생
시간	주당 2~3시간	연간 34~68시간	비정기	비정기	연간 34시간	비정기

  - 학교체육의 주요 추진 과제
    - 체육교육과정 및 자율체육활동 활성화
    - 학생 건강체력증진을 위한 신체활동 강화
    - 학교스포츠클럽의 확대와 지역 연계 강화
- 생활체육으로서의 스포츠교육
  - 생활체육의 범위: 학령기의 어린이, 청소년뿐만 아니라, 유아, 성인, 노인, 장애인 등 다양한 학습자를 대상으로 학교 정규교육과정 바깥에서 이루어지는 체육활동
  - 생애주기별 생활체육프로그램의 특징
    - 유아기 및 아동전기: 움직임교육을 중심으로 신체 움직임에 대한 즐거움 추구
    - 아동후기 및 청소년기: 스포츠활동을 중심으로 기초기능과 응용기능을 습득하고 스포츠활동에 대한 다양한 경험

- 성인기: 건강유지를 위해 자신에게 맞는 종목을 선택하여 지속적으로 즐김과 동시에 고도의 스포츠기술에 도전하며 성취감을 경험
- 노인기: 자신의 신체조건에 적합한 활동을 선택하여 타인과 교류하며 건강을 유지
○ 전문체육으로서의 스포츠교육
- 엘리트선수 양성과 지도자 양성에 관한 체계적이고 과학적인 지도

핵심용어

- **학교체육**: 학교 테두리 안에서 이루어지는 모든 체육교육활동을 의미
- **생활체육**: 학교 정규교육과정 바깥에서 모든 생애주기를 대상으로 이루어지는 체육활동
- **전문체육**: 엘리트선수 양성과 엘리트지도자 양성을 위해 이루어지는 체육활동

2부. 스포츠교육의 정책과 제도

학습목표

- 학교체육관련 스포츠교육 정책과 제도를 이해한다.
- 생활체육관련 스포츠교육 정책과 제도를 이해한다.
- 전문체육관련 스포츠교육 정책과 제도를 이해한다.

1장 ┃ 학교체육

1) 국가수준 체육과 교육과정 문서의 개념

○ 초·중·고등학교 체육수업을 위한 체육교과목표, 내용의 영역과 기준, 교수학습방법, 평가를 담고 있는 정책 문서

2) 학교체육진흥법

학교체육활동 강화 및 운동부 육성 등과 같은 학교체육 활성화에 관한 법률로 2013년 3월 제정됨

학교체육진흥법 주요 내용
• 체육교육과정 운영 충실 및 체육수업의 질 제고
• 학생건강체력평가 및 비만판정을 받은 학생에 대한 대책
• 학교스포츠클럽 및 학교운동부 운영
• 학생선수의 학습권 보장 및 인권보호
• 여학생 체육활동 활성화
• 유아 및 장애학생의 체육활동 활성화
• 학교체육행사의 정기적 개최
• 학교간 경기대회 등 체육 교류활동 활성화
• 교원의 체육관련 직무연수 강화 및 장려
• 그 밖에 학교체육 활성화를 위하여 필요한 사항

3) 학교체육관련 지도자관련 정책

초등학교 체육전담교사, 중등학교 체육교사, 스포츠강사에 관한 정책

핵심용어

- 학교체육진흥법: 2013년에 제정된 학교체육활동 강화 및 운동부 육성 등과 같은 학교체육 활성화에 관한 법률임

2장 ❙ 생활체육

1) 국민체육진흥법: 스마일100(스포츠를 마음껏 일상적으로 100세까지) 국민생활체육진흥정책 수립

2) 생활스포츠지도사 제도 관계 법령의 주요 특징
- 생활스포츠지도사 응시 자격요건 강화
- 자격검정이나 연수과정의 면제 대상 확대
- 생활체육 종목의 확대 수요를 반영한 생활체육 분야 종목 추가

> **핵심용어**
> ■ 국민체육진흥법: 우리나라 국민에게 체육활동을 진흥하여 이를 바탕으로 온 국민이 각자의 체력증진 및 건전한 정신 육성을 도모하기 위해 1962년 9월 17일 법률 제1146호로 제정 공포한 법률

3장 ❙ 전문체육

1) 국민체육진흥법: 국민체육진흥기금 마련, 체육인 복지 사업 등

2) 전문스포츠지도사 자격제도 변경의 주요 내용
- 2급 전문스포츠지도사
    : 경기경력 6년 → 4년으로 완화
    : 필기과목 8과목 → 5과목 축소
- 1급 전문스포츠지도사의 필기과목: 9과목 → 4과목 축소
- 학교체육교사뿐만 아니라 국가대표선수와 문체부장관이 지정하는 프로스포츠단체에 등록한 프로스포츠선수로 확대. 국가대표선수는 필기시험 면제

3) 학생선수관련 정책: 공부하는 학생선수상 정립을 위한 학습권 보장제
- 학교급별 대상 과목: 초·중학교는 5개 교과(국어, 영어, 수학, 과학, 사회), 고등학교는 3개 교과(국어, 영어, 사회)에 적용하되, 학교별 또는 학교급별로 대체가 가능함
- 최저학력기준: 해당 학년 교과별 평균성적을 기준으로 초50%, 중40%, 고30%에 해당함
- 최저학력 기준미달 학생선수의 조치: 기초학력 보장 프로그램 참여를 의무화하고, 학교장의 결정에 따라 경기 출전에 제한을 받음

> **핵심용어**
> ■ 최저학력제: 학생선수의 학습권을 보장하기 위한 제도

3부. 스포츠교육의 참여자 이해론

학습목표

- 스포츠교육 지도자의 의미와 유형 및 역할을 이해한다.
- 스포츠교육 학습자의 의미와 생애주기별 학습자 발달특성을 이해한다.
- 스포츠교육 행정가의 의미와 역할을 이해한다.

1장 | 스포츠교육의 지도자

1) 스포츠교육 지도자의 의미: 학교, 직장, 지역 사회 또는 체육단체 등에서 체육을 지도하는 자

2) 스포츠교육 지도자의 유형

○ 체육교육 전문가: 체육교사 + 스포츠강사
  - 체육교사: 정과체육수업 및 방과 후 체육활동 운영을 담당하는 지도자. 일반적으로 체육교과 업무 뿐만 아니라 일반 행정업무, 운동부 업무 등을 담당
  - 스포츠강사: 초중고에서 학교스포츠클럽 및 방과후 체육활동을 지도하거나 정과 체육수업의 수업 진행 및 보조 역할을 수행하는 체육지도자

○ 스포츠 지도 전문인: 생활스포츠지도사 + 전문스포츠지도사

가) 생활스포츠지도사
  - 의미: 다양한 스포츠시설이나 체육동호회 및 사회단체에서 자발적으로 운동에 참여하는 일반인들을 지도하는 체육전문가
  - 역할:
    ✔ 생활체육활동 목표의 설정
    ✔ 효율적인 지도기법의 개발
    ✔ 생활체육지도자에 대한 인간관계 유지
    ✔ 생활체육 프로그램의 개발
    ✔ 생활체육관련 재정의 관리
    ✔ 생활체육 기구의 개발 및 운용
    ✔ 생활체육에 대한 연구활동

나) 전문스포츠지도사
  - 의미: 학교운동부, 실업팀이나 프로스포츠단 등에 소속된 코치나 감독 등의 지도자

• 역할: 창조적 역할, 실행자 역할, 독려자 역할, 모니터 역할, 지시자 역할, 배려자 역할 등

핵심용어
- 체육교사: 학교의 정규교육과정에 따라 체육수업을 지도하는 자
- 스포츠강사: 초등학교와 중학교에서 정규체육 수업이외의 학교스포츠클럽활동이나 방과후 스포츠클럽을 지도하는 자
- 생활스포츠지도사: 생활체육을 지도하는 자
- 전문스포츠지도사: 엘리트체육을 지도하는 자

2장 ┃ 스포츠교육의 학습자

1) 스포츠교육의 지도대상: 전 생애주기(유아기에서 노년기까지 해당)

2) 스포츠교육의 학습자 상태
- 학습자의 기능수준을 고려
- 학습자의 체격 및 체력을 고려
- 학습자의 동기유발 상태 고려
- 학습자의 인지적 능력 고려
- 학습자의 감정코칭 능력 고려
- 학습자의 발달수준 고려

3) 생애주기별 발달 특성
- 유아기: 대뇌 및 감각기관 발달, 근육발달, 인지발달, 언어발달 등
- 아동기: 신체발달, 운동기능 발달, 지적 흥미의 다양화, 또래집단 형성 등
- 청소년기: 급격한 신체 성장, 성적 성숙, 인지발달, 가치관 형성 등
- 성인기: 책임있는 사회구성원, 신체적 노화시작, 성격의 안정, 직업 안정 등
- 노년기: 사회적 활동의 감소, 체력 저하, 운동기능 감퇴, 감각 기능 퇴화 등

4) 생애주기별 평생체육활동
- 유아체육: 놀이중심 움직임교육에 중점
- 아동체육: 달리기, 뜀뛰기, 체조, 조직성이 낮은 간이경기, 물놀이, 춤과 리듬활동 등
- 청소년체육: 다양한 체육활동에 균형있게 참여하고, 학교체육 이외의 생활체육활동으로 확대
- 성인체육: 체력 저하 시작과 다양한 생리적 변화 발생. 운동부족으로 성인병이 나타나는 시기이므로, 유산소 운동과 무산소 운동 병행
- 노인체육: 신체적, 정신적 기능이 쇠퇴하는 시기. 노년생활의 활력, 노화 지연, 건강 유지, 고독감 탈출 등에 기여

> 🔆 핵 심 용 어
> - 생애주기: 유아기부터 노인기까지 인간의 생애를 구분하기 주기를 일컬음
> - 평생체육: 출생부터 노인기에 이르기까지 인간의 삶속에서 체육활동에 참여하는 것을 말함

3장 ┃ 스포츠교육의 행정가

1) **스포츠교육 행정가의 의미:** 스포츠와 관련된 일을 하며, 프로젝트 기획, 행정, 사무, 개발, 교육 등의 업무를 담당하는 사람

2) **스포츠교육 행정가의 유형과 역할**
   - ○ 학교체육과 관련된 행정가: 안내자의 역할, 조력자의 역할, 행정가로서의 역할
   - ○ 생활체육과 관련된 행정가: 조력자의 역할, 조직가의 역할, 운영자의 역할, 지원자의 역할
   - ○ 전문체육과 관련된 행정가: 전문가의 역할, 행정가의 역할, 관리자의 역할

> 🔆 핵 심 용 어
> - 학교체육행정가: 학교체육의 행정 업무를 전문적으로 담당하는 사람
> - 생활체육행정가: 생활체육의 행정 업무를 전문적으로 담당하는 사람
> - 전문체육행정가: 엘리트체육의 행정 업무를 전문적으로 담당하는 사람

4부. 스포츠교육의 프로그램론

스포츠교육학 핵심요약

학습목표

- 학교체육 프로그램 개념과 유형, 그리고 개발과정을 이해한다.
- 생활체육 프로그램 개념과 유형, 그리고 개발과정을 이해한다.
- 전문체육 프로그램 개념과 유형, 그리고 개발과정을 이해한다.

1장 ❘ 학교체육 프로그램 개발 및 실천

1) 학교체육 프로그램 개념과 유형: 교과활동과 비교과활동

- 교과활동: 체육교과의 정과체육수업을 의미
- 비교과활동: 정과체육수업 이외에 학교에서 이루어지는 체육활동
  - 창의적 체험활동(학교스포츠클럽 활동), 방과 후 학교스포츠클럽, 방과 후 체육활동, 학교운동부 등

2) 체육 수업 프로그램 개발에서의 교내·외적 환경 고려사항

- 참여 학생 수 및 학습자의 특성 파악
- 수업 시간 배당 및 시설·용기구 확보
- 학습자 안전 관리

3) 학교체육 프로그램 유형의 대표사례: 방과후 학교스포츠클럽 프로그램

- 학교스포츠클럽 운영: 운동 시간 및 경기 일정 등을 다양화하기 위해 방과후 시간, 점심시간, 토요일 등을 활용하여 학급 및 학교스포츠클럽 대항 교내스포츠리그를 활성화
- 학교스포츠클럽 대회 유형
  : 교내리그→지역교육청 리그 및 본선대회→학교스포츠클럽 전국대회
- 학교스포츠클럽 프로그램 구성 시 고려사항
  - 활동시간의 다양화, 학생주도의 자발적 참여유도, 스포츠 인성 함양, 스포츠 문화 체험 제공

핵심용어

- **교과활동**: 학교교육과정은 교과활동과 비교과활동으로 구분됨. 이 중 교과활동은 정규체육수업 활동을 의미
- **비교과활동**: 교과활동인 체육수업 이외의 창의적 체험활동의 학교스포츠클럽활동을 의미
- **학교스포츠클럽**: 방과후에 이루어지는 스포츠클럽활동을 의미

2장 | 생활체육 프로그램 개발 및 실천

1) **생활체육 프로그램의 개념:** 생활체육 참여자들의 단순한 스포츠 활동 내용을 의미하나, 광의적으로 생활체육 조직의 효율적인 운영을 위한 스포츠 활동의 총체적 운영계획을 의미

2) **생활체육 프로그램 목적**

○ 여가선용, 삶의 질 향상, 삶의 경험 확대, 스포츠 운동기능 향상, 신체적·정신적 건강 유지 및 증진, 공동체 형성 및 시민 정신 함양

3) **생활체육 프로그램 유형:** 8가지 준거에 의한 유형 분류

• 주관자를 준거로 한 유형	• 참여자의 조직화정도를 준거로 한 유형
• 참여를 준거로 한 유형	• 장소를 준거로 한 유형
• 목적을 준거로 한 유형	• 대상자를 준거로 한 유형
• 개최기간을 준거로 한 유형	• 운동형태를 준거로 한 유형

4) **생활체육 프로그램 설계**

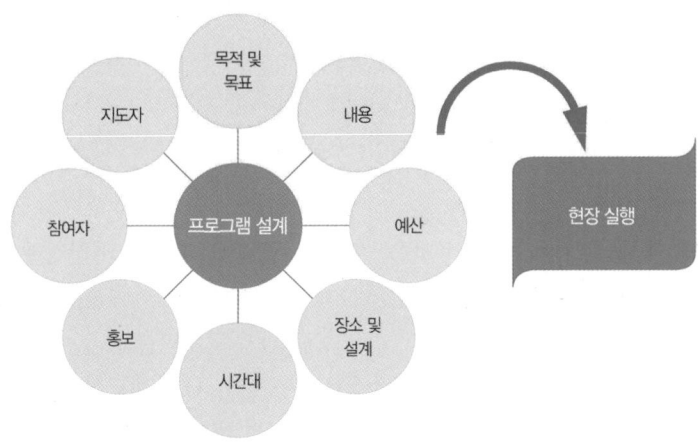

5) **생활체육 프로그램 실천**

○ 유소년스포츠 프로그램 실천
  • 유형: 스포츠교실형, 경기대회형, 축제형, 개인운동, 집단운동
  • 프로그램 구성 시 고려사항: 자발적 움직임 활동 고려, 다양한 신체활동 경험 고려, 지역시설과 연계 고려, 유소년의 스포츠활동 시간대 고려
○ 청소년스포츠 프로그램 실천
  • 유형: 스포츠교실형 청소년스포츠 프로그램, 경기대회형 청소년스포츠 프로그램

- 프로그램 구성 시 고려사항: 프로그램의 지속성 고려, 발달운동중심 프로그램 개발, 청소년 개인의 요구와 흥미고려, 청소년의 생활패턴 고려
○ 성인스포츠 프로그램 실천
- 유형: 스포츠교실형 성인스포츠 프로그램, 경기대회형 성인스포츠 프로그램
- 프로그램 구성 시 고려사항: 성인의 신체적, 심리적, 사회적 특징 및 요구고려, 주변 요인 제고, 프로그램 지속성 고려, 프로그램의 다양성과 전문성 제고
○ 노인스포츠 프로그램 실천
- 유형: 스포츠교실형, 경기대회형과 축제형의 혼합형
- 프로그램 구성시 고려사항: 노인의 신체적, 심리적, 사회적 특성 및 요구고려, 주변요인 제고, 관련 프로그램의 연계성 고려, 유기적인 협력관계(노인, 전문노인스포츠지도사, 행정담당자)
○ 장애인스포츠 프로그램 실천
- 유형: 스포츠교실형, 경기 대회형과 축제형의 혼합형
- 프로그램 구성 시 고려사항: 장애유형별 특징과 요구사항 고려, 근접성과 제반 여건 고려, 프로그램의 지속성 고려, 참여 장애인의 경제적 여건 고려

핵심용어

■ 생활체육프로그램: 생활체육 참여자들의 단순한 스포츠 활동 내용을 의미하나, 광의적으로 생활체육 조직의 효율적인 운영을 위한 스포츠 활동의 총체적 운영계획을 의미

3장 | 전문체육 프로그램 개발 및 실천

1) 전문체육 프로그램 개발

○ 개념: 스포츠기술과 관련하여 언제, 무엇을, 어떻게 할지에 대한 의사결정뿐만 아니라, 선수관리, 팀 운영에 이르는 제반 사항을 포함
○ 전문체육 프로그램의 지도개발 6단계
(1단계) 선수에게 필요한 기술 파악, (2단계) 선수이해, (3단계) 상황분석,
(4단계) 우선순위 결정 및 목표설정, (5단계), 지도방법 선택, (6단계) 연습계획 수립

2) 전문체육 프로그램 실천

○ 청소년스포츠프로그램 실천
- 개념 및 의미: 청소년스포츠코칭은 엘리트스포츠를 지향하는 학교운동부 지도를 의미함. 선수, 훈련, 팀 및 선수관리 등을 위한 지도계획을 총체적 관점에서 접근
- 청소년스포츠코칭 프로그램 개발 시 고려사항: 코치중심에서 선수중심의 관점, 인성중심지도 실천, 일상생활로의 전이

○ 성인스포츠코칭 프로그램 실천
  - 성인스포츠코칭의 개념: 성인스포츠코칭은 대학선수 및 엘리트스포츠에서의 코칭을 의미
  - 성인스포츠코칭 프로그램 개발 시 고려사항: 명확한 목표설정, 자기주도적인 환경조성, 지속적인 자기 성찰을 위한 기회 제공

핵심용어

- **전문체육프로그램**: 스포츠기술과 관련하여 언제, 무엇을, 어떻게 할지에 대한 의사결정뿐만 아니라, 선수관리, 팀 운영에 이르는 제반 사항을 포함

5부. 스포츠교육의 지도방법론

학습목표

- 스포츠지도를 위한 교육모형의 의미와 종류를 이해한다.
- 스포츠지도 상황에 적절한 교수기법을 이해한다.
- 스포츠지도의 교수방향과 교수전략을 이해한다.

1장 ┃ 스포츠지도를 위한 교육모형

1) 모형의 의미와 특성

○ 모형의 의미: 건물을 건축하기 전에 미리 만들거나 완성된 건축물을 줄여서 만든 본보기
○ 교육모형의 특성
- 교육 모형은 교사의 수업행동과 구조를 이해하기 쉽게 도와줌
- 체육수업의 구조와 특징을 한눈에 파악할 수 있는 수업 설계도
- 설계도는 도면으로 작성된 계획으로, 건축가가 건축물을 완성하였을 때 어떤 모습인지를 파악하는 데 도움이 됨
- 교사가 수업내용을 구성하거나 수업을 지도·운영하는데 필요한 계획 수립
- 수업에서 추구하는 학습 목표를 성취하기 위해 체육수업 모형을 활용

2) 교육모형의 종류

○ 직접교수모형
- 주제: 교사가 수업리더 역할을 한다.
- 학습영역: (1순위) 심동적 학습 (2순위) 인지적 학습 (3순위) 정의적 학습
- 특징: 직접교수모형의 지도단계

1단계	전시 과제연습
2단계	새로운 과제 제시
3단계	초기 과제연습
4단계	피드백 및 교정
5단계	독자적인 연습
6단계	본시 복습

○ 개별화지도모형
- 주제: 수업진도는 가능한 빨리, 필요한 만큼 천천히 학생이 결정한다.
- 학습영역: (1순위) 심동적 학습 (2순위) 인지적 학습 (3순위) 정의적 학습
- 특징(1): 개인학습지 활용
- 특징(2): 수업주도성 파일

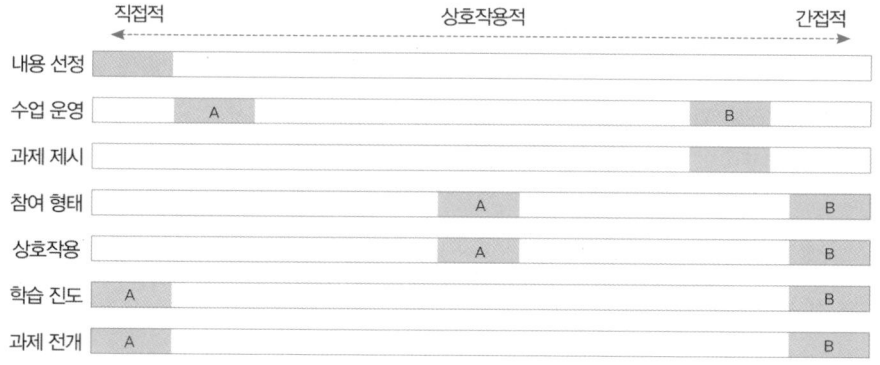

○ 협동학습모형
- 주제: 서로를 위해 함께 배우기
- 학습영역: 2가지 학습 영역 초점

	인지적 학습 초점	심동적 학습 초점
학습 영역의 우선순위	1순위: 정의적/인지적 영역 3순위: 심동적 영역	1순위: 정의적/심동적 영역 3순위: 인지적 영역

- 특징: 수업 주도성 화일

- 협동학습전략: 직소, STAD, TGT 등

○ 스포츠교육모형
- 주제: 유능하고 박식하며 열정적인 스포츠인으로 성장하기
- 학습영역: 역할임무에 따라 학습영역이 다양하게 나타남

- 특징(1): 6가지 특성(시즌, 팀소속, 축제화, 공식경기, 결승전행사, 기록보존)
- 특징(2): 수업주도성 파일

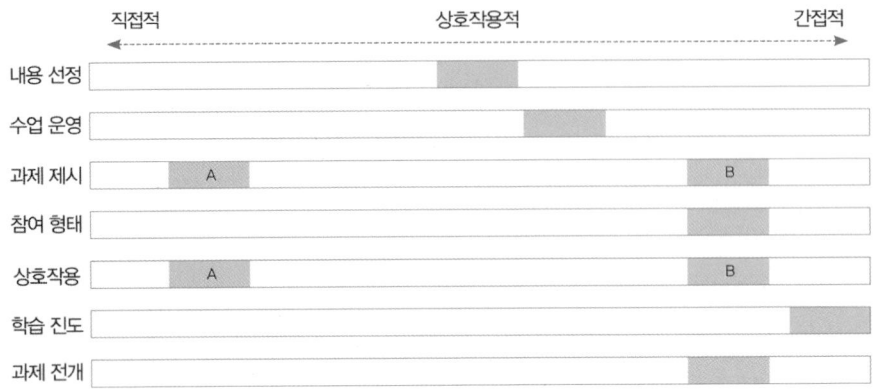

○ 동료교수모형
- 주제: 나는 너를 가르치고, 너는 나를 가르친다.
- 학습영역:

	개인교사일 때	학습자일 때
학습 영역의 우선순위	1순위: 인지적 영역 2순위: 정의적 영역 3순위: 심동적 영역	1순위: 심동적 영역 2순위: 인지적 영역 3순위: 정의적 영역

- 특징: 개인교사와 학습자와의 소통가능, 교사와 개인교사 소통가능, 교사와 학습자 소통 불가능

○ 탐구수업모형
- 주제: 문제해결자로서의 학습자
- 학습영역: (1순위)인지적 영역 (2순위)심동적 영역 (3순위)정의적 영역
- 특징: 수업주도성 파일

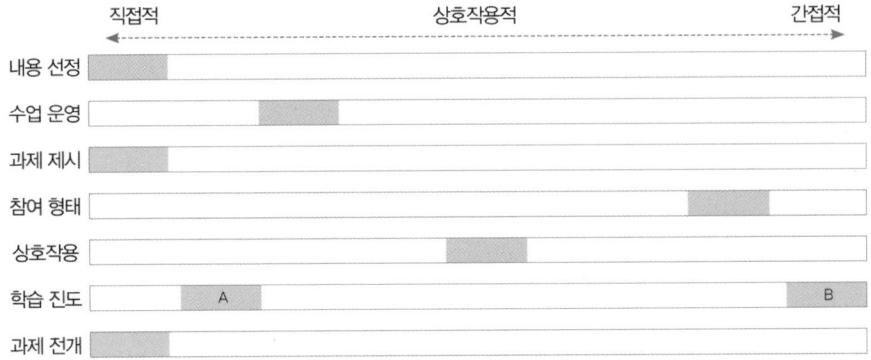

○ 전술게임모형
  • 주제: 이해중심 게임지도
  • 학습영역: (1순위)인지적 영역 (2순위)심동적 영역 (3순위)정의적 영역
  • 특징(1): 전술게임모형의 구조

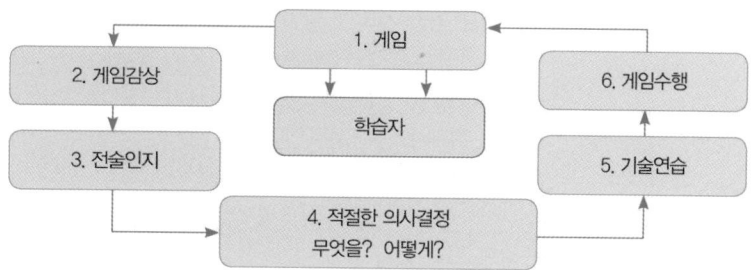

  • 특징(2): 수업주도성 파일

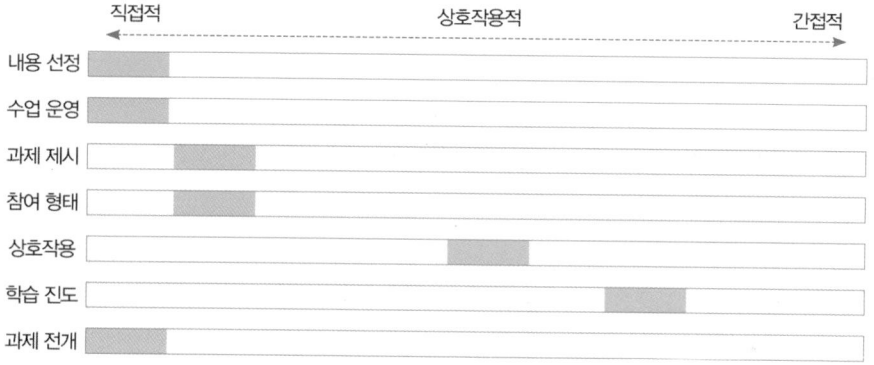

○ 개인적·사회적 책임감지도모형
  • 주제: 통합/전이/권한위임/교사와 학생의 관계
  • 학습영역: 학습영역의 우선순위 없음
  • 특징(1): 책임감 수준의 6단계

수준	특징	의사결정과 행동의 사례
5단계	전이	• 지역사회 환경에서 타인 가르치기 • 가정에서 개인적 체력 프로그램 실행하기 • 청소년스포츠코치로 자원하기 • 학교 밖에서 훌륭한 역할 본보기 되기
4단계	돌봄과 배려	• 먼저 단정하지 않고 경청하고 대응하기 • 거드름 피우지 않고 돕기 • 타인의 요구와 감정 인정
3단계	자기 방향 설정	• 교사 감독 없이 과제 완수 • 자기 평가 가능

수준	특징	의사결정과 행동의 사례
		• 자기 목표 설정 가능 • 부정적인 외부 영향에 대응 가능
2단계	참여와 노력	• 자기 동기 부여 있음 • 의무감 없는 자발적 참여 • 열심히 시도하는 학습(실패하는 것도 좋음)
1단계	타인의 권리와 감정 존중	• 다른 사람을 방해하지 않고 참여하기 • 자기 통제 보임(기질, 언어) • 타인을 고려하면서 안전하게 참여하기 • 평화로운 갈등 해결 시도
0단계	무책임감	• 참여 의지 없음 • 어떠한 수준의 책임감도 수용할 의사 없음 • 자기 통제 능력 없음 • 다른 사람들을 방해하는 시도

- 특징(2): 수업주도성 파일

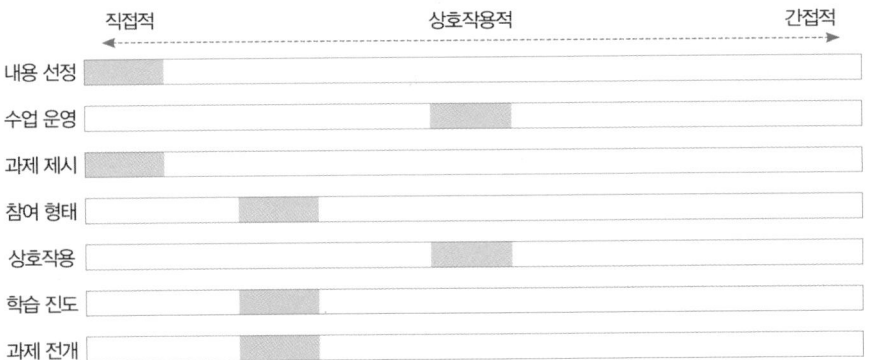

○ 하나로수업모형
- 목적: 스포츠의 심범적 차원 입문을 통해 참 좋은 사람 만들기
- 내용: 게임(기법적 차원)과 문화(심범적 차원)
- 방법: 직접 체험 활동(기술, 전술, 규칙)과 간접 체험 활동(전통, 안목, 정신)
- 특징: 터(수업활동 공간)와 패(학생들의 소집단 모둠)
- 평가: 접합식 평가와 통합식 평가

2장 | 스포츠지도를 위한 교수기법

1) 지도계획안의 설계
○ 지도계획안 작성의 필요성, 고려사항 및 작성 내용

2) 지도 내용의 전달
○ 지도 내용의 발달적 조직
- 내용의 발달적 분석: 확대 → 세련 → 응용
  - 확대: 학습 경험을 간단한 과제에서 복잡한 과제 또는 쉬운 과제에서 어려운 과제로 발전시키는 것
  - 세련: 운동수행의 질적 향상에 초점을 두는 것
  - 응용: 확대와 세련을 통해 습득된 기능을 실제 또는 실제와 유사한 상황에서 사용할 수 있는 것
- 기능속성에 따른 내용발달: 개방기능과 폐쇄기능
  - 개방기능: 환경의 변화에 따라 기능의 요구조건이 변화하는 기능으로, 팀 스포츠가 이에 해당됨
  - 폐쇄기능: 환경의 변화에 영향을 받지 않은 기능으로, 양궁 사격, 볼링 등이 해당됨

○ 과제 제시 전략
- 학습단서의 선택과 조직: 효과적인 단서는 정확하고(단서의 정확성), 학습자가 수행해야 하는 과제에 중요한 부분을 담고 있어야 하며(단서의 요점과 간결성), 단서의 수가 많지 않으며(단서의 양적 적절성), 넷째, 학습자의 연령과 학습 단계에 적합해야 한다(학습자의 연령과 수준에 적합한 단어)
- 질문의 활용: 회상형(회고적) 질문, 수렴형(집중적) 질문, 확산형(분산적) 질문, 가치형(가치적) 질문
  - 회상형(회고적) 질문: 기억수준의 대답만 필요로 하는 질문
  - 수렴형(집중적) 질문: 이전에 경험했던 내용의 분석 및 통합에 필요한 질문
  - 확산형(분산적) 질문: 이전에 경험하지 않은 문제의 해결에 필요한 질문
  - 가치형(가치적) 질문: 취사선택, 태도, 의견 등을 표현하는 데 필요한 질문

3) 지도내용의 연습 및 교정
○ 과제연습에 따른 지도사의 행동
→ 지도감독된 과제연습 / 개별적 과제연습 / 과제연습의 주시
○ 연습 중 지도사의 행동: 비기여행동 / 간접기여행동 / 직접기여행동
- 비기여행동: 수업내용에 기여할 가능성이 전혀 없는 행동(예: 교장과의 대화, 전달 방송 등)
- 간접기여행동: 간접기여 행동은 학습과 관련은 있지만 수업내용 자체에 직접 기여하지는 않는 행동(예: 부상자 처리, 수업 중 화장실가기, 물마시기 등의 학습자 행동관련 처리 등)

- 직접기여행동: 지도사의 직접기여 행동은 크게 지도행동과 운영행동으로 구분됨. 지도행동은 운동과제를 직접 가르치는 교수행동이고, 운영행동은 운동과제를 가르치는 데 필요한 학습 환경을 조성하는 교수행동임(예: 피드백 제공, 학습자 과제 수행 관찰 등)
    ※ 학습자의 과제 수행 관찰 목적: 과제 수행의 적합도, 안전 관리, 과제 피드백 제공 등

4) 피드백의 유형

○ 피드백 제공자: 내재적 과제 / 외재적 과제
○ 피드백 내용: 일반적 피드백 / 구체적 피드백
○ 피드백 정확성: 정확한 피드백 / 부정확한 피드백
○ 피드백 시기: 즉각적 피드백 / 지연된 피드백
○ 피드백 양식: 언어피드백 / 비언어피드백 / 언어와 비언어 혼합
○ 피드백 평가: 긍정적 피드백 / 부정적 피드백 / 중립적 피드백
○ 피드백 방향성: 개별적 피드백 / 집단 피드백 / 전체 수업 피드백

5) 효과적인 관리운영

○ 상규적 활동
    - 개념: 스포츠 지도시간에 반복적으로 나타나는 행동
    - 관리: 상규적 활동이 일어나는 사건을 루틴으로 확립하여 학습자에게 적용
○ 예방적 수업 운영 방법
    - 최초 활동의 통제
    - 수업시간의 엄수
    - 출석점검 시간의 절약
    - 주의 집중에 필요한 신호의 교수
    - 수업운영시간의 기록 게시
    - 열정, 격려, 주의환기의 활용
    - 높은 비율의 피드백과 긍정적인 상호작용의 활용

핵심용어

- **확대**: 학습 경험을 간단한 과제에서 복잡한 과제 또는 쉬운 과제에서 어려운 과제로 발전시키는 것
- **세련**: 운동수행의 질적 향상에 초점을 두는 것
- **응용**: 확대와 세련을 통해 습득된 기능을 실제 또는 실제와 유사한 상황에서 사용할 수 있는 것
- **개방기능**: 환경의 변화에 따라 기능의 요구조건이 변화하는 기능
- **폐쇄기능**: 환경의 변화에 영향을 받지 않은 기능
- **비기여행동**: 수업내용에 기여할 가능성이 전혀 없는 행동
- **간접기여행동**: 간접기여 행동은 학습과 관련은 있지만 수업내용 자체에 직접 기여하지는 않는 행동
- **직접기여행동**: 지도사의 직접기여 행동은 크게 지도행동과 운영행동으로 구분됨. 지도행동은 운동과제를 직접 가르치는 교수행동이고, 운영행동은 운동과제를 가르치는 데 필요한 학습 환경을 조성하는 교수행동임

3장 ❙ 세부 지도목적에 따른 교수기법

1) 스포츠지도를 위한 교수방향

- 창의인성을 지향하는 교수학습
- 개인차를 고려한 수준별 교수
- 자기주도적 교수학습 환경 조성
- 통합적 교수학습 운영

2) 스포츠지도를 위한 교수전략

- 상호작용 교수: 지도사가 학습자들에게 특정 기술을 가르치거나 그 기술을 특정한 방법으로 올바르게 수행하는 것을 목표로 할 때 효과적임
- 과제 교수(또는 스테이션 교수): 학습자들이 서로 다른 과제들을 동시에 익히도록 하는 데 효과적임
- 동료 교수: 복합적인 교육의 목적에 대해 간접적인 경험들을 제공하는 데 적합함
- 유도발견 학습: 질문을 통하여 가르친다는 접근법으로, 지도사나 다른 학습자들의 올바른 행위를 모방하기 보다 학습자 스스로 문제를 해결하도록 고안됨
- 학습자 설계 교수: 학습자들이 학습 활동의 중심이 되는 학습자 중심의 간접적인 접근

핵심용어

- 수준별 교수: 학습자의 개인차(예: 성별, 체력, 기능, 흥미 등)를 고려한 수업 지도
- 과제 교수(또는 스테이션교수): 학습공간을 구분하여 학습자들이 서로 다른 과제를 동시에 학습할 수 있도록 하는 수업지도 방식

스포츠교육학 핵심요약

6부. 스포츠교육의 평가론

학습목표

- 스포츠교육평가의 개념과 목적, 기능, 방법을 이해한다.
- 스포츠교육에서의 평가기준과 평가기법의 차이를 이해한다.

1장 ❙ 평가의 이론적 측면

1) 평가의 개념과 목적

○ 개념: 교육 현상의 가치를 판단하여 교수학습의 의사결정에 도움을 주기 위한 활동
○ 목적: 지도사의 교육활동 개선 / 교수학습의 효과성 판단 / 학습자의 운동수행 참여 및 향상동기 촉진 / 학습자의 학습상태와 학습지도에 관한 정보제공 / 학습지도 및 관리운영의 효율성을 위한 집단 편성 / 학습자 역량 판단을 통한 이수과정 선택 정보 제공

2) 평가의 기능

○ 진단평가의 기능
- 학습 전 학습목표에 따른 학습자 수준 결정
- 지도과정에서 학습자의 계속적인 학습 오류에 대한 적절한 의사결정
- 지도전략의 극대화를 위해 학습자를 일정한 상황에 의도적으로 머무르게 유도
○ 형성평가의 기능
- 강습의 교수학습활동 피드백과 교정
- 교육목표에 기초한 교수학습과정 개선
- 교수학습활동의 유동적 시기에 지도내용과 교수학습활동 개선
○ 총괄평가의 기능
- 학습자의 학업성취도에 대한 종합적 판단
- 학습효과 비교를 통한 차후 학습 계획과 예측
- 지도사 교수활동 개선에 대한 구체적인 정보 예측

3) 평가의 양호도

○ 타당도: 내용타당도, 준거타당도, 구인타당도

○ 신뢰도: 검사-재검사, 동형검사, 내적 일관성

> **핵심용어**
> - ■ 진단평가: 교육 프로그램 실시 이전에 참여자의 특성을 점검하는 평가활동
> - ■ 형성평가: 교육 프로그램이나 지도방법의 개발단계에서 이루어지는 과정 중심의 평가활동
> - ■ 총괄평가: 교육 프로그램과 지도방법을 적용한 이후 학습자들의 성취도를 포함한 프로그램의 효과 및 효율성 등의 결과를 종합적으로 판단하는 활동
> - ■ 타당도: 스포츠지도사가 측정하고자 하는 것을 측정도구가 정확하고 적합하게 측정하는지에 관한 정도
> - ■ 신뢰도: 스포츠지도사가 시·공간에 관계없이 늘 일관된 태도나 행동으로 측정하는 것

2장 ㅣ 평가의 실천적 측면

1) 평가기준

○ 준거지향 평가(또는 절대평가): 스포츠지도사가 설정한 학업수행 준거나 행동준거에 학습자가 도달하였거나 행동을 보여주었을 때 교육목표가 달성
○ 규준지향 평가(또는 상대평가): 학습자의 학업성취도를 학습자 상호간의 상대적 비교를 통해 결정
○ 자기지향 평가: 개인이 자기 자신의 행동을 평가하는 한 방법

2) 평가기법

○ 체크리스트 / 평정척도 / 루브릭 / 관찰 / 학습자 일지 / 학습자 면접과 설문지

> **핵심용어**
> - ■ 준거지향 평가(또는 절대평가): 스포츠지도사가 설정한 학업수행 준거나 행동준거에 학습자가 도달하였거나 행동을 보여주었을 때 교육목표가 달성
> - ■ 규준지향 평가(또는 상대평가): 학습자의 학업성취도를 학습자 상호간의 상대적 비교를 통해 결정
> - ■ 자기지향 평가: 개인이 자기 자신의 행동을 평가하는 한 방법

7부. 스포츠교육자의 전문적 성장

> **학습목표**
> - 학교체육 전문인, 생활체육 전문인, 전문체육 전문인의 전문적 자질 요소와 개발 방법을 이해한다.
> - 장기적인 전문인 성장 방법의 유형을 이해한다.

1장 ❙ 스포츠교육 전문인의 전문적 자질

1) 학교체육전문인의 전문적 자질 개발

○ 자질의 구성요소

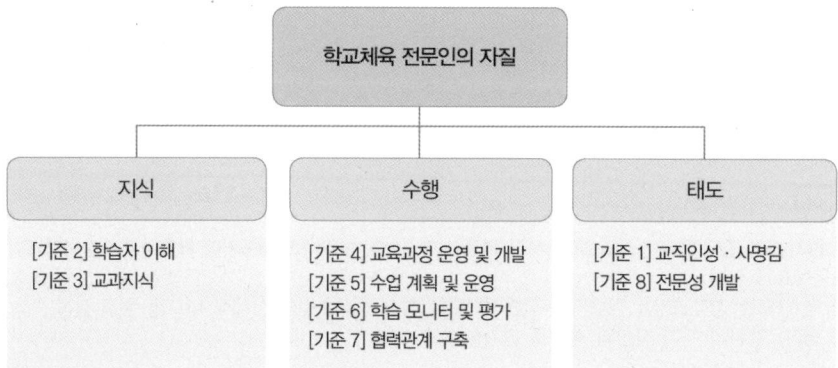

○ 자질 개발 방법: 직전 교육과 현직 교육

2) 생활체육전문인의 전문적 자질 개발

○ 자질의 요소: 인지적 자질, 인성적 자질, 기능적 자질
○ 자질 개발: 현장연구, 동료코칭, 스터디그룹

3) 전문체육전문인의 전문적 자질 개발

○ 자질의 구성요소

전문영역1	철학과 윤리	전문영역5	지도법 및 커뮤니케이션
전문영역2	안전 및 상해예방	전문영역6	운동기능 및 전술
전문영역3	신체적 컨디셔닝	전문영역7	조직과 운영
전문영역4	성장 및 발달	전문영역8	평가

○ 자질의 개발방법: 입문단계 ⇒ 개발단계 ⇒ 고급단계

핵심용어
- 전문적 자질: 체육을 가르치는 전문가로서 요구되는 자질 및 능력

2장 | 장기적 전문인으로서의 성장 및 발달

1) 형식적 성장

○ 개념: 제도화되고 관료적이며 교육과정에 의하여 조직된 교육으로 성적, 학위 또는 자격증을 부여하는 교육
○ 사례: 영국의 코치 자격증 프로그램, 캐나다의 코칭 자격 프로그램, 미국체육스포츠협회의 코치 자격증 제도 등

2) 무형식적 성장

○ 개념: 공식적인 교육기관 밖에서 행해지는 조직적인 학습의 기회로서 단기간에 자발적으로 이루어지는 교육
○ 사례: 단기간의 세미나, 워크숍, 컨퍼런스 참여 등

3) 비형식적 성장

○ 개념: 일상적인 경험으로부터 얻는 배움의 형식
○ 사례: 과거의 선수 경험, 비형식적인 멘토링, 실제적인 코칭경험, 동료코치나 선수들과의 대화, 인터넷 검색, 코칭 잡지 구독 등

핵심용어
- 형식적 성장: 고도로 제도화되고 관료적이며 교육과정에 의하여 조직된 교육을 의미
- 무형식적 성장: 공식화된 교육기관 밖에서 행해지는 조직적인 학습의 기회
- 비형식적 성장: 일상적인 경험으로부터 얻어지는 배움의 형식

스포츠교육학 — 문항이원출제표

문항번호	출제 영역 주요 항목	출제 영역 세부 항목	문항 내용 차원	문항 행동 차원	문항 수준
1	스포츠교육의 배경과 개념	스포츠교육의 개념	스포츠교육학의 범위	지식	하
2	스포츠교육의 배경과 개념	스포츠교육의 역사	스포츠교육학의 발전	이해	중
3	스포츠교육의 배경과 개념	스포츠교육의 현재	학교체육의 역할	지식	상
4	스포츠교육의 배경과 개념	스포츠교육의 현재	생애주기별 프로그램의 특성	이해	중
5	스포츠교육의 정책과 제도	학교체육(1)	국가수준 체육과 교육과정 구성 체제	지식	하
6	스포츠교육의 정책과 제도	학교체육(2)	학교체육진흥법의 구성 요소	이해	중
7	스포츠교육의 정책과 제도	생활체육(1)	국민체육진흥법 명칭	이해	하
8	스포츠교육의 정책과 제도	생활체육(2)	국민체육진흥법 체육지도자의 내용 변화	응용	중
9	스포츠교육의 정책과 제도	전문체육(1)	전문스포츠지도사 자격	지식	상
10	스포츠교육의 정책과 제도	전문체육(2)	학습권 보장제도의 내용	이해	중
11	스포츠교육의 참여자 이해론	스포츠교육지도자(1)	체육교사의 업무	지식	하
12	스포츠교육의 참여자 이해론	스포츠교육지도자(2)	스포츠강사의 역할	응용	중
13	스포츠교육의 참여자 이해론	스포츠교육지도자(3)	생활스포츠지도사의 역할	이해	중
14	스포츠교육의 참여자 이해론	스포츠교육학습자(1)	스포츠교육학습자의 범위	이해	중
15	스포츠교육의 참여자 이해론	스포츠교육학습자(2)	학습자의 상태	지식	하
16	스포츠교육의 참여자 이해론	스포츠교육학습자(3)	아동기와 청소년기의 발달 특성	응용	중
17	스포츠교육의 참여자 이해론	스포츠교육학습자(4)	성인기 체육활동의 특성	이해	하
18	스포츠교육의 참여자 이해론	스포츠교육학습자(5)	노인체육활동의 장점	이해	상
19	스포츠교육의 참여자 이해론	스포츠교육행정가	전문체육행정가의 역할	지식	하
20	스포츠교육의 프로그램론	학교체육프로그램 개발 및 실천(1)	비교과활동의 유형	지식	중
21	스포츠교육의 프로그램론	학교체육프로그램 개발 및 실천(2)	학교스포츠클럽 대회 유형	이해	하

문항 번호	출제 영역		문항 내용 차원	문항 행동 차원	문항 수준
	주요 항목	세부 항목			
22		생활체육프로그램 개발 및 실천(1)	생활체육 프로그램의 목적	지식	상
23		생활체육프로그램 개발 및 실천(2)	생활체육 프로그램의 설계 요소	응용	중
24		생활체육프로그램 개발 및 실천(3)	유소년 스포츠의 실행 유형	지식	하
25		생활체육 프로그램 개발 및 실천(4)	장애인스포츠 프로그램 구성 시 고려사항	지식	중
26	스포츠교육의 프로그램론	전문체육 프로그램 개발 및 실천(1)	전문체육 프로그램 개발 지도 6단계	지식	하
27		전문체육 프로그램 개발 및 실천(2)	청소년스포츠 코칭 프로그램 개발 시 고려사항	이해	상
28		스포츠지도를 위한 교육모형(1)	교육모형의 특성 이해	응용	중
29		스포츠지도를 위한 교육모형(2)	교육모형의 주제	지식	중
30					
31		스포츠지도를 위한 교육모형(3)	개별화지도모형의 수업주도성 파일	응용	하
32		스포츠지도를 위한 교육모형(4)	스포츠교육모형의 특성	이해	중
33		스포츠지도를 위한 교육모형(5)	동료교수모형의 특징	이해	하
34					
35	스포츠교육의 지도방법론	스포츠지도를 위한 교육모형(6)	전술게임의 6단계 지도	지식	중
		스포츠지도를 위한 교수기법(1)	지도계획안의 장점	지식	상
36		스포츠지도를 위한 교수기법(2)	지도내용의 발달적 분석	이해	중
		스포츠지도를 위한 교수기법(3)	연습 중 지도사의 행동	이해	하
37		스포츠지도를 위한 교수기법(4)	피드백의 유형	응용	중
38		세부지도목적에 따른 교수기법(1)	스포츠지도를 위한 교수 방향	지식	하

문항 번호	출제 영역		문항 내용 차원	문항 행동 차원	문항 수준
	주요 항목	세부 항목			
39		세부지도목적에 따른 교수기법(2)	개인차를 고려한 수준별 교수	지식	중
40		세부지도목적에 따른 교수기법(3)	스테이션 교수의 개념	응용	중
41	스포츠교육의 평가론	평가의 이론적 측면(1)	스포츠교육의 평가 목적	지식	중
42		평가의 이론적 측면(2)	평가 기능의 차이	이해	중
43		평가의 이론적 측면(3)	내용 타당도의 개념	응용	중
44		평가의 실천적 측면(1)	준거지향의 개념	이해	중
45		평가의 실천적 측면(2)	체크리스트의 장점	응용	상
46	스포츠교육자의 전문적 성장	스포츠교육전문인의 전문역량(1)	학교체육전문인의 수행적 자질	지식	하
47		스포츠교육전문인의 전문역량(2)	생활체육전문인의 전문적 자질	지식	중
48		스포츠교육전문인의 전문역량(3)	동료코칭의 특징	이해	중
49		스포츠교육전문인의 전문역량(4)	전문체육인의 발달 단계	지식	하
50		장기적 전문인 성장 및 발달	스포츠교육전문인의 성장	이해	중

스포츠교육학 출제예상문제

1. 스포츠교육학의 범위에 해당되는 것을 〈보기〉에서 모두 고르면?

   〈보기〉
   ㉠ 학교체육　　㉡ 생활체육　　㉢ 전문체육

   ① ㉠
   ② ㉡
   ③ ㉠, ㉡
   ④ ㉠, ㉡, ㉢

2. 스포츠교육학이 체육학의 하위영역으로 발전하는데 가장 크게 영향을 미쳤던 학문적 사상은?

   ① 스포츠과학화
   ② 스포츠교육학운동
   ③ 체육학문화운동
   ④ 스포츠산업화

3. 다음은 학교체육 영역에 관한 내용이다. 빈칸에 적합한 용어로 연결된 것은?

구분	체육교과	㉡	학교스포츠 클럽	방과후 특기적성 교육	토요 스포츠데이 활동	틈새체육
대상	㉠	전체학생 (중학생만)	일부학생	㉢	일부학생	전체 또는 일부학생
시간	주당 2~3시간	연간 34~68시간	비정기	비정기	연간 34시간	비정기

	㉠	㉡	㉢
①	일부 학생	0교시 수업	전체 학생
②	일부 학생	학교스포츠클럽활동	일부 학생
③	전체 학생	0교시 수업	전체 학생
④	전체 학생	학교스포츠클럽활동	일부 학생

4. 생애주기별 생활체육 프로그램의 특징으로 가장 거리가 먼 것은?

   ① 유아기 및 아동전기: 움직임교육을 중심으로 신체 움직임의 즐거움 추구
   ② 아동후기 및 청소년기: 스포츠의 기초기능과 응용기능 습득
   ③ 성인기: 다양한 스포츠활동 경험과 지속적인 성취감 도전
   ④ 노인기: 자신의 신체 조건에 적합한 활동 선택 및 타인과의 교류 및 건강 증진

5. 국가수준 체육과 교육과정의 구성 체제로 올바른 것은?

   ① 체육과목 목표 - 내용 기준 - 방법 - 평가
   ② 체육과목 목표 - 성취 기준 - 교수법 - 평가
   ③ 체육과목 목표 - 내용 체계 - 교수학습방법 - 평가
   ④ 체육과목 목표 - 내용의 영역과 기준 - 교수학습방법 - 평가

6. 학교체육진흥법의 구성 내용에 해당되는 것을 〈보기〉에서 모두 고르면? [무료동영상]

   〈보기〉
   ㉠ 여학생의 체육활동 활성화
   ㉡ 학생건강체력평가 (PAPS)
   ㉢ 유아 및 장애인의 체육활동 활성화
   ㉣ 학생선수의 학습권 보장 및 인권 보호

   ① ㉠   ② ㉠, ㉡
   ③ ㉠, ㉡, ㉣   ④ ㉠, ㉡, ㉢, ㉣

7. 우리나라 생활체육의 진흥을 위하여 제정된 법령의 명칭은?

   ① 학교체육진흥법   ② 생활체육진흥법
   ③ 전문체육진흥법   ④ 국민체육진흥법

8. 2014년 7월 국민체육진흥법 시행령에 제시된 생활스포츠지도사에 관한 변화 내용이 아닌 것은?

   ① 학력중심의 응시자격요건이 완화되었다.
   ② 다양한 스포츠종목의 자격을 취득하기 어려워졌다.
   ③ 체육지도자의 전문성과 특수성을 반영한 자격과 등급이 다양해졌다.
   ④ 생활체육 종목의 확대 수요를 반영한 생활체육 분야 종목이 추가되었다.

9. 전문 스포츠지도사 자격취득에서 자격검정이나 연수과정의 일부 면제대상이 <u>아닌</u> 사람은?

① 학교체육교사
② 1급 생활스포츠지도사
③ 전·현역 국가대표선수
④ 문화체육관광부 장관이 지정한 프로스포츠단체 등록 선수

10. 공부하는 학생 선수상 정립을 위한 학습권 보장제의 내용이 <u>아닌</u> 것은?

① 최저학력 기준 적용 교과는 초중고등학교 모두 3개 교과(국어, 영어, 수학)이다.
② 최저학력 기준은 교과별 평균성적을 기준으로 초50%, 중40%, 고30%로 설정되었다.
③ 최저학력 기준미달 학생선수는 기초학력 보장 프로그램 참여를 의무화하고 있다.
④ 최저학력 기준미달 학생선수는 학교장의 결정에 따라 경기 출전에 제한을 받는다.

11. 체육교사의 일반적 역할에 해당되는 것을 〈보기〉에서 모두 고르면?

〈보기〉
㉠ 행정 업무   ㉡ 교과 업무   ㉢ 운동부 업무

① ㉠, ㉡
② ㉡, ㉢
③ ㉠, ㉢
④ ㉠, ㉡, ㉢

12. 다음과 같은 교육활동을 수행하는 스포츠교육자는?

〈보기〉
㉠ 학교스포츠클럽 지도   ㉡ 방과후 체육활동 지도   ㉢ 체육수업진행 및 보조역할

① 체육교사
② 스포츠강사
③ 코치
④ 감독

13. 학교 이외 기관에서 다음의 역할을 수행하는 스포츠교육자는?

〈보기〉
㉠ 스포츠활동 목표 설정   ㉡ 효율적인 지도 방법 개발
㉢ 지도자간의 인간 관계 유지   ㉣ 체육 프로그램 개발
㉤ 체육 관련 재정 관리   ㉥ 체육기구의 개발 및 운용 등

① 체육교사
② 스포츠강사
③ 생활스포츠지도사
④ 전문스포츠지도사

14. 스포츠교육의 지도대상인 학습자에 해당하는 것을 〈보기〉에서 모두 고르면? [무료동영상]

〈보기〉
㉠ 유아기   ㉡ 아동기   ㉢ 청소년기   ㉣ 장년기   ㉤ 노년기

① ㉡, ㉢
② ㉠, ㉡, ㉢
③ ㉡, ㉢, ㉣, ㉤
④ ㉠, ㉡, ㉢, ㉣, ㉤

15. 생활스포츠지도사가 〈보기㉠〉와 〈보기㉡〉에서 각각 고려한 학습자 상태로 올바로 묶인 것은?

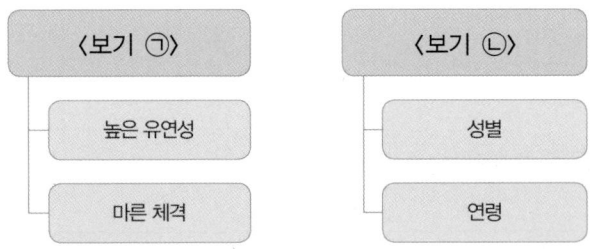

	〈보기 ㉠〉	〈보기 ㉡〉
①	학습자의 체격 및 체력	학습자의 발달 수준
②	학습자의 발달 수준	학습자의 인지적 능력
③	학습자의 체격 및 체력	학습자의 인지 능력
④	학습자의 발달 수준	학습자의 인지적 능력

16. 다음 생애주기표에서 (㉠)과 (㉡)에 해당하는 발달 특성으로 올바른 것은?

	㉠	㉡
①	신체 및 운동 기능 발달	급격한 신체 성장
②	대뇌 및 감각 기관 발달	급격한 신체 성장
③	언어 발달	신체 및 운동 기능 발달
④	성적 성숙	신체 노화 시작

17. 성인기 체육활동과 관련된 내용이 <u>아닌</u> 것은?

① 성인기는 20세에서 60세까지의 시기를 의미한다.
② 성인기는 나이가 많아짐에 따라 체력이 저하되는 시기이다.
③ 성인기는 운동부족, 스트레스 과다 등으로 성인병이 나타나는 시기이다.
④ 성인기는 웨이트 트레이닝 등의 무산소 운동을 중점적으로 수행해야 하는 시기이다.

18. 노인체육활동의 장점을 <보기>에서 찾아 모두 고르면?

　　<보기>
　　㉠ 노년 생활의 활력　　㉡ 노화 지연　　㉢ 건강 유지　　㉣ 고독감 해방

① ㉠
② ㉠, ㉡
③ ㉠, ㉡, ㉢
④ ㉠, ㉡, ㉢, ㉣

19. 전문체육관련 행정가의 역할로 가장 거리가 <u>먼</u> 것은?

① 조력자의 역할
② 전문가의 역할
③ 행정가의 역할
④ 관리자의 역할

20. 다음 그림의 ㉠~㉢에 해당하는 내용이 **아닌** 것은?

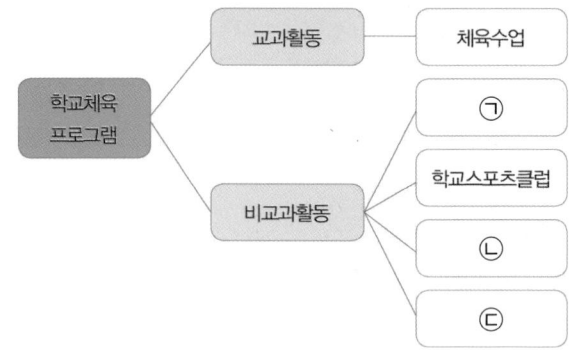

① 학교스포츠클럽활동 ② 방과후 체육활동
③ 학교운동부 ④ 정과 체육

21. 다음 피라미드에서 ㉠에 들어 갈 학교스포츠클럽대회 유형는? 무료동영상

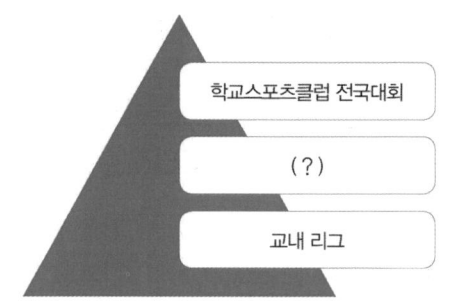

① 지역교육청 리그 ② 교외 리그
③ 대교경기 ④ 학교대항 리그대회

22. 생활체육 프로그램의 목적이 **아닌** 것은?

① 여가선용 ② 건강증진
③ 공동체 형성 ④ 진학 및 취업

23. 생활체육 프로그램의 설계 요소 중 (㉠-㉢)에 해당되는 것은?

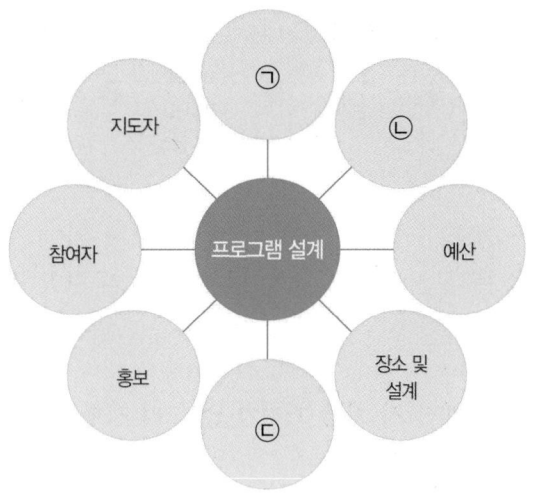

① 교육철학 - 내용 - 용·기구
② 목적 및 목표 - 내용 - 시간대
③ 교육철학 - 내용 - 시간대
④ 목적 및 목표 - 내용 - 용·기구

24. 다음 표에 제시된 유소년스포츠의 실행 유형으로 바르게 묶인 것은?

유형	프로그램
스포츠교실형	특별활동체육(어린이집과 유치원), 스포츠교실, 종목별 스포츠강습, 어린이체능교실
㉠	종목별 체육대회, 스포츠클럽 리그전 등
㉡	가족체육대회, 어린이체육대회, 뉴스포츠 체험 축제 등
개인운동	개별적 움직임 놀이, 개별적 운동동작 습득, 인라인스케이트, 수영 등
집단운동	그룹 놀이, 축구, 야구, 농구 등

① ㉠ 경기대회형 ㉡ 체험형
② ㉠ 클럽형 ㉡ 체험형
③ ㉠ 경기대회형 ㉡ 축제형
④ ㉠ 클럽형 ㉡ 축제형

25. 장애인스포츠 프로그램 구성 시 고려해야 하는 사항이 <u>아닌</u> 것은?

① 근접성과 제반 여건을 고려해야 한다.
② 참여 장애인의 경제적 여건을 고려해야 한다.
③ 장애유형별 특징과 요구 사항을 고려해야 한다.
④ 프로그램은 장기간보다는 단기적으로 운영되는 것이 바람직하다.

26. 다음 전문체육 프로그램 지도개발을 위한 6단계 중 ㉠과 ㉡에 해당하는 내용으로 바르게 연결된 것은?

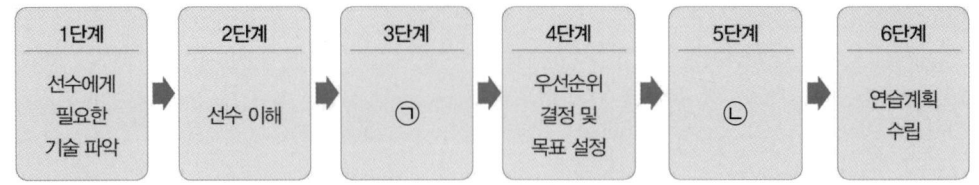

① 선수 요구 분석 - 지도 계획 수립
② 상황 분석 - 지도 계획 수립
③ 선수 요구 분석 - 기술 평가
④ 상황 분석 - 기술 평가

27. 청소년 스포츠코칭 프로그램 개발 시 가장 거리가 먼 고려 사항은? [무료동영상]

① 인성도 함께 지도되어야 한다.
② 지속적인 자시 성찰의 기회를 제공해야 한다.
③ 스포츠학습이 일상생활로 전이가 되어야 한다.
④ 코치 중심에서 선수 중심으로 관점이 바뀌어야 한다.

28. 스포츠지도를 위한 교육모형의 특성이 아닌 것은?

① 수업의 지도 및 운영 계획 수립을 돕는다.
② 교사의 수업 행동과 구조를 이해하기 쉽게 한다.
③ 수업의 구조와 특징에 대한 종합적인 파악을 돕는다.
④ 수업의 다양성보다는 모형의 정해진 틀에 의한 수업 진행을 강조한다.

29. 스포츠지도를 위한 교육모형의 주제가 잘못 연결된 것은?

① 전술 게임 모형 ⇒ 이해중심 게임 지도
② 협동 학습 모형 ⇒ 서로를 위해 함께 배우기
③ 탐구 수업 모형 ⇒ 문제 해결자로서의 학습자
④ 직접 교수 모형 ⇒ 수업 리더 역할자로서의 학습자

30. 다음과 같은 수업 주도성 파일의 특징을 갖고 있는 교육 모형은? [무료동영상]

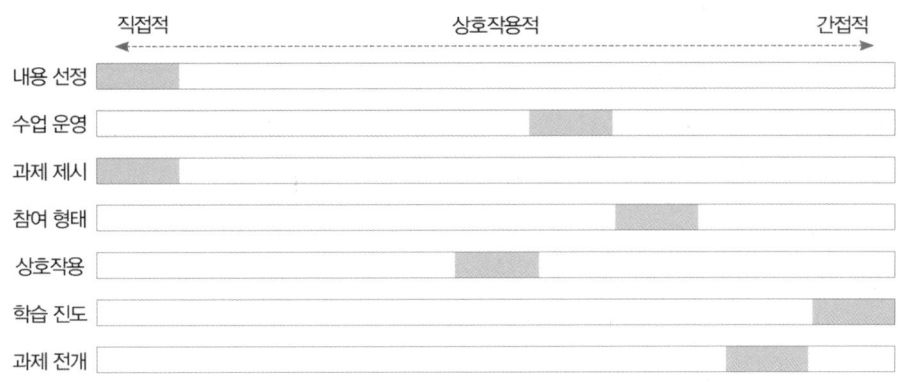

① 협동학습 모형　　　　　② 탐구수업모형
③ 개별화지도모형　　　　④ 스포츠교육모형

31. 다음과 같은 특성을 가지고 있는 교육 모형은?

― 〈보기〉 ―
　㉠ 시즌　㉡ 팀소속　㉢ 축제화　㉣ 공식 경기　㉤ 결승전 행사　㉥ 기록 보존

① 협동학습모형　　　　　② 탐구수업모형
③ 개별화지도모형　　　　④ 스포츠교육모형

32. 다음 중 동료교수모형과 가장 유사한 교육 모형은?
① 직접교수모형　　　　　② 협동학습모형
③ 전술게임모형　　　　　④ 스포츠교육모형

33. 전술게임 모형의 6단계 지도 과정에서 ㉠과 ㉡의 단계에 해당하는 내용은?

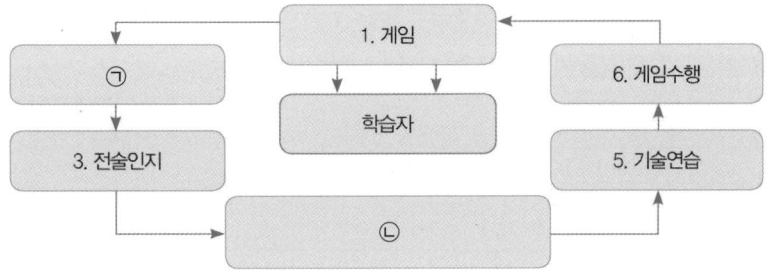

	㉠ 2단계	㉡ 4단계
①	게임 감상	적절한 의사 결정
②	전술 분석	게임 유형 설명
③	전술 분석	적절한 의사 결정
④	게임 감상	게임 유형 설명

34. 스포츠지도사가 작성해야 하는 지도계획안의 장점으로 거리가 먼 것은?

① 수업 진행 과정을 모니터링할 수 있다.
② 수업 시작 및 종료의 시기가 명료해진다.
③ 수업의 장·단기 의사결정에 도움이 된다.
④ 수업의 방해 요인을 과학적으로 분석할 수 있다.

35. 지도 내용의 발달적 분석에서 '확대' 다음의 (㉠)과 (㉡)에 해당하는 것은? 무료동영상

① ㉠ 응용 ㉡ 세련
② ㉠ 응용 ㉡ 창조
③ ㉠ 세련 ㉡ 창조
④ ㉠ 세련 ㉡ 응용

36. 다음은 스포츠지도사가 시행한 수영 수업의 관찰지이다. 이 중 ㉠~㉢에 해당하는 스포츠지도사의 행동 유형을 올바르게 제시한 것은?

스포츠지도사 수영 수업 관찰지					
수업 시간	10:00-10:50	장소	수영장	수강생	24명

- 10:00: 수업 시작 및 준비운동 실시함
- 10:10: 자유형 발차기 동작 설명함
- 10:15: ㉠ 발차기 동작 연습을 위한 발판 준비/2인 1조 팀별 조직함
  (중략)
- 10:25: ㉡ 발차기 연습 중 다리에 쥐가 난 학생을 조치함
- 10:30: ㉢ 수영장에 외부인이 나타나자 다가가 잠깐 동안 대화를 함
  (중략)

	㉠	㉡	㉢
①	직접 기여 행동	비기여 행동	간접 기여 행동
②	간접 기여 행동	직접 기여 행동	비기여 행동
③	직접 기여 행동	간접 기여 행동	비기여 행동
④	간접 기여 행동	비기여 행동	간접 기여 행동

37. 다음의 상황에서 스포츠지도사가 제공한 피드백의 유형은?

> 〈스포츠지도사〉"지금까지 우리 모두가 5분 동안 농구 체스트패스를 연습했습니다. 선생님이 여러분을 관찰해 보니, 모두 열심히 참여해 주었습니다. ㉠ 거의 모든 학생들이 두팔을 앞으로 쭉 벋어 상대방의 가슴 높이로 농구공을 주라는 것을 잊지 않고 수행해 주었습니다. 그럼 지금부터 다시 2분 동안 상대방이 공을 잘 받을 수 있도록 연습을 해 봅시다. 실시!" (스포츠지도사는 전체를 관찰하다가 체스트패스에 어려움을 겪고 있는 영희와 민정이가 연습하는 곳으로 이동한다)
>
> 〈스포츠지도사〉㉡영희야! 민정이한테 패스할 때 네 팔이 앞으로 쭉 벋어지는지 확인해 보렴.

① ㉠집단 피드백　　㉡ 중립적 피드백
② ㉠전체 수업 피드백　　㉡ 개별적 피드백
③ ㉠ 집단 피드백　　㉡ 언어 피드백
④ ㉠ 전체 수업 피드백　　㉡ 즉각적 피드백

38. 스포츠지도를 위한 교수 방향이 <u>아닌</u> 것은?

① 스포츠지도의 과학적 접근　　② 창의인성을 지향하는 교수학습
③ 개인차를 고려한 수준별 교수　　④ 자기주도적 교수·학습 환경 조성

39. 다음 그림과 같이 스포츠지도사는 배드민턴의 목표물 거리를 다르게 설정하여 수업을 진행하고 있다. 이 수업에서 활용하고 있는 교수방향의 명칭은?

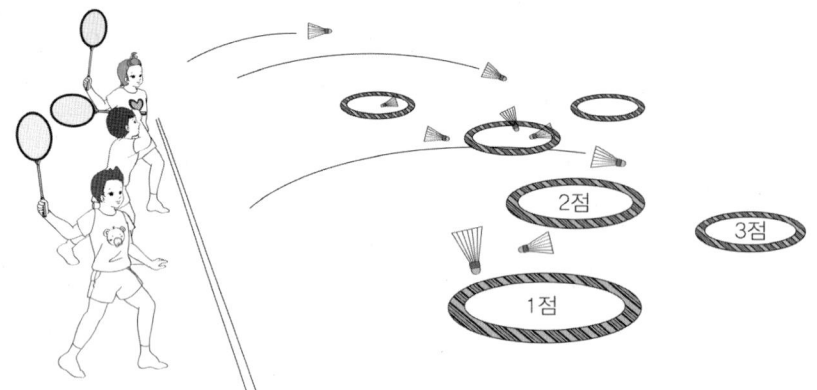

① 창의인성을 지향하는 교수학습
② 개인차를 고려한 수준별 교수
③ 자기주도적 교수·학습 환경 조성
④ 통합적 교수학습 운영

40. 다음 그림과 같이 스포츠지도사는 체육관에서 핸드볼 과제를 운영하고 있다. 각 조는 제시된 과제를 수행하고 다음 조에 해당하는 과제를 수행하게 된다. 스포츠지도사가 사용하고 있는 교수 전략의 명칭은?

(1조) 벽 치기 핸드볼 패스	(2조) 2인 핸드볼 패스
(3조) 3인 핸드볼 패스(수비수 없음)	(4조) 3인 핸드볼 패스(수비수 1명 있음)

① 스테이션 교수
② 동료 교수
③ 상호작용 교수
④ 유도발견학습

41. 다음 중 스포츠교육의 평가 목적으로 가장 거리가 **먼** 것은?

① 스포츠지도사의 교육활동 개선
② 학습자의 운동 수행 참여와 동기 촉진
③ 스포츠지도사의 근무 능력 및 근무 태도 개선
④ 교육 목표에 따른 학습 진행 상태 점검과 지도 활동 조정

42. 다음 평가의 기능 영역에서 ㉠과 ㉡에 들어갈 명칭은?

평가의 기능	내용 또는 특성
진단평가	■ 교육 프로그램 실시 이전, 참여자의 특성을 점검하는 평가 활동 ■ 학습자의 정보 수집, 교육방향 설정
(㉠)	■ 교육 프로그램 운영 중간에 이루어지는 과정중심의 평가활동 ■ 프로그램과 지도 방법의 수정 가능
(㉡)	■ 교육 프로그램 운영 이후 프로그램의 효과성 검증 ■ 교육 프로그램의 결과에 대한 종합적 판단

① ㉠ 형성 평가 ㉡ 성과 평가
② ㉠ 수시 평가 ㉡ 총괄 평가
③ ㉠ 형성 평가 ㉡ 총괄 평가
④ ㉠ 수시 평가 ㉡ 성과 평가

43. 다음은 학습자의 상체 근력 평가를 위해 스포츠지도사가 선택한 측정도구이다. 이 스포츠지도사가 간과하고 있는 평가의 양호도는?

〈보기〉

㉠ 서전트 점프   ㉡ 지그재그달리기   ㉢ 페이서

① 내용 타당도
② 준거 타당도
③ 구인 타당도
④ 규준 타당도

44. 다음의 표에서 사용한 스포츠교육의 평가 기준은?

평가 영역	성취 기준		수준		
			상	중	하
테니스	서비스	동작 연결	세부 동작의 연결이 자연스럽고 리듬감이 있다.	세부 동작의 연결이 자연스러우나 리듬감이 부족하다.	세부 동작의 연결이 자연스럽지 않고 리듬감이 없다.
		정확성	서비스 성공률이 70% 이상이다.	서비스 성공률이 30-70%이다.	서비스 성공률이 30% 미만이다.

① 준거 지향
② 규준 지향
③ 자기 지향
④ 상대 지향

45. 다음과 같은 평가 기법의 장점이 **아닌** 것은?

운동기능	배드민턴의 백핸드 하이클리어
Y / N	백핸드 스트로크 시 타점이 적절한가?
Y / N	리스트 콕(wrist cock)을 하고 있는가?
Y / N	백핸드 스트로크 시 썸업(thumb up)을 하고 있는가?
Y / N	백핸드 스트로크 시 팔꿈치를 펴서 스트로크를 하는가?

① 제작과 활용이 용이하다.
② 평가의 시간을 단축할 수 있다.
③ 평가 항목의 수를 늘릴 수 있다.
④ 관찰 도구나 질문지로 활용가능하다.

46. 학교체육전문인의 자질 중 수행 요소에 해당하는 것을 〈보기〉에서 모두 고르면?

〈보기〉
㉠ 학습자 이해   ㉡ 교육과정 운영 및 개발   ㉢ 학습 모니터 및 평가
㉣ 협력관계 구축 ㉤ 교직인성 및 사명감   ㉥ 전문성 개발

① ㉠, ㉡, ㉢
② ㉡, ㉢, ㉣
③ ㉡, ㉢, ㉣, ㉤
④ ㉡, ㉢, ㉣, ㉥

47. 생활체육전문인의 전문적 자질 3요소는? [무료동영상]

① 인지적 자질, 기능적 자질, 인성적 자질
② 인문적 자질, 기능적 자질, 인성적 자질
③ 인격적 자질, 수행적 자질, 창의적 자질
④ 인지적 자질, 기능적 자질, 창의적 자질

48. 다음과 같은 생활체육전문인의 전문적 자질 개발 방법은?

- 지도자와 동료 상호간에 이루어지는 상호 배움의 과정
- 일대일 또는 다수 토론이나 세미나 참여
- 스포츠지도 상황에 대한 대화를 통한 문제점 및 해결 방안 탐색

① 현장 연구
② 스터디 그룹
③ 동료 코칭
④ 반성적 지도

49. 전문체육인의 발달 단계 순서로 적합한 것은?

① 입문 단계 ⇒ 개발 단계 ⇒ 고급 단계
② 초급 단계 ⇒ 중급 단계 ⇒ 고급 단계
③ 기초 단계 ⇒ 중급 단계 ⇒ 상급 단계
④ 입문 단계 ⇒ 중급 단계 ⇒ 고급 단계

50. 〈보기〉의 ⊙~ⓒ에 해당하는 스포츠교육 전문인의 성장 유형은? 무료동영상

〈보기〉
⊙ 코칭 콘퍼런스, 세미나, 워크숍, 클리닉
ⓒ 대학의 코칭 자격 프로그램, 코칭 자격 인증제도
ⓒ 과거 선수 경험, 비형식적 멘토링, 동료코치나 선수들과의 대화

	⊙	ⓒ	ⓒ
①	형식적 성장	무형식적 성장	비형식적 성장
②	비형식적 성장	형식적 성장	무형식적 성장
③	무형식적 성장	형식적 성장	비형식적 성장
④	무형식적 성장	비형식적 성장	형식적 성장

스포츠교육학 출제예상문제 정답 및 해설

문항	정답	해설
1	④	스포츠교육학의 범위는 학교체육에만 국한하지 않는다. 국내외적으로 스포츠교육학은 학교체육현장 뿐만 아니라 생활체육현장과 전문체육현장에서의 교육적 측면을 탐구 및 실천을 담당하고 있다.
2	③	체육학문화 운동은 스포츠교육학을 운동생리학, 운동역학, 스포츠사회학 등과 같이 체육학의 학문적 영역으로 자리잡는 데 크게 영향을 미쳤다.
3	④	정과체육인 체육교과는 모든 학생을 대상으로 이루어지는 체육수업을 의미하며, 학교스포츠클럽활동은 비교과활동으로 창의적 체험활동에서 이루어지는 체육을 활동을 의미한다. 이 학교스포츠클럽활동은 중학교에서만 이루어지고 있다. 방과후 특기적성교육은 정과체육인 체육교과와 달리 희망자에 한해서만 이루어지는 체육활동으로 일부 학생이 교육대상이 된다.
4	③	성인기의 생활체육 프로그램은 유아기, 아동기, 청소년기와 달리, 다양한 스포츠 활동보다는 자신에게 적합한 종목을 선택하여 지속적으로 즐기는데 초점을 둔다.
5	④	학교체육영역에서 국가수준 체육과 교육과정은 목표, 내용의 영역과 기준, 교수학습방법, 평가로 구성된다.
6	④	학교체육진흥법에는 여학생의 체육활동 활성화, 학생건강체력검사, 유아 및 장애인의 체육활동 활성화, 학생선수의 학습권 보장 및 인권보호가 모두 포함되어 있다. 이 밖에 체육교육과정 운영 충실 및 체육수업의 질 제고, 비만 판정을 받은 학생에 대한 대책, 학교스포츠클럽 및 학교운동부 운영, 학교체육행사의 정기적 개최, 학교간 경기대회 등 체육교류 활동 활성화, 교원의 체육관련 직무연수 강화 및 장려 등이 포함되어 있다.
7	④	현재는 국민체육진흥법에 생활체육의 진흥과 전문체육의 진흥이 모두 포함되어 있다.
8	②	2014년 7월 개정된 국민체육진흥법 시행령에서는 생활스포츠지도사의 자격 취득을 완화하였다. 즉 18세 이상이면 누구나 응시가 가능하도록 하였다.
9	②	전문스포츠지도사 자격취득에서 자격검정이나 연수과정의 면제대상이 아닌 사람은 1급 생활스포츠지도사이다.
10	①	최저학력 기준 적용 교과는 초등학교와 중학교의 경우 5개 교과(국어, 영어, 수학, 사회, 과학)이며, 고등학교가 3개 교과(국어, 영어, 사회)이다.
11	④	학교체육지도자인 체육교사는 체육수업과 같은 교과 업무뿐만 아니라 행정 업무와 운동부 업무를 맡는다.

문항	정답	해설
12	②	스포츠강사는 초중고에서 정규수업 외 학교스포츠클럽이나 방과후 체육활동을 지도하거나 정규체육수업의 보조 및 진행을 담당하는 체육지도자이다. 이들은 학생 안전관리, 체육교구 및 시설관리, 학생건강체력평가제 업무 지원, 체육대회 등 체육관련 행사 지원, 방학 기간 중 여름방학과 겨울방학 프로그램 운영 등의 다양한 업무를 수행하고 있다.
13	③	생활스포츠지도사는 생활체육분야에서 보기에 제시되어 있는 6가지 업무를 포함하여 생활체육에 대한 연구활동도 수행한다.
14	④	스포츠교육의 범위는 아동기 및 청소년기뿐만 아니라, 유아기부터 노년기까지 전 생애주기를 다루고 있다.
15	①	스포츠교육에서 학습자 상태를 파악하는 것이 필요하다. 즉 학습자의 기능수준, 체격 및 체력, 동기유발 상태, 인지적 능력, 감정코칭 능력, 발달 수준을 고려해야 한다. 〈보기 ㉠〉은 학습자의 체격 및 체력을 고려한 것이고, 〈보기 ㉡〉는 학습자의 발달 수준을 고려한 사례이다.
16	①	생애주기표에서 (㉠)은 아동기이며, (㉡)은 청소년기에 해당한다. 아동기는 본격적으로 신체 및 운동 기능이 발달하는 시기이며, 청소년기는 급격한 신체 성장이 이루어지는 시기이다.
17	④	성인기의 체육활동은 무산소 운동뿐만 아니라 유산소 운동을 병행해야 하는 시기이다.
18	④	노인 생활의 활력, 노화지연, 건강 유지, 고독감 해방이 모두 노인체육활동의 장점이 된다.
19	①	전문체육관련 행정가의 역할에서는 전문가의 역할, 행정가의 역할, 관리자이 역할이 강조된다. 조력자의 역할은 전문체육보다는 생활체육관련 행정가의 역할로 주로 인식되고 있다.
20	④	학교체육은 교과활동(체육수업)과 비교과활동(학교스포츠클럽활동, 방과후 학교스포츠클럽, 학교운동부 등)이 포함된다. 정과체육은 교과활동인 체육수업을 명명하는 유사용어이다.
21	①	학교스포츠클럽리그는 교내리그 → 지역교육청 리그 → 학교스포츠클럽 전국대회로 진행된다.
22	④	생활체육 프로그램의 운영 목적은 진학 및 취업과는 거리가 멀다.
23	②	생활체육 프로그램의 설계 요소에는 목적 및 목표, 내용, 예산, 장소 및 시설, 시간대, 홍보, 참여자, 지도자가 포함된다. 따라서 정답은 목적 및 목표, 내용, 시간대가 된다.
24	③	유소년스포츠의 실행 유형은 스포츠교실형, 경기대회형, 축제형, 개인운동, 집단운동이 포함된다. 이 중 ㉠은 경기대회형이며 ㉡은 축제형에 해당된다.
25	④	장애인스포츠 프로그램은 다른 생활체육 프로그램과 달리 재활의 의미가 함께 부여된다. 따라서 프로그램의 성과를 거두기 위해서는 프로그램의 지속성이 중요하며, 가능한 장기간의 프로그램이 운영되어야 한다.
26	②	전문체육 프로그램에는 6단계의 지도단계가 있다. 1단계는 선수에게 필요한 기술 파악, 2단계 선수이해, 3단계 상황 분석, 4단계 우선순위 결정 및 목표설정, 5단계 지도계획 수립 그리고 6단계 연습계획 수립이 해당된다.

문항	정답	해설
27	②	청소년스포츠코칭 프로그램 개발 시 고려사항은 3가지이다. 이 3가지 고려사항은 코칭중심에서 선수중심의 관점, 인성중심 지도실천, 일상생활로의 전이가 해당된다. 지속적인 자기 성찰의 기회는 청소년보다는 성인 스포츠 코칭 프로그램에서 고려되어야 하는 사항이다.
28	④	스포츠지도를 위한 교육모형의 활용은 각 모형의 틀에 갇혀서 수업을 진행하는데 목적을 두고 있는 것이 아니라, 여러 가지 모형을 효율적으로 활용함으로써 다양한 스포츠지도 장면을 구현하는데 목적을 두고 있다.
29	④	직접교수모형은 '수업 리더 역할자로서의 교사'라는 주제를 표방한다. 이는 수업의 전체 흐름을 교사가 모두 직접 주도하기 때문이다.
30	③	그림과 같은 수업 주도성 파일은 개별화지도모형에 해당한다. 개별화지도모형에서의 수업 진도는 가능한 빨리, 필요한 만큼 천천히 학생이 결정하기 때문에 학습 진도와 과제 전개가 간접적이며, 교사의 역할은 내용 선정과 개인학습지라는 과제제시로 국한된다.
31	④	스포츠교육모형은 시즌, 팀소속, 축제화, 공식경기, 결승전 행사, 기록보존이라는 6가지 특성을 가지고 있다.
32	①	동료교수모형과 협동학습모형의 학습자 구성인원이 일반적으로 2-4명으로 구성되어 유사한 모형으로 오해가 있으나, 이 2개 모형의 본질은 전혀 다르다. 동료교수모형은 직접 교수모형에서 파생된 것으로, 학습자에게 교수자의 역할을 강조하는 모형이다. 반면에 협동학습모형은 학습자에게 교수자의 역할보다는 모둠형식의 학습자의 역할을 강조한다.
33	①	전술게임 모형은 6단계(1단계 게임, 2단계 게임감상, 3단계 전술인지, 4단계 적절한 의사결정, 5단계 기술연습, 6단계 게임수행)로 진행된다.
34	④	지도계획안의 장점은 여러 가지가 있을 수 있으나, 지도계획안 자체로는 수업 방해 요인을 과학적으로 분석하는데 무리가 있다.
35	④	지도내용의 발달적 분석단계는 3단계로, 확대, 세련, 응용이다.
36	③	학습자들이 연습활동에 임할 때 운동과제에 적극적으로 참여하는 시간을 증가하기 위해서는 교사의 비기여 행동을 없애고 간접기여 행동을 최소화하며 직접기여 행동을 높여야 한다. ㉠은 수영의 발차기 동작연습과 직접 관련이 있는 사항이므로 직접기여행동에 속하며, ㉡은 교사가 학생의 부상처리를 한 것이기 때문에 간접기여행동에 해당한다. 그리고 ㉢은 교사가 수업과 전혀 관계없는 외부인과 대화를 하는 사항이므로 비기여 행동에 해당한다.
37	②	이 문제는 피드백의 대상에 관한 것으로, ㉠은 전체 학생을 대상으로 피드백을 주는 장면이므로 전체수업 피드백이며, ㉡은 영희라는 개별 학생에게 피드백을 주는 장면이므로 개별적 피드백에 해당한다.
38	①	스포츠지도를 위한 교수방향에는 '창의인성을 지향하는 교수·학습', '개인차를 고려한 수준별 교수', '자기주도적 교수·학습 환경 조성', '통합적 교수·학습 운영'이 해당된다.

문항	정답	해설
39	②	그림에서 배드민턴 셔틀콕을 후프에 넣는 거리가 2m, 4m, 6m 등으로 다양한 거리가 제시되고 있다. 이는 학습자의 운동 능력이라는 개인차를 고려한 수준별 교수방향임을 알 수 있다.
40	①	축구지도계획안에 반영되어 있는 교수전략은 스테이션 교수이다. 이 계획안의 경우 4개의 스테이션(1조, 2조, 3조, 4조)를 만들어 다양한 패스 관련 과제를 계획하고 있다.
41	③	스포츠교육의 평가는 여러 가지 목적을 가지고 있다. 스포츠지도사의 교육활동을 개선하거나 교수학습의 효과성을 판단할 수 있으며, 학습자의 운동수행 참여 및 향상 동기를 촉진할 수 있다. 또한 학습자의 학습상태와 학습지도에 관한 정보를 제공하고, 학습지도 및 관리운영의 효율성을 위한 집단을 편성할 수 있다. 뿐만 아니라, 학습자 역량 판단을 위한 이수과정 선택 정보를 제공하고, 교육프로그램 또는 교육과정의 적합성과 적절성 확인, 교육목표에 따른 학습 진행 상태 점검과 지도활동을 조정하기 위해 시행된다.
42	③	스포츠교육의 평가는 시기별로 진단평가, 형성평가, 총괄평가로 구분된다. 진단평가는 교육 프로그램 실시 이전에 시행되는 평가를 말하고, 형성평가는 교육 프로그램 운영 중간에 시행되는 평가를 말한다. 총괄평가는 교육 프로그램 이후에 진행되는 평가를 의미한다.
43	①	평가의 양호도는 타당도와 신뢰도로 구분된다. 특히 타당도는 평가 목적에 적절한 측정도구를 선택하고자 할 때 고려하는 사항이다. 이 중에서 내용타당도는 검사 문항이 측정하고자 하는 내용을 얼마나 잘 대표하고 있느냐를 나타내는 정도를 말한다. 이 문제의 경우 스포츠지도사가 학습자의 상체 근력을 평가하기 위한 도구로 서전트점프, 지그재그달리기, 페이서를 선택했다. 서전트점트, 지그재그달리기, 페이서는 근력보다는 순발력을 측정하는데 적합한 측정도구이며, 하체의 근력이 아닌 상체의 근력을 측정하는 데는 부적합하다.
44	①	표에 제시되어 있는 평가기법은 루브릭이다. 루브릭은 평가자에게 평가 시 활용할 수 있도록 각각의 수행 수준의 특징에 대한 정보를 명세화하여 제공할 수 있고, 학습자에게는 자신들이 어느 정도의 수준인지에 대해 알려주고 향후 수행능력 향상을 위해 무엇이 필요한지에 대한 분명한 피드백을 제공한다. 이런 맥락 속에서 루브릭은 준거지향 평가를 토대로 하고 있다. 준거지향 평가는 스포츠지도사가 설정한 행동 준거에 의거하여 학습자가 도달했을 때 교육목표가 달성되었다고 본다. 즉 준거지향 평가의 절대적 준거 적용은 학습자 집단의 검사 점수 분포를 고려하지 않고 개인의 성취도를 설정된 준거나 척도에 비교하여 평가결과를 해석한다.
45	③	해당 문제에 제시되어 있는 평가기법은 체크리스트이다. 체크리스트는 다른 평가 기법에 의해 제작과 활용이 용이하고, 평가 시간을 단축할 수 있는 장점이 있다. 또한 이 체크리스트는 관찰 도구나 질문지로 활용이 가능하다. 그러나 평가 항목의 수는 체크리스트를 포함하여 어떤 평가기법이든지 평가 항목의 수를 무작정 늘리는 것은 바람직하지 않다.
46	②	학교체육 전문인의 자질은 크게 지식, 수행, 태도로 구분된다. 이 중, 지식영역은 학습자 이해와 교과 지식이 포함되며, 수행 영역은 교육과정운영 및 개발, 수업 계획 및 운영, 학습 모니터 및 평가, 협력관계 구축이 해당된다. 태도 영역에서는 교직 인성 및 사명감과 전문성 개발이 포함된다.
47	①	생활체육 전문인의 전문적 자질은 인지적 자질, 기능적 자질, 인성적 자질로 구분된다.

문항	정답	해설
48	③	보기에 제시되어 있는 생활체육 전문인의 전문적 자질 개발방법은 동료 코칭이다. 동료 코칭은 지도자와 동료 상호간에 코칭 개선을 목적으로 실시하는 상호 배움의 과정이다.
49	①	전문체육인의 발달 단계는 입문 단계, 개발 단계, 고급 단계로 진행된다.
50	③	스포츠교육 전문인의 성장은 3가지 방법(형식적 성장, 무형식적 성장, 비형식적 성장)으로 진행된다. 형식적 성장은 고도로 제도화되고 관료적이며 교육과정에 의하여 조직된 교육을 의미하며, 무형식적 성장은 공식화된 교육기관 밖에서 행해지는 조직적인 학습의 기회로서 비교적 단기간에 자발적으로 이루어진다. 반면에 비형식적 성장은 일상적인 경험으로부터 얻어지는 배움의 형식이다.

스포츠교육학 실전모의고사

1. 스포츠교육의 목적이 올바르게 변화된 것은?

    가. 신체의 교육 → 신체를 통한 교육
    나. 신체의 교육 → 신체에 의한 교육
    다. 신체를 위한 교육 → 신체를 통한 교육
    라. 신체에 의한 교육 → 신체를 위한 교육

2. 스포츠교육학의 가치 영역에 포함되지 <u>않는</u> 것은?

    가. 스포츠의 역사
    나. 팀워크
    다. 스포츠행정기관
    라. 스포츠기술

3. 지도 계획안에 포함되어야 하는 것을 모두 고르면?

    ─〈보기〉─
    ㉠ 목표   ㉡ 내용   ㉢ 지도방법   ㉣ 평가

    가. ㉠
    나. ㉠, ㉡
    다. ㉠, ㉡, ㉣
    라. ㉠, ㉡, ㉢, ㉣

4. 공부하는 학생선수를 위해 제정된 제도는?

    가. 최저학력제
    나. 생활보장제
    다. 학습진흥제
    라. 학업성취제

5. 다음 생애주기표에서 (㉠)과 (㉡)에 해당하는 발달 특성으로 올바른 것은?

	㉠	㉡
가.	신체 및 운동 기능 발달	급격한 신체 성장
나.	대뇌 및 감각 기관 발달	급격한 신체 성장
다.	언어 발달	신체 및 운동 기능 발달
라.	성적 성숙	신체 노화 시작

6. 학교스포츠클럽 프로그램을 구성할 때 고려할 사항으로 거리가 **먼** 것은?

   가. 활동 시간을 지정해야 한다.
   나. 학생주도의 자발적 참여를 유도한다.
   다. 스포츠인성 함양을 목적으로 설정한다.
   라. 다양한 스포츠문화체험 기회를 제공한다.

7. 다음 프로그램 설계에 해당하는 스포츠교육학의 실천 영역은?

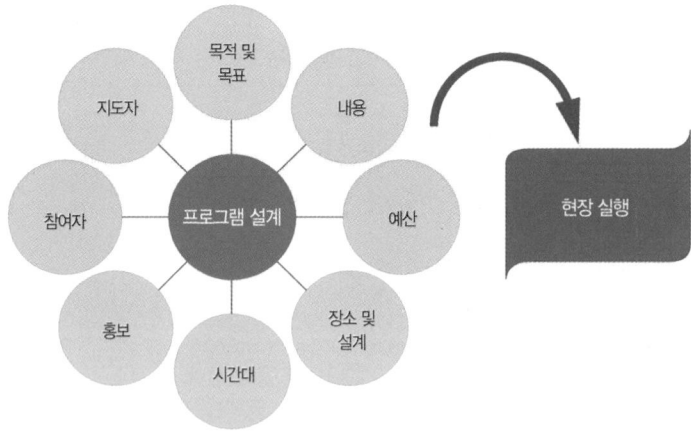

   가. 학교체육   나. 평생체육
   다. 생활체육   라. 전문 체육

8. 스포츠지도를 위한 교육모형의 주제가 **잘못** 연결된 것은?

　가. 스포츠교육모형 ⇒ 유능하고 박식하며 열정적인 스포츠인
　나. 협동 학습 모형 ⇒ 서로를 위해 함께 배우기
　다. 동료 교수 모형 ⇒ 나는 너를 가르치고, 너는 나를 가르친다
　라. 직접 교수 모형 ⇒ 수업 리더 역할자로서의 학습자

9. 스포츠를 지도할 때 사용되는 교육모형의 학습 영역 1순위가 바르게 연결된 것은?

　가. 직접교수모형 ⇒ 인지적 영역　　나. 개별화지도모형 ⇒ 심동적 영역
　다. 탐구수업모형 ⇒ 정의적 영역　　라. 스포츠교육모형 ⇒ 심동적 영역

10. 다음과 같은 특성을 가지고 있는 교육 모형은?

〈보기〉
㉠ 개인 교사　㉡ 2인 1조　㉢ 역할 교대　㉣ 학습자

　가. 동료교수모형　　　　　나. 탐구수업모형
　다. 개별화지도모형　　　　라. 스포츠교육모형

11. 다음 중 폐쇄 기술에 해당하는 스포츠로만 묶인 것은?

　가. 농구-사격　　　　　　나. 양궁-사격
　다. 축구-농구　　　　　　라. 야구-볼링

12. 다음 〈보기〉에 해당하는 스포츠지도사의 행동 유형은?

〈보기〉
㉠ 수업 중 다리에 쥐가 난 학생을 조치함
㉡ 수업 중 땀을 많이 흘리는 학생들을 그늘에서 잠깐 휴식하도록 조치를 취함

　가. 직접기여행동　　　　　나. 간접기여행동
　다. 비기여행동　　　　　　라. 준기여행동

13. 피드백의 방향성에 따른 분류에 포함되지 않는 것은?

　　가. 즉각적 피드백　　　　　　　　나. 집단적 피드백
　　다. 전체 수업 피드백　　　　　　　라. 개별적 피드백

14. 예방적 수업의 운영 방법에 해당하지 않는 것은?

　　가. 수업 운영 시간을 늘릴 수 있다.
　　나. 주의 집중에 필요한 신호를 가르칠 수 있다.
　　다. 긍정적인 상호작용을 활성화할 수 있다.
　　라. 높은 비율의 피드백을 제공할 수 있다.

15. 스포츠지도사가 개인차를 고려한 수준별 교수를 시행하는 이유와 거리가 먼 것은?

　　가. 과제 참여의 유형을 다양화할 수 있다.
　　나. 과제 참여의 질적 수준을 높일 수 있다.
　　다. 과제 참여의 공평한 기회를 제공할 수 있다.
　　라. 과제 수준에 따른 선의의 경쟁을 추구할 수 있다.

16. 평가의 기능에 따른 분류에 해당하지 않는 것은?

　　가. 진단 평가　　　　　　　　　　나. 절대 평가
　　다. 형성 평가　　　　　　　　　　라. 총괄 평가

17. 평가의 신뢰도를 측정할 수 있는 방법에 해당하는 것은?

　　가. 검사-재검사　　　　　　　　　나. 외적 일관성
　　다. 구인 검사　　　　　　　　　　라. 동질 검사

18. 생활체육전문인의 전문적 자질 3요소에 포함되지 않는 것은?

　　가. 기능적 자질　　　　　　　　　나. 인성적 자질
　　다. 창의적 자질　　　　　　　　　라. 인지적 자질

19. 전문체육인의 발달 단계 순서로 적합한 것은?

  가. 입문 단계 ⇒ 개발 단계 ⇒ 고급 단계
  나. 초급 단계 ⇒ 중급 단계 ⇒ 고급 단계
  다. 기초 단계 ⇒ 중급 단계 ⇒ 상급 단계
  라. 입문 단계 ⇒ 중급 단계 ⇒ 고급 단계

20. <보기>의 ㉠~㉢에 해당하는 스포츠교육 전문인의 성장 유형은?

  ─── <보기> ───
  ㉠ 과거 선수의 경험에 의한 성장
  ㉡ 멘토링에 의한 성장
  ㉢ 동료코치나 선수들과의 대화를 통한 성장

  가. 무형식적 성장   나. 준형식적 성장
  다. 형식적 성장   라. 비형식적 성장

스포츠교육학 실전모의고사 정답 및 해설

01 정답 가
스포츠교육의 목적은 신체의 교육(Education of the physical)에서 신체를 통한 교육(Education through the physical)으로 변화되었다. 신체의 교육은 신체 자체에 초점을 둔 교육의 방향을 의미하며, 신체를 통한 교육은 신체교육뿐만 아니라 지적, 도덕적, 정의적 등의 총체적인 교육 발달을 강조한다.

02 정답 다
스포츠교육학의 가치 영역은 인지적 영역, 심동적 영역, 정의적 영역이 포함된다. 스포츠의 역사는 인지적 영역에 해당하고, 팀워크는 정의적 영역, 스포츠기술은 심동적 영역에 해당한다.

03 정답 라
지도계획안에는 지도목표(또는 학습목표), 내용(또는 학습내용), 지도방법(또는 교수학습방법), 평가(또는 형성평가)가 모두 포함되어야 한다.

04 정답 가
학생선수의 학습권 보장을 마련된 제도는 최저학력제이다.

05 정답 가
생애주기표에서 (㉠)은 아동기이며, (㉡)은 청소년기에 해당한다. 아동기는 본격적으로 신체 및 운동 기능이 발달하는 시기이며, 청소년기는 급격한 신체 성장이 이루어지는 시기이다.

06 정답 가
학교스포츠클럽 프로그램을 구성할 때 고려할 사항은 활동 시간의 다양화, 학생주도의 자발적 참여, 스포츠인성 함양 목표, 스포츠문화체험의 기회 제공이다. 학교스포츠클럽의 운영 시간은 다양화되어야 하는데, 0교시, 점심시간, 방과후, 주말 등 다양하다. 따라서 시간을 지정하여 운영하는 것은 학생들의 클럽활동 범위와 활동 시간을 제약할 수 있어서 바람직하지 않다.

07 정답 다
생활체육 프로그램의 설계 요소에는 목적 및 목표, 내용, 예산, 장소 및 시설, 시간대, 홍보, 참여자, 지도자가 포함된다. 따라서 그림에 해당하는 스포츠교육학의 실천영역은 생활체육이다.

08 정답 라
직접교수모형의 경우 교사주도의 수업모형이기 때문에 이 모형의 주제는 수업리더 역할자로서의 교사이다.

09 정답 나
직접교수모형의 1순위는 심동적 영역이며, 탐구수업모형은 인지적 영역이고, 스포츠교육모형은 역할에 따라 1순위가 달라지므로 한 가지로 결정할 수 없다.

10 정답 가
동료교수모형에서는 학습자가 2인1조로 구성이 되어, 1명은 개인교사역할을 담당하고 다른 1명은 학습자 역할을 한다. 일정 시간이 지나면 수업 안에서 학생들의 역할 교대가 이루어진다.

| 11 | 정답 | 나 | 양궁, 볼링, 사격, 다트는 환경의 변화에 영향을 받지 않는 폐쇄기술이다. |

| 12 | 정답 | 나 | 학습자들이 연습활동에 임할 때 운동과제에 적극적으로 참여하는 시간을 증가하기 위해서는 교사의 비기여 행동을 없애고 간접기여 행동을 최소화하며 직접기여 행동을 높여야 한다. 보기처럼 수업 중 다리에 쥐가 난 학생을 조치하거나 수업 중 땀을 많이 흘리는 학생들을 그늘에서 잠깐 휴식하도록 조치한 것은 지도자의 간접기여행동에 해당한다. 간접기여행동은 학습과 관련은 있지만 수업내용 자체에 직접 기여하지는 않는 행동을 의미한다. |

| 13 | 정답 | 가 | 피드백은 여러 가지 기준에 따라 다양하게 구분되는데, 피드백을 제공하는 방향성에 따라 피드백은 개별적 피드백, 집단적 피드백, 전체수업 피드백으로 분류된다. |

| 14 | 정답 | 가 | 예방적 수업운영을 통해 수업 운영 시간을 늘리는 것이 아니라, 수업 시간을 엄수할 수 있어 오히려 수업 운영 시간을 줄일 수 있다. |

| 15 | 정답 | 라 | 스포츠지도사가 개인차를 고려한 수준별 교수를 시행하는 이유는 과제 참여의 유형을 다양화하고, 과제 참여의 질적 수준을 높일 수 있으며, 과제 참여의 공평한 기회를 제공하기 위함이다. 수준별 교수는 선의의 경쟁을 추구하는 것이 아니라, 자신의 수준에 맞는 과제에 참여하기 때문에 다른 학생들과의 경쟁을 최소화할 수 있는 전략이다. |

| 16 | 정답 | 나 | 평가의 기능에 따른 분류는 진단평가, 형성평가, 총괄평가로 구분된다. 진단평가는 교육 프로그램 실시 이전에 참여자의 특성을 점검하는 평가활동으로, 학습자 또는 참여자의 정보를 수집하고 교육 방향을 설정·수정하며 학습장애의 원인과 정도를 파악하기 위한 기능을 수행한다. 형성평가는 교육 프로그램이나 지도방법의 개발단계에서 이루어지는 과정 중심의 평가활동으로, 지도방법과 과정, 결과의 향상과 효율을 증진시키는 방향으로 프로그램과 지도방법을 수정하기 위한 기능을 한다. 총괄평가는 교육 프로그램과 지도방법을 적용한 이후 학습자들의 성취도를 포함한 프로그램의 효과 및 효율성 등의 결과를 종합적으로 판단하기 위한 기능을 수행한다. |

| 17 | 정답 | 가 | 평가의 신뢰도를 측정하는 방법으로는 검사-재검사법, 동형검사법, 내적일관성이 있다. |

| 18 | 정답 | 다 | 생활체육 전문인의 전문적 자질은 인지적 자질, 기능적 자질, 인성적 자질로 구분된다. |

| 19 | 정답 | 가 | 전문체육인의 발달 단계는 입문 단계, 개발 단계, 고급 단계로 진행된다. |

| 20 | 정답 | 라 | 스포츠교육 전문인의 성장은 3가지 방법(형식적 성장, 무형식적 성장, 비형식적 성장)으로 진행된다. 형식적 성장은 고도로 제도화되고 관료적이며 교육과정에 의하여 조직된 교육을 의미하며, 무형식적 성장은 공식화된 교육기관 밖에서 행해지는 조직적인 학습의 기회로서 비교적 단기간에 자발적으로 이루어진다. 반면에 비형식적 성장은 일상적인 경험으로부터 얻어지는 배움의 형식이다. 그 예로, 과거 선수의 경험에 의한 성장, 멘토링에 의한 성장, 동료코치나 선수들과의 대화를 통한 성장 등이 있다. |

스포츠지도사
자격검정대비 **적중핵심문제집**

스포츠윤리 — 2016년 기출문제 분석

출제기준

주요항목	세부항목
1. 스포츠와 윤리	1. 스포츠의 윤리적 기초
	2. 스포츠윤리의 이해
	3. 윤리이론
2. 경쟁과 페어플레이	1. 스포츠경기의 목적
	2. 스포츠맨십
	3. 페어플레이
3. 스포츠와 불평등	1. 성차별
	2. 인종차별
	3. 장애차별
4. 스포츠에서의 환경과 동물윤리	1. 스포츠와 환경윤리
	2. 스포츠와 동물윤리
5. 스포츠와 폭력	1. 스포츠와 폭력
	2. 선수 폭력
	3. 관중 폭력
6. 경기력 향상과 공정성	1. 도핑
	2. 유전자 조작
	3. 용기구와 생체 공학 기술 활용
7. 스포츠와 인권	1. 학생선수의 인권
	2. 스포츠지도자와 윤리
	3. 스포츠와 인성교육
8. 스포츠 조직과 윤리	1. 스포츠와 정책윤리
	2. 심판의 윤리
	3. 스포츠조직의 윤리경영

[2급 생활스포츠지도사]

1. 가치판단적 진술이 아닌 것은?

① 추신수는 정직한 선수이다.
② 페어플레이는 좋은 행위이다.
③ 감독은 선수를 체벌해서는 안 된다.
④ 김연아는 올림픽경기에서 금메달을 땄다.

정답	④	난이도	쉬움
출제영역	1. 스포츠와 윤리 (1. 스포츠의 윤리적 기초)		
해설	가치판단이란 마땅히 그렇게 되어야 할 것을 지시하거나 어떤 기준, 표준 혹은 규범에 따르는 것이어야 함을 나타내는 것으로, 올림픽 경기에서 메달을 따는 것은 있는 그대로의 사실에 대한 객관적인 진술이므로 사실판단에 속한다. '정직한 선수', '좋은 행위', 그리고 '체벌해서는 안 된다'는 것은 개인의 기준 또는 규범에 따르는 것이므로 가치판단에 속한다.		

2. 스포츠윤리의 독자성에 대한 설명으로 옳지 않은 것은?

① 스포츠의 문제해결과 관련하여 법의 필요성을 강조한다.
② 경쟁의 도덕적 조건과 가치 있는 승리의 의미를 밝힌다.
③ 비도덕적 행위의 유형과 공정성의 조건을 제시한다.
④ 스포츠를 통한 도덕적 자질과 인격의 함양을 추구한다.

정답	①	난이도	어려움
출제영역	1. 스포츠와 윤리(2. 스포츠 윤리의 이해)		
해설	스포츠 윤리는 특정 분야, 즉 스포츠라는 특수한 상황에서 요구되는 규범이나 도덕적 기준을 다루는 것으로 스포츠 상황에서 발생하는 윤리적인 문제들을 해결하기 위해 어떤 행동이 옳으며, 어떤 목적이 좋은가를 결정할 수 있는 기준과 원리를 제시하는 것이다. 따라서 법의 필요성을 강조하는 것과는 거리가 멀다.		

3. 스포츠의 가장 포괄적인 도덕규범으로 볼 수 있는 것은?

① 규칙의 준수
② 스포츠맨십
③ 아마추어리즘
④ 상대선수의 존중

정답	②	난이도	보통
출제영역	2. 경쟁과 페어플레이(2. 스포츠맨십)		
해설	스포츠맨십이란 스포츠에 참가한 자(스포츠맨)라면 마땅히 따라야 할 준칙과 갖추어야 할 태도를 의미하는 것으로 스포츠의 가장 포괄적인 규범이다. 규칙의 준수, 아마추어리즘, 상대선수의 존중 등은 모두 스포츠맨십에 포함되는 하위요소들이다.		

4. 운동선수가 갖추어야 할 덕목으로서 탁월성 또는 덕으로 번역될 수 있는 용어는?

① 에토스(ethos) ② 아곤(agon)
③ 아레테(arete) ④ 로고스(logos)

정답	③	난이도	쉬움
출제영역	2. 경쟁과 페어플레이(1. 스포츠경기의 목적)		
해설	아레테(Arete)는 인간을 인간답게 만들어 주는 자질을 의미하는 '덕'의 개념으로, 전사의 용기와 관련이 있지만 시대가 변화하면서 그 의미도 변화하여 논리적인 언변을 펼치는 수사학적 능력과도 동일시되었다. 또한 아레테는 어떤 것이 최적의 기능을 발휘할 수 있는 상태를 의미한다.		

5. 〈보기〉에서 주장하는 이론적 입장은?

〈보기〉
남성은 여성에 비해 선천적으로 우월한 신체 능력을 갖고 태어나기 때문에 신체 능력에 크게 의존하는 스포츠에서 남녀차별은 불가피하다.

① 자유주의적 페미니즘 ② 생물학적 환원주의
③ 사회주의적 페미니즘 ④ 여성 보호주의

정답	②	난이도	어려움
출제영역	3. 스포츠와 불평등(1. 성차별)		
해설	생물학적 환원주의는 남성과 여성 사이의 신체 능력이 선천적으로 차이가 있다는 것을 인정하는 것으로, 신체 능력에 의존하는 스포츠에서의 남녀차별은 당연시되어야 한다는 입장이다.		

6. 스포츠에서 성차별을 극복하기 위한 방안으로 볼 수 없는 것은?

① 전통적인 여성상에서 탈피하려는 노력
② 인기 종목 위주의 스포츠보도
③ 남성 선수와의 연봉 불균형 개선
④ 능력에 대한 공정한 평가

정답	②	난이도	쉬움
출제영역	3. 스포츠와 불평등(1. 성차별)		
해설	스포츠에서 성 평등을 위한 방안으로, 여성 스포츠의 적극적인 홍보가 필요하고, 남성 선수와의 연봉 불균형을 개선하는 등 스포츠에서 나타나는 성차별에 대한 공론화가 필요하며, 여성 스포츠의 지도자, 프로그램 및 시설 등의 확충이 필요하다. 인기 종목 위주의 스포츠보도는 성차별을 극복하기 위한 방안과 거리가 멀다.		

7. 〈보기〉의 사례에서 투수가 선택한 윤리체계는?

〈보기〉
야구경기 중 코치가 빈볼(머리를 겨누어 던지는 투구)을 지시했지만, 투수는 이것이 도덕원칙에 어긋난다고 생각하여 정상적으로 투구했다.

① 의무론
② 결과론
③ 인간중심주의
④ 공리주의

정답	①	난이도	보통
출제영역	1. 스포츠와 윤리(3. 윤리이론)		
해설	의무론적 윤리체계란, 어떤 행위를 옳거나 그른 것으로 만드는 기준이 행위에 대한 결과의 좋고 나쁨이 아니라 그 행위가 도덕규칙에 따르냐 혹은 위반하느냐가 판단의 기준이 된다는 윤리 이론이고, 결과론적 윤리체계란, 도덕적 강조점을 행위 그 자체보다 행위의 결과에 두는 것이다. 따라서 보기가 제시한 윤리체계는 의무론적 윤리체계이다.		

8. 장애인의 스포츠 활동 참여를 어렵게 만드는 요인이 아닌 것은?

① 장애인의 접근이 어려운 지역사회 스포츠시설
② 장애인에 대한 이해와 교수방법이 부족한 지도자
③ 동료참여자들의 편견과 부정적 시선
④ 장애인스포츠 관련 법 규정의 부재

정답	④	난이도	보통
출제영역	3. 스포츠와 불평등(3. 장애차별)		
해설	장애인이 스포츠 활동에 참여하기 위해서는, 관련 법 개정보다는 장애가 있는 사람들이 자발적으로 참여할 수 있는 여건을 개선하고 이들을 지원할 수 있는 환경을 구축하는 것이 중요하다. 따라서 장애인 스포츠 관련 법 규정의 유무는 장애인의 스포츠 활동 참여에 직접적인 요인이 아니다.		

9. 형식적 공정에 위배되는 선수의 행위는?

① 실수로 파울을 범한 상대선수를 화난 표정을 지으며 노려보는 행위
② 이기고 있는 팀이 시합종료까지 시간을 끌기 위해 공을 돌리는 행위
③ 경기력 향상을 위해 금지약물을 은밀하게 복용하는 행위
④ 자신의 이익을 위해 심판의 오심을 알고도 묵인하는 행위

정답	③	난이도	쉬움
출제영역	6. 경기력 향상과 공정성(1. 도핑)		
해설	도핑이란 선수 또는 동물에게 수행능력의 향상을 목적으로 약물을 사용하거나 특수한 이학적 처리하는 것으로 사용행위를 은폐하는 것까지 포함한 총체적인 행위를 의미한다. 따라서 도핑은 공정한 경기를 위해 반드시 금지되어야 하는 것이다.		

10. 스포츠 활동과정에서 다른 생명체를 해치는 행위는 테일러(P. Taylor)가 제시한 인간의 4가지 의무 중 어떤 조항에 위배되는가?

① 신뢰의 의무
② 불간섭의 의무
③ 불침해의 의무
④ 보상적 정의의 의무

정답	③	난이도	어려움
출제영역	4. 스포츠에서의 환경과 동물윤리(1. 스포츠와 환경윤리)		
해설	테일러가 제시한 자연 존중의 기본적 태도에서 파생되는 네 가지 의무에는 불침해, 불간섭, 신뢰, 보상적 정의의 의무가 있다. 불간섭의 의무는 자유나 생태계에 간섭하지 않는다는 것이고 신의의 의무는 사냥, 낚시처럼 동물을 속여 신뢰를 깨지 않는다는 것이며, 보상적 정의의 의무는 다른 생명체에 해를 끼쳤을 때 피해를 보상한다는 것이다. 불침해의 의무는 다른 생명체에 해를 가해서는 안 된다는 것으로 정답은 불침해의 의무이다.		

11. 지속가능한 스포츠발전을 위한 노력으로 옳지 않은 것은?

① 스포츠행사에서 쓰레기를 줄이기 위한 각종 대책의 마련
② 생태계에 미치는 영향을 최소화한 레저시설의 건립
③ 에너지소비의 최소화를 통한 스포츠시설의 효율적 운영
④ 오염되지 않은 자연환경을 스포츠 공간으로 활용

정답	④	난이도	쉬움
출제영역	4. 스포츠에서의 환경과 동물윤리(1. 스포츠와 환경윤리)		
해설	스포츠에서 파생되는 환경 윤리적인 문제들을 고려할 때, 지속 가능한 스포츠 발달을 위한 노력으로 오염되지 않은 깨끗한 자연 환경을 스포츠 공간으로 활용하는 것은 인간 중심주의적 접근이다.		

12. 경기장에서 발생하는 관중폭력에 대한 설명으로 옳지 않은 것은?

① 신체 접촉이 많은 종목일수록 증가하는 경향이 있다.
② 개별성과 책임성이 강한 개인화된 구성원에 의해 일어난다.
③ 경기 성격, 라이벌 의식, 배타적 응원문화 등이 원인이다.
④ 선수폭력에 동조하는 관중에 의해 발생하는 경향이 있다.

정답	②	난이도	쉬움
출제영역	5. 스포츠와 폭력(3. 관중폭력)		
해설	경기장에서 발생하는 관중의 폭력은 경기의 경쟁이 과열되어 몰입 수준이 증가할 때 군중심리로 발생하는 경향이 크다. 또한 신체 접촉이 많은 종목일수록 관중 폭력은 증가하는 경향이 있고 선수 폭력에 동조하는 관중에 의해 발생하는 경우도 있다. 개별성과 책임성이 강한 개인화된 관중은 상대적으로 폭력적 성향이 낮다.		

13. 〈보기〉에 해당하는 도핑 금지 이유는?

〈보기〉

청소년 선수들은 유명 선수의 도핑을 모방할 가능성이 크며, 그렇게 될 경우 약물 오남용이 사회적으로 크게 확산될 위험성이 있다.

① 부정적 역할모형
② 자연성의 훼손
③ 타자 피해의 발생
④ 건강상의 부작용

정답	①	난이도	쉬움
출제영역	6. 경기력 향상과 공정성(1. 도핑)		
해설	부정적 역할모형이란, 청소년들이 타인의 일탈을 접했을 경우, 그것을 관찰하고 모방하기에 이를 수 있다는 것이다. 청소년 선수들은 유명 선수의 도핑을 모방할 가능성이 있고 이런 약물 오남용은 사회적으로 확산될 위험성이 있다.		

14. 스포츠경기에서 오심이나 편파 판정을 최소화하여 공정성을 향상시켜 주는 공학기술은?

① 안전을 위한 기술
② 건강을 위한 기술
③ 감시를 위한 기술
④ 수행증가를 위한 기술

정답	③	난이도	쉬움
출제영역	6. 경기력 향상과 공정성(3. 스포츠에서 생체공학 기술 활용)		
해설	스포츠에서의 공학기술의 역할은 안전을 위한 기술, 감시를 위한 기술, 그리고 수행 증가를 위한 기술의 개발로 나누어 질 수 있다. 이 중 감시를 위한 기술은 선수들의 고의적인 반칙이나 심판의 오심, 또는 편파판정을 최소화할 수 있다.		

15. 마라톤경기 중 넘어진 경쟁자를 부축해주는 선수의 마음은?

① 수오지심(羞惡之心)
② 사양지심(辭讓之心)
③ 시비지심(是非之心)
④ 측은지심(惻隱之心)

정답	④	난이도	보통
출제영역	1. 스포츠와 윤리(1. 스포츠의 윤리적 기초)		
해설	보기의 네 가지는 맹자의 성선설에서 나온 선의 네 가지 형태이다. 수오지심은 자기의 잘못을 부끄러워 하고 악을 미워하는 마음이고 사양지심은 겸손하고 양보하는 마음이며, 시비지심은 옳고 그른 것을 분별하는 마음이다. 그리고 측은지심은 남의 불행을 보고 불쌍히 여기고 측은하게 생각하는 것으로, 마라톤 경기 중에 넘어진 경쟁자를 부축해 주는 선수의 마음과 동일한 것이다.		

16. 선수체벌 금지 이유로 적절하지 않은 것은?

① 인권을 침해하는 행위이기 때문에
② 경기력 향상에 효과가 없기 때문에
③ 과도한 스트레스의 원인이 되기 때문에
④ 수동적 태도를 길러주기 때문에

정답	②	난이도	쉬움
출제영역	5. 스포츠와 폭력(2. 선수폭력)		
해설	선수체벌의 금지 이유는 선수의 인권을 침해하고 수동적인 태도를 길러주기 때문에 필요악이다. 관행으로 선수체벌을 하는 이유 중 하나가 체벌이 선수의 경기력 향상과 관련이 있기 때문이지 이것이 선수체벌의 금지 이유는 아니다.		

17. 효과적인 도핑 금지 방안이 아닌 것은?

① 윤리 교육
② 신약 개발
③ 검사 강화
④ 강한 처벌

정답	②	난이도	쉬움
출제영역	6. 경기력 향상과 공정성(1. 도핑)		
해설	도핑이란 선수 또는 동물에게 수행능력 향상을 목적으로 약물을 사용하는 것과 관련된 총체적인 행위를 말한다. 효과적인 도핑금지 방안으로는 윤리교육, 도핑검사의 강화, 그리고 강한 처벌이 있다.		

18. 문화체육관광부가 지목하고 있는 '스포츠 4대 악'에 해당되지 않는 것은?

① 조직 사유화
② 승부조작
③ 스포츠도박
④ (성)폭력

정답	③	난이도	어려움
출제영역	1. 스포츠와 윤리(2. 스포츠 윤리의 이해)		
해설	문화체육관광부는 스포츠에서 대표적으로 발생하는 네 가지 반사회적 사안을 정하여, 이의 시정과 근절을 위한 개혁을 추진하였다. 스포츠 4대악은 스포츠계의 고질적인 문제인 입시비리, 폭력, 승부조작 및 조직의 사유화로 이는 오랫동안 스포츠의 발전을 저해하고 국민의 스포츠에 대한 부정적 인식을 확산시켜 왔다.		

19. 도핑 행위로 볼 수 없는 것은?

① 식이요법을 통한 글리코겐 로딩
② 아나볼릭 스테로이드 투여
③ 프로야구에서의 압축배트 사용
④ 적혈구생성촉진인자 투여

정답	①, ③	난이도	어려움
출제영역	6. 경기력 향상과 공정성(1. 도핑)		
해설	도핑이란 선수 또는 동물에게 수행능력의 향상을 목적으로 약물을 투여하거나 특수한 이학적 처치를 하는 것, 그리고 사용행위를 은폐하는 것까지 포함한 총체적인 행위를 의미한다. 글리코겐은 운동에 필요한 에너지의 주공급원으로, 1시간 이상 지속되는 경기에서는 근 글리코겐의 고갈현상이 피로와 탈진 현상의 주요한 원인이기 때문에 경기력 개선을 위한 보조 수단으로서 운동을 시작하기 전 근 글리코겐 저장량을 최대로 증대시키기 위한 시도를 하는데 이것을 글리코겐 부하 또는 글리코겐 로딩이라고 하고 식이요법을 통한 글리코겐 로딩은 도핑행위가 아니다.		

20. 대한체육회의 스포츠인권익센터에서 규정하고 있는 선수폭력에 해당되지 않는 것은?

① 따돌림
② 감금
③ 고강도 훈련
④ 협박

정답	③	난이도	쉬움
출제영역	5. 스포츠와 폭력(2. 선수폭력)		
해설	대한체육회의 스포츠 인권익 센터에서 규정하고 있는 선수폭력은 선수를 대상으로 구타하거나 상처가 나게 하는 것, 어느 장소에 가두어 두는 것, 겁을 먹게 하는 것, 강요에 의해 물건이나 돈을 빼앗는 것, 사실이 아닌 일로 인격이나 마음에 상처를 주는 것, 남들 앞에서 창피를 주는 것, 그리고 계속해서 반복하여 따돌리는 것 등을 포함한다.		

1부. 스포츠와 윤리

학습목표

- 도덕, 윤리, 그리고 선의 기본 개념에 대해 학습한다.
- 스포츠와 윤리의 관계를 이해한다.
- 스포츠윤리의 필요성과 추구하는 목적에 대해 학습한다.
- 도덕적 가치가 서로 충돌하는 상황에서 바람직한 판단을 위한 방안을 학습한다.

1장 | 스포츠의 윤리적 기초

1) 도덕, 윤리, 선의 개념

- 윤리는 집단 안에서의 조화로운 생활을 영위하기 위해 사람과 사람이 서로 지켜야할 도리를 의미
- 도덕이란 모든 인간이 지켜야 할 공통적인 규범과 도리를 의미
- 선은 도구적 의미에서 유용성을 나타냄

2) 사실판단과 가치판단

- 사실판단: 있는 그대로의 사실에 대한 객관적 진술
- 가치판단: 마땅히 그렇게 되어야 할 것을 지시하거나 어떤 기준, 표준 혹은 규범에 따르는 것이어야 함을 나타냄

3) 스포츠와 윤리의 관계

- 스포츠에서의 행위는 단순히 개인윤리적인 문제가 아니라 공적기준에 의해 판단하는 윤리문제로 이슈화되기도 함

핵심용어
- 도덕: 모든 인간이 지켜야 할 공통적인 규범과 도리
- 윤리: 집단 안에서의 조화로운 생활을 영위하기 위해 사람과
- 선: 도구적 의미에서의 유용성을 나타냄

2장 ❘ 스포츠윤리의 이해

1) 일반윤리와 스포츠윤리

○ 일반윤리: 사회의 문화나 구성원들이 공유하는 도덕적 이상들의 집합
○ 스포츠윤리는 특정 분야, 즉 스포츠라는 특수한 상황에서 요구되는 규범이나 도덕적 기준을 다룸

2) 스포츠윤리의 목적과 필요성

○ 목적: 스포츠 상황에서 발생하는 비윤리적인 사례들을 학습함으로써 그것이 어떠한 상황인지를 분석하고, 장차 유사한 상황을 만났을 때 어떻게 대처해야 하는지를 습득
○ 필요성: 최근 비윤리적인 사건들로 인하여 스포츠 행위가 사회에 광범위한 영향을 미친다는 점을 깨닫게 되었고, 스포츠에 있어 윤리의 중요성에 대한 자각이 싹트게 되었기 때문

3) 스포츠윤리와 스포츠인의 윤리

○ 스포츠윤리: 스포츠 상황에서 발생하는 윤리적인 문제들을 해결하기 위해 어떤 행동이 옳으며, 어떤 목적이 좋은가를 결정할 수 있는 기준과 원리를 제시하는 것에 주목
○ 스포츠인의 윤리: 스포츠인으로서 갖추어야 할 기본적인 도덕적 품성에 주목

3장 ❘ 윤리이론

1) 결과론적 윤리체계

○ 도덕적 강조점을 행위 그 자체보다 행위의 결과에 두는 것

2) 의무론적 윤리체계

○ 어떤 행위를 옳거나 그른 것으로 만드는 기준이 행위에 대한 결과의 좋고 나쁨이 아니라 그 행위가 도덕규칙에 따르느냐 혹은 위반하느냐가 판단의 기준이 됨

3) 덕론적 윤리체계

○ 기본적으로 덕 윤리는 우리가 어떤 사람이 되어야 할지에 관심을 갖고 있음. 따라서 덕 윤리는 행위 자체보다는 행위자에게 초점을 맞추고 있음

4) 가치충돌의 문제와 대안

○ 가장 바람직한 판단을 내리기 위해서는 주어진 윤리적 상황을 다각도로 분석하는 것이 필요
○ 이를 위해 주요 윤리이론들을 그 상황에 적용시켜봄으로써 사고의 폭을 넓히는 것이 우선되어야 함

2부. 경쟁과 페어플레이

> **학습목표**
> - 아곤과 아레테 개념의 어원과 의미 그리고 양자의 차이점을 이해한다.
> - 스포츠맨십은 스포츠도덕의 또 다른 표현이라는 점을 이해한다.
> - 페어플레이(공정시합)의 개념을 이해한다.

1장 ▎ 스포츠경기의 목적

1) Agon(아곤)과 Arete(아레테)의 차이

○ 아곤: 경쟁을 의미. 경쟁이 이루어지는 모임이나 회합. 경쟁의 실제적인 행위, 게임, 축제 자체를 지칭하기도 함. 비극에서의 대화나 법정에서의 논쟁을 뜻하는 의미로까지 확대됨

○ 아레테: 인간을 인간답게 만들어주는 자질을 의미하는 '덕'의 개념. 전사의 용기와 관련이 있지만 시대가 변화하면서 그 의미도 변화하고 풍부해졌음. 논리적인 언변을 펼치는 수사학적 능력과도 동일시되었음. 어떤 것이 최적의 기능을 발휘할 수 있는 상태를 의미

2) 승리추구와 탁월성 추구

○ 탁월성 추구: 항상 경쟁과 승리 추구를 포함. 스포츠의 긍정적 이미지를 대변함
○ 승리추구: 언제나 탁월성 추구를 포함하는 것은 아님. 스포츠의 긍정적 이미지를 대변하지 못함
→ 즉 아레테가 아곤 보다 더 포괄적인 개념이기 때문에 스포츠에서는 아레테적인 요소 즉 탁월성 추구를 더욱 중요한 요인으로 고려해야 함

> **핵심용어**
> - 아곤: 경쟁을 의미. 대화나 법정에서의 논쟁을 뜻하기도 함
> - 아레테: 어떤 것이 최적의 기능을 발휘할 수 있는 상태를 의미

2장 ▎ 스포츠맨십

1) 스포츠맨십의 의미

○ 스포츠맨십: 스포츠에 참가한 자(스포츠맨)라면 마땅히 따라야 할 준칙과 갖추어야 할 태도를 의미

2) 놀이의 도덕: 규칙의 존중

○ 스포츠는 놀이이며 그 자체가 목적인 활동. 하지만 스포츠의 전문화가 일어나고 경쟁스포츠가 발전하면서 스포츠가 더 이상 놀이가 아닌 활동이 되어가고 있음. 따라서 외적인 통제가 필요하게 되고 심판이나 규칙을 통해 놀이가 놀이가 아닌 활동이 되는 것을 방지함

3) 경쟁의 도덕: 놀이 자체의 존중

○ 스포츠는 놀이지만 모든 놀이가 스포츠는 아님. 스포츠는 경쟁이라는 성격을 지닌 투쟁적 놀이임. 따라서 규칙이나 심판이라는 외적통제 뿐만 아니라 선수의 도덕적 능력인 내적통제 또한 필요함

핵심용어
- 스포츠맨십: 스포츠에 참가한 자라면 마땅히 따라야 할 준칙과 갖추어야 할 태도를 의미

3장 | 페어플레이

1) 페어플레이의 이해

○ 페어플레이는 공정시합이라는 의미
  - 형식주의입장에서는 성문화된 규칙을 준수하는 것으로 해석
  - 비형식주의에서는 문자로 표현된 규칙의 준수보다 더 포괄적인 적용과 정당화가 가능하도록 공정의 개념을 확장하여 제안

2) 의도적 반칙

○ 의도적 반칙: 어떤 반칙을 실행하여 기대하는 결과를 발생시키고자 하는 의지적 계획을 가지고 실제로 이루어진 규칙 위반 행위

3) 승부 조작의 윤리적 문제와 해결 방안

○ 승부 조작(match fixing)은 흔히 금전의 획득 같은 경기 외적 이득을 얻고자 하는 의도로 경기 시작 전에 결과를 미리 정하고 그에 맞추어 과정을 왜곡시키는 행위
○ 승부조작의 윤리적 문제
  - 도핑에 비견될 정도로 심각해지고 있음
  - 승부 조작은 경쟁적 스포츠의 가치, 더 나아가 존재 근거를 근본적으로 훼손시키기 때문

핵심용어
- 페어플레이: 공정한 시합이라는 의미
- 승부조작: 흔히 금전의 획득 같은 외적 이득을 얻고자 하는 의도로 경기 전에 결과를 미리 정하고 그에 맞추어 과정을 왜곡시키는 행위

3부. 스포츠와 불평등

학습목표

- 스포츠에서의 성차별을 파악하고 이를 극복하기 위한 방안을 탐색한다.
- 성전환 선수의 처우 및 관점에 대해 이해한다.
- 우리 사회의 스포츠와 다문화사회의 관계에 대해 알아본다.
- 장애차별이 없는 스포츠의 조건에 대해 알아본다.

1장 | 성차별

1) 스포츠에서 성차별의 과거와 현재

- 스포츠에서의 성차별은 근대올림픽의 모태가 된 고대 그리스의 올림피아, 피티아, 네메아, 이스트미아의 4대 제전경기에서 비롯
- 근대올림픽의 부활에서도 여성들의 참여는 제한적이었음
- 미국의 Title IX의 제정 이후 스포츠에서 여성의 참여가 활발히 진행되었으며, 그러한 현상은 올림픽에서도 동일한 양상을 보였음

2) 스포츠에서 성 평등을 위한 방안

- 첫째, 여성 스포츠의 적극적인 홍보가 필요
- 둘째, 스포츠에서 나타나는 성차별에 대한 공론화가 필요
- 셋째, 여성 스포츠의 지도자, 프로그램, 시설 등의 확충 필요

3) 성전환 선수의 문제

- 성전환 수술을 했다고 해서 신체능력 또한 모두 여성화되는 것은 아님. 따라서 성전환 선수에 대한 명확한 규정이 필요

핵심용어

- Title IX: 미국에서 연방정부의 재정적 지원을 받는 학교에서 성차별을 금지하는 법조항이다.

2장 ❙ 인종차별

1) 스포츠에서 인종차별의 과거와 현재

○ 스포츠 인종주의: 특정한 인종이 다른 인종을 차별하거나 분리하려는 비합리적인 사고방식

2) 다문화사회의 도래와 예상되는 갈등들

○ 다문화사회로 급속하게 변모하고 있는 실정. 스포츠문화는 그 사회의 문화와 교류하며 상호보완적 관계가 형성된다는 것을 전제한다면 앞으로 우리 스포츠경기에도 인종차별에 대한 많은 과제들이 발생할 것으로 예측됨

3) 스포츠에서 인종차별을 극복하기 위한 방안

○ 지도자는 다양한 문화와 국가적 배경을 갖고 있는 선수들과 효율적으로 팀을 운영하는 방법론을 습득하여야함
○ 접해본 적이 없던 관습과 생활방식에 대해 존중할 줄 알아야 함

> **핵심용어**
> ■ 스포츠 인종주의: 스포츠계에서 특정한 인종이 다른 인종을 차별하거나 분리하려는 비합리적인 사고방식

3장 ❙ 장애차별

1) 장애인의 스포츠권

○ 우리나라는 1988년 서울장애인올림픽을 계기로 장애인 스포츠 분야의 획기적인 발전을 이룸
  • 1989년 보건복지부 산하 장애인복지체육회가 장애인체육을 위한 행정조직으로 설립되었음
  • 2005년 장애인체육 분야가 보건복지부에서 문화관광부(현 문화체육관광부)로 업무가 이관됨
  • 대한장애인체육회가 2005년 11월 설립

2) 스포츠에서의 장애인 차별

○ 장애인 스포츠에서 가장 심각하게 거론되는 부분이 (성)폭력의 문제이며 이는 해를 거듭할수록 증가하고 있음
  • 피해자들은 대부분 적절한 신고와 대응방법을 모르기 때문에 더욱 많이 일어날 수 있는 환경에 노출되어 있음
  • 특히 여성장애인 선수의 경우 성폭력 위험에 더 많이 노출되어 있는 것이 현실임
○ 장애인선수에 대한 (성)폭력과 함께 장애인에 대한 차별이 발견되는 부분은 장애인들의 생활체육에 대한 참여임

- 지도자, 시설, 프로그램에 있어서 다양한 장애등급의 장애자들이 사용할 수 있는 정책적 보완이 이루어져야 할 것임

3) 장애차별 없는 스포츠의 조건

○ 장애가 있는 사람들이 자발적으로 참여할 수 있는 여건을 개선하고 이들을 지원할 수 있는 환경을 구축하는 것이 필요함

4부. 스포츠에서 환경과 동물윤리

스포츠윤리 핵심요약

학습목표

- 스포츠에서 생겨날 수 있는 환경윤리적인 문제들에 대해 알아본다.
- 스포츠에 적용 가능한 환경윤리학 이론인 인간중심주의와 자연중심주의에 대해 알아본다.
- 지속 가능한 스포츠발달의 윤리적 전제 3가지를 이해한다.
- 스포츠에서의 종차별주의에 대해 알아본다.

1장 ┃ 스포츠와 환경윤리

1) 스포츠에서 파생되는 환경윤리적인 문제들
○ 스포츠는 환경에 피해를 주고 있고 스포츠 역시 환경오염의 피해를 입고 있음

2) 스포츠에 적용 가능한 환경윤리학의 이론들
○ 인간중심주의: 인간에게만 본질적 가치를 부여하고, 인간 이외의 존재에게는 도구적 가치만을 부여하는 윤리적 입장. 대표적인 철학자로 토마스아퀴나스, 베이컨, 칸트가 존재함
○ 자연중심주의: 인간이 아닌 자연이 중심이 되어야 한다는 윤리적 입장. 알베르트 슈바이처, 한스 요나스가 대표적인 철학자임

3) 지속 가능한 스포츠 발달의 윤리적 전제
○ 스포츠와 환경의 공존을 위해 준수해야할 3가지 계율
  - 필요성의 계율: 불필요한 것으로 판명될 경우 건립을 포기하도록 종용하는 행위지침
  - 역사성의 계율: 자연 역시 나름대로의 역사를 갖고 있고 자연공간에 새로운 스포츠시설을 건립할 경우에 자연의 역사성을 존중해주어야 한다는 행위지침
  - 다양성의 계율: 자연과 환경의 공존을 위해 자연이 보유하고 있는 다양성이 지켜질 수 있도록 최선의 노력을 기울여야 한다는 지침

핵심용어
- 인간중심주의: 인간에게만 본질적 가치를 부여하는 윤리적 입장

2장 ㅣ 스포츠와 동물윤리

1) 스포츠의 종차별주의 문제
○ 종차별주의(speciesism)란 자신이 속한 종의 이익은 옹호하는 반면, 다른 종의 이익은 배척하는 편견이나 왜곡된 태도를 의미하는 것

2) 경쟁, 유희, 연구도구로 전락한 동물의 권리
○ 스포츠에서는 다양한 종차별주의가 만연하고 있는데, 그 요소는 3가지로 구분됨
- 승리를 목적으로 하는 경쟁 활동
- 인간의 유희수단
- 인간을 대체하는 연구의 희생물

5부. 스포츠와 폭력

스포츠윤리 핵심요약

학습목표

- 스포츠에서 나타나는 인간의 공격적 특성과 폭력성을 이해한다.
- 격투스포츠로서 이종격투기의 윤리적 논쟁에 대해 탐색한다.
- 폭력의 이론적 배경을 이해하고 선수폭력에 대한 규정을 파악한다.
- 선수 성폭력에 대해 탐색하고 그 예방법과 대처법을 알아본다.
- 경기 후 관중의 폭력적 행동에 대해 알아본다.

1장 | 스포츠폭력

1) 스포츠의 공격적 특성과 폭력성

○ 오늘날에 있어서 스포츠는 경쟁적인 행위로서 자기통제를 요구하는 구성적 장치와 규제적 규범을 통해 폭력성을 제한하면서 발전되어왔음

○ 스포츠에서 보이는 인간의 공격성은 자신의 한계를 넘어서고자 하는 도전정신에서 비롯된 본능이며, 인간 자신의 탁월성을 위해 잠재된 능력을 드러내고자 하는 시도에서 발생된다고 할 수 있음

2) 격투스포츠의 윤리적 논쟁: 이종격투기

○ 경기장 내의 합리적인 폭력이 도덕성의 논란을 이겨낼 수 있는 것은 격투스포츠의 도덕성이 페어플레이 성격에 기인하고 있기 때문이라고 볼 수 있음

2장 | 선수폭력

1) 폭력을 성찰하는 이론

○ 아리스토텔레스- 분노: 분노는 자제력이 없음을 말하며, 욕망으로부터 나오는 인간의 행위

○ 푸코- 규율과 권력: 스포츠 현장에서 지도자와 선수, 선후배 간의 위계질서는 일방통행으로 흐르는 권력행사로 나타날 수 있음

○ 한나 아렌트- 악의 평범성: 잘못된 관행에 복종하는 데 익숙해져서 잘못을 수정하기는커녕 잘못된 관행을 지속시키는 데 더 익숙해 짐

2) 선수폭력의 규정

○ 스포츠에서 선수의 폭력행위는
- 선수를 대상으로 구타하거나 상처가 나게 하는 것
- 어느 장소에 가두어두는 것
- 겁을 먹게 하는 것
- 강요하는 것, 물건이나 돈을 빼앗는 것
- 사실이 아닌 일로 인격이나 마음에 상처를 주는 것
- 남들 앞에서 창피를 주는 것
- 계속해서 반복하여 따돌리는 것 등을 포함함

3) 스포츠폭력의 유형 및 방지

○ 스포츠폭력의 유형에는 선수들 간의 폭력, 선수 또는 지도자가 심판에게 가하는 폭력, 지도자가 선수에게 가하는 폭력이 있음
○ 2013년에 발표된 '스포츠폭력근절대책'에는 스포츠인 권익센터 상담신고기능 보강, 직접 찾아가는 교육 및 상담, 신고자불이익처분에 대한 처벌 강화, 징계양형기준을 새롭게 마련하여 무관용원칙 적용, 조사 및 징계 과정에서 외부 전문가 참여 제도화, 스포츠조직의 윤리성지표 세분화하여 평가 결과 매년 공개, 지도자 등록시스템 구축, 리더십 우수지도자에 대한 시상확대, 지도자 평가시스템 개선, 지도자양성과정에서의 폭력/성폭력 예방 등 인권교육 확대, 총 10개가 포함되었다

4) 선수 성폭력

○ 선수 성폭력이란 강제로 성적 행위를 하거나, 성적 행위를 하도록 강제로 요구하거나, 협박하거나, 꼬드기는 행위 등을 말함

3장 | 관중폭력

1) 경기 중 관중의 폭력

○ 프로경기 혹은 관중이 많이 찾는 국제적인 경기에서 관중난동이나 관중폭력이 발생하는 경향이 잦아지고 있음
○ 최근에는 스포츠 환경에서의 사이버폭력도 심해지고 있는 추세임

2) 경기 후 관중의 폭력행동

○ 관중폭력의 대명사로 불리는 훌리거니즘은 '군중'과 '팬의 무질서'를 합친 뜻
○ 훌리건들은 그들이 응원하는 팀을 빌미로 광적인 행동으로 폭력을 조장함

○ 훌리건은 자기 팀에 대한 몰입수준이 충성심으로 연결되어 경기내용과 관계 없이 오로지 자기 팀의 승리를 최고선으로 생각함

핵심용어
- 훌리건 (Hooligan): 자신들이 응원하는 팀을 빌미로 다양한 폭력적인 행동을 일삼는 무리

6부. 경기력 향상과 공정성

학습목표

- 도핑이 금지되어야 하는 이유에 대해 이해한다.
- 효과적인 도핑 금지 방안에 대해 알아본다.
- 유전자 도핑을 반대해야 하는 이유에 관해 알아본다.

1장 | 도핑

1) 도핑의 의미

- 도핑(doping)이란 선수 또는 동물에게 수행능력의 향상을 목적으로 약물을 사용하거나 특수한 이학적 처치를 하는 것, 그리고 사용행위를 은폐하는 것까지 포함한 총체적인 행위를 의미
- 세계반도핑기구(World Anti-Doping Agency: WADA)에서는 선수의 건강에 위협이 될 수 있는 약물 중 경기력 향상에 도움을 줄 수 있는 약물이나 방법 등을 선정하여 매년 9월에 발표함. 이렇게 발표된 것을 '금지목록 국제표준'이라하며, 이듬해 1월 1일부터 적용되어 효력이 발생하게 됨

2) 도핑을 금지해야 하는 이유

- 공정성: 공정한 경기를 위해 반드시 금지되어야 함
- 역할모형: 청소년들이 타인의 일탈을 접했을 경우, 그것을 관찰하고 모방하기에 이를 수 있다는 것
- 강요: 도핑을 한 선수의 경기력이 향상이 되는 것을 보고 자신도 어쩔 수 없이 하는 경우가 생길 수 있으며 지도자의 강요로 도핑을 하게 되는 경우가 있음
- 건강상의 부작용: 선수들의 건강상의 부작용을 초래함

3) 효과적인 도핑금지 방안

- 효과적인 도핑금지 방안으로는 윤리교육, 도핑검사의 강화, 강경한 처벌이 존재함

핵심용어

- **도핑**: 선수 또는 동물에게 수행능력의 향상을 목적으로 약물을 사용하는 것과 관련된 총체적인 행위

2장 ❙ 유전자 조작

1) 스포츠에서 유전자 조작의 현황

○ 스포츠에서의 유전자 조작은 스포츠에서 수행능력의 향상을 목적으로 인위적으로 DNA를 변형시키는 행위로 유전자 도핑(Gene Doping)이라고도 함
○ 유전공학에 기초를 둔 유전자 도핑은 세계반도핑기구와 국제올림픽위원회(International Olympic Committee: IOC) 같은 국제스포츠조직을 통해 엄격하게 금지되고 있음

2) 유전자 조작을 반대해야 하는 이유

○ 유전자 조작을 반대해야 하는 이유에는 인간존엄성 침해, 종의 정체성 혼란, 스포츠사회의 무질서 초래, 위험성 등을 들 수 있음

3) 스포츠에서 유전자 조작 방지대책

○ 스포츠에서 유전자 조작을 방지할 수 있는 대책으로는 지속적 연구, 신뢰성 있는 도핑테스트 개발, 선수들의 도핑검사 의무화, 선수 및 지도자의 윤리교육 실시 등이 포함될 수 있음

> **핵심용어**
> ■ 유전자조작: 스포츠 경기에서 수행능력을 향상시키기 위해 인위적으로 DNA를 변형시키는 행위

3장 ❙ 스포츠에서 생체공학 기술활용

1) 스포츠에서 공학기술의 역할

○ 스포츠에서 공학기술의 역할은 안전을 위한 기술, 감시를 위한 기술(고의적인 반칙, 도핑 등), 수행 증가를 위한 기술의 개발로 나누어질 수 있음

2) 전신수영복 착용을 금지하는 이유

○ 최첨단 수영복이 기록 단축에 영향을 미친다면 그것의 착용에는 선택의 문제를 벗어나 당위성이 부여됨. 최첨단 수영복을 착용한 선수와 경제적인 이유로 그렇게 하지 못하는 선수 사이에서 대두되는 형평성의 문제는 곧 불공정한 경기의 원인이 될 수 있음

3) 의족장애선수의 일반경기 참가

○ 의족을 착용하지 않은 선수들과의 경쟁에서 불공정한 이점을 제공한다면 이의 사용은 제한적이어야 함

스포츠윤리 핵심요약

7부. 스포츠와 인권

학습목표

- 학생선수의 생활권과 학습권을 이해한다.
- 공부하는 학생선수 만들기 프로젝트에 대하여 알아본다.
- 체육특기자의 진학과 입시제도 문제에 대하여 살펴본다.
- 지도자에 의한 폭력이 가능한 이유에 대하여 알아본다.
- 어린이 운동선수를 보호하기 위한 방안에 대하여 알아본다.

1장 ▎학생선수와 인권

1) 인권 사각지대인 학교운동부

- 학교운동부의 인권문제는 승리지상주의, 결과주의를 지향하는 과정에서 나타나는 폭력, 성폭력, 선수 도구화 등 학생선수가 인간으로 가져야 할 권리가 보장되지 않는 데서 발생하는 문제임
- 학생선수는 신체로부터의 소외(부상에도 어쩔 수 없이 훈련에 참가해야 하는 상황), 스포츠활동으로부터의 소외(자율성이 없는 스포츠활동), 유적본질의 소외(스포츠를 통해 경험할 수 있는 다양한 경험을 못하는 상황)을 경험하게 됨

2) 학생선수의 생활권과 학습권: 최저학력제

- 최저학력제는 학생선수의 학습권 및 인권보호를 위한 수단적 조치임
  - 해당 학년의 1, 2학기 기말고사의 전교생 평균성적을 기준으로 하여 학생선수의 학력이 초등학교의 경우 하위 50%, 중학교는 하위 40%, 고등학교는 하위 30% 수준에 도달하면 최저학력을 넘은 것으로 판단함
  - 기준에 도달하지 못하면 경기에 출전하지 못할 수도 있다는 조건을 달아 학생선수의 학습권을 보장하려고 함

3) 공부하는 학생선수 만들기 프로젝트

- 공부하는 학생선수란 이들이 중도탈락이나 은퇴 후 사회생활에 적응하는 데 있어서 꼭 필요한 사회적 기초에 해당하는 일정한 수준의 교양, 논리 수준, 상대와의 대화 능력 등을 갖추게 하자는 것임

4) 체육특기자의 진학과 입시제도의 문제

○ 체육특기자제도는 1972년 10월 5일 체육진흥계획의 일환으로 '학교체육강화방안'이 공포되고, 이어 동년 11월 9일에 제정된 교육법 시행령(대통령령 제6377호)에 따라 시행되었음
○ 학업성적과 관계없이 일정한 경기실적을 보유하면 상급학교 진학 허용과 등록금·수업료 감면 등의 유인가를 제공함으로써 학생선수들이 운동에 매진할 수 있도록 유도하기 위함이었음
○ 2000년부터 체육특기자는 모두 동일계 진학을 하도록 법으로 규정
○ 현행 체육특기자 입시부정의 근본적인 원인은 학생선수가 대학에서 정하는 입학전형을 통하여 정식으로 입학하기 전에 미리 합격자를 내정하는 사전스카우트제도에 있음
○ 이런 관행이 지속되는 이유는 다음과 같음
  - 첫째, 입시비리의 관행화 및 법적 처벌의 한계
  - 둘째, 스카우트의 불법성에 대한 현장의 인식부족 및 대안부재
  - 셋째, 학교 중심적 선발구조의 문제
  - 넷째, 관리감독기구의 부실
  - 다섯째, 고등학교운동부의 파행적 운영

핵심용어

■ 최저학력제: 학생선수들의 학습권보장을 위한 정책으로 일정수준의 학업성적을 성취하지 못하면 학생선수로서의 자격을 일정 부분 상실하는 제도

2장 ┃ 스포츠지도자의 윤리

1) 지도자에 의한 폭력이 가능한 이유

○ 지도자에 의한 폭력이 가능한 이유는 지도자가 가지고 있는 절대적 권력임

2) 선수체벌 문제

○ 스포츠 폭력은 운동선수, 감독, 심판, 단체임원, 흥행주 등의 '스포츠 관계인'이나 관중 등의 '일반인'이 단독으로 또는 다수인이 운동경기나 훈련과정 중이나 스포츠와 관련하여 고의나 과실로 신체적·언어적·성적 폭력행위를 저지른 경우를 말함
○ 선수체벌이 지속되는 이유는 첫째, 체벌(폭력)은 경기력과 정적인 관계가 있다는 편견, 둘째, 학부모들이 지도자의 폭력을 묵인해주는 관행, 셋째, 선수들의 집중력 문제 등에서 찾을 수 있음

3) 성폭력 문제

○ 운동선수를 대상으로 조사한 결과에 의하면, 전체 조사대상자의 63.8%가 성폭력 피해를 겪은 것으로 나타남

○ 이러한 현실에도 불구하고 스포츠계의 폐쇄성으로 인해 성폭력 실태를 정확하게 파악할 수 없는 것이 현실이며, 이는 스포츠계의 불평등한 권력구조, 위계적인 폭력문화와 구조적으로 연관이 있음

4) 교육자로서의 책임과 권한
○ 코치와 감독에게는 지도자로서 뿐만 아니라 교육자로서의 역할과 권한 그리고 책임이 존재
○ 학교에서 학생선수를 지도하는 지도자의 경우 교육자라는 인식이 우선되어야 함

3장 | 스포츠와 인성

1) 어린이 운동선수를 보호하기 위한 방안
○ 너무 무리한 훈련을 시키지 않아야 한다
○ 이기는 것보다 기초기술 위주로 훈련하는 것이 필요하다
○ 어린이 운동선수는 승리보다는 스포츠 자체의 즐거움과 재미를 위주로 훈련하는 것이 지속적인 선수생활을 하는 데 도움이 된다
○ 공부와 운동을 병행할 수 있도록 한다
○ 어린 선수에게 체벌을 가하지 않는다

2) 학교체육의 인성교육적 가치
○ 첫째, 스포츠 활동은 부정적 정서를 감소시키고 긍정적 정서를 증진시키며 타인에 대한 정서적 공감능력 함양을 통해 도덕적 정서 발달의 바탕을 마련해줌
○ 둘째, 스포츠 활동 자체는 주의력·집중력 등 지적 기능 발달의 생리적 토대가 되며 다양한 스포츠 경기 속의 전략이나 팀 활동 과정은 전략적·창의적 사고 기술과 비판적·도덕적 판단 능력을 함양할 수 있는 환경을 제공해줌
○ 셋째, 스포츠 활동은 부정적 행동 및 일탈 방지, 친사회적행동 및 생활기술의 발달, 도덕적 성품을 발달시킴으로써 스포츠를 통한 인성 발달에 직접적인 기여를 할 수 있음
○ 하지만 스포츠 인성교육의 내용, 방법, 효과에 대한 검증이 아직 미진하며, 부정적인 영향도 대두되고 있어 향후 의도적 교수·학습방법, 적절한 교육 환경, 훌륭한 역할모델 등 체계적 교육 프로그램을 마련할 필요가 있음

3) 새로운 학교문화를 위한 스포츠의 역할
○ 첫째, 인성교육의 장
○ 둘째, 학교폭력의 예방과 해결
○ 셋째, 학교공동체 형성

8부. 스포츠조직과 윤리

> **학습목표**
> - 정치와 스포츠의 관계를 윤리적 관점에서 이해한다.
> - 스포츠정책을 윤리적 관점에서 이해한다.
> - 심판의 역할과 과제를 살펴본다.
> - 스포츠경영자의 윤리적 리더십에 대해 이해한다.

1장 | 스포츠와 정책윤리

1) 정치와 스포츠의 관계
○ 스포츠의 정치적 속성은 첫째, 스포츠 참여자가 사회조직을 대표하는 것, 둘째, 스포츠 단체 조직의 과정, 셋째, 스포츠에 대한 정부기관의 개입, 넷째, 스포츠경기와 정치적 상황의 상호작용, 다섯째, 스포츠경기의 의식과 제도적 특성에서 나타남

2) 스포츠의 사회적 이슈와 윤리성 문제
○ 신념윤리: 결과를 생각하지 않고 신념의 실현 그 자체가 목적
○ 책임윤리: 인간에 의해 발생되는 결함들을 인정하고서 자신의 행동 결과에 대해 책임을 져야 한다는 원칙

3) 스포츠정책과 윤리성 문제
○ 정책이란 주로 정부기관에 의하여 결정이 되는 미래를 지향하는 행동의 주요 지침. 정책 작업의 주체가 특정 개인 또는 집단이라는 것에서 윤리적 문제가 발생. 정책윤리가 정착되지 않는 한 합리적인 정책분석과 결정, 그리고 효율적인 정책집행과 평가에 지장을 초래 -> 정책과정에서의 윤리성 확보가 중요
○ 정책분석가의 3가지 모형
- 객관적 기술자 모형: 가치를 배제한 입장에서 과학적·분석적 접근방법으로 객관적이고 기술적인 정보를 제공
- 고객 옹호자 모형: 정책분석가를 자기 고객(주인)인 정책결정자에 대한 봉사로 간주
- 쟁점 옹호자 모형: 정책분석가를 가치를 추구하는 규범적 존재로 간주. 자신의 가치판단과 행동기준에 따라 정책적 쟁점이 되는 문제를 선택하고, 그 목표와 대안 제시를 위하여 노력

핵심용어

- **신념윤리**: 결과를 생각하기 보다는 신념의 실현 자체를 목적으로 하는 윤리
- **책임윤리**: 인간으로서의 결함을 인정하고 자신의 행동 결과에 대한 책임을 져야한다는 원칙

2장 ❙ 심판의 윤리

1) 심판의 도덕적 조건

○ 심판이 갖추어야 할 윤리기준은 공정성과 청렴성을 갖고 편견과 차별성을 배제하는 것

2) 심판의 역할과 과제

○ 심판의 순기능
- 첫째, 심판의 판단행위는 관중이나 선수들에게 윤리적 대상이 되어 심판의 기술에 대한 윤리적 가치를 발휘하는 것
- 둘째, 심판의 판정행위는 주관적 판단이지만 이때 심판은 '사심이 없음'이라는 마음 상태에서 보편·타당성을 가져야 함
- 셋째, 심판의 판정행위는 '심판의 절제'된 행동을 통해서 관객과 선수에게 보여져야 함

○ 심판의 역기능으로는 심판의 오심과 편파 판정이 있음

3장 ❙ 스포츠 조직의 윤리경영

1) 스포츠경영장의 윤리적 의식: 윤리적 리더십

○ 스포츠현상에서 윤리적 리더십의 실천
- 첫째, 윤리적 리더십의 이해와 실행 방향의 설정
- 두 번째로, 강압과는 차별화된 윤리적 영향력을 통해 공정하고 윤리적인 공동체를 구축
- 세 번째로, 윤리성과 함께 사회적 책임 및 윤리적 국제 위상 정립의 노력이 요구
- 네 번째로, 경영자의 윤리적 실천의지와 경영의 투명성 확보
- 다섯 번째로, 스포츠현상에서 투명성 확보를 위하여 국제기준이 허용하는 범위 안에서 비윤리적인 경기 규정 등을 정비하고 참여자의 윤리적 노력에 대한 포상제도 도입

2) 스포츠조직의 윤리적 책임 주체와 공동체적 조직행동

○ 스포츠 조직에서 구성원 자체에 초점을 맞추느냐, 아니면 구성원 행위에 초점을 맞추느냐에 따라 책임의 정의도 달라질 수 있겠지만, 어떤 것도 스포츠조직의 구성원으로부터 자유롭지는 않음

○ 스포츠조직에서는 책임의 문제를 구성원과의 연계성 속에서 파악하고자 하며, 특히 행위보다는 행위의 주체에 초점을 맞추고자 함
○ 스포츠조직의 책임주체는 스포츠조직 공동체의 개인임. 스포츠 공동체적 조직의 의미를 이해하고, 스포츠공동체 맥락의 파악과 인식능력과 책임능력을 갖춘 스포츠조직의 공동체적 개인이 책임의 주체라고 할 수 있음

스포츠윤리 문항이원출제표

문항 번호	출제 영역		문항 내용 차원	문항 행동 차원	문항 수준
	주요 항목	세부 항목			
1	스포츠와 윤리	도덕, 윤리, 선의 개념	도덕, 윤리, 선에 대한 차이를 인지	이해	중
2		사실판단과 가치판단	가치판단과 사실판단을 이해하고 구분할 수 있는 이해	이해	하
3		스포츠윤리의 목적과 필요성	스포츠윤리의 필요성 이해	이해	중
4		결과론적 윤리체계, 의무론적 윤리체계, 덕론적 윤리체계	결과론적 윤리체계, 의무론적 윤리체계, 덕론적 윤리체계에 대한 구분	이해	중
5		가치충돌의 문제와 대안	가치충돌의 상황에서 필요한 행동 방침이해	이해	하
6	경쟁과 페어플레이	아곤과 아레테의 차이	아곤과 아레테의 차이를 구별한다	암기	중
7		승리추구와 탁월성 성취	스포츠에서 승리추구와 탁월성 성취의 중요성을 이해하기	이해	상
8		투쟁적 놀이로서 스포츠	스포츠맨십의 이해	이해	하
9		페어하게 플레이한다는 의미	페어플레이에 대한 이해	이해	중
10	스포츠와 불평등	스포츠에서 성차별의 과거와 현재	스포츠에서 성차별의 과거와 현재를 알기	암기	중
11		스포츠에서 성차별의 과거와 현재	스포츠에서 과거 성차별이 존재한 이유를 이해	이해	중
12		성전환 선수의 문제	성전환 선수의 여성경기 참가에 대한 원칙을 이해하기	이해	중
13		스포츠에서 인종차별의 과거와 현재	과거 스포츠에서 어떤 이유로 또 어떤 형태의 인종차별이 존재하였는지에 대한 지식	암기	하
14		장애인의 스포츠권	장애인의 스포츠권에 대한 기본 지식 확인	암기	중

문항 번호	출제 영역		문항 내용 차원	문항 행동 차원	문항 수준
	주요 항목	세부 항목			
15		스포츠에서 장애인의 차별	스포츠에서 장애인의 차별에 대한 이해	암기	하
16	스포츠에서 환경과 동물 윤리	스포츠에 적용가능한 환경윤리학의 이론들	스포츠에 적용가능한 환경윤리학의 이론가들에 대한 지식	암기	상
17		지속가능한 스포츠발달의 윤리적 전제	지속가능한 스포츠발달을 위해 준수해야 할 3가지 계율에 대한 지식	암기	중
18		스포츠의 종차별주의 문제	스포츠의 종차별주의 문제에 대한 인지	이해	하
19	스포츠와 폭력	스포츠 고유의 공격적 특성과 폭력성	스포츠에서 나타나는 인간의 공격적 특성과 폭력성에 대한 이해	이해	중
20		격투스포츠의 윤리적 논쟁	격투스포츠에 대한 윤리적 입장의 이해	이해	중
21		경기 중 선수들 간의 폭력	폭력을 성찰하는 이론에 대한 지식	암기	상
22		경기 중 선수들 간의 폭력	선수폭력의 정의 이해	이해	중
23		선수의 심판에 대한 폭력	선수의 심판에 대한 폭력을 성찰하는 이론에 적용하는 능력	응용	상
24		관중의 폭력	관중의 폭력이 일어나는 이유 인지	암기	중
25		경기 후 관중의 폭력 행동	훌리거니즘의 개념 이해	이해	하
26	경기력 향상과 공정성	도핑의 의미	도핑의 의미에 대한 이해	이해	중
27		도핑의 의미	도핑 약물에 대한 이해	이해	중
28		도핑을 금지해야 하는 이유	도핑을 금지해야 하는 이유 인지	암기	하
29		효과적인 도핑 금지 방안	효과적인 도핑 금지 방안에 대한 이해	이해 및 암기	중
30		스포츠에서 유전자조작의 현황	유전자도핑의 개념 이해	이해	상
31		유전자조작을 반대해야만 하는 이유	유전자조작을 반대해야만 하는 이유에 대한 이해	이해	상

문항 번호	출제 영역		문항 내용 차원	문항 행동 차원	문항 수준
	주요 항목	세부 항목			
32		스포츠에서 유전자도작 방지 대책	스포츠에서 유전자 조작 방지 대책	암기	하
33		전신수영복 착용을 금지하는 이유	전신수영복을 금지하는 이유에 대한 이해	이해	중
34		의족장애선수의 일반경기 참가	의족장애선수의 일반경기 참가에 대한 공정성 문제 이해	이해	상
35		인권사각지대인 학교 운동부	학교운동부가 인권의 사각 지대가 된 이유 이해	이해	상
36		학생선수의 최저학력 제도	최저학력제의 학습권보장의 수준과 내용 인지	암기	중
37		공부하는 학생선수 만들기 프로젝트	"공부하는 학생선수"가 의미 하는 것이 무엇인지를 이해	이해	상
38		체육특기자의 진학과 입시 제도의 문제	현제 시행되고 있는 체육특기자 진학 문제를 만든 교육정책에 대한 지식	암기	중
39		지도자에 의한 폭력이 가능한 이유	지도자의 폭력이 가능한 다양한 이유에 대한 이해	이해	하
40	스포츠와 인권	선수체벌의 문제	선수에 대한 폭력행위의 종류가 얼마큼 다양할 수 있는 지에 대한 이해	이해	중
41		성폭력 문제	선수들에 대한 성폭력이 일어나기 전, 일어났을 때, 그리고 사후에 어떤 조치들이 취해져야 하는 지에 대한 이해	이해	상
42		교육자로서의 책임과 권한	지도자, 교육자로서 지켜줘야 할 학생선수들의 권리를 이해	이해	하
43		어린이 운동선수를 보호하기 위한 방안	어린이 운동선수를 보호하기 위한 방안에 대한 지식	암기	하
44		학교체육의 인성 교육적 가치	학교체육을 통한 인성발달의 현안을 이해	이해	중
45		새로운 학교문화를 위한 스포츠의 역할	새로운 학교문화를 이루는데 있어서 스포츠교육이 할 수 있는 역할에 대한 지식	암기	중

문항 번호	출제 영역		문항 내용 차원	문항 행동 차원	문항 수준
	주요 항목	세부 항목			
46	스포츠 조직과 윤리	정치와 스포츠의 관계	스포츠의 사회적 기능을 설명하는 두 가지 다른 이론에 대한 이해와 적용	적용	중
47		스포츠 정책과 윤리성 문제	정책분석가의 세 가지 모형에 대한 이해	이해	하
48		심판의 도덕적 조건	심판이 가져야 할 윤리적 기준 3가지에 대한 지식	암기	중
49		심판의 사회적 역할과 과제	심판의 사회적 역할 중 순기능과 역기능에 대한 이해	이해	하
50		스포츠경영자의 윤리적 의식: 윤리적 리더십	스포츠경영자의 윤리적 의식에 대한 전반적 이해	이해	하

스포츠윤리 출제예상문제

1. 특정 사회나 직업에서 지키는 도덕을 뜻하는 것은?
   ① 도덕
   ② 윤리
   ③ 선
   ④ 도덕과 윤리

2. 사실판단과 가치판단에 대한 보기의 내용이 적절하게 짝지어진 것은?

   〈보기〉
   ㉠ 체육지도자는 모든 학생을 공정하게 평가해야 한다.
   ㉡ 스포츠 시합이 끝난 후 상대 선수에게 인사를 하는 것은 옳은 행위이다.
   ㉢ 이 체육관에는 4개의 배드민턴 코드가 있다.

   ① ㉠ 가치판단, ㉡ 사실판단, ㉢ 가치판단
   ② ㉠ 사실판단, ㉡ 가치판단, ㉢ 가치판단
   ③ ㉠ 가치판단, ㉡ 가치판단, ㉢ 사실판단
   ④ ㉠ 사실판단, ㉡ 사실판단, ㉢ 가치판단

3. 스포츠윤리학의 필요성이 대두되어진 이유로 적합하지 않은 것은? [무료동영상]
   ① 승부조작
   ② 금지약물의 복용
   ③ 높은 페어플레이정신
   ④ 스포츠산업화

4. 다음 윤리체계에 대한 설명 중, 알맞게 짝지어진 것은?

   (㉠)는 도덕적 강조점을 행위 그 자체보다 행위의 결과에 둔다.
   (㉡)는 어떤 행위를 옳거나 그른 것으로 만드는 기준이 그 행위가 도덕규칙을 따르느냐 혹은 위반하느냐가 판단기준이 된다.
   (㉢)는 대체로 개인윤리에 해당하는 것처럼 보여 스포츠에서 제기되는 윤리문제에 적용하기에는 적합하지 않을 수도 있다.

① ㉠ 결과론적 윤리체계 - ㉡ 결과론적 윤리체계 - ㉢ 덕론적 윤리체계
② ㉠ 결과론적 윤리체계 - ㉡ 의무론적 윤리체계 - ㉢ 덕론적 윤리체계
③ ㉠ 의무론적 윤리체계 - ㉡ 덕론적 윤리체계 - ㉢ 결과론적 윤리체계
④ ㉠ 덕론적 윤리체계 - ㉡ 의무론적 윤리체계 - ㉢ 결과론적 윤리체계

5. 서로 충돌하는 윤리적 가치들 사이에서 도덕적 판단을 해야 하는 상황을 만났을 때 **하지 말아야 할 행동은?** [무료동영상]

① 중요도 측면에서 더 높은 도덕적 순위를 가지고 있는 가치를 우선시 한다.
② 하나의 주어진 상황에서는 될 수 있는 한 하나의 윤리이론을 적용하여 해결한다.
③ 주어진 윤리상황을 다각도로 분석한다.
④ 윤리적 상황에 대한 정확한 이해를 한다.

6. 다음 보기 중 제대로 짝이 이루어진 것은?

〈보기〉
㉠ 경쟁을 의미함
㉡ 법정에서의 논쟁을 뜻하는 의미로까지 확장될 수 있음
㉢ 인간을 인간답게 만들어 주는 자질을 의미함
㉣ 목표가 승리 그 자체임
㉤ 최적의 기능을 발휘할 수 있는 상태를 의미

① ㉠ 아곤 ㉡ 아레테 ㉢ 아곤   ㉣ 아레테 ㉤ 아곤
② ㉠ 아곤 ㉡ 아곤   ㉢ 아레테 ㉣ 아곤   ㉤ 아레테
③ ㉠ 아곤 ㉡ 아곤   ㉢ 아곤   ㉣ 아레테 ㉤ 아곤
④ ㉠ 아곤 ㉡ 아곤   ㉢ 아곤   ㉣ 아레테 ㉤ 아레테

7. 다음은 아곤보다는 아레테가 스포츠에서 더 중요시되어야 하는 이유를 설명한 것이다. 이 중 **잘못된 것은?**

① 아레테는 항상 아곤을 포함하고 있지만 아곤이 항상 아라테를 포함하는 것은 아니기 때문이다.
② 아레테는 스포츠의 긍정적 의미를 보여줄 수 있기 때문이다.
③ 아곤은 현대사회 스포츠에서 승부조작, 도핑 등의 다양한 병폐를 조장하곤 하였기 때문이다.
④ 아곤은 스포츠의 긍정적인 의미를 보여줄 수 있기 때문이다.

8. 스포츠맨십에 대한 내용 중, 적절하지 **않은** 것은?

① 스포츠에 참가한 자라면 마땅히 따라야할 준칙을 의미한다.
② 스포츠맨들이 가져야 할 태도를 의미한다.
③ 외적인 강제력을 갖는 법과 같은 것이다.
④ 페어플레이, 상대편에 대한 존중을 의미한다.

9. 다음은 페어플레이에 대한 설명이다. 괄호 안의 단어로 알맞은 조합을 고르시오.

> 조건의 동일화를 의미하는 (㉠)은(는) 윤리적 행위준거인 '페어'의 의미를 충실하게 담기에는 한계가 있어 보인다. 따라서 페어플레이에 대한 번역으로는 (㉡)시합이 적당하다.
> (㉢)에 의하면 성문화된 규칙을 준수하는 것으로 페어플레이의 조건이 만족되었다고 본다. 하지만 (㉣)에서는 문자로 표현된 규칙의 준수보다 더 포괄적인 적용과 정당화가 가능하도록 경기에서의 공정의 개념을 확장하여 제안한다.

① ㉠ 공정, ㉡ 공평, ㉢ 형식주의, ㉣ 비형식주의
② ㉠ 공정, ㉡ 공평, ㉢ 비형식주의, ㉣ 형식주의
③ ㉠ 공평, ㉡ 공정, ㉢ 형식주의, ㉣ 비형식주의
④ ㉠ 공평, ㉡ 공정, ㉢ 비형식주의, ㉣ 형식주의

10. 과거 스포츠 역사에서 여성에 대한 차별이 급속히 줄어들었던 시기는 언제인가?

㉠ 그리스시대	㉡ 중세시대	㉢ 근대 올림픽	㉣ Title IX

① ㉠   ② ㉡
③ ㉢   ④ ㉣

11. 여성이 스포츠에서 차별을 받게 되었던 이유에 대한 설명 중 **틀린** 것은?

① 스포츠에 참여하면 여자들이 갖고 있는 여성성을 잃게 된다고 생각을 했다.
② 스포츠는 여성의 신체에 적합한 활동이 아니라고 생각을 했다.
③ 스포츠가 가지고 있는 공격성, 경쟁적 요소들이 여성과 어울리지 않는다고 생각을 했다.
④ 여성들의 신체적 우월성이 드러나는 것이 두려웠던 남성들이 여성의 스포츠참여를 제한하였다.

12. 성전환 선수의 여성 스포츠경기 참가에 대한 판단에서 가장 중요한 원칙은 무엇인가?
   ① 공평성   ② 공정성
   ③ 예술성   ④ 독립성

13. 스포츠에서의 인종차별에 대한 설명 중 맞지 <u>않는</u> 것은?
   ① 현재에도 스포츠에서의 인종차별은 존재하고 있다.
   ② 미국 역사에서 경제적으로 하층에 있던 흑인들의 참여를 막기 위해 골프, 테니스, 승마 등의 귀족 스포츠가 발생하였다.
   ③ 흑인선수들의 뛰어난 성과를 노력이 아닌 선천적인 재능에서 얻어진 것으로 설명하는 것도 인종차별의 한 방법이다.
   ④ 상업화가 이루어진 프로스포츠에서는 인종차별이 존재할 수 없다.

14. 장애인의 스포츠권에 대한 설명 중 <u>틀린</u> 것은?
   ① 우리나라 장애인 스포츠의 발전은 1988년 서울장애인올림픽이 큰 계기가 되었다.
   ② 장애인 스포츠 시작부터 현재까지 보건복지부가 담당하고 있다.
   ③ 장애인체육의 발전에는 법적 뒷받침에 근거한 조직기반의 확대가 큰 역할을 하였다.
   ④ 최초의 장애인체육 행정기관은 장애인복지체육회이다.

15. 장애인들이 스포츠상황에서 경험하는 (성)폭력에 대한 설명 중 옳지 <u>않은</u> 것을 고르시오.
   ① 최근 장애인 선수들에 대한 (성)폭력 문제는 현저히 줄어들고 있는 실정이다.
   ② 장애인 선수들은 피해에 대한 의사표현에 한계가 있기 때문에 (성)폭력이 더 많이 일어날 수 있는 가능성이 존재한다.
   ③ 장애인 선수들에 대한 (성)폭력을 방지해줄 안전장치가 현저하게 부족한 실정이다.
   ④ 여성 장애인 선수의 경우 성폭력의 위험에 더 많이 노출되어있는 것이 현실이다.

16. 스포츠에 적용 가능한 환경윤리학의 이론들을 정립하고 발전시킨 학자들 중, 같은 학파에 속하지 <u>않는</u> 학자는 누구인가?
   ① 데카르트   ② 토마스 아퀴나스
   ③ 한스 요나스   ④ 베이컨

17. 지속가능한 스포츠의 발전을 위해 준수해야 할 3가지의 계율에 포함되지 <u>않는 것</u>은?

① 확장성의 계율
② 다양성의 계율
③ 역사성의 계율
④ 필요성의 계율

18. 스포츠에서 발견되는 종차별주의에 대한 설명으로 <u>틀린 것</u>은?

① 종차별주의는 인간중심적인 견해에서 비롯된 것으로 볼 수 있다.
② 종차별주의는 과거나 현재에도 만연되어있는 풍토이다.
③ 소싸움, 투우, 개싸움 등은 종차별주의의 산물이라고 볼 수 있다.
④ 소싸움과 투우는 공식적으로 인정받은 스포츠 종목이기 때문에 종차별로 보기는 어렵다.

19. 스포츠에서 나타나는 인간의 폭력성에 대한 설명 중 <u>틀린 것</u>은?

① 스포츠에서 보이는 인간의 공격성은 한계를 넘어서고자 하는 도전정신에서 비롯된 본능이다.
② 스포츠고유의 공격성은 인간의 원초적인 욕망의 표출로 볼 수 있다.
③ 스포츠상황에서는 모의적인 폭력이 관습적으로 인정받는 영역이다.
④ 스포츠의 근본적인 목적을 달성하기 위해서는 폭력성이 무조건적으로 인정되어야 할 필요가 있다.

20. 격투스포츠의 윤리적 논쟁에 대한 설명 중 <u>틀린 것</u>은?

① 격투스포츠는 선수들 간의 폭력성과 더불어 관중들의 폭력성도 증가시킬 수 있다.
② 현대의 격투스포츠는 인간수양의 도구가 아닌 싸움과 돈벌이의 수단이 되어가고 있다.
③ 격투스포츠는 윤리적인 이유로 절대 스포츠의 영역 안에 들어올 수 없다.
④ 규칙을 바탕으로 인간의 공격성을 정화시킨다는 긍정적 판단도 가능하다.

21. 운동부에서 발견될 수 있는 폭력을 위계질서 상황으로 설명하는 이론가와 그의 이론이 맞게 짝지어진 것은?

① 아리스토텔레스 - 분노
② 푸코 - 규율과 권력
③ 한나 아렌트 - 악의 평범성
④ 칸트 - 정언명령

22. 다음 예시 중, 선수에 대한 폭력행위에 포함되지 <u>않는 것</u>은?
   ① 선수의 행복을 저해하는 것
   ② 선수를 어느 장소에 감금하는 것
   ③ 선수의 물건이나 돈을 빼앗는 것
   ④ 선수를 대상으로 구타하거나 상처 나게 하는 것

23. 선수의 심판에 대한 폭력은 폭력을 설명하는 이론 중 어떤 이론이 적용될 수 있는가?
   ① 아리스토텔레스 - 분노
   ② 푸코 - 규율과 권력
   ③ 한나 아렌트 - 악의 평범성
   ④ 칸트 - 정언명령

24. 다음 중, 경기 중 관중 폭력의 결정요인으로 볼 수 <u>없는 것</u>은 무엇인가?
   ① 편파적인 판정
   ② 사회적 안전장치의 미흡
   ③ 과격한 선수들의 행동
   ④ 관중의 나이

25. 다음 중 훌리거니즘에 대한 내용으로 <u>올바르지 않은 것</u>은?
   ① 훌리건들은 자기들이 응원하는 팀을 빌미로 광적인 행동으로 폭력을 조장한다.
   ② '군중'과 '팬의 무질서'을 합친 뜻이다.
   ③ 훌리건들은 오직 경기가 있는 날에만 폭력적인 행동을 보인다.
   ④ 자기팀에 대한 과도한 충성심으로 인해 자기팀의 우승을 무조건적으로 바라는 심리상태에서 발생되는 폭력행위이다.

26. 도핑의 의미로 <u>올바르지 않은</u> 설명은?
   ① 사람에게 수행능력의 향상을 목적으로 약물을 사용하는 행위
   ② 사용행위를 은폐하는 행위도 도핑에 포함된다.
   ③ 도프(dope)라는 말은 아프리카의 부족이 사기를 고양시키기 위한 목적으로 마시는 술이나 음료를 의미하였다.
   ④ 동물에게 수행능력의 향상을 목적으로 약물을 사용하는 행위는 도핑에 포함되지 않는다.

27. 도핑의 약물에 관한 설명 중 **틀린** 설명은?

① 세계반도핑기구(WADA)에서는 선수의 건강에 위협이 될 수 있거나 경기력이 향상될 수 있는 약물을 선정하여 매년 발표한다.
② 세계반도핑기구(WADA)에서는 금지 약물을 투약한 사실 그 자체만을 도핑방지규정 위반으로 규정하고 있다.
③ 치료를 위해 어쩔 수 없이 사용해야 하는 약물의 경우에는 "치료목적 사용면책"이라는 제도를 도입하여 부상을 입은 선수들이 불이익을 당하지 않도록 하고 있다.
④ 금지약물은 상시금지 약물, 경기기간 중 금지약물, 특정스포츠 금지약물로 나뉜다.

28. 도핑을 금지해야 하는 이유로 적절하게 짝지어진 것은?

〈보기〉
㉠ 재정적 지출을 막기 위해
㉡ 공정성을 확립하기 위해
㉢ 선수들 건강상의 부작용을 막기 위해
㉣ 선수들이 어린이들의 긍정적인 역할모형이 될 수 있도록
㉤ 강요에 의해서 약물을 사용하는 경우가 많기 때문에

① ㉠, ㉡, ㉢, ㉤
② ㉠, ㉡, ㉣, ㉤
③ ㉠, ㉢, ㉣, ㉤
④ ㉡, ㉢, ㉣, ㉤

29. 효과적인 도핑 금지 방안으로 가장 적절하지 <u>않은 것</u>은?

① 적발시 강한 처벌을 부과해야 한다.
② 선수 개인의 양심에 맡기는 정책이 시행되어야 한다.
③ 도핑검사에 대한 강화가 이루어져야 한다.
④ 도핑에 대한 윤리교육을 강화해야 한다.

30. 유전자 도핑에 대한 설명으로 옳지 <u>않은 것</u>은?

① 유전자 변형을 통해 운동수행능력을 증가시키는 행위를 의미한다.
② 세계반도핑기구(WADA)는 유전자도핑을 도핑의 한 형태로 규정하고 있지 않다.
③ 스포츠에서 유전자도핑의 사례가 명확하게 드러난 사례는 아직 존재하지 않는다.
④ 유전자도핑은 소변이나 혈액검사를 통해 적발할 수 없다.

31. 스포츠에서 유전자조작을 반대해야만 하는 이유로 가장 적당하지 않은 것은?

① 인간의 존엄성에 대한 침해가 가능하다.
② 종의 정체성에 대한 혼란을 가져올 수 있다.
③ 위험성이 존재한다.
④ 과학이 스포츠에 관여해서는 안 되기 때문이다.

32. 다음 글상자의 내용은 유전자치료의 선구자인 스위니 교수가 유전자 조작을 통해 "슈와제네거 쥐"를 만드는데 성공한 후 언론과 했던 인터뷰 내용 중 일부이다. 이 글을 읽고 스포츠에서 유전자 조작 방지를 위한 대책으로 적당하지 않다고 생각하는 것을 고르시오. 무료동영상

> "우리는 수많은 운동선수뿐만 아니라 심지어 코치들에게서도 연락을 받았습니다. 그들은 유전자 처치가 인간에게 사용하기에 아직 초기 단계라는 것을 이해하지 못했습니다.
> - BBC News Magazine 2014년 1월 12일

① 유전자조작을 적발할 수 있도록 지속적인 연구가 필요하다.
② 신뢰성 있는 도핑테스트가 개발될 필요가 있다.
③ 선수들의 자율적 윤리에 맡기는 문화가 정착되어야 한다.
④ 선수와 코치의 윤리교육이 충분히 이루어져야 한다.

33. 최첨단 전신수영복 착용을 금지하는 이유로 적당한 설명은?

① 최첨단 전신 수영복의 착용은 도핑과 같은 측면에서 평가될 수는 없다.
② 시합에 참가한 모든 선수들이 공평하게 기술의 혜택을 받지 못할 경우, 최첨단 전신 수영복의 착용은 공정성의 문제를 야기할 수 있다.
③ 최첨단 전신 수영복이 고가인 이유로 모든 선수가 착용을 할 수 없기 때문에 금지되어야 한다는 것은 비논리적이다.
④ 최첨단 전신수영복의 착용은 공정성의 문제를 야기할 수 없다.

34. 의족 장애선수의 일반경기 참가에 대한 설명으로 옳은 것은?

① 장애선수의 의족이 비장애선수의 기능에 비해 우월한 성능을 발휘한다는 증거가 있을 경우 참가를 불허하는 것이 옳다.
② 장애선수의 의족이 비장애선수의 기능에 비해 우월한 성능을 발휘한다는 증거가 없는 경우에도 일반

경기 참가는 불허하는 것이 옳다.
③ 장애선수가 일반경기에 참가한다는 그 도전정신을 받아들여 어떠한 경우에도 참가를 허락하는 것이 옳다.
④ 어떠한 경우에도 장애선수는 일반 경기에 참여하는 것이 허락되어서는 안 된다.

35. 학교운동부가 인권의 사각지대에 놓이게 된 주요한 요인으로 거론될 수 **없는 것**은 무엇인가?

① 학생선수들 스스로 인권에 대한 지각이 부족
② 엘리트스포츠정책에 의한 승리지상주의
③ 인권에 대한 인식이 부족한 지도자의 파행적인 운동부 운영
④ 승리와 명예를 위한 학생선수의 도구화

36. 다음은 학생선수들의 학습권보장제에 관한 기사의 일부 내용이다. 기사 내용 중 **틀린** 내용을 고르면?

> 학교체육의 새문화 조성: 공부하는 학생선수만들기
> 교육부에서는 공부하는 학생선수를 만들기 위해 최저학력제를 내년부터 시행하기로 결정했다. 향후 학생선수들 중 최저학력제에 도달하지 못한 경우 ㉠선수로서의 활동에 불이익을 당할 수 있다. 최저학력제는 해당학년의 매 학기말을 기준으로 ㉡ 전국 평균성적 대비 기준 성적을 넘기면 최저수준에 도달한 것으로 인정된다. 최저학력을 평가하는 ㉢기준은 초등학교의 경우 하위 30%, 중학교는 하위 40%, 고등학교의 경우는 하위 50%를 넘기면 최저학력을 만족한 것으로 본다. 학교의 장은 학생선수가 일정 수준의 학력기준에 도달하지 못한 경우 별도의 ㉣기초학력보장 프로그램을 운영해야 한다. (이하 생략)
> ○ ○ 일보. 2015년 1월 1일

① ㉠, ㉡
② ㉡, ㉢
③ ㉢, ㉣
④ ㉠, ㉣

37. '공부하는 학생선수 만들기'와 관련된 설명 중 **틀린 것**은?

① 운동만 하는 학생선수에서 공부도 하는 학생선수로의 변화를 의미한다.
② 공부도 잘하고 운동도 잘하는 것을 목표로 하는 것이다.
③ 공부와 운동을 병행함으로써 다양한 진로를 선택할 수 있는 기회를 주기 위하여 만들어졌다.
④ 중도탈락이나 은퇴 후, 사회생활에 적응하는데 필요한 사회적 기초에 해당하는 일정한 수준의 교양, 논리수준 등을 갖추게 하는 것이다.

38. 현재의 체육특기자 진학과 입시제도의 틀을 만든 제도적 장치는 무엇인가? [무료동영상]

> <보기>
> ㉠ 생활체육진흥법　㉡ 학교체육강화방안　㉢ 학교체육진흥법　㉣ 동일계진학

① ㉠, ㉡　　　　　　　　　　　② ㉡, ㉢
③ ㉡, ㉣　　　　　　　　　　　④ ㉢, ㉣

39. 다음의 괄호 안에 들어갈 가장 **적절하지 않은** 단어는?

> 스포츠지도자의 선수에 대한 폭력이 가능한 이유는 무엇보다 지도자들이 가지고 있는 무소불위의 (　　)이(가) 있기 때문이다.

① 권력　　　　　　　　　　　② 결정권
③ 자비　　　　　　　　　　　④ 영향력

40. 다음 괄호 안에 들어갈 수 있는 단어 중 가장 적합한 답은? [무료동영상]

> 스포츠 폭력은 운동선수, 감독, 심판, 단체임원, 흥행주 등의 스포츠관계인이나 관중 등의 일반인이 단독으로 또는 다수인이 운동경기나 훈련과정 중이나 스포츠와 관련하여 고의나 과실로 (　　) 폭력 행위를 저지르는 경우를 말한다.
> 　　　　㉠ 신체적　㉡ 언어적　㉢ 성적　㉣ 정신적

① ㉠　　　　　　　　　　　② ㉠ + ㉡
③ ㉠ + ㉡ + ㉢　　　　　　　④ ㉠ + ㉡ + ㉢ + ㉣

41. 선수에 대한 성폭력의 해결방안을 기술한 내용이다. 괄호 안에 들어갈 수 있는 단어의 조합으로 가장 적절한 것은?

> 스포츠 성폭력을 예방하기 위해서는 이에 대한 (㉠)이 운동선수, 지도자를 대상으로 이루어져야 한다. 성폭력이 발생하였을 경우에는 (㉡)이(가) 신속하게 이루어져야 이를 통한 예방적 효과를 거둘 수 있다. 성폭력이 발생한 후에는 성폭력 피해자에 대한 (㉢)이(가) 이루어져야 한다.

① ㉠ 법적처벌, ㉡ 예방교육, ㉢ 치료　　② ㉠ 예방교육, ㉡ 상담, ㉢ 법적처벌
③ ㉠ 예방교육, ㉡ 법적처벌, ㉢ 상담　　④ ㉠ 상담, ㉡ 예방교육, ㉢ 치료

42. 코치와 감독이 지도자로서뿐만 아니라 교육자로서 지켜줘야 할 학생선수들의 권리 중 가장 적절하지 <u>**않은 것은?**</u>

   ① 학습권　　　　　　　　② 인권
   ③ 투표권　　　　　　　　④ 생활권

43. 어린이 운동선수의 보호 방안들 중 가장 적절한 조합은?

   ┌─ 〈보기〉 ─────────────────────────────────
   │ ㉠ 너무 무리한 훈련을 시키지 않는다.
   │ ㉡ 기초기술보다는 이기는 것을 위주로 훈련을 하는 것이 필요하다.
   │ ㉢ 승리보다는 스포츠 자체의 즐거움과 재미를 위주로 훈련하는 것이 필요하다.
   │ ㉣ 공부와 운동을 병행할 수 있게 한다.
   │ ㉤ 필요한 경우 체벌을 가할 필요가 있다.
   └──────────────────────────────────────

   ① ㉠ + ㉡ + ㉢　　　　　　② ㉠ + ㉡ + ㉣
   ③ ㉡ + ㉢ + ㉤　　　　　　④ ㉠ + ㉢ + ㉣

44. 스포츠의 인성교육적 가치에 대한 설명 중 **틀린** 설명은?

   ① 스포츠를 통한 인성발달의 효과는 과학적으로 모두 충분히 증명이 되어있는 상태이다.
   ② 스포츠활동은 주의력, 집중력 등 지적 기능 발달에 도움을 준다.
   ③ 스포츠활동은 일탈방지, 친사회적 행동을 발달시킨다.
   ④ 스포츠활동은 부정적 정서를 감소시키고 긍정적 정서를 증진시킨다.

45. 새로운 학교문화를 위한 스포츠의 역할을 나열한 것 중, 가장 적절하게 나열된 것은?

   ┌─ 〈보기〉 ─────────────────────────────────
   │ ㉠ 인성교육의 장으로서의 역할
   │ ㉡ 학교폭력의 예방과 해결책으로서의 역할
   │ ㉢ 학교공동체를 형성하는 도구적 역할
   └──────────────────────────────────────

   ① ㉠ + ㉡　　　　　　　　② ㉡ + ㉢
   ③ ㉢ + ㉣　　　　　　　　④ ㉠ + ㉡ + ㉢

46. 다음 보기에서 열거하고 있는 스포츠의 사회적 기능은 어떤 이론적 근거를 바탕으로 설명된 것은?

> 〈보기〉
> ㉠ 체제유지와 긴장처리 ㉡ 사회통합 ㉢ 목표성취 ㉣ 적응기제 강화

① 갈등이론
② 구조기능주의 이론
③ 사회정체성 이론
④ 성역할 이론

47. 다음 보기에서 설명하는 내용은 어떤 정책분석가에 해당하는 내용인지를 고르시오.

> 〈보기〉
> ㉠ 정책결정자에 대한 봉사로 간주
> ㉡ 정책결정자에 대한 이익을 극대화하는데 관심이 있음
> ㉢ 공공부문의 정책보다는 사적부문의 정책에 더 유용할 수 있음

① 객관적 기술자 모형
② 고객 옹호자 모형
③ 쟁점 옹호자 모형
④ 정답 없음

48. 심판이 가져야 할 윤리적 기준에 대한 설명에서 괄호 안에 들어갈 적절한 단어를 고르시오.

> (㉠)이란 치우침이 없고 고른 마음상태를 말한다.
> (㉡)이란 성품이 고결하고 탐욕이 없는 마음을 의미한다.
> 위의 두 가지 성품과 더불어 심판은 혈연, 지연, 학연, 사제지간, 파벌주의, 인종 등을 이유로 (㉢)을 가지거나 차별을 하면 안된다.

① ㉠ 편견 ㉡ 공정성 ㉢ 청렴성
② ㉠ 공정성 ㉡ 청렴성 ㉢ 편견
③ ㉠ 청렴성 ㉡ 공정성 ㉢ 편견
④ ㉠ 청렴성 ㉡ 편견 ㉢ 공정성

49. 심판의 역할에는 순기능과 역기능이 존재한다. 다음 순기능과 역기능 중에서 (㉠)과 (㉡)에 해당하는 것은? 무료동영상

> 심판의 순기능으로서, 심판의 판정행위는 경기 중에 행해진 선수의 기술에 대한 정확한 판정에 우렁찬 소리 혹은 호각 등으로 관중이나 선수들에게 외형적으로 드러나는 모습이 있는데, 이것이 바로 (㉠).
> 심판이 혈연·지연·학연·성별·사제지간·파벌주의·인종 등을 이유로 편견을 가지거나 차별을 하게 되는 데 이것이 심판의 역기능인 (㉡)이다.

① ㉠ 심판의 절제　㉡ 심판의 오심
② ㉠ 심판의 인성　㉡ 심판의 오심
③ ㉠ 심판의 절제　㉡ 심판의 편파판정
④ ㉠ 심판의 인성　㉡ 심판의 편파판정

50. 스포츠경영자의 윤리적 리더십에 대한 옳은 설명이 아닌 것은?

① 스포츠의 글로벌화는 스포츠경영자로 하여금 국제적 수준의 윤리적 기준을 따르도록 요구하고 있다.
② 윤리적 리더십을 위해서는 타인에 대한 존중이 무엇보다 필요하다.
③ 윤리적 경영을 추진하기 위해서는 성문화된 행동지침보다는 구두로 전달되는 지침이 유용하다.
④ 경영자의 윤리적 리더십은 조직원들의 회사에 대한 긍지를 심어주기도 한다.

스포츠윤리 출제예상문제 정답 및 해설

문항	정답	해설
1	②	특정 사회나 직업에서 지키는 도덕을 윤리라고 한다.
2	③	"이 체육관에는 4개의 배드민턴 코트가 있다."라는 판단은 있는 그대로의 객관적 사실에 대하여 진술하는 것이지만 ⊙과 ⓒ은 마땅히 그렇게 되어야 할 것을 지시하거나 어떤 기준, 표준 혹은 규범에 따르는 것이어야 함을 나타내는 가치판단임.
3	③	현대 사회의 스포츠에서 나타나는 여러 가지 부정적인 현상들로 인해 스포츠윤리학의 필요성이 대두되고 있음.
4	②	도덕적 강조점을 행위의 결과에 두는 윤리체계는 결과론적 윤리체계임. 행위의 옳고 그름을 정하는 기준이 그 행위가 도덕 규칙을 따르느냐 혹은 위반하느냐인 윤리체계는 의무론적 윤리체계임. 대체로 개인윤리에 해당하는 것처럼 보여 스포츠에서 제기되는 윤리문제에 적용하기에는 어려운 윤리체계는 덕론적 윤리체계임.
5	②	서로 충돌하는 윤리적 가치들 사이에서 도덕적 판단을 해야 하는 상황을 만났을 때는 가능한 다양한 윤리이론을 적용하여 해결하는 것이 합당하다.
6	②	아곤은 경쟁을 의미하며 그 뜻이 법정에서의 논쟁을 의미하는 것까지도 확장이 가능하며 승리가 그 목적임. 아레테는 인간을 인간답게 만들어주는 자질을 의미하며 최적의 기능을 발휘할 수 있는 상태를 의미함.
7	④	스포츠의 긍정적인 의미를 보여줄 수 있는 것은 경쟁에서의 승리가 아니라 최상의 기능을 발휘하는 의미의 아레테임.
8	③	스포츠맨십은 법과 같은 외적인 강제력을 갖고 있는 것이 아니라 스포츠 내에서 스포츠인들이 지켜야 할 도덕과 같은 준칙을 의미함.
9	③	공평은 어떤 상황이나 조건이 동일하기만 하면 된다는 의미임. 따라서 페어(fair)에 대한 적절한 번역은 공평보다는 공정이 더 적절함. 공정한 시합이라는 것은 형식주의입장에서는 성문화된 규칙을 준수하는 것으로 해석될 수 있다. 비형식주의에서는 문자로 표현된 규칙의 준수보다 더 포괄적인 적용과 정당화가 가능하도록 경기에서의 공정의 개념을 확장하여 제안한다.
10	④	스포츠에서의 성차별은 근대올림픽이 부활될 때에도 상당히 많이 존재를 하였다. 여성의 스포츠 참가가 확대되기 시작한 결정적인 계기는 1972년 미국에서 Title IX 이 통과되면서부터라고 할 수 있다.
11	④	스포츠와 여성이 가지고 있는 신체적/정서적 성질이 적합하지 않다는 전통적인 남성중심의 성역할의 고착화가 여성의 참여를 제한하게 되었다.

문항	정답	해설
12	②	성전환 수술을 통해 생물학적으로 또는 사회적으로 여성이 된다고 하여도 신체적으로 모두 여성이 될 수는 없기 때문에 이들의 여성경기 참여에 대한 명확한 기준이 필요하며 기준의 설정에 있어서 가장 중요시되는 원칙은 공정성이다.
13	④	프로스포츠가 발달한 미국에서도 인종차별은 다양한 형태로 존재하고 있다. 특히 흑인선수들의 뛰어난 경기력을 발생학적, 생리학적 원인으로 설명하는 것도 인종차별의 한 방법이다.
14	②	장애인스포츠에 대한 행정기구는 초기에 보건복지부가 담당을 하였지만 2005년부터는 문화체육관광부로 이관되었음.
15	①	장애인 선수들에 대한 (성)폭력 건수는 해마다 증가하고 있는 추세에 있음. 이는 장애인 선수들이 (성)폭력에 대한 인지능력이 부족하고, 의사표현의 한계가 있기 때문에 일반인에 비해 더 높은 위험에 노출되어 있음.
16	③	데카르트, 토마스 아퀴나스, 베이컨은 모두 인간중심주의 환경윤리학 이론과 관련이 있는 인물이며 한스 요나스 만이 자연중심주의와 관련이 있는 인물임.
17	①	지속가능한 스포츠의 발전을 위해 준수해야 할 계율은 필요성의 계율, 역사성의 계율, 그리고 다양성의 계율임.
18	④	공식적으로 인정을 받은 스포츠도 동물에 대한 학대가 존재하는 한 종차별주의의 산물로 볼 수 있으며 이에 대한 개선의 여지가 존재한다.
19	④	스포츠에서의 폭력성은 정해진 규칙 안에서 제한될 경우에만 윤리적으로 인정될 수 있음.
20	③	격투스포츠는 제도와 규칙의 틀 안에서 행해지는 스포츠경기로 볼 수 있으며 페어플레이가 지켜지기만 한다면 도덕성의 논란을 이겨낼 수 있다.
21	②	아리스토텔레스- 분노: 분노는 자제력이 없음을 말하며, 욕망으로부터 나오는 인간의 행위 푸코- 규율과 권력: 스포츠 현장에서 지도자와 선수, 선후배 간의 위계질서는 일방통행으로 흐르는 권력행사로 나타날 수 있음. 한나 아렌트- 악의 평범성: 잘못된 관행에 복종하는 데 익숙해져서 잘못을 수정하기는커녕 잘못된 관행을 지속시키는 데 더 익숙해짐.
22	①	선수에 대한 폭력행위에는 "선수를 대상으로 구타하거나 상처를 나게 하는 것, 어느 장소에 가두어 두는 것, 겁을 먹게 하는 것, 강요하는 것, 물건이나 돈을 빼앗는 것, 사실이 아닌 일로 인격이나 마음에 상처를 주는 것, 남들 앞에서 창피를 주는 것, 계속해서 반복하여 따돌리는 것 등을 말한다.
23	①	선수의 심판에 대한 폭력은 판정에 대한 불만으로 인한 분노에 의한 것이기 때문에 이는 아리스토텔레스의 분노에 대한 설명을 적용할 수 있다.
24	④	관중 폭력의 요인으로는 심판들의 편파적이고 무능력한 판정, 긴장을 촉발시킬 수 있는 비중 있는 경기, 과격한 선수 행동, 사회적 통제 및 안전장치의 미흡 등이 존재함.
25	③	훌리건들은 경기 전후, 직후, 경기 도중, 장소를 불문하고 어디서든지 간에 우연히 상대방 팀을 응원하는 사람을 만나면 싸움을 벌인다. 심지어 경기가 없는 날에도 폭동이 발생하고 있음.

문항	정답	해설
26	④	도핑은 사람이나 동물에게 수행능력의 향상을 목적으로 약물을 사용하는 행위로 규정됨.
27	②	도핑방지규정위반에는 약물의 투여, 약물 사용의 은폐, 약물의 부정거래 등을 모두 포함하며 그러한 행위를 시도하는 것까지 포함하고 있음.
28	④	도핑을 금지해야 하는 이유는 공정성, 역할모형, 건강상의 부작용, 강요 4가지로 설명될 수 있다.
29	②	효과적인 도핑금지 방안으로는 강한 처벌, 도핑에 대한 검사 강화, 윤리교육의 강화가 포함된다.
30	②	세계반도핑기구에서는 치료목적이 아닌 세포나 유전인자의 사용 혹은 유전자 조작을 통해 운동수행능력을 향상시키려는 것을 유전자 도핑으로 정의하고 있음.
31	④	스포츠에서 유전자 도핑을 반대해야 하는 이유에는 인간의 존엄성 침해, 종의 정체성 혼란, 스포츠사회의 무질서 초래, 위험성이 포함된다.
32	③	스포츠에서 유전자 조작 방지대책으로는 지속적 연구의 필요성, 신뢰성 있는 도핑테스트개발, 선수들의 도핑 테스트 의무화, 선수 및 지도자의 윤리교육 실시가 포함된다.
33	②	최첨단 전신 수영복이 착용을 금지한 것은 시합에 참가하는 모든 선수가 평하게 기술의 혜택을 받지 못할 경우, 최첨단 전신 수영복의 착용은 공정성의 문제를 야기할 수 있기 때문이다.
34	①	의족 장애선수의 의족이 비장애선수와 비교해 우월한 성능을 발휘할 수 있게 된다면 이 또한 공정성의 문제를 야기할 수 있다.
35	①	학생선수들이 자신들의 인권에 대한 지각이 있었음에도 불구하고 지도자들의 권위에 가려 그 목소리를 내지 못하였다.
36	②	최저학력제의 특징은 첫째, 최저학력제는 해당 학년의 1, 2학기 기말고사의 전교생 평균성적을 기준으로 하여 학생선수의 학력이 초등학교의 경우 하위 50%, 중학교는 하위 40%, 고등학교는 하위 30% 수준에 도달하면 최저학력을 넘은 것으로 판단한다. 만약, 이 기준에 도달하지 못하면 경기에 출전하지 못할 수도 있다는 조건을 달아 학생선수의 학습권을 보장하려고 하고 있다. 둘째, 초등학교와 중학교는 국어, 영어, 수학, 과학, 사회교과의 기말고사 성적으로, 그리고 고등학교는 국어, 영어, 수학교과의 기말고사 성적으로 전교생의 평균점수를 구하고 이 점수를 기준으로 하위 50%(초), 40%(중), 30%(고)의 기준을 넘어서도록 설정하고 있다.
37	②	'공부하는 학생선수 만들기'란 운동중단 후에도 기본적인 사회인으로 살아갈 수 있는 기본적인 소양을 갖출 수 있게 하는 것임.
38	③	현재 진행되고 있는 체육특기자 진학과 관련된 제도는 학교체육강화방안과 1972년에 제정된 교육법시행령(대통령령 제6377호) 그리고 2000년부터 시행된 동일계진학에 의한 것임.
39	③	지도자에 의한 폭력이 가능한 이유는 무엇보다 지도자들이 무소불위의 권력을 가지고 있기 때문임. 지도자들은 팀의 운영에 대한 의사결정권, 전략을 결정할 권리, 선수들의 진로와 연봉에 대한 영향력, 선수들의 경기출전권을 갖고 있기 때문에 이를 바탕으로 폭력이 가능한 것임.

문항	정답	해설
40	④	스포츠 폭력은 운동선수, 감독, 심판, 단체임원, 흥행주 등의 스포츠관계인이나 관중 등의 일반인이 단독으로 또는 다수인이 운동경기나 훈련과정 중이나 스포츠와 관련하여 고의나 과실로 신체적, 언어적, 성적, 정신적 폭력행위를 저지를 경우를 말한다.
41	③	스포츠 성폭력을 예방하기 위해서는 이에 대한 예방교육이 운동선수, 지도자를 대상으로 이루어져야 한다. 성폭력이 발생하였을 경우에는 법적조치가 신속하게 이루어져야 이를 통한 예방적 효과를 거둘 수 있다. 성폭력이 발생한 후에는 성폭력 피해자에 대한 상담과 치료가 이루어져야 한다.
42	③	코치와 감독이 지도자로서뿐만 아니라 교육자로서 지켜줘야 할 학생선수들의 권리는 학습권, 인권, 생활권임.
43	④	어린이 운동선수의 보호를 위해서는 너무 무리한 훈련을 시키지 않는 것이 필요하다. 이기는 것보다는 기초기술을 위주로 훈련을 하는 것이 필요하며, 승리보다는 스포츠 자체의 즐거움과 재미를 위주로 훈련하는 것이 필요하며, 공부와 운동을 병행할 수 있게 한다. 또한 어떠한 일이 있어도 체벌을 가하면 안 된다.
44	①	스포츠를 통한 인성발달의 효과에 대한 검증은 아직 미진하며 부정적인 영향도 대두되고 있다.
45	④	새로운 학교문화를 위한 스포츠의 역할에는 인성교육의 장으로서의 역할, 학교폭력의 예방과 해결책으로서의 역할, 그리고 학교공동체를 형성하는 도구적 역할이 포함될 수 있다.
46	②	구조기능주의 이론은 사회란 본질적으로 상호 관련되고 의존적인 제도로 구성되어 있으며, 스포츠는 전체 사회의 균형과 안정에 기여한다는 기본가정에 그 기반을 두고 있다. 스포츠의 사회적 기능으로 첫째, 체제유지와 긴장처리, 둘째, 사회통합, 셋째, 목표성취, 넷째 적응기제 강화 등을 들 수 있다.
47	②	고객 옹호자 모형은 정책분석가를 자기 고객(주인)인 정책결정자에 대한 봉사로 간주한다. 이 모형은 정책결정자의 이익을 극대화시킬 수 있는 정책대안의 개발에 더 많은 관심을 가진다. 이 모형에서 정책분석가의 역할은 공공부문의 정책보다는 사적부문의 정책에 더 유용할 것으로 간주된다.
48	②	심판이 가져야 할 윤리적 기준은 공정성, 청렴성, 그리고 편견과 차별을 갖지 않는 것임.
49	③	심판의 사회적 역할에는 순기능과 역기능이 존재함. 순기능에는 윤리적가치의 발현, 판단의 공정성, 심판의 절제가 있고 역기능에는 심판의 오심과 편파판정이 포함됨.
50	③	스포츠현상에서 성공적인 윤리경영 추진을 위하여 경영자는 성문화된 행동지침으로서의 윤리규범, 윤리경영 전담부서, 일상적이고 지속 가능한 교육을 할 수 있는 기업윤리교육훈련 등의 체계적인 윤리경영시스템을 도입하여야 한다.

스포츠윤리 실전모의고사

1. 괄호 안에 들어갈 말을 순서대로 바르게 짝지어 놓은 것은?

   〈보기〉
   체육교사가 정선의 강원랜드에서 합법적인 도박을 하는 것은 (   )적으로는 문제가 되지 않을 수 있지만 교사로서 (   )적인 문제는 될 수 있다.

   가. 도덕 - 상식   나. 도덕 - 윤리
   다. 선 - 도덕   라. 윤리 - 도덕

2. 스포츠 윤리에 관한 설명으로 올바른 것은?

   가. 스포츠와 윤리는 전혀 상관이 없는 독립된 개념이다.
   나. 인간은 본능적으로 남과의 경쟁에서 이기려는 강한 동기를 갖고 있기 때문에 스포츠에서 윤리를 논하는 것은 맞지 않다.
   다. 스포츠는 인간의 지혜와 윤리관념이 투입된 정신작용의 산물이므로 윤리와 밀접한 관계를 갖고 있다.
   라. 스포츠에서 승리를 위한 의도적 파울은 윤리적인 판단이라고 볼 수 있다.

3. 다음 보기 중 제대로 짝이 이루어진 것은?

   〈보기〉
   ㉠ 경쟁을 의미함
   ㉡ 법정에서의 논쟁을 뜻하는 의미로까지 확장될 수 있음
   ㉢ 인간을 인간답게 만들어 주는 자질을 의미함
   ㉣ 목표가 승리 그 자체임
   ㉤ 최적의 기능을 발휘할 수 있는 상태를 의미

   가. ㉠ 아곤 ㉡ 아레테 ㉢ 아곤   ㉣ 아레테 ㉤ 아곤
   나. ㉠ 아곤 ㉡ 아곤   ㉢ 아레테 ㉣ 아곤   ㉤ 아레테
   다. ㉠ 아곤 ㉡ 아곤   ㉢ 아곤   ㉣ 아레테 ㉤ 아곤
   라. ㉠ 아곤 ㉡ 아곤   ㉢ 아곤   ㉣ 아레테 ㉤ 아레테

4. 스포츠에서 형식적 공정성을 유지하기 위해 가장 필요한 것은?

　가. 경기의 관습
　나. 규칙의 준수
　다. 놀이 자체의 존중
　라. 야만성의 순화

5. 다음 중 승부조작에 대한 설명으로 **틀린** 것은?

　가. 승부조작은 경기 전에 결과를 미리 정하고 그에 맞추어 과정을 왜곡시키는 행위이다.
　나. 내적통제의 방법으로 선수들의 윤리교육을 강화함으로써 승부조작을 최소화할 수 있다.
　다. 스포츠의 가치를 훼손하고 그 존재 근거를 상실시킬 가능성이 있다.
　라. 비형식주의의 관점에서 경기의 규칙을 어기지 않는 범위에서 승부조작이 일어난다면 윤리적 문제는 없다.

6. 학교(원) 스포츠에서 성차별을 금지할 수 있는 법은 무엇인가?

　가. 스포츠산업진흥법　　　　나. 국민생활체육진흥법
　다. First Amendment　　　　라. Title IX

7. 스포츠에서의 인종차별에 대한 설명 중 맞지 **않는** 것은?

　가. 현재에도 스포츠에서의 인종차별은 존재하고 있다.
　나. 미국 역사에서 경제적으로 하층에 있던 흑인들의 참여를 막기 위해 골프, 테니스, 승마 등의 귀족 스포츠가 발생하였다.
　다. 흑인선수들의 뛰어난 성과를 노력이 아닌 선천적인 재능에서 얻어진 것으로 설명하는 것도 인종차별의 한 방법이다.
　라. 상업화가 이루어진 프로스포츠에서는 인종차별이 존재할 수 없다.

8. 스포츠에서 성차별을 해소할 수 있는 방안으로 적당하지 **않은** 것은?

　가. 여성스포츠의 적극적인 홍보
　나. 스포츠에 나타나는 성차별에 대한 공론화
　다. 남성 스포츠 지도자의 확충
　라. 여성 스포츠 지도자의 확충

9. 장애인들이 스포츠상황에서 경험하는 (성)폭력에 대한 설명 중 옳지 않은 것을 고르시오.

가. 최근 장애인 선수들에 대한 (성)폭력 문제는 현저히 줄어들고 있는 실정이다.
나. 장애인 선수들은 피해에 대한 의사표현에 한계가 있기 때문에 (성)폭력이 더 많이 일어날 수 있는 가능성이 존재한다.
다. 장애인 선수들에 대한 (성)폭력을 방지해줄 안전장치가 현저하게 부족한 실정이다.
라. 여성 장애인 선수의 경우 성폭력의 위험에 더 많이 노출되어있는 것이 현실이다.

10. 다음의 내용을 설명하는 가장 적절한 환경윤리학의 이론은 무엇인가?

〈보기〉

기존의 윤리학이 현재 인간이 직면하고 있는 환경문제를 해결하지 못할 것이라 믿고 생겨난 환경윤리학이다. 이 윤리학의 효시는 아프리카의 성자로 잘 알려진 알베르트 슈바이처이다. 그는 순수의식을 철학의 근거로 삼는 데카르트적 관념철학을 비판하고 자연의 산물인 생명을 모든 철학의 출발점으로 삼을 것을 강조하였다. 이 윤리학의 또 다른 대가인 한스 요나스는 자연은 인간과 분리된 단순한 대상이 아니고 인간과는 불가분의 관계에 있다고 주장한다.

가. 인간중심주의　　　　　　　　나. 자연중심주의
다. 필요성주의　　　　　　　　　라. 역사주의

11. 스포츠에서 발견되는 종차별주의에 대해 다음과 같은 원칙을 주장한 사람은 누구인가?

〈보기〉

동물은 자의식을 갖고 있지 않은 존재이기 때문에 직접적인 도덕적 지위가 없다. 하지만 도덕적 지위를 가지고 있는 인간의 소유물로 지정이 되어있는 경우에는 도덕적 문제가 발생할 수 있다. 따라서 동물 스스로에게는 도덕적 지위가 없어 도덕적으로 보호받지 않아도 되지만 도덕적 지위가 있는 인간의 소유물일 경우에는 보호받아야 한다.

가. 싱어　　　　　　　　　　　　나. 플라톤
다. 칸트　　　　　　　　　　　　라. 베이컨

12. 스포츠에서 나타나는 인간의 폭력성에 대한 설명으로 옳지 않은 것은?

가. 스포츠에는 모의적인 폭력이 사회적으로 인정되는 부분이 있어 인간의 폭력성이 더 적절하게 조절될 필요가 있다.
나. 스포츠 고유의 공격성은 인간의 원초적인 욕망의 표출로 볼 수 있다.
다. 인간의 근원적 경향성이 폭력성은 스포츠의 규범과 규칙에 의해서 조절되어야 한다.
라. 스포츠의 폭력성은 자신의 한계를 넘어서고자 하는 도전정신에서 비롯되었기 때문에 윤리적으로 문제가 없다.

13. 2013년 발표한 '스포츠 폭력 근절대책'에서 '폭력예방활동 강화'를 위한 방안에 해당하지 않는 것은?

가. 스포츠 폭력 가해자에 대한 개인정보 보호
나. 공정하고 투명한 처리시스템 구축
다. 징계양형기준을 새롭게 마련하여 무관용원칙 적용
라. 스포츠권익센터 상담신고 기능을 보강

14. 다음 중, 경기 중 관중 폭력의 대표적인 예인 훌리거니즘의 설명으로 옳지 않은 것은?

가. 스포츠 경기와 관련되어 발생하는 관중의 폭력행동을 의미한다.
나. 훌리거니즘은 언어폭력만이 해당이 된다.
다. 자기 팀에 대한 맹목적인 충성심으로 인해 야기되며 경기 내용과는 상관없이 전개되는 경향이 있다.
라. 훌리거니즘은 우발적이라기보다는 습관적으로 전개되고 있는 실정이다.

15. 도핑의 의미로 올바르지 않은 설명은?

가. 사람에게 수행능력의 향상을 목적으로 약물을 사용하는 행위
나. 사용행위를 은폐하는 행위도 도핑에 포함된다.
다. 도프(dope)라는 말은 아프리카의 부족이 사기를 고양시키기 위한 목적으로 마시는 술이나 음료를 의미하였다.
라. 동물에게 수행능력의 향상을 목적으로 약물을 사용하는 행위는 도핑에 포함되지 않는다.

16. 미국 학생선수들의 대학입학, 최저학력제, 학생선수의 부정행위 등 학생선수의 전반적인 부분을 담당하는 사설기관은?

   가. National Collegiate Athletic Association
   나. Professional Golf Association
   다. National Parent Teacher Association
   라. International Olympic Committee

17. 선수체벌의 해결방법으로 옳지 않은 것은?

   가. 정부와 교육기관이 연계하여 스포츠 인권국가를 지향하도록 노력한다.
   나. 엘리트스포츠정책에 의한 승리지상주의를 지향한다.
   다. 맞아야 성적이 좋아진다는 잘못된 문화를 추방하여야 한다.
   라. 지도자·선수·학부모가 참여하는 포괄적인 인권교육프로그램이 확대되어야 한다.

18. 학교체육의 인성교육적 가치를 설명한 것 중 올바르지 않은 것은?

   가. 체육활동은 학생들의 부정적 정서를 감소시킨다.
   나. 체육활동은 타인에 대한 정서적 공감능력을 함양한다.
   다. 체육의 다양한 경기활동은 전략적사고 기능과 창의적 사고를 발달하게 한다.
   라. 체육활동은 일탈행동을 조장하는 경향이 다분하다.

19. 심판의 오심을 바로잡기 위한 방안으로 적절하지 않은 것은?

   가. 심판과 지도자들 간의 파벌주의 타파
   나. 심판들의 청렴성에 관한 교육기회 확대
   다. 심판의 절대 권위를 강화할 수 있는 시스템 확대
   라. 심판의 판정능력 향상을 위한 교육시스템 설치

20. 스포츠경영자의 윤리적 리더십에 대한 옳은 설명이 아닌 것은?

   가. 스포츠의 글로벌화는 스포츠경영자로 하여금 국제적 수준의 윤리적 기준을 따르도록 요구하고 있다.
   나. 윤리적 리더십을 위해서는 타인에 대한 존중이 무엇보다 필요하다.
   다. 윤리적 경영을 추진하기 위해서는 성문화된 행동지침보다는 구두로 전달되는 지침이 유용하다.
   라. 경영자의 윤리적 리더십은 조직원들의 회사에 대한 긍지를 심어주기도 한다.

스포츠윤리 실전모의고사 정답 및 해설

01번 문항 정답 나
도덕이란 모든 인간이 지켜야할 공통적인 규범과 도리를 의미하는 반면, 윤리란 인간이 모여서 집단을 이루었을 때 그 집단에서 조화로운 생활을 영위하기 위해 사람들 사이에 지켜야할 도리를 말함. 따라서 교사가 합법적인 도박을 하는 것이 도덕적으로는 문제가 없을지라도 교사라는 집단의 한 일원으로서 도박을 하는 것은 윤리적으로는 문제가 될 수 있음.

02번 문항 정답 다
스포츠는 인간의 지혜와 윤리관념이 투영된 정신작용의 산물이므로 인간의 행동을 가이드하는 윤리와 밀접한 관계가 있다. 인간은 이기려는 강한 동기를 가지고 있고 이는 갈등 상황을 만들어내게 됨. 이 갈등 상황에서 하나의 길을 선택을 하는데 있어 기준이 되는 것이 윤리임.

03번 문항 정답 나
아곤은 경쟁을 의미하며 그 뜻이 법정에서의 논쟁을 의미하는 것까지도 확장이 가능하며 승리가 그 목적임. 아레테는 인간을 인간답게 만들어주는 자질을 의미하며 최적의 기능을 발휘할 수 있는 상태를 의미함.

04번 문항 정답 나
공정시합에 관한 두 가지 견해(형식주의와 비형식주의)에서 형식주의의 관점에서 보는 공정시합은 규칙을 준수하는 경기를 말함.

05번 문항 정답 라
경기의 규칙을 어기지 않은 범위 내에서 승부조작이 일어나고 이를 문제 삼지 않을 수 있는 주의는 형식주의임.

06번 문항 정답 라
미국의 Title IX은 교육현장에서 성차별을 금지할 수 있는 법임.

07번 문항 정답 라
프로스포츠가 발달한 미국에서도 인종차별은 다양한 형태로 존재하고 있음. 특히 흑인선수들의 뛰어난 경기력을 발생학적, 생리학적 원인으로 설명하는 것도 인종차별의 한 방법임.

08번 문항 정답 다
여성선수를 관리할 수 있는 여성 지도자의 확충을 통해 스포츠에서의 성차별을 해소할 수 있음. 남성 스포츠 지도자의 확충은 오히려 스포츠에서의 성차별을 조장할 가능성이 높음.

09번 문항 정답 가
장애인 선수들에 대한 (성)폭력 건수는 해마다 증가하고 있는 추세에 있음. 이는 장애인 선수들이 (성)폭력에 대한 인지능력이 부족하고, 의사표현의 한계가 있기 때문에 일반인에 비해 더 높은 위험에 노출되어 있음.

10번 문항 정답 나
설명에서 제시되고 있는 윤리학은 자연중심주의 윤리학임.

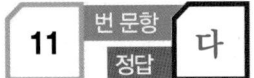 설명에서 제시하고 있는 내용을 주창한 사람은 칸트로서, 칸트는 동물은 자의식을 가지고 있지 않은 존재이며 오직 인간만을 위한 수단으로 정의하였음.

 스포츠에서 윤리가 중요시되는 이유는 인간의 근원적인 폭력성을 조절하는 기준을 제시할 수 있기 때문임. 스포츠 상황에서는 규칙을 통해 폭력성을 조절하도록 하고 있음.

 스포츠폭력근절대책에는 스포츠인권익센터 상담신고기능 보강, 직접 찾아가는 교육 및 상담, 신고자불이익처분에 대한 처벌 강화, 징계양형기준을 새롭게 마련하여 무관용원칙 적용, 조사 및 징계 과정에서 외부 전문가 참여 제도화, 스포츠조직의 윤리성지표 세분화하여 평가결과 매년 공개, 지도자 등록시스템 구축, 리더십 우수지도자에 대한 시상확대, 지도자 평가시스템 개선, 지도자양성과정에서의 폭력/성폭력 예방 등 인권교육 확대, 총 10개가 포함되었음.

 훌리건들은 경기 전후, 직후, 경기 도중, 장소를 불문하고 어디서든지 간에 우연히 상대방 팀을 응원하는 사람을 만나면 싸움을 벌임. 훌리거니즘은 신체적인 폭력과 언어적인 폭력을 모두 포함함.

 도핑은 사람이나 동물에게 수행능력의 향상을 목적으로 약물을 사용하는 행위로 규정됨.

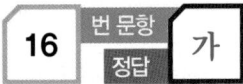 미국의 National Collegiate Athletic Association은 고등학교 학생선수들의 대학입학, 입학관련 서류의 진위, 비리 감독, 최저학력제(minimum GPA) 등 대학 학생선수의 전반에 관련된 일을 관장하는 사설기관임.

 선수체벌이 생긴 이유는 스포츠를 참여에 목적을 두지 않고 승리에 목적을 두기 때문에 생긴 현상임.

 학교체육은 인간이 가지고 있는 공격적 본성을 감소시키고 인성을 높일 수 있는 교육적 가치를 가지고 있음.

 심판의 의도적인 오심에는 심판과 지도자가 가지고 있는 파벌주의에 의한 것이 대부분임. 이들이 가지고 있는 파벌주의를 타파하는 것이 공정한 판정을 가능하게 하는 것임. 심판의 절대권위를 강화하는 것은 파벌주의에 의한 심판의 오심을 조장하는 방법이 될 수 있음.

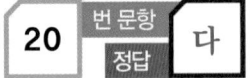 스포츠현상에서 성공적인 윤리경영 추진을 위하여 경영자는 성문화된 행동지침으로서의 윤리규범, 윤리경영 전담부서, 일상적이고 지속 가능한 교육을 할 수 있는 기업윤리교육훈련 등의 체계적인 윤리경영시스템을 도입하여야 함.

한국체육사

한국체육사 — 2016년 기출문제 분석

출제기준

주요항목	세부항목
1. 체육사의 의의	1. 체육사 연구 분야
2. 선사·삼국시대	1. 선사 및 부족국가시대의 체육
	2. 삼국 및 통일신라시대의 체육
3. 고려·조선시대	1. 고려시대의 체육
	2. 조선시대의 체육
4. 한국 근·현대	1. 개화기의 체육
	2. 일제강점기의 체육
	3. 광복 이후의 체육

[2급 생활스포츠지도사]

1. 체육사의 연구내용에 대한 설명으로 옳지 않은 것은?

① 스포츠를 통해 시대별로 파생된 여러 문화 현상을 다룬다.
② 스포츠경쟁의 도덕적 조건과 가치 있는 승리의 의미를 다룬다.
③ 스포츠의 기원 또는 발달과정을 다룬다.
④ 스포츠 종목의 발생원인 및 조건을 다룬다.

정답	②	난이도	쉬움
출제영역	1. 체육사의 의의 1. 체육사 연구 분야		
해설	스포츠경쟁의 도덕적 조건과 가치 있는 승리의 의미를 다루는 것은 스포츠윤리학에서 다루는 내용이다.		

2. <보기>에서 설명하고 있는 부족국가시대의 민속스포츠는?

<보기>
- 여러 사람이 모여 즐기던 놀이 중 하나로 지금까지 행해지고 있다.
- 저포라는 용어로 지칭되었다.
- 다섯 개(현재 4개)의 나무막대기를 이용하여 승부를 겨루는 놀이이다.

① 윷놀이 ② 투호
③ 추천 ④ 수박

정답	①	난이도	쉬움
출제영역	2. 선사·삼국시대 1. 선사 및 부족국가시대의 체육		
해설	윷놀이는 저포라는 용어로 사용되었으며, 여러 사람이 즐기던 놀이로서 현재에도 행해지고 있다.		

3. 신라 화랑도의 세속오계(世俗伍戒)에 해당하는 것은?

① 부자유친(父子有親) ② 사군이충(事君以忠)
③ 장유유서(長幼有序) ④ 붕우유신(朋友有信)

정답	②	난이도	보통
출제영역	2. 선사·삼국시대 2. 삼국 및 통일신라시대의 체육		
해설	신라 화랑도의 세속오계는 사군이충, 사친이효, 교우이신, 임전무퇴, 살생유택이다. 나머지는 삼강오륜에 해당된다.		

4. 〈보기〉의 괄호 안에 들어갈 용어는?

〈보기〉
삼국시대에는 오늘날 체육의 한 유형인 각종 무예교육이 시행되었다. 고구려의 대표적인 무예는 (㉠)과 궁술이다. 평민층 교육기관인 경당의 주된 교육내용은 경서암송과 (㉡)이다.

① ㉠ 기마술, ㉡ 궁술 ② ㉠ 기창, ㉡ 수박
③ ㉠ 기창, ㉡ 축국 ④ ㉠ 기마술, ㉡ 방응

정답	①	난이도	쉬움
출제영역	2. 선사·삼국시대 2. 삼국 및 통일신라시대의 체육		
해설	삼국시대 고구려의 대표적 무예는 기마술과 궁술이며, 경당에서는 궁술이 행해졌다.		

5. 삼국시대에 시행된 민속스포츠에 대한 설명으로 옳은 것은?

① 격구: 돌파매질을 하여 승부를 겨룬다.
② 축국: 매를 길들여 사냥한다.
③ 각저: 두 사람이 맞잡고 힘을 겨룬다.
④ 방응: 막대기로 공을 쳐서 상대편의 문에 넣는다.

정답 및 해설	정답	③	난이도	쉬움
	출제영역	2. 선사·삼국시대 2. 삼국 및 통일신라시대의 체육		
	해설	각저는 오늘날 씨름으로서 두 사람이 맞잡고 힘을 겨루는 민속스포츠였다.		

6. 〈보기〉의 괄호 안에 들어갈 용어는?

〈보기〉
신라 화랑은 야외활동을 통해서 호연지기를 함양하고, (㉠)에 대한 신성함과 존엄성을 교육받았다. 이를 (㉡)이라고 한다.

① ㉠ 편력, ㉡ 신체미 숭배사상
② ㉠ 풍류, ㉡ 심신일체론 사상
③ ㉠ 국선, ㉡ 세속오계 사상
④ ㉠ 국토, ㉡ 불국토 사상

정답 및 해설	정답	④	난이도	어려움
	출제영역	2. 선사·삼국시대 2. 삼국 및 통일신라시대의 체육		
	해설	신라 화랑은 야외활동을 통해 국토에 대한 신성함과 존엄성을 교육받았고 이를 불국토사상이라고 한다.		

7. 고려시대의 대표적인 국립교육기관으로 7재에 강예재를 두어 무예를 실시하였던 기관은?

① 국자감
② 서당
③ 서원
④ 성균관

정답	①	난이도	보통
출제영역	3. 고려·조선시대 1. 고려시대의 체육		
해설	고려시대 대표적 국립교육기관으로서 강예재를 두어 무예를 실시한 곳은 국자감이다.		

8. 고려시대의 석전에 대한 성격으로 옳지 <u>않은</u> 것은?

① 세시풍속의 민속스포츠이다.
② 군사훈련으로 활용되었다.
③ 관람스포츠의 형태를 지니기도 했다.
④ 심신단련 체조법이다.

정답	④	난이도	쉬움
출제영역	3. 고려·조선시대 1. 고려시대의 체육		
해설	석전은 세시풍속의 관람스포츠의 성격을 가진 민속스포츠로서 군사훈련으로 활용되었는데, 심신단련 체조법은 아니다.		

9. 임진왜란 이후 조선에서 무예를 체계화하고 발전시키기 위해 편찬된 무예서적이 <u>아닌</u> 것은?

① 기효신서　　　　　　　② 무예제보
③ 무예신보　　　　　　　④ 무예도보통지

정답	①	난이도	어려움
출제영역	3. 고려·조선시대 2. 조선시대의 체육		
해설	〈기효신서〉는 중국 명나라의 척계광이 편찬한 무예서이다.		

10. 조선시대의 활쏘기에 대한 설명으로 옳지 <u>않은</u> 것은?

① 군사훈련의 수단으로 활용되었다.
② 심신수련의 중요한 교육활동으로 인식되었다.

③ 유·불·선 사상을 토대로 한 행동양식이었다.
④ 무과시험에서 인재를 선발하는 실기과목이었다.

정답 및 해설	정답	③	난이도	어려움
	출제영역	3. 고려·조선시대 1. 조선시대의 체육		
	해설	조선시대 활쏘기는 군사훈련, 심신수련의 교육활동, 무과시험에서 인재를 선발하는 실기과목이었다.		

11. 개화기 선교사에 의해 조직되어 국내에 야구, 농구 등을 보급한 체육단체는?

① 황성기독교청년회　　　② 대동체육구락부
③ 회동구락부　　　　　　④ 체조연구회

정답 및 해설	정답	①	난이도	쉬움
	출제영역	4. 한국 근·현대 1. 개화기의 체육		
	해설	개화기 선교사는 황성기독교청년회(YMCA)를 만들어 선교활동의 일환으로 청년들에게 야구, 농구 등을 지도·보급했다.		

12. 개화기 학교체육에 대한 설명으로 옳지 않은 것은?

① 원산학사에서는 교육과정에 전통무예를 포함하였다.
② 1895년 교육입국조서에 덕양, 지양, 체양을 기본으로 삼았다.
③ 배재학당, 이화학당 등의 신식학교에서는 체조를 교육과정에 포함하였다.
④ 〈전시학도체육훈련〉지침을 두어 전력증강에 목표를 두었다.

정답 및 해설	정답	④	난이도	보통
	출제영역	4. 한국 근·현대 1. 개화기의 체육		
	해설	〈전시학도체육훈련〉은 개화기가 아니라 일제강점기 때 실시되었다.		

13. 개화기 체육의 역사적 의미에 대한 설명으로 옳지 <u>않은</u> 것은?

① 체육의 개념 및 가치에 대한 근대적 각성이 이루어졌다.
② 각종 국제스포츠경기대회 참가로 국가의 위상이 높아졌다.
③ 체육이 교육체계 속에 포함되기 시작하였다.
④ 근대적인 체육문화가 창출되었다.

정답 및 해설	정답	②	난이도	보통
	출제영역	4. 한국 근·현대 1. 개화기의 체육		
	해설	개화기 때는 각종 국제경기대회에 참가하지 않았다.		

14. 일제강점기 체육활동에 대한 설명으로 옳지 <u>않은</u> 것은?

① 체육, 스포츠 활동을 통해 민족의식을 고취하였다.
② 유도, 검도 같은 무도가 빠르게 전파되었다.
③ 투호, 방응, 석전 등 민속스포츠가 적극 장려되었다.
④ 손기정, 엄복동 등의 국제적인 스포츠선수들이 등장하였다.

정답 및 해설	정답	③	난이도	쉬움
	출제영역	4. 한국 근·현대 2. 일제강점기의 체육		
	해설	투호, 방응, 석전 등의 민속스포츠는 일제강점기에 장려되어 행해진 것이 아니라 삼국시대, 고려시대, 조선시대에 행해졌다.		

15. 조선체육회에 대한 설명으로 옳은 것은?

① 1925년 제1회 전조선신궁경기대회를 개최하였다.
② 주선신문사의 적극적인 후원에 힘입어 설립되었다.
③ 일본체육단체에 대한 대응으로 1920년 조선인 중심으로 창립되었다.
④ 경성정구회와 경성야구협회를 통합하여 조직한 단체이다.

정답 및 해설	정답	③		난이도	보통
	출제영역	4. 한국 근·현대 2. 일제강점기의 체육			
	해설	조선체육회는 1920년 7월 13일 일본인 체육단체인 조선체육협회에 대한 대응으로 조선인 중심으로 설립된 단체였다.			

16. 광복 이후 우리나라에 나타난 체육사상이나 운동으로 옳지 않은 것은?

① 엘리트스포츠 육성을 통한 스포츠 민족주의
② 체육진흥운동을 통해 강건한 국민성을 함양하는 건민체육사상
③ 서양체육사상과 전통체육사상이 융합된 양토체육사상
④ 국민 모두의 생활체육을 강조한 대중스포츠운동

정답 및 해설	정답	③		난이도	보통
	출제영역	4. 한국 근·현대 3. 광복 이후의 체육			
	해설	광복이후 우리나라에서는 서양체육사상과 전통체육사상이 융합된 양토체육사상이 나타나지 않았다.			

17. 1936년 베를린올림픽대회 참가와 관련하여 옳은 것은?

① 함기용, 송길윤, 최윤칠 선수가 마라톤에서 모두 입상하였다.
② 최초로 코리아(KOREA)라는 국가 명칭을 사용하였다.
③ 김성집 선수가 역도에서 동메달을 획득하였다.
④ 동아일보 이길용 기자에 의해 일장기말살사건이 발생하였다.

정답 및 해설	정답	④		난이도	쉬움
	출제영역	4. 한국 근·현대 2. 일제강점기의 체육			
	해설	1936년 베를린올림픽대회에서는 손기정 선수가 마라톤에서 우승을 차지해 시상을 한 사진이 보도되었는데 동아일보 이길용 기자가 시상대 위에 서 있는 손기정 선수 가슴의 일장기를 말살했다.			

18. 1960~1970년대 정부가 추진한 주요 스포츠정책이 <u>아닌</u> 것은?

① 보건체육의 시수증가
② 입시전형에서 체력장제도 도입
③ 엘리트스포츠 양성을 위한 태릉선수촌 설립
④ 남북스포츠교류의 활성화

정답	④	난이도	보통
출제영역	4. 한국 근·현대 3. 광복 이후의 체육		
해설	남북스포츠교류의 활성화는 1990년대부터였다.		

19. 정부가 체육정책의 운영에 있어 법적근거를 마련하기 위해 최초로 제정한 체육관련법은?

① 학교체육진흥법　　　② 국민체육진흥법
③ 스포츠산업진흥법　　④ 전통무예진흥법

정답	②	난이도	보통
출제영역	4. 한국 근·현대 3. 광복 이후의 체육		
해설	우리나라 최초의 체육관련법은 1962년에 제정된 국민체육진흥법이다.		

20. 1988년 서울올림픽대회의 역사적 의의에 대한 설명으로 옳지 <u>않은</u> 것은?

① 스포츠외교를 통해 공산국가들이 대거 참가한 대회였다.
② 생활체육을 활성화하는 계기를 마련하였다.
③ 북한이 참가하여 남북화합의 신기원을 이룩하였다.
④ 엘리트스포츠 발전에 획기적인 역할을 하였다.

정답	③	난이도	쉬움
출제영역	4. 한국 근·현대 3. 광복 이후의 체육		
해설	1988년 서울올림픽에는 북한이 참가하지 않았다.		

1부. 한국체육사 개관

한국체육사 핵심요약

학습목표

- 체육사의 정의를 알아본다.
- 한국체육사의 중요성을 이해한다.
- 체육과 스포츠의 개념 변천에 대해 알아본다.
- 전통체육과 근대체육의 차이에 대해 이해한다.
- 체육사의 가치 및 의미에 대해 이해한다.

1장 ㅣ 체육사의 이해

1) 체육사의 정의

○ 체육사는 과거의 체육적 사실에 대해 정확하게 설명하고 해석하는 비판적 탐구과정이다.
○ 체육사의 학문적 위치와 영역
  - 체육사는 체육철학과 함께 체육학의 근본적 물음을 탐구하는 학문으로 체육 인문학의 한 분야이다.
  - 체육사의 영역은 시대별로 고대사, 중세사, 근현대사로 나누고, 지역별로 서양사와 동양사, 그리고 한국사로 구분한다. 분야는 지성사, 과학사, 사회경제사, 문화사 등으로 나누는데 주로 문화사와 많은 관련을 가지고 있다.
○ 체육사연구의 대상
  - 체육사의 연구대상은 신체문화와 신체활동의 실천에 따른 부수적인 모든 요소이다.

2) 한국체육사의 중요성

- 지금까지 소홀히 다루어져 온 우리 선조들의 체육에 대한 관심과 역사적인 사실을 통해 소중한 우리체육의 뿌리를 찾고 이해해야 한다.
- 한국체육사연구는 광복이후부터 본격적으로 이루어졌다.

3) 체육과 스포츠개념의 변천

○ 체육개념의 변천
  - 체육은 영어의 'physical education'을 번역한 것으로 일본에서 들어왔다. 우리나라에서는 구한말 정신교육과 대조적인 의미로 신체교육의 의미로서 체육이라는 용어를 사용했다.

- 원응상은 1897년 9월 재일한국인유학생 단체인 「대조선인일본유학생친목회」의 기관지 친목회 회보에 "교육에 대한 국민의 애국 상상"이라는 논설을 게재했는데 여기서 처음으로 체육이라는 용어를 사용했다.
○ 스포츠개념의 변천
- 스포츠는 놀이 중에서 제도화되고 체계적이며 신체적인 경쟁을 통해 승부를 결정하는 운동경기이다.
- 스포츠는 영국에서 만들었으며 게임이나 사냥 등의 경기를 의미하는 용어로서 19세기에 세계적으로 사용되었다.

4) 전통체육과 근대체육

○ 전통체육
- 전통체육은 주로 무사들의 무예를 중심으로 이루어졌고 귀족과 서민들이 유희와 오락을 행했다.
○ 근대체육
- 1894년 갑오개혁이후 근대식 학교의 설립을 통한 체조의 채택과 실시, YMCA를 통한 근대스포츠의 도입과 보급이 이루어졌다.

5) 체육사의 가치 및 의미

○ 체육사는 교양으로서의 지식뿐만 아니라 스포츠과학이나 스포츠마케팅 등 체육과 스포츠관련 여러 학문에서 필요하다. 언제 어떤 종목이 탄생해 어떻게 보급, 발전되었는지 매우 유익한 정보를 제공해준다.

핵심용어 체육사 / 한국체육사 / 체육·스포츠개념 / 전통체육 / 근대체육

2장 ▎체육사의 영역

1) 체육사의 사관

○ 체육사를 바라보는 견해를 통해 체육사적 현상의 변화에 대한 근본적인 법칙을 해석하는 시각
○ 체육사에서는 통사적·세계사적, 시대적·지역적, 개별적·특수적 연구영역을 다룬다.

2) 체육사의 시대구분

○ 체육사의 시대구분은 역사적 사실을 철저히 탐구한 후에 이루어져야 한다.
○ 역사적인 사실을 시공간적으로 종합의 연관성을 설명
○ 체육사만의 시대구분으로 독자성과 정체성 확립

3) 체육사의 사료

○ 체육사연구에서 사료는 과거의 사실이 남아 있는 모든 자료이며 체육과 관련된 과거의 사실을 연구하고 서술하는 기본적인 토대

핵심용어 체육사관 / 시대구분 / 사료

2부. 선사·부족국가와 삼국시대의 체육

학습목표

- 선사·부족국가시대의 체육활동에 대해 알아본다.
- 고대체육의 발달과정과 내용을 이해한다.
- 현대체육의 기원이 되는 신체활동에 대해 알아본다.
- 삼국시대의 생활에 대해 알아본다.
- 삼국시대의 무예에 대해 알아본다.
- 삼국시대의 민속놀이와 오락에 대해 알아본다.

1장 ❙ 선사·부족국가시대의 생활과 체육

1) 선사·부족국가시대의 생활

○ 제천의식, 주술활동, 예술행위(춤, 노래, 그림), 성년의식

2) 선사·부족국가시대의 체육

○ 수렵, 군사, 축제, 주술, 성년의식, 정신 및 위생, 건강(풍류도), 유희(전쟁놀이, 사냥놀이)
○ 윷놀이의 도는 돼지(돈), 개는 개(견), 걸은 양, 윷은 소(우), 모는 말(마)이다.

2장 ❙ 삼국시대의 체육

1) 삼국시대의 생활과 체육

○ 삼국시대의 생활
  - 전쟁으로 인한 국방체육이 강조되어 기마술, 활쏘기를 교육하였다.
○ 삼국시대의 체육
  - 삼국시대의 교육단체는 고구려는 태학(상류층)과 경당(평민층), 신라는 화랑도와 국학
  - 삼국이 서로 대립과 친선관계를 유지하면서 국방체육의 중요성 강조.
  - 신라 화랑도의 군사적인 수련과 심신수련
  - 신라 화랑도는 세속오계를 바탕으로 입산수행과 편력이라는 야외교육활동, 심신일원론적 전인교육을 지향했으며, 전사양성을 위한 군사적인 성격도 가지고 있었다.

2) 삼국시대의 무예

○ 기마술, 활쏘기
○ 활쏘기는 교육활동의 한 분야

3) 삼국시대의 민속놀이와 오락

○ 각저, 격구, 축구, 수박, 석전, 방응, 마상재, 기타(추천, 투호, 위기, 쌍륙, 널뛰기, 설마 등)

핵심용어 국방체육 / 화랑도 / 심신수련 / 민속놀이

3부. 고려시대와 조선시대의 체육

학습목표

- 고려시대와 조선시대의 사회와 교육제도를 이해한다.
- 고려시대와 조선시대의 무예에 대해 알아본다.
- 고려시대와 조선시대의 민속놀이와 오락의 유형에 대해 알아본다.

1장 | 고려시대의 체육

1) 고려시대의 사회와 체육

- 고려시대의 교육
  - 관학: 국자감, 향교, 학당
  - 사학: 12도, 서당, 과거제도
- 고려시대의 체육
  - 국학: 궁술, 마술
  - 향학: 지방 교육기관으로서 궁사와 음악 등 사회교육으로서 향사례를 거행

2) 고려시대의 무예

- 무신정권과 무예의 발달
- 고려시대의 무예체육: 수박, 궁술, 마술

3) 고려시대의 민속놀이와 오락

- 귀족사회의 민속놀이: 격구, 방응, 투호
- 서민사회의 민속놀이와 오락: 축구, 씨름, 추천, 풍년, 석전
- 기타 신체활동: 쌍륙, 위기, 죽마, 척초희

핵심용어 무예 / 민속놀이

2장 | 조선시대의 체육

1) 조선시대의 사회와 체육

○ 조선시대의 사회
- 유교적 관료국가
- 숭문주의
- 국방정책을 위한 무예 장려

○ 조선시대의 교육
- 유학교육: 성균관, 사학, 향교
- 무학교육: 훈련원, 사정
- 기술교육: 역과, 율과, 의과, 음양과

○ 과거제도
- 문과: 소과(생원과, 진사과), 대과
- 무과: 식년무과(초시-복시-전시), 증광시, 별시, 정시
- 잡과: 기술과 채용

○ 조선시대의 체육
- 활쏘기, 격방, 방응, 투호, 이황의 양생과 활인심방, 이이의 양생관
- 활쏘기는 사정(射亭)을 중심으로 이루어졌는데 경기형태로 행해진 편사는 5인 이상으로 편을 나누어 진행하였다.
- 육예 중 사(射)는 신체활동인 활쏘기를 의미한다.

2) 조선시대의 무예

○ 궁술, 격구, 수박희, 무예서(무예도보통지, 임원경제지)
○ 무예도보통지는 정조의 명에 따라 이덕부, 박제가, 백동수 등이 편찬하였는데 전부 24가지의 무예가 실려 있다.

3) 조선시대의 민속놀이와 오락

○ 민속놀이: 씨름, 석전, 연날리기, 줄다리기, 널뛰기, 그네뛰기, 윷놀이, 차전놀이
○ 오락: 장치기, 바둑, 장기, 종정도, 기타(제기차기, 팽이, 줄넘기)

핵심용어 무예 / 무예도보통지 / 민속놀이

4부. 개화기와 일제강점기의 체육·스포츠

학습목표

- 개화기와 일제강점기의 학교체육에 대해 알아본다.
- 개화기와 일제강점기의 스포츠도입과 보급에 대해 알아본다.
- 개화기의 체육사상에 대해 알아본다.
- 일제강점기 민족주의적 스포츠 활동에 대해 알아본다.

1장 | 개화기의 체육·스포츠

1) 개화기의 사회와 교육

○ 개화기의 사회
- 1876년 강화도조약의 체결로 문호개방
- 개화사상, 위정척사사상, 동학사상의 전개

○ 개화기의 교육
- 고종의 교육입국조서 공포
- 근대적 학교 설립: 원산학사, 동래무예학교
- 기독교계 학교의 설립: 배재학당, 이화학당, 경신학교
- 사립학교의 설립: 대성학교, 오산학교

2) 개화기의 체육

○ 개화기 체육의 발전양상
- 근대학교체육의 전개
  - 동래무예학교: 무예교육
  - 원산학사: 무예반(병서와 사격)
  - 기독교계 학교: 배재학당(과외활동으로 근대스포츠 실시)
             이화학당과 경신학교(체조의 정규교과목 편성)

○ 관·공립학교와 사립학교
- 관·공립학교의 체육: 교육입국조서 공포 후 체조의 정규교과목 채택
- 사립학교의 체육: 국권회복운동의 일환으로 민족정신의 고취와 체력단련 강조
  - 대성학교: 체조와 운동회 실시

○ 운동회의 개최와 역할
  • 운동회 개최의 의미: 근대적 의미의 체육보급, 민족의식 고취를 위한 사회적 기능 담당
  • 운동회의 성격과 기능
    - 학교와 사회의 축제성격을 갖고 공동체 의식을 강화하는 역할
    - 민족주의 운동의 성격을 갖고 애국심을 고취시키는 역할
    - 사회체육 발달의 촉진제 역할
○ 체육단체의 결성: 민족주의 운동의 구심점 역할
  • 대한체육구락부(1906): 한국 최초의 근대적인 체육단체
  • 황성기독교청년회 체육부(1906)
  • 대한국민체육회(1907)
  • 대동체육구락부(1908)
  • 회동구락부(1908)
  • 무도기계체육부(1908)
  • 소년광창체육회(1909)
  • 체조연구회(1909)
  • 청강체육부(1910)
○ 근대스포츠의 도입과 보급: 각종 학교의 운동회와 체육단체의 활동을 통해 확산
  • 축구, 체조, 육상, 승마, 수영, 야구, 농구, 연식정구, 사이클, 검도, 유도, 사격

3) 개화기 체육사상과 역사적 의미

○ 개화기 체육사상
  • 체육의 개념 및 가치에 대한 근대적 각성이 이루어짐
  • 교육체계 속에서 체육의 위상 정립
  • 근대적인 체육 및 스포츠문화의 창출

핵심용어 근대스포츠 / 체조 / 운동회 / 사회체육 / 체육단체 / 체육사상

2장 | 일제강점기의 체육·스포츠

1) 일제강점기의 학교체육

○ 무단통치기의 학교체육
  • 한일합방 후 조선총독부의 조선교육령 공포로 일제의 충량한 신민을 양성하기 위한 도구로 전락
  • 보통체조와 병식체조 중심에서 스웨덴체조로 전환, 일본식 유희 도입
  • 식민지 교육정책의 일환으로 학교체조교수요목의 제정을 통해 근대적 체육 도입

- 민족주의적 성격의 말살을 통해 일본화의 정착을 시도
○ 문화통치기의 학교체육
  - 학교체육정책을 식민지 교육체계를 확립하기 위해 실행
  - 제2차 조선교육령의 공포로 외형상 일본국내와 같은 체제로 개편하였으나 체육설비의 부족으로 실행되지 못함
○ 민족말살기의 학교체육
  - 전시체제하 학교체육의 군사훈련화
  - 황민화 교육을 위해 황국신민체조 실시
  - 체력장검정의 실시를 통해 체력증강 중시
  - 전시체제하 일제의 군국주의적 전쟁수행을 위한 도구로 전락

2) 일제강점기의 스포츠

○ 근대스포츠의 도입과 보급
  - 권투, 탁구, 배구, 경식정구, 스키, 골프, 럭비, 역도
○ 스포츠지도자의 활동
  - 서상천
    - 체육학 전공자의 등장
    - 역도의 소개
    - 과학적인 근거에 입각해 스포츠의 이론을 확립하고 국민의 체력증진을 도모
  - 유억겸:
    - 조선체육회를 비롯한 각종 체육단체의 임원으로 많은 활동
    - 조선고유의 신체활동 장려
    - 학교보건시설의 정비를 통한 학교체육의 개선
    - 전국 체육주간의 실시
    - 지방에 체육단체의 조직을 통한 사회체육의 활성화 방안 제시
○ 스포츠단체의 결성과 활동
  - 조선체육회
    - 조선의 체육을 지도, 장려하는 것을 목적으로 설립
    - 각종경기대회 개최: 제1회 전 조선야구대회(오늘날 전국체육대회의 효시)
    - 체육에 관한 조사연구 및 선전
    - 체육에 관한 도서발행
    - 1937년 중일전쟁으로 전시체제가 되면서 조선체육협회에 흡수, 통합되었다.
  - 조선체육협회
    - 체육을 장려하고 회원의 친목도모를 위해 설립

- 조선신궁경기대회 개최: 조선인선수의 국제경기대회 참가의 창구역할
- 조선체육회의 설립에 직접적인 역할
- 일제강점기 스포츠 활동을 주도한 체육단체

○ 경성운동장의 건설
- 일제강점기 대표적 스포츠시설
- 종합운동장의 면모를 갖춘 동양 최대 규모의 국제적인 경기장
- 각종경기대회의 개최를 통해 스포츠 메카로서 중요한 위치 차지

3) 일제강점기 민족주의적 스포츠 활동

○ YMCA의 스포츠 활동
- 각종경기대회의 개최
- 야구, 농구, 배구 등의 스포츠 소개 및 보급과 지도자 훈련
- 근대스포츠의 보급, 발전에 많은 공헌

○ 민중의 스포츠 활동
- 씨름: 민족정신의 고양을 위한 스포츠로서 민중의 지지를 받음
- 보건체조: 스포츠의 민중화를 도모하기 위해 실시

○ 손기정과 베를린올림픽경기대회
- 한국인 최초의 올림픽 금메달리스트
- 일제의 식민지통치하 우리국민에게 민족의식과 자부심 고취

○ 일장기말살사건
- 이길용: 민족적 감격에서 일어난 사건
- 우리민족의 우수성을 전 세계에 과시하기 위해 일장기를 지워버림

핵심용어 학교체육 / 스웨덴체조 / 학교체조교수요목 / 황국신민체조 / 체력장검정 / 근대스포츠 / 스포츠지도자 / 조선체육회 / 조선체육협회 / 경성운동장 / 손기정 / 베를린올림픽 경기대회 / 이길용 / 일장기말살사건

5부. 현대 체육·스포츠

학습목표

- 광복이후 체육행정조직 및 체육단체에 대해 알아본다.
- 광복이후 생활체육 정책 및 현황에 대해 알아본다.
- 광복이후 여성스포츠의 태동과 엘리트·생활체육에 대해 알아본다.
- 현대스포츠와 정치의 관계에 대해 알아본다.

1장 ┃ 체육행정조직 및 체육단체

1) 국가 체육행정조직의 변천

○ 체육진흥정책을 위해 학교체육, 생활체육, 전문체육으로 구분해서 정책을 수반
○ 문교부 체육국에서 체육 담당
○ 서울아시아경기대회와 서울올림픽경기대회를 위해 체육부 신설(1982)
○ 서울올림픽경기대회이후 체육청소년부(1990) - 문화체육부(1993) - 문화관광부(1998) - 문화체육관광부(2008)

2) 민간 체육단체

○ 대한체육회
  - 아마추어 체육단체를 통합, 대표하며 국민체육의 향상과 운동정신의 앙양을 도모하고 건강하고 유능한 국민을 배양하는데 목적이 있다.
  - 가맹단체(55개), 인정단체(12개)
○ 대한올림픽위원회
  - 1948년 런던올림픽경기대회에 출전하기 위해 1947년에 발족해서 올림픽을 비롯한 국제스포츠 관계 업무를 담당
○ 대한장애인체육회
  - 2005년 11월 장애인의 건강증진과 여가생활 진작을 위한 생활체육의 활성화, 우수 지도자를 양성하여 국위를 선양하고 국제스포츠교류 및 활동을 통해 국제친선에 기여할 목적으로 설립
  - 가맹경기단체(29개), 유형별 체육단체(4개), 인정단체(7개)
○ 국민생활체육회
  - 1991년 2월 범국민 체육활동을 확산하고 다양한 생활체육 동호인 활동을 체계적으로 지원, 육성

할 목적으로 설립
- 전국 17개 시도협의회 조직, 67개 경기종목별 시도연합회 조직
○ 국민체육진흥공단
- 1989년 4월 체육재정의 후원자로 서울올림픽경기대회를 기념하고 국민체육진흥을 위한 사업을 수행하기 위해 설립

핵심용어 체육행정조직 / 학교체육 / 생활체육 / 전문체육 / 대한체육회 / 대한올림픽위원회 / 대한장애인체육회 / 국민생활체육회 / 국민체육진흥공단

2장 ❙ 생활체육

1) 생활체육의 개요

○ 생활체육의 개념
- 생활체육이란 건강과 체력증진을 위해서 행하는 자발적이고 일상적인 체육활동
- 1989년 '국민생활체육진흥종합계획'을 수립하면서 생활체육이라는 용어 사용
○ 생활체육의 특성
- 생활체육의 대상은 모든 사람이며, 자유 시간에 장소의 구애를 받지 않고 자발적으로 놀이와 게임에 참여해서 즐기는 활동
○ 생활체육의 역할과 의의
- 개인의 신체기량은 물론 심리적 즐거움과 만족감
- 타인과의 유대관계를 통해 사회성 함양
- 다양한 신체활동을 통해 부족한 체력단련
- 건전한 사회생활의 원동력

2) 생활체육 정책 및 현황

○ 1980년 이전의 생활체육 정책
- '체력은 국력'하에 국민체력 향상을 강조
- 전문체육 강화를 위한 조치
○ 1990년대의 생활체육 정책
- '국민생활체육진흥종합계획'의 수립: 생활체육 진흥의 계기
- 생활체육시설의 확충, 생활체육프로그램 개발, 보급, 지도자 양성 제도개선
○ 2000년대의 생활체육 정책
- '국민체육진흥5개년계획' 수립
- 주민친화형 생활체육 공간 확충, 스포츠클럽의 체계적 육성, 생활체육 인식제고, 생활체육지도

인력 양성
- ○ 현재의 생활체육 정책
  - '스포츠 활성화로 건강한 삶 구현'
  - 생애주기별 맞춤형 프로그램 보급, 전 국민체력인증제 도입, 종합형 스포츠클럽 설립
  - '스포츠비전 2018': 행복 나눔 스포츠교실 확대사업 추진

핵심용어 국민생활체육진흥종합계획 / 국민체육진흥5개년계획 / 생활체육

3장 ┃ 여성스포츠

1) 여성스포츠의 태동
○ 여성의 스포츠에 대한 인식변화로 엘리트체육과 생활체육의 참여 활성화

2) 여성의 생활체육참여
○ 경제성장으로 남성의 전유물인 스포츠에 여상의 참여기회 확대
○ 여성의 생활체육 인구 증가

3) 여성의 엘리트체육 참여
○ 여성 스포츠단체의 설립과 노력으로 여성체육인에 대한 인권향상 및 개선방향 모색
○ 여성프로스포츠의 탄생으로 여성의 면모 과시

핵심용어 여성스포츠 / 생활체육 / 엘리트체육

4장 ┃ 현대스포츠와 정치

1) 제3, 4공화국의 '체력은 정치'
○ '건민체육', '국위선양'을 위한 엘리트체육의 집중육성
○ 스포츠를 통해 국제사회에 한국의 자력, 국력 과시
○ 한국체육의 성장 근간

2) 제5공화국은 스포츠공화국
○ 제5공화국의 정당성 확보를 위해 올림픽을 비롯한 국제경기대회 유치
○ 스포츠의 프로화: 프로야구(1982), 프로축구(1983), 프로씨름(1983), 프로농구(1997), 프로배구(2005)의 출범

○ 엘리트체육의 육성이유: 국위선양, 국민통합, 체제의 우월성, 업적위주

3) 현대의 정치와 스포츠의 역사

○ 스포츠에 대한 정치적 의도
- 국가이미지 향상: 스포츠를 상징적 선전효과로 활용
- 국가적 통합: 스포츠가 국민을 단합시키기 위한 수단으로 이용

핵심용어 현대스포츠 / 엘리트체육 / 스포츠공화국 / 프로야구 / 프로축구 / 프로씨름

6부. 국제스포츠대회 참가

학습목표

- 한국의 하계올림픽경기대회 참가에 대해 알아본다.
- 한국의 동계올림픽경기대회 참가에 대해 알아본다.
- 한국의 아시아경기대회 참가에 대해 알아본다.
- 각종 국제스포츠경기대회에 대해 알아본다.

1장 ❙ 하계올림픽경기대회

1) 시대와 올림픽경기대회

○ 쿠베르탱에 의해 근대올림픽 창시
○ 스포츠를 통한 세계평화와 젊은이들의 신체단련 강조

2) 한국의 하계올림픽경기대회 참가 역사

○ 정부수립 직전인 1948년 런던올림픽경기대회에 태극기를 들고 'KOREA'라는 이름으로 첫 참가
○ 1976년 몬트리올올림픽경기대회에서 양정모가 대한민국 역사상 첫 금메달 획득
○ 1988년 서울올림픽경기대회 개최(국기인 태권도 시범종목)
  • 1981년 9월 서독의 바덴바덴에서 열린 IOC총회에서 일본 나고야를 제치고 올림픽대회 유치에 성공했다
○ 2000년 시드니올림픽경기대회 태권도 정식종목 채택

핵심용어 근대올림픽 / 하계올림픽 / 태권도

2장 ❙ 동계올림픽경기대회

1) 동계올림픽경기대회의 탄생과 역사

○ 동계올림픽경기대회와 하계올림픽경기대회 분리 개최 주장
○ 1922년 파리의 IOC총회에서 1924년 시험대회의 개최
○ 1924년 샤모니동계올림픽경기대회 제1회 대회로 승인
○ 1994년부터 동·하계대회 다른 해에 개최

2) 한국의 동계올림픽대회 참가 역사

○ 정부수립 직전인 1948년 1월 생모리츠동계올림픽경기대회에 참가(동·하계 합쳐 한국 첫 올림픽 경기대회 참가)
○ 1992년 알베르빌동계올림픽경기대회 김기훈 첫 금메달 획득
○ 2018년 평창동계올림픽경기대회(한국 첫 동계올림픽 개최)

핵심용어 동계올림픽

3장 ┃ 아시아경기대회

1) 아시아경기대회의 태동

○ 1951년 스포츠를 통해 아시아인의 화합과 선의와 경쟁을 위해 개최
○ 모태: 극동선수권대회(1913; 필리핀)와 서아시아경기대회(1934: 인도)

2) 아시아경기대회의 역사

○ 1982년까지 하계대회만 개최, 1986년 삿포로에서 제1회 동계대회 개최
○ 한국 1954년 제2회 마닐라아시아경기대회 첫 참가(제1회 대회 6.25전쟁 불참)
○ 1986년 서울아시아경기대회 개최(한국 첫 아시아경기대회 개최)
○ 2002년 부산아시아경기대회 개최(북한 선수단과 응원단 참가)
○ 2014년 인천아시아경기대회 개최(대회기간 중 북한 고위급 인사 방문)
○ 동계아시아경기대회는 제1회 대회부터 참가
○ 1999년 제4회 대회는 강원도에서 개최(한국 첫 동계아시아경기대회 개최)

핵심용어 아시아경기대회 / 극동선수권대회 / 서아시아경기대회

4장 ┃ 각종 국제스포츠경기대회

1) 각종 국제스포츠경기대회

○ 국제스포츠경기기구
  • 국제경기연맹: 각종 스포츠경기를 총체적으로 운영
  • 국제올림픽위원회: 올림픽경기대회 개최 주도(한국 1947년 가입)
  • 국제육상연맹: 각종 육상경기 주관(한국 1945년 가입)
    - 2011년 대구에서 세계육상선수권대회 개최
  • 국제축구연맹: 각종 축구경기 주관(한국 1948년 6월 가입)

- 2002년 월드컵대회 일본과 공동개최
○ 국제스포츠경기대회
- 올림픽경기대회
- 아시아경기대회
- 유니버시아드경기대회
- 세계축구경기대회
- 세계 4대 테니스경기대회
- 월드베이스볼 클래식
- 세계 4대 골프경기대회
- 세계선수권대회

핵심용어 국제스포츠기구 / 국제경기연맹 / 국제올림픽위원회 / 국제육상연맹 / 국제축구연맹 / 국제경기대회

7부. 남북체육교류

학습목표

- 북한의 체육정책과 체육시설에 대해 알아본다.
- 북한의 국제대회 참가현황에 대해 알아본다.
- 남북체육교류의 과정에 대해 알아본다.
- 남북체육교류의 역사적 의미에 대해 알아본다.

1장 ┃ 북한의 체육정책과 시설 및 국제대회 참가

1) 북한의 체육정책

- 체육을 통해 인민대중을 혁명과 건설, 국방에 이바지할 공산주의적 인간으로 육성
- 매월 둘째 일요일 '체육의 날' 지정, 각종체육경기 실시

○ 국가체육지도위원회
  - 북한의 체육정책 및 체육행정 총괄
  - 1954년 체육을 재정비하고 진흥시킬 목적으로 설치
  - 임무
    - 전국적인 체육행사 및 국제경기, 인민체력검정의 기획, 관리, 운영
    - 체육 사업에 소요되는 각종 경기용 기자재의 보급
    - 국가수준의 우수선수 양성
    - 각종체육행사에 필요한 예산책정과 산하단체의 예산편성 및 재정 감독
  - 북한의 체육사업 집행의 최고 의결기관, 집행기관
  - 1998년 체육성으로 개칭, 다시 체육지도위원회로 개편

○ 조선올림픽위원회
  - 1963년 IOC 가입
  - 1972년 뮌헨올림픽경기대회에 첫 참가

2) 체육시설

○ 체육시설의 종류
  - 종합체육시설: 여러 경기를 동시에 할 수 있는 시설
    종목별 체육시설: 해당 경기종목만 할 수 있는 시설

- 경기장: 체육경기를 할 수 있는 설비와 관람석을 갖추어 놓은 곳
- 체육관: 체육경기와 훈련을 할 수 있도록 설비를 갖추어 놓은 곳
- 체육촌: 각종 체육시설과 편의봉사기관들이 집중적으로 갖추어져 있는 지역

○ 주요 체육시설
  • 김일성경기장(1982), 삼지연스키장(1962), 평양체육관(1973), 남포체육촌(1974), 평양빙상관(1981), 평양볼링장(1994), 미림승마구락부(2013) 등

3) 국제경기대회 참가

○ 하계올림픽경기대회
  • 1972년 뮌헨올림픽경기대회에 첫 참가, 사격에서 첫 금메달 획득
○ 동계올림픽경기대회
  • 1964년 인스부르크 동계올림픽경기대회에 첫 출전
○ 아시아경기대회
  • 1974년 테헤란아시아경기대회에 첫 출전
○ 동계아시아경기대회
  • 1986년 삿포로동계아시아경기대회에 첫 출전

핵심용어 북한 / 체육정책 / 국가체육지도위원회 / 체육시설경기장 / 체육관 / 체육촌

2장 | 남북체육교류

1) 남북체육교류·협력의 이해

○ 남북체육교류·협력의 의의
  • 상호 이질성을 극복하고 민족공동체 형성에 기여
○ 남북체육교류·협력의 기능
  • 정치적 순기능
    - 상호 이해증진과 불신의 해소
    - 스포츠의 비정치적 특성
    - 관중을 통한 화해 분위기의 조성
  • 정치적 역기능
    - 정치적 계산에 의해 봉쇄
    - 선수나 관중을 통한 정치적 선전 공세
○ 남북체육교류·협력의 법·제도적 기반
  • 남북교류협력에 관한 법률(2010)

- 남북교류·협력을 위한 사업을 시행하는 자에게 보조금 지급, 필요한 지원
- 남북체육교류·협력 활성화 정책
  - 문화체육관광부와 통일부의 협력 하에 주도

2) 남북체육회담

○ 광복이후부터 1950년대까지의 남북체육회담
- '한국: 1국가 1국가올림픽위원회' 원칙, 북한: IOC 가입을 위한 방편으로 제안

○ 1960년대의 남북체육회담
- 도쿄올림픽경기대회의 단일팀 구성을 위한 회담
- 대화 없는 대결시대의 남북한 유일한 대화채널 기능
- 남북체육교류 태동의 역사적 의미

○ 1970년대부터 1980년대까지의 남북체육회담
- 남북 정부당국의 이해와 지원 부족으로 결렬

○ 1990년대의 남북체육회담
- 남북단일팀 구성 실현
  - 1991년 지바세계탁구선수권대회, 포르투갈 세계청소년축구선수권대회
- 인적교류가 가능한 '교류 있는 대화시대'의 개막

○ 2000년대의 남북체육회담
- 2000년 시드니올림픽대회 개회식에 남북한 동반 입장
- 2002년 부산아시아경기대회에 북한은 대규모 선수단과 응원단을 이끌고 참가했으며 개폐회식 때 동반 입장

3) 남북체육교류

○ 남북스포츠 친선교류
- 남북통일축구대회(1990)
- 남북통일농구대회(1999)
- 남북통일탁구대회(2000)
- 남북노동자축구대회(1999)
- 태권도시범경기(2002)
- 제주도 민족통일평화체육축전(2003)

> **핵심용어** 남북체육교류 / 남북체육회담 / 남북단일팀 / 지바세계탁구선수권대회 / 포르투갈 세계청소년축구대회 / 남북통일축구대회 / 남북통일농구대회 / 남북통일탁구대회 / 남북노동자축구대회 / 태권도시범경기 / 민족통일평화체육축전

한국체육사 문항이원출제표

문항 번호	출제 영역		문항 내용 차원	문항 행동 차원	문항 수준
	주요 항목	세부 항목			
1	체육사의 의미	체육사란 무엇인가	체육사의 이해	이해	중
2		체육사연구의 대상과 영역	체육의 개념	지식	중
3		체육사 관련 영역	체육사 영역	지식	하
4	선사·삼국시대	선사시대의 생활과 신체문화	선사시대 체육의 특징	이해	하
5		부족국가시대의 생활과 신체문화	부족국가시대의 놀이	지식	중
6		삼국시대의 민속스포츠와 오락	삼국시대의 놀이	지식	하
7		삼국시대의 사회와 교육	삼국시대 체육의 의미	이해	상
8		삼국시대의 무예	삼국시대의 신체활동	지식	중
9		삼국시대의 체육사상	삼국시대의 체육사상	이해	중
10	고려·조선시대	고려시대의 무예	무신정권과 무예	지식	중
11		고려시대의 민속스포츠와 오락	서민사회의 민속놀이 유형	지식	하
12		고려시대의 민속스포츠와 오락	서민사회의 민속놀이 이해	이해	상
13		조선시대의 사회와 교육	조선시대의 무과제도	이해	중
14		조선시대의 사회와 교육	조선시대의 무예시험 종류	지식	중
15		조선시대의 무예	무예의 이해	지식	하
16		조선시대의 무예	무예와 건강법	지식	중
17		조선시대의 무예	무예교육	지식	하
18	한국근·현대	개화기의 체육	학교체육의 내용	지식	하
19		개화기의 체육	학교체육의 이해	이해	상
20		개화기의 체육	학교체육의 특징	지식	하
21		개화기의 스포츠	운동회의 종목	지식	중

문항 번호	출제 영역		문항 내용 차원	문항 행동 차원	문항 수준
	주요 항목	세부 항목			
22		개화기의 스포츠	운동회의 특징	이해	중
23		개화기의 스포츠	스포츠의 도입상황	지식	중
24		개화기의 스포츠	체육단체의 종류	지식	하
25		개화기의 스포츠	체육단체의 이해	이해	상
26		개화기의 체육사상	체육의 의미	이해	상
27		일제강점기의 체육	학교체육의 이해	지식	중
28		일제강점기의 체육	학교체육의 내용	이해	상
29		일제강점기의 체육	학교체육의 종류	이해	중
30		일제강점기의 스포츠	스포츠의 도입상황	지식	중
31		일제강점기의 스포츠	스포츠의 도입상황	지식	하
32		일제강점기의 스포츠	YMCA 스포츠의 이해	이해	중
33		일제강점기의 스포츠	스포츠 활동의 내용	이해	하
34		일제강점기의 스포츠	스포츠인물의 이해	지식	하
35		일제강점기의 스포츠	스포츠인물의 이해	지식	중
36		일제강점기의 스포츠	스포츠단체의 이해	지식	하
37		일제강점기의 스포츠	스포츠대회의 이해	지식	중
38		광복 이후의 스포츠	올림픽대회 참가의 이해	지식	하
39		광복 이후의 스포츠	올림픽 금메달리스트	지식	하
40		광복 이후의 스포츠	스포츠정책의 이해	이해	중
41		광복 이후의 스포츠	태권도의 정식종목 채택	지식	중
42		광복 이후의 스포츠	스포츠단체의 이해	지식	하
43		광복 이후의 스포츠	아시아경기대회 첫 참가	지식	중
44		광복 이후의 체육	체육의 전개내용	이해	상
45		광복 이후의 체육	체육관련 법령의 이해	지식	중
46		광복 이후의 체육	체육학술단체의 이해	이해	상
47		광복 이후의 스포츠	스포츠정책의 내용	이해	중
48		광복 이후의 스포츠	남북체육교류의 내용	이해	중
49		광복 이후의 스포츠	남북스포츠의 교류	지식	중
50		광복 이후의 스포츠	남북스포츠의 교류	지식	중

한국체육사 출제예상문제

1. 다음 중 체육사의 이해에 대한 설명으로 적합한 것은?

〈보기〉
㉠ 과거의 체육적 사실에 대해 정확하게 설명하고 해석하는 것
㉡ 체육사 내용은 절대적이며 학자들에 따라 차이가 없다.
㉢ 체육과 스포츠를 역사적 방법으로 연구하는 학문
㉣ 체육사연구는 신체운동 자체와 신체운동에 관계되는 모든 현상에 관한 연구로 정의할 수 있다.

① ㉠-㉡-㉢
② ㉠-㉢-㉣
③ ㉡-㉢-㉣
④ ㉠-㉡-㉢-㉣

2. 우리나라에서 체육이라는 용어를 처음으로 사용한 사람은?

① 문일평
② 윤치호
③ 원응상
④ 유길준

3. 다음 중 전통체육의 범위에 포함되는 것은?

〈보기〉
㉠ 무사들의 무예
㉡ 귀족층의 사냥이나 유희
㉢ 서민층의 놀이와 오락
㉣ 야구, 축구, 농구와 같은 스포츠 활동

① ㉠-㉡-㉢
② ㉠-㉢-㉣
③ ㉡-㉢-㉣
④ ㉠-㉡-㉢-㉣

4. 다음 중 우리나라 선사시대·부족국가시대 체육의 특징이나 성격이 <u>아닌 것</u>은?
   ① 수렵활동
   ② 제천의식
   ③ 성인의식
   ④ 사회화 활동

5. 우리나라의 윷놀이는 동물과 연관되어 있는데 다음 중 그 연결이 <u>잘못 된 것</u>은? `무료동영상`
   ① 도-돼지
   ② 개-개
   ③ 걸-양
   ④ 윷-닭

6. 다음 중 삼국시대의 민속놀이가 <u>아닌 것</u>은?
   ① 각저
   ② 마상재
   ③ 격구
   ④ 활쏘기

7. 다음 중 신라 화랑도 체육의 역사적 의미가 <u>아닌 것</u>은?
   ① 심신일원론적 사상을 바탕으로 전인교육 지향
   ② 체육의 목적과 개념의 정립 및 인식 변화
   ③ 고대사회에서 체계적인 체육의 유형 존재
   ④ 체육활동을 통해 역동적인 국민성 함양

8. 다음 중 신라화랑도의 야외활동은 무엇인가?
   ① 검무
   ② 창술
   ③ 편력
   ④ 궁술

9. 다음 중 삼국시대의 체육사상이 <u>아닌 것</u>은? `무료동영상`
   ① 신체미의 숭배사상
   ② 심신이원론적 체육관
   ③ 국가주의적 체육사상
   ④ 불국토사상

10. 다음 중 고려시대 무인의 선발기준으로 삼은 무예는?
   ① 수박
   ② 궁술
   ③ 마술
   ④ 각저

11. 다음 중 고려시대 서민의 민속놀이가 **아닌 것**은?
   ① 방응
   ② 축국
   ③ 연날리기
   ④ 석전

12. 다음 중 고려시대 석전의 성격이 **아닌 것**은?
   ① 단오나 명절에 행한 민속놀이의 성격을 지닌 활동
   ② 풍년을 기원하는 성격을 지닌 활동
   ③ 왕이나 양반들에게 구경거리를 제공하는 성격을 지닌 활동
   ④ 군사훈련의 성격을 지닌 활동

13. 다음 중 조선시대 식년무과 시험의 나열이 올바른 것은?
   ① 초시-전시-복시
   ② 전시-초시-복시
   ③ 초시-복시-전시
   ④ 복시-초시-전시

14. 다음 중 조선시대 무과의 시취과목이 **아닌 것**은?
   ① 목전
   ② 기창
   ③ 수박
   ④ 격구

15. 활인심방을 필사하여 도인을 실시한 인물은?
   ① 이이
   ② 이황
   ③ 이순신
   ④ 유성룡

16. 다음 중 임진왜란 때 이순신장군에게 있어 활쏘기의 가치가 **아닌 것**은?
    ① 일본의 조총과 맞서 싸울 수 있는 무예
    ② 사회적 친교의 수단
    ③ 특정한 일과가 없을 때 공무 중에 실시
    ④ 장수들의 덕 함양과 평가의 수단

17. 다음 중 조선시대 정조 때 만들어진 무예서는?
    ① 무예제보
    ② 무예도보통지
    ③ 무예신보
    ④ 기효신서

18. 다음 중 개화기 각 학교에서 실시한 체조의 내용이 **아닌 것**은?
    ① 병식체조
    ② 유희
    ③ 도수체조
    ④ 보통체조

19. 다음의 보기 중 개화기 학교체육의 설명으로 올바른 내용은?

    〈보기〉
    ㉠ 원산학사는 무예반의 교육내용을 병서와 사격으로 구성했다.
    ㉡ 1895년 교육조서의 공포로 체조가 정식교과목으로 채택되었다.
    ㉢ 관립외국어학교에서는 체조를 정식교과목으로 채택했다.
    ㉣ 배재학당에는 체조를 정규과목으로 명시했다.

    ① ㉠-㉡
    ② ㉠-㉡-㉢
    ③ ㉠-㉡-㉣
    ④ ㉠-㉡-㉢-㉣

20. 국권회복운동의 수단으로 민족의식의 고취와 체력단련을 위해 체육을 실시한 학교는?
    ① 경신학교
    ② 원산학사
    ③ 배재학당
    ④ 대성학교

21. 다음 중 개화기 운동회의 종목이 <u>아닌 것</u>은?

　① 삼단뛰기　　　　　　② 300보 달리기
　③ 이인삼각　　　　　　④ 높이뛰기

22. 다음 중 개화기 운동회의 특징이 <u>아닌 것</u>은? [무료동영상]

　① 주민과 향촌의 축제성격을 갖고 공동체 의식을 강화하는 역할
　② 민족주의 운동의 성격을 갖고 애국심을 고취시키는 역할
　③ 사회체육의 발달을 촉진시키는 역할
　④ 스포츠를 체계적으로 발달시키는 역할

23. 다음 중 개화기에 도입된 스포츠는?

> 〈보기〉
> ㉠ 야구　　㉡ 유도　　㉢ 스키　　㉣ 탁구

　① ㉠-㉡　　　　　　　② ㉠-㉡-㉢
　③ ㉠-㉢-㉣　　　　　　④ ㉠-㉡-㉢-㉣

24. 다음 중 개화기 우리나라 최초의 체육단체는?

　① 대동체육구락부　　　② 대한체육구락부
　③ 무도기계체육부　　　④ 체조연구회

25. 다음의 설명에 해당되는 체육단체는?

> 병식체조의 개척자로서 우리나라 근대체육의 선구자였던 노백린이 병식체조 중심의 학교체육을 비판하며 체육의 올바른 이념 정립과 체육관련 정책의 올바른 개혁을 목표로 설립했다.

　① 대한국민체육회　　　② 회동구락부
　③ 청강체육부　　　　　④ 황성기독교청년회운동부

26. 다음 중 개화기 체육의 역사적 의미가 <u>아닌</u> 것은?
    ① 체육의 개념 및 가치에 대한 근대적 각성이 이루어짐
    ② 심신이원론의 사상이 강조
    ③ 교육체계 속에서 체육 위상의 정립
    ④ 근대적인 체육 및 스포츠문화의 창출

27. 조선총독부에서 각 학교의 체조교육을 통일시키기 위해 공포한 조치는?
    ① 학교체조교수요목 제정   ② 조선교육령
    ③ 학제개혁   ④ 교육조서

28. 다음 중 학교체조교수요목의 내용이 아닌 것은?
    ① 유희, 병식체조, 보통체조의 구분이 체조, 교련, 유희로 변경되었다.
    ② 학교교육 체계에서 체조가 선택화되었다.
    ③ 체조교육의 교수방법, 목적, 개념 등을 구체적으로 제시하였다.
    ④ 과외활동이나 일상생활 속에서 실시할 종목으로 야구, 수영 등이 소개되었다.

29. 다음의 그림 설명으로 적합한 것은?

    ① 스웨덴체조   ② 병식체조
    ③ 황국신민체조   ④ 대일본국민체조

30. 다음 중 일제강점기에 도입된 스포츠는?

　　　〈보기〉
　　　㉠ 럭비　　㉡ 자전거　　㉢ 스키　　㉣ 역도

① ㉠-㉡-㉢-㉣　　　② ㉠-㉡-㉢
③ ㉠-㉢-㉣　　　　④ ㉡-㉢

31. 다음 스포츠 중 일본유학 출신자인 서상천 등에 의해 도입된 스포츠는?

① 농구　　　② 수영
③ 역도　　　④ 골프

32. 일제강점기 YMCA가 한국체육에 미친 영향이 <u>아닌</u> 것은?

① 스포츠문화의 선진화 도모　　② 야구, 농구, 배구 등의 스포츠 도입
③ 스포츠 붐 조성의 역할　　　　④ 스포츠지도자의 배출에 기여

33. 다음 중 일제강점기에 민족주의적 체육활동에 해당되지 <u>않는</u> 것은?

① YMCA의 스포츠운동　　② 전통스포츠의 보존운동
③ 체육과 스포츠의 교련화　　④ 운동경기를 통한 저항운동

34. 다음 중 1936년 베를린올림픽대회에서 금메달을 획득한 인물은? [무료동영상]

① 남승룡　　　② 권태하
③ 김은배　　　④ 손기정

35. 다음 중 일장기 말살사건을 일으킨 인물은?

① 송진우　　　② 이길용
③ 장덕수　　　④ 김성수

36. 오늘날 대한체육회의 전신으로서 일제강점기에 설립된 체육단체는?
   ① 관서체육회
   ② 조선체육진흥회
   ③ 조선체육회
   ④ 조선체육협회

37. 다음 중 오늘날 전국체육대회의 효시가 되는 대회는?
   ① 제1회 전 조선축구대회
   ② 제1회 전 조선야구대회
   ③ 제1회 전 조선종합경기대회
   ④ 제1회 전 조선육상경기대회

38. 다음 중 처음으로 KOREA라는 명칭으로 태극기를 들고 참가한 하계올림픽대회는?
   ① 1960년 로마올림픽대회
   ② 1956년 멜버른올림픽대회
   ③ 1952년 헬싱키올림픽대회
   ④ 1948년 런던올림픽대회

39. 광복이후 대한민국 최초의 금메달리스트는?
   ① 김성집
   ② 하형주
   ③ 양정모
   ④ 서윤복

40. 그림과 같이 남북한이 올림픽 개막식에서 처음으로 동시에 입장한 대회는?

   ① 1996년 애틀랜타올림픽대회
   ② 2000년 시드니올림픽대회
   ③ 2004년 아테네올림픽대회
   ④ 2008년 베이징올림픽대회

41. 대한민국의 국기인 태권도가 정식종목이 된 하계올림픽대회는? [무료동영상]

① 1988년 서울올림픽대회
② 1992년 바르셀로나올림픽대회
③ 1996년 애틀랜타올림픽대회
④ 2000년 시드니올림픽대회

42. 체육재정의 후원자로 국민체육진흥을 위한 사업을 수행하기 위하여 설립된 체육단체는?

① 대한체육회
② 국민생활체육회
③ 국민체육진흥공단
④ 대한올림픽위원회

43. 다음 중 우리나라가 하계 아시아경기대회에 처음으로 참가한 대회는?

① 제1회 뉴델리대회
② 제2회 마닐라대회
③ 제3회 도쿄대회
④ 제4회 자카르타대회

44. 광복이후 우리나라 체육의 전개내용 중 맞는 내용은?

<보기>
㉠ 1947년 조선올림픽위원회는 국제올림픽위원회에 가입되었다.
㉡ 1950년 보스턴마라톤대회에서 서윤복 선수가 우승했다.
㉢ 1966년 태릉선수촌이 완공되었다.
㉣ 우리나라의 프로야구(1982), 프로축구(1983), 프로씨름(1984) 등 프로스포츠 시대가 열렸다.

① ㉠
② ㉠-㉢
③ ㉠-㉡-㉢
④ ㉠-㉡-㉢-㉣

45. 다음 중 우리나라에서 처음으로 만들어진 체육관련 법은?

① 학교체육진흥법
② 스포츠산업진흥법
③ 국민체육진흥법
④ 전통무예진흥법

46. 다음의 설명에 맞는 체육단체는?

> 1953년 10월 19일 자유 민주국가의 체육 사조를 수용하여 체육의 학문적 발전을 위해 설립되었다.

① 한국체육학회 ② 한국여성체육학회
③ 한국체육과학연구원 ④ 한국체육진흥원

47. 다음 중 제5공화국이 엘리트스포츠에 사활을 걸고 투자한 이유가 <u>아닌 것</u>은?

① 국위선양 ② 사회의 민주화
③ 체제의 우월성 ④ 업적주의

48. 다음 중 남북체육교류의 순기능이 <u>아닌 것</u>은?

① 상호 이해증진과 불신의 해소 ② 남북관계 개선에 이바지
③ 관중을 통한 화해 분위기 조성 ④ 선수나 관중을 통한 정치적 선전

49. 남북단일팀이 구성되어 처음으로 참가한 국제대회는?

① 제41회 지바세계탁구선수권대회
② 제6회 세계청소년축구선수권대회
③ 제11회 베이징아시아경기대회
④ 제14회 부산아시아경기대회

50. 다음 중 남북스포츠 친선교류대회가 <u>아닌 것</u>은?

① 남북통일축구대회 ② 남북통일농구대회
③ 남북통일배구대회 ④ 남북통일탁구대회

한국체육사 출제예상문제 정답 및 해설

문항	정답	해설
1	②	체육사는 과거의 체육적 사실에 대해 정확하게 설명하고 해석하는 것으로서 역사적 방법으로 연구하는 학문이다. 특히 체육사는 신체운동 자체와 신체운동에 관계되는 모든 현상에 관한 연구로 정의할 수 있다.
2	③	'체육'이라는 명칭은 1897년 재일한국인유학생의 친목회회보에 "교육에 대한 국민의 애국 상상"이라는 글에서 원응상이 체육론을 주장하면서 처음으로 나왔다.
3	①	야구, 축구, 농구와 같은 스포츠 활동은 전통체육이 아니라 서구에서 체계를 갖춘 근대체육에 해당된다.
4	④	선사 및 부족국가시대 체육은 수렵활동, 제천의식, 성인의식, 주술행위 등의 성격을 가지고 있었다. 사회화 활동은 근대 이후에 나타난다.
5	④	윷놀이의 윷은 소를 의미한다.
6	④	활쏘기는 삼국시대의 민속놀이가 아니라 무예에 해당된다.
7	②	신라 화랑도의 체육에는 아직 체육의 목적과 개념의 정립, 인식변화가 없었다.
8	③	신라 화랑도의 검무, 창술, 궁술 등은 신체활동이고 편력은 야외활동으로 행해졌다.
9	②	삼국시대의 체육사상은 심신일원론적 체육관이었다.
10	①	고려시대에는 무인을 선발할 때 수박의 능력을 인재선발의 기준으로 하였다.
11	①	방응은 고려시대 귀족의 민속놀이였다.
12	②	고려시대 석전은 풍년을 기원하는 활동이 아니었다.
13	③	조선시대 무과제도의 식년무과는 초시-복시-전시의 3단계 시험으로 되어 있었다.
14	③	조선시대 무과의 시취과목은 초시에 목전, 기창, 격구 등이 있었고 수박은 시취과목에 포함되지 않았다.
15	②	퇴계 이황은 명나라의 "활인심"을 필사해 "활인심방"을 만들어 도인을 실시하였다.
16	③	임진왜란 때 이순신 장군에게 활쏘기는 특정한 일과가 없을 때 모든 공무를 마친 후에 행하였다.
17	②	조선시대 정조 때 만들어진 무예서는 무예도보통지이다. 무예제보는 선조, 무예신보는 사도세자, 기효신서는 명나라의 척계강이 만들었다.

문항	정답	해설
18	③	개화기 때 학교에서 실시한 체조는 병식체조, 유희, 보통체조이며, 도수체조는 실시되지 않았다.
19	①	개화기 학교체육의 내용을 보면 관립외국어학교와 배재학당에서는 체조를 정식이나 정규과목으로 채택하지 않았다.
20	④	경신학교와 배재학당은 선교를 목적으로 설립된 미션스쿨이며, 원산학사는 젊은이들에게 신지식의 교육을 통해 인재를 육성하고 외국의 도전에 대응하기 위해 설립되었다. 대성학교는 국권회복과 국난극복을 위해 설립되어 민족정신의 고취와 체력단련을 강조하였다.
21	①	삼단뛰기는 우리나라 운동회 종목이 아니라 일본의 운동회 종목이다.
22	④	스포츠를 체계적으로 발달시키는 역할은 개화기가 아니라 광복이후부터라고 할 수 있다.
23	①	야구와 유도는 개화기에 도입되었고, 스키와 탁구는 일제강점기에 도입되었다.
24	②	대동체육구락부는 1908년, 대한체육구락부는 1906년, 무도기계체육부는 1908년, 체조연구회는 1909년에 설립되었다.
25	①	우리나라 근대체육의 선구자라고 할 수 있는 노백린이 설립한 단체는 대한국민체육회이다.
26	②	개화기 체육은 심신일원론의 사상이 강조되었다.
27	①	조선총독부에서는 각 학교의 체조교육을 통일시키기 위한 조치로서 학교체조교수요목을 제정하였다.
28	②	학교체조교수요목의 내용을 보면 체조를 선택이 아닌 필수화하였다.
29	③	황국신민체조는 남녀학생들이 목검을 가지고 하였다.
30	③	자전거는 개화기에 도입되었고 럭비, 스키, 탁구는 일제강점기에 도입되었다.
31	③	농구는 외국인선교사, 정구와 골프는 일본인에 의해 도입되었는데, 역도는 일본체육회 체조학교를 졸업한 서상천 등에 의해 도입되었다.
32	①	일제강점기에 YMCA는 스포츠의 도입, 스포츠 붐 조성의 역할, 스포츠지도자의 배출 등 한국스포츠의 발전에 많은 영향을 미쳤다. 그러나 스포츠문화의 선진화를 도모한 것은 아니었다.
33	③	체육과 스포츠의 교련화는 민족주의 체육활동이 아니라 조선총독부가 우리민족을 통제하기 위한 수단으로 활용한 것이었다.
34	④	1936년 베를린올림픽대회에서 금메달을 획득한 선수는 손기정이다. 김은배와 권태하는 1932년 로스앤젤레스올림픽대회에 출전하였고, 남승룡은 1936년 베를린올림픽대회에서 동메달을 획득하였다.
35	②	1936년 베를린올림픽대회 우승 후 시상대 서 있는 손기정 가슴의 일장기를 말살한 사람은 당시 동아일보 기자였던 이길용이었다.

문항	정답	해설
36	③	조선체육회는 일본유학출신자, 국내운동가, 동아일보사의 후원으로 1920년 7월에 설립된 우리민족의 체육단체이다. 1938년 일제에 의해 강제로 해산된 후 1945년 광복을 맞이해 부활되었으며, 1948년 대한민국 정부가 수립되고 나서 대한체육회로 명칭이 바뀌어 현재에 이르고 있다.
37	②	제1회 전 조선야구대회는 조선체육회가 설립된 후 처음으로 한 사업이다. 그래서 이 대회는 오늘날 전국체육대회 제1회 대회로 하고 있으며 그 효시가 되고 있다.
38	④	1948년 런던올림픽대회는 대한민국 정부가 수립되기 직전에 참가한 대회였으나 처음으로 'KOREA'라는 명칭으로 태극기를 들고 참가하였다.
39	③	광복이후 양정모는 1976년 몬트리올올림픽대회 레슬링에서 대한민국 역사상 처음으로 금메달을 획득하였다.
40	②	2000년 시드니올림픽대회에서는 남북한이 처음으로 개막식에 동시입장하였다.
41	④	태권도는 1988년 서울올림픽대회 때 시범종목으로 채택된 후 1996년 애틀랜타올림픽대회까지 이어져오다가 2000년 시드니올림픽대회 때 정식종목으로 채택되었다.
42	③	국민체육진흥공단은 우리나라 체육재정의 든든한 후원자로 서울올림픽을 기념하고 국민체육진흥을 위한 사업을 수행하기 위해 설립되었다.
43	②	하계아시아경기대회 때 우리나라는 6.25전쟁으로 제1회 뉴델리대회는 참가하지 못했고 제2회 마닐라대회 때 처음으로 참가하였다.
44	②	서윤복 선수는 1947년 보스턴마라톤대회에서 우승하였으며, 프로씨름은 1983년에 시작되었다.
45	③	국민체육진흥법은 1962년 9월 제장, 공포된 우리나라의 첫 체육관련 법규이다.
46	①	한국체육학회는 전 세계 자유국가로부터 새로운 체육 사조를 수용하여 체육에 관한 학술 및 실제를 연구하고 체육문화의 향상 발전에 기여하고자 설립되었다.
47	②	제5공화국은 엘리트스포츠의 발전을 위해 국위선양, 체제의 우월성, 업적주의, 국민통합에 역점을 두었고 사회의 민주화는 도모하지 않았다.
48	④	남북체육교류에서 선수나 관중을 통한 정치적 선전은 순기능이 아닌 역기능이다.
49	①	남북단일팀이 처음으로 구성되어 참가한 국제대회는 1991년 4월 제41회 지바세계탁구선수권대회이다.
50	③	남북스포츠 친선교류대회에서 남북통일배구대회는 개최되지 않았다.

한국체육사 실전모의고사

1. 1895년 고종이 공포한 교육입국조서의 내용 중 오늘날 체육에 해당하는 용어는?

    가. 양생
    나. 체조
    다. 체양
    라. 체육

2. 다음의 〈보기〉에서 설명하고 있는 체육단체는?

    〈보기〉
    1920년 7월 13일 일본유학생, 국내체육인, 동아일보사의 후원으로 조선스포츠계를 대표하는 체육단체가 설립되었다.

    가. 조선체육협회
    나. 조선체육회
    다. 조선체육연구회
    라. 조선체육진흥회

3. 선사 및 부족국가시대의 축제로서 행해진 제천의식의 연결이 올바르지 <u>않은</u> 것은?

    가. 부여-영고
    나. 동예-무천
    다. 고구려-동맹
    라. 마한-가배

4. 고구려의 대표적인 무예가 <u>아닌</u> 것은?

    가. 궁술
    나. 기마술
    다. 각저
    라. 편력

5. 다음의 〈보기〉에서 설면하고 있는 고려시대의 무예는?

   〈보기〉
   고려시대 무인들에게 적극 권장되었으며 명종 때에는 서로 겨루게 하여 승자에게 벼슬을 주었다. 고려의 인재등용을 위해 무과가 설치되기 이전 특별채용 형식으로 무인을 등용했다.

   가. 마술 나. 궁술
   다. 수박 라. 방응

6. 페르시아의 폴로에서 유래되었으며 군사훈련의 수단과 귀족의 오락 및 여가활동으로 행해진 무예는?

   가. 격구 나. 마상재
   다. 투호 라. 추천

7. 조선후기의 『동국세시기』에 따르면 최영장군이 탐라를 토벌할 때 생겨 나라의 풍속으로 지금까지 행해지고 있는 민속놀이는?

   가. 씨름 나. 연날리기
   다. 죽마 라. 저포

8. 다음 중 석전의 기원설에 해당되지 <u>않는</u> 것은?

   가. 자연발생설 나. 성년의식설
   다. 농경의례설 라. 모의전쟁설

9. 퇴계 이황의 투호에 대한 인식이 <u>아닌</u> 것은?

   가. 부드러움과 엄함 나. 오만하지 않음
   다. 승부에 매달림 라. 남자로서의 태도

10. 일제강점기 민족주의적 체육운동의 결실이 <u>아닌</u> 것은?

    가. 근대스포츠의 보급과 확산 나. 민중스포츠의 쇠퇴
    다. 민속스포츠의 계승발전 라. 체육의 민족주의적 경향 강화

11. 광복 이후 한국에서 최초로 체육학과가 만들어진 대학은?
   가. 이화여자대학교	나. 서울대학교
   다. 경희대학교	라. 중앙대학교

12. 광복 이후 민군정기 때 체육교과목의 명칭은?
   가. 체육	나. 체육·보건
   다. 체조·보건	라. 보건

13. 박정희정권 등장 이후 각종 체육제도가 정비되었는데 그 중에서 대표적인 제도에 해당되지 <u>않는</u> 것은?
   가. 학교보건법	나. 학교교과목 정비
   다. 체력장제도	라. 학교신체검사법

14. 박정희정권기 학교 및 사회체육의 발전을 위한 기반조성에 해당되지 <u>않는</u> 것은?
   가. 국민재건체조 제정	나. 체육주간 제정
   다. 체육의 날 제정	라. 학교체육진흥법 제정

15. 제51회 보스턴마라톤대회에서 우승한 인물로서 한국의 스포츠영웅에 선정된 사람은?
   가. 서윤복	나. 함기용
   다. 남승룡	라. 최윤칠

16. 1980년대 한국의 스포츠운동이 성공을 거둔 배경이 <u>아닌</u> 것은?
   가. 정부의 체육·스포츠진흥 정책
   나. 대중스포츠의 발달
   다. 경제적 성장과 사회적 변화
   라. 정치권력의 영향

17. 광복 이후의 한국의 체육사상에 해당되지 않는 것은?
   가. 건민주의				나. 국가주의
   다. 신자유주의				라. 엘리트주의

18. 광복 이후 한국이 처음으로 참가한 동계올림픽대회는?
   가. 생모리츠대회			나. 삿포로대회
   다. 캘거리대회			라. 사라예보대회

19. 한국과 북한이 남자축구에서 공동우승한 아시아경기대회는?
   가. 제3회 도쿄대회			나. 제4회 자카르타대회
   다. 제7회 테헤란대회			라. 제8회 방콕대회

20. 2018년 동계올림픽대회가 개최되는 도시는?
   가. 잘츠부르크			나. 평창
   다. 뮌헨				라. 안시

한국체육사 실전모의고사 정답 및 해설

01. 정답: 다
고종은 1895년 교육입국조서를 공포했는데 종래 유교 중심의 교육을 지양하고 덕양, 체양, 지양에 힘쓰고 실용적인 교육을 강화하도록 했다.

02. 정답: 나
현재 대한체육회의 전신으로서 일제강점기인 1920년 7월 조선스포츠계를 대표하는 단체로서 조선체육회가 설립되었다.

03. 정답: 라
마한은 제천의식으로서 10월제를 했으며 가배는 신라에서 행했다.

04. 정답: 라
편력은 신라 화랑도의 교육과정에 편성되었던 일종의 야외교육 활동이었다.

05. 정답: 다
고려시대의 수박은 인재를 선발하는데 중요한 수단이었다.

06. 정답: 가
격구는 페르시아 폴로에서 유래되었으며 고려시대에 군사훈련의 수단, 귀족의 오락 및 여가활동으로서 성행했다.

07. 정답: 나
연날리기는 동국세시기에 최영 장군이 탐라를 토벌할 때 생겨 지금에 이르고 있는데 삼국시대에서 고려시대로 전승된 것으로 판단된다.

08. 정답: 나
석전의 기원에 대해서는 여러 설이 있는데 그중에서 대표적인 것이 자연발생설, 모의전쟁설, 농경의례설이다. 성년의식설은 석전의 기원에 해당되지 않는다.

09. 정답: 다
퇴계 이황은 투호를 부드러움과 엄함, 오만하지 않음, 승부의 초연함, 남자로서의 태도 등 모든 덕목이 갖추어진 경쟁의 요소를 지닌 것으로 인식했다.

10. 정답: 나
일제강점기 민족주의적 체육운동의 결실로는 근대스포츠의 보급과 확산, 민족스포츠의 계승 발전, 민중스포츠의 발달, 체육의 민족주의적 경향 강화를 들 수 있다.

번호	정답	해설
11	가	광복이후 한국에서 최초로 체육학과가 만들어진 대학은 1945년 이화여자대학교이다. 서울대학교는 1946년, 경희대학교는 1949년, 중앙대학교는 1960년이다.
12	나	광복이후 미군정기인 1946년 체육교과목의 명칭은 체육·보건이었다.
13	나	박정희정권이 들어서면서 각종 학교체육제도가 정비되었는데 학교보건법, 학교신체검사법, 체력장제도, 학교체육시설 설비기준령 등이었으며 학교과과목의 정비는 여기에 해당되지 않는다.
14	라	박정희정권은 1961년 체력은 국력이라는 슬로건 아래 국민재건체조 제정, 국민체육진흥법 공포, 체육의 날 제정, 체육주간 제정 등을 실시하였다. 학교체육진흥법은 2013년 3월에 공포되었다.
15	가	서윤복은 1947년 제51회 보스턴마라톤대회에서 우승했으며 2014년 한국 스포츠영웅에 선정되었다.
16	나	1980년대 한국의 스포츠운동이 성공을 거둔 배경은 정부의 체육·스포츠진흥정책, 경제적 성장과 사회적 변화, 정치권력의 영향에 의해서였다. 대중스포츠의 발달은 1990년대에 들어와서이다.
17	다	광복 이후 한국의 체육사상은 건민주의(건민사상), 국가주의, 엘리트주의였으며 신자유주의는 여기에 해당되지 않는다.
18	가	광복 이후 한국이 처음으로 참가한 동계올림픽대회는 1948년에 개최된 스위스의 생모리츠대회였다.
19	라	한국이 아시아경기대회 남자축구에서 북한과 공동 우승한 대회는 1978년 제8회 방콕대회였다.
20	나	2018년 동계올림픽대회는 2011년 남아프리카공화국 더반에서 열린 IOC총회에서 평창이 뮌헨과 안시를 제치고 개최지로 선정되었다. 잘츠부르크는 2010년과 2014년 동계올림픽대회의 유치를 위해 입후보했으나 떨어졌다.

스포츠지도사
자격검정대비 **적중핵심문제집**

특수체육론 — 2016년 기출문제 분석

출제기준

주요 항목	세부 항목
1. 특수체육의 개요	1. 특수체육의 의미
	2. 특수체육에서 사용하는 사정과 특정도구
	3. 특수체육 지도전략
2. 장애유형별 체육지도 전략	1. 지적장애, 정서장애, 자폐성장애 등의 특성과 지도 전략
	2. 시각장애 특성과 지도 전략
	3. 청각장애 특성과 지도 전략
	4. 지체장애, 뇌병변장애의 특성과 지도 전략

[2급 장애인스포츠지도사]

1. '대한장애인체육회'를 명문화하고 체육지도자의 한 분야로 '장애인스포츠지도사'를 규정하고 있는 것은?

① 장애인복지법
② 장애인 차별 금지 및 권리 구제 등에 관한 법률
③ 국민체육진흥법
④ 체육시설의 설치 이용에 관한 법률

정답	③	난이도	보통
출제영역	특수체육의 의미		
해설	대한장애인체육회는 지난 2005년 '국민체육진흥법' 개정과 함께 보건복지부에서 문화체육관광부 산하로 이관되며 창립되었다. 또한 '국민체육진흥법' 개정을 통하여 2015년 1월부터 체육지도자 자격검정에서 장애인스포츠지도사 1·2급 자격시험을 통하여 국가자격을 부여하고 있다.		

2. 장애를 개념화하는 접근 모델 중 사회적/교육적 모델에 관한 설명으로 옳은 것은?

① 장애인을 병리 현상에 따라 분류하고 신체활동을 재활의 도구로 간주한다.
② 장애인을 체육서비스의 수동적 수혜자로 간주한다.
③ 장애인의 문제를 검사, 진단하고 치료에 초점을 맞춘다.
④ 장애인의 개인차를 존중하며 스스로가 장애조건을 변화시키는 주체로 간주한다.

정답	④	난이도	어려움
출제영역	특수체육의 의미		
해설	장애인의 심동적, 인지적, 정의적 영역에서 사회적/교육적 모델은 정의적 영역으로써 좌절, 부적절한 자아상, 동기유발 부족 등의 사회 교육적 문제점들이 발생하는 경향이 있다. 따라서 신체활동을 통하여 재활이 아닌 신체적, 사회적인 향상을 이끌어 내야하고, 능동적으로 신체활동에 참여하여야 한다.		

3. 특수체육의 정의적 영역의 목표에 해당하는 것은?

① 기본적인 운동기술과 운동양식을 배운다.
② 신체활동의 참여를 통해 자아개념과 신체상을 강화한다.
③ 심폐지구력을 기른다.
④ 게임, 스포츠, 댄스 등에 참여하기 위해 필요한 운동기술을 숙달한다.

정답	②	난이도	보통
출제영역	특수체육의 의미		
해설	특수체육의 심동적 영역 – 건강 및 운동관련 체력; 인지적 영역 – 지식(게임의 규칙, 전략 등)과 관련; 정의적 영역 – 정신적인 면(긍정적 자아개념, 사회성, 흥미 등)과 관련		

4. 사정(assessment)에 관한 설명으로 옳은 것은?

① 배치, 프로그램 계획 등에 관한 의사결정을 목적으로 한 자료 수집과 해석의 과정이다.
② 체계적인 관찰과 특정 도구 혹은 절차를 이용하여 자료를 수집하는 과정이다.
③ 미리 설정된 표준과 비교하여 측정치의 결과를 해석하는 과정이다.
④ 간단한 평가를 통하여 심화평가 의뢰 여부를 결정하는 과정이다.

정답	①	난이도	어려움
출제영역	특수체육에서 사용하는 사정과 측정도구		
해설	②: 측정(measurement) ③: 평가(evaluation) ④: 선별(screening)		

5. 〈보기〉에서 설명되고 있는 이동기술은?

> 〈보기〉
> - 앞발을 내디딘 후 뒷발을 앞발 뒤꿈치에 가깝게 내딛는다.
> - 어느 쪽 발로 시작해도 무방하다.
> - 두 발이 동시에 땅에서 떨어지는 순간이 있다.
> - 양팔을 구부려 허리 높이로 들어 올린다.

① 홉(hop)
② 달리기(run)
③ 갤럽(gallop)
④ 슬라이드(slide)

정답 및 해설	정답	③		난이도	보통
	출제영역	특수체육에서 사용하는 사정과 측정도구			
	해설	위의 보기에서 설명하는 이동기술은 TGMD-2의 검사 매뉴얼 중 이동 능력의 세부검사 항목의 갤럽을 설명하고 있다.			

6. 과제분석에 대한 설명으로 옳은 것은?

① 장애인의 개인차를 고려하여 교육내용을 변형하고 학습활동을 계획하는 활동이다.
② 특정 과제를 지도하기 위해 과제를 세부적으로 나누는 활동이다.
③ 서로 다른 학습과제를 연습하도록 수업환경을 조직하는 활동이다.
④ 수행능력과 목표행동의 두 요소를 명확히 진술하는 활동이다.

정답 및 해설	정답	②		난이도	어려움
	출제영역	특수체육에서 사용하는 사정과 측정도구			
	해설	①, ④: 개별화교육계획(IEP); ③: 순환학습, 과제식 수업 또는 스테이션 수업			

7. 쉐릴(C. Sherrill)이 제시한 적응이론(adaptation theory)에 관한 설명으로 옳지 않은 것은?

① 지도와 학습을 통하여 지도자와 학습자 모두가 발전적으로 변화한다.
② 과제, 환경, 사람 변인 간의 상호작용을 강조하는 생태학적 과제 분석과 밀접한 관련성이 있다.
③ 적응 과정은 지도자 주도의 직접지도 과정이다.
④ 적응은 개인의 요구에 따라 다양한 변인을 조정하고 변경하는 것을 의미하므로 개별화의 과정이다.

정답	①	난이도	어려움
출제영역	특수체육 지도전략		
해설	쉐릴의 적응이론에서는 지도자의 발전이 아닌 학습자의 발전을 통한 긍정적 변화에 중점을 두고 있다.		

8. 〈보기〉에서 김 선생님이 사용하고 있는 행동수정 기법은?

〈보기〉

장애인스포츠지도사인 김 선생님은 인라인스케이트를 좋아하는 철수에게 줄넘기를 지도하고 있다. 줄넘기에 흥미가 없는 철수에게 김 선생님은 줄넘기를 10분간 연습하면 인라인스케이트를 20분 탈 수 있다고 약속하였다.

① 반응대가(response cost)
② 토큰 경제 강화(token economy reinforcement)
③ 프리맥 원리(Premack principle)
④ 타임 아웃(time-out)

정답	③	난이도	어려움
출제영역	특수체육 지도전략		
해설	① 반응대가는 벌에 해당하는 강화로서 부적절한 행동으로 인하여 강화제를 상실하는 형태이다(예: 점수상실); ② 토큰 강화는 상에 해당하는 강화로서 긍정적인 행동 시 스티커를 주는 경우		

9. 운동발달 단계를 순서대로 바르게 연결한 것은?

① 반사/반응 행동 → 감각운동반응 → 운동양식 → 운동기술
② 감각운동반응 → 운동기술 → 운동양식 → 반사/반응 행동
③ 운동기술 → 운동양식 → 반사/반응행동 → 감각운동반응
④ 운동양식 → 반사/반응 행동 → 운동기술 → 감각운동반응

정답	①	난이도	보통
출제영역	지적장애 · 정서장애 · 자폐성 장애 등의 특성과 지도 전략		
해설	운동발달에는 개인차는 존재하지만 일정한 순서가 있다. 즉, 반사/반응행동 - 시·청각 등의 발달로 이루어지는 감각운동반응 - 운동양식 - 운동기술 순으로 발달이 이루어진다.		

10. 〈보기〉에서 설명하고 있는 반사는?

> 〈보기〉
> - 이 반사는 비장애아에게도 일정기간 존재하고, 대뇌피질이 발달되면 통합되어 억제된다.
> - 이 반사는 적절한 시기에 나타나지 않거나 통합 되지 않으면 뇌의 발달에 문제가 있음을 의미한다.
> - 뇌성마비 장애인에게는 이 반사가 평생 동안 남아 있을 수 있다.

① 신전반사
② 운동반사
③ 원시반사
④ 자유반사

정답	③	난이도	보통
출제영역	지체장애·뇌병변장애의 특성과 지도전략		
해설	①: 골격근을 지속적으로 신장하면 그 신장에 저항하듯 신장된 근육에 반사적으로 수축이 일어나 긴장이 고조되는 현상		

11. 장애인 신체활동 지도 시 부상 예방을 위한 설명으로 옳지 <u>않은</u> 것은?

① 환축추성 불안정(atlantoaxial instability) 상태를 보이는 다운증후군 지적장애인에게 머리와 목의 근육에 충격을 줄 수 있는 운동은 위험하다.
② 뇌성마비 장애인을 가죽 끈 등으로 휠체어에 고정시키는 것(strapping)은 안전과 운동수행력의 향상을 저해하기 때문에 위험하다.
③ 녹내장이 있는 시각장애인에게 역도와 같은 폭발적 파워 운동은 위험하다.
④ 망막박리가 있는 시각장애인에게 충돌이나 접촉성 운동은 위험하다.

정답	②	난이도	쉬움
출제영역	지체장애·뇌병변장애의 특성과 지도전략		
해설	뇌성마비 장애인들 중 필요시 보조구를 이용하여 머리, 골반, 발, 다리, 허리 등에 지지대를 설치하면 보다 효과적으로 신체활동에 참여할 수 있다.		

12. 통합(inclusion)에 관한 설명으로 옳지 않은 것은?

① 통합은 장애인과 비장애인의 상호 이해의 계기를 제공한다.
② 비장애인과 함께 신체활동에 참여하면 장애인은 사회성 기술을 발전시킬 수 없게 된다.
③ 통합은 법적 강제 사안은 아니다.
④ 통합 환경에서 비장애인의 올바른 운동기술 수행은 장애인에게 훌륭한 모델이 될 수 있다.

정답 및 해설	정답	②	난이도	쉬움
	출제영역	특수체육의 의미		
	해설	장애인은 비장애인과 함께 참여하는 신체활동 즉, 통합체육을 통하여 사회성 기술을 향상시킬 수 있다.		

13. 지적장애인의 인지적 특성을 고려한 스포츠지도 방법에 관한 설명으로 옳지 않은 것은?

① 사용할 수 있는 어휘가 한정되어 있으므로 간단하고 명료한 단어를 사용한다.
② 단기 기억력이 좋지 않으므로 다양한 규칙이 있는 스포츠를 지도한다.
③ 학습한 운동 기술의 일반화 수준이 낮으므로 운동기술을 다양한 환경에서 독립적으로 경험하게 한다.
④ 주의집중에 어려움이 있으므로 관련성 있는 단 서에만 집중하게 한다.

정답 및 해설	정답	②	난이도	보통
	출제영역	지적장애·정서장애·자폐성 장애 등의 특성과 지도 전략		
	해설	단기 기억력이 낮은 지적장애인들에게 스포츠 지도지 복잡한 규칙으로 이루어지는 스포츠 활동보다 단순한 규칙이 적용되는 스포츠 활동(수영, 육상 등)을 통하여 신체 및 운동능력 향상과 호기심 유발 후 점차적으로 규칙이 적용되는 스포츠 활동이 권장된다.		

14. 자폐성 장애인이 특정 행동이나 동작을 습관적으로 반복하는 행동은?

① 일상행동
② 돌출행동
③ 상동행동
④ 진단행동

정답	③	난이도	보통
출제영역	지적장애·정서장애·자폐성 장애 등의 특성과 지도 전략		
해설	상동행동이란 같은 행동을 일정시간 반복하는 행동으로서 상체를 전후로 크게 흔들거나, 손을 되풀이해서 상하로 흔들거나 하는 동일행위를 계속적으로 반복하는 것이다.		

15. 시각장애인의 스포츠 활동 방법에 대한 설명으로 옳지 <u>않은</u> 것은?

① 레슬링: 서로 떨어지지 않고 상대 선수를 붙잡은 상태로 경기한다.
② 볼링: 핸드 가이드 레일을 이용할 수 있다.
③ 2인용 자전거타기: 시각장애인이 앞자리에 앉고 비장애인이 뒷자리에 앉아 방향 조정을 돕는다.
④ 양궁: 음향신호, 점자 방향 지시기, 발 위치 표시기 등을 사용할 수 있다.

정답	③	난이도	쉬움
출제영역	시각장애 특성과 지도전략		
해설	시각장애인의 2인용 자전거(텐덤사이클) 조정 시 비장애인이 앞자리에 앉아 방향조정을 돕는다.		

16. 청각장애인의 스포츠 활동 지도법에 대한 설명으로 옳지 <u>않은</u> 것은?

① 대화할 때 항상 시선을 맞추고 대화한다.
② 필요하면 대화를 위해 필기도구를 준비한다.
③ 청각장애인이 명확히 이해하고 있는 수신호만을 이용한다.
④ 통역사를 보고 청각장애인에게 질문한다.

정답	④	난이도	쉬움
출제영역	청각장애 특성과 지도전략		
해설	청각장애인 지도 시 지도자는 스포츠에 참여하는 청각장애인을 보고 질문을 하여야 한다.		

17. 국제 뇌성마비 스포츠 레크리에이션 협회(CP-ISRA)에서는 뇌성마비 장애인스포츠 등급을 몇 개로 구분하는가?

① 2개
② 4개
③ 6개
④ 8개

정답	④	난이도	보통
출제영역	지체장애·뇌병변장애의 특성과 지도전략		
해설	CP-ISRA등급은 총 8단계(Class 1 ~ 8)로 구분하고 있으며 1단계 사지 경련이 심한 중증 사지마비부터 8단계 최소 사지마비까지 포함되어 있다.		

18. 척수장애인의 체육활동 시 고려요인으로 옳지 <u>않은</u> 것은?

① 수영을 포함한 모든 활동에서 안전을 위해 브레이스를 착용하게 한다.
② 자세를 자주 바꾸고 수분 흡수가 가능한 의복을 착용하게 하여 욕창에 대처한다.
③ 너무 춥거나 더운 환경에서 운동을 하지 않도록 하여 온도변화에 대처한다.
④ 손가락 테이핑이나 보호용 커버를 사용(휠체어 사용자)하게 하여 물집에 대처한다.

정답	①	난이도	쉬움
출제영역	지체장애·뇌병변장애의 특성과 지도전략		
해설	브레이스란 사지나 체간 외부에 착용하는 교정 보조기로 신체의 움직임을 유지하고 지탱해주는 보조기이다. 브레이스를 운동 시에 착용하기도 하지만 모든 활동에서 착용하지는 않는다.		

19. 신경운동학적 분류에 따른 뇌성마비의 유형에 해당하지 <u>않은</u> 것은?

① 경련성 뇌성마비(spastic cerebral palsy)
② 무정위운동성 뇌성마비(athetoid cerebral palsy)
③ 운동실조성 뇌성마비(ataxia cerebral palsy)
④ 근이영양성 뇌성마비(muscular dystrophy cerebral palsy)

정답	④	난이도	어려움
출제영역	지체장애·뇌병변장애의 특성과 지도전략		
해설	뇌성마비의 신경운동학적 분류는 근긴장도에 따른 분류 방법으로소 경련성, 무정위형, 실조형, 진전형, 강직형, 혼합형 등으로 구분한다. 손상별로는 사지마비, 양측마비, 편마비, 상지마비, 하반신마비 등으로 구분한다.		

20. 장애와 관련된 표찰(labeling)에 대한 설명으로 옳지 않은 것은?

① 장애인의 독특한 개인차를 존중할 수 있는 기회를 제공해 준다.
② 부정적 자아개념을 형성하게 한다.
③ 개별화 체육 프로그램의 작성과 수행에 거의 도움이 되지 않는다.
④ 장애인에 대한 부정적인 고정관념을 강화시킬 수 있다.

정답 및 해설	정답	①	난이도	쉬움
	출제영역	특수체육의 의미		
	해설	장애와 관련된 표찰(labeling)이란 낙인화와 같은 의미로서 장애만이 아닌 여러 측면에서 불완전하다고 인식되는 점을 말한다. 이에 그들의 말이나 행동의 가치가 평가 절하되는 위험이 있다.		

1부. 특수체육의 의미

학습목표

- 특수체육의 역사 및 발달과정을 이해한다.
- 특수체육의 개념 및 정의를 이해한다.
- 특수체육의 방향과 가치 추구를 이해한다.

1장 ❘ 특수체육의 역사

1) 특수체육의 시대별 변화

- 제1시대(선사시대~B.C. 500): 장애인들의 운동과 신체기술을 발달시키거나 회복시키려는 노력이 없었던 시대
- 제2시대(B.C. 500~A.D. 1500): 그리스와 로마시대로 운동의 역할이 강조되었으며, 여러 질병의 치료에 운동이 사용됨
- 제3시대(1500~1800): 운동의 치료적 가치에 대한 관심이 증가된 시대로 신체활동에 관한 개개인의 흥미, 취향, 경험 등을 배제한 질병 치료에 운동의 중요성이 강조되었고 장애인에게 운동을 처방함
- 근대 이후(1800~): 오늘날 특수체육의 기초가 이루어지기 시작한 시대로, 교정체조를 개발하여 활용하고 전상 장애인의 재활과 지체장애인의 운동참여를 위한 스포츠프로그램이 보급되고 발달함

2) 세계 3대 장애인스포츠 대회

- 패럴림픽(Paralympics): 1960년 이탈리아 로마에서 제1회 패럴림픽이 개최되었고 현재 동/하계 올림픽과 같은 해 같은 장소에서 개최됨.
- 농아인올림픽(Deaflympics): 1924년 프랑스 파리에서 제1회 세계농아인경기대회(World Game for the Deaf)를 시작으로 현재 동/하계 농아인올림픽(데플림픽)이 각각 4년을 주기로 개최됨
- 스페셜올림픽(Special Olympics): 1963년 존 F. 케네디 당시 미국 대통령의 여동생 유니스 케네디 슈라이버(Eunice Kennedy Shriver)가 메릴랜드주의 시골농원에서 지적장애인들을 위한 여름캠프를 개설한 것이 계기가 되었다. 이러한 성과를 바탕으로 케네디 재단의 후원을 받아 1968년 시카고의 솔저필드(Soldier Field)에서 제1회 스페셜올림픽이 개최 되었다. 동/하계 스페셜올림픽 또한 각각 4년을 주기로 개최됨

2장 ❙ 특수체육의 개념 및 정의

1) 특수체육의 용어

○ 특수체육은 특수와 체육이 결합된 용어로서 여기에서 특수란 정상적인 체육활동을 위해 제공되어야 하는 사항(환경 및 규칙의 수정, 장비의 보완, 전문성 있는 지도자)들을 함축하고 있다.
○ 장애인체육은 장애인과 체육이 결합된 용어
○ 재활체육은 제2차 세계대전 후 전상자들의 재활수단으로 체육활동을 사용한데서 유래
○ 교정체육은 신체를 교정하고 자세를 바로잡는다는 의미를 가짐

2) 특수체육의 범위

○ 특수체육(Adapted Physical Activity): 현재 특수체육에서 주로 사용하는 영문표기 이며 이 용어는 유아부터 노인까지 장애인의 평생체육을 강조하는 의미를 지님
○ 특수체육(Adapted Physical Education): 국문표기는 같지만 영문표기에서 Education을 사용하여 학령기장애학생의 학교체육활동을 강조하는 의미를 지님
○ 교정체육(Corrective Physical Education): 교정체육이라는 의미로 장애인의 치료 및 재활적 관점에 중점을 둠

3장 ❙ 특수체육의 방향과 원칙

1) 국내 특수체육의 방향

○ 현재 국내 특수체육은 재활 및 교정 관점에서 시작되어 신체활동에 제한을 갖는 장애인을 대상으로 범위가 확대되었음. 현재는 장애의 유무와 관계없이 신체활동에 불편을 겪는 사람들의 건강과 복지 측면에 기여하는 학문으로 발전하고 있음
○ 특수체육 실천의 법률화
  - 2005년 국민체육진흥법 개정을 통해 대한장애인체육회 설립
  - 장애인의 체육활동 권리 명시
○ 2015년 장애인스포츠지도사 양성 시작
○ 장애인 체육활동의 사회통합 역할
  - 장애인과 비장애인들이 체육활동을 즐길 수 있는 환경을 조성하고 있음
  - 스포츠경기대회에서도 장애선수와 비장애선수가 함께 참여하는 기회가 확대되고 있음

2) 특수체육의 3대 원칙

○ 정상화(normalization)의 원칙: 특수체육의 철학적기반이 되는 중요한 개념으로서 장애를 원인으

로 사회에서 구분, 분리되지 않고 적절한 서비스를 통하여 일상생활에서 동일한 조건과 삶을 누릴 수 있도록 하는 것. 스포츠의 예) 수준에 맞는 스포츠 규칙 또는 장비의 수정을 통해 비장애인과 동등한 조건으로 스포츠 참여
- 주류화(mainstreaming)의 원칙: 정상화를 달성하기 위한 실질적 첫 단계로서 장애인들의 요구와 능력에 따른 배치를 통하여 필요한 서비스를 제공하는 것. 예) 축구시합을 하기위한 단계별 지도
- 제한환경최소화(least restrictive environment)의 원칙: 장애인들이 비장애인들과 함께 할 수 있는 범위를 고려하고 이에 해당하는 환경 및 여건을 최적화 하는 것. 예)장애인과 비장애인의 통합/부분통합 체육활동
- 특수체육프로그램 구성시 누구나 성공을 경험하는 프로그램이 아닌 최대한의 노력을 통하여 성공을 거둘 수 있는 프로그램을 구성해야 함

핵심용어

- **특수체육(Adapted Physical Activity; APA)**: 특별한 요구를 지니고 있는 사람들에게 신체활동의 즐거움을 제공하기 위하여 체육프로그램의 규정을 개개인에게 적절하도록 변형하는 것
- **정상화(normalization)**: 장애로 인하여 겪을 수 있는 사회적, 환경적 장애요소들을 최소화함으로서 일반사회에 최대한 적응할 수 있도록 하는 것
- **주류화(mainstreaming)**: 정상화와 통합을 달성하기 위한 실질적 첫 단계. 장애인들의 요구와 그들의 능력을 고려하여 각기 수준에 맞는 교육을 실시
- **제한환경의 최소화(lest restrictive environment)**: 장애인들이 비장애인들과 함께 교육 받을 수 있는 범위를 최대한 고려하여 그에 해당하는 환경과 여건을 최적화 시키는 것

2부. 특수체육의 사정과 측정

학습목표

- 사정의 개념과 유형을 이해한다.
- 진단과 평가의 이해와 활용 방법을 이해한다.
- 장애인 대상 검사도구를 이해한다.
- 과제분석을 이해한다.

1장 ┃ 사정의 개념과 유형

- 사정(assesment): 평가와 측정의 중간개념으로 양적자료와 질적자료로 구성된 측정활동을 통하여 정보수집을 통한 특정 목적을 달성하기 위한 근거자료를 수집하는 과정에 중점을 둠
- 평가(evaluation): 수집된 정보를 바탕으로 평가 대상의 장점과 가치를 결정하는 과정
- 측정(measurement): 물리적 대상을 자나 저울과 같은 도구를 사용하여 양을 수량화 하는 일련의 과정
- 이 외에도 장애인체육에서는 대안 사정(혹은 대체 사정)이 필요함. 대안 사정은 일반적인 사정에 참여할 수 없는 소수의 장애인을 위해 고안된 사정을 의미함

2장 ┃ 진단과 평가의 이해

- 선별(screen): 효율적이고 경제적인 평가 및 관찰을 통하여 좀 더 심층적인 평가에 의뢰할 것인가를 결정하는 과정
- 진단(diagnosis): 어떤 상태의 특성과 원인을 파악하는 과정
- 장애인에게 진단 및 평가를 할 때에는 신체활동 지도 순환체계를 숙지해야 함
  - 포괄적 계획→사정과 배치→세부 개별화교육계획→지도/상담→평가 순서임

3장 ┃ 장애인을 위한 검사도구

- 특수체육 검사도구
  - 장애유형의 다양성
  - 장애정도의 다양성(중증 장애에서 경증 장애까지)
  - 검사 목적의 타당성

- 장애인스포츠 검사대상 영역
  - 운동기술 영역
    - 감각, 지각운동
    - 기본(대근)운동기술
    - 게임운동기술
    - 스포츠 및 전문여가운동기술
  - 체력 영역
    - 건강체력 : 근력 및 근지구력, 유연성, 심폐지구력, 신체조성
    - 운동체력 ; 속도, 순발력, 민첩성, 교치성, 평형성 등

4장 | 과제분석(Task Analysis)

- 과제분석의 정의
  - 과제분석은 어떠한 목적을 달성하기 위해 세부적으로 과제를 나누거나 분류하여 좀 더 효과적으로 과제수행을 진행하는 준비과정을 의미함
- 과제분석의 가치
  - 세부적인 정보로 목표를 구체화시킬 수 있음
  - 지도내용을 세분화함으로써 단계적인 지도가 용이함
  - 지도과정이 끝났을 때 무엇이 평가되어야 하는지 예견할 수 있음
- 과제분석의 유형
  - 스포츠 지도현장에서 활동과제 및 동작의 특성과 난이도에 따라 범위나 기준이 달라질 수 있음

핵심용어

- 사정(assessment): 양적자료와 질적자료로 구성된 측정활동을 통하여 정보수집을 통한 특정 목적을 달성하기 위한 근거자료를 수집하는 과정
- 진단(diagnosis): 어떤 상태의 특성과 원인을 파악하는 과정
- 평가(evaluation): 수집된 정보를 바탕으로 평가 대상의 장/단점과 가치를 결정하는 과정

특수체육론 핵심요약

3부. 특수체육 지도전략

학습목표

- 개별화교육계획을 적용 및 작성하는 방법을 이해한다.
- 장애인 대상 신체활동의 변형 원리를 이해한다.
- 장애인 대상 수업형태를 이해한다.
- 장애인의 행동관리 방법을 이해한다.

1장 | 개별화교육계획의 이해 및 적용

○ 개별화교육계획은 특별한 요구를 가지고 있는 장애학생 개개인의 학습능력에 맞도록 조정된 교육 내용과 지도과정, 그리고 이를 반영한 문서를 총칭함
  - 개별화교육계획의 정의 이해
  - 개별화교육계획 작성 절차 이해
  - 개별화교육계획의 구성요소와 세부 작성법 이해
    - 상황, 기준, 동작의 표현이 구체적이고 정확해야 함

2장 | 체육활동 변형

○ 장애인체육의 목표와 일반체육의 목표는 유사함
  - 체육활동은 그 대상자의 신체적, 정신적 발달 특성에 따라 활동 내용 및 환경 요소의 변형이 요구됨
  - 환경변형
    - 접근성, 안정성, 흥미성 고려
  - 용·기구 변형
  - 개별성 고려
  - 규칙 변형

3장 | 수업스타일

○ 체육수업
  - 재생산적 수업 스타일
    - 교사 주도 직접지도, 명령식 스타일, 연습식 스타일, 교류식 스타일, 자기점검식 스타일, 통합스타일
  - 창조적 수업스타일

- 학생 주도 간접 지도, 유도발견식 지도, 수렴발견식 스타일, 확산재생산식 스타일
- 수업방식
  - 1:1 방식, 소그룹 방식, 대그룹 방식, 혼합 방식, 또래교수, 개인별 독립 과제수행, 협력학습, 역주류화, 과제식 수업
- 보조인력 활용
  - 팀 티칭, 보조수업, 또래교수(동료교수)

4장 | 행동관리

○ 행동관리전략
- 바람직한 행동을 촉진하고, 문제행동을 감소시킬 수 있는 장점이 있음
  - 문제행동 파악
  - 강화물 선별

○ 강화
- 긍정적 강화
  - 비언언적, 언어적, 물건, 토큰강화, 프리맥 원리 등
- 부정적 강화
  - 타임아웃, 과잉교정, 벌, 소거 등

핵심용어

- **개별화교육계획(Individualized Education Plan; IEP)**: 특수교육 대상자 개인의 장애 유형 및 특성을 고려하여 교육 목표, 교육 방법, 교육 내용, 관련서비스 등이 포함된 계획을 수립하여 실시하는 교육
- **행동수정(behavior modification)**: 관찰 가능한 행동에 초점을 두고 생각이나 통찰, 목표나 요구와 같은 것에는 관심을 두지 않고 행동 변화를 위한 강화와 벌 절차를 개발하고 이행하는 것

특수체육론 핵심요약

4부. 지적장애·정서장애·자폐성장애인의 이해 및 지도

학습목표

- 지적장애·정서장애·자폐성장애인의 특성을 이해한다.
- 지적장애·정서장애·자폐성장애인의 특성을 이해하여 체육 및 스포츠 활동을 지도한다.

1장 | 지적장애·정서장애·자폐성장애인의 이해

○ 지적장애의 특성
- 지적장애 용어 변화
  - 정신박약 → 정신지체 → 지적장애
- 지적장애 정의
  - 지적능력(IQ 70이하), 적응행동, 발달기
- 다운증후군
  - 염색체 이상으로 발생
- 인지행동 특성: 비장애인과 비교하여 주의력 결핍과 기억력 결함을 가짐
- 사회적·감정적 특성: 상황을 잘못 인지함으로 인하여 부적절한 반응을 표출하기도 함
- 신체적 특성: 운동기능 발달이 느리고, 근력, 순발력, 심폐지구력 등이 비장애인에게 뒤짐

○ 정서장애의 특성
- 정서장애는 교육학 및 심리학, 미국정신의학회, 소아정신과 등의 다양한 분류를 사용함
- 정서장애 원인
  - 생물학적 요인: 유전적, 신경학적, 생화학적 요인
  - 가족 요인: 병리적 가족관계 요인
  - 문화적 요인: 주변 인물, 가족, 지역사회 요인
- 행동특성
  - 품행장애, 사회화된 공격, 주의력문제-미성숙, 불안-회피, 정신병적 행동, 운동과잉 등
- 체력특성
  - 대근운동, 소근운동, 지각운동, 공간 개념 능력이 낮음
  - 신체활동에 위축된 활동을 보임

○ 자폐성장애의 특성
- 자폐성장애는 미국자폐협회, 장애인복지법, 장애인등에대한특수교육법에 따라 다양하게 분류하여 사용함

- 자폐성장애의 판단기준
  - 사회적 상호작용, 의사소통, 상동행동이 기준임
- 지능 및 학습
  - 지적장애와 유사한 경우가 있음
  - 일부는 특정 학습분야에서 뛰어난 암기력, 기억력을 나타내기도 함
  - 기능적인 언어발달의 문제를 가짐
- 행동특성
  - 다른 사람과 주변 환경에 무관심
  - 수면 및 음식 섭취에 곤란
  - 반복적이고 습관적인 행동
- 체력 특성
  - 낮은 체력 및 운동 기술 수준

2장 | 체육 및 스포츠 지도

○ 체육 영역 이해
- 심동적 영역
  - 운동발달 지체
  - 평균 이하의 체력과 운동수행
- 인지적 영역
  - 짧은 기억과 주의집중
  - 정보습득과 파지의 어려움
- 정의적 영역
  - 모방하는 경향
  - 사회성 결여
- 안전수칙 준수
  - 장애인을 지도할 때에는 안전수칙을 반드시 준수해야 함
- 체육환경 조건의 준수
  - 소음, 조명, 온도, 환경 등 고려
- 장애 특성에 맞는 운동기술, 체력 특성 등을 반영하여 지도

핵심용어
- **지적장애**: 평균이하의 지능과 개념적, 사회적, 실질적 적응기술 영역에 상당한 제한을 나타내는 장애로 18세 이전에 나타난다.
- **정서장애**: 외부 자극에 대하여 적절한 정서 표현을 못하거나 정서 상태가 불안하여 사회적 생활능력이 곤란한 상태
- **자폐성장애**: 사회적 상호작용과 의사소통에서 현저하게 발달이 지체되며 반복적인 상동행동이나 사회적인 관계형성에 문제를 보이는 상태

5부. 시각장애인의 이해 및 지도

학습목표

- 시각장애인의 특성을 이해한다.
- 시각장애인의 특성을 이해하여 체육 및 스포츠 활동을 지도한다.

1장 | 시각장애인의 이해

○ 시각장애의 특성
- 시각장애 정의
  - 시력, 시야, 색각에 이상을 보이는 나쁜눈의 시력이 0.02 이하 또는 두눈의 시야가 1/2 이상 잃은 사람
  - 전맹, 맹, 저시력(약시)으로 분류함
- 국제시각장애인경기연맹(IBSA)의 등급 분류
  - B1, B2, B3로 분류함
- 인지 특성
  - 사물의 영속성, 인과관계, 공간개념, 신체개념 발달에 지체를 보임
- 언어 특성
  - 의사소통 기술, 언어 능력, 추상적인 표현에 어려움을 나타냄
- 사회적 특성
  - 사회적 상호작용을 하는데 어려움 있음
- 행동 특성
  - 시각손상으로 움직임 기회가 제한됨
  - 바른 자세를 취하기 어려움
- 신체상
  - 시각이 아닌 촉각, 청각, 운동감각 등을 활용하여 제한적인 신체상을 형성함
- 체력 특성
  - 건강체력과 운동체력이 비장애인보다 낮음

2장 | 체육 및 스포츠 지도

○ 체육 및 스포츠 지도
- 시각장애인에게 체육활동을 지도할 때 보행훈련, 방향정위, 이동훈련, 안내법 등을 사전에 충분히 수행해야 함
- 신체활동 지도 전략
    - 언어적 설명, 시범, 신체보조, 시·청각 단서 활용
    - 잔존능력 활용법 참고
    - 건강체력 요소를 바탕으로 운동 프로그램 구성
    - 보조자(가이드)와 함께 달리기 연습

핵심용어

- **시각장애(visual impairment)**: 경도의 시각손상에서부터 전맹에 이르기까지 다양한 정도의 시각손상을 기술하는데 사용되는 장애범주의 하나로 시력 손상을 의미
- **전맹**: 시력이 0으로 빛 지각을 하지 못하는 시각장애
- **저시력**: 시각을 통하여 사물을 판단 할 수 있는 능력이 있으나 일상생활을 하기에 충분하지 않은 시각장애
- **방향정위**: 자신이 놓인 상황을 시간적/공간적으로 바르게 파악하여 이것과 관계되는 주위상황 또는 대상을 인지하는 능력

6부. 청각장애인의 이해 및 지도

특수체육론 핵심요약

학습목표

- 청각장애인의 특성을 이해한다.
- 청각장애인의 특성을 이해하여 체육 및 스포츠 활동을 지도한다.

1장 | 청각장애인의 이해

○ 청각장애의 특성
- 청각장애 정의
  - 청력손실이 심하여 보청기를 착용해도 청각을 통한 의사소통이 불가능 또는 곤란한 사람
  - 농과 난청으로 분류함
  - 데플림픽에서는 55데시벨 이상을 듣지 못하는 사람이 참가함
- 언어발달
  - 왜곡된 언어 발달이 이루어짐
  - 어휘력 부족으로 언어발달이 지체됨
  - 수화나 구화를 사용하여 의사소통
- 행동 특성
  - 이해와 의사소통의 부족이 나타남
  - 사회적 상호작용과 관계 형성 미흡

2장 | 체육 및 스포츠 지도

○ 체육 및 스포츠 지도
- 청각장애인은 소리 자극보다는 빛, 수화, 구화 혹은 몸짓 등으로 지도함
- 인공와우관을 착용한 청각장애인의 수중활동 시 안전사항을 숙지함
- 국제청각장애인경기연맹(ICSD)은 데플림픽의 모든 사항 결정
- 청각장애인들을 대상으로 시각을 활용하여 체육활동을 시범 보일 때에는 비장인과 유사하게 스포츠 지도를 하지만 언어적 지도시 눈을 마주치고 정확한 단어를 사용하여 지도함

핵심용어

- **청각장애(hearing impairment)**: 농과 난청을 모두 포함하며 청각 경로에 장애를 입어 주로 듣기가 어려운 장애
- **농(deaf)**: 보청기를 착용하거나 그렇지 않은 상태에서 귀만으로 말을 듣거나 이해하는 것이 불가능한 정도
- **난청(hard of hearing)**: 보청기를 착용하거나 착용하지 않은 상태에서 말을 듣고 이해하는 것이 가능하지만 어려움이 있고 잔청만 남아 있는 경우

7부. 지체장애·뇌병변장애인의 이해 및 지도

학습목표

- 지체장애 및 뇌병변장애인의 특성을 이해한다.
- 지체장애 및 뇌병변장애인의 특성을 이해하여 체육 및 스포츠 활동을 지도한다.

1장 | 지체장애 및 뇌병변장애인의 이해

○ 지체장애인의 특성
- 지체장애 유형의 다양성과 광범위성
  - 지체장애는 장애 유형과 정도가 너무 다양하고 광범위하여 일반화 하여 설명하기 어려움
  - 지체라는 말은 사지(四肢: 팔다리) 및 체간(體幹: 몸통)을 말하며, 부자유라는 것은 운동 기능에 장애가 있음을 가리킴
  - 우리나라에서 사용하고 있는 지체장애라는 말은 영어의 정형외과적 장애(orthopedic impair-ment)보다 신체장애(physical disability)란 말에 가까움
- 지체장애 유형
  - 척수손상: 척수장애, 회백수염(소아마비), 이분척추(척수막탈출증, 수막탈출증, 잠재성 이분척추), 척주편위(척추측만증, 척추전만증, 척추후만증)
  - 절단장애: 단지증, 선천성 기형, 팔과 다리 절단
  - 기타장애: 왜소증, 근육병, 소아 류마티스 관절염, 골형성부전증, 관절만곡증, 다발성경화증, 프리드리히 운동실조증, 중증 근무력증 등

○ 뇌병변장애인의 특성
- 뇌병변장애인의 정의(장애인복지법 시행령)
  - 뇌성마비, 외상성 뇌손상, 뇌졸중(腦卒中) 등 뇌의 기질적 병변으로 인하여 발생한 신체적 장애로 보행이나 일상생활의 동작 등에 상당한 제약을 받는 사람
- 뇌병변장애 유형
  - 뇌성마비: 일반적으로 경련성, 무정위운동증, 운동실조성, 강직성, 진전성, 혼합형 뇌성마비로 분류함
  - 외상성 뇌손상: 외부의 물리적인 힘에 의해 뇌의 손상이 야기된 상태
  - 뇌졸중: 중풍이라고도 하며, 성인기 뇌혈관 내의 벽이 막혀 혈관이 손상일 입거나, 혈액이 원활하게 이동하지 못하여 신경계통에 문제를 갖게 된 것을 말함

- 패럴림픽에서 지체장애 분류
  - 근력손상, 관절장애, 사지결손, 하지차이, 짧은키
- 패럴림픽에서 뇌병변장애 분류
  - 경직성, 운동실조성, 무정위운동성
- 기능적 분류
  - 기능적 분류의 목적은 모든 선수가 동등한 상황에서 경기하도록 하는데 있으며, 신경학적 손상의 문제로 경기에서 배제되는 것을 방지하는 데 있음. 의학적 분류와는 다름

2장 ┃ 체육 및 스포츠 지도

○ 체육 및 스포츠 지도
- 지도활동
  - 언어적 지도, 시범, 주의산만 요소 제거, 난이도 수준, 동기유발 수준, 응급처치 숙지
- 지체장애인의 체육활동 지도
  - 의사소통 및 상호작용 지침 준수
  - 보호와 예방: 연조직, 물집, 찰과상, 열상, 욕창, 체온조절, 자율신경계 반사기능 항진, 환축추 불안정 등을 고려
  - 지도유형의 연속성 개념: 지도자 지도에서 참여자지도까지 다양한 지도유형을 사용하여 지체장애인 및 뇌병변장애인을 지도해야 함
  - 스포츠지도자의 역할 및 지원수준: 간헐적, 제한적, 확장적, 전반적 지원 수준 고려

💡 핵심용어

- ■지체장애: 기능/형태상 장애를 가지고 있거나, 몸통을 지탱하거나, 팔다리의 움직임 등에 어려움을 겪는 신체적 조건이나 상태로 인해 일상생활에 어려움이 있는 사람
- ■뇌병변장애: 뇌성마비, 외상성 뇌손상, 뇌졸중등 뇌의 기질적 병변으로 인하여 발생한 신체적 장애이다.
- ■척수장애: 질병이나 사고로 인해 척수손상을 입음으로 인해 뇌와 신체 사이에 운동신경이나 감각신경이 제대로 전달되지 못하여 신체적인 기능에 장애를 초래하게 된 상태로 신경마비를 가지게 되어 휠체어생활을 하는 경우가 많다.
- ■뇌성마비: 중추신경계 손상에 의한 근육마비, 협응성 장애, 근육약화 및 기타 운동기능 장애로 특정 지워지는 비진행성 신경장애
- ■외상성뇌손상: 신체적 기능 및 인지적 기능 또는 정신적 기능의 손상으로 인하여 일상생활에 어려움이 있는 사람
- ■뇌졸중: 중풍이라고도 하며 뇌혈관이 막혀서 발생하는 뇌경색과 뇌혈관의 파열로 인해 뇌 조직 내부로 혈액이 유출되어 발생하는 뇌출혈

특수체육론 문항이원출제표

문항 번호	출제 영역		문항 내용 차원	문항 행동 차원	문항 수준
	주요 항목	세부 항목			
1	특수체육의 의미	특수체육의 역사	장애인올림픽 유래	지식	하
2		특수체육의 역사	전국장애인체육대회 개최	지식	하
3		특수체육의 개념 및 정의	특수체육의 정의	이해	중
4		특수체육의 개념 및 정의	특수체육의 용어	이해	상
5		특수체육의 방향과 가치 추구	특수체육의 목표	지식	하
6		특수체육의 방향과 가치 추구	특수체육의 범위	지식	중
7		특수체육의 방향과 가치 추구	장애인관련법	응용	중
8		특수체육의 방향과 가치 추구	통합체육	응용	중
9		특수체육의 방향과 가치 추구	의학적 모델	이해	중
10		특수체육의 방향과 가치 추구	패럴림픽 참가 장애유형	지식	하
11		특수체육의 방향과 가치 추구	Special Physical Education의 의미	이해	상
12		특수체육의 방향과 가치 추구	인지적 영역	응용	중
13		특수체육의 방향과 가치 추구	특수체육의 신체활동 효과	응용	중
14		사정의 개념과 유형	지도 프로그램 실행	이해	중
15		진단과 평가의 이해와 활용	검사 유형	이해	중
16		장애인 대상 검사 도구	대근 운동 검사(1)	지식	하
17		장애인 대상 검사 도구	대근 운동 검사(2)	이해	중

문항 번호	출제 영역		문항 내용 차원	문항 행동 차원	문항 수준
	주요 항목	세부 항목			
18		장애인 대상 검사 도구	체력 검사	지식	하
19		과제분석	과제분석의 가치	응용	상
20		개별화교육계획의 적용	목표 요소	지식	하
21		개별화교육계획의 적용	개발 절차	이해	중
22		활동 변형	체육 시설 및 환경	지식	하
23		활동 변형	용기구 변형(1)	응용	중
24	특수체육의 지도 전략	활동 변형	용기구 변형(2)	이해	하
25		수업형태	교수유형	이해	상
26		수업형태	수업방식	지식	중
27		특수체육지도시 행동관리	행동관리	이해	중
28		특수체육지도시 행동관리	긍정적 강화	지식	중
29		지적장애·정서장애·자폐성 장애의 특성	지적장애의 이해	지식	하
30	지적장애·정서장애·자폐성 장애인의 체육 지도 전략	지적장애·정서장애·자폐성 장애의 특성	자폐성 장애의 이해	응용	중
31		지적장애·정서장애·자폐성 장애인의 체육·스포츠 지도	지도 시 안전	응용	상
32		시각장애의 특성	시각장애 기준	지식	하
33		시각장애의 특성	국제시각장애연맹 등급 분류	이해	중
34	시각장애인의 체육 지도 전략	시각장애의 특성	일반적 특성	응용	하
35		시각장애인의 체육·스포츠 지도	신체활동 특성	이해	중
36		시각장애인의 체육·스포츠 지도	지도 방법	지식	중
37		청각장애의 특성	청각장애의 판정	지식	중
38	청각장애인의 체육 지도 전략	청각장애의 특성	데플림픽 청각장애인 기준	지식	하
39		청각장애인의 체육, 스포츠 지도	의사소통 수단	응용	상

문항 번호	출제 영역		문항 내용 차원	문항 행동 차원	문항 수준
	주요 항목	세부 항목			
40	지체장애·뇌병변장애인의 체육 지도 전략	지체장애·뇌병변장애인의 특성	척수손상	지식	중
41		지체장애·뇌병변장애인의 특성	절단장애	이해	중
42		지체장애·뇌병변장애인의 특성	왜소증	응용	상
43		지체장애·뇌병변장애인의 특성	뇌병변 장애	지식	하
44		지체장애·뇌병변장애인의 체육·스포츠 지도 전략	의학적 및 기능적 분류	이해	하
45		지체장애·뇌병변장애인의 체육·스포츠 지도 전략	국제뇌성마비 스포츠조직	이해	중
46		지체장애·뇌병변장애인의 체육·스포츠 지도 전략	외상성 뇌손상 특성	이해	상
47		지체장애·뇌병변장애인의 체육·스포츠 지도 전략	외상성 뇌손상 지도 시 고려사항	이해	중
48		지체장애·뇌병변장애인의 체육·스포츠 지도 전략	뇌성마비 특성	이해	상
49		지체장애·뇌병변장애인의 체육·스포츠 지도 전략	뇌졸중의 참고사항	지식	중
50		지체장애·뇌병변장애인의 체육·스포츠 지도 전략	욕창의 예방 및 관리	응용	상

특수체육론 출제예상문제

1. 장애인과 관련된 올림픽의 예로 가장 알맞은 것은?

〈보기〉
㉠ 패럴림픽(Paralympics)　　㉡ 데플림픽(Deaflympics)
㉢ 스페셜올림픽(Special Olympics)　　㉣ 올림픽(Olympics)

① ㉠ + ㉡ + ㉢ + ㉣
② ㉠ + ㉡ + ㉢
③ ㉠ + ㉡
④ ㉠

2. 우리나라에서 전국장애인체육대회가 처음으로 개최된 연도는?

① 1981년
② 1982년
③ 1983년
④ 1984년

3. 특수체육이라는 용어 중 장애인의 평생신체활동, 즉 생활체육과 가장 가까운 특수체육 용어는 무엇인가?

① Special Physical Education
② Adapted Physical Education
③ Corrective Physical Education
④ Adapted Physical Activity

4. 다음은 장애를 의미하는 단어이다. 빈칸에 알맞은 용어로 연결된 것은?

용어	설명
㉠	장애의 기능에 중점을 두며, 일상생활에 제약받는 그 부분에 한정함
㉡	심리적, 생리적, 해부학적 손상, 손실, 비정상을 의미함
㉢	사회에서 정상적인 역할에 방해를 받거나 개인이 받는 불이익을 말함
Disorder	정신 관련 장애, 즉 정서 및 행동 장애와 같은 경우에 사용

	㉠	㉡	㉢
①	Disability	Handicap	Impairment
②	Impairment	Handicap	Disability
③	Disability	Impairment	Handicap
④	Handicap	Disability	Impairment

5. 특수체육의 목표에 대한 설명 중 ㉠, ㉡, ㉢에 들어갈 알맞은 말은? [무료동영상]

구 분	하 위 목 표
㉠	■ 기본운동기술 및 패턴을 효과적으로 유지하고 발달 ■ 건강 및 운동체력 수준을 적절하게 유지하고 발달 ■ 체조와 텀블링에서 사용되는 기술 발달
㉡	■ 적절한 사회적 상호작용 기술 ■ 긍정적인 자아개념, 신체상, 자신감 ■ 신체활동을 통한 협동적, 경쟁적 기술 설명 및 발달
인지적	■ 다양한 신체활동을 안전하게 수행할 수 있는 지식 ■ 놀이 및 게임의 방법과 규칙을 아는 지식 ■ 자조기술, 자립기술 등에 관한 지식

① ㉠ : 정의적, ㉡ : 심동적
② ㉠ : 심동적, ㉡ : 정의적
③ ㉠ : 심동적, ㉡ : 사회적
④ ㉠ : 사회적, ㉡ : 심동적

6. 특수체육의 범위에 포함되는 용어 가운데 가장 알맞게 설명한 것은?

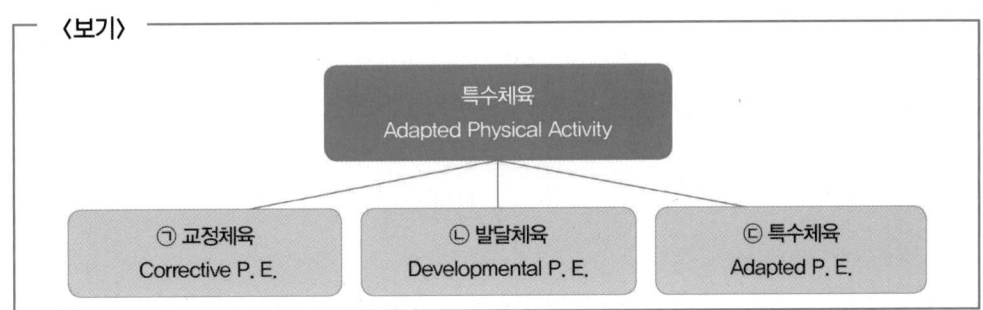

① 없음
② ㉠
③ ㉠ + ㉡
④ ㉠ + ㉡ + ㉢

7. 특수체육에서는 장애유형을 고려할 때 주로 장애인복지법과 장애인등에대한특수교육법을 고려하여 체육활동을 실시한다. 이 두 가지 법의 목적으로 알맞게 설명한 것은?

〈보기〉
㉠ 장애인등에대한특수교육법은 시혜(施惠)에 목적을 갖는다.
㉡ 장애인복지법은 교육(敎育)에 목적을 갖는다.
㉢ 장애인등에대한특수교육법은 교육에 목적을 갖고 장애인복지법은 시혜에 목적을 갖는다.

① ㉠ + ㉡ + ㉢ ② ㉡ + ㉢
③ ㉢   ④ 없음

8. 다음 설명으로 알맞은 용어는?

〈보기〉
1960년대 말 장애인이 비장애인과 함께 삶을 살아가게 위해 수용시설에서 탈피하여 장애인이 비장애인과 함께 사회생활을 영위하게 해야 한다는 사회통합의 목적 및 목표를 의미한다.

① 정상화(Normalization)   ② 통합(Integration)
③ 주류화(Mainstreaming)   ④ 완전통합(Full Inclusion)

9. 다음 중 장애인체육의 의학적 모델에 대한 설명으로 알맞은 것은?
① 장애인은 수동적인 서비스 수혜자이다.
② 장애인은 적극적인 서비스 수혜자이다.
③ 장애인은 삶의 주체자가 된다.
④ 장애인은 삶을 능동적으로 살아간다.

10. 패럴림픽(Paralympics)에 참가하는 장애유형이 아닌 것은?
① 지체장애   ② 청각장애
③ 시각장애   ④ 지적장애

11. 비장애인이 참가하는 스포츠경기 종목을 변형하여 만든 종목이 아닌, 특정 장애인을 위하여 만든 스포츠 종목으로 알맞은 것은?
① 휠체어농구   ② 보치아
③ 휠체어럭비   ④ 좌식배구

12. 특수체육의 인지적 영역 중 다음 설명으로 알맞은 것은?

〈보기〉
- 움직임과 관련된 문제에 노출될 때 독창적인 반응을 생성한다.
- 상상한 것을 학습하고 새롭게 꾸미고 첨가한다.
- 새로운 것을 시도하고 새로운 게임 전략을 고안한다.
- 새로운 게임, 댄스, 그리고 일련의 움직임을 창조한다.

① 놀이와 게임 행동 ② 창조적 표현
③ 인지-운동 기능과 감각통합 ④ 건강 체력과 운동기능 체력

13. 장애인의 신체활동의 효과 및 가치의 설명으로 바르지 <u>않은</u> 것은?

① 대인관계 형성과 다양한 사회 경험에 효과적인 수단이다.
② 신체의 기능 증진, 운동 기능 증진과 발달을 위한 수단이다.
③ 심리적 안정과 스트레스 해소에 효과적이다.
④ 장애인의 신체활동은 곧 삶의 목적이다.

14. 장애인에게 신체활동을 수행할 때에는 효과적인 지도 순환체계 단계가 있다. ㉠, ㉡, ㉢에 들어갈 알맞은 것은? 무료동영상

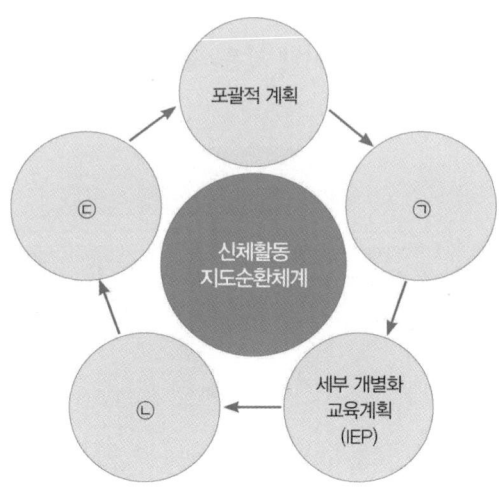

① ㉠ : 사정 및 배치, ㉡ : 지도 및 상담, ㉢ 평가
② ㉠ : 평가, ㉡ : 지도 및 상담, ㉢ 사정과 배치
③ ㉠ : 지도 및 상담, ㉡ : 사정과 배치, ㉢ 평가
④ ㉠ : 지도 및 상담, ㉡ : 평가, ㉢ 사정 및 배치

15. 검사 및 평가 도구 유형 중 ⊙과 ⓒ에 알맞은 것은?

⊙	ⓒ	내용지향검사
기술 통계 표준 사용 (예: 백분위)	해석이 필요한 임의적 서열척도 측정치(예: 등급, 수준, 점수)인 외적 표준 사용	내용지향 자료 또는 원자료(예: "할 수 있다", "할 수 없다" 또는 횟수)만을 사용
통계적 척도로 운동수행을 측정하는 항목들 포함	설명(해석) 가능한 의도된 목표 성취를 측정하는 항목들 포함	성취 연속선상에서 수행을 측정하는 항목들 포함. 점수에 대한 해석은 불필요함

① ⊙ : 포트폴리오검사, ⓒ : 준거지향검사
② ⊙ : 규준지향검사, ⓒ : 준거지향검사
③ ⊙ : 준거지향검사, ⓒ : 규준지향검사
④ ⊙ : 규준지향검사, ⓒ : 포트폴리오검사

16. 대근운동 검사도구인 TGMD-2의 이동기술 검사항목에 속하지 <u>않은</u> 것은?

① 달리기　　　　　　　② 겔롭
③ 홉　　　　　　　　　④ 걷기

17. 대근 운동 발달의 분류 중 ⊙과 ⓒ에 들어갈 말은? [무료동영상]

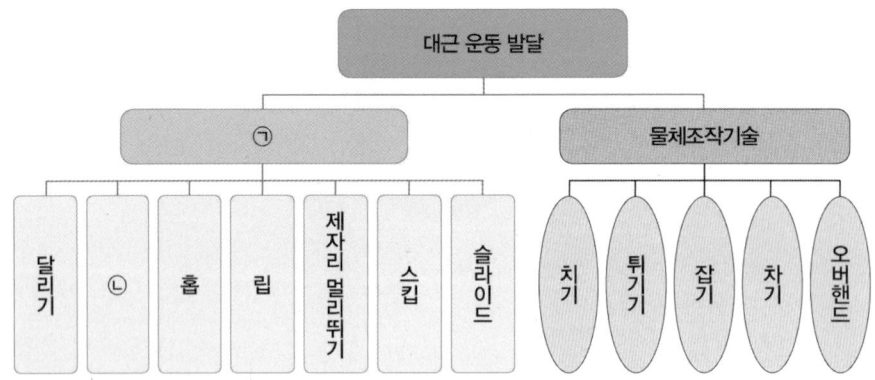

① ⊙ : 운동기술, ⓒ : 걷기　② ⊙ : 이동기술, ⓒ : 치기
③ ⊙ : 운동기술, ⓒ : 차기　④ ⊙ : 이동기술, ⓒ : 겔롭

18. 체력검사의 설명 중 괄호 안에 알맞은 것은?

영 역		내 용
체력 운동	㉠	근력 및 근지구력, 심폐지구력, 유연성, 신체구성
	㉡	민첩성, 교치성, 평형성, 순발력 등

① ㉠ : 건강체력, ㉡ : 운동체력
② ㉠ : 운동체력, ㉡ : 건강체력
③ ㉠ : 생태체력, ㉡ : 건강체력
④ ㉠ : 건강체력, ㉡ : 생태체력

19. 장애인의 신체활동을 지도할 때에는 과제분석을 하는 것이 중요하다. 과제분석의 가치로서 바람직하지 않은 것은?

① 과제분석을 통하여 얻은 세부적인 정보로 목표를 구체화 할 수 있다.
② 과제분석은 세부적인 정보를 얻는 것보다 전반적인 정보를 얻는데 유용하다.
③ 지도내용을 세분화함으로써 단계적인 지도가 용이하다.
④ 지도과정이 끝났을 때 무엇이 평가되어야 하는지를 예견할 수 있다.

20. 개별화교육계획(Individualized Education Plan)의 목표 기술 요소가 아닌 것은?

① 단계 ② 상황
③ 동작 ④ 기준

21. 개별화교육계획(Individualized Education Plan)의 개발 절차 순서로 알맞은 것은?

① 진단 및 평가-의뢰-사정-통보-실행-재검토
② 의뢰-진단 및 평가-사정-통보-실행-재검토
③ 사정-진단 및 평가-의뢰-통보-실행-재검토
④ 통보-진단 및 평가-사정-실행-재검토

22. 장애인들이 신체활동을 하기 위한 기본 체육 시설 및 환경 조건에 속하지 않는 것은?

① 접근성 ② 안전성
③ 저비용 ④ 효율성

23. 장애인들에게 신체활동을 실시하기 위해서는 용기구의 변형이 중요하다. 다음 중 ㉠, ㉡, ㉢에 알맞은 것은?

용기구 특성	설 명
㉠	가벼움 ← → 무거움
크기	작음 ← → 큼
㉡	규칙적임 ← → 불규칙적임
속도	느림 ← → 빠름
소리	조용함 ← → 시끄러움
㉢	낮음 ← → 높음

① ㉠ : 탄력, ㉡ : 모양, ㉢ 색깔
② ㉠ : 무게, ㉡ : 탄력, ㉢ 재질
③ ㉠ : 탄력, ㉡ : 재질, ㉢ 소리
④ ㉠ : 무게, ㉡ : 모양, ㉢ 탄력

24. 다음 중 체력운동을 할 수 있는 용기구에 가장 알맞은 것은?
① 볼풀
② 앰프
③ 자전거
④ 리본

25. 교수유형의 연속성 개념 중에서 ㉠과 ㉡에 알맞은 말은?

교수 유형		설 명
지도자지도	㉠	단기간에 정확한 과제를 배우기 위한 것. 지도자는 모든 결정을 하고 모든 학습을 지도한다.
↕	상호	파트너와 일하게 하는 것. 파트너는 지도자 또는 실습자에 의해 설정된 기준을 바탕으로 서로에게 학습 피드백을 제공한다.
	㉡	자신의 일을 체크하고 과제를 배우게 하는 것. 자기검사 기준은 지도자와 실습자에 의해 결정된다.
	확대 생산	하나의 질문에 다양한 답변을 발견하는 것
	학습자 주도	학습자에게 학습 설계, 이행, 평가를 자기 주도의 기회로 제공하는 것
참여자지도	자기지도	자기 지도에 기반한 평생학습을 강화하는 것. 지도자나 실습자는 참여하지 않는다.

① ㉠ : 지시, ㉡ : 자기검사
② ㉠ : 지시, ㉡ : 실천
③ ㉠ : 실천, ㉡ : 확대생산
④ ㉠ : 실천, ㉡ : 자기검사

26. 스포츠지도자의 역할과 지원수준에서 빈칸에 알맞은 것은?

지원 수준	설명	스포츠지도자의 역할
간헐적	• 단기간 필요 • 항시 준비	체육활동에서 장애인이 필요할 때 지원
㉠	• 장애인을 지도하기 위해 체육활동 참가 전에 계획 완료 • 모두는 아니지만 일부 조직화가 필요함	일부 체육활동에서는 지원을 해주지만 다른 활동에서는 지원을 하지 않을 수 있음
㉡	• 대부분의 체육활동에서 발생 • 다른 활동에도 지원	다른 활동이나 게임에 참가할 때 지원을 함
전반적	• 계속적으로 지원 • 체육활동 내내 장애인 지원	체육활동에서 일반인과 동일하게 체육활동을 함

① ㉠ : 제한적, ㉡ : 지속적
② ㉠ : 확장적, ㉡ : 단속적
③ ㉠ : 제한적, ㉡ : 확장적
④ ㉠ : 확장적, ㉡ : 점진적

27. 특수체육에서 올바른 행동관리의 설명으로 바른 것은?

① 목표, 태도, 행동에 있어서 비일관적이어도 된다.
② 장애인을 차별하지 않고 대한다.
③ 한 사람의 잘못으로 모든 사람에게 벌을 내린다.
④ 애매하거나 부정적인 말을 해도 된다.

28. 장애인의 체육활동에서 긍정적인 강화 기법에 속하는 것은? [무료동영상]

① 타임아웃
② 소거
③ 벌
④ 토큰강화

29. 지적장애를 정의할 때 일반적으로 사용하는 세 가지 기준에 속하지 <u>않는</u> 것은?

① 언어 수준
② 지적 기능성
③ 적응행동
④ 만 18세

30. 미국정신의학회(DSM Ⅳ-TR)에서 자폐성 장애를 분류하는 기준으로 알맞은 것은?

① 사회적 상호작용-의사소통 결함-상동행동
② 사회적 상호작용-상동행동-언어지체
③ 상동행동-언어지체-표현능력
④ 상동행동-표현능력-의사소통 결함

31. 지적장애인의 신체활동 지도시 안전 사항 확보 방안으로 가장 알맞지 **않은 것은**?

① 지도자는 지적장애인들이 이해할 수 있는 방법으로 안전 규칙을 설명한다.
② 지도자는 지적장애인에게 활동에 대한 위험, 원인, 효과 등에 애해 충분히 설명한다.
③ 지도자는 신체활동에 필요한 장비들을 점검하고 숙지한다.
④ 지도자는 항시 또래교수법을 사용하여 신체활동을 실시한다.

32. 시각장애의 설명 중 ㉠과 ㉡에 알맞은 말은? 무료동영상

〈보기〉
시각장애를 진단하기 위해 사용하는 기준은 (㉠)과 (㉡)이며, 맹과 저시력으로 구분할 수 있다.

① ㉠ : 시력, ㉡ : 시야
② ㉠ : 시야, ㉡ : 시색
③ ㉠ : 시력, ㉡ : 시색
④ ㉠ : 시색, ㉡ : 약시

33. 국제시각장애인연맹(IBSA)의 등급 분류 중 ㉠과 ㉡에 알맞은 것은?

등급	설 명
B1	어느 쪽으로도 빛을 감지하는 못하는 경우
B2	시력이 (㉠) 이하 혹은 시야가 5도 이하로 물체나 그 윤곽을 인식하는 경우
B3	시력이 2m/60m ~ 6m/60m 혹은 시야가 (㉡) 사이인 경우

① ㉠ : 2m/60m, ㉡ : 10도 ~ 30도
② ㉠ : 2m/60m, ㉡ : 5도 ~ 20도
③ ㉠ : 5m/60m, ㉡ : 5도 ~ 20도
④ ㉠ : 5m/60m , ㉡ : 10도 ~ 30도

34. 시각장애인의 일반적인 특성으로 가장 바르지 못한 것은?

① 시각은 손상을 입었지만 이동하는 데에는 어려움이 없다.
② 앉아 있는 시간이 많고 신체활동이 적은 편이다.
③ 몸이 경직되어 바른 자세를 취하지 못한다.
④ 눈을 자주 비비거나 지나치게 깜박거린다.

35. 시각장애인의 신체활동 특성으로 바른 것은?

① 체력 - 건강체력과 운동체력에서 비장애인과 유사하다.
② 운동발달 - 대체로 비장애인과 유사하며 정상적인 발달 속도를 갖는다.
③ 신체상 - 시각이 아닌 촉각, 청각, 운동감각 등을 활용하여 제한적인 신체상을 갖는다.
④ 보행 - 비장애인과 보행속도가 유사하고 방향성과 안정성이 높다.

36. 전맹 시각장애인의 신체활동 지도 시 바람직한 지도방법에 속하지 않은 것은?

① 소리사용　　　　　　　② 시범
③ 언어지도　　　　　　　④ 신체지도

37. '농'으로 판단하는 의학적 청력손실 최소 기준으로 알맞은 ㉠, ㉡, ㉢, ㉣에 들어갈 말로 알맞은 것은?

[무료동영상]

데시벨(dB)	26~40dB	41~55dB	㉠	㉡	㉢
청력 정도	경도(mild)	중등도(moderate)	중도(severe)	최중도(profound)	㉣

① ㉠ : 56~65dB, ㉡ : 66~85dB, ㉢ : 86dB 이상, ㉣ : 난청
② ㉠ : 56~70dB, ㉡ : 71~90dB, ㉢ : 91dB 이상, ㉣ : 농
③ ㉠ : 56~65dB, ㉡ : 66~85dB, ㉢ : 86dB 이상, ㉣ : 농
④ ㉠ : 56~70dB, ㉡ : 71~90dB, ㉢ : 91dB 이상, ㉣ : 난청

38. 데플림픽(Deaflympics)에 참가할 수 있는 청각장애인의 청력 기준은?

① 45데시벨　　　　　　　② 55데시벨
③ 65데시벨　　　　　　　④ 75데시벨

39. 청각장애인이 사용하는 언어 수단 중 ㉠, ㉡, ㉢에 알맞은 말은?

> 〈보기〉
> (㉠) - 고유명사인 경우 한 글자씩 띄어서 표현함
> (㉡) - 손 모양으로 의사소통을 한다.
> (㉢) - 입 모양을 보고 의사소통을 한다.

① ㉠ : 지문자, ㉡ : 수화, ㉢ : 구화
② ㉡ : 수화, ㉡ : 지문자, ㉢ : 구화
③ ㉢ : 구화, ㉡ : 수화, ㉢ : 지문자
④ ㉣ : 지문자, ㉡ : 구화, ㉢ : 수화

40. 척수손상에 대한 설명 중 ㉠, ㉡, ㉢에 알맞은 것은?

> 〈보기〉
> 척수손상은 척수의 손상 부위에 따라 장애 정도가 결정된다. 척추는 (㉠)으로 구성되며, 경추 (㉡)개, 흉추 (㉢)개, 요추 5개, 천추 5개, 미추 1개로 구성된다.

① ㉠ : 31, ㉡ : 9, ㉢ : 11
② ㉠ : 32, ㉡ : 8, ㉢ : 13
③ ㉠ : 31, ㉡ : 8, ㉢ : 12
④ ㉠ : 32, ㉡ : 9, ㉢ : 12

41. 다음의 설명으로 알맞은 장애유형은?

> 〈보기〉
> - 사지의 어느 한 중간 부위가 손실된 단지증
> - 일상생활을 할 때 균형과 협응을 유지하는데 어려움이 있음
> - 후천성 장애 원인은 교통사고, 산업재해 스포츠활동 등에서 발생함
> - 국제장애인경기연맹(ISOD)에서는 9등급으로 분류하고 있음

① 절단장애
② 근위축증
③ 척수장애
④ 뇌졸중

42. 왜소증에 대한 설명으로 알맞지 <u>않은</u> 것은?

① 왜소증은 패럴림픽에 참가하며, 프랑스어로 Les Autres로 표현한다.
② 왜소증은 뇌하수체의 기능 이상으로 발생한다.
③ 왜소증은 신장이 156.4cm 이하를 말한다.
④ 왜소증은 난장이라고도 불린다.

43. 뇌병변 장애 유형 중 ㉠과 ㉡에 들어갈 말은? [무료동영상]

뇌성마비	뇌의 마비로 뇌의 손상 부위에 따라 마비의 유형이나 정도가 달라진다.
㉠	외부의 물리적인 힘에 의해 야기된 뇌의 손상으로, 전체 혹은 부분적인 기능의 장애나 심리사회적 손상을 입게 되어 학업에 불리한 영향을 미치는 것을 의미한다
㉡	성인기 뇌혈관계 질환이 원인이 되어 뇌경색이나 뇌출혈 등으로 인해 뇌 조직의 손상을 초래한 상태를 의미한다.

① ㉠ : 척수장애인, ㉡ : 외상성 뇌손상
② ㉠ : 절단장애인, ㉡ : 뇌졸중
③ ㉠ : 외상성 뇌손상, ㉡ : 뇌졸중
④ ㉠ : 뇌졸중, ㉡ : 뇌종양

44. 다음 빈칸에 알맞은 말은?

〈보기〉
장애선수의 등급 분류는 크게 (㉠) 분류와 (㉡) 분류로 구분한다. (㉠) 분류는 의사들이 판정하여 등급을 매기는 반면, (㉡) 분류는 장애선수들의 신체적 움직임과 관절의 가동 범위 등을 고려하여 공정한 시합을 하기 위해서이다.

① ㉠ : 의학적, ㉡ : 기능적
② ㉠ : 증상적, ㉡ : 기능적
③ ㉠ : 의학적, ㉡ : 손상적
④ ㉠ : 기능적, ㉡ : 의학적

45. 다음은 무슨 장애 유형이 참가하는 장애인스포츠 조직을 나타낸 것인가?

〈보기〉

① 척수장애
② 뇌성마비
③ 절단장애
④ 기타장애(Les Autres)

46. 외상성 뇌손상의 설명으로 올바른 것은?
   ① 뇌는 손상을 입었으나 일상생활을 하는 데에는 어려움이 없다.
   ② 자신의 신체 제어와 이동 등에 어려움을 갖지 않는다.
   ③ 실어증, 어눌한 말투 등과 같은 언어문제를 갖는다.
   ④ 불안, 우울증과 같은 심리사회적 문제를 갖지 않는다.

47. 외상성 뇌손상의 체육활동 지도 시 고려사항에 속하는 것은?
   ① 체육활동을 할 때에는 보조자가 필요 없다.
   ② 외상성 뇌손상인의 사회심리적 특성을 반영한다.
   ③ 기능적, 협동적, 맥락적 평가를 실시하지 않는다.
   ④ 외상성 뇌손상 관계자들과 협력할 필요가 없다.

48. 뇌성마비인의 설명으로 가장 알맞은 것은? 무료동영상

   〈보기〉
   - 전두엽의 운동피질에서 척수로 내려가는 경로인 추체계(pyramida system)의 손상에 의해 발생함
   - 근육의 과다 긴장에 의해 상하지의 근육이 갑자기 강하게 수축함
   - 상지에는 손가락, 손목, 팔꿈치 등의 구축이 일어남
   - 하지에는 다리와 골반이 안쪽으로 회전하여 무릎끼리 교차하는 가위보행이 나타남

   ① 무정위운동성 뇌성마비
   ② 진전성 뇌성마비
   ③ 경직성 뇌성마비
   ④ 강직성 뇌성마비

49. 일반 성인 중에 비만, 흡연, 스트레스 등에 의해서 뇌에 혈액을 공급하는 혈관이 파열되거나 막히는 경우에 발생하는 장애로, 과거에는 노인성 질환이었으나, 최근에는 발생 연령층이 점차 낮아지는 장애유형은?
   ① 외상성 뇌손상
   ② 척수장애
   ③ 뇌성마비
   ④ 뇌졸중

50. 다음은 휠체어 사용자의 상해 시 고려사항 및 예방에 관한 설명이다. ㉠과 ㉡에 알맞은 것은?

상해 · 고려사항	예 방
연조직	스트레칭 - 준비운동/정리운동 오래된 상해(부위)에 보호용 커버 사용
㉠	손가락 테이핑 휠체어 사용자의 경우 보호용 커버(상완에 장갑이나 스타킹 등) 사용
찰과상 · 열상	오래된 상해(부위)에 보호용 커버 사용
㉡	체중을 자주 옮김 수분을 흡수하는 의복 착용
체온 조절	흉추 6번 이상의 척수손상자는 신체가 외부환경과 동일한 체온을 보일 수 있어 적절한 의복 착용과 보호가 필수적임

① ㉠ : 타박상, ㉡ : 물집
② ㉠ : 염좌, ㉡ : 타박상
③ ㉠ : 욕창, ㉡ : 염좌
④ ㉠ : 물집, ㉡ : 욕창

특수체육론 출제예상문제 정답 및 해설

문항	정답	해설
1	②	① 데플림픽(Deaflympics) – 1924년 파리에서 청각장애인을 위해 시작됨 ② 스페셜올림픽(Special Olympics) – 1968년 케네디 재단에서 케네디 대통령의 누이 동생인 지적장애 슈라이버를 위해 캠프를 시작한데서 유래 ③ 패럴림픽(Paralympics) – 1952년 Stoke Mandeville 병원은 2차 세계대전에서 상해를 입은 휠체어 선수들을 위한 제1회 국제경기대회(ISMG)를 개최한데서 유래 ④ 아시안패럴림픽(Asian Paralympics) – 2010년 중국 광저우에서 처음 개최됨
2	①	우리나라에서 장애인전국체육대회가 최초로 개최된 연도는 1981년이며 개최장소는 정립회관이었음
3	④	① Special Physical Education: 장애인만을 위한 체육의 의미가 강함 ② Adapted Physical Education: 변형체육의 의미가 크며, 일반체육을 변형하여 장애인들에게 적용하는 경우가 해당됨 ③ Corrective Physical Education: 교정체육이라는 의미로 장애인의 치료 및 재활적 관점에 중점을 둠 ④ Adapted Physical Activity: 어린 장애인부터 노인 장애인까지 장애인의 평생체육을 강조하는 의미를 강조함
4	③	㉠ Disability: 장애의 기능에 중점을 두며, 일상생활에 제약받는 그 부분에 한정함 ㉡ Impairment: 심리적, 생리적, 해부학적 손상, 손실, 비정상을 의미함 ㉢ Handicap: 사회에서 정상적인 역할에 방해를 받거나 개인이 받는 불이익을 말함
5	②	㉠ 심동적 목표, ㉡ 정의적 목표
6	④	특수체육(Adapted Physical Activity)에 포함되는 용어는 교정체육(Corrective P. E.), 발달체육(Developmental P. E.), 특수체육(Adapted P. E.)임
7	③	장애인복지법은 장애인의 등급에 따라 시혜(施惠)를 베풀기 위해 만들어진 법이고, 장애인등에 대한특수교육법은 장애인의 교육(敎育)을 위해 만들어진 법임
8	①	① 정상화(Normalization)란 1960년대 장애인이 비장애인과 동일한 삶을 영위하게 하자는데 그 목적 및 목표가 있음 ② 통합(Integration)은 장애인이 비장애인과 함께 교육받아야 한다고 말은 하지만 지원서비스가 제공되지 않은 물리적 통합 상태를 말함 ③ 주류화(Mainstreaming)는 장애인이 비장애인이 다니는 일반학교에 우선적으로 배치하고 제한적인 요소를 최소화하는 교육환경을 제공해야 한다는 의미를 말함 ④ 완전통합(Full Inclusion): 유아교육부터 장애인을 비장애유아와 함께 교육시킬 것을 주장하는 선통합교육 후 분리교육의 의미가 강함

문항	정답	해설
9	①	의학적 모델은 장애인은 수동적 서비스 수혜자로 보며 재활, 치료, 교정 등에 관심을 두고 접근함. 반면 교육적 모델은 장애인이 삶의 주체가 되며, 능동적인 존재로 보고 있음
10	②	패럴림픽에 참가하는 장애유형은 지체장애, 시각장애, 지적장애 등임
11	②	일반스포츠의 경기종목을 장애인에게 변형(adapted)하여 장애인들이 참여할 수 있도록 개발한 스포츠종목으로는 좌식배구, 휠체어 농구, 아이스슬레지 하키 등이 있음
12	②	① 놀이와 게임 행동: 자연스럽게 노는 것, 장난감과 놀이기구를 사용하여 다른 사람과 접촉하거나 상호작용을 함 ③ 인지-운동 기능과 감각통합: 시각, 청각, 촉각 등 운동기능 감각을 활용하는 활동 ④ 건강 체력과 운동기능 체력: 심폐지구력, 근력 및 근지구력, 순발력, 유연성, 속도, 민첩성, 교치성, 평형성 등의 신체활동
13	④	장애인의 신체활동은 삶의 수단으로서 사회적응, 치료, 재활, 교정 등에 도움을 주며 자아실현을 위해 도움을 줌
14	①	효과적인 지도 순환체계는 포괄적 계획-사정 및 배치-세부 개별화교육계획-지도 및 상담-평가 순임
15	②	규준지향검사: 기술통계 표준을 사용(예: 백분위)하고 자료를 타 학생의 운동수행과 비교를 목적으로 함. 통계적 척도로 운동수행을 측정하는 항목들을 포함 준거지향검사: 해석이 필요한 임의적 서열척도 측정치(예: 등급, 수준, 점수)인 외적 표준을 사용함 포트폴리오는 다양한 환경과 사례 평가 자료를 실제 상황에서 도표, 기록지, 평가지 등을 수집하는 검사임
16	④	TGMD-2의 이동기술에는 달리기, 겔롭, 홉, 립, 제자리멀리뛰기, 슬라이드 등이 있음
17	④	대근운동발달의 이동기술은 달리기, 겔롭, 홉, 스킵, 립, 제자리멀리뛰기, 슬라이드 등을 포함하고, 물체조작기술은 치기, 튀기기, 받기, 차기, 오버핸드던지기 등을 포함. 운동기술은 속도, 교치성, 평형성, 민첩성 등을 포함
18	①	㉠ 건강체력, ㉡ 운동체력, 생태체력이라는 용어는 없음
19	②	과제분석은 전반적인 정보보다는 세부적인 정보를 얻어 장애인의 개별화교육계획을 작성하는데 유용하게 사용할 수 있음
20	①	개별화교육계획에서는 상황(주변환경), 동작(신체의 움직임), 기준(수행하는 동작의 기준점)이 요구되며, 단계는 동작을 단계별로 구분하여 검사할 때 사용함
21	②	개별화교육계획(Individualized Education Plan)의 개발 절차 순서는 의뢰-진단 및 평가-사정-통보-실행-재검토로 진행됨
22	③	장애인들이 신체활동을 하기 위한 기본 체육 시설 및 환경 조건은 접근성, 안전성, 흥미성, 효율성이 포함됨

문항	정답	해설
23	④	무게는 가벼움과 무거움, 모양은 규칙적임과 불규칙적임, 탄력은 낮음과 높음으로 구분함. 체육용 기구는 무게, 크기, 모양, 높이, 속도, 거리, 소리, 색깔, 투사각, 방향, 접촉표면, 재질, 길이, 탄력 등을 고려하여 변형해야 함
24	③	① 볼풀: 감각지각운동 ② 앰프: 리듬활동, ④ 리본: 표현활동
25	①	자기검사는 자신의 일을 체크하고 과제를 배우는 것으로 자기검사 기준은 지도자에 의해 설정함. 실천은 개인적으로 일할 시간을 참여자에게 제공하고, 지도자는 피드백을 제공함
26	③	제한적 지원은 일부 체육활동에서는 지원을 해주지만 다른 활동에서는 지원을 하지 않을 수 있음 확장적 지원은 다른 활동이나 게임에 참가할 때 지원을 함
27	②	장애인의 행동관리는 목표, 태도, 행동에 있어서 일관적이어야 하고, 장애인을 차별하지 않으며, 한 사람의 잘못은 그 사람에게 벌을 내리는 게 타당하며, 정확하고 분명하게 말을 해야 함
28	④	긍정적인 강화기법에는 칭찬, 토큰강화, 프리맥원리, 행동계약, 촉진, 용암법 등이 포함됨. 부정적인 강화기법에는 타임아웃, 소거, 벌, 과잉교정, 체계적 둔감법, 박탈, 포화 등이 포함됨
29	①	지적장애를 정의하는 세 가지 기준은 보통 지적 기능성, 적응행동, 만 18세를 사용함
30	①	자폐성 장애를 분류하는 기준은 사회적 상호작용, 의사소통 결함, 상동행동이 포함됨
31	④	지도자는 필요할 경우에만 또래교수법을 사용해 신체활동을 지도하는 것이 바람직함
32	①	시각이란 시력, 시야, 시색으로 구성되며, 시각장애의 진단에는 시력과 시야가 사용됨. 시각장애는 전맹, 맹, 약시(저시력)로 구분되며, 지금은 약시 대신 저시력이라는 용어를 사용함
33	②	④ B4는 없음
34	①	시각장애인은 볼 수 없기 때문에 이동하고 움직이는데 상당히 많은 제약을 받음
35	③	① 체력 - 건강체력과 운동체력에서 비장애인에 비해 조금 뒤짐 ② 운동발달 - 대체로 비장애인과 유사하지만 발달 속도는 느림 ④ 보행 - 비장애인에 비해보행속도가 느리고 방향성과 안정성이 낮음
36	②	전맹 시각장애인은 사물을 볼 수 없기 때문에 시범을 통한 지도는 바람직하지 않고 소리를 사용하거나 언어를 사용하거나 신체접촉을 통해 지도하는 것이 바람직함
37	②	'농'은 완전히 소리를 듣지 못하는 수준을 말하며, 장애인복지법에서 명시하고 있는 의학적 청력 손실 최소 기준은 91dB 이상임
38	②	데플림픽(Deaflympics)에 참가하는 청각장애인의 기준은 청력 손실이 55데시벨 이상인 사람임
39	①	청각장애인이 주로 사용하는 의사소통 방법은 지문자, 수화, 구화 등이 있으며, 수업에서는 속기사를 사용하여 글과 문장을 읽는데 도움을 받을 수 있음

문항	정답	해설
40	③	척추는 31개로 구성되며, 경추 8개, 흉추 12개, 요추 5개, 천추 5개, 미추 1개로 구성됨
41	①	② 근위축증- 근육이 점차 줄어드는 근육병이라고도 부름 ③ 척수장애- 척수가 감염되거나 척추가 손상을 입은 장애 ④ 뇌졸중- 뇌혈관이 막혀 혈액이 잘 흐르지 못해 발생
42	③	왜소증은 난장이라고도 부르며, 프랑스어로 Les Autres로 표현하고, 신장이 152.4cm 이하를 말하며, 뇌하수체의 기능 이상으로 발생함
43	③	뇌병변 장애인에는 뇌성마비, 뇌졸중, 외상성 뇌손상이 포함됨
44	①	장애선수의 등급은 크게 의학적 분류와 기능적 분류로 구분. 기능적 분류는 의학적 분류와는 달리 장애선수들이 공정한 시합을 하기 위해 분류함
45	②	CP-ISRA는 국제뇌성마비인스포츠·레크리에이션협회임
46	③	외상성 뇌손상인은 뇌에 손상을 입어 일상생활을 수행하는데 어려움을 나타내며, 어눌한 말투, 실어증과 같은 언어문제도 나타남
47	②	외상성 뇌손상의 체육활동 지도 시 보조자는 상황에 따라 알맞게 사용하면 되고, 맥락적 평가를 하며, 관계자들과 협력이 필요함
48	③	① 무정위운동성 뇌성마비 – 몸이 정위가 안 되고 움직이는 증상 ② 진전성 뇌성마비 – 몸이 떠는 증상을 보임 ④ 강직성 뇌성마비 – 몸이 뻣뻣한 증상을 보임
49	④	① 외상성 뇌손상 – 머리가 외부의 타격에 의해 뇌손상을 유발한 장애 ② 척수장애 – 척수가 감염되거나 척추가 손상을 입은 장애 ③ 뇌성마비 – 보통 생후 6개월 이내 뇌가 손상을 입어 뇌의 마비를 가진 비진행성 장애
50	④	욕창을 예방하고 관리하기 위해서는 적절한 영양과 위생을 유지하며, 국소 감염 부위는 빨리 소독 치료하여 번지지 않도록 해야 함

특수체육론 실전모의고사

1. 다음 중 장애인에 대한 설명으로 가장 적절하지 않은 것은?

   가. 신체적, 정신적, 혹은 해부학적으로 신체기능의 상실 또는 이상을 입은 사람
   나. 신체의 손상된 부위는 영구적으로서 원상태로의 회복이 불가능한 사람
   다. 정상적 생활을 영위함에 있어서 그 활동을 형성하는 일반적 능력이 제한을 받거나 결핍된 사람
   라. 인간의 존엄성이 강조되어 보호대상자로서 격리를 통한 치료가 필요한 사람

2. 다음 중 장애인을 바라보는 평등의 시각을 가장 적절하게 설명한 것은?

   가. 사랑과 동정의 마음으로 도와주는 시각이다.
   나. 고립된 사회가 아닌 밖으로 나올 수 있는 환경을 만들어 주어야 한다는 시각이다.
   다. 항상 도와줘야 하고 무조건 사랑의 손길을 보내는 대상으로 본다.
   라. 불편함을 이해하고 의존적인 마음을 이해하여 적극 도와주는 시각이다.

3. 다음 중 특수체육의 설명으로 가장 적절하지 않은 것은?

   가. 장애인들의 독특한 요구를 충족시키기 위해 계획된 개별화된 체육 프로그램이다.
   나. 장애로 인해 좌절감을 방지하기 위하여 반드시 성공할 수 있는 체육프로그램으로 구성한다.
   다. 장애로 인해 특별한 요구가 있는 사람들이 적절하게 스포츠활동에 참여할 수 있도록 규칙, 방법, 도구들을 수정하고 변형하는 것을 의미한다.
   라. 일반적으로 특수체육의 대상자는 장애인이다.

4. 특수체육지도자로서 가장 적절하지 않은 것은?

   가. 장애유형별 특성에 관한 경험과 이해가 필요하다.
   나. 운동기술 및 발달에 관한 지식이 필요하다.
   다. 전문적인 자질의 함양을 통하여 장애인과 그들 보호자의 의견을 배제하는 능력이 필요하다.
   라. 장애인 지도 및 행동관리의 지식과 능력이 필요하다.

5. 패럴림픽에 관한 설명으로 적절하지 <u>않은</u> 것은?

가. 현재 매 4년마다 올림픽이 개최되는 도시에서 하계와 동계 패럴림픽이 열린다.
나. 1960년 로마에서 첫 패럴림픽이 개최되었다.
다. 엘리트 장애인 선수들을 대상으로 한 국제대회이다.
라. 시각 및 청각장애를 포함하여 모든 장애인이 참가하는 대표적인 국제대회이다.

6. 특수체육에서 사정(assessment)에 관한 설명으로 가장 적절한 것은?

가. 지적장애인에게 가장적합한 체육프로그램을 결정을 하기 위해 정보를 수집하는 과정
나. 수량적 형태로 제시된 양적자료를 사용하여 특성과 원인을 파악하는 과정
다. 체육프로그램을 단순화하여 지적장애인에게 알맞은 체육프로그램을 제공하는 과정
라. 특별한 체육프로그램을 필요로 하는 대상자를 찾는 과정

7. 다음중 장애학생 건강체력평가(PAPS-D)의 설명으로 적절하지 <u>않은</u> 것은?

가. 미국에서 개발되었으며 장애유형과 장애특성을 고려하여 변형된 방식을 적절히 선택할 수 있다.
나. 지체장애, 시각장애, 청각장애, 지적장애 및 정서/행동장애의 다섯 가지 장애영역으로 나누어 검사유형을 선택할 수 있다.
다. 2013년 장애학생들의 건강체력 수준을 파악하고 관리하기 위하여 개발된 체력검사도구가 있다.
라. 건강을 유지하는데 필요한 체력관련 요인과 신체상 확립을 위한 자기신체상으로 검사요인을 구분할 수 있다.

8. 장애인복지법에서 정의한 지적장애의 등급분류로 적절하지 <u>않은</u> 것은?

가. 제1급은 지능지수가 34 이하인 사람이다.
나. 제2급은 지능지수가 35 이상 49 이하인 사람이다.
다. 제3급은 지능지수가 50 이상 70 이하인 사람이다.
라. 제4급은 지능지수가 71 이상 90 이하인 사람이다.

9. 지적장애인들이 비장애인과 비교하여 평균적으로 운동수행 능력이 지체되는 이유로 가장 적절하지 **않은** 것은?

   가. 수행해야 할 동작에 대한 개념 이해 곤란
   나. 성장과 성숙의 지연
   다. 적절한 교육의 결여
   라. 운동기술의 일반화 유지

10. 다운증후군 신체활동 지도시 주의점으로 적절하지 **않은** 것은?

    가. 일부 저시력으로 인하여 변형된 장비 적용
    나. 일부 저청력으로 인하여 변형된 지도전략 적용
    다. 환축추 불안정을 고려하여 의사의 진단 전에 안전한 앞구르기 등의 운동 적용
    라. 순환계 발달이 지체되므로, 유산소 운동시 세심한 관찰 및 주의 필요

11. 시각장애인의 운동지도시 방향정위 지도순서로 가장 적절한 것은?

용어	설명
실행	계획한 방법으로 실행
계획	선별된 정보를 종합하여 목표까지 이동할 수 있는 계획 수립
선별	목표까지 방향정위를 하는데 가장 효과적인 정보들을 파악
분석	수집된 정보가 자신에게 익숙한 것인지 또는 사용가능한 것인지 파악
지각	잔존시력, 촉각, 청각 등을 활용하여 주변환경에 대한 정보 수집

    가. 선별-계획-지각-분석-실행
    나. 지각-분석-선별-계획-실행
    다. 계획-선별-지각-분석-실행
    라. 분석-계획-지각-선별-실행

12. 국제시각장애인경기연맹(IBSA)의 등급 분류 설명으로 적절하지 **않은** 것은?

    가. B1은 전맹으로서 시각적 정보습득이 불가능 하다.
    나. B2는 시야가 5도 미만인 경우이다.
    다. B3는 시력이 2m/60m ~ 6m/60m인 경우이다.
    라. B4는 시야가 5도에서 20도 사이인 경우이다.

13. 청각장애인 스포츠 지도에 관한 설명으로 적절하지 <u>않은</u> 것은?

　가. 잔존청력을 최대한 활용하고 상황에 따라 시각적 보조물의 사용이 권장된다.
　나. 청각장애로 인한 의사소통이 제한됨으로 프로그램진행시 의사소통에 대한 특별한 수정이 필요하다.
　다. 청각장애인들은 의사소통의 불가능으로 인해 팀스포츠보다는 개인종목을 권장한다.
　라. 지도과정에서 추가설명 필요시 메모를 사용하는 것도 좋은 방법이다.

14. 데플림픽 대회에 대한 설명으로 적절하지 <u>않은</u> 것은?

　가. 55데시벨 이상의 청력손실이 있는 장애인이 참가할 수 있다.
　나. 제1회 대회가 프랑스 파리에서 개최되었다.
　다. 데플림픽은 동계와 하계대회가 있다.
　라. 패럴림픽에서 청각장애선수들이 분리되어 시작되었다.

15. 다음 중 청각장애의 설명으로 적절하지 <u>않은</u> 것은?

　가. 청각장애 1급은 두 귀의 청력손실이 90dB 이상인 경우로 전혀 소리를 듣지 못하는 경우이다.
　나. 청각장애 4급은 두 귀의 청력 손실이 70dB 이상인 경우로서 예를 들면 전화벨 소리를 듣지 못하는 경우이다.
　다. 청각장애 5급은 두 귀의 청력 손실이 60dB 이상인 경우로서 예를 들면 아기의 울음소리를 듣지 못하는 경우이다.
　라. 청각장애 6급은 한 귀의 청력 손실이 80dB 이상이고 다른 쪽의 청력손실이 40dB 이상인 경우이다.

16. 청각장애 체육활동 지도시 가장 바람직한 지도방법은?

　가. 언어지도
　나. 시범을 통한 지도
　다. 가이드 지도
　라. 그룹 지도

17. 장애인의 체육활동에서 장애인이 필요할 때 지원하는 지원수준을 의미는 용어로 적절한 것은?

　가. 확장적 지원　　　　　　　　　　나. 전반적 지원
　다. 제한적 지원　　　　　　　　　　라. 간헐적 지원

18. 뇌성마비장애인 중 삼지마비에 대한 설명으로 올바른 것은?

    가. 같은 쪽의 팔과 다리가 마비된 상태
    나. 팔다리 중 세부분이 마비된 상태
    다. 주된 마비는 하지에 나타나고 상지는 경도 마비인 상태
    라. 양 다리가 마비된 상태

19. 행동수정 중 벌의 효과적인 관리에 대한 설명으로 적절하지 <u>않은</u> 것은?

    가. 벌의 적용후 긍정적인 보상이 뒤따라야 한다.
    나. 벌의 적용은 그 적용대상과 적용시기에 있어서 일관성이 유지되어야 한다.
    다. 바람직하지 못한 행동이 굳어지기 전에 적용해야 효과적이다.
    라. 벌은 구체적이고 개별적인 행위에 부과되어 벌을 부과하는 이유를 명확히 해야 한다.

20. 행동중재 방법 중 좋아하지 않는 활동을 해야 선호하는 활동을 할 수 있도록 하는 중재법으로 알맞은 것은?

    가. 차별강화
    나. 과잉교정
    다. 프리맥의 원리
    라. 타임아웃

특수체육론 실전모의고사 정답 및 해설

01. 정답: 라
장애로 인한 인간의 존엄성이 무시되어서는 안되며 격리가 아닌 사회적 인간으로 성장하는데 도움을 주어야 한다.

02. 정답: 나
평등은 동정과 도움이 아닌 사회적 인식과 제반시설의 개선을 통하여 스스로 살아갈 수 있는 환경을 조성하는 것이다.

03. 정답: 나
특수체육은 반드시 성공 할 수 있는 프로그램이라는 인식으로 인하여 체육지도자들은 쉬운 신체활동 위주로 프로그램을 구성하는 잘못된 생각을 가지고 있다. 대상자의 운동능력을 고려하여 (최대한의) 노력을 통하여 성공할 수 있는 프로그램을 구성하여야 한다.

04. 정답: 다
특수체육지도자는 전문적인 자질을 바탕으로 운동참가자와 그들의 보호자의 의견을 적극 수렴하여 프로그램을 구성하여야 한다.

05. 정답: 라
청각장애인을 위한 올림픽은 데플림픽이다.

06. 정답: 가
특수체육에서 측정은 자나 저울과 같은 도구를 사용하여 양을 수량화하는 것이고, 선별은 대상자를 찾는 과정이며, 지도단계는 체육프로그램을 제공하는 과정이다.

07. 정답: 가
PAPS-D는 2013년 장애학생의 건강체력수준을 파악하고 관리하기 위해 우리나라에서 개발된 체력검사 도구이다.

08. 정답: 라
장애인복지법에서는 지적장애의 등급을 1급에서 3급까지 분류하고 있다.

09. 정답: 라
지적장애인들은 운동기술의 일반화가 어렵기 때문에 보다 세세한 동작분류를 통하여 지속적인 반복훈련이 요구된다.

10. 정답: 다
환축추불안정은 경추가 불안정한 경우로서 목의 과도한 신전과 굴곡이 되는 운동을 삼가야 한다.

번호	정답	해설
11	나	시각장애인의 방향정위 진행과정은 지각-분석-선별-계획-실행으로의 연결과정이다.
12	라	국제시각장애인경기연맹(IBSA)에서는 시각장애선수들을 B1, B2, 그리고 B3로 분류하고 있다.
13	다	청각장애인들 또한 의사소통(구화, 수화 등)이 가능하며 팀스포츠에 참가하고 있다.
14	라	데플림픽은 1924년에 시작되었으며, 이는 1960년에 시작된 패럴림픽보다 35년여 앞섰다.
15	가	청각장애 등급은 2급부터 시작하고 1급은 없다.
16	나	청각장애 지도시 시각적 효과를 통하여 청각적 효과를 보완해 주어야 한다.
17	라	제한적 지원은 어떠한 종목은 지원해 줄 수 있지만 다른 종목에서는 지원을 하지 않는 경우이고, 확장적 지원은 대부분의 체육활동에서의 지원이 필요한 경우이고, 전반적 지원은 계속적으로 지원이 필요한 경우이다.
18	나	편마비는 같은 쪽의 팔다리가 마비된 상태이고, 양측마비는 신체양측마비로 상지보다는 하지의 마비가 심각하며, 대마비는 양쪽 다리가 마비된 상태이다.
19	가	벌은 무보상의 원칙으로써 벌 이후에 보상이 뒤따라서는 안 된다.
20	다	차별강화는 문제행동이 보이지 않을 때 선정된 바람직한 대체행동에 대한 강화를 통하여 문제행동을 감소시키는 전략이고, 과잉교정은 적절한 행동을 지속적으로 연습시키는 전략이며, 타임아웃은 사전에 정해진 시간동안 차단하는 전략이다.

유아체육론

유아체육론 — 2016년 기출문제 분석

출제기준

주요 항목	세부 항목
1. 유아체육의 이해	1. 유아기의 특징
	2. 유아기 운동발달
	3. 유아기의 건강과 운동
2. 유아기 운동발달 프로그램의 구성	1. 운동발달 프로그램의 기본 원리
	2. 운동발달 프로그램의 구성요소
3. 유아체육 프로그램 교수-학습법	1. 유아체육 지도방법
	2. 유아 운동발달 프로그램 계획
	3. 유아 운동프로그램 지도
	4. 안전한 운동 프로그램 지도를 위한 환경

[유소년스포츠지도사]

1. 피아제(J. Piaget)의 인지발달 단계에 포함되지 않는 것은?

① 감각운동기
② 전조작기
③ 구체적 조작기
④ 직관적 조작기

정답	④	난이도	보통
출제영역	유아체육의 이해		
해설	Piaget의 인지발달 단계는 감각운동기, 전조작기, 조작기, 형식적 조작기로 나누어진다.		

2. 유아기의 정서로만 묶인 것은?

① 기쁨-분노-우정
② 분노-애정-기쁨
③ 질투-애정-근면
④ 공포-질투-냉담

정답 및 해설	정답	②		난이도	어려움
	출제영역	유아체육의 이해			
	해설	유아기에 볼 수 있는 정서반응은 분노, 애정, 기쁨 등이다.			

3. 유아의 기초운동 기능 중 조작운동에 포함되지 않는 것은?

① 치기(striking) ② 던지기(throwing)
③ 달리기(running) ④ 차기(kicking)

정답 및 해설	정답	③		난이도	보통
	출제영역	유아체육 프로그램의 구성			
	해설	달리기는 이동운동의 하나이다.			

4. 갤라휴(D. Gallahue)의 운동발달 단계에 대한 설명으로 옳은 것은?

① 초보운동 단계-운동동작을 서로 연관시켜 하나의 일관된 동작으로 완성하는 단계
② 반사운동 단계-정보를 받아들이는 정보수용단계, 수용된 정보를 처리하며 초기 자발적 움직임이 일어나는 정보처리 단계
③ 기초운동 단계-운동 패턴이 세련되고 효율적인 형태로 발전하는 단계
④ 전문운동 단계-연령에 따라 점차 새로운 운동 기능이 나타나 성숙되어가는 단계

정답 및 해설	정답	②		난이도	어려움
	출제영역	유아기 운동발달			
	해설	초보운동단계는 기본 움직임의 제어와 협응이 향상되는 단계, 기초운동단계는 유아의 첫 번째 목표지향적인 시도가 이루어지는 시기이며, 이 시기에는 신체의 사용이 제한되거나 과장된 움직임이 나타나고 협응이 제대로 되지 않으면서 움직임이 매끄럽지 못한 특징을 나타낸다. 전문운동단계는 일상생활, 기본적인 스포츠 기술이나 레크리에이션 분야 등에서 여러 복잡한 활동에 응용되어 보다 더 세련되고 복잡한 활동이 가능하게 되는 단계			

5. 지각운동발달 프로그램 구성 요소에 포함되지 않는 것은?

① 신체지각　　　　　　　　　② 공간지각
③ 관계지각　　　　　　　　　④ 객관지각

정답	④	난이도	보통
출제영역	유아체육 프로그램 구성요소		
해설	지각운동 프로그램 구성요소에는 시간지각, 관계지각, 움직임의 질, 신체지각, 공간지각, 방향지각 등이 포함된다.		

6. 유아의 사회성 놀이 발달 단계 순서로 옳은 것은?

① 단독놀이 단계 → 평행놀이 단계 → 연합놀이 단계 → 협동놀이단계
② 평행놀이 단계 → 단독놀이 단계 → 연합놀이 단계 → 협동놀이단계
③ 연합놀이 단계 → 평행놀이 단계 → 단독놀이 단계 → 협동놀이단계
④ 단독놀이 단계 → 연합놀이 단계 → 평행놀이 단계 → 협동놀이단계

정답	①	난이도	어려움
출제영역	유아체육의 이해		
해설	유아의 사회성 놀이발달 단계 순서는 단독놀이단계 - 평행놀이단계 - 연합놀이단계 - 협동놀이단계 순으로 발달한다.		

7. 〈보기〉에서 설명하는 원리는?

〈보기〉
- 체육 프로그램은 유아들을 위한 발달적이고, 적절한 활동들을 고려해야 한다.
- 개인의 발달상태, 움직임 활동에 대한 이전의 경험, 기술, 수준, 체력, 연령 등을 고려해야 한다.

① 연계성의 원리　　　　　　　② 안전성의 원리
③ 적합성의 원리　　　　　　　④ 다양성의 원리

정답	③	난이도	보통
출제영역	유아체육 프로그램의 기본원리		
해설	적합성의 원리를 설명한다.		

8. 유아의 발달과정에 대한 설명으로 옳지 <u>않은</u> 것은?

① 신체 중심에서 말초 부위로 발달
② 대근육에서 소근육으로 발달
③ 머리에서 발가락으로 발달
④ 사지에서 몸통 근육으로 발달

정답	④	난이도	보통
출제영역	유아기 운동발달		
해설	유아의 발달은 신체중심에서 말초로, 대근육에서 소근육으로, 머리에서 발가락으로 발달이 된다.		

9. 유아의 체력요소와 측정방법이 바르게 연결된 것은?

① 유연성-앉아서 윗몸 앞으로 굽히기
② 평형성-제자리 멀리뛰기
③ 순발력-몸 지탱하기
④ 민첩성-평균대 위에서 외발서기

정답	①	난이도	보통
출제영역	유아체육 프로그램의 기본원리		
해설	제자리 멀리뛰기는 순발력을 측정하는 요소이며, 몸 지탱하기는 근력을 측정하는 요소이다. 평균대 위에서 외발서기는 평형성을 측정하는 요소이다.		

10. 유아기의 규칙적인 운동의 효과가 <u>아닌</u> 것은?

① 체지방률 감소
② 골밀도 감소
③ 심폐지구력 발달
④ 운동기능의 발달

정답	②	난이도	쉬움
출제영역	유아기의 건강과 운동		
해설	유아기의 운동 효과에는 골밀도를 증가시키기 위함이 포함된다.		

11. 안정운동에서 축 이용 기술이 <u>아닌</u> 것은?

① 굽히기(bending)
② 늘리기(stretching)
③ 던지기(throwing)
④ 비틀기(twisting)

정답	③	난이도	보통
출제영역	유아체육 프로그램의 기본원리		
해설	던지기는 조작운동의 하나이다.		

12. 유아체육 프로그램의 구성 절차로 옳은 것은?

① 자료수집 → 프로그램작성 → 적용대상선정 → 프로그램지도 → 프로그램평가 → 피드백
② 자료수집 → 프로그램작성 → 적용대상선정 → 프로그램평가 → 프로그램지도 → 피드백
③ 자료수집 → 적용대상선정 → 프로그램작성 → 프로그램평가 → 프로그램지도 → 피드백
④ 자료수집 → 적용대상선정 → 프로그램작성 → 프로그램지도 → 프로그램평가 → 피드백

정답	④	난이도	어려움
출제영역	유아 운동발달 프로그램 계획		
해설	유아체육의 프로그램 구성 절차는 자료수집 – 적용대상선정 – 프로그램 작성 – 프로그램 지도 – 프로그램 평가 – 피드백으로 이루어진다.		

13. 기술수준의 초급단계에서 추구하지 않는 것은?

① 발견
② 인식
③ 세련
④ 탐색

정답	③	난이도	보통
출제영역	운동발달 프로그램의 구성요소		
해설	기술 수준의 초급 단계에서 추구하는 것은 발견, 인식, 탐색이다.		

14. 유아의 지적능력과 더불어 운동능력 발달에 영향을 미치는 2가지 요소는?

① 성숙과 경험
② 정서와 관계
③ 규칙과 전략
④ 웃음과 즐거움

정답	①	난이도	쉬움
출제영역	유아기 운동발달		
해설	유아의 지적 능력과 더불어 운동능력 발달에 영향을 미치는 2가지 요소는 성숙과 경험이다.		

15. 유아 운동프로그램의 교구중 대도구에 포함되지 않는 것은?

① 매트
② 철봉
③ 평균대
④ 후프

정답	④	난이도	쉬움
출제영역	안전한 운동 프로그램 지도를 위한 환경		
해설	후프는 소도구에 해당된다.		

16. 신체활동 중 응급 상황 시 행동요령 순서로 옳은 것은?

① 응급상황 인지 → 도움유무 결정 → 구급차 호출 → 부상자 진단 → 응급처치 실시
② 응급상황 인지 → 부상자 진단 → 도움유무 결정 → 응급처치 실시 → 구급차 호출

③ 응급상황 인지 → 도움유무 결정 → 부상자 진단 → 구급차 호출 → 응급처치 실시
④ 응급상황 인지 → 부상자 진단 → 응급처치 실시 → 도움유무 결정 → 구급차 호출

정답 및 해설	정답	①		난이도	보통
	출제영역	안전한 운동 프로그램 지도를 위한 환경			
	해설	응급 상황 시 행동요령 순서는 응급상황인지 → 도움유무 결정 → 구급차 호출 → 부상자 진단 → 응급처치 실시 순서로 행해진다.			

17. 3~5세 연령별 누리과정의 지도원리에서 신체운동·건강영역의 내용범주가 **아닌** 것은?

① 신체인식하기 ② 전통놀이 활동하기
③ 안전하게 생활하기 ④ 신체조절과 기본운동하기

정답 및 해설	정답	②		난이도	보통
	출제영역	유아기의 건강과 운동			
	해설	누리과정의 신체운동·건강영역의 내용 범주는 신체인식하기, 안전하게생활하기, 신체조절과 기본 운동하기 등이다.			

18. 유아의 창의적 동작표현력을 향상시키기 위하여 이용되는 동작교수법이 **아닌** 것은?

① 획일적 접근방법 ② 리듬적 접근방법
③ 신체적 접근방법 ④ 통합적 접근방법

정답 및 해설	정답	①		난이도	보통
	출제영역	유아 운동프로그램 지도			
	해설	유아의 창의적 동작표현력을 향상시키기 위한 동작 교수법으로는 리듬적 접근방법, 신체적 접근방법, 통합적 접근방법 등이 있다.			

19. 유아를 위한 교재·교구의 선정 원칙으로 옳지 **않은** 것은?

① 안전성 ② 적합성
③ 소모성 ④ 확장성

정답	③	난이도	보통
출제영역	안전한 운동 프로그램 지도를 위한 환경		
해설	유아의 교재·교구 선정 원칙은 안전성, 적합성, 확장성 등이다.		

20. 유아의 신체활동 시간을 증가시키기 위한 전략으로 옳지 않은 것은?

① 발육발달 수준에 맞는 신체활동 프로그램을 전개한다.
② 기술을 연습할 수 있도록 대기 시간을 늘린다.
③ 활동적으로 참여하는 것에 대해 긍정적인 피드백을 제공한다.
④ 유아들의 흥미를 유발할 수 있는 다양한 활동을 제공한다.

정답	②	난이도	어려움
출제영역	유아 운동프로그램 지도		
해설	기술을 연습할 수 있도록 대기시간을 늘리는 것은 유아의 신체활동 시간을 증가시키기 위한 전략이 아니다.		

유아체육론 핵심요약

1부. 유아체육의 이해

학습목표

- 유아체육의 개념을 이해한다.
- 유아의 신체적, 인지적, 정서적, 사회적 발달에 대한 내용을 배운다.
- 유아기 발달의 연구 관점과 이론에 대해 배운다.
- 운동발달 모형을 통해서 운동발달 단계와 움직임 능력의 습득과정에 대해서 배운다.
- 유아기의 건강요인과 운동범위, 운동 능력에 대해 배운다.

1장 ❙ 유아체육의 이해

1) 유아체육, 유소년체육 등 용어에 대한 개념 이해

○ 유아체육이란 신체활동을 통하여 유아(현행 유아교육법에서 만3세~초등학교 취학전 어린이로 규정)의 성장 발달을 도와 신체적·정서적·사회적으로 완전한 전인적 인간을 만들기 위한 교육을 말한다.

○ 유소년 체육이란 2012 체육진흥법 개정에 따른 만3~12세의 초등학교까지의 어린이를 대상으로 실시하는 체육을 말한다.

2) 유아체육의 목표

○ 유아는 발달과 성숙 과정에 있는 사람이기 때문에 청소년 이상 성인들을 대상으로 하는 체육활동이 스포츠 기술의 습득이나 건강 증진을 목표로 한다면 유아들이 하는 체육은 청소년이나 성인이 전인적 발달이나 개인적 well-being을 최종 목표로 한다는 점에서는 같을 수 있으나 그 내용적인 면에서는 청소년이나 성인의 목표와는 전혀 다르다고 할 수 있다. 발달 과정에 있는 유아들에게는 각 요인들이 서로 다르게 작용하고 그 효과의 크기가 다를 것이다. 다음은 유아체육의 목표를 그림으로 제시한 것이다.

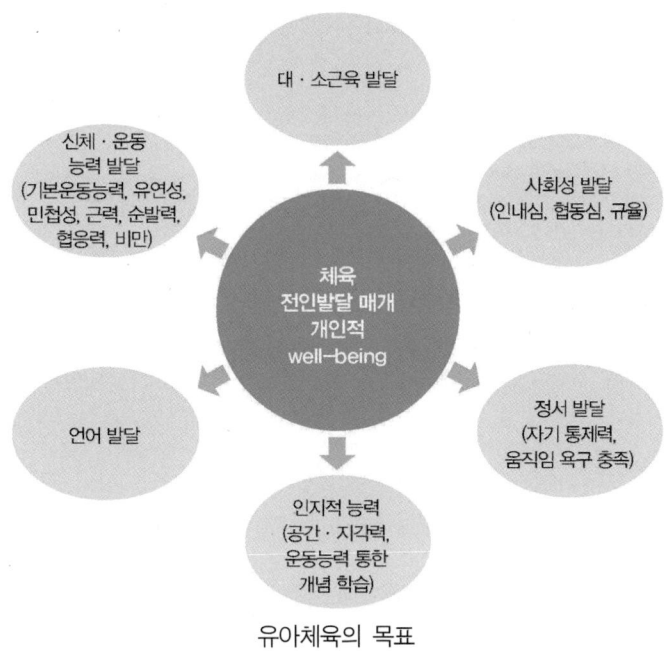

유아체육의 목표

3) 유아체육의 효과

유아체육의 효과를 요약하면 다음과 같다.
- 규칙적 신체활동 참여를 통한 건강 증진
- 발달 단계에 따른 신체 기술의 발달
- 체력 증진
- 지능의 발달(다양한 신체 발달을 통한 원리, 전략, 감각, 개념 정립의 증진)
- 바른 자세 형성
- 키 성장과 아름다운 체형 형성
- 학습능력 강화
- 신체적인 움직임의 성공을 통한 자신감 증진
- 다양한 놀이를 통한 창의력 증진
- 또래와의 관계 강화
- 평생 건강습관 습득
- 여가시간 활용 및 레크리에이션 습관 형성
- 자신과 타인에 대한 존중감 증진
- 도전의식 고취
- 규칙준수 훈련
- 리더십과 사회적 상호작용 강화(사회성 증대)
- 스트레스 감소

- 기본 운동과 기술을 통해 평생 동안 자신의 신체를 안전하고 효율적으로 움직일 수 있는 방법 터득 등 많은 이득을 가져다준다.

핵심용어

- **유아체육**: 유아체육이란 신체활동을 통하여 유아(현행 유아교육법에서 만3세~초등학교 취학전 어린이로 규정)의 성장 발달을 도와 신체적·정서적·사회적으로 완전한 전인적 인간을 만들기 위한 교육을 말한다.
- **유소년체육**: 유소년 체육이란 2012 체육진흥법 개정에 따른 만3~12세의 초등학교까지의 어린이를 대상으로 실시하는 체육을 말한다.
- **유아체육의 목표**: 신체활동을 통하여 신체적, 정서적, 사회적으로 전인적 발달을 꾀하고 개인의 wellbeing의 삶을 달성하고자 하는 데에 유아체육의 목표가 있다.
- **유아체육의 효과**: 신체적 발달, 두뇌발달, 사회성 발달, 정서발달, 안전하고 효율적으로 개인의 신체를 움직일 수 있는 능력 등 개인의 신체적, 심리적, 사회적 모든 부분에서 평생의 삶을 보다 건강하고 효율적으로 영위할 수 있도록 도와준다.

2장 ❙ 유아기의 발달특징

1) 신체적 발달특징

유아기의 양적인 변화는 신장, 체중, 어휘력에서 보이는 변화와 같이 크기 또는 양의 변화를 의미하며, 질적인 변화는 지능의 본질이나 심리작용에서의 변화 같이 본질, 구조 또는 조직상의 변화를 말한다. 이러한 양적·질적인 변화는 신체적, 운동적, 인지적, 정서적 및 사회적 측면 등 인간의 모든 발달 측면에서 일어나며 서로에게 영향을 주게 된다.

(1) 초기아동기 특징

○ 신생아기, 영아기, 유아기(초기아동기; 3~5세, 후기아동기; 초등학교 시기의 아동)의 신체적 발달 특징, 반사에 대한 이해
  - 신생아기는 출생 후 2~4주의 기간을 말하며, 신생아의 모습은 머리가 신체 길이의 1/4을 차지하며, 미성숙한 단계이다.
  - 영아기는 4주~2세까지의 기간을 말하며, 출생 후 1년 동안 영아의 체중과 신체 길이는 급속히 증가하게 된다. 영아기는 신체 길이가 빠르게 성장하고, 피하조직이 크게 증가하는 특징을 보인다.
  - 신생아기와 영아기 아기들에게서 나타나는 가장 큰 특징은 반사(reflex)이다. 반사는 출생 후 나타나는 기본적인 움직임 중 하나이다. 반사는 영아의 의지와는 상관없이 나타나는 불수의적인 움직임이며, 영아가 성장하는 데 있어 가장 기본적인 역할을 하게 된다.
  - 만 2세 이후 유아기 동안에는 성장 속도가 점점 줄어들게 되는데 유아기(초기 아동기)의 기본 움직임부터 후기 아동기의 스포츠 기술에 이르기까지 여러 가지 다양한 움직임 과제를 발달시키고 정교하게 만들 수 있는 가장 적절한 시기가 바로 유아기이다.
  - 6세부터 10세까지의 후기 아동기는 신장과 체중이 느리지만 꾸준히 증가하는 특징이 있으며, 사춘기에 들어가기 전에 키가 커지고 살이 찌는 시기이다. 감각체계와 운동체계의 조직화가 더욱 진전되는 시기이다. 이 시기는 정교해진 기본 움직임 능력들이 스포츠 기술로의 과도기적 움직임들로 발달하는 변화의 특징을 보인다.

- 초기 아동기에는 지각-운동 능력은 빠르게 발달하지만 신체의 방향 인식, 시간 감각, 공간 인식에서 혼란이 발생하는 경우가 종종 있다.
- 이 시기의 아동들은 여러 가지 운동 기술에서 기본 움직임 능력을 빠르게 발달시킨다.
- 초기 아동기에는 신체 기능들이 잘 조절된다. 생리적 항상성(안정성)이 잘 이루어져 있다.
- 초기아동기에는 대근 운동제어는 빠르게 발달하는 반면에 소근운동 제어는 느리게 이루어진다.

(2) 후기아동기 특징
- 후기 아동기 성장 속도는 특히 8세부터 아동기가 끝날 때까지 취학전에 비해 느리지만 꾸준하다.
- 후기 아동기에는 생리적 발달에 있어 여아가 남아에 비해 1년 정도 앞서는 것이 일반적이며, 이 시기의 끝 무렵으로 가면서 남녀 간 관심의 차이가 나타나기 시작한다.
- 후기아동기의 초기에는 반응 시간이 느리기 때문에 눈-손과 눈-발의 협응성에서 어려움이 있다. 이 시기가 끝날 무렵에는 일반적으로 이러한 협응성 능력이 좋아진다.
- 후기아동기에는 정교해진 기본 움직임 능력들이 스포츠 기술로의 과도기적 움직임 기술들로 발달하는 변화의 특징을 보인다.

(3) 건강체력(심폐지구력, 유연성, 근력, 근지구력, 체구성)의 발달

(4) 유아의 성장과 발달에 영향을 주는 요인
- 영양섭취
  태아기의 신체발달에 영향을 주는 요인들 중 영양섭취가 가장 중요하다. 성장 지체의 정도는 영양부족의 심각성, 지속시간, 시작 시점에 의해 좌우된다.
- 운동과 손상
  신체활동의 원칙 가운데 하나는 사용과 미사용의 개념이다. 이 원칙에 따르면, 사용되는 근육은 비대해지고(hypertrophy, 크기의 증대), 사용되지 않는 근육은 위축(atrophy, 크기의 감소)된다. 아동의 경우 다양한 활동이 발달과 성장을 촉진시킨다.
- 질병과 기후
  질병이나 질환이 성장을 지체시키는 정도는 병의 지속시간과 심각성 그리고 병에 걸린 시점에 의해 좌우된다.

2) 감각 및 인지적 발달특징

(1) 감각(시각, 청각, 촉각, 후각, 미각)의 발달
- 시각: 시각은 영유아일 때 가장 늦게 발달하는 기능이다. 황반과 접안근육은 태어날 때 완벽하게 완성되지 않아서 응시, 초점 맞추기 그리고 안구 움직임을 관장하는 데 부족하다. 유아들은 생후 1~2주까지 움직이는 물체에 시선을 가져간다. 시력은 생후 몇 개월 동안 빠르게 향상되지만 영아가 성인만큼 볼 수 있으려면 6개월에서 1년 정도 걸린다.
- 청각: 영아의 청각은 생후 4개월에서 6개월 사이에 크게 향상되며, 매우 작은 소리의 탐지는

아동 후기에 이르러서야 가능하게 된다.
- 촉각: 접촉에 대한 민감성은 영아가 주변 환경에 대한 반응성을 높이는 반응이다. 촉각은 이미 엄마 뱃속에 있을 때부터 느끼게 되며, 미숙아를 인큐베이터 속에서 주기적으로 쓰다듬어주고 마사지해줄 때 발달이 더 진행되는 것으로 나타나고 있다. 주의집중을 잘 못하는 영아를 마사지해줌으로써 영아를 안정시킨다는 연구들은 접촉을 통해 영아가 주변 사람들과 더 밀착하게 된다는 증거가 된다.
- 후각: 신생아는 자신과 가장 가까운 사람을 변별하는 초기 수단으로 각각의 사람들에 대해 독특한 후각적 특성을 이용한다.
- 미각: 신생아는 쓰거나 시거나 짠 용액이나 맹물보다는 단맛이 나는 용액을 빠른 속도로 오랫동안 빠는 경향을 보인다.

(2) 유아기 인지적 발달특징
- 초기아동기에는 깨어 있는 대부분의 시간을 놀이로 보내는데, 놀이는 말 그대로 아동들에 있어 일에 해당하는 것으로 볼 수 있다. 이 시기의 아동들은 무엇보다 놀이를 통해 자신의 신체와 움직임 능력을 배운다.
- 지각운동발달: 지각-운동 능력의 발달은 지각과 운동과의 상호작용을 통하여 혼돈된 감각세계에 의미와 체계를 부여하여 조화된 세계를 형성하는 과정이라고 할 수 있으며, 지각과 운동발달은 밀접히 연결되어있다.

(3) 유아기 사회. 정서적 발달특징
- 인간은 움직임을 통하여 본인과 다른 사람들에게 작용하는 느낌과 감정을 경험하게 된다. 이를 '정서'라고 하며, 출생 이후 역동적으로 일어나는 운동발달과 맞물려 변화한다. 정서는 신체적·심리적 자극으로 발생하는 심리적·생리적 긴장 반응이 일어나는 상태를 의미한다.
- 유아기(초기 아동기)에는 정서발달 측면에서 두 가지 중요한 사회-정서적 발달과제, 즉 자율성과 주도성이라는 발달과제를 수행한다.
- 유아기(초기 아동기)의 정서적 발달 특징은 자기중심적이며, 모든 사람들이 자신과 같은 방법으로 생각한다고 추측한다. 다른 사람과 나누거나 사이좋게 지내기를 싫어하는 것처럼 보이기도 한다. 종종 새로운 상황을 두려워하고 수줍어하며, 자의식이 강하고 친숙함으로부터 오는 안정감을 상실하는 것을 싫어한다. 옳고 그름을 구별하는 것을 배우고, 양심이 발달하기 시작하며, 2~3세 아동은 일관성이 없는 면을 보이는 반면에 3~5세 아동들은 행동이 안정되고 순응적으로 보이는 경우가 많다. 또한 자기개념이 빠르게 발달한다. 이 시기에는 현명한 지도와 성공지향적인 경험 그리고 긍정적 강화가 특히 중요하다.
- 정서는 사회성 발달과도 긴밀하게 영향을 미치는 요소가 되는데, 사회화(socialization)는 우리가 사는 세상을 이해하고 타인과 상호작용하는 사회성 발달과 학습 과정이다. 즉, 사회화는 개인과 타인의 관계를 형성하는 역동적인 과정으로, 개인이 속한 사회에서 요구하는 규범과 가치에 부합하는 가치관을 형성하는 과정이라고 할 수 있다. 생후 첫 1년은 자기중심적이고 비사회화

된 시기이며, 4~5세경이 되면 놀이를 통해 리더십 향상과 경쟁, 협동 그리고 사회적 인식이 발달될 수 있는 기회를 제공받는다.
- 후기 아동기 초기에는 남녀의 관심사가 비슷하지만 곧 달라지기 시작하며, 초기에는 자기중심적이며 대집단 보다는 소집단 상황에서 잘한다.
- 후기아동기에는 종종 공격적이고 허풍을 떨며 자기 비판적이고 과잉반응을 하며 지고 이기는 것을 받아들이는 것에 능숙하지 못하고 권위, 공정한 징계, 기강, 강화에 민감하다.
- 후기아동기에는 모험심이 강해서 친구나 또래집단의 위험하거나 은밀한 활동에 참여하고자 하는 욕구가 크며, 자기개념이 확고히 자리를 잡는다.
- 또한 후기아동기에는 뛰어난 상상력을 가지고 있을 뿐만 아니라 매우 창조적인 생각을 보여준다. 그러나 이 시기의 끝으로 가면서 강한 자의식이 자리 잡는 것으로 보인다. 이 시기 초기에는 구체적인 사례와 상황은 훌륭하게 처리하지만 보다 추상적인 인지 능력은 이 시기가 끝날 무렵에 분명해진다.

핵심용어

- **유아기 신체적 발달특징**: 유아는 신생아기, 영아기, 유아기를 거치면서 인생 중 가장 빠른 신체발달을 이루게 된다. 여러 가지 운동기술에 있어서도 빠른 발달이 이루어지게되며, 유아기 후기로 갈수록 성장 속도는 느려지게 되며, 운동기술은 정교해진다.
- **유아기 인지적 발달특징**: 오감을 통한 지각-운동과의 상호작용을 통하여 인지능력이 빠르게 발달한다.
- **유아기 사회적 발달특징**: 생후 첫 1년은 자기중심적이고 비사회화 된 시기이며, 4~5세경이 되면 놀이를 통해 리더십 향상과 경쟁, 협동 그리고 사회적 인식이 발달될 수 있는 기회를 제공받음으로써 사회성이 발달한다.

3장 ❙ 유아기 발달에 대한 관점과 이론

1) 발달의 개념

○ 발달(development)이란 출생에서 사망에 이르기까지 진보적이고 계속적인 변화를 말하며, 신체의 각 부분에 대한 형상의 변화와 각 부분의 기능적 통합을 의미하고, 학습 전 기본적인 형태의 출현을 의미한다. 발달이라는 용어는 인간의 전 생애에 사용되는 개념이며, 유아, 청소년 시기까지는 +발달 즉, 성장과 성숙을 의미하며, 성인 이후의 발달은 -발달 즉, 노화를 의미한다. 유아체육에서는 유아의 발달과 성숙을 의미하는 +발달이 해당된다.

○ 발달의 일반적 원리
- 성숙과 학습이 발달에 상호 영향을 미치며, 유아의 발달은 일정한 순서를 따른다.
- 발달은 계속적인 과정이지만, 발달의 속도는 일정하지 않다.
- 유아 발달에는 최적기가 있다.
- 발달은 연속적이며, 점진적이다.
- 발달은 분화, 통합적으로 이루어진다.
- 발달은 개인차가 있다.

2) 발달이론

유아체육을 지도하기 위해서는 유아를 설명하는 발달 이론들에 대해 충분히 이해하고 있어야 한다. 발달 이론은 발달심리학 이론들과 맥을 같이하며, 이러한 이론들은 교육학적 측면에서도 가장 중요한 이론들이 된다.

- Arnold Gesell의 성숙주의 이론
- 행동주의 이론
- 인지주의 이론
- Vygotsky의 상호작용 이론
- Bruner의 인지 이론
- 정보처리 이론
- Freud의 정신분석 이론
- Erikson의 심리사회발달 이론
- Maslow의 인본주의 이론
- Kohlberg의 도덕발달 이론
- Bandura의 사회학습 이론
- 생태학적 이론
- 환경 이론

핵심용어

- **발달이란?**: 발달(development)이란 출생에서 사망에 이르기까지 진보적이고 계속적인 변화를 말하며, 신체의 각 부분에 대한 형상의 변화와 각 부분의 기능적 통합을 의미하고, 학습 전 기본적인 형태의 출현을 의미한다. 발달이라는 용어는 인간의 전 생애에 사용되는 개념이며, 유아, 청소년 시기까지는 +발달 즉, 성장과 성숙을 의미하며, 성인 이후의 발달은 −발달 즉, 노화를 의미한다. 유아체육에서는 유아의 발달과 성숙을 의미하는 +발달이 해당된다.
- **발달이론**: 발달 이론은 발달심리학 이론들과 맥을 같이하며, 이러한 이론들은 교육학적 측면에서도 가장 중요한 이론들이 된다. 많은 이론들이 제시되고 있다.

4장 | 유아기 운동발달

1) 운동발달 단계

운동발달 단계는 주로 움직임 행동의 변화를 통해 나타나게 되며, 운동발달 과정을 관찰할 수 있는 주된 방법은 생애 주기에 걸쳐 일어나는 움직임 행동에 대한 변화를 살펴보는 것이다. Gallahue의 운동발달단계 모델은 이 같은 발달 단계를 잘 보여주고 있다.

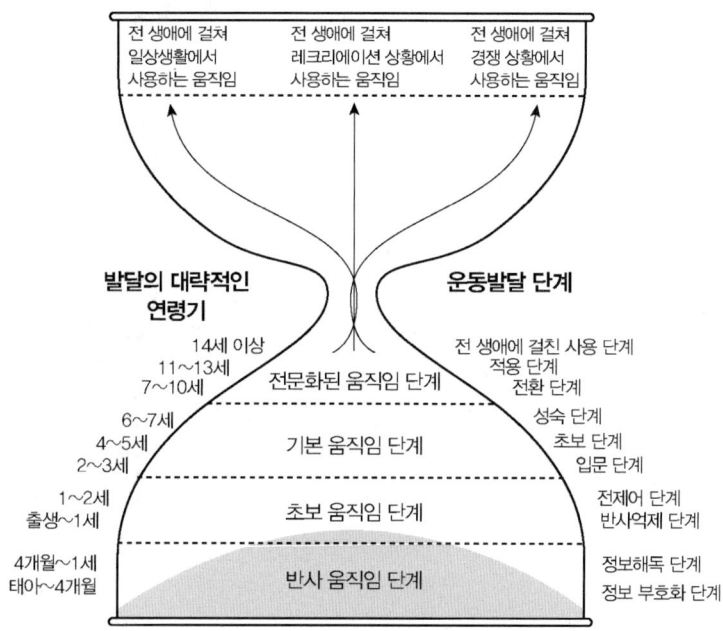

Gallahue의 운동발달단계 모델

2) 운동능력의 변화

운동능력의 변화는 반사(reflex)를 제외한 수의적 움직임의 변화를 말하며, 유아기의 기본적인 움직임들은 유아발달의 토대가 되며 다양한 움직임 경험은 유아들이 자신의 환경을 지각하는 데 필요한 정보를 제공해 준다. 기본적인 운동 능력은 안정성 운동, 이동성 운동, 조작성 운동으로 나누어 볼 수 있다.
- 안정성 운동
- 이동성 운동
- 조작성 운동

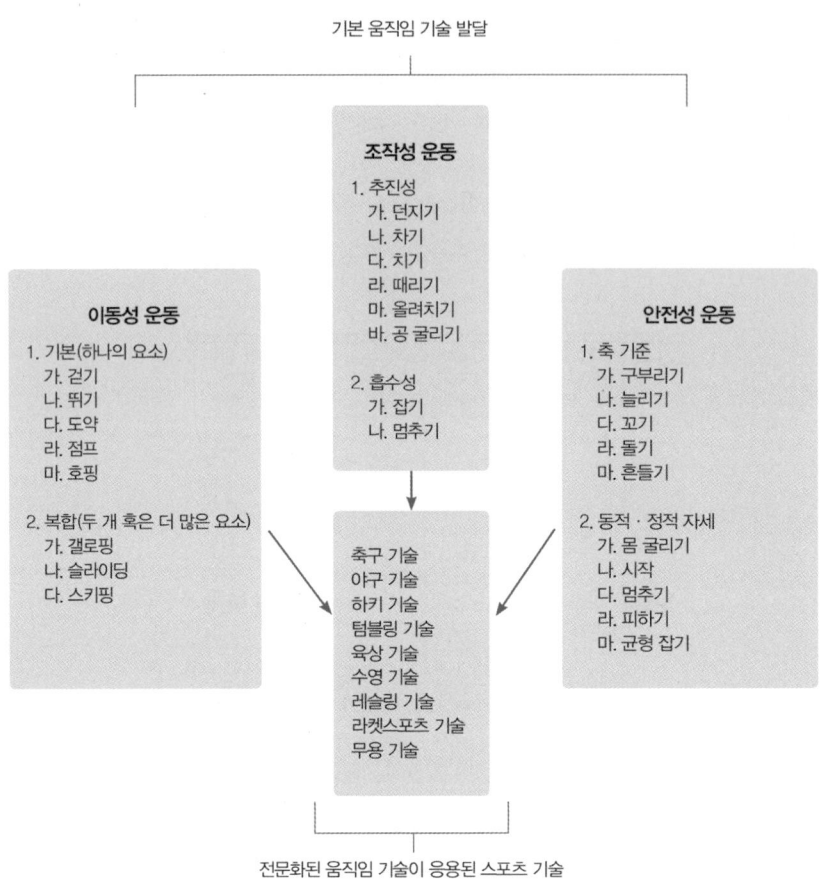

기본 움직임 기술

핵심용어

- **운동발달 단계**: Gallahue의 운동발달 단계 모델에 따르면 반사 움직임 단계-초보움직임 단계-기본 움직임 단계-전문화된 움직임 단계로의 발달이 이루어진다.
- **운동능력의 변화**: 운동능력의 변화는 반사(reflex)를 제외한 수의적 움직임의 변화를 말하며, 유아기의 기본적인 움직임들은 유아발달의 토대가 되며 다양한 움직임 경험은 유아들이 자신의 환경을 지각하는 데 필요한 정보를 제공해 준다. 기본적인 운동 능력은 안정성 운동, 이동성 운동, 조작성 운동으로 나누어 볼 수 있다.

5장 ㅣ 유아기의 건강과 운동

1) 유아기 신체건강의 요인

- 영양
- 수면
- 운동
- 신체기능

2) 운동 권장지침

유아기 운동 권장 지침은 아직 과학적 근거가 미약하고 각 국가에서 권장하는 내용들이 조금씩 차이가 있으나 일반적으로 하루에 계획된 신체활동과 계획되지 않은 신체활동을 각 한 시간 이상 할 것을 권고하고 있다.

핵심용어

- 영양: 생물이 살아가는 데 필요한 에너지와 몸을 구성하는 성분을 외부에서 섭취하여 소화, 흡수, 순환, 호흡, 배설을 하는 과정으로 특히 유아들의 경우 성장 발육에 도움이 되는 영양을 골고루 잘 섭취해야 한다.
- 수면: 유아에게 있어서 수면은 성장을 돕는 대단히 중요한 활동이다. 유아기에는 충분한 수면이 필요하다.
- 운동: 건강과 신체 기능의 발달을 위해 움직이는 대근육 활동
- 신체기능: 기능적으로 건강하고 효율적으로 몸을 움직일 수 능력
- 유아기 운동 권장 지침은 아직 과학적 근거가 미약하고 각 국가에서 권장하는 내용들이 조금씩 차이가 있으나 일반적으로 하루에 계획된 신체활동과 계획되지 않은 신체활동을 각 한 시간 이상 할 것을 권고하고 있다.

2부. 유아체육 프로그램 구성

유아체육론 핵심요약

학습목표

- 시기적 발달 정도에 따라 어떤 프로그램이 제공 되어야 하는지, 고려해야 할 점은 무엇인지를 안다.
- 유아체육 프로그램 구성 계획 시 고려해야할 점들과 유아체육 프로그램 구성 요소로는 어떤 것들이 있는지, 그 개념은 무엇인지를 안다.

1장 ▎유아체육 프로그램의 기본 원리

1) 유아체육 프로그램 기본원리

○ 적합성의 원리
  발달적으로 적합하기 위해 프로그램은 각각의 유아들의 발달상태, 움직임 활동에 대한 이전의 경험, 기술, 수준, 체력, 연령을 고려해야 한다. 지도자는 적절한 운동방법을 사용해야 하며, 운동발달 촉진을 위해 많은 준비와 노력을 기울여야 한다.

○ 방향성의 원리
  유아 운동 프로그램을 구성함에 있어 발달 방향성을 고려하여 위에서 아래 방향으로 그리고 중심에서 말단 부분을 향하도록 한다.

○ 특이성의 원리
  운동발달 프로그램을 구성하는 데 있어 전형적이며 공통적인 일반화된 특성뿐만 아니라 개개인의 유전과 환경 요인을 고려한 개인차를 반드시 고려해야 한다. 또한 유아를 위한 운동 프로그램은 개인차뿐만 아니라 각 신체활동 프로그램이 유아의 어떤 면에 영향을 미치는지에 대한 구체성을 가지고 만들어지고 적용되어야 한다. 그 기본 구성에는 유아체육 프로그램의 기본적인 구성원리의 요소들이 포함되어야 한다.

○ 안정성의 원리
  안전성은 유아들의 일상생활 및 안전에 관한 사항들을 이해하고 예방하는 것을 말한다. 성인의 경우에도 물론 안전은 중요하지만, 특히 아직 신체의 조정능력이나 판단력이 완전히 발달하지 않은 유아에게 있어서 안전은 가장 먼저 고려해야 할 사항이다.

○ 연계성의 원리
  연계성의 원리는 기초부터 향상까지 잘 조직된 프로그램을 제공해야 함을 의미한다. 유아기의 연령 및 성별과 신체의 발달 프로그램 특성의 변화와 순서를 조직적으로 연계하여야 하며, 신체발달뿐만 아니라 정서적·사회적 발달을 위한 교육 프로그램에 연계성이 있어야 한다.
○ 다양성의 원리
다양성은 기술적 능력에서의 개인별 차이에 대한 생각과 지도 방법을 말한다. 유아들은 지속적이고 계획적인 운동 프로그램의 종류를 경험하게 되므로 프로그램 각각의 목표와 발전 방향을 계획해야 한다. 또한 유아는 성인에 비하여 집중력이 떨어지고 쉽게 흥미를 잃기 때문에 유아의 프로그램은 재미있어야 하며, 여러 가지 발달적 측면을 고려한 다양한 경험이 가능하도록 프로그램을 구성할 필요가 있다. 간혹 반복적이고 복습적인 교육의 목표가 설정되고 진행계획이 수립되더라도 유아가 교육에 참여하고자 하는 동기에 효과를 주기 위해서는 다양한 방법의 프로그램 형태를 고려해야 한다.

핵심용어

■ 유아체육 프로그램 기본 원리: 유아체육 프로그램 기본 원리는 적합성의 원리, 방향성의 원리, 특이성의 원리, 안정성의 원리, 연계성의 원리, 다양성의 원리 등이 있다.

2장 | 유아체육 프로그램의 구성요소

1) 유아체육 프로그램의 계획

○ 프로그램 계획 시 고려해야 할 점
- 연령에 따른 발달의 차이와 개인차가 고려되었는가?
- 신체적·정서적·사회적·인지적 발달이 균형 있게 이루어질 수 있도록 내용이 구성되어 있는가?
- 시간 배분이 잘되었는가?
- 팀과 개인을 위한 놀이가 적절히 배합되었는가?
- 일부 소외된 아이들을 배려하였는가?
- 충분히 활동적이고 흥미로운 놀이로 구성되었는가?
- 창의력을 고려하였는가?
- 안전을 고려하였는가?
- 평가와 피드백을 하였는가?

2) 유아체육 프로그램 구성요소

○ 기본운동발달 구성요소
- 안정성(축을 중심으로 하는 안정성 운동, 정적·동적 안정성 운동)
  안정성은 '균형'이라고도 하며, 크게 축을 중심으로 한 안전성운동과 정적·동적 안정성 동작으로 나누어볼 수 있다. 안정성운동은 자리를 이동하지 않고 서거나 앉거나 누운 자세에서 이루어지는 동작을 말한다.
- 이동성 운동(단일요소 이동성 운동, 복합요소 이동성 운동)

이동이란 신체 위치의 변화를 뜻하며 수평이동과 수직이동운동을 모두 포함하는 것으로 구르기나 걷기에서부터 달리기, 점프하기, 미끄러지기 등 다양한 움직임을 포함한다. 이동성 운동은 위치를 이동하면서 리듬을 달리한 스텝의 종류로 움직이는 동작을 말한다.

- 조작성 운동(추진 조작운동, 흡수 조작운동)
  조작성 운동은 손이나 발을 사용하여 물체에 힘을 가하고 물체로부터 힘을 받아 움직이는 것과 관련이 있는 움직임으로 쓰기, 그리기, 자르기 등의 소근운동에서부터 던지기, 차기, 치기 등의 대근운동을 모두 포함한다.

○ 지각운동발달 구성요소
지각-운동능력의 발달은 정신과 신체의 조절을 강화하고 결합시키므로 인지발달과 밀접한 관계인 기본 동작능력과 함께 아동의 운동 능력을 나타내는 중요한 요소이다.

- 신체지각
  신체지각(body awareness)은 몸으로 무엇을 할 수 있는가 하는 문제를 말하는 것으로 신체 명칭, 신체 모양, 신체 표현, 신체 범위에 대한 지각으로 대략 1세 전후로 발달하며, 가장 먼저 발달하는 지각능력이라고 할 수 있다. 자기 자신과 다른 사람의 신체, 신체 각 부분의 기능을 알아서 궁극적으로 신체 각 부분을 효율적으로 움직이는 방법을 아는 것이다.

- 공간지각
  공간지각(space awareness)은 몸을 어디로 움직이는가 하는 문제로 대상의 위치, 방향, 거리 등을 정확하게 이해하는 것을 말한다.

- 방향지각
  방향지각(direction awareness)은 양측성과 방향성으로 구분해볼 수 있다.
  양측성은 앞/뒤, 오른쪽/왼쪽, 위/아래 항목에 대한 지각(눈을 감고 앞으로/뒤로, 오른쪽/왼쪽으로 가보기, 오른손은 위로 올리고 왼손은 아래로 내려보기)을 말한다.

- 시간지각
  시간지각(time awareness)은 아동의 지각-운동 능력의 시간적인 차원의 발달과정을 의미한다. 속도, 리듬과 관련된 지각으로 유아의 리듬동작이 발달하게 된다. 리듬은 안정적인 시간 세계를 발달시키는 데 기본적이면서도 중요한 측면을 내포하고 있다.

- 관계지각
  관계지각(relationships awareness)은 어떤 움직임을 누구와 함께하느냐 하는 문제이다.
  먼저 자기 자신의 신체 부분 관계에 대해서는 각 신체 부분을 어떻게 다르게, 또는 같게 움직일 수 있는가 하는 내용을 포함한다.
  또한 사물이나 다른 사람과의 관계에서는 사물과 다른 사람과의 위치, 처할 수 있는 형태 등을 포함한다.

- 움직임의 질
  움직임의 질(movement quality)은 움직임에 포함되어 있는 각 요소의 질적인 측면을 이해하는 것을 포함한다.

움직임의 질 요소는 균형, 시간, 힘, 흐름 등이다

○ 체력발달 구성요소

체력발달 프로그램 구성은 건강 관련 체력요소와 수행 관련 체력요소로 나누어볼 수 있다.

- 건강관련 체력
  유연성
    - 근력
    - 근지구력
    - 심폐지구력
    - 체구성 등
- 수행관련 체력
  속도
    - 민첩성
    - 순발력
    - 협응성
    - 평형성 등

핵심용어

- **유아체육 프로그램 구성요소**: 유아체육 프로그램 구성요소에는 안정성 운동, 이동성 운동, 조작성 운동, 지각-운동발달, 체력 요소 등이 포함된다.
- **안정성 운동**: 안정성은 '균형'이라고도 하며, 크게 축을 중심으로 한 안전성운동과 정적·동적 안정성 동작으로 나누어볼 수 있다. 안정성운동은 자리를 이동하지 않고 서거나 앉거나 누운 자세에서 이루어지는 동작을 말한다.
- **이동성 운동**: 이동이란 신체 위치의 변화를 뜻하며 수평이동과 수직이동운동을 모두 포함하는 것으로 구르기나 걷기에서부터 달리기, 점프하기, 미끄러지기 등 다양한 움직임을 포함한다. 이동성 운동은 위치를 이동하면서 리듬을 달리한 스텝의 종류로 움직이는 동작을 말한다.
- **조작성 운동**: 조작성 운동은 손이나 발을 사용하여 물체에 힘을 가하고 물체로부터 힘을 받아 움직이는 것과 관련이 있는 움직임으로 쓰기, 그리기, 자르기 등의 소근운동에서부터 던지기, 차기, 치기 등의 대근운동을 모두 포함한다.
- **지각-운동**: 지각-운동능력의 발달은 정신과 신체의 조절을 강화하고 결합시키므로 인지발달과 밀접한 관계인 기본 동작능력과 함께 아동의 운동 능력을 나타내는 중요한 요소로 신체지각, 공작지각, 방향지각, 시간지각, 관계지각, 움직임의 질 등을 포함한다.
- **체력운동**: 체력운동은 두가지 요소를 포함하고 있으며, 건강 관련 체력요소와 수행관련 체력요소로 나누어볼 수 있다.

유아체육론 핵심요약

3부. 유아체육 프로그램 교수 학습법

학습목표

- 유아체육 지도방법에 대해 이해한다.
- 유아체육 프로그램 계획 내용을 익힌다.
- 유아 체육 프로그램 지도방법을 습득한다.
- 안전한 유아체육 프로그램 지도를 위한 환경에 대해 배운다.

1장 ❙ 유아체육 지도방법

1) 유아체육 교수방법

유아체육 교수방법은 크게 세 가지로 나누어 볼 수 있다.
○ 직접-교사 주도적방법
○ 직접-유아 주도적 교수방법
○ 유아-교사 상호 주도적·통합적 교수방법

2) 유아체육지도원리

유아체육 지도 원리는 다음과 같이 정리할 수 있다.
- 놀이 중심의 원리
- 생활중심의 원리
- 개별화의 원리
- 탐구학습의 원리
- 반복학습의 원리
- 융통성의 원리
- 통합의 원리

3) 유아체육 교육과정 설계

취학 전 유아들에게 신체활동을 증가시켜 운동발달을 증진하도록 하기 위해서는 다양한 방법으로 고안된 프로그램에서의 지도방법과 연습방법을 제공하여야 한다. 교육과정은 유아와 지도자들의 요구에 맞게 구성되어 부담을 갖게 하거나 압도하지 않고 발달에 적합한 활동들을 통하여 최상의 이득을 얻도록 설계되어야 한다.

4) 신체활동 및 준비기술

다른 활동들과 신체활동을 결합시키면 발달을 촉진시킬 수 있다.

5) 지도교사의 심리적 기술

유아들이 체육활동에 효과적으로 참여할 수 있도록 돕기 위해서는 교사들이 다음과 같은 심리적 지도 기술들을 적용할 필요가 있다.
- 목표를 향한 동기부여
- 의욕적인 지도
- 변화 있는 지도
- 개인차를 고려한 지도
- 시범의 정확성

6) 신체활동 증진전략

성인과 다른 체력 수준, 발달 수준, 집중력의 한계 등으로 유아에게 제공되는 프로그램은 놀이 형태의 프로그램으로 재미있어야 하며, 발달 수준을 반영한 다양한 프로그램이 제공될 필요가 있다. 따라서 수업을 위한 다양한 전략을 세워야 한다.

7) 유아체육 지도자의 역할 및 유의점

지도자는 다양한 방법으로 유아가 자신의 신체에 대한 지식과 동작 가능성을 실험하도록 도움을 줄 수 있다.

핵심용어
- 유아체육 교수방법: 유아체육 교수방법으로는 직접-교사 주도적 방법, 직접-유아주도적 교수방법, 유아-교사 상호 주도적, 통합적 교수방법 등이 있다.

2장 | 유아체육 프로그램 계획

1) 유아체육 프로그램의 목표

자신의 신체에 대한 긍정적인 인식과 함께 생활에 필요한 기초체력을 키우고, 건강하고 안전한 생활습관을 가지도록 하는 것이 궁극적으로 유아체육 프로그램이 가지는 목표이다

2) 유아체육 프로그램 계획안

- 연령별 연간, 월간, 일일 계획안 작성 시 고려해야 할 점들을 알아둔다.
- 평가: 유아체육 전후 그리고 매 시간의 간단한 평가나 월별 평가, 학기별 평가, 연간 평가 등

수업 중이나 수업 전후의 비교 등을 통해 유아의 발달 상태, 변화 등을 알아보고 효율적으로 수업을 운영하기 위한 좋은 자료가 된다.

> **핵심용어**
> - 유아체육 프로그램 목표: 자신의 신체에 대한 긍정적인 인식과 함께 생활에 필요한 기초체력을 키우고, 건강하고 안전한 생활습관을 가지도록 하는 것이 궁극적으로 유아체육 프로그램이 가지는 목표이다
> - 유아체육 프로그램 계획안: 유아체육 프로그램 계획안에는 연령별 연간, 월간, 일일 계획안 작성 시 고려해야 할 점, 평가 등을 포함한다.

3장 ▎유아체육 프로그램 지도

1) 유아체육 프로그램 운영지침

유아체육활동은 항상 유아의 운동발달능력을 고려하여 실행되지만, 주의 깊게 미리 계획되고 체육활동을 위한 내용 선정 원리와 교수-학습 원리들이 일관성 있게 적용되어야 한다.

2) 유아체육 프로그램 운영 유의점

유아체육활동의 운영은 대체로 교사가 연간, 월간의 체육교육 내용을 어느 정도 계획하고 준비하지만 그것을 확정하는 것은 유아들의 제안이나 발달 상태를 고려하여 전자와 후자의 방법을 절충한 방법으로 진행하는 것이 가장 바람직하다.

> **핵심용어**
> - 유아체육 프로그램 운영: 유아체육활동은 항상 유아의 운동발달능력을 고려하여 실행되지만, 주의 깊게 미리 계획되고 체육활동을 위한 내용 선정 원리와 교수-학습 원리들이 일관성 있게 적용되어야 한다.

4장 ▎안전한 유아체육 프로그램 지도를 위한 환경

1) 유아기 안전

영유아는 발달이 미숙하여 가정, 유아교육기관(어린이집, 유치원), 주변 환경에 노출되어 있으며, 호기심과 관심이 많아 충동적인 성향, 안전교육의 부족, 안전불감증으로 스스로를 보호하기란 어려우므로 유아들의 안전은 교육뿐만 아니라 아이들 주변 환경에 대한 안전관리를 하는 것이 중요하다.

2) 유아기 지도환경

유아들은 활동적이고 정열적이며, 호기심이 많고, 끊임없는 관심과 상호간의 접촉을 통해 이해하게 된다. 유아들이 가정, 유아교육기관에서 효과적인 신체활동을 위해서는 주변 환경점검이 반드시 필요하다.

3) 유아 체육지도 환경 원칙

① 안전성 : 스포츠, 체육활동을 하기 위한 설비나 용구가 유아들의 건강을 해치거나 위험성이 없어야 한다. 공간의 벽, 바닥의 재질, 부드러운 마감재, 안전장치 설치 등 체육수업을 할 수 있는 환경의 안전성이 중요하다.

② 경제성 : 안전성과 직결되는 문제로 충분치 못한 예산의 부실공사, 불량품 납품 등으로 인한 안전사고를 배제하여야 한다. 그러기 위해서는 견고함과 반영구적인 재료나 교체시기를 고려하여 시공하여 시간 및 비용 면에서 경제력이 있는 것을 선택하는 것이 중요하다.

③ 흥미성 : 호기심, 모험심 등을 표현할 수 있는 환경조성은 체육활동의 흥미로움과 함께 적극적인 수업태도를 이끌 수 있다.

④ 효율성(필요성) : 유아 신체발달에 절대 필요한 기구, 설비로 판단된다면 그 필요성을 인정하여 준비하여야 한다. 또한 수업장소의 음향시설, 냉난방시설, 스포츠 활동공간의 크기 등은 수업의 효과적인 진행을 위해 고려해야 한다.

4) 실내, 실외 운동기구

주로 유아교육기관에서 유아 스포츠 및 신체활동이 이루어지는 장소는 규모에 따라 장소변화가 있겠지만 실내는 강당, 유희실, 교실 등에서 이루어질 수 있으며, 스포츠를 포함하는 대근육 활동이 이루어지는 주로 이루어지게 되므로 주변에 다른 놀이감이 배치되지 않고 주의력이 분산되지 않게 하는 것이 좋다.

실외 놀이 · 운동 기구는 놀이터에 많이 있는 그네, 미끄럼틀, 이동식 놀이기구, 뜀틀, 그 외의 시설로 수영장 등을 들 수 있으며, 언제나 시설 안전사고를 예방하기 위한 안전수칙을 준수하도록 주의해야한다

5) 기구배치법

가. 병렬식 배치

유아들이 운동기구를 접하고 3~4개월은 지나야 기구에 대해 공포심을 없애고 자신감을 가질 수 있다. 유아들이 여러 가지 운동기구를 한꺼번에 접하면 중간에 몇몇의 유아들이 기구에 숙달되지 않아 멈추게 되고 그 뒤에 유아들이 기다려야 한다. 따라서 학기 초기에 유아들이 운동기구에 익숙해질 때 까지 팀을 나누어 병렬식 배치로 운동을 하도록 한다.

나. 순환식 배치

유아들이 어느 정도 운동기구들에 자신감을 가지면 기구들을 순환식으로 배치하여 유아들이 여러 가지 다양한 기구를 한꺼번에 접할 수 있으므로 많은 재미와 만족감을 줄 수 있다.

다. 시각적 효과의 운동기구 배치

유아교육기관의 물품을 활용하여 기구를 배치하면 시작적인 효과와 보다 많은 프로그램으로 유아들에게 만족감을 줄 수 있다. 스폰지 블록이나, 훌라후프, 고무줄 등의 도구들이나 다른 활용 가능한 도구들을 활용하여 다양하게 놀이를 하는데 활동하도록 한다.

3) 유아 응급처치

유아체육 교사는 수업 시에나 수업을 하지 않을 때나 유아의 안전을 위해 항상 신경을 써야하며, 유아의 안전을 위해 기본적으로 알아두어야 할 응급처치는 다음과 같다.

- 유아 심폐소생술
- 골절
- 고열
- 구토
- 화상 등 유아의 안전을 위한 응급처치 방법

핵심용어

- **유아기 안전**: 영유아는 발달이 미숙하여 가정, 유아교육기관(어린이집, 유치원), 주변 환경에 노출되어 있으며, 호기심과 관심이 많아 충동적인 성향, 안전교육의 부족, 안전불감증으로 스스로를 보호하기란 어려우므로 유아들의 안전은 교육뿐만 아니라 아이들 주변 환경에 대한 안전관리를 하는 것이 중요하다.
- **유아 응급처치**: 응급처치는 상해가 발생했을 때 의사에게 가기 전 상해를 최소화 하기위해 취해지는 조치로 유아에게 많이 발생하는 골절, 고열, 구토, 화상, 심폐소생술 등에 대한 응급처치 방법들을 교사는 알고 있어야 한다.

유아체육론 문항이원출제표

문항번호	출제 영역		문항 내용 차원	문항 행동 차원	문항 수준
	주요 항목	세부 항목			
1	유아체육의 이해	유아체육 개념	학과목에 대한 이해	이해	중
2	유아체육의 이해	유아기 운동발달	성장발달에 대한 지식	지식	하
3	유아에 대한 이해	대상의 구분	연령별 구분에 대한 이해	지식	하
4	유아체육의 이해	지각발달의 개념	반사개념 이해	지식	상
5	유아체육의 이해	유아기 발달 특징이해	유아의 발달특징에 대한 이해	지식	중
6	유아체육의 이해	후기 아동기에 대한 특징 이해	후기 아동기의 신체적 특징	지식	상
7	유아체육의 이해	유아기 발달에 대한 관점과 이론	뇌신경 발달에 대한 이해	지식	상
8	유아체육의 이해	건강과 운동요소	건강체력 요소 이해	지식	하
9	유아체육의 이해	유아기 발달에 대한 관점과 이론	지각-운동발달의 개념에 대한 이해	이해	상
10	유아체육의 이해	지각-운동발달 요소	지각운동발달 요소에 대한 이해	응용	상
11	유아체육의 이해	유아기 정서적 발달	유아기 정서에 대한 이해	이해	중
12	유아체육의 이해	유아기 사회성 발달	사회화에 대한 발달개념 이해	이해	중
13	유아체육의 이해	발달의 원리	유아기 발달 원리에 대한 이해	응용	상
14	유아체육의 이해	운동발달 단계	운동이 발달하는 단계에 대한 이해	이해	상
15	유아체육의 이해	운동기술의 개념	운동기술 개념의 이해	이해	중
16	유아체육의 이해	유아기 운동발달	수의적 움직임 개념	지식	중
17	유아기 운동발달 프로그램 구성	운동발달 프로그램의 구성요소	안정성 개념 이해	이해	중
18	유아기 운동발달 프로그램 구성	운동발달 프로그램의 구성요소	조작성 개념 이해	이해	중

문항 번호	출제 영역		문항 내용 차원	문항 행동 차원	문항 수준
	주요 항목	세부 항목			
19	유아기 운동발달 프로그램 구성	운동발달 프로그램의 구성요소	안정성 구성 요소 개념 이해	이해	하
20	유아기 운동발달 프로그램 구성	운동발달 프로그램 구성 원리	프로그램 기본 구성 원리	응용	중
21	유아기 운동발달 프로그램 구성	운동발달 프로그램 평가	프로그램 평가내용	응용	중
22	유아기 운동발달 프로그램 구성	운동발달 프로그램의 구성요소	공간지각 개념 이해	이해	상
23	유아기 운동발달 프로그램 구성	운동발달 프로그램의 구성요소	움직임의 질 개념 이해	이해	상
24	유아기 운동발달 프로그램 구성	운동발달 프로그램의 구성요소	안정성 요소	지식	하
25	유아체육 프로그램 교수·학습법	유아체육 지도방법	교수법의 이해	응용	하
26	유아체육 프로그램 교수·학습법	유아체육 지도방법	교수원리의 이해	이해	하
27	유아체육 프로그램 교수·학습법	유아체육 지도방법	지도자의 자세	응용	하
28	유아체육 프로그램 교수·학습법	유아운동 프로그램 지도	프로그램 지도시의 유의점	응용	하
29	유아체육 프로그램 교수·학습법	유아체육 프로그램 계획	유아체육 프로그램 계획의 내용이해	응용	중
30	유아체육 프로그램 교수·학습법	유아운동프로그램 지도	체력 요소 측정	응용	중
31	유아체육 프로그램 교수·학습법	유아체육 프로그램 계획	프로그램계획 원리 이해	응용	중
32	유아체육 프로그램 교수·학습법	유아체육 지도방법	지도자의 역할	이해	하
33	유아체육 프로그램 교수·학습법	유아체육 지도방법	유아체육 지도 환경 원칙	지식	중
34	유아체육의 이해	유아기 신체발달 특징	유아의 신체적 특징 이해	지식	하
35	유아체육의 이해	유아기 건강과 운동	유아기 건강을 위한 영양에 대한 지식	지식	하

문항 번호	출제 영역 주요 항목	출제 영역 세부 항목	문항 내용 차원	문항 행동 차원	문항 수준
36	유아체육의 이해	유아기 건강과 운동	수면에 대한 이해	지식	중
37	유아체육 프로그램 교수·학습법	유아체육 지도방법	유아체육 지도전략	응용	하
38	유아체육의 이해	유아기 발달 특성	유아기 발달 특성에 대한 이해	지식	중
39	유아체육 프로그램 교수·학습법	유아기 운동 프로그램 지도	기구 이용 운동 지도	응용	중
40	유아체육의 이해	유아기 운동발달	소근육 운동의 개념 이해	이해	중
41	유아기 운동발달 프로그램 구성	발달 프로그램 구성 요소 이해	평형성 개념 이해	응용	하
42	유아체육의 이해	건강과 운동	신체활동의 중요성	이해	중
43	유아체육 프로그램, 교수·학습법	누리과정	누리과정 이해	이해	중
44	유아체육 프로그램 교수·학습법	안전한 운동프로그램 지도	응급처치방법 이해	지식	하
45	유아체육 프로그램 교수·학습법	운동발달 프로그램	운동발달 프로그램 응용	응용	중
46	유아체육 프로그램 교수·학습법	안전한 운동프로그램 지도	응급처치 순서	지식	상
47	유아기 운동발달 프로그램 구성	발달 프로그램 구성 요소 이해	조정력 개념 이해	이해	중
48	유아기 운동발달 프로그램 구성	발달 프로그램 구성 요소 이해	민첩성 개념 이해	이해	중
49	유아기 운동발달 프로그램 구성	발달 프로그램 구성 요소 이해	유연성 개념 이해	이해	중
50	유아기 운동발달 프로그램 구성	발달 프로그램 구성 요소 이해	근지구력 개념 이해	이해	중

유아체육론 — 출제예상문제

1. 유아체육이란? [무료동영상]
① 신체활동을 통하여 사전에서 정하고 있는 유아(생후 1년~만 6세)의 성장발달을 도와 신체적, 정서적, 사회적으로 완전한 전인적 인간을 만들기 위한 교육을 말한다.
② 신체활동을 통하여 유아(0세~초등학생)까지의 성장발달을 도와 신체적, 정서적, 사회적으로 완전한 전인적 인간을 만들기 위한 교육을 말한다.
③ 유아를 위한 놀이를 교육하는 것을 말한다.
④ 유아를 위한 놀이, 유희, 율동을 말한다.

2. 신생아기의 올바른 설명은?
① 태어나서 일주일까지
② 1살까지
③ 태어나서 3개월까지
④ 태어나서 4주까지

3. 유소년은 어느 연령을 말하는가?
① 초등학생
② 7세~18세
③ 만3세~만12세의 초등학생
④ 0~만 12세의 초등학생

4. 다음 설명이 말하는 것은? [무료동영상]

〈보기〉
㉠ 출생 후 나타나는 기본적인 움직임 중 하나이다.
㉡ 보통 자극과 반응의 짧은 잠복기를 가지는 것이 특징이다.
㉢ 학습되지 않으며, 길들여질 수 없다.
㉣ 영아의 불수의적인 의지에 따라 나타나는 움직임이다.

① 지각발달
② 안정성운동
③ 이동운동
④ 반사

5. 유아기의 발달특징에 맞지 <u>않는</u> 것은?

① 만 2세 부터는 성장 속도가 떨어진다.
② 만 2세 이후 유아기 동안에는 성장속도가 급격하게 발달된다.
③ 신체기능들이 잘 조절되고 생리적 항상성(안정성)이 잘 이루어진다.
④ 남아와 여아 모두 지방 조직의 점차적인 감소를 보인다.

6. 후기 아동기의 발달 특징에 맞는 것은? `무료동영상`

① 감각체계와 운동체계의 조직화가 잘 이루어지는 시기이다.
② 남아와 여아의 차이가 나타나지 않는다.
③ 눈-손, 눈-발의 협응성이 완벽해진다.
④ 지각 능력이 발달되지 않는다.

7. 다음 그림에서 한 신경세포(뉴런)와 다른 신경세포 사이의 연결공간(접합점)을 의미하는 괄호 안에 들어갈 말은?

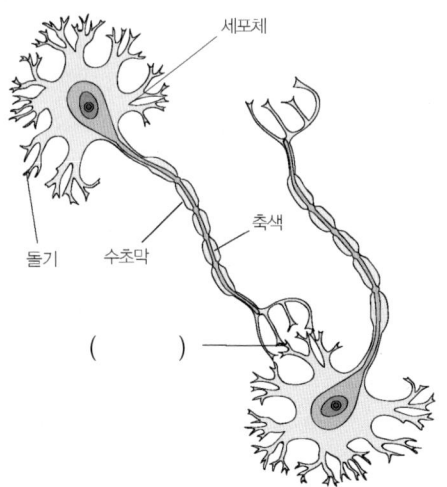

① 시냅스　　　　　　　　② 뇌세포
③ 수초화　　　　　　　　④ 뉴런

8. 건강체력의 요소에 포함되지 <u>않는</u> 요소는?

① 심폐지구력　　　　　　② 민첩성
③ 근력　　　　　　　　　④ 유연성

9. 다음 보기가 설명하는 것은?

〈보기〉
㉠ 급속히 발달하는 최적의 시기는 0-2세 영아기
㉡ 기본 동작능력과 함께 유아의 운동 능력을 나타내는 중요 요소
㉢ 사물에 대한 존재를 발견(detection)하는 단계부터 그것이 무엇인지를 명확하게 알게 되는 단계(recognition)까지를 의미
㉣ 의식적 신체움직임과 조화를 이루는 인지적 노력의 결합체를 의미

① 지각-운동발달
② 체력발달
③ 반사
④ 기본 움직임 발달

10. 보기의 ( )에 알맞은 것은?

지각과 운동은 상호 의존적이며, 다양한 움직임을 경험하는 가운데 ( ), 신체지각, 시간지각, ( ), 관계지각, 움직임의 질 등을 학습하게 된다.

① 공간지각, 방향지각
② 힘지각, 방향지각
③ 속도지각, 공간지각
④ 공간지각, 속도지각

11. 다음은 무엇을 설명한 것인가?

인간이 움직임을 통하여 본인과 다른 사람에게 작용하는 느낌과 감정을 경험하는 것

① 분노
② 인성
③ 정서
④ 도덕성

12. 다음은 무엇을 설명한 것인가?

우리가 사는 세상을 이해하고 타인과 상호작용하는 학습의 과정이다.

① 사회화
② 정서발달
③ 리더십
④ 도덕성의 발달

13. 발달의 일반적 원리에 속하지 않는 것은? 무료동영상

① 성숙과 학습이 발달에 상호 영향을 미치며, 유아의 발달은 일정한 순서를 따른다.
② 발달은 계속적인 과정이지만 발달의 속도는 일정하지 않다.
③ 유아 발달에는 최적기가 없다.
④ 발달은 분화, 통합적으로 이루어진다.

14. 다음 그림의 운동발달 단계를 바르게 쓴 것은? 무료동영상

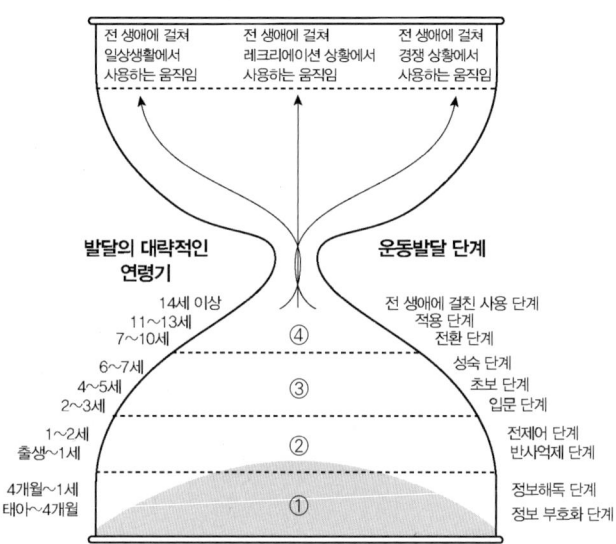

	㉠	㉡	㉢	㉣
①	초보움직임 단계	반사 움직임단계	기본 움직임 단계	전문화된 움직임단계
②	반사움직임 단계	초보 움직임단계	기본 움직임 단계	전문화된 움직임단계
③	반사움직임 단계	기본 움직임단계	초보 움직임 단계	전문화된 움직임단계
④	반사움직임 단계	전문화된 움직임단계	기본 움직임 단계	초보움직임단계

15. 운동기술의 특징이 아닌 것은?

① 목적을 달성하기 위한 수의적이고 효율적인 신체의 움직임을 그 기본으로 한다.
② 운동기술은 행동의 목적을 달성하기 위하여 신체 또는 사지의 움직임이 반드시 있어야 한다.
③ 운동기술에는 불수의적인 움직임도 포함된다.
④ 기술과 관련된 동작이 특정한 목적을 가져야하며, 반드시 수의적인 운동이어야 한다.

16. 다음은 무엇을 설명한 것인가?

   뇌피질에서 제어되는 움직임으로서 인간의 의지에 따라 움직임을 생성하거나 의식적으로 움직이는 것을 의미

   ① 반사 ② 지각운동
   ③ 불수의적 움직임 ④ 수의적 움직임

17. 다음은 무엇을 설명한 것인가?

   자리를 이동하지 않고 서거나 앉거나 누운 자세에서 이루어지는 동작을 말한다.

   ① 안정성 운동 ② 조작운동
   ③ 이동운동 ④ 지각운동

18. 다음은 무엇을 설명한 것인가?

   뻗기, 쥐기, 놓기와 같은 기본적인 손 조작 기술을 익힘으로써 손을 통제하는 기술을 익히는 능력

   ① 이동성 ② 조작성
   ③ 평형성 ④ 안정성

19. 축성 움직임에 포함되지 <u>않는</u> 것은?

   ① 굽히기 ② 늘리기
   ③ 제자리에서 빙그르 돌기 ④ 홉핑

20. 운동발달 프로그램의 기본 원리 중 다음 원리는?

   인간의 발달은 상반되는 두 가지 측면 즉, 모든 사람에게 공통적으로 나타나는 일반화와 개개인마다 다르게 나타나는 개인차를 가지고 있다. 따라서 운동발달 프로그램을 구성하는데 있어 전형적이며 공통적인 일반화된 특성뿐만 아니라 개개인의 유전과 환경 요인을 고려한 개인차를 반드시 고려해야 한다.

   ① 적합성의 원리 ② 안정성의 원리
   ③ 특이성의 원리 ④ 방향성의 원리

21. 보기의 빈 칸에 알맞은 것은? [무료동영상]

> 유아체육 프로그램의 평가는 크게 두가지 관점에서 이루어져야 하는 데 (㉠)과 (㉡)에 대한 평가가 이루어져야 한다.

① ㉠ 운동발달 프로그램에 대한 평가, ㉡ 유아체육 시설에 대한 평가
② ㉠ 운동발달 프로그램에 대한 평가, ㉡ 개인의 운동발달에 대한 평가
③ ㉠ 유아체육 환경에 대한 평가, ㉡ 개인의 운동발달에 대한 평가
④ ㉠ 운동발달 프로그램에 대한 평가, ㉡ 유아체육 환경에 대한 평가

22. 다음은 지각-운동 발달의 요소 중 어떤 요소인가?

> - 자기-공간과 다른 사람의 공간을 존중하는 인식
> - 보통의 공간에서 안전하게 움직이기 익히기
> - 움직임의 서로 다른 높이 이해하기(낮게/중간/높게)
> - 과제와 상황에 따라 움직임의 범위를 조절하는 법 익히기(멀리/가까이, 크게/작게)

① 시간지각　　　　　② 신체지각
③ 방향지각　　　　　④ 공간지각

23. 다음은 지각-운동 발달의 요소 중 어떤 요소인가?

> 균형(balance): 움직임에 균형의 역할과 정적, 동적 균형의 본질에 대한 이해
> 시간(time): 속도에 대한 식별과 움직임의 속도 증가 및 감소에 대한 이해
> 힘(power): 과제에서 요구하는 개인의 힘을 만들에 내거나 수정할 수 있는 능력
> 흐름(flow): 제한되어진 시간 또는 간(space)(속박/자유) 속에서 움직임을 수행하거나 부드럽게 움직임을 연결하는 능력

① 방향지각　　　　　② 공간지각
③ 움직임의 질　　　　④ 관계지각

24. 다음 중 동작 안정성 요소가 **아닌 것은**?

① 구르기　　　　　② 재빨리 피하기
③ 스킵핑　　　　　④ 멈추기

25. 다음 중 유아체육 지도 시 바람직한 교수 방법으로 가장 옳지 <u>않은</u> 것은?

① 직접-교사 주도적 교수방법　　② 간접-유아 주도적 교수방법
③ 교사-교사 주도적 교수방법　　④ 유아-교사 상호주의적 교수방법

26. 유아 체육 교수 원리에 해당되는 모든 것은?

〈보기〉
① 놀이 중심의 원리　　② 개별화의 원리
③ 반복 학습의 원리　　④ 점진성의 원리

① ① + ② + ③　　　② ① + ②
③ ① + ③　　　　　④ ① + ③ + ④

27. 유아체육 지도자의 바람직한 자세가 <u>아닌</u> 것은?
① 유아의 눈높이에서 열린 마음으로 유아와 대화를 나누며 친절하게 반응한다.
② 정확한 동작을 할 수 있도록 지도하고 창의적인 신체표현 까지 가능하도록 충분한 시간을 주도록 한다.
③ 체육활동 방법을 개별적으로 유아의 발달 속도에 따라 다양화하도록 한다.
④ 유아의 흥미에 상관없이 지도자가 주관적으로 수업을 진행한다.

28. 실외(야외) 수업 진행시 유의사항이 <u>아닌</u> 것은?
① 실외 놀이에 앞서 안전교육을 먼저 실시한다.
② 일기(날씨), 유아의 몸 상태에 상관없이 계획된 프로그램을 진행한다.
③ 실외 놀이 시설과 기구를 깨끗하게 정리하고 안전하게 관리하도록 최대한 노력한다.
④ 유아의 발달적 수준을 충족시킬 수 있도록 다양한 수준으로 설계하고 진행하도록 한다.

29. 다음 보기 중 일일 수업계획안에 포함되지 <u>않아도</u> 되는 사항은?

〈보기〉
㉠ 도입-인사말과 준비체조　　㉡ 차시예고(다음시간 안내)
㉢ 평가-수업과 게임에 대한 평가　㉣ 전개-본 수업

① ㉠　　　② ㉡
③ ㉣　　　④ ㉢

30. 제자리 멀리뛰기는 어떠한 체력요소 측정법인가?
① 민첩성 ② 지구력
③ 평형성 ④ 순발력

31. 유아의 일일활동 계획 및 운영의 기본원리로 옳지 <u>않은</u> 것은?
① 일관성이 있어야한다.
② 교사는 반드시 계획된 일과대로 유아들을 교육한다.
③ 일일 활동계획은 융통성 있게 운영한다.
④ 활동 실행 후 반드시 평가를 한다.

32. 유아체육지도자의 역할이 <u>아닌</u> 것은?
① 신체의 움직임을 골고루 경험하게 지도한다.
② 신체의 건전한 발달을 촉진시키도록 지도한다.
③ 질서교육으로 사회성발달을 깨우치게 한다.
④ 신체적인 기능향상을 위해 우월감 및 자신감을 키운다.

33. 유아체육 지도 환경 원칙으로 알맞게 짝지어진 것은? [무료동영상]

〈보기〉
㉠ 경제성   ㉡ 객관성   ㉢ 전문성   ㉣ 흥미성   ㉤ 안정성   ㉥ 효율성

① ㉠ + ㉢ + ㉣ + ㉤
② ㉠ + ㉣ + ㉤ + ㉥
③ ㉠ + ㉡ + ㉢ + ㉤
④ ㉠ + ㉢ + ㉤ + ㉥

34. 보기 중 유아의 신체적 특징이 <u>아닌</u> 것은? [무료동영상]

〈보기〉
㉠ 체지방이 많다   ㉡ 골격은 유기질이 많다   ㉢ 상체가 짧고 다리가 길다
㉣ 머리가 크다   ㉤ 성인보다 체온이 낮다

① ㉠ + ㉡
② ㉣ + ㉠
③ ㉢ + ㉤
④ ㉡ + ㉣

35. 성장기의 유아의 바람직한 영양섭취 방법은?
   ① 식사를 할 때 최대한 많은 양의 음식을 섭취하도록 한다.
   ② 유아가 음식을 잘 먹지 않으면 강제로 먹인다.
   ③ 한꺼번에 많이 먹지 못하므로 자주 음식을 섭취하게 한다.
   ④ 아이가 먹고 싶어 하는 음식 위주로 차려 준다.

36. 성장호르몬이 가장 많이 분비되는 시점은?
   ① 저녁7시에 잠이 들고 30분 후
   ② 저녁 9시에 잠이 들고 30분 후
   ③ 저녁 11시에 잠이 들고 30분 후
   ④ 새벽3시에 잠이 들고 30분 후

37. 수업 중 신체활동 시간을 증가 시키는 전략은?
   ① 신체능력보다 어려운 활동이나 게임을 한다.
   ② 자세하게 오래 설명해주고 시범을 보인다.
   ③ 지시는 간결하고 명료하게 한다.
   ④ 활동적으로 참여하는 것에 대해 부정적인 피드백을 가능한 많이 제공한다.

38. 유아의 특성을 맞게 모아놓은 것은?

   〈보기〉
   ㉠ 전체와 부분을 분화하여 지각한다.   ㉡ 기분의 변화가 크다.
   ㉢ 모방심이 강하다.   ㉣ 공간 지각이나 시간 지각의 발달이 충분치 않다.

   ① ㉡ + ㉢ + ㉣   ② ㉠ + ㉡ + ㉣
   ③ ㉠ + ㉢ + ㉣   ④ ㉠ + ㉡ + ㉢

39. 기구를 이용한 운동을 지도할 때 바르지 못한 것은?
   ① 기구탐색, 활용법, 응용된 운동법 등 여러 형태의 운동법이 제시되어야 한다.
   ② 기구를 이용하여 지도를 할 때에는 선행된 신체활동을 하지 않아도 된다.
   ③ 기구 사용 시에는 특히 안전에 유의해야 한다.
   ④ 유아의 체력을 고려하여 체계적이고 계획적인 진행이 이루어져야 한다.

40. 소근육 운동 제어 활동으로 적합한 것은?

① 작은 물건 집어 올리기
② 커다란 물건 집어 올리기
③ 박수치기
④ 쓰다듬기

41. 유아기 평형성 운동이 <u>아닌 것</u>은?

① V자 밸런스
② 한발 중심잡기
③ 달려가다 멈추기
④ 줄 따라 걷기

42. 신체 활동이 유아들에게 미치는 영향으로 옳지 <u>않은 것</u>은?

① 움직임, 경험들을 총하여 사회적 상호작용 기회들을 증가시킨다.
② 움직임의 주체로서 자신감을 느끼며 자신들의 신체 기술들을 발달, 유지시킨다.
③ 신체적으로 활동적이 됨으로써 개인적 의미(자신에 대한 자각, 다른 사람과의 관계 등)를 경험할 기회를 감소시킨다.
④ 일정수준 이상의 체력을 발달, 유지시킨다.

43. 누리과정 신체운동영역의 세 가지 범주는? [무료동영상]

〈보기〉
㉠ 긍정적 사고   ㉡ 신체 조절과 기본운동   ㉢ 신체 활동 참여
㉣ 감각과 신체 인식   ㉤ 사회성 함양

① ㉡ + ㉢ + ㉣
② ㉣ + ㉠ + ㉤
③ ㉢ + ㉡ + ㉠
④ ㉣ + ㉠ + ㉤

44. 응급처치의 기본 원칙이 <u>아닌 것</u>은?

① 배우지 않은 응급처치라도 먼저 해야 한다.
② 호흡정지나 호흡 곤란이 있는지 확인한다.
③ 환자를 수평으로 눕히고 충격을 예방하고 신속한 조치를 한다.
④ 사고를 관찰하여 판단한다.

45. 다음은 운동발달 프로그램의 예시이다. 어떤 단계인가? 무료동영상

① 전문화된 움직임 단계
② 초보자 움직임 단계
③ 움직임 전략계획 단계
④ 기본움직임 단계

46. 응급 시 행동 요령 순서로 맞는 것은?

〈보기〉
㉠ 응급상황을 인식   ㉡ 도움을 줄 것인지 결정
㉢ 구급차를 부름   ㉣ 부상자를 평가   ㉤ 응급처치실시

① ㉠ + ㉢ + ㉡ + ㉣ + ㉤
② ㉡ + ㉢ + ㉠ + ㉣ + ㉤
③ ㉠ + ㉢ + ㉡ + ㉤ + ㉣
④ ㉠ + ㉡ + ㉢ + ㉣ + ㉤

47. 다음 보기가 설명하는 것은?

〈보기〉
감각기관과 신체 부분이 조화를 이루어 행할 수 있는 능력

① 유연성
② 조정력
③ 협응력
④ 심폐지구력

48. 다음 보기가 설명하는 것은?

〈보기〉
일정한 방향으로 움직이는 몸을 신속하게 다른 방향으로 바꿀 수 있는 능력

① 유연성　　　　　　　　② 근지구력
③ 민첩성　　　　　　　　④ 심폐지구력

49. 다음 보기가 설명하는 것은?

〈보기〉
림보 게임이나 다리 벌리기 등의 동작을 통해 얻을 수 있는 기초체력의 요소 중 가장 적합한 요소

① 균형　　　　　　　　　② 근지구력
③ 민첩성　　　　　　　　④ 유연성

50. 다음 보기가 설명하는 것은?

〈보기〉
작업이나 운동에 의한 근육에의 부하에 대하여, 어느 정도 근육이 지속적으로 대응할 수 있는가를 나타내는 능력

① 유연성　　　　　　　　② 근지구력
③ 민첩성　　　　　　　　④ 심폐지구력

유아체육론 — 출제예상문제 정답 및 해설

문항	정답	해설
1	①	유아체육이란 유아라는 대상(생후 년 1세~만6세)의 성장발달을 도와 신체적, 정서적, 사회적으로 완전한 전인적 인간을 만들기 위한 교육을 말한다.
2	④	산생아기는 태어나서 4주까지를 말한다.
3	③	유소년은 만3세~만12세의 초등학생을 말한다.
4	④	반사는 불수의적인 움직임으로 반사를 설명하는 내용이다.
5	②	유아는 2세 이후에는 성장속도가 떨어진다.
6	①	후기 아동기의 발달 특징은 감각체계와 운동체계의 조직화가 잘 이루어지는 시기이다.
7	①	시냅스를 설명하는 내용임.
8	②	건강체력에는 심폐지구력, 근력, 유연성이 포함된다.
9	①	지각운동발달은 기본 동작능력과 함께 유아의 운동능력을 나타내는 중요요소이며, 사물에 대한 존재를 발견하는 단계부터 그것이 무엇인지를 정확히 알게되는 단계를 의미한다. 또한 지각–운동의 개념은 의식적 신체 신체움직임과 조화를 이루는 인지적 노력의 결합체를 의미한다.
10	①	지각 운동 요소에는 공간지각, 신체지각, 시간지각, 방향지각, 관계지각, 움직임의 질 등의 요소가 포함된다.
11	③	정서를 설명하는 내용이다.
12	①	사회화를 설명하는 내용이다.
13	③	유아의 발달은 발달의 최적기가 있으며, 이를 민감기라고 한다.
14	②	운동의 발달 단계는 반사움직임단계– 초보 움직임단계– 기본움직임단계–전문화된 움직임 단계로 발달되어진다.
15	③	운동기술에 불수의적인 움직임인 반사(reflex)는 포함되지 않는다.
16	④	수의적인 움직임을 설명하는 말이다.
17	①	안정성 운동을 설명하는 말이다.
18	②	조작성 운동을 설명하는 말이다.

문항	정답	해설
19	④	축성움직임은 굽히기, 늘리기, 빙그르돌기 등 축을 이용한 안정성 운동을 말하며, 홉핑은 이동성 움직임이다.
20	③	운동발달 프로그램의 기본 원리 중 특이성의 원리를 설명하는 말이다.
21	②	운동발달 프로그램에 대한 평가와 개인의 운동발달에 대한 평가가 유아체육 프로그램 평가에 포함되어야 한다.
22	④	지각-운동 발달 요소 중 공간지각에 관한 요소들의 설명이다.
23	③	지각-운동 발달 요소 중 움직임의 질 요소에 대한 설명이다.
24	③	스키핑은 이동성 움직임이다.
25	③	유아체육 지도시 교수법은 간접-교사, 간접-유아, 유아-교사 상호주의적 교수법등 다양한 교수법을 상황에 따라 사용하는 것이 적합하나 온전히 교사가 주도하는 교수방법은 유아체육 교수방법으로 적합하지 않다.
26	①	점진성의 원리는 운동처방의 원리이다.
27	④	유아의 반응과 상관없이 교사가 주도하는 지도자는 바람직한 유아체육 지도자가 아니다.
28	②	유아를 대상으로 야외 수업을 실시할 경우에는 일기, 유아의 몸 상태를 반드시 고려해야 한다.
29	②	일일 수업 계획안에 차시예고는 반드시 포함되지는 않아도 된다.
30	④	제자리 멀리뛰기는 순발력과 힘을 측정하는 방법이다.
31	②	교사는 가능한 한 계획된 일정대로 유아들을 교육할 필요는 있지만 대상이 유아이니만큼 생길 수 있는 여러 가지 상황에 융통성을 발휘할 필요가 있다.
32	④	유아체육 지도자는 유아의 신체 기술적인 면만을 강조하기 위한 교육프로그램을 제공하는 사람이 아니다.
33	②	유아체육 지도환경의 원칙은 경제성, 안정성, 흥미성, 효율성이다.
34	③	유아의 신체적 특징은 머리가 크고 다리가 짧으며, 체온은 성인에 비하여 높다.
35	③	유아는 자주 음식을 섭취하는 것이 좋다
36	②	유아에게 잠은 성장에 아주 중요한 요소이며, 저녁 9시에 잠들고 30분 후 쯤 성장 호르몬이 가장 많이 분비되는 것으로 알려져 있다.
37	③	유아체육 수업 시 신체활동을 많이 하기 위해서는 지시를 간략하고 명료하게 하는 것이 좋다.
38	①	유아기에는 전체와 부분을 분화하여 지각하는 능력이 떨어진다.

문항	정답	해설
39	②	기구를 이용한 유아체육 수업을 지도할 때에는 기구를 이용하기 위한 선행된 신체활동을 한 뒤 기구를 사용하도록 하는 것이 바람직하다
40	①	소근육 운동은 손가락, 발가락을 이용하여 작은 물건을 집어 올리는 것과 같은 운동을 말한다.
41	③	달려가다 멈추기는 평형성 움직임이 아니라 동적 안정성 움직임 요소이다.
42	③	신체활동은 유아들을 신체적으로 활동적이 되게 도와주며, 개인적 의미를 경험할 기회를 확대시켜 준다.
43	①	누리과정 신체운동 영역에는 신체조절과 기본운동, 신체활동 참여, 감각과 신체인식 등의 범주로 나누어진다
44	①	배우지 않은 응급처치를 마음대로 실행해서는 안된다.
45	④	기본움직임 단계 운동발달 프로그램의 예이다.
46	④	응급 시에는 응급상황을 인식-도움을 줄 것인지 결정-구급차를 부름-부상자를 평가-응급처치실시의 행동 요령을 순서대로 실시한다.
47	②	조정력을 설명한다.
48	③	민첩성을 설명한다.
49	④	유연성을 설명한다.
50	②	근지구력을 설명한다.

유아체육론 실전모의고사

1. 현재 우리나라의 유아교육법에서 정하고 있는 유아의 나이는?

    가. 초등학교 다니는 아이
    나. 생후 ~ 생후 3년
    다. 0 ~ 만6세
    라. 만 3세부터 초등학교 취학 전 어린이

2. 유아체육의 목표가 <u>아닌</u> 것은?

    가. 대, 소근육 발달
    나. 식습관 개선
    다. 정서발달
    라. 사회성 발달

3. 반사(reflex)의 역할이 <u>아닌</u> 것은?

    가. 반사는 영아의 생존을 돕는 역할을 한다.
    나. 반사는 미래의 움직임을 예측하게 하는 역할을 한다.
    다. 반사는 엄마와의 교감을 통하여 나타난다.
    라. 반사는 영아의 운동행동을 진단하는 역할을 한다.

4. 체구성은 무엇을 말하는가?

    가. 키와 몸무게와의 비율
    나. 신체의 지방량
    다. 체지방량과 제지방량의 비율
    라. 지방세포의 수

5. Gallahue의 운동발달 단계 중 전문화된 단계의 설명으로 맞는 것은?

　가. 기본적인 스포츠 기술이나 레크리에이션 분야 등에서 여러 복잡한 활동에 응용되어 보다 더 세련되고 복잡한 활동을 가능하게 된다.
　나. 기본 움직임의 제어와 협응성이 향상된다.
　다. 수행이 역학적으로 효율성을 가지고 이루어질 뿐만 아니라 협응성과 제어 측면에서도 향상된 모습을 보인다.
　라. 신체의 사용이 제한되거나 과장된 움직임이 나타나고 협응이 제대로 되지 않으면서 움직임이 매끄럽지 못하다.

6. 운동기술의 특징이 <u>아닌</u> 것은?

　가. 목적을 달성하기 위한 수의적이고 효율적인 신체의 움직임을 그 기본으로 한다.
　나. 운동기술은 행동의 목적을 달성하기 위하여 신체 또는 사지의 움직임이 반드시 있어야 한다.
　다. 운동기술에는 불수의적인 움직임도 포함된다.
　라. 기술과 관련된 동작이 특정한 목적을 가져야하며, 반드시 수의적인 운동이어야 한다.

7. 유아체육 프로그램 구성 시 개념적 틀을 확립하기 위해 고려해야 할 요소가 <u>아닌</u> 것은?

　가. 프로그램 내용　　　　　　　　　　나. 평가와 피드백
　다. 발달 단계　　　　　　　　　　　　라. 움직임의 범주

8. 다음은 지각-운동 발달의 요소 중 무엇을 설명한 것인가?

> 〈보기〉
> - 과거/현재/미래,
> - 오전/오후, 아침/점심/저녁, 속도(리듬에 맞추어 빨리/느리게, 갑작스럽게/천천히...),
> - 리듬에 맞춘 동작, 동시성 등을 발달시킬 수 있음(음악에 맞추어서, 소리에 맞추어서..)

　가. 방향지각　　　　　　　　　　　　나. 움직임의 질
　다. 시간지각　　　　　　　　　　　　라. 공간지각

9. 성장기의 유아의 바람직한 영양섭취 방법은?

　가. 식사를 할 때 최대한 많은 양의 음식을 섭취하도록 한다.
　나. 유아가 음식을 잘 먹지 않으면 강제로 먹인다.
　다. 한꺼번에 많이 먹지 못하므로 자주 음식을 섭취하게 한다.
　라. 아이가 먹고 싶어 하는 음식 위주로 차려 준다.

10. 신체의 5대 감각기관 중 신체활동 시 가장 중요한 것은 무엇인가?

　가. 시각　　　　　　　　　　　나. 청각
　다. 촉각　　　　　　　　　　　라. 후각

11. 기구를 이용한 운동을 지도할 때 바르지 **못한** 것은?

　가. 기구탐색, 활용법, 응용된 등 여러 형태의 운동법이 제시되어야 한다.
　나. 기구를 이용하여 지도를 할 때에는 선행된 신체활동을 하지 않아도 된다.
　다. 기구 사용 시에는 특히 안전에 유의해야 한다.
　라. 유아의 체력을 고려하여 체계적이고 계획적인 진행이 이루어져야 한다.

12. 누리과정의 신체운동영역의 세 가지 범주가 **아닌** 것은?

　가. 긍정적 사고　　　　　　　　나. 신체 조절과 기본운동
　다. 신체 활동 참여　　　　　　　라. 감각과 신체 인식

13. 응급시 행동 요령 순서대로 나열한 것은 무엇인가?

　가. 응급상황 인식-구급차를 부름-도움을 줄 것인지 결정-부상자를 평가-응급처치 실시
　나. 도움을 줄 것인지 결정-구급차를 부름-응급상황을 인식-부상자를 평가-응급처치 실시
　다. 응급상황을 인식-구급차를 부름-도움을 줄 것인지 결정-응급처치 실시-부상자를 평가
　라. 응급상황을 인식-도움을 줄 것인지 결정-구급차를 부름-부상자를 평가-응급처치 실시

14. ☐☐☐☐은 일정한 방향으로 움직이는 몸을 신속하게 다른 방향으로 바꿀 수 있는 능력이다.

　가. 근지구력　　　　　　　　　나. 힘
　다. 유연성　　　　　　　　　　라. 민첩성

15. 다음 중 유아체육 지도 시 바람직한 교수방법으로 가장 옳지 <u>않은</u> 것은?

　　가. 직접-교사 주도적 교수방법　　　나. 간접-유아 주도적 교수방법
　　다. 교사-교사 주도적 교수방법　　　라. 유아-교사 상호주의적 교수방법

16. 유아 체육 지도자의 일반적 역할로 가장 옳지 <u>않은</u> 것은?

　　가. 상호작용을 할 것인가를 비판적으로 판단하는 의사 결정자의 역할을 하여야 한다.
　　나. 유아체육 지도자는 유아 스스로 할 수 있도록 방임하여야 한다.
　　다. 유아의 신체활동에 대한 지도자의 관찰과 해석은 지도자의 지도 교수방법을 결정하게 도움을 준다.
　　라. 개별화 교수와 안전한 체육활동을 진행하는 지도자의 역할을 하여야 한다.

17. 운동기구 배치의 유형이 <u>아닌</u> 것은?

　　가. 병렬식 배치　　　　　　　　　　나. 시각적 효과의 운동기구 배치
　　다. 지도자의 주관적 배치　　　　　　라. 순환식 배치

18. 일일 수업계획안에 포함되지 <u>않아도 되는 사항은</u>?

　　가. 도입-인사말과 준비체조　　　　　나. 차시예고(다음시간 안내)
　　다. 전개-본 수업　　　　　　　　　　라. 평가-수업과 게임에 대한 평가

19. 유아의 일일활동 계획 및 운영의 기본원리로 옳지 <u>않은</u> 것은?

　　가. 일관성 있어야한다.
　　나. 교사는 계획된 일과대로 유아들을 교육한다.
　　다. 일일 활동계획은 융통성있게 운영한다.
　　라. 활동 실행 후 반드시 평가를 한다.

20. 유아체육프로그램의 구성원리로 알맞게 짝지어진 것은?

　　가. 계획성, 다양성, 전문성　　　　　나. 계획성, 다양성, 흥미성
　　다. 다양성, 계획성, 객관성　　　　　라. 계획성, 전문성, 주관성

유아체육론 실전모의고사 정답 및 해설

01 정답 라
현재 우리나라 유아교육 법에서 정하고 있는 유아의 나이는 만 3세부터 초등학교 취학전 어린이를 말한다.

02 정답 나
유아체육의 목표는 대소근육의 발달, 신체 운동능력의 발달, 사회성 발달, 언어발달, 인지적 능력발달, 정서발달 등을 목표로 한다.

03 정답 다
반사는 영아의 생존을 돕는 역할을 하며 미래의 움직임을 예측하게하는 역할을 한다. 또한 영아의 운동행동을 진단하는 역할을 한다.

04 정답 다
체구성은 체지방량과 제지방량의 비율을 말한다.

05 정답 가
Gallahue의 운동발달 단계 중 전문화 된 단계는 기본적인 스포츠 기술이나 레크리에이션 분야 등에서 여러 복잡한 활동에 응용되어 보다 더 세련되고 복잡한 활동을 가능하게 되는 단계를 말한다.

06 정답 다
운동기술은 목적을 달성하기 위한 수의적이고 효율적인 신체의 움직임을 그 기본으로 하며, 행동의 목적을 달성하기 위하여 신체 또는 사지의 움직임이 반드시 있어야 한다. 또한 기술과 관련된 동작이 특정한 목적을 가져야하며, 반드시 수의적인 운동이어야 한다. 불수의적인 움직임은 운동으로 보지 않는다.

07 정답 나
유아체육 프로그램 구성 시에는 프로그램의 내용, 발달 단계, 움직임의 범주 등을 고려해야 한다.

08 정답 다
지각-운동 요소 중 시간지각의 요소들을 설명하는 내용이다.

09 정답 다
유아기에는 한꺼번에 많이 먹지 못하므로 자주 음식을 섭취하게 한다.

10 정답 가
신체의 감각기관 중 신체활동 시 가장 중요한 감각은 시각이다.

| 11번 문항 | 정답 나 | 기구를 사용할 때에는 선행된 신체활동 즉, 신체가 충분한 준비가 될 수 있는 다양한 신체활동을 해 주는 것이 좋다. |

| 12번 문항 | 정답 가 | 누리과정의 신체운동영역의 세 가지 범주는 신체조절과 기본운동, 신체활동 참여, 감각과 신체인식 등이다. |

| 13번 문항 | 정답 라 | 응급 시 행동 요령은 응급상황을 인식–도움을 줄 것인지 결정–구급차를 부름–부상자를 평가–응급처치 실시의 순서를 따라야한다. |

| 14번 문항 | 정답 라 | 일정한 방향으로 움직이는 몸을 신속하게 다른 방향으로 바꿀 수 있는 능력은 민첩성을 설명하는 내용이다. |

| 15번 문항 | 정답 다 | 유아체육 지도 시 가장 바람직하지 못한 교수방법은 교사–교사 주도적 교수방법이다. |

| 16번 문항 | 정답 나 | 유아체육 지도자는 관찰자이자 진행자, 그리고 안전을 지키는 역할을 하여야 하며, 유아와 상호작용하면서 이끌어주어야 하는 역할을 해야하지 유아 스스로 활동을 하도록 방임해서는 안된다. |

| 17번 문항 | 정답 다 | 운동기구 배치 시 지도자의 생각에 따라 마음대로 배치를 해서는 안된다. 운동 프로그램의 내용에 따라 효율적으로 기구가 배치될 수 있도록 해야하며, 그 배치 방법에는 병렬식 배치, 시각적 효과의 운동기구 배치, 순환식 배치 등의 방법이 있다. |

| 18번 문항 | 정답 나 | 일일 수업 계획 안에 포함되지 않아도 되는 사항은 차시예고(다음시간 안내)이다. |

| 19번 문항 | 정답 나 | 유아의 일일활동 계획 및 운영의 기본원리는 일관성이 있어야하며, 교육 시 발생할 수 있는 돌발 상황이나 여러 가지 문제들을 고려하여 융통성을 발휘할 수 있어야하며, 활동 실행 후 반드시 평가를 해야한다. |

| 20번 문항 | 정답 나 | 유아체육 프로그램의 구성원리는 계획성, 다양성, 흥미성이다. |

노인체육론

노인체육론 — 2016년 기출문제 분석

출제기준

주요 항목	세부 항목
1. 노화와 노화의 특성	1. 노화의 개념
	2. 노화와 관련된 이론
	3. 노화에 따른 신체적·심리적·사회적 변화
2. 노인의 운동 효과	1. 운동의 개념과 역할
	2. 운동의 효과
3. 노인 운동프로그램의 설계	1. 운동 프로그램의 요소
	2. 지속적 운동참여를 위한 동기유발 방법
	3. 운동권고 지침 및 운동방안
4. 질환별 프로그램 설계	1. 호흡·순환계 질환 운동프로그램
	2. 근골격계 질환 운동프로그램
5. 지도자의 효과적인 지도	1. 의사소통기술
	2. 노인운동 시 위험관리

[노인스포츠지도사]

1. 노인인구 증가와 관련된 설명으로 옳은 것은?

① 65세 이상의 노인인구 비율이 14% 이상이면 고령화사회이다.
② 노인 부양비와 의료비 증가로 사회적 문제가 발생한다.
③ 노인의 경제력 약화로 실버산업의 침체가 가속화된다.
④ 우리나라 고령화 속도는 선진국에 비해 상대적으로 느리다.

	정답 ②		난이도 보통
정답 및 해설	출제영역	1. 노화와 노화의 특성	
	해설	우리나라는 선진국에 비해 상대적으로 고령화 속도가 빠르기 때문에 노인부양비 및 의료비 증가로 여러 사회문제가 발생되고 있는 반면 노인인구의 증가로 실버산업의 활성화를 기대할 수 있다. 우리나라는 현재 전체 인구 중 65세 이상이 7%인 고령화사회이며 가까운 미래에 노인인구 비율이 14%인 고령사회에 진입할 것으로 예측되고 있다.	

2. 노인의 준비운동 효과로 옳지 않은 것은?

① 심장 혈류량 증가
② 협응력 향상
③ 관절 가동범위 증가
④ 신체 반응시간 증가

정답	④	난이도	보통
출제영역	1. 노인의 운동효과		
해설	준비운동의 통해 노인들의 신체 반응시간은 감소될 수 있다.		

3. 기능적 나이(functional age)에 포함되지 않는 것은?

① 신체적 나이(physiological age)
② 연대기적 나이(chronological age)
③ 사회적 나이(social age)
④ 심리적 나이(psychological age)

정답	②	난이도	쉬움
출제영역	1. 노화와 노화의 특성		
해설	연대기적 나이(chronological age)는 사람이 태어나서부터 살아온 시간의 길이를 가리키며 신체적, 심리적, 사회적 요인들과는 독립적이다. 반면 기능적 나이(functional age)는 직업이나 사회생활 등 사람이 살아가면서 일상생활에서 기능적으로 얼마나 잘 수행하는가를 의미하는 나이이다. 이에 신체적(physiological), 사회적(social), 심리적(psychological) 나이가 포함된다.		

4. 〈보기〉에서 설명하는 노인의 신체적 수준은?

〈보기〉
자기 동기부여가 강하고, 자발적이고 규칙적인 운동참여를 통해 운동의 중요성을 인식한다.

① 신체적 결핍 수준
② 신체적 허약 수준
③ 신체적 건강 수준
④ 신체적 엘리트 수준

정답	③	난이도	보통
출제영역	1. 노화와 노화의 특성		
해설	신체적 건강 수준의 노인은 자기 동기부여가 강하고 자발적으로 규칙적인 운동에 참여하므로 운동의 중요성을 인식한다.		

5. 노인 운동프로그램에서 주운동을 실시할 때 주의할 점으로 옳지 않은 것은?

① 격렬한 경쟁은 가능한 한 피한다.
② 운동 시 갈증을 느끼지 못하더라도 수시로 수분을 보충한다.
③ 근력 운동 중 중량을 들어 올릴 때 숨을 들이마신다.
④ 동기부여와 재미를 고려한 프로그램을 실시한다.

정답 및 해설	정답	③	난이도	쉬움
	출제영역	3. 노인 운동프로그램의 설계		
	해설	근력운동 시 수축·이완을 반복하는 근육의 움직임에 따라 몸 속 압력이 달라지는데 이때 숨을 잘못 쉬면 혈관·복강·흉강·관절 내 압력이 높아져 뇌졸중, 피로골절 등이 발생할 수 있다. 근력 운동 중에는 일반적으로 근육에 힘을 줄 때(수축) 숨을 내쉬고, 근육에 힘을 뺄 때(이완) 숨을 들이마셔야 한다. 이러한 원리 때문에 중량을 들어 올릴 때 숨을 내쉬어야 한다.		

6. 〈보기〉에서 설명하는 노화와 관련된 사회학적 이론은?

―― 〈보기〉 ――――――――――――――――
• 분리이론과 대립되는 이론이다.
• 지속적인 활동이 성공적인 노화의 핵심이다.
• 노인의 사회활동 참여정도가 높을수록 생활만족도가 높아진다.

① 활동 이론　　　　　　　　② 은퇴 이론
③ 하위문화 이론　　　　　　④ 구조기능주의 이론

정답 및 해설	정답	①	난이도	어려움
	출제영역	1. 노화와 노화의 특성		
	해설	보기에서 제시한 이론은 활동이론이며 다른 세 이론들의 주요내용은 다음과 같다. 은퇴이론은 중년기 역할체계로부터의 보편적인, 상호적인, 불가피한 철회 혹은 이탈을 의미한다. 하위문화 이론은 노인이 가지고 있는 공통의 특성과 사회문화적 요인 등에 의해 집단이 형성되고 상호작용을 통해 하위문화가 형성된다는 것이다. 구조기능주의 이론은 사회의 존속을 위해 수행되어야만 하는 부분의 기능들이 있고 이런 기능 수행의 지속성이 구조를 이룬다고 보는 관점이다.		

7. 노인체력검사(Senior Fitness Test: SFT)의 항목이 <u>아닌</u> 것은?

① 등 뒤로 손닿기
② 서서 윗몸 앞으로 굽히기
③ 2분 제자리 걷기
④ 30초 아령 들기

정답	②	난이도	쉬움
출제영역	3. 노인 운동프로그램의 설계		
해설	노인체력검사항목으로는 신체질량지수, 30초 의자에서 일어섰다 앉기, 30초 아령들기, 6분 걷기, 2분 제자리 걷기, 의자 앉아 앞으로 굽히기, 등 뒤로 손 닿기, 2.4m 왕복 걷기로 구성되어 있다.		

8. 반두라(A. Bandura)의 자기효능감 이론에 근거한 운동참여 유도방법으로 옳지 <u>않은</u> 것은?

① 관련 책자나 자료집을 제공하여 간접경험을 하게 한다.
② 일상생활에서 접근이 쉬운 것부터 시작하게 한다.
③ 과제의 성공적 수행을 통해 성취경험을 하게 한다.
④ 사회적 지지보다는 혼자 생각하는 시간을 갖게 한다.

정답	④	난이도	어려움
출제영역	3. 노인 운동프로그램의 설계		
해설	반두라(Bandura, 1977)의 자아효능감 이론은 사회적 학습이론에서 최초로 언급되었으며 인간의 행동을 규정하는 요인으로 '선행요인', '결과요인', '인지요인'을 들면서, 이 요인들이 복잡하게 얽혀 사람, 행동, 그리고 환경사이에서 상호작용의 순환을 형성한다고 보았다. 그러기에 사회적 지지보다 혼자 생각하는 시간이 더 중요하다는 관점은 맞지 않다.		

9. 노인의 운동참여에 대한 사회적 효과는?

① 골밀도 유지
② 원만한 인간관계 유지
③ 감각과 지각기능 증가
④ 운동 기술 습득

정답	②	난이도	쉬움
출제영역	2. 노인의 운동 효과		
해설	골밀도 유지, 감각과 지각기능 증가, 운동 기술 습득은 사회적 효과보다는 신체적, 심리적 효과에 포함된다.		

10. 노인의 낙상 방지를 위한 자세 안정성 확보 방법으로 옳은 것은?

① 기저면을 좁게 하고, 무게중심을 낮춘다.
② 기저면을 좁게 하고, 무게중심을 높인다.
③ 기저면을 넓게 하고, 무게중심을 높인다.
④ 기저면을 넓게 하고, 무게중심을 낮춘다.

정답 및 해설	정답	④	난이도	보통
	출제영역	3. 노인 운동프로그램의 설계		
	해설	노인 낙상방지를 위한 안정된 자세 확보 방법으로는 기저면을 넓게 하고 무게 중심을 낮추는 것이 바람직하다.		

11. 당뇨병이 있는 노인의 운동 시 주의사항으로 옳은 것은?

① 저항운동과 유산소운동을 병행하여 실시한다.
② 공복 시 혈당치가 $200mg/dl$ 이상인 경우에 운동을 금지한다.
③ 운동 중 에너지 유지를 위해 식후에 바로 운동을 실시한다.
④ 대근육보다 소근육 운동을 위주로 실시한다.

정답 및 해설	정답	①	난이도	어려움
	출제영역	4. 질환별 프로그램 설계		
	해설	당뇨병이 있는 노인인 경우 혈당이 70mg/dL 이하이거나 300mg/dL 이상일 때 운동을 즉시 중단한다. 또한 운동은 식후 1~2시간 이후부터 실시하며 대근육 운동 위주로 운동을 실시할 수 있도록 지도한다.		

12. 노화와 관련된 생물학적 이론이 아닌 것은?

① 유전적 이론
② 손상 이론
③ 점진적 불균형 이론
④ 교환 이론

정답 및 해설	정답	④	난이도	보통
	출제영역	1. 노화와 노화의 특성		
	해설	교환이론은 다른 사람에게 행한 자신의 행동이 그에 상응하는 결과를 가져다줄 것이라는 기대에서 사회적 행동이 이루어진다고 하는 이론으로 사회학적 이론이다.		

13. <보기>에서 설명하는 에릭슨(E. Erikson)의 심리사회적 발달단계는?

<보기>
- 자부심과 만족을 느끼면서 자신의 삶을 되돌아볼 수 있으며 죽음을 위엄 있게 받아들인다.
- 삶에서 달성해야 하는 것들을 달성하지 못했다고 느끼며 삶의 종말이 다가오는 것에 대해 좌절감을 느낀다.

① 생산적 대 정체
② 독자성 대 역할혼돈
③ 친분 대 고독
④ 자아주체성 대 절망

정답	④	난이도	어려움
출제영역	1. 노화와 노화의 특성		
해설	에릭슨의 심리 사회적 발달단계에서 생산적 대 정체 단계는 중년 성인에 해당되며 가족의 부양 또는 어떤 형태의 일을 통해 생산적이거나 그렇지 못한 결과를 가져온다. 독자성 대 역할혼돈 단계는 13 ~ 18세로 자신이 누구인지 그리고 어떻게 삶을 살기를 원하는지에 대한 느낌을 발달시키는 결과를 가져온다. 친분 대 고독의 연령은 젊은 성인으로 친구 및 연인과 밀접한 관계를 형성한다. 자아주체성 대 절망의 단계의 연령은 노년기이다.		

14. 노인의 운동부하검사에 대한 설명으로 옳지 않은 것은?

① 고혈압이 있는 고령자는 안전을 위하여 베타차단제를 복용한 후에 검사한다.
② 운동 중 심박수와 혈압을 주기적으로 확인한다.
③ 검사 장비로 트레드밀 보다는 자전거 에르고미터가 권장된다.
④ 운동부하는 저강도부터 서서히 증가시킨다.

정답	①	난이도	어려움
출제영역	4. 질환별 프로그램 설계		
해설	베타차단제는 운동능력에 영향을 미치므로 체력을 정확히 평가하는데 어려움이 있을 수 있으므로 운동부하검사 바로 전 고의적으로 베타차단제를 복용하는 것은 권장하지 않는다.		

15. 스피르두소(W. Spirduso)가 분류한 5가지 노인의 기능상태 범주에 포함되지 않는 것은?

① 신체적 의존
② 신체적 단련
③ 신체적 자립
④ 신체적 엘리트

정답	②	난이도	어려움
출제영역	3. 노인 운동프로그램의 설계		
해설	스피르두소(W. Spirduso)외 학자들이 분류한 5가지 노인의 기능상태 범주는 신체적 엘리트, 신체적 건강, 신체적 독립(자립), 신체적 허약, 신체적 의존이다.		

16. 〈보기〉에서 설명하는 질환은?

〈보기〉
- 진행성 신경장애
- 근육경직
- 자세 불안정
- 운동완서
- 휴식 시 진전
- 균형감각 장애

① 골다공증
② 파킨슨병
③ 퇴행성 관절염
④ 심근경색

정답	②	난이도	보통
출제영역	4. 질환별 프로그램 설계		
해설	파킨슨병은 이상운동장애로 보기에서 제시한 내용과 함께 손발떨림, 몸의 경직, 무표정, 걸음걸이의 이상 등의 증상이 나타난다.		

17. 고혈압이 있는 노인의 안정 시 혈압을 감소시키는 요인이 <u>아닌</u> 것은?

① 안정 시 심박수 감소
② 말초 저항 감소
③ 안정 시 심박출량 증가
④ 혈관 탄력성 증가

정답	③	난이도	보통
출제영역	4. 질환별 프로그램 설계		
해설	노인의 안정 시 혈압을 감소시키는 요인들로는 안정 시 심박수 감소, 말초 저항 감소, 안정 시 심박출량 감소, 혈관 탄력성 증가 등이 있다.		

18. 〈보기〉에서 괄호의 ㉠과 ㉡에 공통적으로 들어갈 용어는?

〈보기〉
- (㉠)은/는 하나의 단어 또는 짧고 간결한 어구를 사용하는 것을 의미한다.
- (㉡)은/는 기술의 결정적 측면이나 부분을 일깨워주는 역할을 한다.

① 운동학습　　　　　　　　② 피드백
③ 언어적 암시　　　　　　　④ 시범

정답 및 해설	정답	③	난이도	어려움
	출제영역	5. 지도자의 효과적인 지도		
	해설	운동학습의 원리에는 피드백, 시범, 언어적 암시 등이 있다. 피드백은 운동수행에 따른 행동이나 반응의 결과를 바탕으로 수정하고 더욱 발전할 수 있도록 하는 운동학습 원리 중 하나이다. 시범은 새로운 기술을 어떻게 수행하는지 직접 보여주는 전략으로 가장 보편적으로 사용되고 있다.		

19. ACSM(American College of Sports Medicine)에서 제시한 노인의 건강/체력 시설 기준 및 지침에 해당되지 않는 것은?

① 노인 운동 시설과 관련된 법률, 규정, 규범을 준수한다.
② 장비사용에 대한 설명과 위험에 대한 경고를 제시한다.
③ 응급 대처 훈련은 지도자들의 선택사항이다.
④ 지도자가 전문 능력을 갖추고 있는지를 증명하도록 요구한다.

정답 및 해설	정답	③	난이도	보통
	출제영역	5. 지도자의 효과적인 지도		
	해설	ACSM의 건강/체력 시설 기준 및 지침에 따르면 모든 직원을 대상으로 정기적인 응급 대처 훈련을 실시해야 한다. 이러한 지침에 따라 지도자들은 의무적으로 응급 대처 훈련을 받아야 한다.		

20. 노인 운동 시 응급상황에 대한 대처 방법으로 옳지 않은 것은?

① 의식 없이 호흡이 있는 경우에 심폐소생술을 실시한다.
② 완전기도폐쇄 시 복부밀쳐올리기를 실시한다.
③ 골절이 의심되면 무리하게 움직이지 말고 안정시킨다.
④ 급성 손상 시 RICE 처치법을 실시한다.

정답 및 해설	정답	①		난이도	보통
	출제영역	5. 지도자의 효과적인 지도			
	해설	심폐소생술은 심장의 기능이 정지하거나 호흡이 멈추었을 때 사용하는 응급처치 방법으로 의식 없이 호흡이 있는 경우에는 일단 옆으로 눕게 한다.			

1부. 노화와 노화의 특성

학습목표

- 노인체육학의 의미와 노화에 따른 일반적인 내용을 이해한다.
- 노화와 관련된 이론들을 이해한다.
- 노화에 따른 신체적·심리적·사회적 변화를 이해한다.

1장 | 노화에 대한 개념

1) 노인체육학(Gerokinesiology)

: 노인학과 체육학의 합성어로 신체활동이 노화 및 전반적인 노인의 건강과 삶의 질(웰빙) 향상에 어떠한 영향을 미치는가를 연구하는 학문

2) 노인인구에 따른 사회분류

- 고령화 사회: 전체인구 중 65세 이상 인구비율이 7% 이상~14% 미만인 사회
- 고령사회: 전체인구 중 65세 이상 인구비율이 14% 이상~20% 미만인 사회
- 초고령사회: 전체인구 중 65세 이상 인구비율이 20% 이상인 사회

3) 노화에 따른 나이 구분

- 역연령: 사람이 태어나서 살아온 년 수
- 기능적 (생리적, 신체적) 연령: 사람들이 일상적인 삶, 직업, 그리고 지역사회에서 어떻게 기능적으로 잘 활동하는지의 여부

4) 노인운동지도자 양성 교육과정

① 노화와 신체활동(운동)에 대한 전반적인 이해
② 신체활동(운동)의 심리적·사회적·생물학적 측면과 노인
③ 사전 검사, 평가 그리고 목표 설정
④ 신체활동(운동)프로그램 설계와 관리
⑤ 질병이 있는 노인을 위한 신체활동(운동) 프로그램 설계
⑥ 지도 기술
⑦ 지도력, 의사소통, 마케팅 기술

⑧ 노인운동 참여자의 안전과 응급치료
⑨ 노인스포츠 전문인으로서의 윤리와 행동

핵심용어

- **성공적 노화**: '성공'이란 의미의 모호함으로 정의내리기 어려우나 수명이나 생존의 단순한 의미를 넘어 노화의 질적인 측면을 의미
- **보편적 노화**: 시간이 지남에 따라 신체적 기능을 포함한 여러 측면에서 점진적 감소를 나타내며 대부분 사람들에게 일어나는 현상
- **병적 노화**: 특정 질환에 유전적으로 취약하거나 부정적인 생활방식을 지속함으로 나타나는 노화의 형태
- **역연령**: 사람이 태어나서 살아온 년 수
- **기능적 (생리적, 신체적) 연령**: 사람들이 일상적인 삶, 직업, 그리고 지역사회에서 어떻게 기능적으로 잘 활동하는지의 여부

2장 ❙ 노화와 관련된 이론

1) 노화에 따른 생물학·심리학·사회학적 이론

- 생물학적 이론- 유전학적 이론, 손상이론, 점진적 불균형 이론
- 심리학적 이론- Erikson의 자아통합 단계 이론, Baltes의 보상이 수반된 선택적 적정화 이론, Rowe와 Kahn의 성공적 노화 이론
- 사회학적 이론- 분리이론, 활동이론, 지속성 이론, 교환이론, 연령계층화이론, 하위문화이론

핵심용어

- **생물학적 이론**: 신체적 노화를 초래하고 나이의 증가와 함께 발병률과 사망률의 위험을 증가시키는 요인에 초점을 맞춘 이론
- **심리학적 이론**: 노화과정에 미치는 심리적 과정과 성격적 특성의 영향에 초점을 맞춘 이론
- **사회학적 이론**: 노화에 미치는 사회적 환경과 자연 환경의 영향을 맞춘 이론

3장 ❙ 노화에 따른 신체적 및 심리·사회적 변화

1) 노화에 따른 주요 신체적 변화

- 근육의 위축
- 신장의 감소
- 주름의 증가
- 관절과 발바닥의 변형
- 어깨 넓이 감소
- 골반 직경의 증가

2) 노화에 따른 주요 심리적 변화

- 건강과 경제적 불안감

- 부적응에서 오는 불안과 초조감
- 개인적 자주성의 상실로 인한 의존심 증대
- 건강쇠퇴에 의한 활동의 제한
- 사회적 신분과 경제능력의 상실로 인한 열등감

3) 노화에 따른 주요 사회적 변화
- 주위 환경에 대한 소극적인 대처방식
- 사회적 역할에 자아의 투자 감소
- 권력의 감퇴와 경제적 능력의 상실

핵심용어

- 일상생활활동(ADL: Activities of Daily Living): 걷기, 옷입기, 침대에서 의자로 옮겨가기 등의 일상생활의 기본적인 활동
- 수단적 일상생활활동(IADL: Instrumental Activities of Daily Living): 집안일, 약복용, 장보기, 전화걸기, 청구서 지불하기 등의 복잡한 움직임으로 구성된 활동
- 근육감소증(sarcopenia): 노화로 인한 근육조직의 손실

2부. 노인 운동의 효과

학습목표
- 노인 운동과 관련된 주요 개념들을 이해한다.
- 노인 운동의 주요 효과에 대해 이해한다.

1장 ▮ 운동의 개념

1) **신체활동:** 일상생활 활동을 포함하며 에너지를 소모하는 골격근에 의한 신체의 모든 움직임

2) **건강:** 질병이나 손상(infirmity)이 없을 뿐만 아니라 육체적·정신적·사회적으로 완전한 상태

3) **웰빙:** 육체적·정신적 건강의 조화를 통해 행복하고 아름다운 삶을 추구하는 삶의 유형이나 문화를 통틀어 일컫는 개념

4) **운동:** 체력을 향상시키기 위해 수행되는 계획되고 구조화된 반복적인 신체 움직임으로써, 에너지를 소모하는 골격근에 의해 이루어지며 체력과 정적 상관관계를 나타냄

5) **체력:** 건강과 웰빙의 전반적인 상태 혹은 특정 스포츠나 작업을 수행하는 일련의 종합적 능력

	구분	요소
행동체력	건강관련 체력	근력, 근지구력, 심폐지구력, 유연성, 신체조성
	운동관련 체력	파워, 민첩성, 평형성, 협응성, 스피드, 반응시간

6) **노인체력 검사 방법**

측정항목	미국형 노인체력검사 (SFT)	한국형 노인체력검사 (국민체력 100)
상지 근력	덤벨 들기	상대악력
하지 근력	30초 의자에서 일어섰다 앉기	30초 의자에서 일어섰다 앉기
심폐지구력	6분 걷기	6분 걷기
	2분 제자리 걷기	2분 제자리 걷기

측정항목	미국형 노인체력검사 (SFT)	한국형 노인체력검사 (국민체력 100)
상체 유연성	등 뒤로 손 닿기	앉아 윗몸 앞으로 굽히기
하체 유연성	의자에 앉아 앞으로 굽히기	
민첩성 및 동적 균형성	일어서서 2.44m 돌아오기	의자에 앉아 3m 표적 돌아오기
협응성		8자 보행

핵심용어

- 신체활동(Physical Activity): 일상생활 활동을 포함하며 에너지를 소모하는 골격근에 의한 신체의 모든 움직임
- 운동(Exercise): 체력을 향상시키기 위해 수행되는 계획되고 구조화된 반복적인 신체 움직임으로서 써, 에너지를 소모하는 골격근에 의해 이루어지며 체력과 정적 상관관계를 나타냄
- 체력(Fitness): 건강과 웰빙의 전반적인 상태 혹은 특정 스포츠나 작업을 수행하는 일련의 종합적 능력

2장 Ⅰ 운동의 효과

1) 운동의 신체적 주요 효과

- 조기사망의 위험 감소
- 관상동맥질환, 당뇨병, 뇌졸중, 유방암, 고혈압, 대장암 등의 위험감소
- 낙상예방

2) 운동의 심리적 주요 효과

- 스트레스와 불안 감소
- 기분 향상
- 정신 건강 및 인식의 향상
- 우울증 예방

3) 운동의 사회적 주요 효과

- 사회적 통합의 향상
- 새로운 친구관계 형성
- 사회와 문화적 관계망 확대
- 역할 유지 및 새로운 역할 부여

핵심용어

- 삶의 질(QOL: Quality of Life): 삶의 만족에 대한 개인의 의식적 판단으로 정의
- 최대산소섭취량(VO_2 max): 인체가 산소를 사용할 수 있는 최대율, 즉 유산소파워를 측정하는 방법
- 최고산소섭취량(VO_2 peak): VO_2 max에 이르기 전 자의적인 운동 중단 때에 도달한 가장 높은 산소 섭취량 수준
- 자아효능감(self-efficacy): 삶에서 일어나는 상황과 일을 처리하는 자신의 능력에 대한 믿음

3부. 노인 운동프로그램의 설계

노인체육론 핵심요약

학습목표

- 노인운동과 관련된 프로그램의 주요 요소들을 이해한다.
- 행동 변화 이론을 바탕으로 지속적 운동참여를 위한 동기 유발 방법을 이해한다.
- 노인 운동 권고 지침 및 운동 방안을 이해한다.

1장 ㅣ 운동 프로그램의 요소

1) 노인 운동 프로그램

- 노화에 따라 노인들의 생리적 기능은 감퇴하고, 체력뿐만 아니라 순환, 감각, 호흡 등의 기능도 약화되기 때문에 여러 가지 조건을 고려하여 운동 프로그램을 설계
- 운동 프로그램은 노인의 특성에 적합하게 체계적이고 계획적으로 이루어져야 하며 운동 빈도(exercise frequency), 운동 강도(exercise intensity), 운동 시간(exercise duration), 운동 종류(exercise type)로 구성된 요인들이 적절하게 적용
- 운동의 진행단계에 따라 운동 프로그램 요소들을 구성하고 계획

핵심용어

- 운동 빈도(exercise frequency): 일주일 동안 실행하는 운동의 횟수로 개인의 건강과 체력 수준, 운동경험 등에 따라 결정
- 운동 강도(exercise intensity): 운동 동안 신체에 부여되는 생리적 스트레스 또는 과부하의 정도로 심폐기능에 과도한 부담이 되지 않는 범위 안에서 강도 설정
- 운동 시간(exercise duration): 운동강도의 수준에 의해 결정되며 강도가 높을수록 운동 지속시간은 짧게 설정
- 운동 종류(exercise type): 유산소 운동, 저항 운동, 유연성 운동, 평형성 운동 등이 포함

2장 ㅣ 지속적 운동 참여를 위한 동기 유발 방법

1) 행동 변화 이론 및 모형에 대한 요약

이론(모형)	정도(level)	기본 구성요소
학습 이론	개인	• 강화 • 계시 • 조성
건강 신념 모형	개인	• 지각된 개연성 • 지각된 심각성 • 지각된 이익

이론(모형)	정도(level)	기본 구성요소
		• 지각된 장애 • 행동의 계기 • 자아효능감
범이론적 모형	개인	• 고려 전(계획 전) • 고려(계획) • 준비 • 행동 • 유지
사회인지 이론	개인 상호간	• 상호 결정론 • 자아효능감
계획된 행동 이론	개인 상호간	• 행동을 향한 태도 • 주관적 규범들 • 인지된 행동 제어

2) 목표 설정의 세부적 방법

목표의 세부내용은 S-M-A-R-T로 각각의 내용은 아래와 같다.
- S-Specific(구체적 목표)
- M-Measurable(측정 가능한 목표)
- A-Attainable(성취 가능한 목표)
- R-Relevant(연관성이 있는 목표)
- T-Time based(시간에 근거한 목표)

핵심용어

- 학습 이론: 학습이 형성되는 요인이 무엇인지 설명해주는 이론
- 건강 신념 모형: 건강행위가 일어나기 직전의 마음상태를 나타내며 건강행위를 연구하기 위한 이론 중 하나
- 범이론적 모형: 개개인의 행동이 변화되는 과정과 전략 제시
- 계획된 행동 이론: 신념과 행동 사이의 관계에 대한 이론

3장 | 운동권고 지침 및 운동 방안

1) 건강한 노인을 위한 운동 프로그램

미국 스포츠의학회(American College of Sport Medicine: ACSM, 2014년)

요소	빈도	강도	시간	유형
심폐지구력	중강도: 주 150~300분 고강도: 주 75~150분	RPE 10점 도구 중강도: 5~6 고강도: 7~8	10분씩 간헐적으로 중강도 최소 30분 고강도 최소 20분	걷기, 수중운동, 실내자전거 타기, 등
근력	최소 주 2회	RPE 10점 도구 중강도: 5~6 고강도: 7~8	8~10개 주요 근육 각 8~12회 반복	고무밴드운동 요가 아령운동 등
평형성	주 2~3회	-	개개인의 상태에 따름	외발서기, 타이치 등
유연성	최소 주 2회	RPE 10점 도구 중강도: 5~6	정정 스트레칭 15~60초 유지 최소 4세션 반복	각 주 근육군의 지속적인 정적 스트레칭

2) 노인 운동 실시에 따른 주의 사항

- 운동은 천천히 시작하고 여유 있게 진행
- 준비 운동, 정리 운동을 충분히 실시
- 심하게 근육을 긴장시키거나 경쟁적인 운동은 피함
- 운동의 순응도를 증가시키기 위해서 운동 및 일상 신체활동 증진의 필요성과 효과에 대해서 강조하고 이전의 생활 습관과 조화를 이루면서 운동을 하도록 권장
- 날씨 등 외부 환경 및 개인의 신체 상태에 따라 운동강도 및 운동량 조절
- 대상의 욕구, 건강상태, 장비와 시설, 개인의 기호나 가용시간 고려
- 운동 전, 운동 시 혹은 운동 후 수분공급을 권장함
- 피로하지 않는 범위 내에서 팔과 다리를 많이 사용
- 운동할 때 단련 부위를 의식하며 실시
- 운동에 의한 피로가 축적되지 않도록 충분한 휴식을 취할 수 있도록 권장
- 운동에 적합한 복장과 신발 착용 권장
- 음식물 섭취 후 1~2시간 이후에 가벼운 운동부터 점진적으로 강도를 증가

핵심용어
- ■ 심폐지구력: 호흡기관이나 순환계가 오랫동안 지속되는 운동이나 활동에 버틸 수 있는 능력
- ■ 근력: 근육이 저항에 대해 힘을 발휘하는 능력
- ■ 평형성: 정적 또는 동적 상태에서 몸의 균형을 유지하는 능력
- ■ 유연성: 관절가동범위를 넓힐 수 있는 능력
- ■ 고강도: 휴식할 때 강도의 6.0배 이상의 강도로 0에서 10점으로 표현되는 운동자각도에서 7 또는 8점에 해당
- ■ 중강도: 휴식할 때 강도의 3.0~5.9배의 강도로 0에서 10점으로 표현되는 운동자각도에서 5 또는 6점에 해당
- ■ 저강도: 휴식할 때 강도의 1.0~2.9배 이상의 강도로 0에서 10점으로 표현되는 운동자각도에서 3또는 4점에 해당

4부. 고령자의 각종 질환별 운동 프로그램 설계

학습목표

- 주요 심혈관계·호흡·순환계 질환과 그에 따른 노인 운동 프로그램을 이해한다.
- 주요 근골격계·신경계·기타 노화성 질환과 그에 따른 노인 운동 프로그램을 이해한다.

1장 | 심혈관계·호흡·순환계 질환 운동 프로그램

1) 고혈압 질환

- 고혈압(hypertension)의 정의: 비만, 스트레스, 운동 부족, 무기질 부족(칼슘, 칼륨, 마그네슘)과 음주, 고당질 식이, 고지방식, 과도한 염분 섭취 등으로 인하여 혈관 속을 흐르는 혈액이 혈관에 부딪치는 압력이 수축기 140mmHg /이완기 90mmHg 이상인 경우
- 운동 프로그램
    ① 운동 강도: 최대산소섭취량의 40~60% 수준이 적당. 가벼운 운동의 혈압 저하효과는 고강도 운동에 비하여 더 좋은 결과를 보임
    ② 운동 시간: 1회에 30분에서 60분 지속적으로 실시
    ③ 운동 빈도: 최소 하루걸러 주 3회 또는 매일 운동 권장
    ④ 운동 형태: 심폐지구력, 근력(등척성 운동 지양), 유연성 운동

2) 호흡계 질환

- 호흡계 질환은 감염과 염증성 질환의 급성 기관지염, 폐렴, 결핵, 기관지확장증이 있으며, 급성 및 외상성 질환에는 기흉과 혈흉이 있으며 만성폐쇄성 질환에는 기관지천식, 폐기종과 만성기관지염이 있음
- 운동 프로그램
    ① 운동 강도: 언제나 저강도에서부터 시작
    ② 운동 시간: 하루 중 운동시간대는 가능한 한 오후가 바람직하며 아주 낮은 강도로 15분 정도 이상의 준비운동을 수행하고 난 뒤, 본 운동 실시. 운동 지속시간은 약 20~30분이 적당하나 가능한 한 짧게 자주 하는 것이 바람직함
    ③ 운동 빈도: 최소 주 2~3회
    ④ 운동 형태: 심폐지구력(수중 운동 권장), 근력, 유연성 운동

3) 비만

- 비만의 정의: 체질량지수(BMI)가 25이상으로 체중을 감량하면 건강상태가 증진될 수 있는 상태 또는 질병 발생이 유발되기 쉬운 고위험 수준의 체지방을 지닌 경우
- 운동 프로그램
  ① 운동 강도: 최대산소섭취량의 40~60% 수준이 적당. 비만에 대해 저위험군이라면 75%까지 가능
  ② 운동 시간: 1회 운동 시간은 20분 이상 실시
  ③ 운동 빈도: 주 3~5회
  ④ 운동 형태: 심폐지구력, 근력, 유연성 운동

4) 당뇨병

- 진단 기준
  ① 정상기준: 공복 시 혈당(FPG)이 110mg/dl 미만인 경우 또는 당 75g이 함유된 용액(OGTT) 섭취 후 2시간 경과시점에서 혈당이 140mg/dl 미만인 경우
  ② 당뇨병형: 공복 시 혈당(FPG)이 126mg/dl 또는 당 75g이 함유된 용액(OGTT) 섭취 후 2시간 경과시점의 혈당이 200mg/dl를 보인 경우
  ③ 당뇨경계형: 정상기준과 당뇨병 기준의 중간에 속한 경우
- 운동 프로그램
  ① 운동의 강도: 낮은 강도의 운동에서 시작하여 중강도의 운동을 지속적으로 유지
  ② 운동의 시간: 1회에 20분에서 60분
  ③ 운동의 빈도: 3일 이상 간격을 두지 말고, 1주에 3~5회의 운동 빈도
  ④ 운동 형태: 심폐지구력, 근력, 유연성 운동

핵심용어

- 고혈압 질환: 혈관 속을 흐르는 혈액이 혈관에 부딪치는 압력이 수축기 140mmHg /이완기 90mmHg 이상인 경우
- 호흡계 질환: 급성 기관지염, 폐렴, 결핵, 기관지확장증, 기흉, 혈흉, 기관지천식, 폐기종, 만성기관지염
- 비만: 체질량지수(BMI)가 25이상으로 체중을 감량하면 건강상태가 증진될 수 있는 상태
- 당뇨병: 당 대사 장애를 유발하는 신진대사 장애

2장 | 근골격계 · 신경계 · 기타 노화성 질환 운동프로그램

1) 퇴행성 관절염

- 빈번하고 장기적인 사용으로 인하여 관절의 연골이 마모되어 발생
- 운동 프로그램
  ① 운동 강도: 저·중강도

② 운동 시간: 1회 운동시간은 오래 지속하는 것보다 짧은 시간 운동과 관절에 휴식을 주면서 하는 인터벌 운동이 바람직함
③ 운동 빈도: 최소 주 2~3회
④ 운동 형태: 심폐지구력, 근력, 유연성 운동

2) 치매

- 인지기능이 후천적인 뇌기질 장애로 인하여 발생한 비가역적 지능의 손상. 치매의 종류에는 알츠하이머 병, 헌팅톤 병, 파킨스 병, 혈관성 치매 등이 있음
- 운동 프로그램
  ① 운동 강도: 최대산소섭취능력의 40~60% 수준, 자각도(RPE)를 적용하는 경우에는 10~12 수준 권장
  ② 운동 시간: 하루 30분에서 60분
  ③ 운동 빈도: 주 4~5회
  ④ 운동 형태: 심폐지구력(수중 운동 권장), 근력, 유연성 운동

3) 우울증

- 노년기에 가장 흔하게 발생될 수 있는 정신 질환 중 하나
- 운동 프로그램
  ① 운동 강도: 저·중강도
  ② 운동 시간: 1회에 30분 이상
  ③ 운동 빈도: 최소 주 3회
  ④ 운동 형태: 심폐지구력, 근력, 유연성 운동

핵심용어

- **퇴행성 관절염**: 빈번하고 장기적인 사용으로 인하여 관절의 연골이 마모되어 발생
- **치매**: 인지기능이 후천적인 뇌기질 장애로 인하여 발생한 비가역적 지능의 손상
- **우울증**: 노년기에 가장 흔하게 발생될 수 있는 정신 질환 중 하나

노인체육론 핵심요약

5부. 지도자의 효과적인 지도

학습목표

- 효과적인 노인 운동 지도를 위하여 노인과의 의사소통법 및 운동학습 원리를 이해한다.
- 노인 운동시설의 안전관리에 대하여 구체적인 방안을 이해한다.
- 노인 운동의 일반적인 응급 상황을 이해하고, 이에 따른 처치법을 이해한다.

1장 | 의사소통 기술

1) 노인스포츠지도자가 갖추어야 할 요건

- 우수한 실기능력
- 상냥한 대인 태도 같은 행동적 덕목
- 자신의 의사를 명확히 표현할 수 있는 능력
- 운동 참여자의 의견을 적극적으로 경청하고 이해하는 의사소통 능력
- 운동 참여자의 운동 몰입 및 운동 지속을 이끌어낼 수 있는 동기유발 능력

2) 의사소통 기술 및 원칙

효과적으로 의사소통하는 기술에는 언어적 기술, 비언어적 기술, 자기주장 기술이 있음. 주로 사용할 수 있는 기술은 아래와 같음

- 일반적으로 흔히 사용하지 않는 단어 사용하지 않기
- 의학용어나 특수용어 사용하지 않기
- 명확하고 간결하게 말하기
- 자주 눈 맞추기
- 편안한 거리 유지하기
- 대상자를 정면에서 쳐다보기
- 눈높이 맞추기

3) 의사소통 증진을 위한 5가지 신체적 동작

- 참여자의 정면에 서기
- 개방적이고 수용적인 자세 취하기
- 참여자를 향해 몸을 약간 기울이기

- 적절하게 눈 맞춤 하기
- 편안한 태도 유지하기

4) 운동지도자를 위한 운동학습 원리
- 시범
- 언어적 지도
- 언어적 암시
- 보강 피드백
- 연습환경의 구축

> **핵심용어**
> ■ 시범: 각각의 기술을 어떻게 수행하는지 직접 보여주는 것
> ■ 언어적 지도: 언어로 동작 기술을 설명하는 것
> ■ 언어적 암시: 한 단어 또는 짧고 간결한 어구를 사용하는 것

2장 ┃ 노인 운동 시 위험관리

1) 노인 운동시설에 적용되는 5가지 ACSM 규범
① 어떠한 응급 상황에서도 신속하게 반응할 수 있어야 하며, 모든 지도자에게 알려져 있는 응급대처 계획을 게시해 놓고, 모든 지도자들을 대상으로 정기적인 응급 대처 훈련 실시
② 프로그램에서의 안전을 위해서는 신체활동 프로그램 시작 전 각 참여자들을 선별
③ 유효한 CPR 및 응급처치 자격증을 포함해서 지도자가 전문 능력을 갖추고 있는지를 증명하도록 요구
④ 장비 사용에 대한 자세한 설명 및 장비 사용과 관련된 위험에 대한 경고를 게시
⑤ 모든 관련된 법률, 규정, 알려져 있는 규범 등을 준수

2) 시설에서 안전하게 장비를 제공하기 위한 교육의 내용
① 장비는 적절하게 배치되어 있으며, 정기적으로 검사되고 정비되며, 안전에 유념하라는 표시를 적절한 위치에 명확히 보이도록 함
② 참여자들에게 장비를 적절하게 사용하도록 그리고 운동 동작을 올바르게 실행하도록 지도하며, 장비에 내재되어 있는 위험이 어떤 것인지를 알려주고 지속적으로 감독
③ 제조업자 또는 판매업자의 지시와 일치하도록 장비를 설치하고, 설치 이전에 장비를 점검하며, 사용방법에 대한 지도와 감독을 제공

3) 일반적 응급처치법

1단계: 응급 상황 인식하기 ↦ 2단계: 도움을 줄 것인지 결정하기 ↦ 3단계: 응급의료서비스기관(EMS)인 119 호출하기 ↦ 4단계: 전문적인 치료가 이루어지기 전까지 적절한 응급처치 실시하기

4) 운동 검사나 운동 참가 전에 의사의 동의서가 필요한 경우

- 가슴 통증이나 불편
- 휴식 또는 가벼운 운동 중에 숨이 가빠짐
- 현기증이나 기절
- 발목이 부어오름
- 빠르거나 불규칙적인 심장박동
- 아랫다리의 통증
- 심장의 잡음

핵심용어

- **노인운동시설**: 일반 성인이 사용하는 운동시설과 크게 다르지 않으나 시설, 장비, 안전계획 등에 좀 더 신중함이 요구 됨
- **응급처지법**: 노인 운동 지도 시 사고 등의 상황으로 위급한 환자가 발생 할 경우 전문 의료진의 진료 전에 행하는 즉각적이고 임시적인 처치

노인체육론 문항이원출제표

문항 번호	출제 영역		문항 내용 차원	문항 행동 차원	문항 수준
	주요 항목	세부 항목			
1	노화와 노화의 특성	노화의 개념	노인인구와 사회분류	지식	하
2			노인과 사회문제	지식	하
3			노화의 구분	지식	중
4			노인의 특성	지식	하
5			활동적 노인의 특성	응용	상
6		노화와 관련된 이론	노화와 관련된 이론	이해	상
7		노화에 따른 신체적·심리적·사회적 변화	신체적인 특성 변화(1)	지식	상
8			신체적인 특성 변화(2)	이해	중
9			신체적인 특성 변화(3)	지식	중
10	노인의 운동 효과	운동의 개념과 역할	노인체육관련 용어	지식	중
11			체력의 구성 요소	이해	중
12			운동 관련 체력	이해	중
13			노인체력검사(1)	응용	중
14			노인체력검사(2)	이해	하
15			운동의 역할	지식	하
16		운동의 효과	운동의 신체적 효과	이해	상
17	노인 운동프로그램의 설계	운동프로그램의 요소	운동빈도	이해	중
18			운동강도	지식	중
19			운동 양식	응용	중
20		지속적 운동참여를 위한 동기유발 방법	행동변화 이론(1)	이해	상
21			행동변화 이론(2)	지식	중
22			동기 유발	이해	중
23			목표 설정	지식	중
24		운동권고 지침 및 운동 방안	체력 요소 파악	지식	중
25			운동시 주의사항	이해	하

문항 번호	출제 영역		문항 내용 차원	문항 행동 차원	문항 수준
	주요 항목	세부 항목			
26	질환별 프로그램 설계	호흡·순환계 질환 운동프로그램	대사성 질환(1)	응용	상
27			대사성 질환(2)	지식	중
28			대사성 질환(3)	응용	하
29			심혈관계 질환(1)	지식	중
30			심혈관계 질환(2)	지식	중
31			심혈관계 질환(3)	응용	중
32			호흡계 질환(1)	이해	중
33			호흡계 질환(2)	응용	중
34			호흡계 질환(3)	지식	상
35		근골격계 질환 운동프로그램	근골격계 질환(1)	지식	상
36			근골격계 질환(2)	이해	중
37			근골격계 질환(3)	응용	상
38			노인낙상	이해	중
39			기능적 평형성	응용	상
40			기타 노화성 질환(1)	지식	하
41			기타 노화성 질환(2)	응용	상
42			기타 노화성 질환(3)	이해	중
43			기타 노화성 질환(4)	이해	중
44	지도자의 효과적인 지도	의사소통기술	성공적 노화의 요소	지식	상
45			노인운동지도자의 능력	지식	하
46			기술습득의 전달방법	지식	하
47			운동학습 원리	이해	중
48		노인운동 시 위험관리	노인운동시설 안전관리	이해	하
49			일반적인 응급처치법	응용	중
50			운동 전·중 자각증상 체크	이해	중

노인체육론 출제예상문제

1. 총인구에서 65세 노인인구가 차지하는 비율에 따라 구분하는 용어에 해당되는 것을 〈보기〉에서 모두 고르면?

   〈보기〉
   ㉠ 고령화사회 ㉡ 고령사회 ㉢ 초고령사회

   ① ㉠
   ② ㉡
   ③ ㉠, ㉡
   ④ ㉠, ㉡, ㉢

2. 노인인구 증가에 따른 문제점이 <u>아닌</u> 것은?

   ① 사회복지 비용의 증가
   ② 노화에 대한 연구 증가
   ③ 국가 의료비용 증가
   ④ 노동력 상실

3. 가장 비슷한 개념으로 묶인 것은?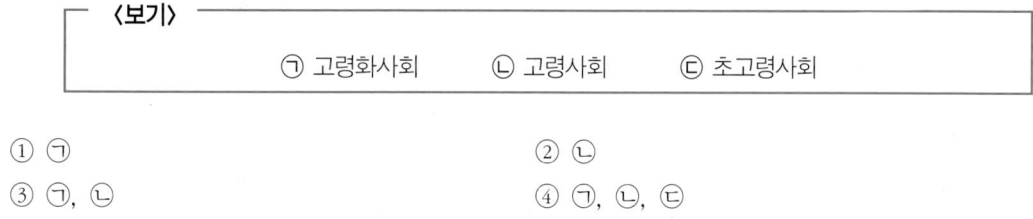

   〈보기〉
   ㉠ 역연령 ㉡ 기능적 연령 ㉢ 신체적 연령 ㉣ 생리적 연령

   ① ㉠, ㉢, ㉣
   ② ㉠, ㉡, ㉢
   ③ ㉡, ㉢, ㉣
   ④ ㉡, ㉣

4. 노인의 특성으로 가장 거리가 <u>먼</u> 것은?

   ① 체력 및 기능 감소
   ② 고독감 및 외로움 증가
   ③ 근력 및 유연성 증가
   ④ 활동량 감소

5. 그래프를 보고 유추할 수 있는 내용으로 올바른 것은?

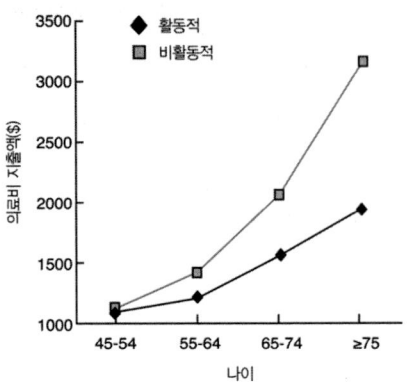

〈보기〉
㉠ 비활동적인 여성노인이 활동적인 여성노인보다 연간 의료비 지출이 낮다.
㉡ 활동적인 여성노인이 비활동적인 여성노인보다 대사성질환의 발병률이 낮다.
㉢ 활동적인 여성노인이 비활동적인 여성노인보다 연간 의료비 지출이 낮다.
㉣ 비활동적인 여성노인이 활동적인 여성노인보다 대사성질환의 발병률이 낮다.

① ㉠ + ㉡
② ㉡ + ㉢
③ ㉡ + ㉣
④ ㉢ + ㉣

6. 다음 표에 제시된 노화관련 이론과 내용이 바르게 묶인 것은? 무료동영상

이론	내용
① 유전학적 이론	세포 손상의 누적이 세포의 기능장애에 결정요소로 작용
② 손상 이론	Hayflick 한계로써 인간세포는 제한된 횟수만 분열
③ 활동 이론	성공적인 노화는 높은 활동수준을 유지하는데 달려 있음
④ 지속성 이론	노화의 초기 이론으로 노인은 적극적인 사회활동으로부터 물러나 자신 내부에 집착

7. 노화와 관련된 심혈관계의 변화가 <u>아닌</u> 것은?

① 심장근육의 수축 시간 감소
② 최대 심박출량 감소
③ 동정맥 산소차 감소
④ 근육의 산화능력 감소

8. 노화에 따른 신체적 특성의 변화로 가장 거리가 가까운 것은?
   ① 노화는 폐의 탄력성과 흉곽 경직성을 감소 시킨다.
   ② 노화는 수축기 혈압의 감소와 이완기 혈압의 증가를 가져온다.
   ③ 노화가 진행됨에 따라 근 질량이 감소하며 이를 근감소증이라 한다.
   ④ 노화는 골밀도의 증가와 제지방량의 감소를 가져온다.

9. 노인 낙상 위험 요인에 해당되는 것을 〈보기〉에서 모두 고르면?

   〈보기〉
   ㉠ 보행높이 감소   ㉡ 발목의 배측굴곡 감소   ㉢ 감각 수용기의 반응 감소

   ① ㉠, ㉡   ② ㉡, ㉢
   ③ ㉠, ㉢   ④ ㉠, ㉡, ㉢

10. 다음 중 노인체육에서 사용되는 용어의 정의가 올바르게 설명된 것은?
    ① 건강(health) - 질병이나 손상이 없는 상태
    ② 신체활동(physical activity) - 일상생활 활동을 포함하며 에너지를 소모하는 골격근에 의한 신체의 움직임
    ③ 운동(exercise) - 제도화된 규칙에 따라 승패를 겨루는 경쟁적 활동
    ④ 도구적 일상생활 활동(Instrumental Activities of Daily Living) - 일상생활과 독립적인 생활을 위한 기본적인 활동

11. 다음의 〈보기〉에서 다르게 분류될 수 있는 하나는?

    〈보기〉
    ㉠ 평형성   ㉡ 근력   ㉢ 심폐지구력   ㉣ 유연성

    ① ㉠   ② ㉡
    ③ ㉢   ④ ㉣

12. 다음은 운동관련 체력에 관한 내용이다. 빈칸에 적합한 용어로 연결된 것은?

체력 요인	내용
㉠	신체의 각 부위가 조화를 이루면서 원활하게 움직일 수 있는 능력
㉡	신체의 방향을 신속하게 바꿀 수 있는 능력
㉢	빠르게 힘을 내는 능력

	㉠	㉡	㉢
①	협응성	스피드	민첩성
②	순발력	협응성	민첩성
③	민첩성	반응시간	스피드
④	협응성	민첩성	순발력

13. 노인체력 측정항목과 검사가 올바르게 연결되지 <u>않은</u> 것은?

① 심폐지구력 - 6분 걷기
② 하지 근력 - 2분 제자리 걷기
③ 상지 근력 - 상대 악력
④ 하지 유연성 - 의자 앉아 윗몸 앞으로 굽히기

14. 아래 그림에 해당하는 체력 검사 항목은?

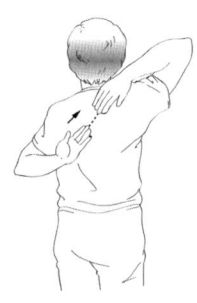

① 균형성
② 민첩성
③ 상체유연성
④ 협응성

15. 규칙적인 운동의 긍정적인 역할이 <u>아닌</u> 것은?

① 기능적 능력 향상
② 운동중독
③ 건강증진
④ 의료비용 절감

16. 운동의 신체적 효과에 대해 올바르게 설명한 것은?

〈보기〉
㉠ 심장 및 혈관의 기능을 향상시켜 심혈관질환의 발병률 감소
㉡ 당뇨병 예방 및 개선에 긍정적 역할
㉢ 운동에 동원되는 기관과 신경계간의 협응력 향상
㉣ Type I과 Type II 근섬유의 크기 증가

① ㉠ + ㉡ + ㉢ + ㉣
② ㉠ + ㉡
③ ㉠ + ㉡ + ㉢
④ ㉠ + ㉡ + ㉣

17. 노인에게 적절한 운동 빈도를 설명한 내용으로 가장 거리가 먼 것은? [무료동영상]

① 운동의 효과를 높이기 위해 운동 빈도를 최대로 높인다.
② 근력운동은 1주일에 적어도 2회 이상 실시한다.
③ 유연성 운동은 주 2~3일 이상 실시한다.
④ 운동 빈도는 운동 시작 시의 체력수준에 의해 결정된다.

18. 보기의 ( ) 들어갈 적절한 용어는?

〈보기〉
건강한 노인들의 근력과 근지구력을 보다 향상시키기 위해서는 1RM의 (㉠)로 적어도 한 세트에 (㉡)를 실시한다.

	㉠	㉡
①	50~60%	6~8회
②	60~70%	6~8회
③	70~80%	8~12회
④	80~90%	8~12회

19. 노인의 심폐지구력 증진에 효과적인 운동으로만 구성된 것은?

① 걷기-수영-자전거타기
② 수영-밴드운동-걷기
③ 테니스-일부 요가동작-댄스
④ 수중에어로빅-수영-웨이트 기계를 이용한 운동

20. 다음의 진술에 반영된 이론 및 모형을 〈보기〉에서 고른 것은?

가. 행동이 변화되는 과정과 전략 제시
나. 건강 행위를 연구하기 위한 이론
다. 행동들이 지속 또는 중단되는 원인을 설명해주는 이론
라. 신념과 행동 사이의 관계에 대한 이론

〈보기〉
㉠ 계획된 행동 이론 ㉡ 학습이론
㉢ 건강 신념 모형 ㉣ 범이론적 이론

	가	나	다	라
①	㉠	㉡	㉢	㉣
②	㉡	㉢	㉣	㉠
③	㉢	㉣	㉠	㉡
④	㉣	㉢	㉡	㉠

21. 효과적인 노인운동 프로그램 계획을 위한 범이론적 모형의 5단계 중 (㉠)과 (㉡)에 해당하는 단계는?

	㉠	㉡
①	인식	행동
②	계획	행동
③	인식	변화
④	계획	변화

22. 노인운동 참가자의 동기 유발을 위해 필요한 지도자의 역할로 가장 거리가 **먼** 것은?

① 참가자 개개인이 가지는 차이점 파악
② 참가자 이름 외우기
③ 운동 효과에 대한 결과를 위해 비현실적인 몸매를 지속적으로 묘사하기
④ 규칙적으로 참가한 수업자 중 불참한 경우 체크하기

23. 목표를 설정하는 세부내용(S-M-A-R-T)이 <u>아닌</u> 것은?

① S: Specific(구체적인)
② M: Maintainable(유지 가능한)
③ A: Attainable(성취 가능한)
④ R: Relevant(적절한)

24. 노인 운동 프로그램 구성에 포함되어야 하는 체력요소를 〈보기〉에서 모두 고르면?

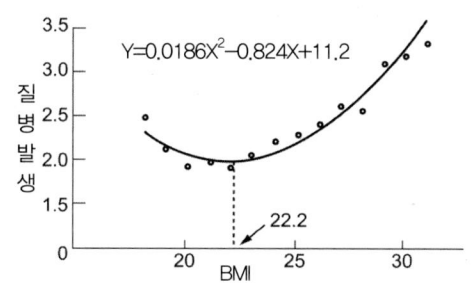

┌─ 〈보기〉 ───┐
│ ㉠ 심폐지구력   ㉡ 근력 및 근지구력   ㉢ 유연성   ㉣ 평형성 │
└──┘

① ㉠ + ㉡ + ㉢ + ㉣
② ㉠ + ㉡
③ ㉠ + ㉡ + ㉣
④ ㉠ + ㉡ + ㉢

25. 노인 운동 시 확인해야 할 주의사항이 <u>아닌</u> 것은?

① 낙상, 사고의 최소화
② 참가자의 몸 상태와 상관없이 운동 강도 조절
③ 참가자의 욕구, 장비와 시설 고려
④ 피로하지 않은 범위 내에서 팔과 다리 많이 사용

26. BMI 25 이상인 노인을 위한 운동 프로그램 구성으로 바르지 <u>않은</u> 것은?

① 국소적 운동보다 전신운동이 바람직하다.
② 유산소성과 근력 운동 프로그램에 중점을 둔다.
③ 빠른 운동 효과를 위해 운동량을 처음부터 높게 잡는다.
④ 1회 운동 시간을 20분 이상으로 한다.

27. 당뇨병의 진단 기준으로 바른 것은?

① 공복시 혈당이 120 mg/dL 이상
② 공복시 혈당이 122 mg/dL 이상
③ 공복시 혈당이 124 mg/dL 이상
④ 공복시 혈당이 126 mg/dL 이상

28. 당뇨병이 있는 노인을 위한 운동 프로그램에 대한 내용으로 가장 거리가 먼 것은?

① 운동 강도를 점증적으로 올릴 수 있는 운동으로 한다.
② 걷기, 조깅, 자전거 타기 등 전신 운동을 포함한다.
③ 당뇨 유형에 관계없이 당뇨 조절이 안정적인지 불안정한지에 따라 운동 프로그램을 결정한다.
④ 당뇨 질환을 개선하기 위해 운동프로그램만 실시한다.

29. 고혈압이 속하는 질환군은?

① 대사성 질환
② 심혈관계 질환
③ 호흡계 질환
④ 근골격계 질환

30. 다음은 일반 성인의 혈압 분류에 관한 내용이다. 빈칸에 적합한 수치로 연결된 것은?

분 류	수축기혈압(mmHg)	확장기혈압(mmHg)
적정혈압	㉠	80 미만
고혈압	㉡	㉢

	㉠	㉡	㉢
①	110 이상	140 이상	85 이상
②	120 미만	130 이상	90 이상
③	110 이상	130 이상	85 이상
④	120 미만	140 이상	90 이상

31. 고지혈증과 운동에 관해 올바른 것은?

① 하루 운동 시간은 30~60분 정도가 적당하다.
② 고지혈증이 있는 노인은 운동을 삼간다.
③ 운동 빈도는 주 2회 정도 실시한다.
④ 운동 프로그램은 고강도의 운동으로 구성한다.

32. 그림과 관련된 질환에 해당되는 것을 〈보기〉에서 모두 고르면?

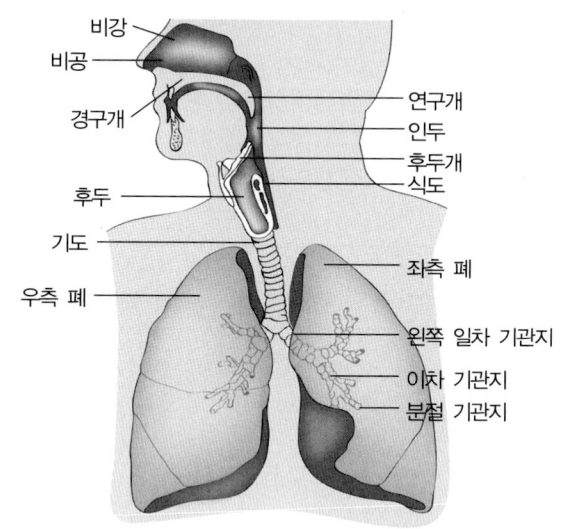

┌ 〈보기〉 ─────────────────────────────┐
│   ㉠ 천식   ㉡ 심근경색   ㉢ 만성폐쇄성폐질환   │
└──────────────────────────────────┘

① ㉠, ㉡   ② ㉡, ㉢
③ ㉠, ㉢   ④ ㉠, ㉡, ㉢

33. 호흡계 질환이 있는 노인을 위한 운동 프로그램의 내용으로 가장 거리가 **먼** 것은?

① 저항성 운동과 유산소성 운동을 병행한다.
② 저강도로 가능한 오래 지속할 수 있는 운동으로 시작한다.
③ 가능한 운동은 짧게 자주 하는 것이 바람직하다.
④ 하루 중 운동 시간대는 오전이 바람직하다.

34. 천식에 대한 운동 효과에 해당되는 것을 〈보기〉에서 모두 고르면?

┌ 〈보기〉 ─────────────────────────────┐
│   ㉠ 폐포의 탄력성 향상   ㉡ 호흡기능 향상   │
│   ㉢ 부교감신경의 과민 반응 향상   ㉣ 전신지구력 향상   │
└──────────────────────────────────┘

① ㉠   ② ㉠ + ㉡
③ ㉠ + ㉡ + ㉣   ④ ㉠ + ㉡ + ㉢ + ㉣

35. 뼈의 강도에 영향을 미치는 세 가지 주요 요인이 <u>아닌</u> 것은?
   ① 골밀도
   ② 뼈의 양
   ③ 뼈의 질
   ④ 뼈의 기하학적 구조

36. <보기>와 같은 특성을 가지고 있는 질환은?

   ┌─ <보기> ─────────────────────────────────────┐
   │ 골량(bone mass)과 구조가 연약함 및 골절 위험성의 상당한 증가를 가져오는 수준까지 감소한 질환 │
   └──┘

   ① 연골연화증
   ② 골감소증
   ③ 골다공증
   ④ 관절염

37. 다음 그림의 뼈와 같은 상태를 예방하기 위한 내용으로 알맞은 것은?

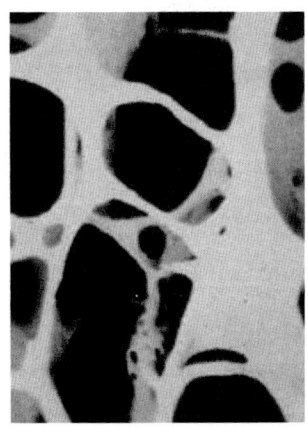

   ① 뼈는 동적인 물리적 자극보다 정적인 자극에 더 잘 적응한다.
   ② 뼈가 트레이닝에 반응하려면 자극은 역치 이상의 수준이어야 한다.
   ③ 평상시 부하 패턴과 동일한 패턴으로 운동을 실행할 때 뼈가 가장 잘 반응한다.
   ④ 운동효과와 충분한 양의 칼슘과 비타민 D 섭취는 무관하다.

38. 노인 낙상과 관련된 요인 중 성격이 다른 하나는?
   ① 약물복용
   ② 반응시간
   ③ 전정감각
   ④ 근력

39. 다음 표에 제시된 기능적 평형성 수업 내용으로 바르게 묶인 것은?

훈련되는 요소	실행 할 수 있는 운동의 보기
(ㄱ)	체중을 균등하게 지탱하는 연습과 자의적이고 외적인 동요에 대한 저항
체중 이동 시작	공을 패스 등 체중을 앞과 뒤 그리고 오른쪽 왼쪽으로 이동
(ㄴ)	선 자세에서의 시선 안정 운동 연습
다방향성 움직임	발을 몸 앞으로 교차하면서 걷기, 뒤로 걷기 연습

① ㄱ 체중이동 ㄴ 전정 자극
② ㄱ 자세 안정성 ㄴ 전정 자극
③ ㄱ 체중이동 ㄴ 정적 기저면
④ ㄱ 자세 안정성 ㄴ 정적 기저면

40. 다음의 〈보기〉에서 세 가지 질환을 모두 포함하는 용어는?

〈보기〉
ㄱ 알츠하이머 병   ㄴ 헌팅톤 병   ㄷ 파킨스 병   ㄹ 치매

① ㄱ
② ㄴ
③ ㄷ
④ ㄹ

41. 치매 노인이 운동을 통해 얻게 되는 효과에 해당되는 것을 〈보기〉에서 모두 고르면?

〈보기〉
ㄱ 스트레스와 우울, 불안의 감소
ㄴ 근력 향상으로 낙상 예방
ㄷ 변비 증상의 완화
ㄹ 정신 능력의 저하와 관련된 질병의 감소

① ㄱ + ㄴ
② ㄱ + ㄴ + ㄷ
③ ㄱ + ㄴ + ㄹ
④ ㄱ + ㄴ + ㄷ + ㄹ

42. 치매 노인의 운동 시 주의사항으로 올바른 것은?

① 흥미를 위해 운동 동작은 빠르게 실시한다.
② 근력 운동은 덤벨을 사용하여 혼자 할 수 있도록 지도한다.
③ 골다공증이 있는 치매 노인은 골절에 주의한다.
④ 치매 노인이 운동 프로그램이나 환경에 흥분할 경우 바로 자제시킨다.

43. 다음과 같은 특징을 나타내는 노인기 질환으로 가장 가까운 것은?

> 〈보기〉
> ㉠ 합병증을 보이는 경우가 많다.
> ㉡ 환경이나 심리적인 영향을 받기 쉽다.
> ㉢ 재발하기 쉽다.

① 우울증　　　　　　　　② 알츠하이머 병
③ 혈관성 치매　　　　　　④ 관절염

44. 성공적 노화(Rowe & Kahn)의 요소 중 (ㄱ-ㄴ)에 해당되는 것은?

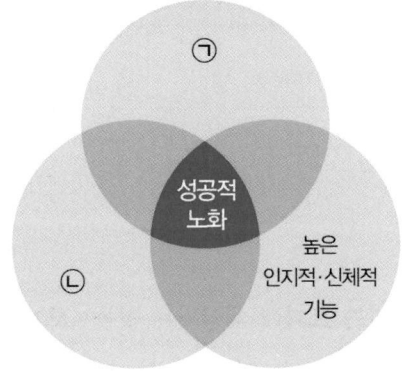

① 질병/장애 예방 - 삶의 적극적 참여　　② 치매 예방 - 삶의 질 향상
③ 만성질환 예방 - 취미 활동　　　　　　④ 사망 예방 - 자기효능감 향상

45. 노인스포츠지도자가 갖추어야 할 능력으로 가장 거리가 먼 것은?

① 노인을 지도할 수 있는 실기 능력
② 권위적이며 운동 참여자의 의견 대신 자신의 의지대로 지도 할 수 있는 능력
③ 운동 참여자의 운동 몰입을 이끌어 낼 수 있는 능력
④ 운동 참여자의 운동 지속을 이끌어 낼 수 있는 동기 유발 능력

46. 노인과 의사소통에서 권장하는 내용에 해당되는 것을 〈보기〉에서 모두 고르면?

〈보기〉
㉠ 노인에 대해 알려고 노력한다.
㉡ 어린아이를 다루듯 말한다.
㉢ 공감을 느끼며 경청한다.
㉣ 의사소통 방법으로 접촉하는 것을 두려워한다.

① ㉠ + ㉡
② ㉠ + ㉢
③ ㉠ + ㉡ + ㉣
④ ㉠ + ㉡ + ㉢ + ㉣

47. 스포츠지도자를 위한 운동학습 원리가 **잘못** 연결된 것은? 무료동영상

① 시범 ⇒ 새로운 기술을 어떻게 수행하는지 보여준다.
② 언어적 지도 ⇒ 동작기술을 어떻게 수행하는지 알려준다.
③ 언어적 암시 ⇒ 전문 용어를 사용하며 여러 정보를 포함시킨다.
④ 보강피드백 ⇒ 운동 참가자들의 내적인 감각 피드백을 보완하거나 증강시키는 추가적 피드백을 제공한다.

48. 노인 운동시설에 적용되는 규범이 **아닌** 것은?

① 유효한 심폐소생술 및 응급처지 자격은 지도자 중 한명만 갖춘다.
② 어떠한 응급 상황에서도 신속하게 반응할 수 있어야 한다.
③ 장비를 어떻게 사용하는지에 대한 설명과 장비 사용과 관련된 위험에 대한 경고를 게시한다.
④ 모든 관련된 법률, 규정, 알려져 있는 규범을 준수한다.

49. 응급 상황이 발생했을 때의 행동 단계로 올바른 것은?

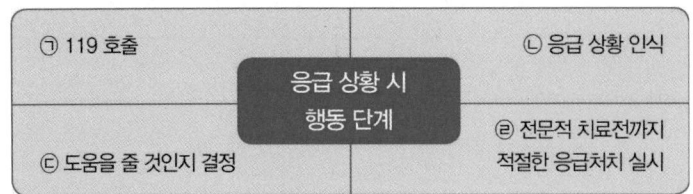

	1단계	2단계	3단계	4단계
①	㉠	㉡	㉢	㉣
②	㉡	㉠	㉣	㉢
③	㉠	㉣	㉡	㉢
④	㉡	㉢	㉠	㉣

50. 운동 참여 전 의사의 동의서가 필요한 증상이나 징후에 해당되는 것을 〈보기〉에서 모두 고르면?
`무료동영상`

〈보기〉
㉠ 가슴 통증이나 불편
㉡ 휴식 또는 가벼운 운동 중에 숨이 가빠짐
㉢ 약간의 피로
㉣ 발목이 부어오름

① ㉠ + ㉡ + ㉢　　　　② ㉠ + ㉡ + ㉣
③ ㉡ + ㉢ + ㉣　　　　④ ㉠ + ㉡ + ㉢ + ㉣

노인체육론 출제예상문제 정답 및 해설

문항	정답	해설
1	④	65세 이상 노인의 수가 전체 인구의 7%에 달하는 사회를 고령화 사회, 14%를 이상인 사회를 고령사회, 그리고 20% 이상인 사회를 초고령 사회라 한다.
2	②	노화에 대한 연구 증가는 노인인구 증가와 평균 수명 연장에 따른 긍정적인 측면이라 할 수 있다.
3	③	나이의 개념으로 역연령은 사람이 태어나서 살아온 년 수로 정의되고 기능적, 신체적, 생리적 연령은 비슷한 개념으로 사람들이 일상적인 삶, 직업, 그리고 지역사회에서 어떻게 기능적으로 잘 활동하는지의 여부로 정의된다.
4	③	노인은 노화가 진행됨에 따라 신체적으로는 근력 및 근지구력, 균형, 유연성 등 체력저하와 함께 기능도 감소할 뿐 아니라 심리적으로는 고독감, 외로움, 소외감이 증가하고 활동량도 현저하게 감소한다.
5	②	미국 질병관리 예방센터에서 발표한 내용에 따르면 신체활동이 많은 여성이 그렇지 않은 여성에 비해 연간 의료비가 매우 적었다. 또한 많은 연구에서 신체활동을 꾸준히 했을 때, 대사성 질환인 심뇌혈관계 질환, 당뇨병, 암 등의 발생률이 그렇지 않은 노년층에 비해 더 적다는 연구결과들이 나오고 있다.
6	③	노화 관련 이론과 내용을 살펴보면 다음과 같다. 유전학적 이론- Hayflick 한계로써 인간세포는 제한된 횟수만 분열 손상 이론-세포 손상의 누적이 세포의 기능장애에 결정요소로 작용 분리 이론-노화의 초기 이론으로 노인은 적극적인 사회활동으로부터 물러나 자신 내부에 집착 지속성 이론-개인이 성인이 되면서 평생 동안 갖게 된 인격 성향들이 각기 다른 노화 패턴을 만들어 냄
7	①	노화와 관련되어 심장근육의 수축 시간은 증가한다.
8	③	노화는 폐의 탄력성 감소, 흉곽 경직성 증가, 수축기 혈압과 이완기 혈압 증가, 골밀도 감소와 제지방량의 상실을 초래한다.
9	④	노화로 인한 노인낙상 위험 요인은 보기에서 제시하고 있는 보행높이 감소, 발목의 배측굴곡 감소, 감각 수용기의 반응 감소인 3가지 요인이 모두 포함된다.
10	②	노인체육에서 사용되는 용어의 일반적인 정의는 다음과 같다. 건강(health) - 질병이나 손상이 없을 뿐만 아니라 육체적, 정신적, 사회적으로 완전한 상태 운동(exercise) - 체력 향상을 위한 계획되고 구조화된 반복적인 신체 움직임 도구적 일상생활 활동(Instrumental Activities of Daily Living) - 일상생활과 독립적인 생활을 위한 기본적인 활동(걷기, 식사, 옷입기 등)보다 복잡한 행동들로 지역사회에서 독립적으로 생활할 수 있는 활동들(집안일하기, 의약품 복용하기, 장보기 등)

문항	정답	해설
11	①	평형성은 운동관련 체력으로 분류되며 근력, 심폐지구력, 유연성은 건강관련 체력으로 분류된다.
12	④	협응성은 신체의 각 부위가 조화를 이루면서 원활하게 움직일 수 있는 능력, 민첩성은 신체의 방향을 신속하게 바꿀 수 있는 능력이며 순발력은 빠르게 힘을 내는 능력을 의미한다.
13	②	하지 근력의 검사방법으로는 의자에서 일어섰다 앉기(의자에 앉았다 일어서기)가 주로 사용되며 2분 제자리 걷기는 심폐지구력 측정 방법이다.
14	③	그림은 '등뒤로 손 닫기(모으기)'이며 상체 유연성을 측정하기 위한 검사 방법이다.
15	②	운동중독 현상이 오히려 사회적 친밀감이나 일에서의 성취감 같은 요소들을 저해하는 운동부작용의 하나로 제시되고 있다. 운동 중독은 운동량 증가를 지나치게 추구하거나 운동을 안 하면 매우 불안한 상태, 직업이나 사회적 교류 및 여가 활동을 포기하면서 운동에 집착하는 경우 또는 부상이 있는데도 무리하게 운동을 지속하는 경우 등 다양한 증상들로 나타날 수 있다.
16	①	예문인 심장 및 혈관의 기능을 향상시켜 심혈관질환의 발병률 감소, 당뇨병 예방 및 개선에 긍정적 역할, 운동에 동원되는 기관과 신경계간의 협응력 향상, Type I 과 Type II 근섬유의 크기 증가, 모두 운동의 신체적 효과이다.
17	①	운동 빈도를 높이면 운동 효과는 크지만, 운동 빈도가 너무 높으면 회복 시간이 짧아서 피로가 누적되고 근골격기관의 이상을 초래하는 과훈련 현상이 나타난다.
18	③	노인들의 근력과 근지구력을 향상시키기 위해서는 1RM의 70~80% 로 적어도 한 세트에 2-3세트(단위)를 실시한다.
19	①	유산소성 운동은 산소이용률이 안정적으로 증가하면서 지속적으로 유지되는 즉 산소소비량을 증대하는 리드미컬한 걷기, 수영, 자전거타기 등의 운동을 의미한다. 한편, 밴드 운동, 일부요가동작, 웨이트 기계를 이용한 운동은 근력이나 근지구력을 강화시키기 위한 저항운동의 예가 될 수 있다.
20	④	행동변화이론과 모형으로 범이론적 모형, 건강 신념 모형, 학습 이론, 계획된 행동이론 등이 있다. 범이론적 모형은 행동이 변화하는 과정과 전략을 제시하고 건강 신념 모형은 건강 행위를 연구하기 위한 이론 중 하나로 건강 행위의 변화, 유지, 개입등을 연구하기 위한 틀로 사용된다. 학습이론은 행동들이 지속 또는 중단되는 원인을 설명해주는 이론이고 계획된 행동 이론은 신념과 행동 사이의 관계에 대한 이론이다.
21	②	범이론적 모형은 계획 전(precontemplation), 계획(contemplation), 준비(preparation), 행동(action), 유지(maintenance)인 5단계로 구분한다.
22	③	격렬한 신체활동을 할 수 없는 노인들에게 비현실적인 몸매를 지속적으로 묘사하는 것은 동기유발의 장애요인이 될 수 있다.

문항	정답	해설
23	②	목표의 세부내용은 S-M-A-R-T로 각각의 내용은 S-Specific(구체적인), M-Measurable(계측 가능한), A-Attainable(이룰 수 있는), R-Relevant(적절한), T-Time based(시간에 근거한)이다.
24	①	노인 운동 프로그램 구성에 포함되어야 하는 체력요소들은 심폐지구력, 근력 및 근지구력, 유연성, 평형성 모두이다.
25	②	사고의 위험성을 최소화하기 위해 노인 운동 참가자의 몸 상태를 확인하며 운동량과 운동 강도를 조절한다.
26	③	BMI 값이 25 이상이며 비만이며 비만 노인인 경우 운동 습관이 없었던 사람이 대부분이기 때문에 처음부터 운동량을 무리하게 채우려 하지 말고 서서히 운동량을 늘려가는 것이 바람직하다.
27	④	공복시 혈당이 126 mg/dL 이상, 식후 2시간 혈당이 200 mg/dL 이상, 시간과 관계없이 혈당 200 mg/dL 이상일 경우 당뇨병으로 진단한다.
28	④	당뇨는 대사성 질환으로 신체에서 일어나는 신진대사에 영향을 미치는 요인을 개선해야 하며 이를 위해 가장 기본적이고 일반적인 방법은 운동요법, 식이요법과 약물요법이라 할 수 있다.
29	②	고혈압은 심혈관계 질환에 속한다.
30	④	사람의 혈관내의 압력은 수시로 변하며, 운동을 하면 올라가고 안정을 취하면 내려가는데, 안정시(편안한 자세로) 측정한 혈압이 두 번 이상 140/90 mmHg 이상이 되면 고혈압이라고 한다. 120/80mmHg 이하이면 정상혈압이라 한다.
31	①	② 일반적으로 고지혈증 자체 때문에 운동을 금기시할 필요는 없다. 그러나 고지혈증이 초래한 병태나 이차성 고지혈증의 원인 병태, 심근경색, 신장질환의 급성기, 감염증의 급성기 등과 같은 경우는 반드시 금지해야 한다. ③ 혈중 지질은 단시간의 운동으로 변화가 나타나지만, 운동을 중지하면 2-3일 만에 효과가 소멸되기 버리기 때문에 기본적으로 운동 빈도는 주 3회에서 6회 미만을 목표로 한다. ④ 고지혈증 환자의 경우 동맥경화성 질환을 비롯한 여러 가지 질환을 동반하고 있는 경우가 적지 않기 때문에 고강도보다는 중·저강도 운동으로 구성하는 것이 바람직하다.
32	③	그림은 호흡기계의 일반적 구조이며 호흡계 질환으로는 천식과 만성폐쇄성폐질환 있다. 심근경색은 심장질환 중 하나이다.
33	④	천식과 만성폐쇄성폐질환이 있는 노인들은 가능한 한 오전보다 오후 시간대에 운동을 하는 것이 바람직하다.
34	③	천식에 대한 운동 효과 중 하나는 운동자극에도 부교감신경이 과민하게 반응하지 않게 된다.
35	②	뼈의 강도에 영향을 미치는 세 가지 주요 요인은 골밀도, 뼈의 질, 뼈의 기하학적 구조이다.

문항	정답	해설
36	③	골량(bone mass)과 구조가 연약함 및 골절 위험성의 상당한 증가를 가져오는 수준까지 감소한 질환은 골다공증이다. ① 연골연화증은 슬개골이 대퇴골과 만나는 면에 있는 관절연골이 비정상적으로 물러지는 질환이며, ② 골감소증은 정상적인 골밀도보다 낮은 것이 특징이며 골다공증의 전조 단계일 수 있고, ④ 관절염은 여러 가지 원인에 의해 관절에 염증이 생기는 질환이다.
37	②	이 문제는 골다공증 예방을 위한 운동에 관한 것으로, ① 뼈는 정적인 물리적 자극보다 동적인 자극에 더 잘 적응하고, ③ 평상시 부하 패턴과 다른 패턴으로 운동을 실행할 때 뼈가 가장 잘 반응하며, ④ 운동효과를 거두려면 충분한 양의 칼슘과 비타민 D를 섭취해야 한다.
38	①	노인 낙상과 관련된 요인들은 내적요인과 외적요인 두 가지로 분류할 수 있다. 내적요인은 반응시간, 전정감각, 근력, 시각, 말초감각, 균형과 기동성 요인, 기립성 저혈압, 인지 능력이 있고 외적 요인으로는 약물복용, 알코올 섭취, 부적절한 신발, 환경적 요인이 있다.
39	②	기능적 평형성 수업 내용으로 자세 안정성을 위한 실행 운동으로는 체중을 균등하게 지탱하는 연습과 자의적이고 외적인 동요에 대한 저항과 선 자세에서의 시선 안정 운동 연습은 전정 자극을 훈련할 수 있는 방법이다.
40	④	치매의 종류에는 알츠하이머 병, 헌팅톤 병, 파킨슨 병, 혈관성 치매 등이 있다.
41	④	치매 노인이 운동을 통해 얻게 되는 효과로는 스트레스와 우울, 불안의 감소, 근력 향상으로 낙상 예방, 변비 증상의 완화, 정신 능력의 저하와 관련된 질병의 감소, 기억 능력 향상, 사회적 기술과 소통 능력의 향상, 움직임 능력의 향상, 수면의 질 향상 등이 있다.
42	③	치매노인의 뇌에 신선한 산소를 많이 공급함과 동시에 뇌신경 세포들에 자극을 주고 활성화시키기 위해서 다양한 신체활동(운동)이 필수적이며 다음의 내용에 주의하여 지도하도록 한다. ① 운동 동작은 천천히 실시하며 급격하고 빠른 동작은 삼가도록 한다. ② 근력 운동 시 덤벨이나 바벨이 발에 떨어져 부상을 입지 않도록 노인스포츠지도사의 감독이 필요하다. ④ 치매 노인이 운동 프로그램이나 환경에 흥분할 수도 있는 행동 변화를 배려한다.
43	①	노인기 우울증의 특징으로는 합병증을 보이는 경우가 많고, 환경이나 심리적인 영향을 받기 쉬우며 우울증이 지체되거나 재발하기 쉽다. 또한 우울증답지 않은 병상(비정형 우울)을 나타내는 일이 많으며 치료약의 부작용이 일어나기 쉽다.
44	①	성공적 노화(Rowe & Kahn)는 높은 인지적·신체적 기능, 질병/장애 예방, 그리고 삶의 적극적 참여라는 3가지 요소로 구성되어 있다.
45	②	노인스포츠지도사는 권위적이지 않으며 노인 운동 참여자의 의견을 적극적으로 경청하고 이해하는 소통 능력이 요구된다.
46	②	노인과 의사소통 시 노인을 어린아이 다루듯 말하지 않으며 의사소통 방법으로 접촉하는 것을 두려워하기보다는 접촉을 적절하게 자주 사용하고 신체적 언어에 주의를 기울이는 것이 바람직하다.

문항	정답	해설
47	③	언어적 암시는 한 단어 또는 짧고 간결한 어구이며, 동작의 특정 측면, 기술을 수행하기 위해 해야 하는 목표, 환경에 대해 운동 참여자들의 관심을 기울이도록 할 수 있다.
48	①	노인 운동 시설의 모든 지도자들을 대상으로 정기적인 응급 대처 훈련을 실시하고 유효한 심폐소생술과 응급처치 자격증을 포함해서 지도자가 전문 능력을 갖추고 있는지를 증명하도록 요구한다.
49	④	노인 운동 지도 중 응급 상황이 발생 했을 시 다음과 같은 단계에 따라 행동한다. 1단계: 응급 상황 인식하기→2단계: 도움을 줄 것인지 결정하기→3단계: 응급의료서비스기관인 119 호출하기→4단계: 전문적인 치료가 이루어지기 전까지 적절한 응급처치 실시하기
50	②	노인 운동 참여자가 운동 전에 부상이나 질병에 따른 위험인자를 가지고 있는 경우에는 이에 따른 다양한 증상과 징후(가슴 통증이나 불편, 휴식 또는 가벼운 운동 중에 숨이 가빠짐, 현기증이나 기절, 발목이 부어오름, 빠르거나 불규칙적인 심장박동, 아랫다리의 통증, 심장의 잡음, 과도한 피로)를 보인다. 이상과 같은 증상이나 증후 중 하나 이상이 나타나는 경우에는 운동 참가 전 의사의 동의서가 필요하다.

노인체육론 실전모의고사

1. 노인의 기능적 향상을 위한 운동 프로그램에 포함되어야 하는 요소를 모두 고르면?

   〈보기〉
   ㉠ 심폐지구력   ㉡ 근력   ㉢ 유연성   ㉣ 평형성

   가. ㉠, ㉢   나. ㉠, ㉡
   다. ㉠, ㉡, ㉣   라. ㉠, ㉡, ㉢, ㉣

2. 노인이 규칙적인 운동을 통해 얻게 되는 건강상의 효과가 **아닌** 것은?
   가. 조기사망의 위험 감소   나. 뇌졸중 위험 증가
   다. 심폐능력 향상   라. 인지기능 향상

3. 다음 표에 제시된 노화관련 이론과 내용이 맞지 **않은** 것은?

이론	내용
가. 유전학적 이론	Hayflick 한계로써 인간세포는 제한된 횟수만 분열
나. 손상 이론	세포 손상의 누적이 세포의 기능장애에 결정요소로 작용
다. 활동 이론	성공적인 노화는 높은 활동수준을 유지하는데 달려 있음
라. 지속성 이론	노화의 초기 이론으로 노인은 적극적인 사회활동으로부터 물러나 자신 내부에 집착

4. 노화에 따른 신체적 특성의 변화로 가장 거리가 가까운 것은?
   가. 노화는 폐의 탄력성과 흉곽 경직성을 감소시킨다.
   나. 노화는 수축기 혈압의 감소와 이완기 혈압의 증가를 가져온다.
   다. 노화가 진행됨에 따라 근 질량이 감소하며 이를 근감소증이라 한다.
   라. 노화는 골밀도의 증가와 제지방량의 감소를 가져온다.

5. 다음 표에 제시된 나이의 정의가 바르게 묶인 것은?

나이	정의
(ㄱ)	사람이 태어나서 살아온 년 수
(ㄴ)	사람들이 일상적인 삶, 직업, 그리고 지역사회에서 어떻게 기능적으로 잘 활동하는지의 여부

가. ㉠ 트레이닝 연령 ㉡ 역연령
나. ㉠ 역연령 ㉡ 기능적(생리적) 연령
다. ㉠ 기능적(생리적) 연령 ㉡ 역연령
라. ㉠ 역연령 ㉡ 트레이닝 연령

6. 건강관련 체력이 <u>아닌</u> 것은?

가. 평형성
나. 근력
다. 심폐지구력
라. 유연성

7. 빈칸에 적합한 용어로 연결된 것은?

체력 요인	내용
㉠	신체의 각 부위가 조화를 이루면서 원활하게 움직일 수 있는 능력
㉡	체력 향상을 위한 계획되고 구조화된 반복적인 신체 움직임
㉢	골량과 구조가 연약함 및 골절 위험성의 증가를 가져오는 수준까지 감소한 질환

	㉠	㉡	㉢
가.	순발력	신체활동	골다공증
나.	순발력	운동	골감소증
다.	협응성	운동	골다공증
라.	협응성	신체활동	골감소증

8. 노인체력검사 항목-평가지표-일상생활활동과의 관계가 바르게 연결된 것은?

가. 의자에 앉아 앞으로 굽히기 - 슬굴곡근과 등의 유연성 - 보행능력, 움직임의 속도, 낙상 예방을 위한 균형 조정
나. 30초 의자에서 일어서기 - 평형성 - 낙상의 확률을 줄이는 비틀거림에서의 복구 능력
다. 30초 아령들기 - 몸통 유연성 - 대부분의 모든 일상생활 활동과 여가스포츠와 관련
라. 6분 걷기 - 다리 근력 - 장보기, 이웃 방문하기 또는 하이킹과 같은 장거리 걷기

9. 규칙적인 운동의 심리적 효과에 대해 올바르게 설명한 것은?

〈보기〉
㉠ 스트레스와 불안 감소 ㉡ 기분 향상
㉢ 새로운 친구관계 형성 ㉣ 인식의 향상

가. ㉠ + ㉡ + ㉢ + ㉣   나. ㉠ + ㉡
다. ㉠ + ㉡ + ㉢   라. ㉠ + ㉡ + ㉣

10. 노인들을 위한 근력 운동 지도 시 따라야 할 안전 권고사항으로 거리가 먼 것은?

가. 낮은 강도에서 시작해서 반복횟수, 강도, 세트를 점진적으로 추가한다.
나. 통증이 유발되는 정도의 관절 가동범위 내에서 운동을 실시할 수 있도록 지도한다.
다. 근력 운동 시 절대 호흡을 중단해서는 안됨을 인지시킨다.
라. 동일한 근육군을 사용하는 근력 운동 수업 사이에는 최소한 48시간 휴식을 취한다.

11. 아래 〈보기〉의 ( ) 안의 수치로 알맞은 것은?

〈보기〉
세계보건기구에서 제시하는 골다공증 진단의 기준은 척추의 골밀도가 젊고 정상적인 동성의 성인 평균보다 ( ) 표준편차 아래의 수준을 보이는 것이다.

가. 2   나. 2.5
다. 3   라. 3.5

12. 관절염이 있는 노인들을 위한 운동 지침을 〈보기〉에서 모두 고르면?

〈보기〉
㉠ 저항 운동을 실시하되, 특정한 관절에 통증을 유발하는 운동은 등장성 근력 운동으로 대체한다.
㉡ 모든 운동을 부드럽게 반복한다.
㉢ 운동 중, 직후 혹은 운동 후 24~48시간 안에 통증을 유발하는 운동은 어떤 것이든 계속하지 않는다.
㉣ 불편함을 느끼기 시작하는 강도보다 낮은 강도의 운동을 유지한다.

가. ㉡ + ㉢ + ㉣   나. ㉠ + ㉡
다. ㉠ + ㉡ + ㉣   라. ㉡ + ㉢

13. 당뇨병이 있는 노인을 위한 운동 프로그램에 대한 내용으로 가장 거리가 먼 것은?

가. 운동 강도를 점증적으로 올릴 수 있는 운동으로 한다.
나. 걷기, 조깅, 자전거 타기 등 전신 운동을 포함한다.
다. 당뇨 유형에 관계없이 당뇨 조절이 안정적인지 불안정한지에 따라 운동 프로그램을 결정한다.
라. 당뇨 질환을 개선하기 위해 운동프로그램만 실시한다.

14. 폐질환을 앓고 있는 노인 운동 지침으로 올바르지 않은 것은?

가. 호흡곤란 혹은 과호흡증후군을 일으킬 수 있는 활동은 피해야 한다.
나. 온도나 환경에 상관없이 운동을 지도한다.
다. 준비 및 정리 운동 시간을 포함하여 다양한 운동 시간에 횡격막 호흡 운동을 강조한다.
라. 폐 기능 증진을 목표로 하는 호흡 운동을 강조한다.

15. 골다공증 예방을 위한 운동 트레이닝 원리로 가장 거리가 먼 것은?

가. 뼈는 동적인 물리적 자극보다 정적인 자극에 더 잘 적응한다.
나. 뼈가 트레이닝에 반응하려면 자극은 역치 이상의 수준이어야 한다.
다. 운동에 대한 뼈의 반응은 짧은 간헐적 운동으로 향상된다.
라. 평상시 부하 패턴과 다른 패턴으로 운동을 실행할 때 뼈가 가장 잘 반응한다.

16. 다음 표에 제시된 이론과 그 내용이 바르게 묶인 것은?

이론	이론의 내용
(ㄱ)	행동이 변화되는 과정과 전략 제시
건강 신념 모형	건강 행위를 연구하기 위한 이론
(ㄴ)	신념과 행동 사이의 관계에 대한 이론

가. ㉠ 범이론적 이론 ㉡ 학습이론
나. ㉠ 계획된 행동이론 ㉡ 학습이론
다. ㉠ 범이론적 이론 ㉡ 계획된 행동이론
라. ㉠ 학습이론 ㉡ 계획된 행동이론

17. 치매 노인의 운동 시 주의사항으로 올바르지 <u>않은</u> 것은?

　가. 운동 동작은 천천히 실시하며 급격하고 빠른 동작은 삼가도록 한다.
　나. 근력 운동은 덤벨을 사용하여 혼자 할 수 있도록 지도한다.
　다. 골다공증이 있는 치매 노인은 골절에 주의한다.
　라. 치매 노인이 운동 프로그램이나 환경에 흥분할 수도 있는 행동 변화를 배려한다.

18. Rowe & Kahn의 성공적 노화 요소 중 (㉠-㉡)에 해당되는 것은?

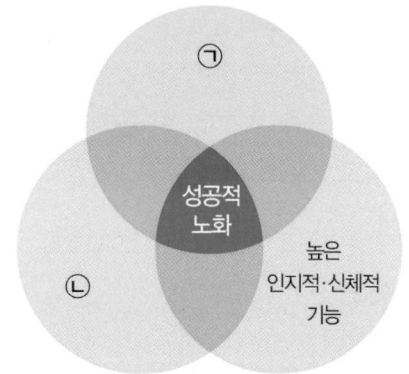

	㉠	㉡
가.	질병/장애 예방	삶의 적극적 참여
나.	치매 예방	삶의 질 향상
다.	만성질환 예방	취미 활동
라.	사망 예방	자기효능감 향상

19. 순환기 질환의 위험 요인을 모두 고르면?

〈보기〉
㉠ 흡연　㉡ 비만　㉢ 가족력　㉣ 규칙적인 운동

　가. ㉠, ㉡, ㉢　　　　　　　　　　나. ㉠, ㉡
　다. ㉠, ㉡, ㉣　　　　　　　　　　라. ㉠, ㉡, ㉢, ㉣

20. 운동 참여 전 의사의 동의서가 필요한 증상이나 징후에 해당되는 것으로 가장 거리가 <u>먼</u> 것은?

　가. 가슴 통증이나 불편
　나. 휴식 또는 가벼운 운동 중에 숨이 가빠짐
　다. 약간의 피로
　라. 빠르거나 불규칙적인 심장박동

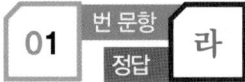 노인의 기능적 향상을 위한 운동 프로그램에 일반적으로 심폐지구력, 근력, 유연성, 평형성 요소를 모두 포함하는 것이 바람직하며 체력 검사를 통해 진단된 노인 개개인마다 부족한 체력 요소를 프로그램에 보충하도록 한다.

 운동을 통한 건강상의 효과로는 당뇨병, 뇌졸중, 유방암, 고혈압, 대장암, 폐암 등의 위험 감소 뿐 아니라 낙상 예방, 우울증 감소, 골밀도 증가, 수면의 질 향상 등이 있다.

 분리 이론-노화의 초기 이론으로 노인은 적극적인 사회활동으로부터 물러나 자신 내부에 집착
지속성 이론-개인이 성인이 되면서 평생 동안 갖게 된 인격 성향들이 각기 다른 노화 패턴을 만들어 냄.

 노화는 폐의 탄력성 감소, 흉곽 경직성 증가, 수축기 혈압과 이완기 혈압 증가, 골밀도 감소와 제지방량의 상실을 초래한다.

 트레이닝 연령은 사람이 규칙적으로 얼마나 오랫동안 운동을 하였는지에 대한 여부와 관련이 있다.

 평형성은 민첩성, 협응성, 스피드, 반응시간, 조정력과 같이 운동관련 체력으로 분류되며 근력, 근지구력, 심폐지구력, 유연성, 신체조성은 건강관련 체력으로 분류된다.

 신체활동(physical activity) - 일상생활 활동을 포함하며 에너지를 소모하는 골격근에 의한 신체의 움직임이며 순발력은 빠르게 힘을 내는 능력을 의미한다.

 30초 의자에서 일어서기는 하지근력과 파워를 평가하는 검사이며 의자, 침대 또는 변기에 앉았다 일어설 수 있는 능력, 스스로 흔들림을 복구해서 넘어짐을 예방할 수 있는 능력 등과 같은 일상생활활동과 관련이 있다. 30초 아령들기는 상체 근력과 파워를 평가하는 검사이며 선반이나 책상에서 물건을 드는 등의 많은 활동과 관련이 있다. 6분 걷기는 심폐지구력을 평가하는 지표이며 쇼핑이나 장거리 걷기 등의 일상생활활동과 관계가 있다.

 예문에서 새로운 친구관계 형성은 사회적 통합의 향상, 사회와 문화적 관계망 확대, 역할 유지 및 새로운 역할 부여 등과 같이 노인이 규칙적인 운동을 수행했을 경우 얻을 수 있는 사회적 효과이다.

10번 문항 정답 나
근력 운동 지도 시 통증을 유발하지 않는 완전한 관절 가동범위 내에서 운동을 실시하도록 지도하며 통증을 유발하는 운동은 중단시키거나 저항을 줄이도록 지도한다.

11번 문항 정답 나
세계보건기구에서 제시하는 골다공증 진단의 기준은 척추의 골밀도가 젊고 정상적인 동성의 성인 평균보다 2.5 표준편차 아래의 수준을 보이는 것이다.

12번 문항 정답 가
저항 운동을 실시하되, 특정한 관절에 통증을 유발하는 운동은 등척성 근력 운동으로 대체한다.

13번 문항 정답 라
당뇨는 대사성 질환으로 신체에서 일어나는 신진대사에 영향을 미치는 요인을 개선해야 하며 이를 위해 가장 기본적이고 일반적인 방법은 운동요법, 식이요법과 약물요법이라 할 수 있다.

14번 문항 정답 나
나. 과도하게 따뜻하거나 추운 환경은 호흡곤란을 일으킬 수 있으므로 피한다.
다. 혈중 지질은 단시간의 운동으로 변화가 나타나지만, 운동을 중지하면 2-3일 만에 효과가 소멸되기 때문에 기본적으로 운동 빈도는 주 3회에서 6회 미만을 목표로 한다.
라. 고지혈증 환자의 경우 동맥경화성 질환을 비롯한 여러 가지 질환을 동반하고 있는 경우가 적지 않기 때문에 고강도보다는 중·저강도 운동으로 구성하는 것이 바람직하다.

15번 문항 정답 가
뼈는 정적인 물리적 자극보다 동적인 자극에 더 잘 적응한다. 물리적 자극에 대한 반응으로 뼈에게 성장을 지시하는 신호는 세관통로와 뼈 잔기둥 주위의 액체 흐름일 가능성이 높다. 이러한 액체 흐름은 뼈에 가해지는 압력에 의해 초래되므로 동적 운동의 특징인 스트레스의 주기적 변화는 단순한 정적 부하보다 뼈의 재구성에 더 큰 영향을 미친다.

16번 문항 정답 다
범이론적 모형은 행동이 변화하는 과정과 전략을 제시하고 학습이론은 행동들이 지속 또는 중단되는 원인을 설명해주는 이론이며, 계획된 행동 이론은 신념과 행동 사이의 관계에 대한 이론이다.

17번 문항 정답 나
치매노인의 뇌에 신선한 산소를 많이 공급함과 동시에 뇌신경 세포들에 자극을 주고 활성화시키기 위해서 규칙적인 신체활동(운동)이 필수적이며 동작은 복잡하지 않게 구성하고 근력 운동 시 덤벨이나 바벨이 발에 떨어져 부상을 입지 않도록 노인스포츠지도사의 감독이 필요하다.

18번 문항 정답 가
Rowe & Kahn이 주장하는 성공적 노화는 높은 인지적·신체적 기능, 질병/장애 예방, 그리고 삶의 적극적 참여라는 3가지 요소로 구성되어 있다.

19번 문항 정답 가
흡연, 비만, 가족력 등과 함께 운동부족 및 건강하지 않은 식습관은 순환기 질환의 위험 요인으로 분류될 수 있다.

20번 문항 정답 다
노인 운동 참여자가 운동 전에 부상이나 질병에 따른 위험인자를 가지고 있는 경우에는 이에 따른 다양한 증상과 징후(가슴 통증이나 불편, 휴식 또는 가벼운 운동 중에 숨이 가빠짐, 현기증이나 기절, 발목이 부어오름, 빠르거나 불규칙적인 심장박동, 아랫다리의 통증, 심장의 잡음, 과도한 피로)를 보인다. 이상과 같은 증상이나 증후 중 하나 이상이 나타나는 경우에는 운동 참가 전 의사의 동의서가 필요하다.

저자소개

대표 저자

유정애(총괄기획 및 스포츠교육학 담당)
서울대학교 사범대학 체육교육과 학사
서울대학교 대학원 체육학과 석사
미국 University of Georgia 철학박사(Ph.D.)
(현) 중앙대학교 사범대학 체육교육과 교수

학습내용 문의(대표저자)

jayou@cau.ac.kr

공동 저자(가나다 순)

김태욱(운동생리학 담당)
중앙대학교 사범대학 체육교육과 학사
중앙대학교 대학원 체육학과 석사
중앙대학교 대학원 체육학과 박사
(현) 중앙대학교 사범대학 체육교육과 시간 강사

박채희(노인체육론 담당)
한국체육대학교 생활체육대학 사회체육학과 학사
한국체육대학교 대학원 체육학과 석사
미국 University of Illinois at Urbana-Champaign 박사(Ph.D.)
(현) 한국체육대학교 생활체육대학 노인체육복지학과 교수

손 환(한국체육사 담당)
경희대학교 체육대학 체육학과 학사
일본체육대학 대학원 체육학연구과 체육학석사
일본 츠쿠바대학 체육과학연구과 체육과학박사
(현) 중앙대학교 사범대학 체육교육과 교수

윤석민(특수체육론 담당)
한국체육대학교 생활체육대학 사회체육학과 학사
한국체육대학교 대학원 체육학과 석사
미국 Texas Woman's University 박사(Ph.D.)
(현) 나사렛대학교 특수체육학과 교수

이현석(스포츠윤리 담당)
중앙대학교 사범대학 체육교육과 학사
중앙대학교 대학원 체육학과 석사
캐나다 University of Calgary 박사(Ph.D.)
(현) 중앙대학교 학교체육연구소 연구교수

임비오(운동역학 담당)
대구대학교 인문대학 체육학과 학사
서울대학교 대학원 체육학과 석사
서울대학교 대학원 체육학과 박사(Ph.D.)
미국 Texas Woman's University 박사후과정(Post Doc)
(현) 중앙대학교 사범대학 체육교육과 교수

(...체육론 담당)
...학교 체육대학 체육학과 학사
...대학교 체육대학 체육학과 석사
...자대학교 대학원 체육학과 이학박사
...중앙대학교 사범대학 체육교육과 교수

차은주(스포츠사회학 담당)
중앙대학교 예술대학 무용학과 학사
중앙대학교 대학원 무용학과 체육학 석사
중앙대학교 대학원 체육학과 체육학 박사(Ph.D.)
(현) 중앙대학교 학교체육연구소 연구교수

한시완(스포츠심리학 담당)
중앙대학교 예술대학 무용학과 학사
중앙대학교 일반대학원 체육학 석사
중앙대학교 일반대학원 체육학 박사(Ph.D.)
(현) 중앙대학교 한국체육연구소 연구교수

한 방에 합격하기!
스포츠지도사 최종점검
Last Check 핵심문항 100 무료동영상

한 방에 합격하기!
스포츠지도사 최종점검 — Last Check 핵심문항 100

차 례

- 스포츠심리학 ·· 5
- 운동생리학 ·· 11
- 스포츠사회학 ·· 16
- 운동역학 ·· 21
- 스포츠교육학 ·· 27
- 스포츠윤리 ·· 32
- 한국체육사 ·· 36
- 특수체육론 ·· 40
- 유아체육론 ·· 45
- 노인체육론 ·· 50

스포츠심리학 적중핵심문제

1. 다음은 스포츠심리학 영역에 관한 내용이다. 빈칸에 적합한 용어로 연결된 것은?

구분	스포츠심리(광의)				
	스포츠심리	ⓒ	운동학습	운동발달	운동심리학
관심	ⓐ	움직임 생성 및 조절	운동기술 습득원리	ⓒ	운동과 심리적 효과
주제	성격, 정서, 동기 등	협응구조, 자유도 등	연습법, 피드백 등	협응 변화, 인지적 변화 등	불안, 우울, 기분 등

	ⓐ	ⓑ	ⓒ
①	심리적요인과 스포츠수행	운동제어	생애에 걸친 운동발달
②	심리적요인과 스포츠수행	운동심리학	움직임 생성 및 조절
③	운동기술 습득원리	운동제어	생애에 걸친 운동발달
④	운동기술 습득원리	운동심리학	움직임 생성 및 조절

2. 다음은 무엇을 설명한 것인가?

〈보기〉
ⓐ 과제가 즐거움　　　　　　　ⓑ 유능감과 관련
ⓒ 스트레스로부터 회복　　　　ⓓ 과제가 흥미로움
ⓔ 대표적인 이론은 인지평가이론　ⓕ 긴장으로부터 회복

① 재미　　　　　　　② 불안
③ 각성　　　　　　　④ 탈진

5

3. 다음에서 설명한 것은? `무료동영상`

〈보기〉
㉠ 부적합한 느낌　　　　　㉡ 통제력의 상실
㉢ 실패에 대한 공포　　　　㉣ 불만족스런 신체적인 증상

① 특성불안　　　　　　　② 상태불안
③ 인지적 상태불안　　　　④ 경쟁 상태불안

4. 다음 그림의 빈칸(㉠~㉢)에 해당하는 내용이 <u>아닌</u> 것은? `무료동영상`

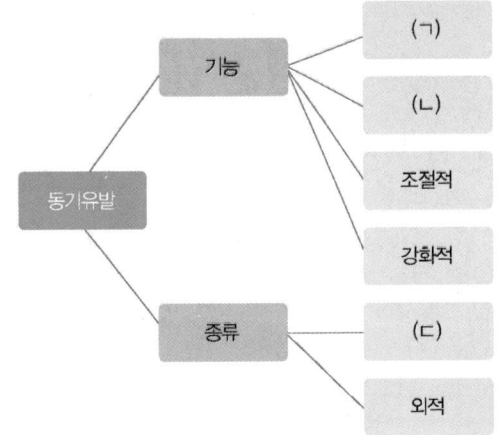

① 활성적　　　　　　　② 충동적
③ 지향적　　　　　　　④ 내적

5. 다음은 동기의 대표적인 이론들이다. (ㄱ)에 들어갈 용어는? `무료동영상`

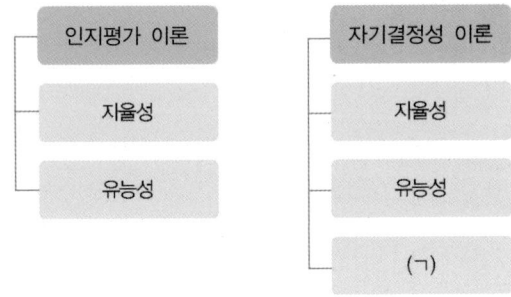

① 관계성　　　　　　　② 융통성
③ 책임감　　　　　　　④ 자제력

6. 다음의 (ㄱ)에 해당하는 것은?

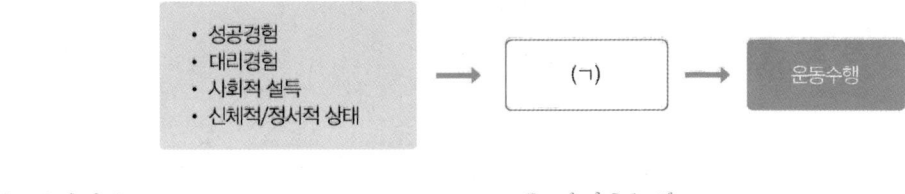

① 주의집중
② 자기효능감
③ 루틴
④ 자아존중감

7. 다음 강화의 종류에서 ㉠과 ㉡에 들어갈 명칭은?

강화의 종류	내용 또는 특성
(㉠)	■ 사회적인 보상으로 강화(말, 몸짓)
정적강화	■ 유쾌자극을 제시해서 바람직한 행동을 유도
(㉡)	■ 불쾌한 자극을 제거시킴으로써 바람직한 행동을 유도

① ㉠ 2차적 강화 ㉡ 부적강화
② ㉠ 부적강화 ㉡ 1차적 강화
③ ㉠ 연속강화 ㉡ 2차적 강화
④ ㉠ 연속강화 ㉡ 1차적 강화

8. 다음의 심리적 효과를 설명하는 가설은?

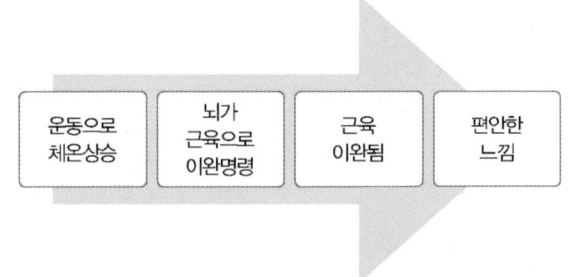

① 열 발생 가설
② 모노아민 가설
③ 생리적 강인함 가설
④ 사회 심리적 가설

9. 다음은 인지재구성모형이다. ㉠과 ㉡에 들어갈 요인은? [무료동영상]

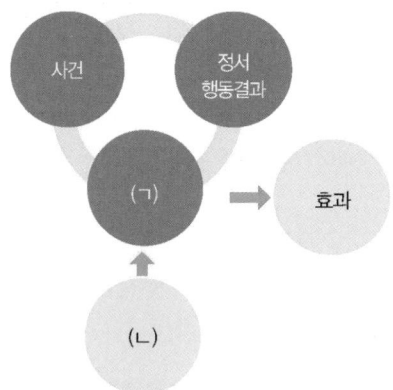

① ㉠ 신념 ㉡ 의지 ② ㉠ 의지 ㉡ 신념
③ ㉠ 신념 ㉡ 논박 ④ ㉠ 논박 ㉡ 신념

10. 다음은 상담사가 내담자의 무엇에 주목하고 있는 것은? [무료동영상]

〈보기〉
㉠ 미간을 찌푸림
㉡ 눈에 힘이 들어감
㉢ 목소리 톤이 종종 높아지면서 떨림

① 긴장 ② 비언어적 메시지
③ 매력 ④ 언어적 메시지

스포츠심리학 정답 및 해설

문항	정답	해설
1	①	스포츠 심리는 심리적 요인과 스포츠수행에 관심을 가지고 성격, 정서, 동기 등을 주로 다루는 영역이다. 운동제어는 움직임 생성 및 조절에 관심을 가지고 협응구조, 자유도 등 그리고 운동학습은 운동기술 습득원리에 관심을 가지고 연습과 피드백 등을 주로 다루는 영역이다. 운동발달은 생애에 걸친 운동발달에 관심을 가지고 협응의 변화, 인지적 과정의 변화 등을 주로 다루는 영역이다. 마지막으로 운동심리학은 운동과 심리적 효과에 관심을 두고 불안, 우울, 기분 등을 주로 다루는 영역이다.
2	①	재미는 어떤 과제가 즐겁고 흥미롭다고 주관적으로 느끼는 긍정적인 심리상태이다. 재미경험의 조건을 설명하는 대표적 이론은 인지평가이론이다. 재미의 체험은 유능감과 관련이 된다. 재미의 체험을 통해 우리의 몸과 마음은 스트레스와 긴장으로부터 회복된다.
3	④	경쟁상태불안은 경쟁상황에서 수행자가 느끼는 상황에 대한 반응이다. 스포츠 상황에서 발생하는 경쟁상태 불안의 원인은 부적합한 느낌, 통제력의 상실, 실패에 대한 공포, 불만족스런 신체적인 증상, 죄의식이다.
4	②	동기유발의 기능은 행동을 최초로 유발하는 활성적 기능, 방향성을 결정하는 지향적 기능, 선택적인 행동을 유발하는 조절적 기능, 정적, 부적강화를 제공하는 강화적 기능이 있다. 동기유발의 종류에는 내적 보상에 의한 내적동기유발, 외적보상에 의한 외적 동기유발이 있다.
5	①	인지평가이론은 인간에게 기본 심리적 욕구(자율성, 유능성)가 있어 내재적으로 동기화된 행동에 외적보상이 주어지면 오히려 동기가 감소된다는 설명이다. 외적보상이 타인에 의해 통제된다는 느낌을 발생시키기 때문이다. 여기에 자기결정성이론은 관계성을 추가한다.
6	②	자기효능감 이론은 자기효능감이 성공경험, 대리경험, 사회적 설득, 신체적 정서적 상태의 4가지 정보원으로부터 영향을 받아 향상된다고 설명한다.
7	①	정적 강화는 유쾌자극을 제시해서 바람직한 행동을 유도하는 것이고, 부적강화는 불쾌한 자극을 제거시킴으로써 바람직한 행동을 유도하는 것이다. 1차적 강화는 대상자에게 가치 있는 물질로 강화하는 것이고, 2차적 강화는 사회적인 보상으로 강화를 하는 것이다. 연속강화는 행동이 있을 때마다 강화를 주는 것이고, 부분강화는 강화를 줄 때도 있고 안줄 때도 있는 것이다.
8	①	열발생 가설은 운동으로 체온이 상승하면 뇌는 근육으로 이완명령을 내리고, 이로 인해 근육이 이완되어 이완감을 느낀다는 것이다.

문항	정답	해설
9	③	인지재구성 모형에서는 사건이 결과를 직접적으로 일으킬 수 없고, 그 사람의 신념이 정서행동결과의 원인이 된다. 특히, 그 사람이 갖고 있는 신념은 논박을 통하여 합리적이 신념으로 바꿀 수 있다. 이에 대한 효과로 적절한 정서적 행동적 반응을 하게 된다.
10	②	비언어적 메시지는 다음과 같다. 눈(시선), 몸의 자세, 손발의 제스처, 얼굴표정, 그리고 목소리 등이다.

운동생리학 적중핵심문제

1. 다음 중 건강관련 체력 요소에 속하는 것 중 올바른 것은?

   <보기>
   ㉠ 심폐지구력   ㉡ 근력   ㉢ 신체구성   ㉣ 순발력

   ① ㉠ + ㉡ + ㉢ + ㉣   ② ㉠ + ㉡ + ㉢
   ③ ㉠ + ㉡   ④ ㉢ + ㉣

2. 운동 강도(% VO_2max)에 따른 에너지원의 기여도를 설명한 그림 중 빈칸 (㉠, ㉡)에 해당하는 내용으로 옳은 것은?

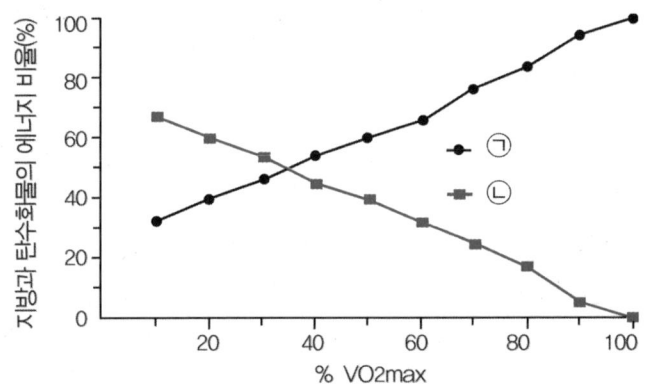

	㉠	㉡
①	지방	단백질
②	지방	탄수화물
③	탄수화물	지방
④	탄수화물	단백질

3. 에너지 대사에서 산소 소비량에 대한 이산화탄소 생산량의 비율을 호흡교환율이라고 한다. 에너지원의 기여도에 따른 호흡교환율이 바르게 묶인 것은? 무료동영상

호흡교환율	% ㉠	% ㉡
0.70	100	0
0.75	83	17
0.80	67	33
0.85	50	50
0.90	33	67
0.95	17	83
1.00	0	100

	㉠	㉡
①	지방	단백질
②	단백질	지방
③	탄수화물	지방
④	지방	탄수화물

4. 교감신경과 부교감신경에서 분비되는 신경전달물질을 바르게 배열한 것은? 무료동영상

① 노르에피네프린-에피네프린 ② 아세틸콜린-노르에피네프린
③ 노르에피네프린-아세틸콜린 ④ 아세틸콜린-에피네프린

5. 인체의 불수의적 생리조절기능을 담당하고 있으며, 심박수와 심장의 수축력 및 호르몬 분비 조절을 통제하는 신경은 무엇인가? 무료동영상

① 감각신경 ② 자율신경
③ 체성신경 ④ 중추신경

6. 그림과 같이 신경을 통한 명령에서 자극을 통해 하나의 운동신경섬유가 지배하는 근섬유들은 동시에 수축하게 되며, 수축력과도 관계가 있다. 빈칸(㉠-㉢)에 공통으로 들어갈 알맞은 용어는? 무료동영상

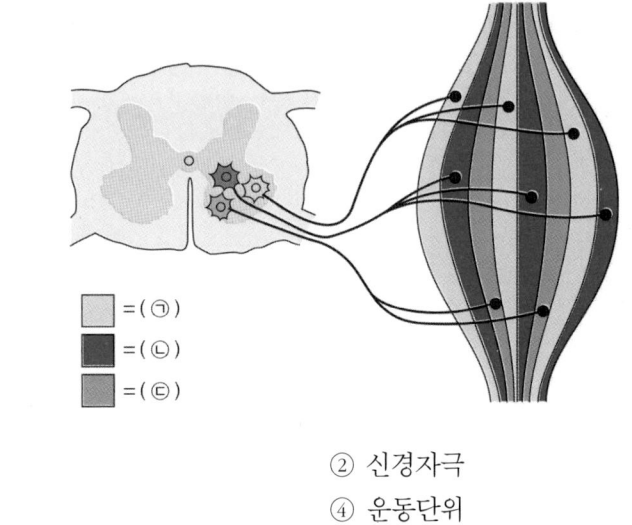

① 신경섬유
② 신경자극
③ 운동자극
④ 운동단위

7. 운동 중 과도한 수분 손실로 인한 혈압 감소는 신장에서 호르몬 분비를 자극한다. 이에 대한 경로를 설명한 것 중 (㉠, ㉡) 에 바르게 들어갈 용어는? 무료동영상

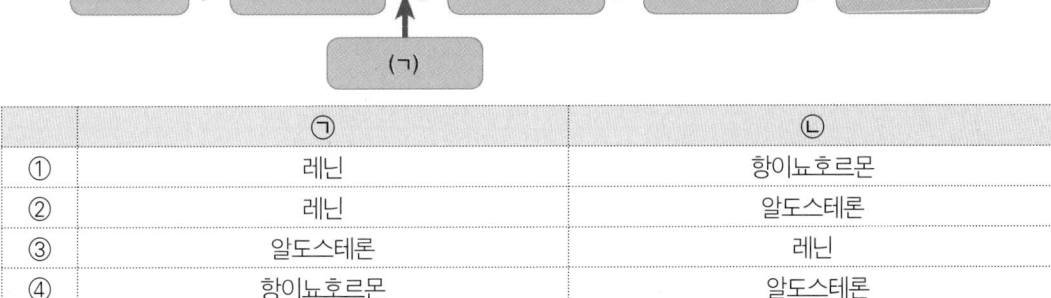

	㉠	㉡
①	레닌	항이뇨호르몬
②	레닌	알도스테론
③	알도스테론	레닌
④	항이뇨호르몬	알도스테론

8. 운동 중 수분과 전해질 균형에 영향을 미치는 호르몬과 설명에 대해 올바르게 제시한 것은?

〈보기〉
㉠ 신장에서 수분 재흡수 증가   ㉡ Na^+ 유입 증가, K^+ 배출 증가

	㉠	㉡
①	코티졸	항이뇨호르몬
②	코티졸	알도스테론
③	알도스테론	항이뇨호르몬
④	항이뇨호르몬	알도스테론

9. 다음 폐활량에 대한 설명 중 옳지 <u>않은</u> 것은?

① 잔기용적을 제외한 나머지의 호흡양이다.
② 장거리 육상선수, 수영선수는 일반인보다 폐활량이 크다.
③ 최대산소섭취량은 절대적으로 폐활량의 크기에 따라 좌우된다.
④ 숨을 완전히 내쉬었다가 최대한 들이마실 수 있는 공기의 양이다.

10. 그림을 참조하여 보기에 제시된 환경과 인체간 열을 교환하는 설명에 대한 기전이 올바른 것은?

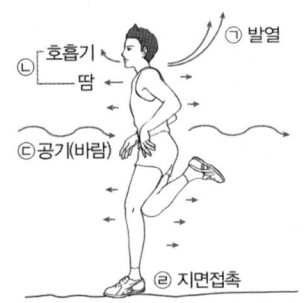

〈보기〉
㉠ 따뜻한 인체의 열은 차가운 물체로 전달된다.
㉡ 몸의 표면이나 호흡기를 통한 수분의 손실은 몸을 냉각시킨다.
㉢ 흐르는 공기(바람) 온도가 몸 표면 온도보다 낮을 때 체열을 잃게 된다.
㉣ 온도가 다른 물체와 인체가 접촉했을 때 일어나는 직접적인 열의 전달이다.

	㉠	㉡	㉢	㉣
①	복사	대류	전도	증발
②	복사	증발	대류	전도
③	전도	증발	대류	복사
④	전도	대류	복사	증발

운동생리학 정답 및 해설

문항	정답	해설
1	②	건강관련체력에는 1) 심폐지구력, 2) 신체조성, 3) 근력, 4) 근지구력, 5) 유연성 운동기능 체력에는 1) 민첩성, 2) 순발력, 3) 협응성, 4) 평형성, 5) 반응속도, 6) 스피드가 해당된다.
2	③	에너지 기여도에 있어 운동 강도(%VO_2max)가 증가할수록 탄수화물의 비율은 증가하는 반면, 지방의 기여도는 감소하게 된다.
3	④	호흡교환율이 0.70일 때는 지방이 100% 에너지로 사용되고 있다는 의미이며, 1.00일 때는 탄수화물이 100% 에너지로 사용되고 있다는 의미이다. 호흡교환율이 0.85일 때 에너지 기여도는 지방 50%, 탄수화물 50%의 의미이다.
4	③	신경전달물질과 관련하여 교감신경 절후 섬유 말단에서는 노르에피네프린이 분비되고, 부교감신경 절후 섬유 말단에서는 아세틸콜린이 분비된다.
5	②	불수의적인 생리조절과 관련이 있는 말초신경은 자율신경이다.
6	④	신경을 통한 명령에서 자극을 통해 하나의 운동신경섬유가 지배하는 근섬유들은 동시에 수축하게 되며, 수축력과도 관계가 있는 것을 운동단위(motor unit)라고 한다. 운동단위가 클수록 수축력도 커진다.
7	②	수분평형을 위해 ㉠ 신장에서 레닌 분비 ㉡ 부신피질에서 알도스테론 분비
8	④	㉠ 신장에서 수분 재흡수 증가 - 항이뇨호르몬 (뇌하수체후엽 분비) ㉡ Na^+ 유입 증가, K^+ 배출 증가 - 알도스테론 (부신피질 분비)
9	③	최대산소섭취량은 최대심박출량 × 최대동정맥산소차이 그러므로 절대적으로 폐활량의 크기에 따라 좌우되는 것은 아니다.
10	②	㉠ 복사 ㉡ 증발 ㉢ 대류 ㉣ 전도

스포츠사회학 — 적중핵심문제

1. 스포츠사회학에 대한 정의로 맞지 않는 것은?

① 1965년에 스포츠사회학이 최초로 언급됨
② 스포츠사회학은 스포츠 현상을 사회현상으로 규정함
③ 스포츠와 관련한 인간행동을 사회 구조적 측면에서 바라봄
④ 1865년에 스포츠사회학의 요소를 규명하고 정의함

2. 다음은 정치가 스포츠를 이용하는 방법에 대한 설명이다. 이 방법과 설명으로 맞는 것은?

〈보기〉
스포츠경기가 단순히 개인 간의 경쟁이 아닌 성, 인종, 지역, 민족, 국가의 경쟁을 대변하는 것으로 인식될 수 있으며, 스포츠 그 자체로 지역사회, 국가, 국민을 대표하는 상징성을 지닌 것으로 해석된다.

① 동일화-유니폼에 부착된 국기
② 상징-스포츠의 과시와 의식적 요소
③ 동일화-스포츠에 대한 대중의 태도
④ 상징-국가 역량의 혼돈을 표현하는 수단

3. 상업주의로 인해 스포츠 전반에 걸쳐 나타난 변화요인으로만 묶인 것은?

〈보기〉
㉠ 아마추어리즘의 강화
㉡ 스포츠의 직업화
㉢ 흥미유발에 맞춘 스포츠 목적 변화
㉣ 스포츠 규칙의 변화
㉤ 스포츠 스폰서가 추구하는 권력 변화
㉥ 스포츠 조직의 변화

① ㉠ + ㉡
② ㉡ + ㉢ + ㉥
③ ㉠ + ㉢ + ㉣
④ ㉢ + ㉤

4. 다음의 〈보기〉 중 스포츠의 교육적 순기능으로만 묶인 것은?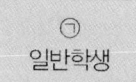

〈보기〉
㉠ 학업능력의 촉진   ㉡ 사회화 촉진   ㉢ 정서의 순화
㉣ 학교와 지역의 분리   ㉤ 여학생의 체육 참여 제한   ㉥ 장애인의 여가선용

① ㉠ + ㉡ + ㉣   ② ㉠ + ㉡ + ㉤
③ ㉡ + ㉢ + ㉥   ④ ㉠ + ㉡ + ㉢ + ㉣

5. 일반학생의 체육활동 활성화 및 공부하는 학생선수 육성을 위한 제도 변화에 따른 주요 사업에 대한 설명으로 **틀린** 것은?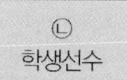

㉠ 일반학생   ㉡ 학생선수

	㉠	㉡
①	학교체육 전문성 향상	학생선수 학습권 보장
②	스포츠참여 기회 확대	학교운동부 운영 투명화
③	학생체력평가제 실시	학생선수의 인권보호
④	여학생 체육활동 활성화	타이틀 나인(Title IX)

6. 스포츠계층의 형성과정 과정에서 스포츠 내의 사회과정은 다음의 4가지 측면으로 설명될 수 있다. ㉠ 에 들어갈 내용은?

지위의 분화 — 서열화 — ㉠ — 보수부여

① 기회   ② 평가
③ 생활   ④ 관점

7. 스포츠의 사회화 개념에 대한 설명으로 맞는 것은? `무료동영상`

　① 인간의 본성이 특정한 사회문화와 동화되어 가는 과정
　② 충동의 통제능력 형성과정으로 판단력과 분별력의 형성과정
　③ 역할훈련과정으로 문화적, 사회적, 심리적 차원의 관점으로 구분됨
　④ 스포츠를 통한 구성원들의 상호작용으로 신념, 가치관이 체화되는 과정

8. 다음의 스포츠 사회화 모형에 들어갈 내용이 맞게 연결된 것은? `무료동영상`

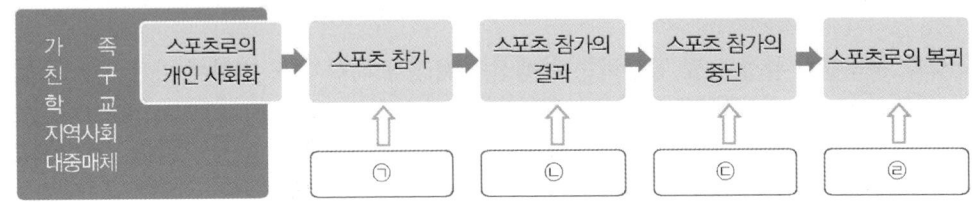

　① ㉣-스포츠를 통한 사회화　　② ㉡-스포츠를 통한 사회화
　③ ㉠-스포츠로부터의 탈사회화　④ ㉢-스포츠로의 재사회화

9. 스포츠 일탈의 유형 중 폭력행위에 속하지 <u>않는</u> 것은? `무료동영상`

　① 격렬한 신체 접촉　　　　② 범죄폭력
　③ 상업화와 스포츠폭력　　 ④ 일탈적 부정행위

10. 스포츠와 미래사회에서 테크놀로지와 관련된 쟁점이 <u>아닌</u> 것은? `무료동영상`

　① 남성성과 스포츠 폭력
　② 테크놀로지를 어떻게 통제하고 관리할 것인가 임
　③ 세계수영연맹(FINA)은 전신 수영복을 착용금지 시킴
　④ 과도한 테크놀로지의 적용은 스포츠의 본질적 가치 훼손

스포츠사회학

정답 및 해설

문항	정답	해설
1	④	스포츠사회학이 최초로 언급된 것은 1965년 「Toward a Sociology of Sport」를 통해서이다. 스포츠사회학은 스포츠 현상을 사회현상으로 규정하여 사회적 이론과 연구 방법으로 인간의 사회행동의 법칙을 규명하는 학문이라고 정의할 수 있다. 또한 스포츠와 관련하여 나타나는 인간 행동의 유형과 변화 과정을 사회 구조적 측면에서 바라볼 수 있는 학문적 토대를 제공한다.
2	②	상징이란 직접 자각할 수 없는 의미나 가치 등을 유사적인 표현을 사용하여 구체적으로 구상하는 것을 의미하며 동일화는 자신과 타인이 혼동된 상태로 다른 대상에게 감정을 이입하거나 동화되는 과정이다. '상징'이 스포츠를 수용하는 대중의 인식이라면, '동일화'는 스포츠에 대한 대중의 태도라는 점에서 차이가 있다.
3	②	스포츠는 현대 산업사회의 발전과 맞물려 점차 상업적 이익을 추구하는 하나의 산업형태로 발전하기 시작하였다. 상업화에 따른 스포츠의 변화는 아마추어리즘의 약화, 스포츠의 직업화, 스포츠 목적의 변화(관중의 흥미 유발), 스포츠 구조의 변화(규칙의 변화), 스포츠 내용의 변화(선수, 코치, 스폰서(기업)이 추구하는 가치의 변화), 스포츠 조직의 변화이다.
4	③	스포츠의 교육적 순기능은 학업능력의 촉진, 사회화 촉진, 정서의 순화, 학교 내 통합, 학교와 지역사회의 통합, 여학생의 체육에 대한 인식전환, 평생체육과의 연계, 장애인의 삶의 질 향상이다.
5	④	일반 학생의 체육활동 활성화를 위해서 체육전문 인력 확보, 학교스포츠 클럽 육성, 학생건강체력평가제(PAPS), 여학생 체육활동 활성화 등을 추진하고 있다. 공부하는 학생선수육성을 통한 체·덕·지를 겸비한 인재 육성을 목표로 학생선수 학습권 보장(최저학력제), 학교 운동부 운영 투명화, 학생선수 인권 보호이다.
6	②	스포츠계층은 스포츠의 발생 단계에서부터 나타난 현상이며 스포츠의 체계를 유지시켜주는 사회과정이 사회 내에 존재하고 있다. 이러한 스포츠 내에서의 사회과정은 지위의 분화, 서열화, 평가, 보수 부여의 네 가지 측면에서 살펴볼 수 있다.
7	④	스포츠 사회화는 스포츠와 관련된 상황에서 발생하는 사회화를 의미하며 이는 스포츠를 통하여 집단에 소속된 구성원들이 함께 가지게 되는 신념, 가치관 등을 집단 안의 다른 구성원과의 상호작용을 통해 학습하고 체화하는 과정으로 정의할 수 있다. 이는 개인이 스포츠 활동 참여를 통해 사회집단의 구성원이 되고, 문화를 받아들여 자신의 정체성을 형성해 나아가는 과정이라 할 수 있다.
8	②	스포츠 사회화 과정은 크게 스포츠로의 개인 사회화, 스포츠 참가(스포츠로의 사회화), 스포츠 참가의 결과(스포츠를 통한 사회화), 스포츠 참가의 중단(스포츠로부터의 사회화), 스포츠로의 복귀(스포츠로의 재사회)의 5단계로 나누어 설명할 수 있다.

문항	정답	해설
9	④	스포츠 일탈 행동에서 폭력은 스포츠 경기에서 상대선수와 경쟁하는 과정 중 정당하지 못한 방법으로 물리적으로 신체를 공격하는 행위 등을 말한다. 스포츠 선수들 사이에서 발생하는 폭력의 대표적인 유형은 격렬한 신체접촉, 경계폭력, 유사 범죄 폭력, 범죄 폭력 등 4가지로 구분할 수 있다.
10	①	스포츠 분야에서 테크놀로지와 관련된 주요한 쟁점은 어떻게 이것을 통제하고 관리할 것인가이다. 과도한 테크놀로지의 적용은 스포츠의 본질적 가치를 훼손할 수 있다. 최근에는 '기술 도핑(technical doping)'이라는 개념을 통해 테크놀로지가 스포츠의 본질을 훼손시키는 현상을 경계하고 있다. 세계 수영연맹(FINA)은 2009년 세계선수권대회부터는 해당 전신수영복의 착용을 금지시켰다.

운동역학 적중핵심문제

1. 운동역학의 연구내용이 <u>아닌</u> 것은? [무료동영상]

    ① 운동기술의 분석 및 개발
    ② 스포츠 불안요인 설문지 개발
    ③ 운동기구의 평가 및 개발
    ④ 분석방법 및 자료처리 기술개발

2. 물체나 신체의 위치, 속도, 가속도 등을 연구하는 운동역학 분야는? [무료동영상]

    ① 운동학(kinematics)
    ② 운동역학(kinetics)
    ③ 정역학(statics)
    ④ 동역학(dynamics)

3. 다음은 인체의 관절운동이다. 빈칸에 적합한 용어로 연결된 것은? [무료동영상]

운동	철봉 차오르기	ⓒ	다이빙 트위스트
운동면	전후면	좌우면	수평면
운동축	㉠	전후축	㉢

	㉠	ⓒ	㉢
①	좌우축	체조 옆돌기	장축
②	전후축	체조 옆돌기	전후축
③	좌우축	소프트볼 피칭	장축
④	전후축	소프트볼 피칭	좌우축

4. 인체역학의 특성을 잘못 설명한 것은? 무료동영상
① 근육의 단축성 수축 속도가 클수록 발현할 수 있는 근력은 증가한다.
② 인체는 여러 개의 분절이 서로 연결되어 형성하는 일종의 연쇄계이다.
③ 기능적 관점에서 근육은 수축 성분, 직렬 탄성 성분, 병렬 탄성 성분으로 구성된 것으로 간주할 수 있다.
④ 자유물체도는 시스템에 작용하는 모든 힘과 모멘트를 도식적으로 표현한 것을 말한다.

5. 아래 그림은 2012년 런던올림픽에서 우사인 볼트의 100m 달리기 평균 속력 곡선이다. **잘못** 설명한 것은? 무료동영상

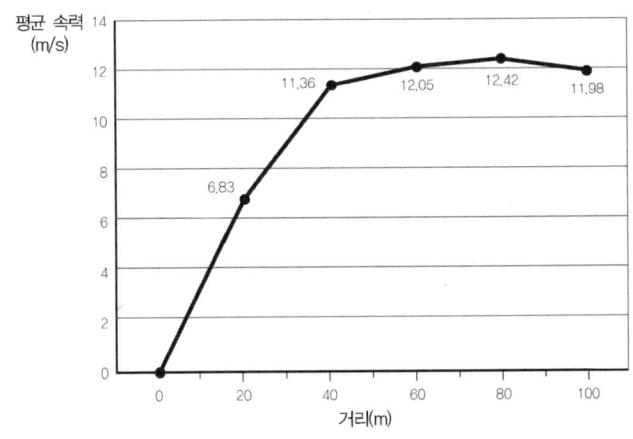

① 100m 달리기를 5개의 20m 구간으로 나누어 각 구간의 평균 속력을 계산하였다.
② 80m 구간에서 최대 평균 속력이 나타났다.
③ 80m 이후 속력이 감소하였는데, 훈련을 통해 속력의 감소를 줄이는 노력이 필요하다.
④ 40m 구간까지는 천천히 속력을 올리고, 40m 이후부터 급격히 속력을 올리는 것이 기록에 유리하다.

6. 아래 그림은 철봉에서 회전구간별 0.3초 간격으로 촬영한 기계체조 선수의 평균 각속도이다. 3구간(위치 2에서 위치 3까지)의 평균 각가속도는 얼마인가?

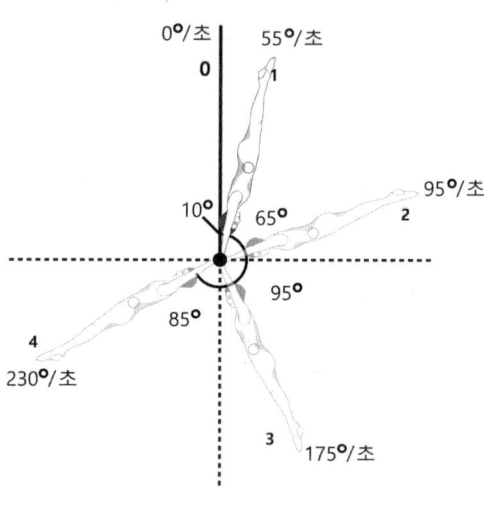

① $100°/sec^2$
② $133.3°/sec^2$
③ $266.7°/sec^2$
④ $183.3°/sec^2$

7. 힘에 대해 올바르게 설명한 것은?

〈보기〉
㉠ 힘은 정지하고 있는 물체를 움직이고, 움직이고 있는 물체의 속력 또는 방향을 바꾼다.
㉡ 힘은 크기와 방향을 가지는 스칼라(scalar) 량이다.
㉢ 힘을 받는 물체는 가속되거나 변형된다.
㉣ 여러 개의 힘을 하나로 합성하거나 하나의 힘을 수평성분과 수직성분으로 분리할 수 있다.

① ㉠ + ㉡ + ㉢ + ㉣
② ㉠ + ㉢
③ ㉠ + ㉡ + ㉣
④ ㉠ + ㉢ + ㉣

8. 충격력의 원리를 활용하지 <u>않는</u> 것은?
① 체조의 공중동작
② 야구공 받기
③ 복싱의 어퍼컷
④ 창던지기

9. 아래 그림에서 올바르게 설명한 것은? 무료동영상

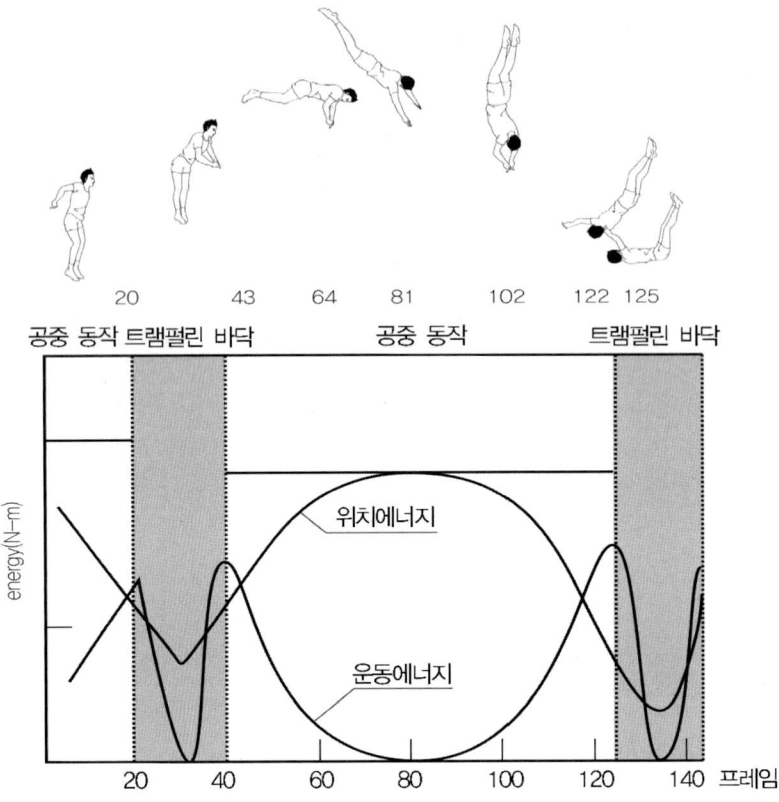

〈보기〉

㉠ 역학적 에너지는 운동에너지와 위치에너지의 합이다.
㉡ 위치에너지와 운동에너지는 서로 전환할 수 있다.
㉢ 외력이 작용하지 않으면 운동에너지와 위치에너지의 합은 일정하게 유지된다.
㉣ 위 그림은 작용반작용 법칙으로 설명될 수 있다.

① ㉠ + ㉡ + ㉢ + ㉣
② ㉠ + ㉡ + ㉢
③ ㉠ + ㉡ + ㉣
④ ㉠ + ㉢

10. 아래 표는 운동역학 분석방법에 따른 분석변인이다. 빈칸에 들어갈 적절한 용어는?

분석 방법	분석 변인
(㉠)	시간, 각도(자세), 속도, 가속도, 운동량 등
(㉡)	힘(수직, 전후, 좌우방향), 회전력, 압력중심점 등
(㉢)	근육활성 정도, 근피로도, 근육 활성 시점 등
(㉣)	인체 관절 순회전력, 인체 관절 파워 등

	㉠	㉡	㉢	㉣
①	영상+지면반력분석	지면반력분석	근전도분석	영상분석
②	영상분석	지면반력분석	근전도분석	영상+지면반력분석
③	영상+지면반력분석	지면반력분석	영상분석	지면반력분석
④	영상분석	영상+지면반력분석	근전도분석	지면반력분석

운동역학 정답 및 해설

문항	정답	해설
1	②	스포츠 불안요인 설문지 개발은 스포츠심리학의 연구내용이다.
2	①	운동역학(kinetics)은 운동의 원인이 되는 힘을 다루는 분야이며, 정역학(statics)은 작용하는 모든 힘들의 합이 0이 되는 평형 상태를 다루는 분야이며, 동역학(dynamics)은 작용하는 힘들 사이에 평형이 이루어지지 않는 상황에서 운동이 일어나는 것을 연구하는 역학의 한 분야이다.
3	①	소프트볼 피칭은 전후면과 좌우축에서 일어나는 관절운동이다.
4	①	근육의 단축성 수축 속도가 클수록 발현할 수 있는 근력은 감소한다. 그 이유는 근육이 단축성 수축을 하기 위해서는 근세사 사이의 결속이 끊임없이 해체되고 재조성되어야 하는데 이 과정에서 근력이 감소한다. 또한, 근육이 급격하게 짧아지면 근육 내부에서 큰 점성 저항이 발생하여 힘의 일부가 상쇄되기 때문이다.
5	④	100m 달리기는 가능한 한 빨리 최대 속력에 도달하여 속력의 감소 없이 결승선을 통과하는 것이 중요하다.
6	③	평균 각가속도는 각속도의 변화량을 시간의 변화로 나눈 값이다. 평균각속도 = (최종각속도 − 처음각속도) / (최종시간 − 처음시간)
7	④	힘은 크기와 방향을 가지는 벡터량이다.
8	①	운동 중에 충돌이 일어날 때 충격력의 원리가 적용되는데, 상대방에게 충격을 줄 때는 충격력을 크게 하는 것이 유리하고 충격을 받을 때는 적어야 유리하다. 체조의 공중동작은 충돌이 일어나지 않으며, '각운동량 보존의 법칙'의 영향을 받는다.
9	②	역학적 에너지는 물체가 운동함으로써 결정되는 운동에너지와 물체의 위치에 따라 결정되는 위치에너지의 합으로 이루어지고, 이러한 운동하고 있는 물체의 위치에너지와 운동에너지는 서로 전환할 수 있으며, 외력이 작용하지 않는 한 서로 전환하여 그 합은 항상 일정하게 유지된다는 것이 '역학적 에너지 보존법칙'이다.
10	②	운동역학 분석방법에 따른 분석변인에는 시간 변인, 운동 변인, 자세 변인 및 힘 변인이 있으며, 이 가운데 시간 변인, 운동 변인, 자세 변인은 운동학적(kinematic) 변인에 포함되기 때문에 이들 변인을 분석하는 것을 운동학적 분석이라 부르며, 이를 위해 가장 많이 사용되는 방법이 영상분석이다. 힘 변인은 운동 역학적(kinetic) 변인에 포함되며, 이에 대한 분석을 운동 역학적 분석이라 부르고, 지면반력 분석이 가장 많이 사용된다. 그리고 영상분석과 지면반력 분석은 운동 역학 분석에 가장 많이 사용되는 방법으로 이 두 방법을 결합하여 인체 관절에서 발생하는 순회전력과 파워 등을 계산한다.

스포츠교육학 적중핵심문제

1. 스포츠교육학이 체육학의 하위영역으로 발전하는데 가장 크게 영향을 미쳤던 학문적 사상은?

① 스포츠과학화 ② 스포츠교육학운동
③ 체육학문화운동 ④ 스포츠산업화

2. 다음은 학교체육 영역에 관한 내용이다. 빈칸에 적합한 용어로 연결된 것은?

구분	체육교과	ⓒ	학교스포츠클럽	방과후 특기적성 교육	토요 스포츠데이 활동	틈새체육
대상	㉠	전체학생 (중학생만)	일부학생	㉢	일부학생	전체 또는 일부학생
시간	주당 2~3시간	연간 34~68시간	비정기	비정기	연간 34시간	비정기

	㉠	ⓒ	㉢
①	일부 학생	0교시 수업	전체 학생
②	일부 학생	학교스포츠클럽활동	일부 학생
③	전체 학생	0교시 수업	전체 학생
④	전체 학생	학교스포츠클럽활동	일부 학생

3. 학교체육진흥법의 구성 내용에 해당되는 것을 〈보기〉에서 모두 고르면?

〈보기〉
㉠ 여학생의 체육활동 활성화
㉡ 학생건강체력평가 (PAPS)
㉢ 유아 및 장애인의 체육활동 활성화
㉣ 학생선수의 학습권 보장 및 인권 보호

① ㉠ ② ㉠, ㉡
③ ㉠, ㉡, ㉣ ④ ㉠, ㉡, ㉢, ㉣

4. 스포츠교육의 지도대상인 학습자에 해당하는 것을 <보기>에서 모두 고르면?

<보기>
㉠ 유아기   ㉡ 아동기   ㉢ 청소년기   ㉣ 장년기   ㉤ 노년기

① ㉡, ㉢
② ㉠, ㉡, ㉢
③ ㉡, ㉢, ㉣, ㉤
④ ㉠, ㉡, ㉢, ㉣, ㉤

5. 다음 피라미드에서 ㉠에 들어 갈 학교스포츠클럽대회 유형는?

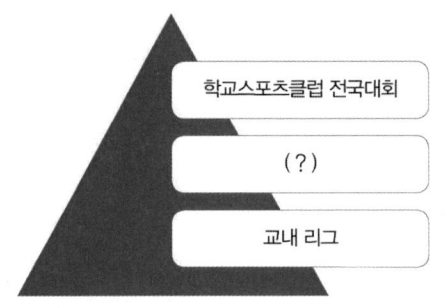

① 지역교육청 리그
② 교외 리그
③ 대교경기
④ 학교대항 리그대회

6. 청소년 스포츠코칭 프로그램 개발 시 가장 거리가 먼 고려 사항은?

① 인성도 함께 지도되어야 한다.
② 지속적인 자시 성찰의 기회를 제공해야 한다.
③ 스포츠학습이 일상생활로 전이가 되어야 한다.
④ 코치 중심에서 선수 중심으로 관점이 바뀌어야 한다.

7. 다음과 같은 수업 주도성 파일의 특징을 갖고 있는 교육 모형은? 무료동영상

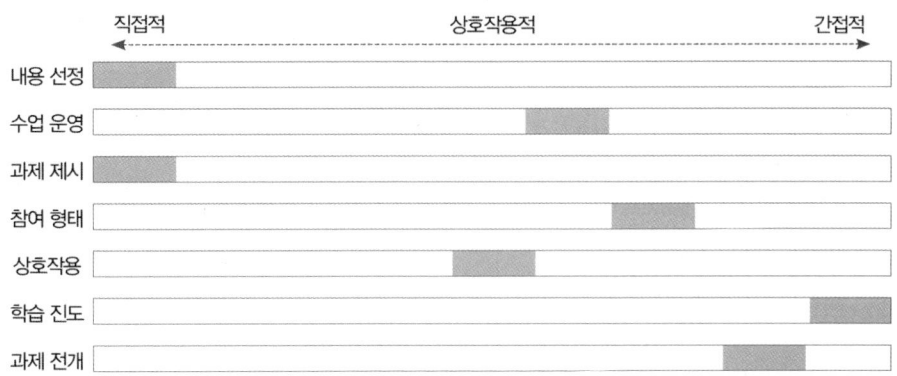

① 협동학습 모형　　　　　　② 탐구수업모형
③ 개별화지도모형　　　　　　④ 스포츠교육모형

8. 지도 내용의 발달적 분석에서 '확대'다음의 (㉠)과 (㉡)에 해당하는 것은? 무료동영상

① ㉠ 응용　㉡ 세련　　　　② ㉠ 응용　㉡ 창조
③ ㉠ 세련　㉡ 창조　　　　④ ㉠ 세련　㉡ 응용

9. 생활체육전문인의 전문적 자질 3요소는? 무료동영상

① 인지적 자질, 기능적 자질, 인성적 자질
② 인문적 자질, 기능적 자질, 인성적 자질
③ 인격적 자질, 수행적 자질, 창의적 자질
④ 인지적 자질, 기능적 자질, 창의적 자질

10. 〈보기〉의 ⊙~ⓒ에 해당하는 스포츠교육 전문인의 성장 유형은?

〈보기〉
⊙ 코칭 콘퍼런스, 세미나, 워크숍, 클리닉
ⓒ 대학의 코칭 자격 프로그램, 코칭 자격 인증제도
ⓒ 과거 선수 경험, 비형식적 멘토링, 동료코치나 선수들과의 대화

	⊙	ⓒ	ⓒ
①	형식적 성장	무형식적 성장	비형식적 성장
②	비형식적 성장	형식적 성장	무형식적 성장
③	무형식적 성장	형식적 성장	비형식적 성장
④	무형식적 성장	비형식적 성장	형식적 성장

스포츠교육학 정답 및 해설

문항	정답	해설
1	③	체육학문화 운동은 스포츠교육학을 운동생리학, 운동역학, 스포츠사회학 등과 같이 체육학의 학문적 영역으로 자리잡는 데 크게 영향을 미쳤다.
2	④	정과체육인 체육교과는 모든 학생을 대상으로 이루어지는 체육수업을 의미하며, 학교스포츠클럽활동은 비교과활동으로 창의적 체험활동에서 이루어지는 체육을 활동을 의미한다. 이 학교스포츠클럽활동은 중학교에서만 이루어지고 있다. 방과후 특기적성교육은 정과체육인 체육교과와 달리 희망자에 한해서만 이루어지는 체육활동으로 일부 학생이 교육대상이 된다.
3	④	학교체육진흥법에는 여학생의 체육활동 활성화, 학생건강체력검사, 유아 및 장애인의 체육활동 활성화, 학생선수의 학습권 보장 및 인권보호가 모두 포함되어 있다. 이 밖에 체육교육과정 운영 충실 및 체육수업의 질 제고, 비만 판정을 받은 학생에 대한 대책, 학교스포츠클럽 및 학교운동부 운영, 학교체육행사의 정기적 개최, 학교간 경기대회 등 체육교류 활동 활성화, 교원의 체육관련 직무연수 강화 및 장려 등이 포함되어 있다.
4	④	스포츠교육의 범위는 아동기 및 청소년기뿐만 아니라, 유아기부터 노년기까지 전 생애주기를 다루고 있다.
5	①	학교스포츠클럽리그는 교내리그 → 지역교육청 리그 → 학교스포츠클럽 전국대회로 진행된다.
6	②	청소년스포츠코칭 프로그램 개발 시 고려사항은 3가지이다. 이 3가지 고려사항은 코칭중심에서 선수중심의 관점, 인성중심 지도실천, 일상생활로의 전이가 해당된다. 지속적인 자기 성찰의 기회는 청소년보다는 성인 스포츠 코칭 프로그램에서 고려되어야 하는 사항이다.
7	③	그림과 같은 수업 주도성 파일은 개별화지도모형에 해당한다. 개별화지도모형에서의 수업 진도는 가능한 빨리, 필요한 만큼 천천히 학생이 결정하기 때문에 학습 진도와 과제 전개가 간접적이며, 교사의 역할은 내용 선정과 개인학습지라는 과제제시로 국한된다.
8	④	지도내용의 발달적 분석단계는 3단계로, 확대, 세련, 응용이다.
9	①	생활체육 전문인의 전문적 자질은 인지적 자질, 기능적 자질, 인성적 자질로 구분된다.
10	③	스포츠교육 전문인의 성장은 3가지 방법(형식적 성장, 무형식적 성장, 비형식적 성장)으로 진행된다. 형식적 성장은 고도로 제도화되고 관료적이며 교육과정에 의하여 조직된 교육을 의미하며, 무형식적 성장은 공식화된 교육기관 밖에서 행해지는 조직적인 학습의 기회로서 비교적 단기간에 자발적으로 이루어진다. 반면에 비형식적 성장은 일상적인 경험으로부터 얻어지는 배움의 형식이다.

스포츠윤리 적중핵심문제

1. 스포츠윤리학의 필요성이 대두되어진 이유로 적합하지 **않은** 것은?
   ① 승부조작
   ② 금지약물의 복용
   ③ 높은 페어플레이정신
   ④ 스포츠산업화

2. 서로 충돌하는 윤리적 가치들 사이에서 도덕적 판단을 해야 하는 상황을 만났을 때 **하지 말아야 할 행동은?**
   ① 중요도 측면에서 더 높은 도덕적 순위를 가지고 있는 가치를 우선시 한다.
   ② 하나의 주어진 상황에서는 될 수 있는 한 하나의 윤리이론을 적용하여 해결한다.
   ③ 주어진 윤리상황을 다각도로 분석한다.
   ④ 윤리적 상황에 대한 정확한 이해를 한다.

3. 성전환 선수의 여성 스포츠경기 참가에 대한 판단에서 가장 중요한 원칙은 무엇인가?
   ① 공평성
   ② 공정성
   ③ 예술성
   ④ 독립성

4. 지속가능한 스포츠의 발전을 위해 준수해야 할 3가지의 계율에 포함되지 **않는** 것은?
   ① 확장성의 계율
   ② 다양성의 계율
   ③ 역사성의 계율
   ④ 필요성의 계율

5. 운동부에서 발견될 수 있는 폭력을 위계질서 상황으로 설명하는 이론가와 그의 이론이 맞게 짝지어진 것은? 무료동영상

① 아리스토텔레스 - 분노
② 푸코 - 규율과 권력
③ 한나 아렌트 - 악의 평범성
④ 칸트 - 정언명령

6. 다음 글상자의 내용은 유전자치료의 선구자인 스위니 교수가 유전자 조작을 통해 "슈와제네거 쥐"를 만드는데 성공한 후 언론과 했던 인터뷰 내용 중 일부이다. 이 글을 읽고 스포츠에서 유전자 조작 방지를 위한 대책으로 적당하지 <u>않다고 생각하는 것</u>을 고르시오. 무료동영상

> "우리는 수많은 운동선수뿐만 아니라 심지어 코치들에게서도 연락을 받았습니다. 그들은 유전자 처치가 인간에게 사용하기에 아직 초기 단계라는 것을 이해하지 못했습니다.
> — BBC News Magazine 2014년 1월 12일

① 유전자조작을 적발할 수 있도록 지속적인 연구가 필요하다.
② 신뢰성 있는 도핑테스트가 개발될 필요가 있다.
③ 선수들의 자율적 윤리에 맡기는 문화가 정착되어야 한다.
④ 선수와 코치의 윤리교육이 충분히 이루어져야 한다.

7. 현재의 체육특기자 진학과 입시제도의 틀을 만든 제도적 장치는 무엇인가? 무료동영상

〈보기〉
㉠ 생활체육진흥법   ㉡ 학교체육강화방안   ㉢ 학교체육진흥법   ㉣ 동일계진학

① ㉠, ㉡
② ㉡, ㉢
③ ㉡, ㉣
④ ㉢, ㉣

8. 다음 괄호 안에 들어갈 수 있는 단어 중 가장 적합한 답은? [무료동영상]

> 스포츠 폭력은 운동선수, 감독, 심판, 단체임원, 흥행주 등의 스포츠관계인이나 관중 등의 일반인이 단독으로 또는 다수인이 운동경기나 훈련과정 중이나 스포츠와 관련하여 고의나 과실로 (   ) 폭력 행위를 저지르는 경우를 말한다.
>
> ㉠ 신체적   ㉡ 언어적   ㉢ 성적   ㉣ 정신적

① ㉠
② ㉠ + ㉡
③ ㉠ + ㉡ + ㉢
④ ㉠ + ㉡ + ㉢ + ㉣

9. 다음 보기에서 열거하고 있는 스포츠의 사회적 기능은 어떤 이론적 근거를 바탕으로 설명된 것은? [무료동영상]

> 〈보기〉
> ㉠ 체제유지와 긴장처리   ㉡ 사회통합   ㉢ 목표성취   ㉣ 적응기제 강화

① 갈등이론
② 구조기능주의 이론
③ 사회정체성 이론
④ 성역할 이론

10. 심판의 역할에는 순기능과 역기능이 존재한다. 다음 순기능과 역기능 중에서 (㉠)과 (㉡)에 해당하는 것은? [무료동영상]

> 심판의 순기능으로서, 심판의 판정행위는 경기 중에 행해진 선수의 기술에 대한 정확한 판정에 우렁찬 소리 혹은 호각 등으로 관중이나 선수들에게 외형적으로 드러나는 모습이 있는데, 이것이 바로 (㉠).
> 심판이 혈연·지연·학연·성별·사제지간·파벌주의·인종 등을 이유로 편견을 가지거나 차별을 하게 되는 데 이것이 심판의 역기능인 (㉡)이다.

① ㉠ 심판의 절제   ㉡ 심판의 오심
② ㉠ 심판의 인성   ㉡ 심판의 오심
③ ㉠ 심판의 절제   ㉡ 심판의 편파판정
④ ㉠ 심판의 인성   ㉡ 심판의 편파판정

스포츠윤리 정답 및 해설

문항	정답	해설
1	③	현대 사회의 스포츠에서 나타나는 여러 가지 부정적인 현상들로 인해 스포츠윤리학의 필요성이 대두되고 있음.
2	②	서로 충돌하는 윤리적 가치들 사이에서 도덕적 판단을 해야 하는 상황을 만났을 때는 가능한 다양한 윤리이론을 적용하여 해결하는 것이 합당하다.
3	②	성전환 수술을 통해 생물학적으로 또는 사회적으로 여성이 된다고 하여도 신체적으로 모두 여성이 될 수는 없기 때문에 이들의 여성경기 참여에 대한 명확한 기준이 필요하며 기준의 설정에 있어서 가장 중요시되는 원칙은 공정성이다.
4	①	지속가능한 스포츠의 발전을 위해 준수해야 할 계율은 필요성의 계율, 역사성의 계율, 그리고 다양성의 계율임.
5	②	아리스토텔레스- 분노: 분노는 자제력이 없음을 말하며, 욕망으로부터 나오는 인간의 행위 푸코- 규율과 권력: 스포츠 현장에서 지도자와 선수, 선후배 간의 위계질서는 일방통행으로 흐르는 권력행사로 나타날 수 있음. 한나 아렌트- 악의 평범성: 잘못된 관행에 복종하는 데 익숙해져서 잘못을 수정하기는커녕 잘못된 관행을 지속시키는 데 더 익숙해짐.
6	③	스포츠에서 유전자 조작 방지대책으로는 지속적 연구의 필요성, 신뢰성 있는 도핑테스트개발, 선수들의 도핑 테스트 의무화, 선수 및 지도자의 윤리교육 실시가 포함된다.
7	③	현재 진행되고 있는 체육특기자 진학과 관련된 제도는 학교체육강화방안과 1972년에 제정된 교육법시행령(대통령령 제6377호) 그리고 2000년부터 시행된 동일계진학에 의한 것임.
8	④	스포츠 폭력은 운동선수, 감독, 심판, 단체임원, 흥행주 등의 스포츠관계인이나 관중 등의 일반인이 단독으로 또는 다수인이 운동경기나 훈련과정 중이나 스포츠와 관련하여 고의나 과실로 신체적, 언어적, 성적, 정신적 폭력행위를 저지를 경우를 말한다.
9	②	구조기능주의 이론은 사회란 본질적으로 상호 관련되고 의존적인 제도로 구성되어 있으며, 스포츠는 전체 사회의 균형과 안정에 기여한다는 기본가정에 그 기반을 두고 있다. 스포츠의 사회적 기능으로 첫째, 체제유지와 긴장처리, 둘째, 사회통합, 셋째, 목표성취, 넷째 적응기제 강화 등을 들 수 있다.
10	③	심판의 사회적 역할에는 순기능과 역기능이 존재함. 순기능에는 윤리적가치의 발현, 판단의 공정성, 심판의 절제가 있고 역기능에는 심판의 오심과 편파판정이 포함됨.

한국체육사 적중핵심문제

1. 다음 중 체육사의 이해에 대한 설명으로 적합한 것은? [무료동영상]

   〈보기〉
   ㉠ 과거의 체육적 사실에 대해 정확하게 설명하고 해석하는 것
   ㉡ 체육사 내용은 절대적이며 학자들에 따라 차이가 없다.
   ㉢ 체육과 스포츠를 역사적 방법으로 연구하는 학문
   ㉣ 체육사연구는 신체운동 자체와 신체운동에 관계되는 모든 현상에 관한 연구로 정의할 수 있다.

   ① ㉠-㉡-㉢　　　　　② ㉠-㉢-㉣
   ③ ㉡-㉢-㉣　　　　　④ ㉠-㉡-㉢-㉣

2. 우리나라의 윷놀이는 동물과 연관되어 있는데 다음 중 그 연결이 <u>잘못 된</u> 것은? [무료동영상]

   ① 도-돼지　　　　　② 개-개
   ③ 걸-양　　　　　　④ 윷-닭

3. 다음 중 삼국시대의 체육사상이 <u>아닌</u> 것은? [무료동영상]

   ① 신체미의 숭배사상　　② 심신이원론적 체육관
   ③ 국가주의적 체육사상　④ 불국토사상

4. 다음 중 임진왜란 때 이순신장군에게 있어 활쏘기의 가치가 <u>아닌</u> 것은? [무료동영상]

   ① 일본의 조총과 맞서 싸울 수 있는 무예
   ② 사회적 친교의 수단
   ③ 특정한 일과가 없을 때 공무 중에 실시
   ④ 장수들의 덕 함양과 평가의 수단

5. 다음 중 조선시대 정조 때 만들어진 무예서는?
   ① 무예제보
   ② 무예도보통지
   ③ 무예신보
   ④ 기효신서

6. 다음 중 개화기 운동회의 특징이 <u>아닌 것</u>은?
   ① 주민과 향촌의 축제성격을 갖고 공동체 의식을 강화하는 역할
   ② 민족주의 운동의 성격을 갖고 애국심을 고취시키는 역할
   ③ 사회체육의 발달을 촉진시키는 역할
   ④ 스포츠를 체계적으로 발달시키는 역할

7. 다음 중 1936년 베를린올림픽대회에서 금메달을 획득한 인물은?
   ① 남승룡
   ② 권태하
   ③ 김은배
   ④ 손기정

8. 오늘날 대한체육회의 전신으로서 일제강점기에 설립된 체육단체는?
   ① 관서체육회
   ② 조선체육진흥회
   ③ 조선체육회
   ④ 조선체육협회

9. 그림과 같이 남북한이 올림픽 개막식에서 처음으로 동시에 입장한 대회는?

① 1996년 애틀랜타올림픽대회　　② 2000년 시드니올림픽대회
③ 2004년 아테네올림픽대회　　　④ 2008년 베이징올림픽대회

10. 대한민국의 국기인 태권도가 정식종목이 된 하계올림픽대회는?

① 1988년 서울올림픽대회　　　② 1992년 바르셀로나올림픽대회
③ 1996년 애틀랜타올림픽대회　④ 2000년 시드니올림픽대회

한국체육사 정답 및 해설

문항	정답	해설
1	②	체육사는 과거의 체육적 사실에 대해 정확하게 설명하고 해석하는 것으로서 역사적 방법으로 연구하는 학문이다. 특히 체육사는 신체운동 자체와 신체운동에 관계되는 모든 현상에 관한 연구로 정의할 수 있다.
2	④	윷놀이의 윷은 소를 의미한다.
3	②	삼국시대의 체육사상은 심신일원론적 체육관이었다.
4	③	임진왜란 때 이순신 장군에게 활쏘기는 특정한 일과가 없을 때 모든 공무를 마친 후에 행하였다.
5	②	조선시대 정조 때 만들어진 무예서는 무예도보통지이다. 무예제보는 선조, 무예신보는 사도세자, 기효신서는 명나라의 척계강이 만들었다.
6	④	스포츠를 체계적으로 발달시키는 역할은 개화기가 아니라 광복이후부터라고 할 수 있다.
7	④	1936년 베를린올림픽대회에서 금메달을 획득한 선수는 손기정이다. 김은배와 권태하는 1932년 로스앤젤레스올림픽대회에 출전하였고, 남승룡은 1936년 베를린올림픽대회에서 동메달을 획득하였다.
8	③	조선체육회는 일본유학출신자, 국내운동가, 동아일보사의 후원으로 1920년 7월에 설립된 우리민족의 체육단체이다. 1938년 일제에 의해 강제로 해산된 후 1945년 광복을 맞이해 부활되었으며, 1948년 대한민국 정부가 수립되고 나서 대한체육회로 명칭이 바뀌어 현재에 이르고 있다.
9	②	2000년 시드니올림픽대회에서는 남북한이 처음으로 개막식에 동시입장하였다.
10	④	태권도는 1988년 서울올림픽대회 때 시범종목으로 채택된 후 1996년 애틀랜타올림픽대회까지 이어져오다가 2000년 시드니올림픽대회 때 정식종목으로 채택되었다.

특수체육론 적중핵심문제

1. 특수체육이라는 용어 중 장애인의 평생신체활동, 즉 생활체육과 가장 가까운 특수체육 용어는 무엇인가?

   ① Special Physical Education
   ② Adapted Physical Education
   ③ Corrective Physical Education
   ④ Adapted Physical Activity

2. 특수체육의 목표에 대한 설명 중 ㉠, ㉡, ㉢에 들어갈 알맞은 말은?

구 분	하 위 목 표
㉠	■ 기본운동기술 및 패턴을 효과적으로 유지하고 발달 ■ 건강 및 운동체력 수준을 적절하게 유지하고 발달 ■ 체조와 텀블링에서 사용되는 기술 발달
㉡	■ 적절한 사회적 상호작용 기술 ■ 긍정적인 자아개념, 신체상, 자신감 ■ 신체활동을 통한 협동적, 경쟁적 기술 설명 및 발달
인지적	■ 다양한 신체활동을 안전하게 수행할 수 있는 지식 ■ 놀이 및 게임의 방법과 규칙을 아는 지식 ■ 자조기술, 자립기술 등에 관한 지식

① ㉠ : 정의적, ㉡ : 심동적
② ㉠ : 심동적, ㉡ : 정의적
③ ㉠ : 심동적, ㉡ : 사회적
④ ㉠ : 사회적, ㉡ : 심동적

3. 장애인에게 신체활동을 수행할 때에는 효과적인 지도 순환체계 단계가 있다. ㉠, ㉡, ㉢에 들어갈 알맞은 것은? 무료동영상

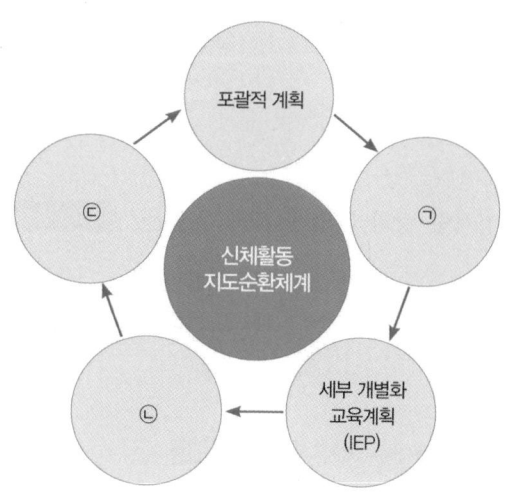

① ㉠ : 사정 및 배치, ㉡ : 지도 및 상담, ㉢ 평가
② ㉠ : 평가, ㉡ : 지도 및 상담, ㉢ 사정과 배치
③ ㉠ : 지도 및 상담, ㉡ : 사정과 배치, ㉢ 평가
④ ㉠ : 지도 및 상담, ㉡ : 평가, ㉢ 사정 및 배치

4. 대근 운동 발달의 분류 중 ㉠과 ㉡에 들어갈 말은? 무료동영상

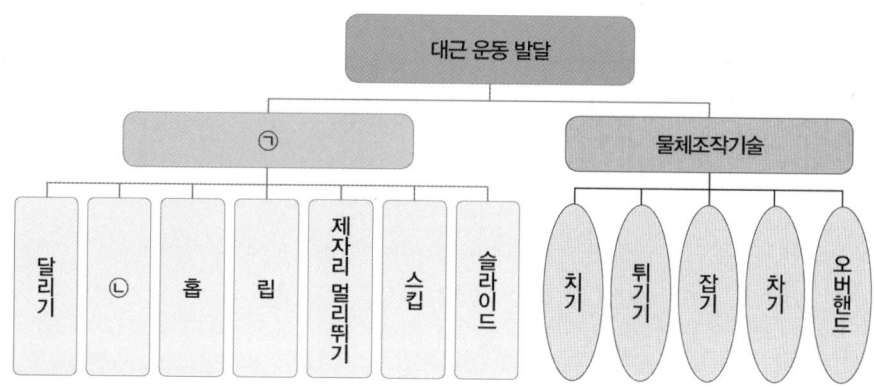

① ㉠ : 운동기술, ㉡ : 걷기   ② ㉠ : 이동기술, ㉡ : 치기
③ ㉠ : 운동기술, ㉡ : 차기   ④ ㉠ : 이동기술, ㉡ : 갤롭

5. 개별화교육계획(Individualized Education Plan)의 목표 기술 요소가 **아닌 것**은?
   무료동영상
   ① 단계
   ② 상황
   ③ 동작
   ④ 기준

6. 장애인의 체육활동에서 긍정적인 강화 기법에 속하는 것은? 무료동영상
   ① 타임아웃
   ② 소거
   ③ 벌
   ④ 토큰강화

7. 시각장애의 설명 중 ㉠과 ㉡에 알맞은 말은? 무료동영상

   ┌─ 〈보기〉 ──────────────────────────────────┐
   │ 시각장애를 진단하기 위해 사용하는 기준은 (㉠)과 (㉡)이며, 맹과 저시력으로 구분할 │
   │ 수 있다.   │
   └───┘

   ① ㉠ : 시력, ㉡ : 시야
   ② ㉠ : 시야, ㉡ : 시색
   ③ ㉠ : 시력, ㉡ : 시색
   ④ ㉠ : 시색, ㉡ : 약시

8. '농'으로 판단하는 의학적 청력손실 최소 기준으로 알맞은 ㉠, ㉡, ㉢, ㉣에 들어갈 말로 알맞은 것은?
   무료동영상

데시벨(dB)	26~40dB	41~55dB	㉠	㉡	㉢
청력 정도	경도(mild)	중등도(moderate)	중도(severe)	최중도(profound)	㉣

   ① ㉠ : 56~65dB, ㉡ : 66~85dB, ㉢ : 86dB 이상, ㉣ : 난청
   ② ㉠ : 56~70dB, ㉡ : 71~90dB, ㉢ : 91dB 이상, ㉣ : 농
   ③ ㉠ : 56~65dB, ㉡ : 66~85dB, ㉢ : 86dB 이상, ㉣ : 농
   ④ ㉠ : 56~70dB, ㉡ : 71~90dB, ㉢ : 91dB 이상, ㉣ : 난청

9. 뇌병변 장애 유형 중 ㉠과 ㉡에 들어갈 말은? [무료동영상]

뇌성마비	뇌의 마비로 뇌의 손상 부위에 따라 마비의 유형이나 정도가 달라진다.
㉠	외부의 물리적인 힘에 의해 야기된 뇌의 손상으로, 전체 혹은 부분적인 기능의 장애나 심리사회적 손상을 입게 되어 학업에 불리한 영향을 미치는 것을 의미한다
㉡	성인기 뇌혈관계 질환이 원인이 되어 뇌경색이나 뇌출혈 등으로 인해 뇌 조직의 손상을 초래한 상태를 의미한다.

① ㉠ : 척수장애인,　㉡ : 외상성 뇌손상
② ㉠ : 절단장애인,　㉡ : 뇌졸중
③ ㉠ : 외상성 뇌손상,　㉡ : 뇌졸중
④ ㉠ : 뇌졸중,　㉡ : 뇌종양

10. 뇌성마비인의 설명으로 가장 알맞은 것은? [무료동영상]

〈보기〉
- 전두엽의 운동피질에서 척수로 내려가는 경로인 추체계(pyramida system)의 손상에 의해 발생함
- 근육의 과다 긴장에 의해 상하지의 근육이 갑자기 강하게 수축함
- 상지에는 손가락, 손목, 팔꿈치 등의 구축이 일어남
- 하지에는 다리와 골반이 안쪽으로 회전하여 무릎끼리 교차하는 가위보행이 나타남

① 무정위운동성 뇌성마비
② 진전성 뇌성마비
③ 경직성 뇌성마비
④ 강직성 뇌성마비

특수체육론 — 정답 및 해설

문항	정답	해설
1	④	① Special Physical Education: 장애인만을 위한 체육의 의미가 강함 ② Adapted Physical Education: 변형체육의 의미가 크며, 일반체육을 변형하여 장애인들에게 적용하는 경우가 해당됨 ③ Corrective Physical Education: 교정체육이라는 의미로 장애인의 치료 및 재활적 관점에 중점을 둠 ④ Adapted Physical Activity: 어린 장애인부터 노인 장애인까지 장애의 평생체육을 강조하는 의미를 강조함
2	②	㉠ 심동적 목표, ㉡ 정의적 목표
3	①	효과적인 지도 순환체계는 포괄적 계획-사정 및 배치-세부 개별화교육계획-지도 및 상담-평가 순임
4	④	대근운동발달의 이동기술은 달리기, 겔롭, 홉, 스킵, 립, 제자리멀리뛰기, 슬라이드 등을 포함하고, 물체조작기술은 치기, 튀기기, 받기, 차기, 오버핸드던지기 등을 포함. 운동기술은 속도, 교치성, 평형성, 민첩성 등을 포함
5	①	개별화교육계획에서는 상황(주변환경), 동작(신체의 움직임), 기준(수행하는 동작의 기준점)이 요구되며, 단계는 동작을 단계별로 구분하여 검사할 때 사용함
6	④	긍정적인 강화기법에는 칭찬, 토큰강화, 프리맥원리, 행동계약, 촉진, 용암법 등이 포함됨. 부정적인 강화기법에는 타임아웃, 소거, 벌, 과잉교정, 체계적 둔감법, 박탈, 포화 등이 포함됨
7	①	시각이란 시력, 시야, 시색으로 구성되며, 시각장애의 진단에는 시력과 시야가 사용됨. 시각장애는 전맹, 맹, 약시(저시력)로 구분되며, 지금은 약시 대신 저시력이라는 용어를 사용함
8	②	'농'은 완전히 소리를 듣지 못하는 수준을 말하며, 장애인복지법에서 명시하고 있는 의학적 청력손실 최소 기준은 91dB 이상임
9	③	뇌병변 장애인에는 뇌성마비, 뇌졸중, 외상성 뇌손상이 포함됨
10	③	① 무정위운동성 뇌성마비 - 몸이 정위가 안 되고 움직이는 증상 ② 진전성 뇌성마비 - 몸이 떠는 증상을 보임 ④ 강직성 뇌성마비 - 몸이 뻣뻣한 증상을 보임

유아체육론 적중핵심문제

1. 유아체육이란? 무료동영상

① 신체활동을 통하여 사전에서 정하고 있는 유아(생후 1년~만 6세)의 성장발달을 도와 신체적, 정서적, 사회적으로 완전한 전인적 인간을 만들기 위한 교육을 말한다.
② 신체활동을 통하여 유아(0세~초등학생)까지의 성장발달을 도와 신체적, 정서적, 사회적으로 완전한 전인적 인간을 만들기 위한 교육을 말한다.
③ 유아를 위한 놀이를 교육하는 것을 말한다.
④ 유아를 위한 놀이, 유희, 율동을 말한다.

2. 다음 설명이 말하는 것은? 무료동영상

〈보기〉
㉠ 출생 후 나타나는 기본적인 움직임 중 하나이다.
㉡ 보통 자극과 반응의 짧은 잠복기를 가지는 것이 특징이다.
㉢ 학습되지 않으며, 길들여질 수 없다.
㉣ 영아의 불수의적인 의지에 따라 나타나는 움직임이다.

① 지각발달　　　　　　② 안정성운동
③ 이동운동　　　　　　④ 반사

3. 후기 아동기의 발달 특징에 맞는 것은? 무료동영상

① 감각체계와 운동체계의 조직화가 잘 이루어지는 시기이다.
② 남아와 여아의 차이가 나타나지 않는다.
③ 눈-손, 눈-발의 협응성이 완벽해진다.
④ 지각 능력이 발달되지 않는다.

4. 발달의 일반적 원리에 속하지 <u>않는</u> 것은? [무료동영상]

① 성숙과 학습이 발달에 상호 영향을 미치며, 유아의 발달은 일정한 순서를 따른다.
② 발달은 계속적인 과정이지만 발달의 속도는 일정하지 않다.
③ 유아 발달에는 최적기가 없다.
④ 발달은 분화, 통합적으로 이루어진다.

5. 다음 그림의 운동발달 단계를 바르게 쓴 것은? [무료동영상]

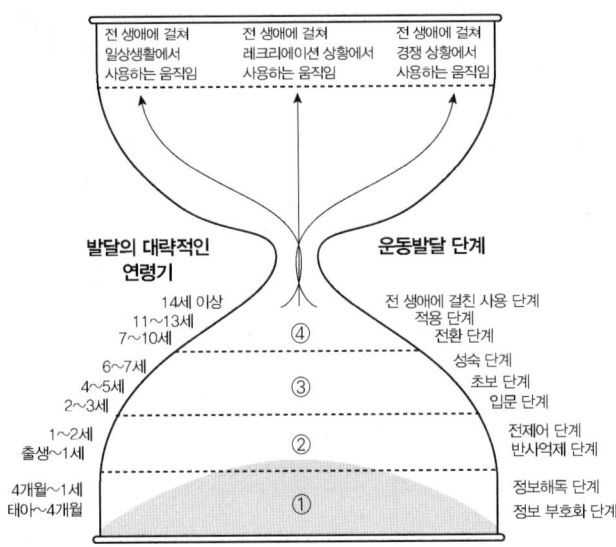

	㉠	㉡	㉢	㉣
①	초보움직임 단계	반사 움직임단계	기본 움직임 단계	전문화된 움직임단계
②	반사움직임 단계	초보 움직임단계	기본 움직임 단계	전문화된 움직임단계
③	반사움직임 단계	기본 움직임단계	초보 움직임 단계	전문화된 움직임단계
④	반사움직임 단계	전문화된 움직임단계	기본 움직임 단계	초보움직임단계

6. 보기의 빈 칸에 알맞은 것은? `무료동영상`

> 유아체육 프로그램의 평가는 크게 두가지 관점에서 이루어져야 하는 데 (㉠)과 (㉡)에 대한 평가가 이루어져야 한다.

① ㉠ 운동발달 프로그램에 대한 평가, ㉡ 유아체육 시설에 대한 평가
② ㉠ 운동발달 프로그램에 대한 평가, ㉡ 개인의 운동발달에 대한 평가
③ ㉠ 유아체육 환경에 대한 평가, ㉡ 개인의 운동발달에 대한 평가
④ ㉠ 운동발달 프로그램에 대한 평가, ㉡ 유아체육 환경에 대한 평가

7. 유아체육 지도 환경 원칙으로 알맞게 짝지어진 것은? `무료동영상`

> 〈보기〉
> ㉠ 경제성   ㉡ 객관성   ㉢ 전문성   ㉣ 흥미성   ㉤ 안정성   ㉥ 효율성

① ㉠ + ㉢ + ㉣ + ㉤   ② ㉠ + ㉣ + ㉤ + ㉥
③ ㉠ + ㉡ + ㉢ + ㉤   ④ ㉠ + ㉢ + ㉤ + ㉥

8. 보기 중 유아의 신체적 특징이 <u>아닌 것은?</u> `무료동영상`

> 〈보기〉
> ㉠ 체지방이 많다   ㉡ 골격은 유기질이 많다   ㉢ 상체가 짧고 다리가 길다
> ㉣ 머리가 크다   ㉤ 성인보다 체온이 낮다

① ㉠ + ㉡   ② ㉣ + ㉠
③ ㉢ + ㉤   ④ ㉡ + ㉣

9. 누리과정 신체운동영역의 세 가지 범주는?

<보기>
㉠ 긍정적 사고   ㉡ 신체 조절과 기본운동   ㉢ 신체 활동 참여
㉣ 감각과 신체 인식   ㉤ 사회성 함양

① ㉡ + ㉢ + ㉣
② ㉣ + ㉠ + ㉤
③ ㉢ + ㉡ + ㉠
④ ㉣ + ㉠ + ㉤

10. 다음은 운동발달 프로그램의 예시이다. 어떤 단계인가?

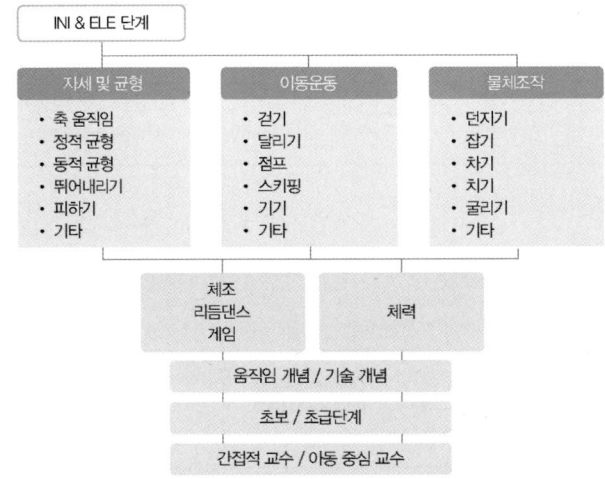

① 전문화된 움직임 단계
② 초보자 움직임 단계
③ 움직임 전략계획 단계
④ 기본움직임 단계

유아체육론 정답 및 해설

문항	정답	해설
1	①	유아체육이란 유아라는 대상(생후 년 1세~만6세)의 성장발달을 도와 신체적, 정서적, 사회적으로 완전한 전인적 인간을 만들기 위한 교육을 말한다.
2	④	반사는 불수의적인 움직임으로 반사를 설명하는 내용이다.
3	①	후기 아동기의 발달 특징은 감각체계와 운동체계의 조직화가 잘 이루어지는 시기이다.
4	③	유아의 발달은 발달의 최적기가 있으며, 이를 민감기라고 한다.
5	②	운동의 발달 단계는 반사움직임단계- 초보 움직임단계- 기본움직임단계-전문화된 움직임 단계로 발달되어진다.
6	②	운동발달 프로그램에 대한 평가와 개인의 운동발달에 대한 평가가 유아체육 프로그램 평가에 포함되어야 한다.
7	②	유아체육 지도환경의 원칙은 경제성, 안정성, 흥미성, 효율성이다.
8	③	유아의 신체적 특징은 머리가 크고 다리가 짧으며, 체온은 성인에 비하여 높다.
9	①	누리과정 신체운동 영역에는 신체조절과 기본운동, 신체활동 참여, 감각과 신체인식 등의 범주로 나누어진다
10	④	기본움직임 단계 운동발달 프로그램의 예이다.

노인체육론 — 적중핵심문제

1. 가장 비슷한 개념으로 묶인 것은?

〈보기〉
 ㉠ 역연령   ㉡ 기능적 연령   ㉢ 신체적 연령   ㉣ 생리적 연령

① ㉠, ㉢, ㉣   ② ㉠, ㉡, ㉢
③ ㉡, ㉢, ㉣   ④ ㉡, ㉣

2. 다음 표에 제시된 노화관련 이론과 내용이 바르게 묶인 것은?

이론	내용
① 유전학적 이론	세포 손상의 누적이 세포의 기능장애에 결정요소로 작용
② 손상 이론	Hayflick 한계로써 인간세포는 제한된 횟수만 분열
③ 활동 이론	성공적인 노화는 높은 활동수준을 유지하는데 달려 있음
④ 지속성 이론	노화의 초기 이론으로 노인은 적극적인 사회활동으로부터 물러나 자신 내부에 집착

3. 다음 중 노인체육에서 사용되는 용어의 정의가 올바르게 설명된 것은?

① 건강(health) - 질병이나 손상이 없는 상태
② 신체활동(physical activity) - 일상생활 활동을 포함하며 에너지를 소모하는 골격근에 의한 신체의 움직임
③ 운동(exercise) - 제도화된 규칙에 따라 승패를 겨루는 경쟁적 활동
④ 도구적 일상생활 활동(Instrumental Activities of Daily Living) - 일상생활과 독립적인 생활을 위한 기본적인 활동

4. 노인에게 적절한 운동 빈도를 설명한 내용으로 가장 거리가 먼 것은?

① 운동의 효과를 높이기 위해 운동 빈도를 최대로 높인다.
② 근력운동은 1주일에 적어도 2회 이상 실시한다.
③ 유연성 운동은 주 2~3일 이상 실시한다.
④ 운동 빈도는 운동 시작 시의 체력수준에 의해 결정된다.

5. 다음의 진술에 반영된 이론 및 모형을 〈보기〉에서 고른 것은?

가. 행동이 변화되는 과정과 전략 제시
나. 건강 행위를 연구하기 위한 이론
다. 행동들이 지속 또는 중단되는 원인을 설명해주는 이론
라. 신념과 행동 사이의 관계에 대한 이론

〈보기〉
㉠ 계획된 행동 이론　　㉡ 학습이론
㉢ 건강 신념 모형　　　㉣ 범이론적 이론

	가	나	다	라
①	㉠	㉡	㉢	㉣
②	㉡	㉢	㉣	㉠
③	㉢	㉣	㉠	㉡
④	㉣	㉢	㉡	㉠

6. 노인 운동 시 확인해야 할 주의사항이 아닌 것은?

① 낙상, 사고의 최소화
② 참가자의 몸 상태와 상관없이 운동 강도 조절
③ 참가자의 욕구, 장비와 시설 고려
④ 피로하지 않은 범위 내에서 팔과 다리 많이 사용

7. 다음 표에 제시된 기능적 평형성 수업 내용으로 바르게 묶인 것은? 무료동영상

훈련되는 요소	실행 할 수 있는 운동의 보기
(ㄱ)	체중을 균등하게 지탱하는 연습과 자의적이고 외적인 동요에 대한 저항
체중 이동 시작	공을 패스 등 체중을 앞과 뒤 그리고 오른쪽 왼쪽으로 이동
(ㄴ)	선 자세에서의 시선 안정 운동 연습
다방향성 움직임	발을 몸 앞으로 교차하면서 걷기, 뒤로 걷기 연습

① ㉠ 체중이동 ㉡ 전정 자극
② ㉠ 자세 안정성 ㉡ 전정 자극
③ ㉠ 체중이동 ㉡ 정적 기저면
④ ㉠ 자세 안정성 ㉡ 정적 기저면

8. 치매 노인이 운동을 통해 얻게 되는 효과에 해당되는 것을 〈보기〉에서 모두 고르면? 무료동영상

〈보기〉
㉠ 스트레스와 우울, 불안의 감소
㉡ 근력 향상으로 낙상 예방
㉢ 변비 증상의 완화
㉣ 정신 능력의 저하와 관련된 질병의 감소

① ㉠ + ㉡
② ㉠ + ㉡ + ㉢
③ ㉠ + ㉡ + ㉣
④ ㉠ + ㉡ + ㉢ + ㉣

9. 스포츠지도자를 위한 운동학습 원리가 **잘못** 연결된 것은? 무료동영상

① 시범 ⇒ 새로운 기술을 어떻게 수행하는지 보여준다.
② 언어적 지도 ⇒ 동작기술을 어떻게 수행하는지 알려준다.
③ 언어적 암시 ⇒ 전문 용어를 사용하며 여러 정보를 포함시킨다.
④ 보강피드백 ⇒ 운동 참가자들의 내적인 감각 피드백을 보완하거나 증강시키는 추가적 피드백을 제공한다.

10. 운동 참여 전 의사의 동의서가 필요한 증상이나 징후에 해당되는 것을 <보기>에서 모두 고르면?

[무료동영상]

> <보기>
> ㉠ 가슴 통증이나 불편
> ㉡ 휴식 또는 가벼운 운동 중에 숨이 가빠짐
> ㉢ 약간의 피로
> ㉣ 발목이 부어오름

① ㉠ + ㉡ + ㉢
② ㉠ + ㉡ + ㉣
③ ㉡ + ㉢ + ㉣
④ ㉠ + ㉡ + ㉢ + ㉣

노인체육론 — 정답 및 해설

문항	정답	해설
1	③	나이의 개념으로 역연령은 사람이 태어나서 살아온 년 수로 정의되고 기능적, 신체적, 생리적 연령은 비슷한 개념으로 사람들이 일상적인 삶, 직업, 그리고 지역사회에서 어떻게 기능적으로 잘 활동하는지의 여부로 정의된다.
2	③	노화 관련 이론과 내용을 살펴보면 다음과 같다. 유전학적 이론- Hayflick 한계로써 인간세포는 제한된 횟수만 분열 손상 이론-세포 손상의 누적이 세포의 기능장애에 결정요소로 작용 분리 이론-노화의 초기 이론으로 노인은 적극적인 사회활동으로부터 물러나 자신 내부에 집착 지속성 이론-개인이 성인이 되면서 평생 동안 갖게 된 인격 성향들이 각기 다른 노화 패턴을 만들어 냄
3	②	노인체육에서 사용되는 용어의 일반적인 정의는 다음과 같다. 건강(health) - 질병이나 손상이 없을 뿐만 아니라 육체적, 정신적, 사회적으로 완전한 상태 운동(exercise) - 체력 향상을 위한 계획되고 구조화된 반복적인 신체 움직임 도구적 일상생활 활동(Instrumental Activities of Daily Living) - 일상생활과 독립적인 생활을 위한 기본적인 활동(걷기, 식사, 옷입기 등)보다 복잡한 행동들로 지역사회에서 독립적으로 생활할 수 있는 활동들(집안일하기, 의약품 복용하기, 정보기 등)
4	①	운동 빈도를 높이면 운동 효과는 크지만, 운동 빈도가 너무 높으면 회복 시간이 짧아서 피로가 누적되고 근골격기관의 이상을 초래하는 과훈련 현상이 나타난다.
5	④	행동변화이론과 모형으로 범이론적 모형, 건강 신념 모형, 학습 이론, 계획된 행동이론 등이 있다. 범이론적 모형은 행동이 변화하는 과정과 전략을 제시하고 건강 신념 모형은 건강 행위를 연구하기 위한 이론 중 하나로 건강 행위의 변화, 유지, 개입등을 연구하기 위한 틀로 사용된다. 학습이론은 행동들이 지속 또는 중단되는 원인을 설명해주는 이론이고 계획된 행동 이론은 신념과 행동 사이의 관계에 대한 이론이다.
6	②	사고의 위험성을 최소화하기 위해 노인 운동 참가자의 몸 상태를 확인하며 운동량과 운동 강도를 조절한다.
7	②	기능적 평형성 수업 내용으로 자세 안정성을 위한 실행 운동으로는 체중을 균등하게 지탱하는 연습과 자의적이고 외적인 동요에 대한 저항과 선 자세에서의 시선 안정 운동 연습은 전정 자극을 훈련할 수 있는 방법이다.
8	④	치매 노인이 운동을 통해 얻게 되는 효과로는 스트레스와 우울, 불안의 감소, 근력 향상으로 낙상 예방, 변비 증상의 완화, 정신 능력의 저하와 관련된 질병의 감소, 기억 능력 향상, 사회적 기술과 소통 능력의 향상, 움직임 능력의 향상, 수면의 질 향상 등이 있다.